Jurij Ryschka
Marc Solga
Axel Mattenklott (Hrsg.)

Praxishandbuch Personalentwicklung

Instrumente, Konzepte, Beispiele

3., vollständig überarbeitete
und erweiterte Auflage

GABLER

Bibliografische Information der Deutschen Nationalbibliothek
Die Deutsche Nationalbibliothek verzeichnet diese Publikation in der
Deutschen Nationalbibliografie; detaillierte bibliografische Daten sind im Internet über
<http://dnb.d-nb.de> abrufbar.

1. Auflage 2005
2. Auflage 2008
3. Auflage 2011

Alle Rechte vorbehalten
© Gabler Verlag | Springer Fachmedien Wiesbaden GmbH 2011

Lektorat: Ulrike M. Vetter

Gabler Verlag ist eine Marke von Springer Fachmedien.
Springer Fachmedien ist Teil der Fachverlagsgruppe Springer Science+Business Media.
www.gabler.de

Das Werk einschließlich aller seiner Teile ist urheberrechtlich geschützt. Jede Verwertung außerhalb der engen Grenzen des Urheberrechtsgesetzes ist ohne Zustimmung des Verlags unzulässig und strafbar. Das gilt insbesondere für Vervielfältigungen, Übersetzungen, Mikroverfilmungen und die Einspeicherung und Verarbeitung in elektronischen Systemen.

Die Wiedergabe von Gebrauchsnamen, Handelsnamen, Warenbezeichnungen usw. in diesem Werk berechtigt auch ohne besondere Kennzeichnung nicht zu der Annahme, dass solche Namen im Sinne der Warenzeichen- und Markenschutz-Gesetzgebung als frei zu betrachten wären und daher von jedermann benutzt werden dürften.

Umschlaggestaltung: KünkelLopka Medienentwicklung, Heidelberg
Druck und buchbinderische Verarbeitung: STRAUSS GMBH, Mörlenbach

Printed in Germany

ISBN 978-3-8349-1907-6

Unser Dank zur 3. Auflage

Von zahlreichen *Lesern* haben wir sehr hilfreiche Rückmeldungen und Anregungen erhalten. Dafür bedanken wir uns herzlich.

Wir danken allen *Autoren* für die umfassende Überarbeitung und Aktualisierung ihrer Beiträge.

Katharina Rahn danken wir für ihre engagierte redaktionelle Bearbeitung der Texte.

Wir danken *Christina Meysing* für die organisatorische Unterstützung bei der Überarbeitung des Praxishandbuchs und für das effiziente Büromanagement.

Christina Demmerle und *Melanie Dura* danken wir für die vielen Rückmeldungen und Ratschläge.

Für die sehr gute und angenehme Zusammenarbeit möchten wir *Ulrike M. Vetter* vom Gabler Verlag danken.

Unser besonderer Dank gilt *Ulrike*, *Anna*, *Marie*, *Paul* und *Jutta*.

Mainz und Bochum, Oktober 2010   *Jurij Ryschka, Marc Solga und Axel Mattenklott*

Inhaltsverzeichnis

Einleitung 13

1 Personalentwicklung: Gegenstand, Prozessmodell, Erfolgsfaktoren
von Marc Solga, Jurij Ryschka und Axel Mattenklott 19

    1.1 Definition: Personalentwicklung 19

    1.2 Prozessmodell der Personalentwicklung 22

    1.3 Erfolgsfaktoren für Personalentwicklung 28

2 Analyse des Personalentwicklungsbedarfs
von Andreas Klug 35

    2.1 Organisationsanalyse: Analyse der strategischen Unternehmensziele und PE-Rahmenbedingungen 36

        2.1.1 Erfolgsbedingungen für die Organisationsanalyse 37
        2.1.2 Die Ziele der Organisation 37
        2.1.3 Äußere Einflussfaktoren und Zwänge 43
        2.1.4 Personalentwicklungsbedarf gemeinsam mit Mitarbeitern erheben 45
        2.1.5 Offenheit für Personalentwicklung 47

    2.2 Aufgabenanalyse: Analyse der Leistungsanforderungen 49

        2.2.1 Klassen von Anforderungen 50
        2.2.2 Zugänge zu den Anforderungen 53
        2.2.3 Konkrete Verfahren zur Anforderungsanalyse 56
        2.2.4 Fazit zur Aufgaben- und Anforderungsanalyse 62
        2.2.5 Kompetenzen und Kompetenzmodelle 64

    2.3 Personanalyse: Beurteilung der Leistungen und Potenziale von Mitarbeitern 68

        2.3.1 Vergangenheitsorientierte Leistungsbeurteilung 69
        2.3.2 Zukunftsorientierte Eignungsdiagnostik und Potenzialanalyse 72

    2.4 Abschluss der Analyse des PE-Bedarfs 83

3 Instrumente der Personalentwicklung 93

    3.1 Beratungs- und betreuungsorientierte Personalentwicklungsansätze
von Jurij Ryschka und Kim-Oliver Tietze 95

        3.1.1 Mitarbeitergespräch 96
        3.1.2 Coaching 102

		3.1.3 Mentoring	108
		3.1.4 Kollegiale Beratung	114
		3.1.5 360°-Feedback, Führungsfeedback und Peer-Feedback	119
		3.1.6 Karriereberatung	127
	3.2	Arbeitsintegrierte Ansätze der Personalentwicklung von *Falk Richter und Andreas Pohlandt*	137
		3.2.1 Kompetenzförderliche Gestaltung von Arbeitsaufgaben	139
		3.2.2 Kompetenzförderliche Gestaltung der Unternehmensorganisation	155
		3.2.3 Die wichtige Rolle der Führungskräfte	158
		3.2.4 Problemlöse- und Mitarbeitergruppen	159
		3.2.5 Partizipatives Produktivitätsmanagement (PPM)	161
		3.2.6 Vereinbarung von Zielen als unterstützendes Element der Kompetenzentwicklung	164
		3.2.7 Kompetenzförderliche Lohn- bzw. Anreizgestaltung	166
		3.2.8 Fazit	169
	3.3	Konstruktivistische und computerbasierte Ansätze der Personalentwicklung von *Katrin Allmendinger*	177
		3.3.1 Konstruktivistisch orientierte Personalentwicklung	177
		3.3.2 Computer- und netzbasierte Personalentwicklung	187
	3.4	Teamorientierte Personalentwicklungsansätze von *Jan Martin Schmidt, Hajo Köppen, Nadine Breimer-Haas und Barbara Leppkes*	199
		3.4.1 Teamentwicklung	201
		3.4.2 Outdoor-Training	213
	3.5	Verhaltenstrainings von *Christina Demmerle, Jan Martin Schmidt und Michael Hess*	223
		3.5.1 Kommunikations- und Gesprächsführungstraining	229
		3.5.2 Präsentationstraining	233
		3.5.3 Moderationstraining	236
		3.5.4 Stressmanagementtraining	240
		3.5.5 Verhandlungs- und Konfliktbeilegungstraining	246
		3.5.6 Führungstraining	254
		3.5.7 Kundenorientierungstraining	261
		3.5.8 Interkulturelles Kompetenztraining	266
4	**Basistechniken der Personalentwicklung** von *Christina Demmerle, Jan Martin Schmidt, Michael Hess, Marc Solga und Jurij Ryschka*		273
	4.1	Simulative Techniken	274

4.2	Feedback-Techniken	282
4.3	Verhaltensmodellierung	289
4.4	Kognitive Techniken	295
4.5	Erlebnisorientierte Techniken	299
4.6	Präsentationstechniken	307
4.7	Moderationstechniken	312
4.8	Fallarbeit	319
4.9	Systemische Techniken	325

5 Förderung von Lerntransfer
von Marc Solga 339

5.1 Grundlegende Konzepte und Begrifflichkeiten 342

    5.1.1 Lerntransfer 342
    5.1.2 Lerntransfermanagement 343

5.2 Lerntransfermanagement im Lernfeld 346

    5.2.1 Identität von Lern- und Anwendungsumgebung herstellen 346
    5.2.2 Generelle Prinzipien vermitteln und wechselnde Kontexte einsetzen 348
    5.2.3 Konstruktivistische Ausgestaltung der Lernumgebung 349
    5.2.4 Lerntransferprobleme erörtern und bearbeiten 350
    5.2.5 Selbstwirksamkeit der Teilnehmer stärken 351

5.3 Lerntransfermanagement im Anwendungsfeld 352

    5.3.1 Was ist das Lerntransferklima? 353
    5.3.2 Anwendungsgelegenheiten für das Gelernte schaffen und sichtbar machen 358
    5.3.3 Anreize für Lerntransferprozesse setzen 359
    5.3.4 Lerntransferprozesse unterstützen 360
    5.3.5 Führungskräfte involvieren 362

5.4 Fazit 363

6 Evaluation der Personalentwicklung
von Marc Solga 369

6.1 Die Funktionen der PE-Evaluation 370
6.2 Die Aufgaben der PE-Evaluation 372

    6.2.1 Zielanalyse 374
    6.2.2 Umfeldanalyse 374
    6.2.3 Konzeptanalyse 375

		6.2.4 Lehrprozessanalyse	376
		6.2.5 Wirksamkeitsanalyse	377
		6.2.6 Effizienzanalyse	377
	6.3	Wirksamkeitsanalyse	378
		6.3.1 Die Ebenen der Wirksamkeitsanalyse und ihre Kriterien	379
		6.3.2 Evaluationsdesigns	384
	6.4	Effizienzanalyse	389
		6.4.1 Kostenkontrolle	390
		6.4.2 Kosten-Nutzen-Analysen	392
		6.4.3 Kosten-Effektivitäts-Analysen	394
7	**Arbeitsrecht und Personalentwicklung** *von Christian Kämper*		401
	7.1	Arbeitsrechtliche Grundbegriffe	402
	7.2	Der Begriff „Personalentwicklung" im arbeitsrechtlichen Kontext	405
	7.3	Gesetzlicher Rahmen	406
	7.4	Kollektivrechtliche Regelungen zu Personalentwicklungsmaßnahmen	407
	7.5	Vertragliche Ansprüche auf berufliche Fortbildung	410
	7.6	Mitbestimmung bei Fortbildungsmaßnahmen	413
	7.7	Entscheidungshilfen für den Arbeitgeber	420
	7.8	Personalentwicklung bei besonderen Mitarbeitergruppen	426
	7.9	Datenschutz	430
	7.10	Rahmenbedingung bei Evaluationsprojekten	432
	7.11	Haftungsfragen bei Personalentwicklungsmaßnahmen	434
	7.12	Zusammenfassung und Fazit	434
8	**Praxisbeispiele**		437
	8.1	Konsistentes Projektmanagement in der Deutschen Bank am Beispiel des IT-Bereichs *von Manuela Egloff und Beate Heidler*	439
		8.1.1 Philosophie	439
		8.1.2 Hintergrund und Bedarfsanalyse	439
		8.1.3 Vorbereitung und Konzept	440
		8.1.4 Umsetzung	444
		8.1.5 Evaluation	448

8.1.6 Erfahrungen 450

8.2 Bedarfsanalyse für ein Führungskräfte-Entwicklungsprogramm
von Dirk Seeling und Marc Solga 451

    8.2.1 Auftraggeber, Projektziele und Projektplanung 451
    8.2.2 Organisationsanalyse 454
    8.2.3 Aufgabenanalyse 459
    8.2.4 Personanalyse 463
    8.2.5 Fazit 465

8.3 Werteorientierte Führungskultur durch strategische Personalentwicklung:
Von Führungsgrundsätzen zur gelebten Führungskultur
von Frauke Ewert 467

    8.3.1 Das Unternehmen 467
    8.3.2 Die Personal- und Organisationsentwicklung 468
    8.3.3 Führungsgrundsätze in der VR LEASING 469
    8.3.4 Fazit 476

8.4 Ausbildungsbegleitendes Seminarkonzept für IT-Auszubildende und
Studierende eines Finanzdienstleisters
*von Christina Demmerle, Volker Rockstroh, Horst Stein
und Jurij Ryschka* 479

    8.4.1 Bedarfsanalyse 480
    8.4.2 Konzeption und Durchführung 481
    8.4.3 Erfahrungen und Evaluation 487

8.5 Führungskräfteentwicklung im Rahmen eines Nearshoring-Projekts
bei Clearstream
von Jurij Ryschka, Marc Solga und Andreas Wolf 489

    8.5.1 Hintergrund: Unternehmen, Rahmenbedingungen, Ziele 489
    8.5.2 Fundierung des Trainings- und Beratungskonzept 490
    8.5.3 Umsetzung 493
    8.5.4 Trainingsevaluation, Projektergebnisse und Ausblick 503

Stichwortverzeichnis 505

Die Autoren 515

Die Herausgeber 521

Einleitung

Systematisch und fundiert beleuchtet das jetzt in **dritter, überarbeiteter und erweiterter Auflage** vorliegende „Praxishandbuch Personalentwicklung" das Arbeitsfeld der strategieorientierten Personalentwicklung (PE). Dabei ergibt sich die Struktur des Buches aus dem in Kapitel 1 näher vorgestellten PE-Prozessmodell (siehe Abbildung 1):

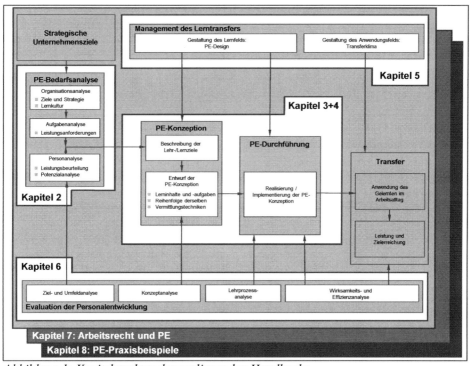

Abbildung 1: Kapitelstruktur des vorliegenden Handbuchs

Es ist Aufgabe **strategieorientierter Personalentwicklung**, systematisch Kompetenzen zu entwickeln, die zur Bewältigung unternehmensstrategisch begründeter Leistungsanforderungen benötigt werden. Dies erfordert

- eine methodisch fundierte **Analyse des PE-Bedarfs** (Kapitel 2),
- eine systematische **Interventionsgestaltung** (Kapitel 3 und 4),
- Aktivitäten zur **Förderung von Lerntransfer** (Kapitel 5) und
- eine Überprüfung sämtlicher Maßnahmen durch **Evaluation** (Kapitel 6).

Ausführlich behandelt das Praxishandbuch die zahlreichen **Instrumente der PE-Durchführung** (Kapitel 3): Neben klassischen Verhaltenstrainings, beratungs- und betreuungsorientierten Ansätzen (z.B. Coaching, 360°-Feedback oder kollegiale Beratung) und teamorientierten Verfahren werden dabei auch die innovativen, in der klassischen PE weniger bekannten Ansätze zur arbeitsintegrierten und zur konstruktivistisch orientierten PE vorgestellt. Darüberhinaus beschreibt das vorliegende Handbuch die zahlreichen **Basistechniken der Personalentwicklung** (Rollenspiele, Feedback, Fallarbeit, systemische Techniken etc.), die sich in ganz unterschiedlicher Kombination als Bausteine zur Ausgestaltung obiger Instrumente einsetzen lassen (Kapitel 4). Ferner wirft das Buch einen Blick auf die **rechtlichen Rahmenbedingungen** der Personalentwicklung (Kapitel 7). Fünf **Praxisbeispiele** illustrieren die Erfolge, aber auch die Herausforderungen bei der Umsetzung von PE (Kapitel 8). Für die vorliegende, dritte Auflage wurden alle Beiträge überarbeitet und aktualisiert.

Inhalt

In **Kapitel 1: Personalentwicklung: Gegenstand, Prozessmodell, Erfolgsfaktoren** stellen *Marc Solga, Jurij Ryschka und Axel Mattenklott* ein Rahmenmodell vor, welches zeigt, wie der Prozess strategieorientierter PE idealerweise verlaufen soll: Ausgehend von der Unternehmensstrategie wird der PE-Bedarf ermittelt, PE-Maßnahmen werden systematisch konzipiert und umgesetzt, die Anwendung des Gelernten im Arbeitsalltag wird mithilfe von Techniken des Lerntransfermanagements sichergestellt, der Gesamtprozess wird fortlaufend und abschließend evaluiert. Zusammenfassend beschreiben die Autoren schließlich einige Erfolgsfaktoren der (strategieorientierten) Personalentwicklung.

Das **Kapitel 2: Analyse des Personalentwicklungsbedarfs** von *Andreas Klug* stellt die Vorgehensweisen und Instrumente zur Erhebung des Qualifizierungsbedarfs vor. Ausgehend von der Analyse der strategischen Ziele, der Lernkultur sowie äußerer Bedingungen (Organisationsanalyse) werden die aktuellen und die zukünftigen Leistungsanforderungen an Mitarbeiter[1] analysiert (Aufgabenanalyse). Der PE-Bedarf resultiert aus der Gegenüberstellung dieser Leistungsanforderungen und der aktuellen Qualifikationen und Entwicklungspotenziale der Mitarbeiter, die im Zuge von Leistungsbeurteilungen und Potenzialanalysen (Personanalyse) festgestellt werden.

In fünf Beiträgen stellt **Kapitel 3: Instrumente der Personalentwicklung** die PE-Ansätze und -Instrumente vor, die jeweils einer gemeinsamen psychologischen Theoriegrundlage oder pädagogischen Idee verpflichtet sind.

---

[1] Aus Gründen der Lesbarkeit wird darauf verzichtet, immer die weibliche und die männliche Form zu nennen; gemeint sind immer Frauen und Männer.

Das **Kapitel 3.1: Beratungs- und betreuungsorientierte Personalentwicklungsansätze** von *Jurij Ryschka und Kim-Oliver Tietze* erörtert Instrumente, die ganzheitlich auf einen einzelnen Klienten und seine individuelle Situation zugeschnitten sind. Hierzu zählen u.a. Coaching, kollegiale Beratung und 360°-Feedback.

In **Kapitel 3.2: Arbeitsintegrierte Ansätze der Personalentwicklung** beschreiben *Falk Richter und Andreas Pohlandt* Verfahren, die eine Kompetenz- und Persönlichkeitsentwicklung der Mitarbeiter über die Ausgestaltung der Arbeitsaufgaben, der Arbeitsumgebung und der Unternehmensorganisation anstreben.

In **Kapitel 3.3: Aufgabenorientierte Personalentwicklung: Konstruktivistische und computerbasierte PE-Ansätze** stellt *Katrin Allmendinger* Ansätze vor, deren Idee darin besteht, dass Mitarbeiter Kompetenzen entwickeln, indem sie – unterstützt durch Experten – reale bzw. realitätsnahe Aufgaben und Probleme des Arbeitsalltags aktiv bearbeiten. Computerbasierte PE ergänzt und unterstützt die kontruktivistischen Konzepte durch eine anschauliche, problemorientierte Darbietung der Lerninhalte mithilfe elektronischer Medien.

In **Kapitel 3.4: Teamorientierte Ansätze** fokussieren *Jan Martin Schmidt, Hajo Köppen, Nadine Breimer-Haas und Barbara Leppkes* auf Arbeitsgruppen. Es werden unterschiedliche Methoden zur Entwicklung von Teams im Seminarraum und in der freien Natur (Outdoor-Training) vorgestellt.

Das **Kapitel 3.5: Verhaltenstrainings** von *Christina Demmerle, Jan Martin Schmidt und Michael Hess* stellt die grundsätzlichen Gestaltungsmöglichkeiten (und -grenzen) von Verhaltenstrainings dar und vertieft dies anhand von acht Trainingsthemen (z.B. Präsentation, Führung, Verhandlung und Konfliktbeilegung, interkulturelle Kompetenz).

In **Kapitel 4: Basistechniken der Personalentwicklung** stellen *Christina Demmerle, Jan Martin Schmidt, Michael Hess, Marc Solga und Jurij Ryschka* Interventionstechniken vor, die zur konkreten Ausgestaltung der oben beschriebenen PE-Instrumente genutzt werden (u.a. Präsentations- und Moderationstechniken, Rollenspiele, Feedback, erlebnisorientierte Techniken, Fallarbeit sowie – in der vorliegenden, dritten Auflage neu hinzugekommen – systemische Techniken). Sie bilden die Grundausstattung im Werkzeugkasten des Personalentwicklers.

Das **Kapitel 5: Förderung von Lerntransfer** von *Marc Solga* zeigt auf, wie die Übertragung bzw. Anwendung des Gelernten auf die Herausforderungen des beruflichen Alltags durch ein gezieltes Ausgestalten der Lernumgebung (des PE-Designs) und der Arbeitsumwelt lernender Mitarbeiter (Transferklima) bewerkstelligt werden kann.

In **Kapitel 6: Evaluation der Personalentwicklung** beschreibt *Marc Solga* die zahlreichen Instrumente und Vorgehensweisen zur formativen und summativen Qualitäts- und Erfolgskontrolle von PE-Maßnahmen.

In **Kapitel 7: Arbeitsrecht und Personalentwicklung** erörtert *Christian Kämper* den arbeitsrechtlichen Rahmen beruflicher Weiterbildung. Dieser Beitrag deckt einen Bedarf, der von zahlreichen Lesern geäußert wurde.

Kapitel 8: Praxisbeispiele erörtert die Umsetzung konkreter PE-Projekte mit allen Erfolgspotenzialen und Schwierigkeiten. Hierbei wird deutlich, dass ein strategieorientiertes und kreatives Vorgehen bei der Auswahl, Kombination und Gestaltung der Instrumente und Techniken die Personalentwicklung erfolgreich macht.

In **Kapitel 8.1: Konsistentes Projektmanagement in der Deutschen Bank am Beispiel des IT-Bereichs** von *Manuela Egloff und Beate Heidler* wird die Qualifizierung von IT-Fachkräften zu Projektmanagern beschrieben. Parallel zu diesem PE-Prozess läuft eine zweite, flankierende (unterstützende) PE-Maßnahme: Erfahrene Projektmanager werden zu Projektmanagement-Coaches ausgebildet, um den Projektmanagementnachwuchs bei der Anwendung des Gelernten in der alltäglichen Projektarbeit zu unterstützen.

In **Kapitel 8.2: Bedarfsanalyse für ein Führungskräfte-Entwicklungsprogramm** beschreiben *Dirk Seeling und Marc Solga* den dreischrittigen Prozess einer strukturierten PE-Bedarfsanalyse (Organisations-, Aufgaben- und Personanalyse), wie er im Zuge der Einführung einer Führungskräfte-Qualifizierung ausgeführt wurde.

Der Beitrag von *Frauke Ewert* – **Kapitel 8.3: Wertorientierte Führungskultur durch strategische Personalentwicklung** – betont die strategische Rolle der Personalentwicklungsfunktion für die Ausgestaltung von Führungskultur. Handlungsleitend ist die Idee der systematischen Verzahnung zahlreicher Instrumente der Personal- und der Organisationsentwicklung. Dieser Beitrag ist für die dritte Auflage neu verfasst worden.

In **Kapitel 8.4: Ausbildungsbegleitendes Seminarkonzept für IT-Auszubildende und Studierende eines Finanzdienstleisters** beschreiben *Christina Demmerle, Volker Rockstroh, Horst Stein und Jurij Ryschka* ein Entwicklungsprogramm, das die Teilnehmer ausbildungsbegleitend und in enger Abstimmung mit dem zukünftigen Arbeitgeber auf die Herausforderungen der Praxis vorbereitet durch die Vermittlung von Präsentations-, Projektmanagement- und Marketingskills.

Der Beitrag von *Jurij Ryschka, Marc Solga und Andreas Wolf* – **Kapitel 8.5: Führungskräfteentwicklung im Rahmen eines Nearshoring-Projekts bei Clearstream** – beschreibt, wie ein organisationaler Veränderungsprozess durch ein umfassendes Personalentwicklungsprojekt begleitet wird. Letzteres umfasst die Entwicklung von Kompetenzmodellen ebenso wie Trainings- und Coachingmaßnahmen. Hervorzuheben ist die konsequente theoretische Fundierung aller Maßnahmen (Führung als „Gestaltung psychologischer Verträge"). Auch dieser Beitrag erscheint erstmals in der vorliegenden, dritten Auflage.

Zielgruppen

Die Zielgruppen des Praxishandbuchs sind Personalentwickler, Personaler, Personalleiter und Berater, deren Kernaufgabe die PE darstellt, Führungskräfte, die ihre Mitarbeiter entwickeln, und Personen, die sich für PE-Aufgaben qualifizieren wollen: Studierende, Auszubildende und Quereinsteiger.

Als Grundlagenwerk bietet das Praxishandbuch einen umfassenden Überblick über den Prozess der Personalentwicklung sowie die wichtigsten Instrumente und Maßnahmen. Es zeigt die vielfältigen Möglichkeiten der Personalentwicklung auf und gibt konkrete Anregungen für ihre Vorbereitung, Ausgestaltung und Durchführung – in einer für die Praxis angemessenen Form: kurz und prägnant. Die theoretischen und empirischen Bezüge liefern dem Praktiker (Marketing-)Argumente für den Einsatz der unterschiedlichen Instrumente sowie Ansätze zur wissenschaftlichen Fundierung und Professionalisierung der eigenen Arbeit. So ist das vorliegende Buch

- ein **effektives Instrument zur PE-Gestaltung**, welches dem erfahrenen Personalentwickler eine schnelle Umsetzung – auch der für ihn neuen Instrumente – ermöglicht,
- ein **Grundlagenwerk** zum Einstieg in das spannende Aufgabenfeld der Personalentwicklung, aber auch zur Reflexion der eigenen Arbeit, und schließlich
- ein **Nachschlagewerk**, in dem Praktiker gezielt Hinweise dazu erhalten, welche Faktoren bei der Konzeption und Umsetzung einzelner Methoden und Instrumente entscheidend sind.

Hinweise für die Nutzung

Alle Beiträge sind in sich geschlossen und separat lesbar. Dem Anspruch eines Praxishandbuchs wird dieses Werk auch dadurch gerecht, dass

- Aufzählungen in Spiegelpunkten organisiert sind,
- Tabellen und Abbildungen intensiv genutzt werden und
- Schlagworte sowie zentrale Aussagen **fett gedruckt** sind.

Diese **Lesehilfen** sollen ein **kursorisches Lesen**, eine **schnelle Orientierung** im Text und ein **rasches Nachschlagen** ermöglichen.

Nichtsdestotrotz ist und bleibt das „Praxishandbuch Personalentwicklung" auch ein Buch, das von „vorn nach hinten" gelesen werden kann. Dabei orientiert sich die Gliederung, wie beschrieben, an dem in Kapitel 1 erörterten PE-Prozessmodell.

Ihnen, **lieber Leser**, wünschen wir neue Erkenntnisse ebenso wie Bestätigungen – und schließlich viel Erfolg beim Anwenden des Gelesenen in der eigenen PE-Arbeit.

Wir freuen uns über Feedback und Anregungen, damit wir unsere PE-Methoden und das vorliegende Buch weiterentwickeln können.

Mainz und Bochum, Oktober 2010   Jurij Ryschka, Marc Solga und Axel Mattenklott

1 Personalentwicklung: Gegenstand, Prozessmodell, Erfolgsfaktoren

von Marc Solga, Jurij Ryschka und Axel Mattenklott

Der Begriff *Personalentwicklung* kennzeichnet die Förderung beruflich relevanter Kenntnisse, Fertigkeiten, Einstellungen etc. durch Maßnahmen der **Weiterbildung**, der **Beratung**, des systematischen **Feedbacks** und der **Arbeitsgestaltung**. Dabei sollten die Ziele und Inhalte von Personalentwicklung unternehmensstrategisch begründet sein, d.h. auf Kompetenzen fokussieren, die zur Verwirklichung strategischer Unternehmensziele benötigt werden (**strategieorientierte Personalentwicklung**).

Der vorliegende Beitrag erörtert den Begriff der Personalentwicklung und stellt ein Prozessmodell der Personalentwicklung vor. Anschließend werden Erfolgsfaktoren für eine effektive Personalentwicklung postuliert.

1.1 Definition: Personalentwicklung

Personalentwicklung (PE) beinhaltet sämtliche **Maßnahmen zur systematischen Förderung der beruflichen Handlungskompetenz** von Menschen, die in einer und für eine Organisation arbeitstätig sind (ähnlich Sonntag & Schaper, 2006; Staufenbiel, 1999).

PE kann als strategieorientiert bezeichnet werden, wenn ihre Aktivitäten aus den **strategischen Zielen des Unternehmens abgeleitet** wurden (Tannenbaum, 2002; Wilson, 2001). Dabei stellt die PE-Bedarfsanalyse das Bindeglied zwischen Strategie und Personalentwicklung dar. **Unternehmensstrategie** umfasst „die Festlegung der langfristigen Ziele einer Unternehmung, der Politiken und Richtlinien sowie der Mittel und Wege zur Erreichung der Ziele" (Staehle, 1989, S. 392). Sie legt fest, wie ein Unternehmen mit seiner Umwelt interagieren will, um fortzubestehen und seine wirtschaftlichen Erfolge zu maximieren. Sie beschreibt, wie das Unternehmen seine Ressourcen und Kompetenzen einsetzen will, um die Chancen der Märkte zu nutzen und die geschäftlichen Risiken zu minimieren (vgl. z.B. Bea & Haas, 2005; Müller-Stewens & Lechner, 2005). Ausgehend von der globalen Unternehmensstrategie werden spezifischere Strategien und schließlich operatorische Aktivitäten für die Geschäftsbereiche und die betrieblichen Funktionen festgelegt – auch für die Personalentwicklungsfunktion.

Strategieorientierte Personalentwicklung ist darauf ausgerichtet, systematisch Schlüsselqualifikationen zu entwickeln, das heißt: Kenntnisse, Fertigkeiten, Einstellungen usw. zu fördern, die zur Bewältigung unternehmensstrategisch begründeter Leistungsanforderungen benötigt werden.

Im Folgenden werden die Kernelemente obiger PE-Definitionen präzisiert: berufliche Handlungskompetenz bzw. Schlüsselqualifikationen und systematische Förderung derselben[1].

Berufliche Handlungskompetenz und Schlüsselqualifikationen

Die **berufliche Handlungskompetenz** ist das aus Kenntnissen, Fertigkeiten, Fähigkeiten, Einstellungen und Motiven zusammengefügte Vermögen einer Person, **berufliche Herausforderungen** (Arbeitsaufgaben und Probleme) **selbstorganisiert zu bewältigen**.

Dem Begriff der **Schlüsselqualifikation** ist eine gewisse Beliebigkeit zueigen. Er wird oft verwendet, um überfachliche Fähigkeiten, Kenntnisse und Fertigkeiten zu beschreiben, die für die Kompetenzentwicklung und das Problemlösen in vielen, sehr unterschiedlichen Bereichen von Nutzen sind und die gewissermaßen als „Schlüssel" für den Erwerb domänenspezifischer Kenntnisse und Fertigkeiten fungieren (vgl. beispielsweise Bildungskommission NRW, 1995). In der Wirtschaftspraxis ist von Schlüsselqualifikationen oft die Rede, wenn es gilt, die *wirklich erfolgskritischen* Kenntnisse und Fertigkeiten zu kennzeichnen. In diesem Sinne soll der Begriff auch hier verwendet werden: Schlüsselqualifikationen sind Facetten der beruflichen Handlungskompetenz, die für das **Erreichen der strategischen Unternehmensziele erfolgsentscheidend** sind. Sie werden benötigt, um den Leistungsanforderungen gerecht zu werden, die aus den strategischen Zielen abgeleitet wurden.

Die Facetten oder Aspekte des Vermögens, Herausforderungen im Arbeitsleben zu meistern, lassen sich ganz unterschiedlich klassifizieren. Weit verbreitet ist die Unterscheidung folgender Kompetenzfelder (vgl. Kauffeld, 2006; Sonntag, 2004)[2]:

- **Fachkompetenz:** spezifische Fertigkeiten und Fachkenntnisse, die zur Bewältigung klar umrissener Aufgaben erforderlich sind; z.B. Fachwissen bezüglich der Anwendung eines bestimmten Computerprogramms, Branchen- und Marktkenntnisse

- **Methodenkompetenz:** flexibel einsetzbare, generelle Planungs- und Entscheidungsfähigkeiten, die eine Person zur selbstständigen Bewältigung neuartiger und komplexer Probleme befähigen (generelle Problemlöse- und Anpassungsfähigkeit); z.B. Problemanalyse, Kreativitätstechniken, Strategien des individuellen Wissensmanagements bzw. des selbstgesteuerten Lernens

---

[1] Für eine Übersicht über zahlreiche Definitionen des PE-Konzepts siehe Neuberger (1994) und Becker (2002).

[2] Ein sehr komplexes Klassifikationssystem beruflicher Handlungskompetenzen (sog. Kompetenzatlas) findet sich bei Heyse und Erpenbeck (2004; vgl. auch Erpenbeck & v. Rosenstiel, 2003).

- **Sozialkompetenz:** kommunikative und kooperative Fähigkeiten und Fertigkeiten, die dazu befähigen, in einer sozialen Interaktionssituation auf akzeptierte Weise individuelle oder gemeinsame Ziele zu realisieren; z.B. Kommunikationsfähigkeit, Anpassungsfähigkeit, Konfliktlösungsfähigkeit, Durchsetzungsfähigkeit
- **Selbst- oder Personalkompetenz:** beruflich relevante Einstellungen, Werthaltungen und persönlichkeitsbezogene Dispositionen, die die berufliche Selbstreflexion und die motivationale und emotionale Steuerung des beruflichen Handelns beeinflussen; z.B. Offenheit für neue Erfahrungen, Selbstwirksamkeit (d.h. Vertrauen in die eigene Tüchtigkeit), Optimismus, Proaktivität.

Im hier erörterten Zusammenhang stellen die erwünschten Kompetenzen Entwicklungs-, d.h. Lernziele dar. Ein zweiter, stärker an den psychologischen Theorien des Lernens und Wissenserwerbs orientierter Ansatz unterscheidet affektive, behaviorale und kognitive Lernziele (Kraiger, Ford & Salas, 1993)[3] – eine Gliederung, die in etwa der Unterscheidung zwischen Einstellungen, Fertigkeiten (Skills) und Kenntnissen (Wissen) entspricht:

- **affektive Lernziele:**
  - **Erwerb von Einstellungen/Werthaltungen** (z.B. Kundenorientierung; Wertschätzung von Teamarbeit)
  - **Erwerb motivationaler Dispositionen** (z.B. Selbstwirksamkeit; die Bereitschaft, sich anspruchsvolle Ziele zu setzen)
- **behaviorale Lernziele:**
  - **Erlernen von Handlungsabläufen** (auch als Proceduralisierung oder Kompilation bezeichnet; z.B. Bedienung eines Werkzeugs, Eröffnung eines Mitarbeitergesprächs)
  - **Automatisierung von Handlungsabläufen:** Entwicklung einer flüssigen und stabilen Ausführungsweise, die keiner bewussten Steuerung mehr bedarf
- **kognitive Lernziele:**
  - **Erwerb deklarativen Wissens**, d.h. beruflich relevanter Sachkenntnisse (z.B. typische Sicherheitsmängel in der Produktion, Urteilsfehler in Verhandlungsprozessen)
  - **Wissensorganisation:** effiziente Organisation der Wissensstrukturen (auch als Schemata oder mentale Modelle bezeichnet; z.B. das Akronym SMART – für *s*chwierig, *m*essbar, *a*kzeptabel, *r*ealistisch, *t*erminiert – als Merkhilfe für die effektive Form des Vereinbarens von Mitarbeiterzielen)
  - **Erwerb kognitiver Strategien**, d.h. genereller Kenntnisse darüber, wie man effektiv Wissen erwirbt und Probleme löst (z.B. Lerntechniken, Hypothesentesten etc.)

---

[3] Jonassen und Tessmer (1996-97) sowie Kraiger (2002) haben die Taxonomie nochmals erheblich fortentwickelt.

Zusammengefasst: Systematisch fördert PE die erfolgskritischen Fach-, Methoden-, Sozial- und Selbstkompetenzen von Mitarbeitern, wobei sich drei Lernzielebenen unterscheiden lassen: eine affektive (Einstellungen), eine behaviorale (Fertigkeiten) und eine kognitive (Kenntnisse).

Systematische Förderung

Fördern bedeutet: Lernprozesse ermöglichen. Dabei lässt sich **Lernen** als ein Prozess verstehen, der zu einer relativ dauerhaften **Veränderung des Verhaltens** bzw. des Verhaltenspotenzials (also der eben beschriebenen Handlungskompetenz) eines Lernenden führt und der aus den **Erfahrungen in einer bestimmten Lernumwelt** resultiert. Hierbei lassen sich formale und informelle Lernumwelten voneinander unterscheiden (Sonnentag, Niessen & Ohly, 2004).

Informelle Lernumwelten sind didaktisch unstrukturiert. Lernprozesse finden zufällig statt (z.B. aus Fehlern lernen) oder gehen auf die Initiative des Lernenden selbst zurück (selbstgesteuertes Lernen). Die alltägliche Arbeitsumwelt stellt ein informelles Lernfeld dar: Mitarbeiter lernen aus den Erfolgen oder Misserfolgen ihres alltäglichen Arbeitshandelns und durch ein selbstständiges Suchen nach Informationen (erfahrene Kollegen bei der Arbeit beobachten, Vorgesetzte um Beratung bitten etc.).

Dagegen sind **formale Lernumwelten** systematisch gestaltet. Sie werden **planvoll und gezielt** arrangiert – im Sinne bestimmter Lehr-Lern-Prinzipien und eindeutig definierter Lernziele. Die Festlegung dieser Lernziele folgt einem festgestellten Lernbedarf. Die Lehr-Lern-Prozesse werden laufend kontrolliert, ihre Erfolge systematisch evaluiert.

PE ist Förderung im Sinne des **Arrangierens formaler Lernumwelten**.

1.2 Prozessmodell der Personalentwicklung

Dabei lassen sich die Elemente von PE – verstanden als *systematisches* Fördern beruflicher Handlungskompetenz – konkretisieren, wie im Folgenden beschrieben (vgl. auch Goldstein & Ford, 2002; Noe, 2008; Sonntag, 2006a). Der Zusammenhang dieser Bausteine wird in Abbildung 1 veranschaulicht:

- **Durchführung von PE-Bedarfsanalysen,** die den Lern- und Entwicklungsbedarf der Mitarbeiter aus den strategischen Zielen des Unternehmens ableiten
- Konzipierung und Durchführung von PE-Maßnahmen auf der Grundlage einer **fundierten Kenntnis von Lehr-Lern-Prinzipien** und Instrumenten bzw. Techniken zur beruflichen Kompetenzentwicklung
- **Förderung von Lerntransfer** (Transfermanagement)

- **Evaluation von PE**, wobei folgende Aspekte berücksichtigt werden sollten: Konzeption, Durchführung, Wirksamkeit und Wirtschaftlichkeit

PE-Bedarfsanalyse

Die Bedarfsanalyse fungiert als Bindeglied zwischen Unternehmensstrategie und Qualifizierung. Sie führt zur Ableitung von Zielvorgaben für die PE. Die Bedarfsanalyse lässt sich in drei Schritte untergliedern: Organisationsanalyse, Aufgabenanalyse und Personanalyse (Moore & Dutton, 1978; vgl. auch Klug, Kap. 2: Analyse des Personalentwicklungsbedarfs):

- Die **Organisationsanalyse** erfragt die **strategischen Ziele** des Unternehmens und ermittelt die unternehmensspezifischen **PE-Randbedingungen**; letztere werden im Begriff der **Lernkultur** zusammengefasst (Sonntag, Stegmaier & Schaper, 2006).

   Lernkultur bezeichnet die **generelle Praxis der Kompetenzentwicklung** im Unternehmen: u.a. Budgetierung der PE-Funktion; Unterstützung durch Führungskräfte; Verankerung der PE im Wertesystem der Organisation; Bereitschaft des Managements, mit Institutionen der Weiterbildungsforschung zu kooperieren und innovative Weiterbildungskonzepte einzusetzen; Zertifizierung von Weiterbildung etc. In dieser Praxis zeigt sich eine bestimmte **organisationstypische Wertschätzung** für individuelles Lernen und betriebliche Weiterbildungsaktivitäten (Schilling & Kluge, 2004; Sonntag, Stegmaier, Schaper & Friebe, 2004). Sie ist in zweifacher Hinsicht von Bedeutung.

   Erstens: Eine **PE-Maßnahme muss zur Lernkultur des Unternehmens passen**, weil sie andernfalls wenig Akzeptanz und Unterstützung bei Führungskräften und Mitarbeitern finden wird. Innerhalb eines Unternehmens, das seine Mitarbeiter mithilfe konventioneller Schulungsseminare qualifiziert, dürften innovative Weiterbildungskonzepte (ohne vorhergehende Entwicklung der Lernkultur selbst) wenig Aussicht auf Erfolg haben.

   Zweitens: Innerhalb des strategischen Managements betrachtet der **ressourcenorientierte Ansatz** (nach Penrose, 1959; vgl. auch Grant, 1998) die Qualität der unternehmensspezifischen Ressourcen als die entscheidende Grundlage dauerhaften Unternehmenserfolgs. Ressourcen stellen „Speicher spezifischer Stärken" (Bea & Haas, 2005, S. 27) dar, die es dem Unternehmen ermöglichen, sich langfristig erfolgreich in einer dynamischen Umwelt zu positionieren. Es ist demnach Aufgabe der strategischen Unternehmensführung, Aufbau und Fortentwicklung der Ressourcen zu fördern. Die **Human-Ressourcen** umfassen Kenntnisse, Fertigkeiten und Einstellungen der Mitarbeiter; sie bilden das Humankapital der Unternehmung. Diese Ressourcen zu pflegen und fortzuentwickeln, setzt ein intensives Bemühen um die Kompetenzentwicklung der Mitarbeiter voraus. Im Sinne der Ressourcenorientierung ist eine Lernkultur zu fordern, die von einer hohen Wertschätzung des individuellen Lernens und einer kontinuierlichen Kompetenzentwicklung geprägt ist.

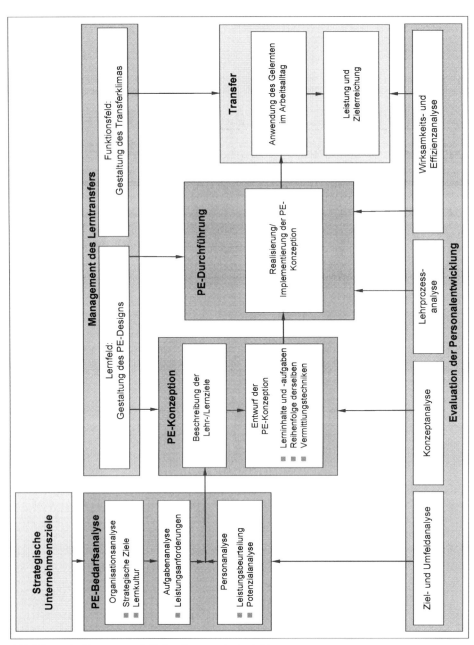

Abbildung 1: Prozessmodell der Personalentwicklung

- Die **Aufgabenanalyse** (Schuler, 2006; Sonntag, 2006b) ermittelt die **personellen Leistungsanforderungen**, die sich aus den strategischen Zielen des Unternehmens ergeben. Dabei lassen sich zwei Teilaufgaben voneinander unterscheiden: Die **Tätigkeitsanalyse** stellt fest, welche Aufgaben auf einer bestimmten Stelle oder Funktion zu erledigen sind. Die **Anforderungsanalyse** klärt, welche Kenntnisse, Fertigkeiten, Einstellungen etc. erforderlich sind, um die fraglichen Aufgaben oder Aufgabengruppen erfolgreich zu bewältigen. Die Ergebnisse der Aufgabenanalyse begründen die **inhaltliche Ausgestaltung** der PE.

- Die **Personanalyse** stellt die individuellen **Leistungs- und Verhaltensdefizite** und die **Entwicklungspotenziale** von Mitarbeitern fest (Schuler & Görlich, 2006). Hierbei werden zwei Ansätze unterschieden: vergangenheitsorientierte **Leistungsbewertungen** (Marcus & Schuler, 2006) und zukunftsorientierte **Potenzialbeurteilungen**. Letztere werden mittels eignungsdiagnostischer Verfahren realisiert, insbesondere (aber nicht ausschließlich) mithilfe solcher, die sich dem **simulationsorientierten Ansatz** (u.a. Fallstudien, Rollenspiele, Assessment Center) zurechnen lassen (Höft & Funke, 2006). In der Praxis sind Begriffe wie Management Audit, Personalentwicklungsseminar, Development Checkup etc. gebräuchlich.

Der konkrete PE-Bedarf des Unternehmens bzw. seiner Abteilungen und Mitarbeiter resultiert aus einem **Soll-Ist-Abgleich**, der die Leistungsanforderungen bzw. die erwünschten Leistungen den Leistungspotenzialen bzw. den realen Leistungen gegenüberstellt.

Kompetenzentwicklungsinstrumente und -techniken

Der ermittelte PE-Bedarf führt über eine genaue Beschreibung der Lehr-/Lernziele zur Konzeption und schließlich zur Durchführung von PE-Maßnahmen. Im Zuge der Konzeption sind folgende Entscheidungen zu treffen (Goldstein & Ford, 2002):

- Welche **Lerninhalte** sollen vermittelt, welche **Lernaufgaben** gestellt werden?
- In welcher **Reihenfolge** sollen die Lerninhalte und -aufgaben dargeboten werden?
- Welche **Vermittlungstechniken**, welche **PE-Instrumente** sollen verwendet werden?

Bisher hat sich keine einheitliche Klassifikation der beruflichen Kompetenzentwicklungsinstrumente und -techniken durchsetzen können. Auf Conradi (1983) geht eine weit verbreitete Klassifikation zurück, die auf **Zeitpunkt und Ort** der PE-Maßnahme relativ zur aktuellen Arbeitstätigkeit des Lernenden Bezug nimmt (u.a. **PE on, near und off the job**). Sonntag und Schaper (2006) beziehen sich für eine Klassifikation der Maßnahmen auf die eingangs beschriebene **Taxonomie der Kompetenzen** (Instrumente zur Förderung von Fach-, Methoden-, Sozial- und Personalkompetenzen). Holling und Liepmann (1995) unterscheiden **Aus- und Weiterbildungsverfahren** (direkte Veränderung beruflicher Kompetenzen), Verfahren der **Aufgabengestaltung** (indirekte Qualifizierung durch Veränderung der Arbeitsbedingungen) und Maßnahmen der **PE-Steue-**

rung (Planung, Beratung und systematisches Feedback). Pragmatisch werden im vorliegenden Band folgende Ansätze unterschieden (vgl. die Einzelbeiträge des Kapitels 3):

- **beratungs- und betreuungsorientierte Ansätze:** Der einzelne Mitarbeiter wird individuell bei der Bewältigung konkreter Herausforderungen sowie in seinem beruflichen Entwicklungsprozess unterstützt durch Coaching, Mentoring, systematisches Feedback, kollegiale Beratung etc.
- **arbeitsintegrierte Ansätze:** Der Kompetenzerwerb wird indirekt über die Gestaltung der Arbeitsaufgaben und der Arbeitsumgebung realisiert.
- **problemzentrierte, d.h. konstruktivistische und computerbasierte Ansätze:** Lernende erwerben Kenntnisse, Fertigkeiten, Einstellungen etc. durch eine selbstständige, aber unterstützte Bearbeitung realer oder realitätsnaher Probleme (Aufgaben, Projekte).
- **teamorientierte Ansätze:** Hier werden die Kommunikations- und Kooperationsprozesse realer Arbeitsgruppen optimiert; zugleich werden individuelle (insbesondere soziale und methodische) Kompetenzen entwickelt.
- **klassische Verhaltenstrainings:** In Gruppen, die allein für Zwecke des Trainings gebildet werden, erwerben Mitarbeiter diverse überfachliche Qualifikationen. Im Mittelpunkt stehen das systematische Üben und das Experimentieren mit Verhaltensalternativen.

Von diesen Instrumenten lassen sich die sog. **Basistechniken** der PE abgrenzen, die sich als flexibel einsetzbare und miteinander kombinierbare Grundbausteine in obige Ansätze integrieren lassen (vgl. auch Demmerle, Schmidt, Hess, Solga & Ryschka, Kap. 4: Basistechniken der Personalentwicklung):

- **Simulative Techniken** (z.B. Rollenspiele, Planspiele) bilden einen Ausschnitt der beruflichen Wirklichkeit ab. Mit ihrer Hilfe lässt sich eine realitätsnahe, aber geschützte Lernumgebung herstellen.
- **Feedback-Techniken** werden eingesetzt, um den Teilnehmern einer PE-Maßnahme Rückmeldungen über ihr Verhalten und die Verhaltenskonsequenzen zu geben.
- **Verhaltensmodellierung** ist ein systematisches Verfahren zum Aufbau neuer Verhaltensweisen, das sich an Banduras Theorie des Beobachtungslernens (Jonas & Brömer, 2002) orientiert.
- **Kognitive Techniken** (z.B. Lernen mithilfe heuristischer Regeln, verbales Training) sind Maßnahmen, deren Ziel darin besteht, die aktive und selbstgesteuerte intellektuelle Durchdringung einer Arbeitsaufgabe bzw. eines Arbeitssystems zu fördern.
- **Erlebnisorientierte Techniken** sind Spiele und spielerische Übungen, die in Trainingsgruppen und Workshops zum Einsatz kommen.

- **Präsentationstechniken** sind Techniken zur Informationsvermittlung durch mündliches Vortragen.
- **Moderationstechniken** sind Maßnahmen zur gezielten Koordination und Steuerung der Aktivitäten innerhalb einer Arbeitsgruppe.
- **Fallarbeit** umfasst Aktivitäten zur systematischen Bearbeitung konkreter Probleme, die sich in der beruflichen Praxis eines PE-Teilnehmers stellen.
- **Systemische Techniken** werden insbesondere in Beratungsprozessen eingesetzt; ihr Ziel besteht darin, die Handlungsspielräume eines Klienten(systems) durch das Infragestellen von Wirklichkeitsbeschreibungen zu erweitern.

Förderung des Lerntransfers

Lerntransfer ist die **Anwendung** oder Übertragung erworbener Kenntnisse und Fertigkeiten **auf Herausforderungen** (Aufgaben und Probleme) **des beruflichen Alltags**. Das Ausbleiben von Lerntransfer wird oft beklagt (sog. **Transferproblem**; Baldwin & Ford, 1988; Burke & Hutchins, 2007; Baldwin, Ford & Blume, 2009). Ohne Lerntransfer kann das Unternehmen nicht von seinen Weiterbildungsinvestitionen profitieren. Insofern gilt: PE muss nicht nur Lernprozesse, sondern auch Lerntransferprozesse ermöglichen und gestalten.

Lerntransferprozesse lassen sich mithilfe von Aktivitäten fördern, die gelegentlich als **Transfermanagement** zusammengefasst werden (Holton & Baldwin, 2003; Lemke, 1995; vgl. auch Solga, Kap. 5: Förderung von Lerntransfer). Hierbei lassen sich zwei Ansätze unterscheiden, die Förderung von Lerntransfer

- durch ein gezieltes Arrangieren der Lernumgebung und
- durch die gezielte Ausgestaltung der Arbeitsumwelt lernender Mitarbeiter.

Evaluation

Sie umfasst sämtliche Aktivitäten zur **Qualitäts- und Erfolgskontrolle** einer PE-Maßnahme. Evaluation dient der Bewertung der inhaltlichen und didaktischen Konzeption, der Durchführung, der Wirksamkeit und der Wirtschaftlichkeit des Programms (Russ-Eft & Preskill, 2001; Thierau-Brunner, Wottawa & Stangel-Meseke, 2006). Hierbei lassen sich zwei Ansätze unterscheiden:

- die **formative** Evaluation, deren Ziel darin besteht, laufende PE-Aktivitäten zu steuern und zu optimieren, und
- die **summative** Evaluation, die auf eine finale Bewertung der Weiterbildungsprogramme zielt, um auf Grundlage dieser Bewertung PE-strategische Entscheidungen zu treffen (z.B. Programm fortführen oder aufgeben).

Als konkrete Evaluationsaufgaben lassen sich unterscheiden: Ziel-, Umfeld-, Konzept-, Lehrprozess-, Wirksamkeits- und Effizienzanalyse. Ausführlich werden diese Aufgaben in Kapitel 6: Evaluation von Personalentwicklung (Solga) dargestellt.

1.3 Erfolgsfaktoren für Personalentwicklung

Abschließend sollen einige **zentrale Erfolgsfaktoren** für PE postuliert werden:

- *Mithilfe einer sorgfältigen Bedarfsanalyse werden die PE-Ziele und -Inhalte an der Unternehmensstrategie ausgerichtet – Strategieorientierung von Personalentwicklung* (Goldstein & Ford, 2002; Tannenbaum, 2002; Wilson, 2001).

  Es gilt sicherzustellen, dass die PE-Maßnahmen so aufgestellt und durchgeführt werden, dass sie einen **substanziellen Beitrag zur strategischen Zielerreichung** der Organisation leisten. Auf diese Weise wird Teilnehmern und Führungskräften die geschäftliche Relevanz der PE-Maßnahmen deutlich. Gesteigert werden hierdurch die **Akzeptanz** der Inhalte, die **Lern- und Lerntransfermotivation** der Teilnehmer und die Bereitschaft der Führungskräfte, Mitarbeiter bei der **Umsetzung des Gelernten** am Arbeitsplatz **zu unterstützen**. Selbstverständlich sollte die strategische Einbettung der PE-Maßnahmen in jeder Veranstaltung herausgestellt werden.

- *PE-Maßnahmen werden miteinander und mit anderen Human Resource Management (HRM)-Instrumenten verknüpft und gemeinsam an den strategischen Zielen orientiert* (Staehle, 1989; Surrey, 2007; Tannenbaum, 2002).

  Es existiert eine **einheitliche PE-Richtung**, die die verschiedenen PE-Instrumente (Trainings, Coachings, Feedbackinstrumente, Karriereberatung etc.) aufeinander abstimmt und miteinander integriert. Zudem sind die PE-Instrumente über gemeinsame Kriterien **mit anderen HRM-Instrumenten verbunden**, u.a. mit Entlohnungssystemen, Leistungsbeurteilungsverfahren, Personalmarketing und Personalauswahl sowie Nachfolgeplanung. Bei Mitarbeitern wird so die Wahrnehmung einer einheitlichen, systematischen und stringenten PE gefördert. Allen Mitarbeitern wird die generelle, von Seiten des Unternehmens **geforderte und geförderte Entwicklungsrichtung** deutlich. Surrey (2007) beschreibt Möglichkeiten der Einbettung von PE in ein ganzheitliches, strategisches Personalmanagement. In der Praxis wird dabei neuerdings oft von **Talent Management** gesprochen (allerdings mit besonderem Blick auf den Führungskräftenachwuchs).

- *Im Sinne einer ressourcenorientierten Lernkultur werden Rahmenbedingungen für den kontinuierlichen und nachhaltigen Erwerb strategisch relevanter Kompetenzen geschaffen* (Sonntag, 1996).

Die Bedeutung einer Lernkultur, die von **hoher Wertschätzung für kontinuierliches individuelles Lernen** geprägt ist, wurde bereits im vorangegangenen Abschnitt deutlich gemacht. Angemerkt sei, dass dieser Forderung ein *präskriptives Verständnis* von Lernkultur zugrunde liegt (vgl. Schilling & Kluge, 2004): lern- und entwicklungsorientierte Unternehmensleitbilder, die Partizipation aller Organisationsmitglieder am Lernprozess, Lernen als integraler Bestandteil der Unternehmensplanung, Verwirklichung innovativer PE-Konzepte, Lerntransfermanagement etc. stellen **wünschenswerte Merkmale** dar, die es im Sinne der Ressourcenorientierung zu verwirklichen gilt.

- *Lerntransfer wird gefordert, unterstützt und belohnt* (Baldwin, Ford & Blume, 2009; Holton & Baldwin, 2003; Machin, 2002).

Die Bereitschaft der Mitarbeiter, Gelerntes in die tägliche Arbeitstätigkeit zu integrieren, ist stark abhängig von den **kommunizierten Transfererwartungen** und von der **Unterstützung durch direkte Führungskräfte**. Vorgesetzte sollten Anwendungsgelegenheiten für Erlerntes schaffen, Aufgaben übertragen, die Transferleistungen erforderlich machen, Hilfestellung bei der Umsetzung des Gelernten geben und bei Anwendungsschwierigkeiten ermutigen. Damit werden PE bzw. Lerntransferförderung zu alltäglichen **Führungsaufgaben**.

Dabei sind Vorgesetzte bereit, den Einsatz der von Mitarbeitern erworbenen Kenntnisse, Fertigkeiten und Einstellungen zu unterstützen, wenn die im Rahmen von PE erworbenen Qualifikationen für das **Erreichen der Abteilungsziele** von Bedeutung sind.

Das Unternehmen belohnt den Einsatz von Schlüsselqualifikationen. Mitarbeiter erhalten **Lob und Anerkennung** für die erfolgreiche Anwendung neu erworbener Kenntnisse und Fertigkeiten. Das Unternehmen **zertifiziert** den Kompetenzerwerb. Die Anwendung der erlernten Qualifikationen ist Gegenstand von **Zielvereinbarungen** und **Leistungsbeurteilungen**. In **Personalplanungssystemen** und bei **Karriereentscheidungen** werden Erwerb und Einsatz strategisch relevanter Kompetenzen berücksichtigt.

- *Kompetenzentwicklung wird durch Strukturveränderungen unterstützt* (Holling & Liepmann, 1995; Sonntag & Stegmaier, 2007).

Es gilt, dauerhaft **Arbeits- und Aufgabenstrukturen** zu schaffen, die geeignet sind, eine kontinuierliche Anwendung der erlernten Kenntnisse und Fertigkeiten am Arbeitsplatz zu ermöglichen bzw. die Wirkung des Gelernten zu erhöhen. Frei, Duell und Baitsch (1984) sprechen von einer *Doppelhelix der Qualifizierung*, um deutlich zu machen, dass Kompetenzentwicklung einerseits und Veränderung der Arbeitssysteme andererseits eng miteinander verflochten sind und sich wechselseitig bedingen: Um erworbene Qualifikationen zu stabilisieren bedarf es zahlreicher Anwendungsgelegenheiten in entsprechend zugeschnittenen Arbeitsaufgaben; ferner werden höher qualifizierte Mitarbeiter entsprechende Arbeitsbedingungen einfordern.

Andersherum lassen sich Aufgaben und Arbeitssysteme so ausgestalten, dass die Arbeitsbedingungen eine lern- und kompetenzförderliche Wirkung entfalten (vgl. Richter & Pohlandt, Kap. 3.2: Arbeitsintegrierte Ansätze der Personalentwicklung).

- *PE-Aktivitäten werden evaluiert* (Goldstein & Ford, 2002; Thierau-Brunner et al., 2006).

Nicht nur die Implementierung oder Durchführung von PE sowie ihre Wirksamkeit und Wirtschaftlichkeit, sondern auch die Bedarfsanalyse und die Konzeptentwicklung sind Gegenstand einer **Qualitäts- und Erfolgskontrolle**. Evaluationsbefunde geben Anhaltspunkte für die kontinuierliche **Weiterentwicklung der Programme**. Über eine systematische ergebnisorientierte Evaluation sind die PE-Erfolge im Sinne des Erreichens der strategischen bzw. der aus der Unternehmensstrategie abgeleiteten Ziele nachzuweisen.

Vier Interessengruppen stehen mit (strategieorientierter) PE in Verbindung – Management, teilnehmende Mitarbeiter, direkte Vorgesetzte der Teilnehmer und die PE-Funktion selbst. Für diese Gruppen bedeutet die Umsetzung der erörterten Bedingungen Folgendes:

- **Management:** Die Unternehmensleitung wird PE in dem Maße fordern und fördern, wie die PE-Aktivitäten mit der Unternehmensstrategie verknüpft sind und sich deren Beitrag zur Zielerreichung des Unternehmens nachweisen lässt.

- **teilnehmende Mitarbeiter:** Die Einbindung von PE ins strategische Management und die Abstimmung mit anderen HRM-Instrumenten machen die generelle Entwicklungsrichtung deutlich. Dass individuelles berufliches Lernen und Lerntransferprozesse unterstützt und belohnt werden, stärkt die Bereitschaft der Mitarbeiter, sich aktiv um berufliche Kompetenzentwicklung zu bemühen (Lern- und Lerntransfermotivation).

- **direkte Vorgesetzte:** Vorgesetzte werden die Kompetenzentwicklung ihrer Mitarbeiter in dem Maße fordern und fördern, wie die mithilfe von PE entwickelten Kompetenzen eine direkte Auswirkung auf die Ergebnisse ihrer Arbeitsgruppe oder Abteilung und schließlich auf die Unternehmensziele haben.

- **PE-Funktion:** Die PE-Funktion leistet einen wesentlichen Beitrag zur Unternehmensentwicklung durch die strategieorientierte Entwicklung der Human-Ressourcen. Die strategische Rolle der PE-Funktion als Partner und Berater des Business wird im Unternehmen geschätzt.

Literatur

Baldwin, T. T. & Ford, J. K. (1988). Transfer of training: A review and directions for future research. *Personnel Psychology, 41*, 63-105.

Baldwin, T. T., Ford, J. K. & Blume, B. D. (2009). Transfer of training 1988-2008: An updated review and agenda for future research. In G. P. Hodgkinson & J. K. Ford (Eds.), *International review of industrial and organizational psychology, Vol. 24* (pp. 41-70). Chichester, UK: Wiley-Blackwell.

Bea, F. X. & Haas, J. (2005). *Strategisches Management* (4. Aufl.). Stuttgart: Lucius & Lucius.

Becker, M. (2002). *Personalentwicklung*. Stuttgart: Schäffer-Poeschel.

Bildungskommission NRW. (1995). *Zukunft der Bildung – Schule der Zukunft. Denkschrift der Kommission beim Ministerpräsidenten des Landes Nordrhein-Westfalen*. Neuwied: Luchterhand.

Burke, L. A., & Hutchins, H. M. (2007). Training transfer: An integrative literature review. *Human Resource Development Review, 6*, 263-296.

Conradi, W. (1983). *Personalentwicklung*. Stuttgart: Enke.

Erpenbeck, J. & Rosenstiel, L. v. (2003). *Handbuch Kompetenzmessung. Erkennen, verstehen und bewerten von Kompetenzen in der betrieblichen, pädagogischen und psychologischen Praxis*. Stuttgart: Schäffer-Poeschel.

Frei, F., Duell, W. & Baitsch, Ch. (1984). *Arbeit und Kompetenzentwicklung. Theoretische Konzepte zur Psychologie der arbeitsimmanenten Qualifizierung*. Bern: Huber.

Goldstein, I. L. & Ford, J. K. (2002). *Training in organizations. Needs assessment, development, and evaluation* (4th ed.). Belmont, CA: Wadsworth.

Grant, R. M. (1998). *Contemporary strategy analysis: Concepts, techniques, applications* (3d ed.). Cambridge: Blackwell.

Heyse, V. & Erpenbeck, J. (2004). *Kompetenztraining. 64 Informations- und Trainingsprogramme*. Stuttgart: Schäffer-Poeschel.

Höft, S. & Funke, U. (2006). Simulationsorientierte Verfahren der Personalauswahl. In H. Schuler (Hrsg.), *Lehrbuch der Personalpsychologie* (2. Aufl.; S. 145-187). Göttingen: Hogrefe.

Holling, H. & Liepmann, D. (1995). Personalentwicklung. In H. Schuler (Hrsg.), *Lehrbuch Organisationspsychologie* (2. Aufl.; S. 285-316). Bern: Huber.

Holton, E. F. & Baldwin, T. T. (Eds.). (2003). *Improving learning transfer in organizations*. San Francisco: Jossey-Bass.

Jonas, K. & Brömer, P. (2002). Die sozial-kognitive Theorie von Bandura. In D. Frey, D. & M. Irle (Hrsg.), *Theorien der Sozialpsychologie. Band II: Gruppen-, Interaktions- und Lerntheorien* (2. Aufl.; S. 277-299). Bern: Huber.

Jonassen, D. & Tessmer, M. (1996-97). An outcomes-based taxonomy for instructional systems design, evaluation, amd research. *Training Research Journal, 2*, 11-46.

Kauffeld, S. (2006). *Kompetenzen messen, bewerten, entwickeln: Ein prozessanalytischer Ansatz für Gruppen.* Stuttgart: Schäffer-Poeschel.

Kraiger, K. (2002). Decision-based evaluation. In K. Kraiger (Ed.). (2002). *Creating, implementing, and managing effective training and development. State-of-the-art lessons for practice* (pp. 331-375). San Francisco, CA: Jossey-Bass.

Kraiger, K., Ford, J. K. & Salas, E. (1993). Application of cognitive, skill-based, and affective theories of learning outcomes to new methods of training evaluation. *Journal of Applied Psychology, 78*, 311-328.

Lemke, S. G. (1995). *Transfermanagement.* Göttingen: Verlag für Angewandte Psychologie.

Machin, M. A. (2002). Planning, managing, and optimizing transfer of training. In K. Kraiger (Ed.), *Creating, implementing, and managing effective training and development. State-of-the-art lessons for practice* (pp. 263-301). San Francisco, CA: Jossey-Bass.

Marcus, B. & Schuler, H. (2006). Leistungsbeurteilung. In H. Schuler (Hrsg.), *Lehrbuch der Personalpsychologie* (2. Aufl.; S. 433-469). Göttingen: Hogrefe.

Moore, M. L. & Dutton, P. (1978). Training needs analysis: Review and critique. *Academy of Management Review, 3*, 532-545.

Müller-Stewens, G. & Lechner, C. (2005). *Strategisches Management. Wie strategische Initiativen zum Wandel führen* (3. Aufl.). Stuttgart: Schäffer-Poeschel.

Neuberger, O. (1994). *Personalentwicklung.* Stuttgart: Enke.

Noe, R. A. (2008). *Employee training and development* (4th ed.). Boston: McGraw-Hill.

Penrose, E. T. (1959). *Theory of the growth of the firm.* Oxford: Oxford University Press.

Russ-Eft, D. & Preskill, H. (2001). *Evaluation in organizations: A systematic approach to enhancing learning, performance, and change.* Cambridge: Perseus Publishing.

Schilling, J. & Kluge, A. (2004). Können Organisationen nicht lernen? Facetten organisationaler Lernkulturen. *Gruppendynamik und Organisationsberatung, 35*, 367-385.

Schuler, H. (2006). Arbeits- und Anforderungsanalyse. In H. Schuler (Hrsg.), *Lehrbuch der Personalpsychologie* (2. Aufl.; S. 45-68). Göttingen: Hogrefe.

Schuler, H. & Görlich, Y. (2006). Ermittlung erfolgsrelevanter Merkmale von Mitarbeitern durch Leistungs- und Potenzialbeurteilung. In K. Sonntag (Hrsg.), *Personalentwicklung in Organisationen* (3. Aufl.; S. 235-269). Göttingen: Hogrefe.

Sonnentag, S., Niessen, C. & Ohly, S. (2004). Learning at work: Training and development. In C. L. Cooper & I. T. Robertson (Eds.), *International review of industrial and organizational psychology, Vol. 19* (pp. 249-289). Chichester: Wiley.

Sonntag, K. (1996). *Lernen im Unternehmen. Effiziente Organisation durch Lernkultur.* München: Beck.

Sonntag, K. (2002). Personalentwicklung und Training. Stand der psychologischen Forschung und Gestaltung. *Zeitschrift für Personalpsychologie, 2*, 59-79.

Sonntag, K. (2004). Personalentwicklung. In H. Schuler (Hrsg.), *Enzyklopädie der Psychologie D/III/3: Organisationspsychologie – Grundlagen und Personalpsychologie* (S. 827-890). Göttingen: Hogrefe.

Sonntag, K. (2006a). Personalentwicklung - ein Feld psychologischer Forschung und Gestaltung. In K. Sonntag (Hrsg.), *Personalentwicklung in Organisationen* (3. Aufl.; S. 17-35). Göttingen: Hogrefe.

Sonntag, K. (2006b). Ermittlung tätigkeitsbezogener Merkmale: Qualifikationsanforderungen und Voraussetzungen menschlicher Aufgabenbewältigung. In K. Sonntag (Hrsg.), *Personalentwicklung in Organisationen* (3. Aufl.; S. 206-234). Göttingen: Hogrefe.

Sonntag, K. & Schaper, N. (2006). Förderung beruflicher Handlungskompetenz. In K. Sonntag (Hrsg.), *Personalentwicklung in Organisationen* (3. Aufl.; S. 270-311). Göttingen: Hogrefe.

Sonntag, K., & Stegmaier, R. (2007). *Arbeitsorientiertes Lernen: Zur Psychologie der Integration von Lernen und Arbeit.* Stuttgart: Kohlhammer.

Sonntag, K., Stegmaier, R., & Schaper, N. (2006). Ermittlung organisationaler Merkmale: Organisationsdiagnose und Lernkultur. In K. Sonntag (Hrsg.), *Personalentwicklung in Organisationen* (3. Aufl.; S. 179-205). Göttingen: Hogrefe.

Sonntag, K., Stegmaier, R., Schaper, N. & Friebe, J. (2004). Dem Lernen auf der Spur: Operationalisierung von Lernkultur. *Unterrichtswissenschaft, 32,* 104-128.

Staehle, W. H. (1989). Human Resource Management und Unternehmungsstrategie. *Mitteilungen aus der Arbeitsmarkt- und Berufsforschung, 22,* 388-396.

Staufenbiel, Th. (1999). Personalentwicklung. In C. Graf Hoyos & D. Frey (Hrsg.), *Arbeits- und Organisationspsychologie. Ein Lehrbuch* (S. 510-525). Weinheim: Psychologie Verlags Union.

Surrey, H. (2007). *Professionelles Lernmanagement. Gestaltung kompetenzorientierter Lernprozesse zur Erzielung von Wettbewerbsvorteilen*. Wiesbaden: Deutscher Universitäts-Verlag.

Tannenbaum, S. (2002). A strategic view of organizational training and learning. In K. Kraiger (Ed.), *Creating, implementing, and managing effective training and development. State-of-the-art lessons for practice* (pp. 10-52). San Francisco, CA: Jossey-Bass.

Thierau-Brunner, H., Wottawa, H. & Stangel-Meseke, M. (2006). Evaluation von Personalentwicklungsmaßnahmen. In K. Sonntag (Hrsg.), *Personalentwicklung in Organisationen* (3. Aufl.; S. 329-354). Göttingen: Hogrefe.

Wilson, J. V. (2001). Strategic training: Creating advantage and adding value. In L. A. Burke (Ed.), *High-impact training solutions: Top issues troubling trainers* (pp. 11-38). Westport, CT: Quorum Books.

2 Analyse des Personalentwicklungsbedarfs

von Andreas Klug

Personalentwicklung (PE) besteht aus Maßnahmen der Fort- und Weiterbildung, der Arbeitsstrukturierung sowie der Beratung und Karriereplanung (Holling & Liepmann, 2007). Um den größtmöglichen Nutzen aus diesen aufwändigen Maßnahmen zu ziehen, sollte PE nicht nach dem „Gießkannenprinzip" – für alle das Gleiche – sondern orientiert am tatsächlichen Bedarf durchgeführt werden. Der Bedarf sollte sich in erster Linie an den **strategischen Zielen** des Unternehmens, an den aus der Unternehmensstrategie **abgeleiteten Leistungsanforderungen** der anstehenden Aufgaben sowie an den daran gemessenen Stärken und Entwicklungsfeldern derjenigen Personen richten, die die fraglichen Aufgaben übernehmen. Vor der Intervention Personalentwicklung steht demgemäß eine **gründliche Diagnostik des Bedarfs**, ähnlich wie in der Medizin auch vor einer Operation die Diagnose steht.

Dieses Kapitel thematisiert die grundlegende Diagnostik, um den konkreten Bedarf an Personalentwicklung zu analysieren. Sie erfolgt in drei Schritten: **Organisationsanalyse**, **Aufgabenanalyse** und **Personanalyse** (sog. „Trichometrie der Bedarfsanalyse"; Moore & Dutton, 1978). Zunächst werden **Merkmale der Organisation** betrachtet, die PE-Bedarf bewirken bzw. die Art und Weise beeinflussen, wie PE gestaltet werden sollte und wirken kann. Im zweiten Schritt werden die in der Organisation anfallenden **Aufgaben** und die sich daraus ergebenden **Leistungsanforderungen** an Mitarbeiter fokussiert. Sie stellen das Soll in der Gleichung *Soll – Ist = PE-Bedarf* dar. Im dritten Schritt wird die **Eignung der Personen**, die die Aufgaben übernehmen, und damit das Ist thematisiert. Tabelle 1 fasst das Vorgehen bei der PE-Bedarfsanalyse zusammen und bildet zugleich die inhaltliche Struktur dieses Kapitels ab.

Tabelle 1: Die drei Schritte der PE-Bedarfsanalyse

1. Organisationsanalyse	2. Aufgabenanalyse	3. Personenanalyse
Ziele: Welche Ziele verfolgt die Organisation? **Strategie**: Welche Strategie nutzt sie? **Rahmenbedingungen:** Welchen Reifegrad besitzt das Personalmanagement? Wie ist die Lernkultur ausgeprägt? Welche Einflüsse und Zwänge sind ferner von Bedeutung?	**Aufgaben- und Verantwortungsbereiche**: Welche Aufgaben soll eine Person übernehmen? Wofür ist sie verantwortlich? **Rollen und Erwartungen**: Was wird von ihr erwartet? **Leistungsanforderungen**: Welche Kompetenzen sind notwendig, um erfolgreich zu sein?	**Leistungsbeurteilung**: Was leistet eine Person? Welche Kompetenzen zeigt sie? **Potenzialanalyse**: Was kann eine Person noch leisten? Welche Kompetenzen sind entwickelbar?

2.1 Organisationsanalyse: Analyse der strategischen Unternehmensziele und PE-Rahmenbedingungen

Die **Organisationsanalyse** fokussiert die Ziele der Organisation sowie die Rahmenbedingungen für die Personalentwicklung. Die **Ziele der Organisation** sollten in starkem Maße durch ihr Umfeld (Markt, Kunden, Wettbewerb) und durch die sich darin bietenden Chancen und Risiken bestimmt sein. Sie resultieren aus der Entscheidung des Managements, welche Anforderungen und welcher Bedarf der Kunden heute und zukünftig mit welchen Produkten und Dienstleistungen befriedigt werden sollen (vgl. Abbildung 1). Als **Rahmenbedingungen** sind alle Elemente der Organisation zu analysieren, die einen Einfluss auf die Konzeption der Personalentwicklungsmaßnahmen sowie ihre Durchführung haben.

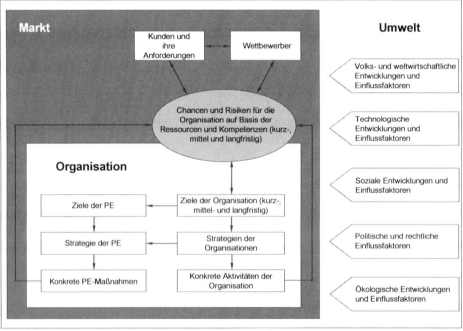

Abbildung 1: Ziel- und strategieorientierte Personalentwicklung

2.1.1 Erfolgsbedingungen für die Organisationsanalyse

Die Erhebung des PE-Bedarfs kann nur gelingen, wenn sie akzeptiert oder zumindest geduldet und möglichst gefördert wird. Dies ist aber nicht selbstverständlich, denn die Ergebnisse einer Organisationsanalyse können nicht nur Stolz, sondern auch Enttäuschung oder andere negative Gefühle hervorrufen. Antizipieren Organisationsmitglieder negative Ergebnisse einer Bedarfsanalyse sowie damit verbundene negative Gefühle und sind sie zugleich nicht vom Nutzen derselben überzeugt, so kann dies dazu führen, dass sie die Bedarfsanalyse von vornherein ablehnen. Dann wachsen schnell unnötige Hindernisse oder man erhält nicht alle wichtigen Informationen. Daher ist die **wichtigste Voraussetzung** für eine Organisationsanalyse, dass das Management und auch möglichst viele Mitarbeiter **vom hohen Nutzen der Organisationsanalyse überzeugt** sind und diese akzeptieren. Es sollte also die **Unterstützung der Organisation** gewonnen werden, wozu Goldstein und Ford (2002) folgende Maßnahmen vorschlagen:

- Beziehung zum Top-Management der Organisation aufbauen
  - Bringen Sie die Erwartungen der Top-Manager in Erfahrung.
  - Bestimmen Sie die wichtigen Mitarbeiter, deren Kooperation sie benötigen.
  - Erreichen Sie Zustimmung zu den Gründen für die Bedarfsanalyse.
  - Gewinnen Sie die Bereitschaft der Top-Manager die Bedarfsanalyse zu unterstützen.

- Eine **gute Beziehung zu den Organisationsmitgliedern** etablieren; dies am besten durch ein gut zusammengestelltes **Projektteam**
  - Sorgen Sie dafür, dass die verschiedenen Einheiten der Organisation repräsentiert sind (Management, Trainingsabteilung, Mitarbeitervertreter, betroffene Teams).
  - Wählen Sie Projektteammitglieder aus, die gut über ihre Organisationseinheiten informiert sind und gut kommunizieren können.
  - Wählen Sie Projektteammitglieder aus, die als hilfsbereit gelten und die sich als Problemlöser für die Organisation verstehen.

- **Möglichst viele Personen** in der Organisation informieren, in jedem Fall aber alle **Schlüsselpersonen** (Führungskräfte, Arbeitnehmervertreter, Organisationsmitglieder mit starkem Einfluss) einbeziehen

2.1.2 Die Ziele der Organisation

Personalentwicklung soll in erster Linie dazu beitragen, dass die **Organisation ihre Ziele erreicht** und sich **im Wettbewerb gut positioniert**. Ein Beispiel für ein solches Ziel wäre eine Steigerung der Produktivität um 20%. Als Zwischenziel könnte ein Unternehmen die weitgehende Umstellung der Produktion auf computergesteuerte, programmierbare Werkzeugmaschinen anstreben. Neben der Einrichtung der Maschinen macht dies PE unabdingbar, nämlich z.B. die Einrichtung eines Fortbildungsprogramms zu den Themen Programmierung, Maschineneinrichtung und Fertigungsmanagement. Neben der Einführung neuer Produktionstechniken sind die Entwicklung neuer und veränderter Geschäftsfelder oder Absatzmärkte, Expansionen sowie geplante Fusionen weitere klassische Beispiele für **organisationale Veränderungen und Zielsetzungen**, die umfassende **PE-Maßnahmen notwendig machen**.

Die Möglichkeit, PE an Unternehmenszielen auszurichten, hängt stark von der **Qualität der Definition der Unternehmensziele** ab (London, 1991). Die Ausrichtung ist eine Herausforderung, wenn Personalentwickler neben dem nahezu für jedes Unternehmen gültigen Ziel, Gewinne zu erwirtschaften, keine spezifischeren Ziele des Unternehmens kennen. Besonders schwierig wird die Abstimmung, wenn die Geschäftsführung generell **keine Ziele postuliert** und vermittelt. Sind die **Ziele unklar** oder **in einem Veränderungsprozess**, wie das bei einer Neuausrichtung des gesamten Unternehmens oder einer Fusion der Fall sein kann, ist die Planung von PE-Maßnahmen ebenfalls schwierig.

Ziele entwickeln sich im Zeitverlauf und werden meist erst im Verlauf ihrer Realisierung genauer definiert. Häufig wird erst auf dem Weg zu einem wichtigen Oberziel deutlich, welche Teilziele zwischendurch zu erreichen sind. Unternehmensziele sollten nicht zu statisch sein und immer mit der Bereitschaft, sie zu verändern und sie neuen Markt- sowie Umweltgegebenheiten anzupassen, betrachtet werden. Die für eine Organisation angemessenen Ziele sind daher in weiten Teilen **veränderbar**, wenn sie den aktuellen Chancen und Anforderungen an die Organisation entsprechen sollen. Damit sich aber aus Zielen geeignete Maßnahmen ableiten und umsetzen lassen und damit diese Maßnahmen auch wirklich greifen können, ist Zeit notwendig. Daher sollten zumindest die wesentlichen, **grundlegenden Oberziele** einer Organisation nicht ständig gewechselt, sondern **für längere Zeit beibehalten** werden.

Nicht nur das Management einer Organisation hat Ziele, sondern auch jede einzelne Arbeitsgruppe und jeder einzelne Mitarbeiter. All diese Ziele können sich durchaus voneinander unterscheiden und müssen sich nicht überlappen. Die unterschiedlichen individuellen Ziele, der an PE beteiligten Personen, machen **Zielkonflikte wahrscheinlicher als Zielharmonie**. Ist eine PE-Maßnahme zwar im Sinne der Ziele des Managements hilfreich, während sie aber zugleich den Zielen des einzelnen Mitarbeiters entgegen steht, so ist ein Erfolg wenig wahrscheinlich, weil eine geringe Motivation des Mitarbeiters zu erwarten ist. Daher reicht eine Analyse der Ziele des Managements alleine nicht aus, um den Erfolg von PE zu gewährleisten. Hinzukommen muss die **Analyse der Ziele der untergeordneten Einheiten** und diese Ziele sollten so weit wie möglich **in Einklang gebracht** werden (Holling & Liepmann, 2007). Die Ziele aller Beteiligten in Einklang zu bringen ist eine **wesentliche Führungsaufgabe** (Drucker, 2007; Jetter & Skrotzki, 2000). Personalentwickler, die eine bestimmte PE-Maßnahme planen, sollten immer dafür sorgen, dass alle, für die diese Maßnahme Aufwand bedeutet, im Gegenzug ihre persönlichen Ziele ausreichend realisiert sehen und somit zur engagierten Teilnahme motiviert sind.

Tabelle 2: Fragen zur Ermittlung der aktuellen, auf das Tagesgeschäft der Organisation gerichteten Ziele

Generelle Fragen
▪ Wo ist das Unternehmen erfolgreich? ▪ Wo hat das Unternehmen Schwachpunkte?
Spezifische Fragen
▪ Wo sind die Stärken? Wie können sie ausgebaut und langfristig gesichert werden? ▪ Wo werden Marktanteile gewonnen? ▪ Wie können die Stärken eines speziellen Bereichs auf andere Bereiche übertragen werden? ▪ Welche Stärken lassen sich mit Personalentwicklung ausbauen? ▪ Womit können die Kunden zufrieden gestellt werden? Womit wären sie weniger zufrieden? ▪ Wo gehen Marktanteile verloren? ▪ Was sind die Ursachen für diese Schwächen? ▪ Welche Ursachen für Schwächen lassen sich mit PE beseitigen?

Aktuelle, auf das Tagesgeschäft gerichtete Ziele

Zur Bestimmung des PE-Bedarfs werden zunächst die **aktuellen Ziele** betrachtet, die sich auf das **Tagesgeschäft** der Organisation richten. Falls die Organisation kaum Ziele definiert hat, ist zunächst Organisationsentwicklung in Form eines Zielsetzungsprozesses oder einer **Zielentwicklung** zu betreiben. Die Organisation sollte selbstkritisch prüfen, ob sie die gesetzten aktuellen Ziele im Moment erreicht (siehe Tabelle 2). Wichtige Informationen hierzu erbringen z.B. **Kundenbefragungen** (Berkel, 1998).

Äußern Kunden Unzufriedenheit mit den vom Unternehmen erbrachten Produkten und Dienstleistungen, bekommt das Unternehmen durch die Befragung die Chance, einen Schwachpunkt zu beseitigen. Eine Möglichkeit, diese zu beheben, liegt in PE-Maßnahmen. Sind die Kunden beispielsweise mit der Reklamationsbearbeitung unzufrieden, so kann ein entsprechendes Training der Mitarbeiter dazu beitragen, dass das Unternehmen sein Ziel „hohe Kundenzufriedenheit" zukünftig wieder erreicht. Von den Ergebnissen einer **Kundenbefragung** lässt sich somit in vielen Fällen ein direkter Bedarf an PE-Maßnahmen ableiten. PE hat bei diesem Vorgehen eine reaktive Funktion und beseitigt bestehende Defizite oder Probleme.

Strategische Ziele

Um für zukünftige Entwicklungen gewappnet zu sein und das eigene Schicksal möglichst weitgehend selbst beeinflussen zu können, sollte jede Organisation auch mittel- bis langfristig anzugehende, **strategische Ziele** haben. Die strategischen Ziele richten sich auf die Kunden, die Produkte, den Markt, den Wettbewerb und die Geschäftsprozesse. Bei der **Zieldefinition** sind zukünftig zu erwartende technische Entwicklungen, Trends auf den Rohstoff-, Lieferanten- und Arbeitsmärkten, Veränderungen im Verbraucherverhalten und andere Umfeldeinflüsse zu berücksichtigen. In Tabelle 3 sind Fragen zur Definition strategischer Ziele zusammengestellt.

Tabelle 3: Definition strategischer Ziele für Unternehmen (und andere Organisationen)

Markt
▪ Welche Chancen und Risiken kommen auf das Unternehmen in Zukunft zu?
▪ Welche Wettbewerbsposition wird die Organisation am Markt haben?
▪ Welche Position will das Unternehmen am Markt und gegenüber den Kunden in Zukunft erreichen?

Kunden
▪ Wer sind die zukünftigen Kunden am Markt?
▪ Welche Anforderungen wird der Kunde zukünftig an Service und Kundenorientierung stellen?
▪ Welche technischen Entwicklungen bei Kunden mit Auswirkungen auf die eigenen Dienstleistungen oder Produkte sind zu erwarten?
▪ Welche Märkte und Kunden sollen neu erobert, welche verlassen werden?

Wettbewerb
▪ Welche Wettbewerbsvorteile hat das Unternehmen, welche die Wettbewerber?
▪ Welche Strategien verfolgen die wichtigsten Wettbewerber?

Produkte
▪ Wie wird sich die Nachfrage nach den Produkten des Unternehmens in Zukunft verändern?
▪ Wie soll das Produktportfolio in Zukunft aussehen?
▪ Wie lassen sich die eigene Produktion und/oder die eigenen Produkte mithilfe technischer Entwicklungen optimieren?

Zahlreiche Methoden unterstützen die Strategiekonzeption und Zieldefinition: Mithilfe der **Szenario-Technik** (Graf & Klein, 2003; Wilms, 2006) werden Szenarien im Sinne **möglicher Zukünfte entwickelt** und analysiert. Im Fokus stehen entweder positive oder negative Extremszenarien, höchst wahrscheinliche Trendszenarien oder besonders relevante oder typische Szenarien. Zur Entwicklung der Szenarien werden aktuelle Entwicklungen fortgeschrieben; dabei werden zu erwartende Einflüsse sowie deren Wechselwirkungen berücksichtigt. Mit der zeitlichen Entfernung von der Gegenwart steigt die Unterschiedlichkeit der Szenarien. Der **Raum denkbarer Zukünfte** weitet sich trichterförmig. In der Analysephase werden besonders plausible oder wahrscheinliche Szenarien ausgewählt. Dann werden Chancen, zu erwartende Probleme und Risiken abgeleitet, Ziele gesetzt und jeweils Maßnahmenvorschläge entwickelt.

Die **Delphi-Methode** (Häder, 2002) ist ein **systematisches, mehrstufiges Befragungsverfahren**. Zehn bis zwanzig organisationsinterne und externe Experten werden zu ihren Trendannahmen und Zukunftserwartungen befragt. Die Kernidee besteht darin, dass mehrere Experten die Zukunft besser vorhersagen können als ein einzelner Experte. Darum werden die Experten zunächst getrennt, anonym und schriftlich befragt. Die

Ergebnisse und insbesondere die Unterschiede und Abweichungen werden anschließend allen zurückgemeldet. Dann folgen eine zweite oder auch mehrere weitere Befragungen. Erst relativ spät werden Mittelwerte gebildet, die Ergebnisse diskutiert und Konsens herausgearbeitet. Das Endergebnis ist eine aufbereitete Gruppenmeinung, die die Zukunftserwartungen selbst und Angaben über die Bandbreite vorhandener Meinungen umfasst. Weiterführende Hinweise zur tiefgehenden, strategischen Analyse der Chancen, Stärken und Schwächen sowie zur Zieldefinition geben u.a. Borg und Bergemaier (1993), Lombriser und Abplanalp (2005) sowie Müller-Stewens und Lechner (2005).

Tabelle 4: Definition von Zielen für Human Resource Management und PE

Fragen zur Definition
▪ Welche Anforderungen an Führungskräfte und Mitarbeiter ergeben sich aus den strategischen Zielen und der künftigen Ausrichtung des Unternehmens (quantitativ und qualitativ)?
▪ Welche Stärken und Schwächen haben Mitarbeiter und Führungskräfte in Bezug auf diese Anforderungen?
▪ Haben die Mitarbeiter Stärken, die das Unternehmen befähigen, besondere Chancen wahrzunehmen? Lassen sich durch besondere Stärken Gefahren abwenden?
▪ Welche Schwächen können für das Unternehmen zur Bedrohung werden, welche nicht?
▪ Welches Know-how und welche Kompetenzen müssen kurz-, mittel- und langfristig in den einzelnen Geschäftsbereichen aufgebaut werden?
▪ Welche Qualifikationen können intern aufgebaut und welche müssen ggf. extern eingekauft werden?
▪ In welchen Bereichen muss Knowledge Management auf- oder ausgebaut werden?
▪ Welches sind erfolgsrelevante Bereiche, Positionen und Tätigkeiten, in denen Mitarbeiter verstärkt gebunden werden müssen?
▪ Welche Werte, Ideale und Führungsgrundsätze sollen in Zukunft den Umgang untereinander sowie mit Kunden und Lieferanten prägen?

Ziele für HR-Management und Personalentwicklung

Aus der Analyse des Unternehmensumfelds und der Definition der Unternehmensziele ergeben sich **zukünftig erfolgskritische Leistungsanforderungen** an die Mitarbeiter. Auf der anderen Seite steht das Portfolio der gegenwärtigen Stärken, Schwächen und Entwicklungsfelder der Mitarbeiter, welches durch Leistungsbeurteilungen und Potenzialanalysen (siehe Kap. 2.3) ermittelt wurde. Falls im Abgleich des Portfolios mit den Leistungsanforderungen Lücken und Schwachpunkte deutlich werden, können diese durch Gewinnung neuer Mitarbeiter oder durch Erhalt, Bindung und Entwicklung der bestehenden Mitarbeiter behoben werden. Um den **Erfolgsfaktor „Passung der PE zur Unternehmensstrategie"** in diesem Sinne näher zu analysieren, sind die in Tabelle 4 zusammengefassten Fragen hilfreich.

Sowohl zu den Zielen, die sich auf das aktuelle Geschäft beziehen, als auch zu den strategischen Zielen können entsprechende Fragen gestellt werden, um den Bedarf an PE abzuleiten (siehe Tabelle 5).

Tabelle 5: Ableitung von Zielen für das HR-Management und die Personalentwicklung aus aktuellen und strategischen Zielen

Fragen zur Ableitung
▪ Wie lassen sich die aktuellen und strategischen Unternehmensziele erreichen? ▪ Von welchen Positionen und Personen hängt es ab, ob die Ziele erreicht werden? ▪ Welche Ressourcen, Techniken, Kompetenzen sind für die Zielerreichung notwendig? ▪ Wie Erfolg versprechend sind vorhandene Ressourcen, Vorgehensweisen, Methoden in der Organisation? ▪ Wie lässt sich die Organisationskultur so beeinflussen, dass sie die Erreichung dieser Ziele fördert? ▪ Welche Ziele sind bei den gegebenen Ressourcen sowie den gegebenen Veränderungs- und Entwicklungsmöglichkeiten überhaupt erreichbar?

Es ist eine **wesentliche Aufgabe für die Unternehmensführung**, sich gemeinsam mit den Personalexperten für die PE-Ziele einzusetzen und in diesem Sinne eine **PE-Strategie zu konzipieren**. Dabei beeinflussen sich die Zielsetzungen für das gesamte Unternehmen, für den Personalbereich und für die anderen Bereiche des Unternehmens wechselseitig. Bei der Formulierung der strategischen Ziele für das Unternehmen sind z.B. die Leistungspotenziale bestehender Mitarbeiter und Führungskräfte zu berücksichtigen. Hierzu stellt sich die Frage, welche Veränderungen (Aufbau neuer Kompetenzen, Rekrutierung neuer Mitarbeiter) überhaupt in welcher Zeit möglich sind. Die auf den ersten Blick unter dem Gesichtspunkt der Gewinnmaximierung attraktivsten Ziele, sind nicht unbedingt die besten Ziele, wenn ihr Anstreben das Unternehmen überfordert und seine Existenz gefährdet.

PE konkurriert mit anderen Strategien des Personalmanagements zur Erreichung der Organisationsziele. So ist zu prüfen, ob sich die Organisationsziele nicht effizienter durch eine gezielte Personalauswahl, d.h. durch die Einstellung neuer Mitarbeiter erreichen lassen, die die zusätzlich geforderten Kompetenzen mitbringen. PE ist dann überlegen, wenn kompetente Mitarbeiter in relativ kleinen Bereichen Defizite aufweisen, die sich gut mit Qualifizierungsmaßnahmen verändern lassen. Ein weiteres Arguement für PE ist, dass die bestehenden Mitarbeiter häufig über wichtiges Expertenwissen und andere Vorteile verfügen, welche am Arbeitsmarkt selten oder so nicht zu finden sind.

Personalentwicklung kann jenseits der oben beschriebenen, eher reaktiven, die Unternehmensstrategie stützenden Funktion auch proaktiv wirken und eine **Motorfunktion** haben. Ein Beispiel hierfür wäre ein Transformationsprojekt, welches darauf zielt, die **Mitarbeiter zu Mitunternehmern** zu machen, die durch ihr problemlösendes, sozial kompetentes und umsetzendes Denken und Handeln das Unternehmen deutlich stärker mitgestalten als zuvor (Wunderer, 1999). Durch die Entwicklung, Förderung und Nutzung interner Mitarbeiterpotenziale und Kompetenzen können so **Produkt- und Verfahrensinnovationen** entstehen, die das Unternehmen zu einer vorteilhaften Wettbewerbsposition führen.

2.1.3 Äußere Einflussfaktoren und Zwänge

Zahlreiche äußere Faktoren beeinflussen, ob und wie in einer Organisation PE zu geschehen hat. Der Einfluss der Faktoren reicht bis hin zur konkreten Ausgestaltung von Trainings und zur Auswahl der Trainingsthemen. Diese Faktoren können, müssen aber nicht in die Ziele und Strategien der Organisation Eingang gefunden haben. Daher lohnt sich eine zusätzliche Prüfung im Rahmen der Organisationsanalyse. Die **äußeren Einflüsse und Notwendigkeiten** lassen sich grob in vier Gruppen einteilen (vgl. Tabelle 6 für Fragen zur Analyse).

Tabelle 6: Analyse der äußeren Einflüsse auf die Personalentwicklung

Fragen zur Analyse

▪ Welche…
  - Anforderungen von Kunden,
  - technologischen Entwicklungen,
  - rechtlichen Auflagen, Bestimmungen und Normen und
  - sozialen, ökonomischen und ökologischen Entwicklungen
  …auf die das Unternehmen reagieren muss, sind zukünftig zu erwarten?

▪ In welcher Lebenszyklusphase befinden sich die Produkte des Unternehmens/der Branche?
▪ Welche dieser Einflüsse und Anforderungen machen PE-Maßnahmen notwendig oder können mit PE besser bewältigt werden?

Anforderungen von Kunden: Anforderungen von Kunden werden offen geäußert oder müssen ergründet werden. Ein Beispiel der ersten Art ist die Forderung großer Automobilhersteller, dass die Zulieferfirmen ein **Qualitätsmanagementsystem** implementiert haben. Das häufig angewandte Normensystem der DIN EN 9000 stellt per se schon Ansprüche an die PE der Unternehmen und macht darüber hinaus auch PE zu bestimmten Themen notwendig. Will ein Unternehmen weiterhin als Zulieferer eines großen Automobilherstellers gelistet sein, muss es neben dem Qualitätsmanagementsystem eben auch eine dazu passende PE nachweisen. Zur Ergründung nicht direkt geäußerter Kundenanforderungen eignen sich **Kundenbefragungen** (Schneider & Kornmeier, 2006; Varva, 1997). Sie können spontan mündlich, aber auch geplant, regelmäßig und schriftlich durchgeführt werden. Vor allem, wenn die Unzufriedenheit von Kunden mit einzelnen Produkten oder Dienstleistungen sichtbar wird, ist herauszufinden, wie sich diese Schwächen mithilfe von PE beseitigen lassen.

Technische Entwicklungen: Beispiele für technische Entwicklungen mit gravierenden Auswirkungen sind die Abschaffung des Bleisatzes und später der Wegfall der Lithographie bei der Einführung der *Computer-to-plate*-Technik in der Druckindustrie. Berufe wie der des Setzers oder des Lithographen wurden abgeschafft. Die Einführung der neuen Technik führte zu umfassendem PE-Bedarf. Auch die Entwicklungsphase des

Unternehmens (Bleicher, 2004; Robertson, 2005) sowie die **Lebenszyklusphase**, in der die Produkte eines Unternehmens stehen, haben einen Einfluss auf den PE-Bedarf (Wiendieck & Pütz, 1988). Je nach Phase und Position ergeben sich daraus unterschiedliche Rollen und Aufgaben sowie Anforderungen an die Mitarbeiter. Stehen in einem Unternehmen viele Pionieraufgaben an (Start-Up-Unternehmen), sollen neue Märkte erschlossen werden und stehen die Produkte des Unternehmens vor allem **am Beginn** ihres Lebenszyklus, hat die PE **Kreativität, Entwicklungs- und Vertriebskompetenzen** zu fördern. Nach verschiedenen Zwischenstadien sind **am Ende** des Produktlebenszyklus und wenn sich das Unternehmen in Konsolidierungs- oder Restrukturierungsphasen befindet, eher **Problemlösungs- und Organisationskompetenzen** zu fördern.

Rechtliche Auflagen, Bestimmungen und Normen: Die **rechtlichen Auflagen** kommen vom Staat und gelten für alle Marktteilnehmer. Beispiele sind die Ausbildung und der Führerschein für Lastkraftwagenfahrer oder rechtliche Auflagen und Vorschriften zum Unfallschutz. Bestimmungen nichtstaatlicher Organisationen sind teilweise für alle Marktteilnehmer verbindlich (z.B. Auflagen der Berufsgenossenschaften zum Arbeitsschutz) und teilweise unter Inkaufnahme von bestimmten Vor- und Nachteilen frei wählbar (Auflagen der Versicherung, um in eine günstigere Versicherungsklasse eingestuft zu werden). Sie werden beispielsweise für die PE relevant, wenn Berufsgenossenschaften auf Sicherheitsunterweisungen drängen. **Normen** haben teilweise Gesetzeskraft, teilweise sind sie nur **freiwillige Vereinbarungen** von Produzenten, um die Kompatibilität der Produkte zu gewährleisten. Ein Beispiel für eine Norm, die eine Ausbildung und damit PE-Maßnahmen notwendig macht, ist die DIN 33430 zur Personalauswahl, die fordert, dass nur in der Testanwendung ausgebildete Personen die Eignung für bestimmte Positionen anhand von Testverfahren feststellen dürfen. Neben nationalen Vorschriften können auch **internationale Vorschriften** oder solche eines anderen Landes relevant werden. So muss sich ein Pharmaunternehmen, das seine Produkte zukünftig auch auf dem US-amerikanischen Markt vertreiben will, den Bestimmungen und Prüfungen der US Food and Drug Administration (FDA) unterwerfen, die auch Anforderungen an die Ausbildung und Instruktion der in der Produktion eingesetzten Mitarbeiter stellt. Die neuen internationalen Vorschriften zum Risikomanagement von Banken (Basel II) können Restrukturierungen ganzer Unternehmensbereiche, Neueinstellungen und zahlreiche PE-Maßnahmen notwendig machen.

Soziale, ökonomische und ökologische Entwicklungen: Ein Beispiel für eine wesentliche sozioökonomische Entwicklung ist die **demographische Entwicklung**. Sie wird dazu führen, dass zukünftig deutlich weniger junge Fachkräfte auf dem Arbeitsmarkt zur Verfügung stehen. Damit wird es z.B. interessanter für Unternehmen in die Entwicklung auch älterer Mitarbeiter zu investieren. Ein steigender Wettbewerb um Fachkräfte macht Mitarbeiterbindungsprogramme nutzenbringender. Weitere wichtige soziale Entwicklungsbereiche sind: die Entwicklung der Wochen- und Lebensarbeitszeit, die **Erwerbstätigkeit von Frauen**, die Quote der Studierenden je Jahrgang, das **Berufswahlverhalten**. Auch **Veränderungen bei den Lieferanten** können dazu führen, dass im eigenen Unternehmen Personalentwicklungsbedarf entsteht.

Die Analyse der äußeren Einflüsse führt zu Anforderungen und Aufgaben, die in der Zukunft wahrscheinlich zu bewältigen sind. Ist geklärt, welche Fähigkeiten und Fertigkeiten hierfür notwendig sind, kann durch Abgleich mit den vorhandenen Fähigkeiten der PE-Bedarf ermittelt werden.

2.1.4 Personalentwicklungsbedarf gemeinsam mit Mitarbeitern erheben

Die Ableitung des PE-Bedarfs von den strategischen Zielen des Unternehmens und von äußeren Faktoren ist in erster Linie eine gemeinsame Aufgabe des Managements und der Personal- bzw. der PE-Abteilung. Aus dieser **Top-down-Perspektive** werden besonders gut strategische Ziele, aber auch die notwendigen und zur Verfügung stehenden Ressourcen beachtet. Ein Nachteil liegt darin, dass die Gegebenheiten und Probleme in den Arbeitsgruppen vor Ort erst spät ins Blickfeld geraten. Darum sollte sie durch eine oder mehrere **Bottom-up-Perspektiven** ergänzt werden. Führungskräfte und Mitarbeiter können in strukturierten **Mitarbeitergesprächen** (siehe Ryschka & Tietze, Kap. 3.1.1: Mitarbeitergespräch) und anderen Verfahren (s.u.) das aktuelle Tagesgeschäft des Mitarbeiters thematisieren, hier Erwartungen und tatsächliche Leistungen des Mitarbeiters vergleichen, Defizite und Chancen erarbeiten und PE-Bedarf ableiten. Dabei sollten auch die **individuellen Entwicklungswünsche** und -erfordernisse des Mitarbeiters berücksichtigt werden, die aus seiner **persönlichen Karriereplanung** resultieren. Genauso können Teamleiter mit ihren Teams vorgehen. Auf der Ebene des gesamten Unternehmens kann diese Funktion eine **Mitarbeiterbefragung** haben (Borg, 2003). Hierzu werden die Mitarbeiter per Fragebogenumfrage oder in Interviews zu ihrer Zufriedenheit sowie ihren Meinungen und Einstellungen zu den internen Arbeitsprozessen, zu Optimierungsmöglichkeiten und zum PE-Bedarf befragt. Durch diese Bottom-up-Perspektiven werden besonders gut die Defizite, Probleme und Chancen „vor Ort" berücksichtigt. Nachteile liegen im hohen Aufwand für die Bündelung des PE-Bedarfs sowie in der späten Abstimmung mit den vorhandenen Finanzmitteln.

Tabelle 7 fasst Methoden zur Ermittlung des PE-Bedarfs zusammen, bei denen die **Mitarbeiter intensiv eingebunden** sind. Die Mitarbeiter derart an der Bedarfsanalyse und Bedarfsplanung teilhaben zu lassen, macht Sinn, da die Arbeitszufriedenheit und Arbeitsmotivation der Mitarbeiter abhängig sind vom Erfülltheitsgrad der individuellen Qualifizierungsziele und Aufstiegswünsche. Zudem wird durch die **Partizipation der Betroffenen** die **Akzeptanz der Analyseergebnisse** gesichert und die der nachfolgenden PE-Maßnahmen zumindest gefördert (Holling & Liepmann, 2007).

Tabelle 7: Partizipative Methoden zur PE-Bedarfsermittlung nach Domsch (1983)

Möglichkeit der Partizipation	Vorgehensweisen
Bedarfsplanung mithilfe gemeinsam erarbeiteter Lernzielkataloge	▪ Erstellung eines detaillierten Lernzielkataloges mit Beteiligung der betroffenen Mitarbeiter und Festlegung von Prioritäten ▪ Basis in der Regel: Arbeitsplatzbeschreibungen, Arbeitsplatzanalysen, geplante Vorhaben, absehbare Veränderungen der Anforderungen etc. ▪ Übertragung der Lernziele in die Planung konkreter Bildungsmaßnahmen nach Prioritäten ▪ Zentrale Erfassung, Auswertung, Zurückmeldung an die Beteiligten
Bedarfsplanung mithilfe vorgegebener Lernzielkataloge	▪ Erstellung eines detaillierten Lernzielkataloges ohne Beteiligung der betroffenen Mitarbeiter ▪ Basis in der Regel: Arbeitsplatzbeschreibungen, Arbeitsplatzanalysen, geplante Vorhaben, absehbare Veränderungen der Anforderungen etc. ▪ Besprechung des Lernzielkataloges mit betroffenen Mitarbeitern und gemeinsame Festlegung von Prioritäten ▪ Übertragung der Lernziele in die Planung konkreter Bildungsmaßnahmen nach Prioritäten ▪ Zentrale Erfassung, Auswertung, Zurückmeldung an die Beteiligten
Bedarfsplanung auf der Basis kritischer Vorfälle und Ereignisse	▪ Schilderung von gewesenen und vorhersehbaren positiven Erlebnissen, kritischen Problemen, Vorfällen, Ereignissen, Situationen etc. durch die betroffenen Mitarbeiter ▪ Selbstanalyse durch die Mitarbeiter und Empfehlung gezielter Bildungsmaßnahmen ▪ Gruppendiskussion und Empfehlung konkreter PE-Maßnahmen ▪ Zentrale Erfassung, Auswertung, Zurückmeldung an die Beteiligten
Bedarfsplanung mithilfe gegenseitiger Interviews	▪ Vorbereitung der Interviews und des Erfassungsbogens, Schulung in Interviewtechnik ▪ Mitarbeiter mit vergleichbaren Tätigkeiten sprechen über ihre Tätigkeit und Bildungsbedürfnisse ▪ Protokollierung konkreter Bildungsmaßnahmen ▪ Zentrale Erfassung, Auswertung, Zurückmeldung an die Beteiligten
Bedarfsplanung mithilfe von Beurteilungs- und Förderungs- gesprächen	▪ Gespräche zwischen Vorgesetzten und Mitarbeitern über Leistungen, Verhalten, Anforderungen etc. und zukünftige Anforderungen sowie Entwicklungsmöglichkeiten ▪ gemeinsame Erarbeitung von konkreten Bildungsmaßnahmen, Aufnahme spezieller Mitarbeiterwünsche ▪ Zentrale Erfassung, Auswertung, Zurückmeldung an die Beteiligten
Bedarfsplanung mithilfe von Mitarbeiter- befragungen	▪ Entwicklung eines Fragebogens zur Erfassung des PE-Bedarfs ▪ Erfassung des Bedarfs mithilfe des Fragebogens (und eventuell mit zusätzlichen Interviews) ▪ Diskussion der Ergebnisse und Prioritätensetzung ▪ Zentrale Erfassung, Auswertung, Zurückmeldung an die Beteiligten

2.1.5 Offenheit für Personalentwicklung

Erfolgreiche Personalentwicklungsmaßnahmen sind dem Unternehmen angemessen; sie sollten die Organisation weder über- noch unterfordern. Daher umfasst die PE-Bedarfsanalyse auch die Bestimmung der organisationalen PE-Rahmenbedingungen. Hierzu gehören der **Reifegrad des Personalmanagements** und die **Lernkultur** der Organisation.

Reifegrad des Personalmanagements der Organisation

Es lassen sich schematisch vier Reifegrade unterscheiden:

1. Personalverwaltung: Die Organisation hat eine Personalverwaltung, die nur grundlegende Funktionen sowie die rechtlichen Auflagen erfüllt, z.B. Berechnung und Abführung der Lohnsteuern und Sozialversicherungsbeiträge, Urlaubsverwaltung, Krankheits- und Unfallmeldungen. Das Thema Personal wird weitgehend reaktiv behandelt und kaum aktiv angegangen. Daher sind Maßnahmen im Personalbereich vor allem als Reaktionen auf Störungen aus dem Bereich der äußeren Bedingungen oder auf Krisen zu beobachten; so z.B. wenn 15% der Mitarbeiter im nächsten Halbjahr das Unternehmen verlassen, weil sie das Rentenalter erreicht haben.

2. Basales Personalmanagement: Die Organisation nutzt ein elaboriertes System zur Verwaltung der Personal-, Organisations- und Stammdaten der einzelnen Mitarbeiter. Zumindest für einen Teil der Positionen liegen Stellenbeschreibungen vor. Ein Basis-Controlling z.B. des Krankenstandes oder des Personaleinsatzes, bei vergleichbaren Aktivitäten in verschiedenen Teilbereichen, ist etabliert. Das Controlling richtet sich aber vor allem auf die Vermeidung unnötiger Kosten. Einzelne, eher grundlegende Personalthemen werden aktiv gesteuert.

3. Standard-Personalmanagement: In der Organisation sind verschiedene Instrumente zur PE etabliert. Der Status der PE ist historisch gewachsen und resultiert aus vergangenen oder aktuellen Anforderungen oder auch aus den Vorlieben von einflussreichen Mitgliedern der Organisation. Es liegen *integrierte* Prozesse vor. So wird z.B. mit den Stärken- und Schwächenprofilen, die das Ergebnis eignungsdiagnostischer Verfahren sind, die Einarbeitung der neuen Mitarbeiter gesteuert und es werden entsprechende Schwerpunkte in der Traineeausbildung gesetzt. Ein Prozess- und Lerntransfercontrolling findet insofern statt, als dass überwacht wird, ob mit den Maßnahmen im Personalbereich die intendierten Ziele erreicht wurden.

4. Hoch entwickeltes Personalmanagement: Das Personalmanagement wird als wesentlicher Faktor für den Erfolg der Organisation gesehen. Entwicklungen auf dem Markt und insbesondere auf dem Arbeitsmarkt werden analysiert und die Organisation bereitet sich proaktiv und langfristig darauf vor, diesen Entwicklungen gerecht zu werden. So sorgt die Organisation beispielsweise mit Blick auf die geburtenschwachen Jahrgänge und den sich abzeichnenden Fachkräftemangel vor, indem sie ein Beziehungsmanagement aufbaut, welches wichtige Kompetenz- und Leistungsträger ans Unternehmen binden soll. Die einzelnen PE-Maßnahmen stehen nicht wahllos nebeneinander, sondern sind Teil einer elaborierten PE-Strategie, die wiederum Teil der Gesamtstrategie des Unternehmens ist. Es werden nicht nur altbekannte, sondern auch innovative PE-Instrumente und Basistechniken eingesetzt (etwa arbeitsintegrierte, konstruktivistische und computergestützte PE-Ansätze; vgl. Richter & Pohlandt, Kap. 3.2: Arbeitsintegrierte Ansätze der Personalentwicklung; Allmendinger, Kap. 3.3: Konstruktivistische und computerbasierte Ansätze der Personalentwicklung). Alle Maßnahmen im Personalbereich unterliegen einem umfassenden Kosten-Nutzen-Controlling. Die in der Organisation aufzubauenden und vorhandenen Kompetenzen werden aktiv gesteuert. PE-Maßnahmen werden evaluiert; hierbei wird nicht nur die Effektivität (Ausmaß der Zielerreichung), sondern auch die Effizienz, also die Kosten-Nutzen-Relation, überprüft und verbessert (vgl. Solga, Kap. 6: Evaluation der Personalentwicklung).

Je **niedriger der Reifegrad** des Personalmanagements der Organisation, desto mehr ist mit **Widerständen** zu rechnen und desto mehr **Überzeugungsarbeit** ist zu leisten, wenn eine anspruchsvolle PE-Maßnahme erfolgreich eingeführt werden soll. Organisationen mit niedrigem Reifegrad benötigen ganz andere PE-Maßnahmen als Organisationen mit hohem Reifegrad. So kann es für eine Organisation mit dem Reifegrad 1 zunächst sinnvoll sein, ein standardisiertes oder ein an den Positionsanforderungen orientiertes System zur Einarbeitung neuer Mitarbeiter zu etablieren. Für anspruchsvollere Projekte wie die Evaluation von PE-Maßnahmen oder ein tiefgehendes Controlling im Personalbereich werden wahrscheinlich weder die Akzeptanz noch die nötigen materiellen und personellen Ressourcen vorhanden sein. Für eine Organisation mit hoch entwickeltem Personalmanagement wird ein effektives System zur Einarbeitung neuer Mitarbeiter hingegen seit langem selbstverständlich sein.

Um Offenheit für Personalentwicklung generell, aber auch Akzeptanz für einzelne konkrete PE-Maßnahmen zu schaffen, sollten alle betroffenen **Mitarbeiter und Führungskräfte** weitgehend **bei der Einführung von neuen PE-Maßnahmen beteiligt** werden.

Lernkultur

Unter Lernkultur sind die **organisationsspezifische Praxis und Wertschätzung** des individuellen Lernens und der **individuellen Kompetenzentwicklung** im Unternehmen zu verstehen. Ob und in welchem Maße Lernen und PE in einem Unternehmen „gepflegt" werden (Pflege, lat. cultura), wird nach Sonntag (1996) anhand folgender Faktoren sichtbar:

- **Entwicklungsorientierte Leitbilder:** Es gehört zum Selbstverständnis eines Unternehmens, die PE zu fördern oder eben nicht. Neben entsprechenden Sätzen im Unternehmensleitbild zeigt sich dies vor allem an den Ressourcen, die für PE zur Verfügung gestellt werden (z.B. finanzielle und zeitliche Budgets).

- **Lernoberfläche des Unternehmens:** Die Kontakte zu Kunden, Lieferanten, Wettbewerbern, gesellschaftlichen Institutionen etc. werden als Lerngelegenheiten wahrgenommen.
- **Personalentwicklung als integraler Bestandteil der Unternehmensplanung:** Personalorientierte Gestaltungsziele werden formuliert. Neue PE-, Lern- und Lehrkonzepte werden erprobt, um erforderliche Kompetenzen rechtzeitig bereitzustellen. PE wird mittel- und langfristig sowie rechtzeitig geplant. Die Nachwuchsförderung hat einen hohen Stellenwert.
- **Partizipation aller Organisationsmitglieder an der PE:** PE kann das Vorrecht einer bestimmten Hierarchieebene sein, oder es partizipieren alle Hierarchieebenen und Gruppen im Unternehmen an der Auswahl, Gestaltung und Durchführung von Maßnahmen.
- **Lern- und Entwicklungspotenziale in der Arbeit:** Arbeit kann so verteilt und gestaltet werden, dass Arbeitsaufgaben Lernpotenziale bieten, die das Lernen und die Anwendung des Gelernten in der Arbeit fördern (vgl. Richter & Pohlandt, Kap. 3.2: Arbeitsintegrierte Ansätze der Personalentwicklung).

Das Konzept der Lernkultur ist seit Sonntags Beitrag von 1996 stark weiterentwickelt worden (Sonntag & Stegmaier, 2005; Sonntag, Stegmaier, Schaper & Friebe, 2004). Mit dem **Lernkulturinventar** (LKI; Sonntag et al., 2004) liegt ein umfassendes Instrument zur Erhebung von nunmehr neun Dimensionen der Lernkultur eines Unternehmens vor (vgl. Tabelle 2 in Kap. 5: Förderung von Lerntransfer von Solga).

Ist die Lernkultur einer Organisation gut ausgebildet, können auch anspruchsvollere PE-Ziele angegangen werden. Ist die Lernkultur eher schwach, sollten die PE-Maßnahmen durch Maßnahmen zur Verbesserung der Lernkultur flankiert werden.

Weitere Konstrukte, Verfahren und Instrumente zur Organisationsanalyse und -diagnose beschreiben Sonntag, Stagmeier & Schaper (2006) sowie Felfe & Liepmann (2008).

2.2 Aufgabenanalyse: Analyse der Leistungsanforderungen

Um die Analyse des PE-Bedarfs tiefgehend voranzutreiben, werden nun die Elemente der Organisation betrachtet, nämlich die einzelnen Positionen. **Positionen** sind durch bestimmte **Arbeitsbereiche und Aufgaben** definiert, für die der Positionsinhaber die Verantwortung hat. Die Arbeitsbereiche und Aufgaben können aktuell oder geplant und damit zukünftig sein. Aus den Arbeitsbereichen und Aufgaben ergeben sich **Leistungsanforderungen** an den Positionsinhaber, die das Soll in der Gleichung „Soll – Ist = PE-Bedarf" darstellen. Ergebnis der Aufgabenanalyse sind **klare Anforderungskriterien**, denen die vorhandenen Kompetenzen und Qualifikationen aktueller und zukünftiger Mitarbeiter gegenübergestellt werden können, um notwendige PE-Maßnahmen abzuleiten und diese so für ihre Aufgaben zu befähigen.

Die Analyse der Aufgaben und Anforderungen hat als Element der **Arbeitsanalyse** eine lange Tradition. Es steht eine Vielfalt von Verfahren und Instrumenten hierfür zur Verfügung. Eine Übersicht bieten z.B. Dunckel (1999), Frieling und Sonntag (1999), Gael (1988) sowie Nerdinger, Blickle & Schaper (2008). Die vorhandenen Verfahren zielen in zwei Richtungen:

- Die **situationsbezogenen Arbeitsanalyse** untersucht Bedingungen am Arbeitsplatz, auftretende Belastungen, Schnittstellen, Merkmale und Ergebnisse der Arbeitstätigkeit. Die Analyseergebnisse werden z.B. für die Arbeitsplatzgestaltung, die Tätigkeitsbewertung oder die Entgeltfindung genutzt.
- Die **personenbezogene Arbeitsanalyse** untersucht Variablen auf Seiten des Mitarbeiters, nämlich notwendige Fachkenntnisse, Ausbildung, Fähigkeiten, Fertigkeiten, Erfahrungen, Motive und individuelle Ziele. Analysen in dieser Richtung zielen stärker auf personenbezogene Anforderungen und können daher deutlich mehr zur PE-Bedarfsanalyse beitragen.

Da die Personalentwicklung im Gegensatz zur Organisationsentwicklung vor allem auf die Veränderung *personen*bezogener Variablen zielt, stehen die Verfahren zur personenbezogenen Anforderungsanalyse hier im Vordergrund. Im Folgenden werden Klassen von Anforderungen, Zugänge zu ihnen und Verfahren dargestellt.

2.2.1 Klassen von Anforderungen

Um eine breite Sicht auf die mit einer Position verbundenen Anforderungen zu erreichen und die wesentlichen Facetten abzudecken, ist die in Tabelle 8 dargestellte **Klassifikation von Anforderungen** hilfreich. Sie ist aus der Theorie beruflicher Leistung von Campbell, McCloy, Oppler und Sager (1993) abgeleitet.

Die Klassifikation wurde so konzipiert, dass sich Bezüge zu eignungsdiagnostischen Verfahren und PE-Maßnahmen herstellen lassen, die am besten dafür geeignet sind, die jeweiligen Merkmale zu erfassen und zu entwickeln. Zur Durchführung einer konkreten **Anforderungsanalyse** können zu jeder Anforderungsdimension und Klasse **Leitfragen** formuliert und für die zu analysierende Zielposition beantwortet werden (z.B.: Welche sozialen Fähigkeiten sind notwendig, um die Zielposition erfolgreich auszufüllen?). Auf der inhaltlichen Ebene lassen sich **fachbezogene Merkmale** und **überfachliche Merkmale** unterscheiden. Funktionell lassen sich Wissen, Fähigkeiten/Fertigkeiten und Motive sowie Persönlichkeitseigenschaften, die einen Einfluss auf das Anstrengungsniveau und die Ausdauer haben, voneinander unterscheiden.

Andreas Klug

Tabelle 8: Klassen beruflicher Anforderungen, zugeordnete Diagnoseinstrumente und PE-Maßnahmen

Anforderungs-dimension	Anforderungsklasse	Eignungsdiagnostische Verfahren	Beispiele für PE-Maßnahmen
A. Wissen	Fachwissen, überfachliches Wissen	wissensbezogene Fachprüfung	Fachlehrgang, Seminar, Literaturstudium
B. Fähigkeiten u. Fertigkeiten	fachliche Fähigkeiten und Fertigkeiten	handlungsbezogene Prüfung der Fachkompetenz, Arbeitsproben	verhaltensbezogenes Fachtraining, Verhaltenstraining für fachliche Fertigkeiten
	soziale Fähigkeiten und Fertigkeiten: Führungsfähigkeiten, Konfliktfähigkeit, Kooperationsfähigkeit etc.	Rollensimulationen: Kundengespräch, Mitarbeitergespräch, Verhandlung	Training sozialer Kompetenzen, Vertriebstraining, Führungskräfteentwicklungsprogramm, Arbeitsplatztausch
	analytische, konzeptionelle und steuerungsbezogene Fähigkeiten und Fertigkeiten: Prozess- und Managementfähigkeiten, unternehmerische Fähigkeiten etc.	Management Fallstudien, Simulationen, Planspiele	Fallstudien, Coaching, Führungskräfteentwicklungsprogramm
	körperliche Fertigkeiten: Kraft, Ausdauer, Stressresistenz	Arbeitsproben, Selbstpräsentation, Belastungstest	Fitnesstraining, Stressbewältigungsprogramm, Zeit- und Selbstmanagementtraining, Coaching
C. Motivierende überfachliche Eigenschaften	**Motive**, Interessen, persönliche Ziele	Interview, Fragebogen, Rollensimulationen	Coaching, Mentoring
	Persönlichkeitseigenschaften, Werte, Einstellungen	Interview, Fragebogen	Training und Coaching zur Persönlichkeitsentwicklung

Zu A. Wissen: Das Wissen stellt das Fundament für Fähigkeiten und Fertigkeiten dar. Das **Fachwissen** wird vor allem in standardisierten Ausbildungsgängen wie z.B. im Bauingenieurstudium erworben und nachgewiesen. Erfolgskritische **überfachliche Wissensbereiche** sind z.B. Grundkenntnisse im Handels- oder Arbeitsrecht. Abschlusszeugnisse dokumentieren, dass zum Prüfungstermin ein bestimmtes Wissen vorhanden war. Da Wissen auch wieder vergessen werden kann, sollte man den aktuellen Wissensstand durch Fachfragen und Wissenstests zumindest stichprobenartig erneut prüfen. PE-Maßnahmen zur Wissensvermittlung sind z.B. hoch strukturierte Fachlehrgänge, Weiterbildungsseminare sowie das selbstständige Literaturstudium.

Zu B. Fähigkeiten und Fertigkeiten: Fähigkeiten sind relativ umfassend und befähigen ihren Träger, eine Vielzahl von Situationen erfolgreich zu bewältigen (z.B. die Fähigkeit, ein Auto sicher im Verkehr bewegen zu können). Fertigkeiten sind enger umschrieben und befähigen ein eingegrenztes Spektrum von Situationen erfolgreich zu bewältigen (z.B. rückwärts einparken). Zu Fähigkeiten gehören meist viele Fertigkeiten. Die Unterscheidung von Fähigkeiten und Fertigkeiten ist hilfreich, da für viele Positionen bestimmte Fertigkeiten unbedingt notwendig sind, die übergeordneten Fähigkeiten aber nicht unbedingt besonders stark ausgeprägt sein müssen. Fähigkeiten und Fertigkeiten können aus **kognitiven oder psycho-motorischen Operationen** bestehen. Anforderungen auf der Dimension „Fähigkeiten und Fertigkeiten" lassen sich in drei Klassen einteilen: Die **fachbezogenen Fähigkeiten** und fachbezogenen Fertigkeiten werden überwiegend in Ausbildungsgängen erworben und sind eng an bestimmte Berufe oder Branchen geknüpft. **Analytische, konzeptionelle und Steuerungsfähigkeiten** wie z.B. analytisch-strategisches Denken, Planungsfähigkeit, Entscheidungsfähigkeit oder Prozess- und Managementfähigkeiten können Erfolgsfaktoren für ganz unterschiedliche Positionen sein. Die Nachfrage nach ihnen ist deutlich größer und stabiler als die nach einzelnen fachbezogenen Fähigkeiten. Dies gilt auch für die **sozialen Fähigkeiten**, zu denen auch die Führungsfähigkeiten gehören. Je höher eine Position in der Führungshierarchie liegt, desto größer ist die Bedeutung der überfachlichen Fähigkeiten im Anforderungsprofil. Verfügt ein Mitarbeiter über bestimmte Fähigkeiten, bedeutet das jedoch noch nicht, dass er sie auch einsetzt.

Zu C. Überfachliche motivierende Eigenschaften: Überfachliche Eigenschaften, jenseits des Wissens und der Fähigkeiten, wie **Motive**, **Einstellungen** und **überdauernde Persönlichkeitsmerkmale,** wirken vor allem auf das Engagement, auf die Selbstkontrolle und **Selbstregulation** (Ausdauer, persönliche Disziplin), die ein Mitarbeiter auf einer Position zeigt. Wenn Mitarbeiter die in sie gesetzten Erwartungen nicht erfüllen, obwohl sie gut ausgebildet sind, ist dies oft damit zu erklären, dass sie nicht entsprechend motiviert sind oder die Position nicht diejenigen Leistungsanreize bietet, die die Mitarbeiter motivieren. Überfachliche Eigenschaften wirken auf das Befriedigungspotenzial der Position und das Wohlbefinden des Mitarbeiters. Daher ist es sinnvoll auch Variablen in diesem Bereich bei Eignungsuntersuchungen zu erfassen. Die Veränderung solcher Variablen mithilfe von PE-Maßnahmen ist aber in vielen Fällen sehr aufwändig und wird daher nur selten angegangen.

Einen weiteren, noch differenzierteren Klassifikationsansatz bietet das **Occupational Information Network (O*NET**; Peterson et al., 2001; http://online.onetcenter.org/). Es bietet ein umfassendes, hierarchisch geordnetes System von Beschreibungsbegriffen für berufliche Tätigkeiten, die bei Anforderungsanalysen verwendet werden können. Ein konkretes Vorgehensbeispiel beschreiben Jeanneret & Strong (2003). Darüber hinaus bietet es auch zahlreiche fertige und sehr detaillierte Beschreibungen der Aufgaben und Anforderungen verschiedene Berufe und Positionen.

2.2.2 Zugänge zu den Anforderungen

Befragungen

Ein realistisches Bild der Anforderungen ergibt sich am ehesten, wenn die Zielposition aus unterschiedlichen Perspektiven betrachtet wird. Daher macht es Sinn verschiedene **Job-Experten**, die die Zielposition gut kennen, aus verschiedenen Teilgruppen der Organisation zu den Aufgaben und Anforderungen zu befragen; beispielsweise

- den Vorgesetzten,
- aktuelle Positionsinhaber, Inhaber vergleichbarer Positionen,
- Kollegen, die die Tätigkeit bereits ausüben oder eine Schnittstelle zur Zielposition haben, Kooperationspartner und interne Lieferanten,
- interne und externe Kunden und schließlich
- Mitarbeiter aktueller Positionsinhaber.

Als Job-Experten werden häufig Mitarbeiter befragt, die **längere Zeit auf der Zielposition tätig** waren und nun **zum Vorgesetzten aufgestiegen** sind. Hierbei ist darauf zu achten, dass die Befragten bei den Anforderungen für die Zielposition bleiben und nicht vornehmlich berichten, was sie getan haben, um zum Vorgesetzten aufzusteigen. Denn Letzteres kann etwas ganz anderes sein als das, was ein guter und im Sinne der Leistungsziele erfolgreicher Positionsinhaber tun sollte. Beispielsweise werden an einen guten Verkäufer andere Anforderungen gestellt als an einen Vertriebsleiter. Auf **Verzerrungen** dieser und ähnlicher Art ist stets zu achten (Landy, 1993). Insgesamt tendieren unterschiedliche Rollenträger (Kollegen, Vorgesetzte, Kunden etc.) dazu, ihre **eigenen rollenspezifischen Erwartungen und Interessen** in die Anforderungsanalyse einzubringen. Diese können einander und ferner den Zielen und Interessen der Organisation **widersprechen oder unvereinbar** sein. Dann gilt es, die Aussagen der unterschiedlichen Rollenträger und die Interessen der Organisation bzw. ihre strategischen Zielen zu einem Anforderungsprofil zu verdichten. Die Auswahl der Job-Experten geschieht am besten nach einer rationalen Strategie (z.B. Auswahl besonders leistungsstarker Positionsinhaber, Auswahl einer repräsentativen Stichprobe im Sinne der Arbeitserfahrung).

Mündliche Befragungen haben die Form von Interviews, Workshops oder moderierten Gruppendiskussionen. **Interviews** eröffnen eine breite Sicht. Es lassen sich sowohl direkt beobachtbare Verhaltensweisen als auch geistig-intellektuelle Tätigkeiten sowie Erfahrungen und Tätigkeiten, die nur selten vorkommen, aber durchaus wichtig sind, thematisieren. Der Interviewer sollte trainiert sein und ein Vertrauensverhältnis zum Job-

Experten erreicht haben. Interviews werden gut akzeptiert, da der Job-Experte aktiv an der Informationssammlung teilnimmt. **Anforderungsanalyse-Workshops** (vgl. Tabelle 9) mit allen wichtigen Experten und Entscheidern sind sehr zeitökonomisch. Bei Einzelinterviews wird man aber mehr erfahren als bei Workshops, denn „unter vier Augen" traut sich manch einer mehr zu sagen, als wenn der Vorgesetzte dabei ist. In Workshops können bisherige Ergebnisse aus ersten Interviews verdichtet und zurückgespiegelt werden; unterschiedliche Auffassungen zur Zielposition werden ausdiskutiert. Damit kann ein Anforderungsanalyse-Workshop den positiven Nebeneffekt haben, dass Rollen und Erwartungen geklärt und damit Arbeitsprozesse optimiert werden. Bei auf diese Weise zu einem Konsens geführten Analyseergebnissen ist sicher, dass sie auch von den wichtigen Entscheidern und Experten getragen werden.

Tabelle 9: Workshop Anforderungsanalyse (modifiziert nach Goldstein & Ford, 2002)

Vorbereitung
1. Definition der Zielposition
2. Bestimmung der Teilnehmer
Durchführung
1. Zusammenfassung der bisherigen Geschichte des Projekts
2. Erklärung genereller Sinn und Zweck des Workshops

3. Bereitstellung von Hintergrundinformationen zur Anforderungsanalyse:
  ▪ Bedeutung der Anforderungsanalyse
  ▪ einzelne Teilschritte der Anforderungsanalyse
  ▪ verschiedene Arten von Ergebnissen einer Anforderungsanalyse
  ▪ genereller Zeitrahmen des Projektes

4. Begründung, warum gerade die Anwesenden ausgewählt wurden
5. Information der Teilnehmer, wie vertraulich mit den Auskünften umgegangen wird
6. Gelegenheit für Fragen
7. Durchführung der Critical Incident Technik und/oder einer Analyse der Positionsziele und Kernaufgaben (siehe Kap. 2.2.3), evtl. zusätzlicher Einsatz von Aufgabeninventaren
8. Erklärung, was mit den erhaltenen Informationen im nächsten Schritt geschieht
9. Klärung noch offener Fragen

Mit **schriftlichen Befragungen** anhand von **Fragebogen** und **Checklisten** lassen sich mit geringem Aufwand sehr viele Informationen zu Positionsanforderungen von vielen Personen gewinnen. Sie setzen aber erhöhte sprachliche Fähigkeiten und die Fähigkeit zur Selbstreflexion und Selbstbeschreibung voraus, die nicht bei allen Mitarbeitern vorhanden sein müssen. Da der Analytiker dem Auskunftgeber nicht persönlich begegnet, kann er deutlich weniger in Richtung korrekter Auskünfte wirken als im Interview. Es lassen sich auch keine nonverbalen Signale oder Untertöne des Befragten auswerten, die in mündlichen Befragungen Zweifel an der Richtigkeit der Auskünfte aufkommen lassen würden. Schriftliche Befragungen sollten daher erst nach Interviews, in einem zweiten Schritt eingesetzt werden. Eine Übersicht über vorhandenen Fragebogen und Checklisten hierzu bieten Schüpbach und Zölch (2007).

Beobachtungen

Beobachtungen sind begleitend-still, teilnehmend oder selbst in der Rolle eines Positionsinhabers möglich. Mit **Beobachtungen eines Positionsinhabers** lassen sich hoch relevante Daten erfassen, da man in der Situation ist, in der auch die PE wirksam werden soll. Sie erfordern aber professionelle **Beobachtungskompetenz** und eine **vorherige Auseinandersetzung** mit der Position. Beobachtungen eignen sich vor allem zur Analyse von einfachen Arbeiten, bei denen das Spektrum der anfallenden Aufgaben eher gering ist oder die einen kurzen Zyklus haben. Positionen mit vielen intellektuellen, konzeptionellen und geistig-schöpferischen Aufgaben können nur schwer bis gar nicht per Beobachtung analysiert werden. Die Analyse von Arbeiten, die sich zeitlich lange hinstrecken, ist sehr aufwändig. Es ist ferner durchaus möglich, dass wichtige Aufgaben oder kritische Ereignisse und Probleme im Beobachtungszeitraum gar nicht anfallen. Kann der Anforderungsanalytiker selbst für einige Zeit die Aufgaben übernehmen, die auf der Zielposition zu erledigen sind, so ist dies von Vorteil, weil er die Leistungsanforderungen **am „eigenen Leibe"** erleben kann. Das ist allerdings sehr zeitaufwändig und damit teuer. Bei komplexen Aufgaben, die viel Expertise erfordern, wäre der Analytiker auch schnell überfordert oder er bräuchte ein aufwändiges Training vorweg.

Dokumentenanalyse

Informative Dokumente sind beispielsweise vorhandene **Positionsbeschreibungen** und **Anforderungsprofile** aus vergleichbaren Kontexten, tägliche Aufzeichnungen über durchgeführte Arbeiten, bereits eingesetzte **Mitarbeiterbewertungssysteme** oder Prozessbeschreibungen, die im Rahmen des Qualitätsmanagements erstellt wurden. Insbesondere für gehobene Positionen lassen sich aus **Führungsgrundsätzen, Unternehmensleitbildern und Visionen** weitere Anforderungen ableiten. In günstigen Fällen kann von den strategischen Zielen der Organisation und den zugehörigen Investitions- und Produktionsplänen relativ eindeutig abgeleitet werden, wann welcher Bedarf an welchen konkreten PE-Maßnahmen besteht. In anderen Fällen ist dies nicht so leicht möglich, z.B. dann, wenn eine Position neu geschaffen wird und so (oder ähnlich) noch nicht im Unternehmen existiert.

Fazit zur Auswahl der Zugänge zur Anforderungsanalyse

Idealerweise werden mehrere Zugänge zur Anforderungsanalyse genutzt; auf diese Weise lassen sich die verschiedenen Perspektiven vereinen und die Nachteile einzelner Zugänge ausgleichen. Steadham (1980) diskutiert umfassend die Vor- und Nachteile der drei Zugänge zu den Anforderungen.

Als erster Schritt der Analysearbeit ist die Zielposition zu definieren. Orientiert man sich dabei an gängigen **Positionstiteln** (z.B. Kundenbetreuer), stößt man nicht selten auf ein sehr breites Aufgabenspektrum. In unterschiedlichen Umfeldern (andere regionale Einheit, andere Schicht) können konkrete Positionen zwar den gleichen Titel tragen, aber zugleich sehr unterschiedliche Teilbereiche eines Aufgabenspektrums zusammenfassen (Goldstein & Ford, 2002). Es wird daher häufig notwendig sein, die **Zielpositionen als Analyseeinheiten neu zu definieren** und sich dabei **weniger von bereits verwendeten Titeln** als von Funktionsclustern leiten zu lassen.

Eine weitere Herausforderung kommt hinzu, wenn der PE-Bedarf ausgehend von strategischen, **in die Zukunft gerichteten Zielen,** bestimmt werden soll. Solche Ziele machen meist die Einrichtung völlig neuer Positionen notwendig. Gegebenenfalls werden ganze Abteilungen neu geschaffen. Die Aufgabenverteilung und die zu einzelnen Positionen gehörenden Anforderungen können nur logisch und sehr allgemein aus den strategischen Zielen abgeleitet werden. In der Praxis wird sich die *konkrete* Aufgabenverteilung dann erst nach der Aufbauphase deutlicher herausstellen.

2.2.3 Konkrete Verfahren zur Anforderungsanalyse

Analyse der Positionsziele und Kernaufgaben

Dieses Top-down-Verfahren knüpft direkt an die Organisationsanalyse an, innerhalb derer die Ziele und Strategien der Organisation als Ganzes konkretisiert wurden. Die wesentliche Frage lautet: Für welchen Teil der Ziele der Organisation hat der Positionsinhaber die **Umsetzungsverantwortung**? Anders formuliert: Was soll der Positionsinhaber erreichen? Welche Kriterien und Ziele müssen erfüllt sein, damit die Geschäftsführung das Wirken des Positionsinhabers als erfolgreich bewertet? Zu jeder Position gibt es **allgemeine Positionsziele**, die jeder vergleichbare Positionsinhaber (z.B. Vertriebsleiter) erreichen soll. Hinzu kommen **spezifische Positionsziele** speziell für die zu besetzende Position (z.B. Vertriebsleiter in der Schweiz im Vergleich zu Österreich).

Die **spezifischen Ziele** ergeben sich aus den konkreten Bedingungen und Kundenanforderungen der Zielposition und der Passung zum bestehenden Team (bestehende Kompetenzen, Arbeitsstile, Arbeitsaufteilung, Teamkultur etc.). Sind die Positionsziele mithilfe dieser Fragen konkretisiert, definiert man anschließend für jedes Ziel die **Kernaufgaben**, die für die Erreichung des Ziels erledigt werden müssen. Es ist zu empfehlen, nicht mehr als **sieben Ziele** und zu jedem Ziel etwa **vier bis sechs Kernaufgaben** zusammenzustellen. Dabei kann es durchaus vorkommen, dass eine Kernaufgabe der Realisierung mehrerer Positionsziele dient. Erfahrungsgemäß wird ein Teil der Kernaufgaben schon relativ konkret und nah am direkt beobachtbaren Verhalten beschrieben sein. Für die anderen, noch zu abstrakt gefassten Kernaufgaben, sind nun konkretere **Teilaufgaben** zu formulieren, die sich ebenfalls für eine direkte Beobachtung eignen. Zu allen ausreichend konkreten Aufgaben werden nun die für ihre erfolgreiche Erledigung **notwendigen Kenntnisse, Fähigkeiten und Fertigkeiten** (fachlicher und überfachlicher Art) zusammengestellt. Anschließend werden die **Motive, Einstellungen und überdauernden Persönlichkeitsmerkmale** ergänzt, die eine erfolgreiche und für den Positionsinhaber befriedigende Aufgabenerledigung fördern. Zusammenfassend ist das Verfahren in Tabelle 10 dargestellt. Die konkreten Fragen zu den Positionszielen machen deutlich, dass dieses Verfahren besonders für gehobene Positionen geeignet ist, die einen relativ engen Bezug zu den Organisationszielen haben. Für Positionen, die davon weiter entfernt sind, eignet sich die ergänzende Frage: Welchen Beitrag soll der Inhaber der Zielposition zum Unternehmenserfolg leisten?

Tabelle 10: Leitfaden zur Analyse der Positionsziele, Kernaufgaben und Anforderungen

Organisationsziele und -strategien
▪ Was will die Organisation erreichen?
Ziele der Position
▪ Für welchen Teil der Ziele der Organisation hat der Positionsinhaber die Umsetzungsverantwortung?   ▪ Was sind die wesentlichen Ziele, die der Positionsinhaber erreichen soll?   ▪ Welche Kriterien und Ziele müssen erfüllt sein, damit die Geschäftsführung das Wirken des Positionsinhabers als erfolgreich bewertet?   ▪ Welchen Beitrag soll der Inhaber der Zielposition zum Unternehmenserfolg leisten?   ▪ Welche Rolle hat der Positionsinhaber?   ▪ Welche Erwartungen sind an seine Rolle und die Position geknüpft?
Kernaufgaben
▪ Was sind die wesentlichen Aufgaben des Positionsinhabers?   ▪ Was muss der Positionsinhaber dafür tun, dass er die an seine Position geknüpften Ziele, Erwartungen und geforderten Beiträge erbringt?
Anforderungen   **(allgemeine Anforderungskriterien sowie spezifische Anforderungskriterien für eine bestimmte Position in einem bestimmten Kontext)**
▪ Fachwissen/überfachliches Wissen: Was muss er dafür wissen?   ▪ Fachkompetenzen, überfachliche Kompetenzen: Was muss er dafür können?   ▪ Motive, Interessen, Einstellungen, Persönlichkeitsmerkmale: Was muss er dafür wollen?

Analyse der Rollen und Erwartungen

Eine weitere Perspektive bietet das Konzept der **sozialen Rolle**: Positionsinhaber sind Träger einer oder mehrerer Rollen, die durch bestimmte Aufgaben und die **Summe der Erwartungen** anderer Personen an den Rollenträger definiert sind. Beispiele von Rollen von Führungskräften sind: Repräsentant, Informationsverteiler, Krisenmanager, Verhandlungsführer (Mintzberg, 1973). Der Verbindlichkeitsgrad der Rollen sowie auch der **Druck, die jeweiligen Erwartungen zu erfüllen**, können unterschiedlich sein. Es ist zu klären, welche Positionen (Funktionsträger) im Unternehmen welche Erwartungen an die Zielposition stellen. Anschließend ist abzuklären, was der Inhaber der Zielposition tun muss, um diese Erwartungen zu erfüllen. Dabei sind die Erwartungen der verschiedenen Organisationseinheiten durchaus unterschiedlich und möglicherweise sogar unvereinbar und damit **konfliktträchtig**. Man denke nur an einen Projektassistenten, der für zwei Führungskräfte aus sehr unterschiedlichen Bereichen arbeitet. Verantwortungs- und Befugnisfragen zwischen Positionen gleicher oder unterschiedlicher Hierarchieebene – wie beispielsweise die Frage, wer für eine Aufgabe noch zuständig ist oder sie mit übernehmen muss – sind häufige Konfliktthemen. Durch eine Aufgaben- und Anforderungsanalyse können die Verteilung von Aufgaben und Verantwortung sowie gegenseitige Erwartungen geklärt werden. Sie kann daher auch zur Verbesserung der Effizienz der Arbeitsprozesse beitragen.

Aufgabeninventare

Aufgabeninventare dokumentieren strukturiert die auf einer Position ausgeübten Aufgaben. Als Grundlage für ihre Erstellung lassen sich vorhandene **Stellenbeschreibungen** nutzen. Dabei gilt es, die zu einer Position gehörenden Arbeitsprozesse zu erfassen. Der Anforderungsanalytiker folgt dem Ablauf eines jeden Prozesses und sammelt auf grobem Niveau alle für den Prozess relevanten Aufgaben und Tätigkeiten. Diese werden dann in Workshops oder Interviews mit Positionsinhabern und Führungskräften diskutiert und um weitere konkrete Tätigkeiten ergänzt. Es sollten möglichst **verhaltensbezogene Auflistungen von Aufgaben** und **Beschreibungen der Teiltätigkeiten** resultieren. Auf diese Weise können auch für mehrere Positionen Listen erstellt und so alle Aufgaben innerhalb eines Arbeitsbereiches dokumentiert werden.

Es wird deutlich, welche Person was in welchem Umfang tut. In einem **weiterführenden Schritt** lassen sich aus den Listen dann **Fragebogen** erstellen, mit dessen Hilfe die Positionsinhaber dann ihren aktuellen **Kompetenzstand einschätzen**. Dies wäre dann bereits eine Form der Personanalyse des dritten Schritts der PE-Bedarfsanalyse. Diese Selbsteinschätzungen können durch Fremdeinschätzungen (etwa Beurteilung durch Führungskräfte) ergänzt werden. Für eine sechsstufige Einschätzungsskala können z.B. folgende Anker verwendet werden:

1 – keine Kompetenz

2 – nur Grundkenntnisse

3 – Kompetenz zur Ausführung mit Unterstützung bzw. Anleitung

4 – Kompetenz zur selbstständigen Ausführung unter Normalbedingungen

5 – Kompetenz zur selbstständigen Ausführung unter schwierigen Bedingungen

6 – in langjähriger eigener Ausführung gewonnene Expertise

Der **Entwicklungsbedarf** wird deutlich, wenn man dem zuvor definierten Soll-Kompetenzstand den Ist-Stand der Kompetenzen in Form dieser Einschätzungen gegenüberstellt.

Richter und Pohlandt (2004) beschreiben die **konkrete Anwendung von Aufgabeninventaren** am Beispiel von Mitarbeitern eines Call-Centers. Dieses Verfahren ist auch gut für einfache Positionen geeignet und kann nach einer speziellen Einweisung in weiten Teilen auch selbstständig von Führungskräften zusammen mit Positionsinhabern durchgeführt werden. Das Verfahren fokussiert Fertigkeiten, die klar bestimmten Teilaufgaben zugeordnet sind. Aufgabenübergreifende methodische, soziale und personale Fähigkeiten kommen dabei möglicherweise nicht zur Geltung. Zu verfälschten Ergebnissen führt das Verfahren, wenn Positionsinhaber die eigenen Fähigkeiten besser einstufen, als diese es wirklich sind, z.B. weil sie negative Konsequenzen befürchten oder ihr Selbstwertempfinden nicht stören wollen.

Critical Incident Technique (CIT)

Kritische Ereignisse sind Situationen, in denen es besonders darauf ankommt, dass der Positionsinhaber kompetent und geeignet ist. **Starke Positionsinhaber** bewältigen die Situation erfolgreich. Ihr Vorgehen ist im Idealfall sinnvoll, effizient und ökonomisch. Bei **schwachen Positionsinhabern** ist die Wahrscheinlichkeit groß, dass sie scheitern. Ihr Vorgehen ist eher ineffizient, unökonomisch sowie verbesserungswürdig. Ein gutes **Beispiel** für ein kritisches Ereignis ist die Reklamation eines Kunden, die sich vor allem auf das subjektive Empfinden des Kunden gründet (Kunde kritisiert die mangelnde Sauberkeit, seitdem die neue Reinigungskraft putzt): Der schwache Kundenbetreuer verliert den Kunden, der Starke wandelt die Reklamation in einen Zusatzauftrag, z.B. eine Grundreinigung um. Diese Methode der Anforderungsanalyse wurde von Flanagan (1954) vorgestellt und ist seitdem mehrfach modifiziert worden. Heute existieren viele verschiedene Varianten des ursprünglichen Verfahrens (vgl. Bownas & Bernardin, 1988). Wesentliche **Konstruktionsregeln** fasst Tabelle 11 zusammen.

Tabelle 11: Konstruktionsregeln für kritische Ereignisse

Regeln
▪ Das Verhalten muss konkret beobachtbar sein.
▪ Die Analyseeinheit ist eine konkrete Verhaltensweise.
▪ Aktive Formulierungen: Der Mitarbeiter ist das Subjekt des Satzes, die Verhaltensweise wird durch ein Verb markiert.
▪ Der situative Kontext als Reiz muss klar definiert sein.
▪ Die Konsequenzen des positiven und negativen Verhaltens müssen definiert werden.
▪ Es dürfen keine Persönlichkeitseigenschaften erwähnt werden.
▪ Die das Verhalten beschreibenden Sätze dürfen keine Bewertungen enthalten.

Das Ergebnis einer Anforderungsanalyse nach dieser Technik besteht aus **Beschreibungen konkreter Verhaltensweisen**, mit denen kritische Situationen auf der Zielposition erfolgreich bewältigt werden können. Diese Verhaltensbeschreibungen sollten mehr sein als *erste Eindrücke*; daher sind gut vorbereitete Interviews notwendig. Die Beschreibungen des Verhaltens erfolgreicher Positionsinhaber sind wichtiger als die Beschreibungen des Verhaltens der weniger effektiven Positionsinhaber; letztere haben vor allem eine Kontrastfunktion und sollen die Erfolgsfaktoren besonders deutlich machen.

In Tabelle 12 wird das konkrete **Vorgehen bei einem CIT-Workshop** dargestellt. Im günstigen Fall kann man die gewonnenen Situations- und Verhaltensbeschreibungen sehr gut für die Konstruktion eignungsdiagnostischer Instrumenten (etwa situative Interviewfragen oder Rollensimulationen) nutzen. Im Rahmen nachfolgender PE-Maßnahmen können die Situationsbeschreibungen als **Basis für Rollensimulationen zu Trainingszwecken** verwendet werden. Die Verhaltensbeschreibungen eignen sich auch als **Lernerfolgskriterien für die Evaluation** von PE-Maßnahmen.

Die Analyse der Positionsziele, Kernaufgaben und Rollen sowie die Critical-Incident-Technik sind besonders sensibel für soziale Kompetenzen und relativ unempfindlich für notwendige kognitive Kompetenzen. Hacker (1995) beschreibt Verfahren, die vor allem Anforderungen im Bereich der kognitiven Kompetenzen fokussieren. Eine allgemeine Übersicht über solche Verfahren bietet auch Sonntag (2006).

Tabelle 12: Anforderungsanalyse anhand kritischer Ereignisse

Sammlung
Teilnehmer des Anforderungsanalyse-Workshops: zwei bis sechs *Positionsexperten*
Fragen an die Teilnehmer: <ul><li>Mit welchen besonders schwierigen Situationen oder Ereignissen wird man auf der Zielposition konfrontiert? Gesammelt werden 8 - 12 solcher Ereignisse, idealerweise an einer Moderationswand auf Karten</li><li>In welchen dieser Situationen zeigt sich besonders gut, ob der Inhaber der Position diese erfolgreich oder eher nur schwach ausfüllt?</li></ul>
Ordnung und Auswahl
<ul><li>Teilnehmer bringen Ereignisse bezüglich ihrer Bedeutung in eine Rangreihe (z.B. anhand von Klebepunkten)</li><li>Auswahl der 6 - 10 wichtigsten Ereignisse (Karten)</li></ul>
Bearbeitung
1. Teil
Die Teilnehmer sollen sich konkrete Beispiele vor Augen führen. Relevant sind **beobachtbare Verhaltensweisen** (was tut der Stelleninhaber tatsächlich?), nicht Qualifikationen, Eigenschaften und Persönlichkeitsfaktoren (was für eine Person ist der Stelleninhaber?).
Bearbeitung der kritischen Ereignisse anhand folgender Fragen: <ul><li>Was macht ein erfolgreicher Positionsinhaber in dieser Situation konkret?</li><li>Wie geht der erfolgreiche Positionsinhaber vor? Wie bewältigt er die Situation?</li><li>Was war besonders effektiv an dem Verhalten des erfolgreichen Positionsinhabers?</li><li>Was waren die Konsequenzen dieses Verhaltens?</li><li>Woran ist sein Erfolg zu erkennen?</li><li>Was macht ein eher schwacher Positionsinhaber in dieser Situation?</li><li>Was war besonders ineffektiv an diesem Verhalten?</li><li>Woran ist sein Misserfolg zu erkennen?</li><li>Wie sollte ein Positionsinhaber in dieser Situation auf keinen Fall vorgehen?</li></ul>
2. Teil
Nachdem das in der kritischen Situation zu Erfolg führende Verhalten klar umschrieben ist, kann in einem zweiten Schritt ergänzend gefragt werden, welche Kompetenzen und Fertigkeiten für eine erfolgreiche Bewältigung des kritischen Ereignisses eingesetzt und gezeigt werden müssen.
Bearbeitung der kritischen Ereignisse anhand folgender Fragen: <ul><li>Welche Kenntnisse, Fähigkeiten und Fertigkeiten liegen den erfolgreichen Bewältigungsstrategien zugrunde?</li><li>Welche Motive und welche überdauernden Persönlichkeitsmerkmale machen das Auftreten des zum Erfolg führenden Verhaltens wahrscheinlich?</li></ul>
Weitere Hinweise zur Durchführung
<ul><li>Ergänzend können kritische Ereignisse, die erst in der Zukunft zu erwarten sind, für eine zukunftsorientierte Anforderungsanalyse verwendet werden.</li><li>Ist die Gruppe der Teilnehmer am Workshop größer, können auch Teilgruppen gebildet werden, die dann jeweils einen Teil der kritischen Ereignisse bearbeiteten.</li></ul>

2.2.4 Fazit zur Aufgaben- und Anforderungsanalyse

Das Ergebnis der Anforderungsanalyse ist das **Anforderungsprofil**. Es fasst zusammen, über welche Merkmale (Wissen, Fähigkeiten, Fertigkeiten, Motive, Einstellungen etc.) ein Positionsinhaber in welchem Ausmaß verfügen muss, um seine Rolle(n) und Aufgaben erfolgreich zu erfüllen. Nach jeder Anforderungsanalyse sollte man abschließend noch einmal die Güte der gefundenen Anforderungen prüfen:

- Das Ergebnis einer gut durchgeführten Anforderungsanalyse besteht aus positionsbezogenen, konkreten Anforderungen, die einen Bezug zum **Wertschöpfungspotenzial der Position** sowie zur Strategie und den Zielen des Unternehmens haben.

- Die Anforderungen sollen aktuell sein und möglichst auch zukünftige Entwicklungen reflektieren. Dazu sind **Informationen über die Zukunft** eines Arbeitsgebietes zu sammeln (Weinert, 2004). Anforderungskataloge sind immer als vorläufig zu betrachten. Verändern sich die mit der Organisationsanalyse geprüften Faktoren, kann es notwendig werden, auch die Anforderungsprofile zu ändern. Ein **modularer Aufbau** der Anforderungen ermöglicht es, Veränderungen der Position zu berücksichtigen. Verschieben sich einzelne Aufgaben und damit auch die entsprechenden Anforderungen, brauchen nur die betroffenen Bereiche neu analysiert werden. Um dem, in der Zukunft noch steigernden Wandel der Aufgaben, gerecht zu werden schlägt Weinert (2004) vor, von reinen Aufgabenbeschreibungen wegzukommen und stattdessen Rollenbeschreibungen für die Anforderungsanalyse zu verwenden.

- Die Anforderungen müssen einen **Konkretheitsgrad** haben, der zu ihrem weiteren Verwendungszweck passt. Wenn die Anforderungen dazu genutzt werden sollen, ein Trainingsprogramm zu konzipieren, dann müssen sie konkret genug angeben, was später im Training gelernt werden soll.

Eine Aufgaben- und Anforderungsanalyse kann dazu führen, dass am Ende sehr viele konkrete Elemente wie Teilaufgaben und Anforderungen resultieren. Dann wird es notwendig, die **Ergebnisse für die weitere Verwendung zu revidieren, zu priorisieren und evtl. zu reduzieren** und zwar orientiert an der **Nützlichkeit**. „Kernaufgaben" werden anhand ihrer Häufigkeit sowie ihrer Bedeutung für den Erfolg auf der Position priorisiert. Anforderungen wie Wissen, Fähigkeiten, Motive und andere Persönlichkeitsmerkmale werden nach ihrer Bedeutung für die erfolgreiche Erledigung der zugehörigen Kernaufgabe priorisiert und nach dem Aufwand, der notwendig ist, sie mittels PE zu verändern (Trainingsaufwand). Effizient geschieht dies mit einer **Befragung von Job-Experten** anhand eines entsprechenden Fragebogens (vgl. Tabelle 13).

Die **Ergebnisse** der Anforderungsanalyse sollten auch **an bestehende Positionsinhaber kommuniziert** werden. Denn nur wer genau weiß, welche Leistungen gefordert sind und welche Anforderungen es heute und in Zukunft zu erfüllen gilt, kann erfolgreich und optimal handeln. Zudem können die Positionsinhaber orientiert am Profil der Anforderungen ihren weiteren Karriereweg planen, ihre Entwicklungsfelder ausloten und angehen sowie ihre Stärken weiter ausbauen.

Tabelle 13: Bedeutung positionsspezifischer Aufgaben und Anforderungen

Fragen zur Bedeutung positionsspezifischer Aufgaben und Anforderungen
▪ Wie wichtig ist die Aufgabenerfüllung für den Erfolg auf der Position? ▪ Wie häufig wird die Aufgabe von Positionsinhabern erledigt? ▪ Wie notwendig sind Wissen, Können und Wollen für die Erledigung der Aufgabe? ▪ Wie aufwändig ist es, sich diese Voraussetzungen anzueignen? ▪ Zu welchem Zeitpunkt sollte sich der Positionsinhaber diese Voraussetzungen angeeignet haben (vor der Auswahl, in der Einarbeitungszeit etc.)?

Nachdem für mehrere relevante Positionen in einem Unternehmen, wie oben skizziert, Anforderungsanalysen durchgeführt wurden, kann man versuchen, die Ergebnisse zu aggregieren. Dazu werden ähnliche Positionen **zu Job-Familien gebündelt** (die Job-Familie *Kundenbetreuer* umfasst beispielsweise Großkunden- und Privatkundenbetreuer). Die jeweiligen Anforderungen werden zusammen betrachtet und Gemeinsamkeiten gesucht. Beispielsweise ist eine solche Zusammenschau nützlich, um PE-Maßnahmen für eine breitere Zielgruppe, bestehend aus Inhabern verschiedener Positionen, abzuleiten (etwa ein Seminar „Neue Fragetechniken" zur Kundenbedarfsanalyse für alle Kundenbetreuer). Weitergehend kann man untersuchen, welche Anforderungen in einem Unternehmen besonders häufig vorkommen oder für viele Positionen von hoher Relevanz sind. Dies kann in gewissem Maße zu einer **ganzheitlichen Sicht der Anforderungen** führen, die ein Unternehmen an seine Mitarbeiter, über verschiedene Positionen hinweg, stellt. Bei gegebenem PE-Bedarf und knappem PE-Budget sollte man solche PE-Maßnahmen bevorzugen, die auf Anforderungen mit **hoher Relevanz** zielen.

Um den **Aufwand** für die Anforderungsanalysen gering zu halten, werden Anforderungen gelegentlich gleich auf dem Niveau von Job-Familien erhoben. Oder es werden auf mittlerem Abstraktionsniveau nur die wesentlichen Tätigkeits- und Anforderungselemente betrachtet, die einen relativ hohen Anteil an der Arbeit haben und stark zur Wertschöpfung beitragen. Für bestimmte Zwecke der PE-Planung, kann diese verkürzte und grobe Sicht ausreichen (z.B. wenn nur ein minimales Budget für PE zur Verfügung steht und genauere Anforderungsprofile nicht für andere Zwecke gebraucht werden). Meist werden dann aber **später doch genauere Anforderungsprofile notwendig** (z.B. bei Neueinstellungen).

Eine weitere Methode, mit der man hofft, den Aufwand bei der Entwicklung von Anforderungsprofilen gering zu halten, besteht darin, zunächst die Anforderungen zu dokumentieren, die für alle betrachteten Positionen wichtig sind. So leiten z.B. manche Unternehmen vom Unternehmens- oder Führungsleitbild in einem ersten Schritt **Basisanforderungen** ab, die für alle Führungskräfte gelten. Diese Basisanforderungen beschreiben die Anforderungen für eine bestimmte Position aber nicht erschöpfend, sondern stellen nur eine Teilmenge dar und sind durch weitere spezifische Anforderungen aus der Anforderungsanalyse zu ergänzen. Ein bekanntes Transportunternehmen hat beispielsweise für alle Führungskräfte sieben so genannte Kernkompetenzen formuliert, die Basisanforderungen in einem dreischichtigen System darstellen. Für ein konkretes Anforderungsprofil kommen funktionsspezifische Kompetenzen, die für elf Job-Familien gebündelt definiert wurden und weitere positionsspezifische Kompetenzen hinzu, die sich aus den lokalen Besonderheiten (z.B. sonstige Teammitglieder, Situation in der Niederlassung) ergeben.

2.2.5 Kompetenzen und Kompetenzmodelle

Das Unterkapitel zur Anforderungsanalyse abschließend, folgt eine klärende und kritische Auseinandersetzung mit den Begriffen **Kompetenz** und **Kompetenzmodell**, die im Zuge der Anforderungsanalyse von Bedeutung sind und in der Praxis vielfach und zugleich sehr unterschiedlich verwendet werden. Dabei hat sich der Begriff des Kompetenzmodells zu einem oft unreflektiert verwendeten Modewort entwickelt.

Kompetenzen

Zur **Beschreibung der Soll-Zustände** wird neben dem Begriff der Anforderung auch der **Begriff der Kompetenz** verwendet. Dieser Begriff hat im Laufe der Geschichte einen erheblichen Bedeutungswandel vollzogen und sein Bedeutungsumfang ist sehr weitgreifend (Schippmann et al., 2000; Iles, 2001). Für einige Autoren sind Kompetenzen Verhaltensweisen oder berufliche Aktivitäten, für andere sind es zu Grunde liegende Kenntnisse, Fähigkeiten, Fertigkeiten etc. und für eine dritte Gruppe sind es Ergebnisse von Aktivitäten. Die **verschiedenen Bedeutungen** lassen sich mit den verschiedenen Anwendungen des Begriffs erklären. Kompetenz (spätlat. = Eignung) meint laut Duden (Dudenredaktion, 2007) 1. Sachverstand, Vermögen und Fähigkeit oder auch 2. Zuständigkeit und Befugnis.

Kompetenzen werden dazu verwendet, die Minimalanforderungen einer Position zu definieren. Sie können aber auch das Verhalten von Positionsinhabern mit überragenden Leistungen beschreiben (Boyatzis, 1982). Oder sie werden eingesetzt, um effektives Verhalten von ineffektivem abzugrenzen. Mirabile (1997) versteht unter Kompetenz „a knowledge, skill, ability, or characteristic associated with high performance on the job" (p. 73). Andere Definitionen sind noch verhaltensorientierter und betonen die Sichtbarkeit und Messbarkeit der Kompetenz.

Chomsky (1981) beschreibt hierarchisch geordnete Formen von Kompetenz, vom **reinen Wissen** zur Handlungsbefähigung (**praktische Kompetenz**) bis hin zur Fähigkeit, auch völlig neue Situationen mit dem Gelernten zu meistern (**fluide Kompetenz**). Er grenzt Kompetenz von Performanz ab. Mit **Performanz** meint Chomsky das beobachtbare

Verhalten, in dem die Kompetenz sichtbar wird. Kompetenz in diesem Sinne muss nicht sichtbar, beobachtbar und damit bewertbar werden. Sie wird z.B. dann nicht gezeigt, wenn der Kompetenzträger nicht motiviert ist, die Kompetenz zu zeigen. Für eine derartige **Trennung von Kompetenz und Motivation** sprechen auch Forschungsergebnisse zur Arbeitsmotivation und Arbeitsleistung (Vroom, 1964; Porter & Lawler, 1968, Rosenstiel, v., Nerdinger & Spieß, 1998). Für andere Autoren ist im Gegensatz dazu auch die **Motivation ein Teil der Kompetenz** (Spencer & Spencer, 1993). In diesen Fällen wird der Begriff der Kompetenz meist nicht mehr im erweiterten Sinne des Begriffs der Fähigkeit, sondern synonym zum Begriff der Anforderung benutzt. Demgemäß gibt es für Hoekstra und van Sluis (2003) so viele Kompetenzen, wie es Probleme und Aufgaben gibt und damit prinzipiell unendlich viele.

Träger von Kompetenz sind überwiegend Individuen; es können aber auch Teams, Prozesse, Organisationen oder Unternehmen sein. Eine Untergruppe der Kompetenzen im letzteren Sinne sind die Kernkompetenzen, engl. **Core Competencies** (Prahalad & Hamel, 1990). Damit sind ursprünglich besondere **Kompetenzen eines Unternehmens im Sinne von Stärken** gemeint, die diesem erhebliche Wettbewerbsvorteile verschaffen. Beispielsweise liegen die Core Competencies des Unternehmens Canon in den Bereichen Optik, Mikroelektronik und Feinmechanik. Es sind hier also nicht Eigenschaften von Personen, sondern Merkmale eines Unternehmens. Zu den Core Competencies in diesem Sinne gehören z.B. auch Patente und High-Tech-Anlagen. Kernkompetenzen sind für die Entwicklung der Unternehmensstrategie wichtig. Ein Unternehmen kann die eigenen Kernkompetenzen ausbauen und nutzen, um hervorragende Produkte zu entwickeln und auf den entsprechenden Märkten eine starke Position zu erreichen.

Zudem wird der Begriff der **Schlüsselkompetenz** (oder -qualifikation) heute auch vielfach für unternehmensspezifisch besonders wichtige, nämlich **erfolgskritische Kenntnisse, Fertigkeiten, Einstellungen** etc. von Führungskräften und Mitarbeitern verwendet (vgl. die Definition strategieorientierter Personalentwicklung in Kap. 1: Personalentwicklung: Gegenstand, Prozessmodell, Erfolgsfaktoren von Solga, Ryschka & Mattenklott; siehe auch Grote, Kauffeld & Frieling, 2006).

Fazit: Der Begriff der Kompetenz wird für sehr Verschiedenes und auch Unvereinbares verwandt. Wenn man ihn verwenden möchte, sollte man zunächst die genaue, für den jeweiligen Zweck notwendige Bedeutung definieren. Für die Zwecke der PE-Bedarfsanalyse ist der Begriff der Anforderung wesentlich klarer und geeigneter.

Kompetenzmodell

Der Begriff **Kompetenzmodell** wird ebenfalls sehr unterschiedlich und oft unglücklich benutzt. Schon der Wortanteil „-modell" ist in den meisten Fällen unpassend. Impliziert er doch, dass es sich um etwas wohl fundiertes, aus umfassender Forschung resultierendes handelt (vgl. das Atommodell oder das Periodensystem der Elemente). Dies ist aber kaum gegeben. Die Begriffe **Kompetenzsystematik, Kompetenzkatalog** oder gleich

Anforderungsprofil würden in den meisten Fällen den Inhalt besser beschreiben. Eine Merkmalsdimension, mit der sich Typen von Kompetenzmodellen unterscheiden lassen, ist ihr **Allgemeingültigkeitsanspruch**. Entsprechende Typen werden im Folgenden dargestellt:

Allgemeines Kompetenzmodell: Hiermit ist eine allgemeingültige Taxonomie oder Systematik beruflicher Anforderungen oder Verhaltensweisen insgesamt gemeint. Diese Modelle sollen das Universum beruflichen Verhaltens übersichtlich und damit handhabbar machen. Eine Analogie ist die biologische Systematik von Flora und Fauna. Um zwei oder mehr Verhaltensweisen zu einer Einheit zu bündeln (im Sinne einer Kompetenz), können grundsätzlich folgende Prinzipien angewandt werden:

- Gemeinsames Auftreten im Sinne zeitlicher Kopplung.
- Gemeinsames Erscheinungsbild oder Ähnlichkeiten in der Gestalt (z.B. zwei motorische Fertigkeiten).
- Gemeinsamer Ursprung, gemeinsame Entwicklung (entwicklungspsychologische Perspektive).
- Gemeinsame Funktion: beides kann das gleiche bewirken oder aber beides muss gleichzeitig vorhanden sein, damit eine bestimmte Wirkung oder Leistung möglich wird.

Heyse und Erpenbeck (2004) haben ein allgemeines Kompetenzmodell, den sog. „Kompetenzatlas", vorgestellt, welcher in vier Kompetenzbereiche mit 64 Einzelkompetenzen untergliedert ist. Das Modell wirkt allerdings in weiten Bereichen unsystematisch und widersprüchlich. Viele Einzelkompetenzen überlappen sich stark in ihrem Bedeutungsumfang. Die Klassifikation beruflicher Anforderungen des „Occupational Information Network" (O*NET; Peterson et al., 2001; http://online.onetcenter.org) kann ebenfalls als allgemeines Kompetenzmodell verstanden werden. Sie ist breiter sowie differenzierter angelegt und gut strukturiert. Neben der Taxonomie und der standardisierten Sprache zur Beschreibung von Berufsmerkmalen, bietet sie für zahlreiche Berufe konkrete Anforderungsprofile, die leicht angepasst und auch als Grundlage für im Rekrutierungsfall neu zu erstellende Anforderungsprofile genutzt werden können.

Funktions- und rollenspezifisches Kompetenzmodell: Hiermit ist eine allgemeingültige Taxonomie der Verhaltensweisen oder Anforderungen innerhalb eines umschriebenen Funktionsbereichs gemeint; wer in diesem Funktionsbereich tätig ist (z.B. Führungskraft oder Manager), muss die Anforderungen erfüllen, um erfolgreich zu sein (vgl. etwa Boyatzis, 1982). Häufig lassen sich etwa Kataloge grundlegender Führungskompetenzen finden. Rollenspezifische Kompetenzmodelle werden dann eine Ebene konkreter konzipiert, z.B. für bestimmte, inhaltlich verschiedene Managerrollen (etwa Marketing-Manager) oder für Manager unterschiedlicher Hierarchieebenen. So hat etwa das Wirtschaftsprüfungsunternehmen PricewaterhouseCoopers acht „Leadership Skills" definiert und dazu für verschiedene Führungsebenen konkrete Anforderungen spezifiziert.

Positionsspezifisches oder Single-Job-Kompetenzmodell: Hier wird der Begriff Kompetenzmodell im Sinne von Anforderungsprofil für eine bestimmte Position oder Stellenbeschreibung benutzt.

Unternehmensspezifisches Kompetenzmodell: Dieser Typus ist am häufigsten zu finden. Unternehmensspezifische Kompetenzmodelle sollen einen einheitlichen Sprachgebrauch zu den Kompetenzen im Unternehmen gewährleisten (Wood & Payne, 1998). Meist bestehen sie jedoch aus *nur vermeintlich* unternehmensspezifischen, positionsübergreifenden Anforderungen, oder sie stellen einen eigenen, meist wenig geglückten Ansatz zur allgemeinen Klassifikation beruflich relevanter Kompetenzen dar.

Zur Konzeption der **unternehmensspezifischen Kompetenzmodelle** werden Interviews mit Top- und Normal-Leistern geführt, die unternehmensspezifische, positionsübergreifend wichtige Kompetenzen erbringen sollen (Lucia & Lepsinger, 1999). Die Analyseeinheit ist also nicht eine bestimmte Position oder ein Positionsbündel, sondern gleich das ganze Unternehmen. In fast allen Unternehmen existieren aber sehr unterschiedliche Positionen mit sehr unterschiedlichen Anforderungen. Die Formulierung eines unternehmensweit gültigen Kompetenzmodells im Sinne **unternehmensweit gültiger Leistungs- und Anforderungskriterien** für alle Positionen, macht auch aus diesem Grund wenig Sinn. Denn Merkmalsausprägungen, die für die eine Position eine Erfolgsvoraussetzung sind, können für eine andere Position ein Garant für Misserfolg oder Enttäuschung sein. So ist beispielsweise eine hohe Extraversion oder Kontaktmotivation für Vertriebsmitarbeiter sicher hilfreich; für einen Prüfingenieur, der meist alleine in einem Prüflabor arbeitet, wäre sie hinderlich, denn er hat zu wenig Gelegenheit, sie auszuleben – langfristig wird er frustriert und unzufrieden sein.

Während die Anforderungen für unterschiedliche Positionen innerhalb eines Unternehmens zu unterschiedlich sind, sind sie für gleiche Position innerhalb verschiedener Unternehmen häufig sehr ähnlich. So werden sich etwa für Controller, unabhängig vom beschäftigenden Unternehmen, sehr ähnliche Anforderungsprofile ergeben. In Relation zur Unterschiedlichkeit der Anforderungen auf unterschiedlichen Positionen innerhalb desselben Unternehmens sind die Unterschiede der unternehmensspezifischen, aber positionsübergreifenden Anforderungen wenig bedeutsam.

Versprechungen, mit solchen Kompetenzmodellen den Erfolg des Unternehmens zu steigern, sind wenig glaubhaft. Denn der **Erfolg eines Unternehmens** ist die Summe und die Wechselwirkung der **Erfolge einzelner Personen auf unterschiedlichen Positionen**. Der Erfolg einer Person auf einer bestimmten Position lässt sich vor allem durch die Passung zwischen den Positionsanforderungen und der Eignung oder dem Kompetenzprofil der Person vorhersagen. Die Passung der Person zu allgemeinen, positionsübergreifenden Merkmalen des Unternehmens bietet im Vergleich zur positionsspezifischen Passung eine deutlich geringere Vorhersageleistung und deutlich weniger Möglichkeiten, den Erfolg durch PE-Maßnahmen wahrscheinlicher zu machen.

Auch die immer wieder neue, vermeintlich unternehmensspezifische Klassifizierung der Kompetenzen und Anforderungen ist dubios. Es ist ja auch nicht sinnvoll, für jedes Chemieunternehmen ein eigenes Periodensystem der Elemente zu formulieren. Bei genauerer Betrachtung sind viele dieser **unternehmensspezifischen, aber positionsübergreifenden Kompetenzmodelle mit vielen Mängeln ausgestattet**: Häufig haben die aufgelisteten Kompetenzen nur wenig mit dem Alltag und den tatsächlichen oder zukünftigen Aufgaben zu tun; sie beschreiben stattdessen Eigenschaften, die in einem normalen Unternehmen nur wenige aufweisen müssen. Oder sie sind extrem anspruchsvoll. Wie viele kreative Innovatoren, Visionäre, Strategen oder charismatische Führer verträgt ein Unternehmen? Braucht es nicht auch Menschen, die Spaß an der Umsetzung haben oder die gern verwalten? Häufig suggerieren solche Kompetenzmodelle, dass vom Mitarbeiter ein extrem breites Spektrum an Stärken gefordert wird. Menschen haben aber meist nur in einigen Feldern Stärken und weisen in anderen Feldern Schwächen auf. Derartige Merkmalssammlungen, die kein real existierender Mensch erfüllen kann, nennt Neubauer (2004) treffend **Sehnsuchtslisten**. Ein weiterer häufiger Mangel besteht darin, dass die Kompetenzen **nicht diskret genug definiert** sind: Ihre Bedeutungsumfänge überlappen sich zu stark und häufig stehen Begriffe sehr unterschiedlichen Abstraktionsniveaus auf gleicher Ebene (z.B. die Anforderung „Konfliktfähigkeit" und „verwendet einen Terminkalender"). Die Differenzielle und Persönlichkeitspsychologie bietet demgegenüber wohl definierte Konstrukte als Grundlage zur Handhabung des Feldes der Kompetenzen (Bartram, 2005; Sarges, 2000).

Fazit: Es ist wenig sinnvoll, ein allgemeines Anforderungsprofil oder Kompetenzmodell für ein ganzes Unternehmen zu formulieren. Die positionsspezifische Anforderungsanalyse sollte nicht übergangen werden. Zuerst kommt die *positionsspezifische* Beschreibung der Anforderungen und erst dann eventuell ihre Zusammenfassung für übergeordnete Einheiten („Job-Familien") bzw. ihre Aggregation für PE-Zwecke!

2.3 Personanalyse: Beurteilung der Leistungen und Potenziale von Mitarbeitern

Der dritte Schritt der PE-Bedarfsanalyse besteht in der Personanalyse: Inwieweit erfüllen aktuelle oder zukünftige Mitarbeiter die an aktuelle und zukünftige Aufgaben oder (Ziel-)Positionen geknüpften Leistungsanforderungen? Sind sie geeignet? Es gilt, Leistungsdefizite und Entwicklungspotenziale in Bezug auf besagte Anforderungen festzustellen. Aus diesen wird der PE-Bedarf abgeleitet. Es lassen sich zwei Klassen personanalytischer Verfahren unterscheiden (Schuler & Görlich, 2006):

- vergangenheitsorientierte **Leistungsbeurteilungsverfahren**
- zukunftsorientierte **Eignungsdiagnostik und Potenzialbeurteilung**

2.3.1 Vergangenheitsorientierte Leistungsbeurteilung

Leistungsbeurteilung bedeutet in diesem Zusammenhang die mehr oder weniger standardisierte und kontinuierliche Beurteilung der beruflichen Leistungen, die während einer vorangegangenen Leistungsperiode (üblicherweise während des letzten Jahres) gezeigt wurden. Übliche Beurteilungsbögen umfassen acht bis zwölf Leistungsdimensionen oder Einschätzungsskalen. Ihre Abstufungen sind verbal verankert. Leistungsbeurteilungen sollten immer **in ein Mitarbeitergespräch eingebettet** sein. Ein Mitarbeitergespräch ist ein angekündigtes, vorstrukuriertes und möglichst von beiden Seiten vorbereitetes Gespräch zwischen einem Vorgesetzten und einem ihm direkt unterstellten Mitarbeiter. Thematisiert werden u.a. die Leistungen in der Vergangenheit, Ursachen und Hintergründe für negative Kritik oder Leistungsschwächen, Aufgaben und Maßnahmen zur Verbesserung, eine Bilanz der Zusammenarbeit und der Zielerreichung, Zielvereinbarungen für die Zukunft sowie PE-Maßnahmen für die spezifische, fachliche und überfachliche Förderung des Mitarbeiters (Fiege, Muck & Schuler, 2006; vgl. auch Ryschka & Tietze, Kap. 3.1.1: Mitarbeitergespräch).

In den letzten Jahren haben sich auch neue Formen der Leistungseinschätzung wie das **360-Grad-Feedback** etabliert, in denen einer Führungskraft auch unterstellte Mitarbeiter, gleichgestellte Kollegen sowie gelegentlich interne und externe Kunden Rückmeldungen geben (siehe Ryschka & Tietze, Kap. 3.1.5: 360°-Feedback, Führungs-Feedback und Peer-Feedback).

Für die Leistungsbeurteilung werden ergebnis- und verhaltensorientierte Leistungsindikatoren verwendet. **Ergebnisorientierte Indikatoren** zielen auf die Arbeitsergebnisse eines Positionsinhabers. Beispiele sind der Ertrag, den ein Produktmanager mit seinem Produkt erwirtschaftet hat; die Anzahl der Kunden, die ein Akquisiteur neu gewinnen konnte oder die Anzahl der produzierten Werkstücke eines Akkordarbeiters. Sie haben folgende **Vorteile** (Marcus & Schuler, 2006):

- Ergebnisorientierte Indikatoren sind **objektiv**, d.h. sie sind unabhängig vom Beurteiler feststellbar.
- Sie haben eine augenscheinliche **Nähe zum Letztkriterium**, nämlich den Zielen der Organisation.
- Ihre **Unpersönlichkeit** reduziert das Konfliktpotenzial in Beurteilungsgesprächen.
- Sie machen **keine Vorgabe von Idealverhalten**; damit bleibt den Arbeitstätigen ein Verhaltensfreiraum.

Ihre **Nachteile** sind folgende:

- Ihre Ausprägung ist nicht nur von der Leistung des Positionsinhabers abhängig, sondern auch von Faktoren, die der Arbeitstätige selbst gar **nicht kontrollieren kann**. Der Umsatz eines Verkäufers wird z.B. auch vom Angebot der Wettbewerber und von der Konjunktur beeinflusst. Ergebnisorientierte Indikatoren sind durch den Einfluss, dieser nicht durch die zu beurteilende Person kontrollierbaren Störfaktoren, verunreinigt. Dies wird **Kriterienkontamination** genannt.

- Sie bieten **keine Hinweise auf Verhaltensfehler**. Der Positionsinhaber weiß mit der Feststellung der Ausprägung des ergebnisorientierten Kriteriums noch nicht, was und wie er es besser machen soll.

- Sie bilden insgesamt nur einen **geringen Teil der Arbeitsleistung** ab und werden in diesem Sinne als **defizient** bezeichnet. So stellt das Herstellen einer langfristigen Kundenbindung eine wichtige Leistungskomponente bei Vertriebsmitarbeitern dar, die sich aber (noch) nicht in den aktuellen Umsatzzahlen zeigen mag.

Für einige Positionen lassen sich ergebnisorientierte Leistungsindikatoren schnell und leicht messen. Für viele andere Positionen aber lassen sich objektiv feststellbare Maße von größerer Relevanz nicht finden. Die genannten Nachteile sind Grund dafür, dass manche Autoren die Verwendung von ergebnisorientierten Indikatoren ganz ablehnen (vgl. etwa Campbell et al., 1993).

Verhaltensorientierte Indikatoren zielen auf das beobachtbare berufliche Verhalten ab. Sie reflektieren die Verhaltenserwartungen, die an einen Positionsinhaber gestellt werden. Eine Führungskraft erfüllt z.B. eine Verhaltenserwartung, wenn sie ihren Mitarbeitern alle wichtigen Informationen zur Verfügung stellt, die diese für ihre Aufgabenerledigung benötigen. Ihre Anwendung hat folgende **Vorteile** (Marcus & Schuler, 2006):

- Verhaltensorientierte Indikatoren bieten eine geeignete **Basis für ursachenorientiertes Feedback** und damit die beste Grundlage für Personalentwicklung.

- Sie bilden ab, was Beschäftigte wirklich tun und **entsprechen** damit der Vielfältigkeit und **Komplexität beruflicher Tätigkeiten**.

- Ihre Anwendung informiert die Beschäftigten über Verhaltensanforderungen.

Sie haben aber auch **Nachteile** und bringen Probleme mit sich:

- Oft wird die Verhaltensbeurteilung **aus** zuvor gebildeten **Eigenschaftsurteilen rekonstruiert**: Eigenschaftszuschreibungen werden in Tätigkeitssätze umformuliert.

- Es ist **Aufwand** notwendig, um eine entsprechende Anforderungsanalyse, die Konstruktion des Beobachtungsverfahrens sowie das oftmals notwendige Beurteilertraining zu leisten.

- Die implizite Vorgabe eines **Idealverhaltens** und die **Verhaltenskontrolle** werden als **einengend** und bevormundend empfunden.

Eine Voraussetzung für eine adäquate Beurteilung des Verhaltens ist, dass die Beurteiler das Verhalten überhaupt mitbekommen. Dies wird aber nie vollständig, sondern immer nur in mehr oder weniger umfassenden Auszügen der Fall sein. Diese Auszüge oder Verhaltensstichproben sollten repräsentativ für das gesamte Verhalten sein. Diese

Repräsentativität wird aber mit Beobachtungen, im Rahmen der normal stattfindenden Interaktionen mit dem zu Beurteilenden im Arbeitsalltag, häufig nicht erreicht. Zur Sicherstellung der Repräsentativität sind daher systematisch geplante Beobachtungen notwendig (z.B. regelmäßige Unterrichtsbesuche bei Lehrern). Viele Mitarbeiter die wissen, dass ihre Leistung in nächster Zeit beobachtet wird, strengen sich besonders an und lassen dann wieder nach, wenn sie wissen, dass sie nicht mehr beobachtet werden. Um die Wahrscheinlichkeit von derartigen Effekten der Beobachtung zu reduzieren, sollte der Beobachtete idealerweise nichts von der Beobachtung mitbekommen; sie sollte unangekündigt erfolgen. Beides greift aber in die **Selbstbestimmungsrechte** der Beobachteten ein und wird häufig auf Widerstand stoßen.

Gelegentlich wird neben der Beurteilung durch Vorgesetzte und Kunden auch eine **Selbsteinschätzung der Mitarbeiter** zur Leistungsbeurteilung herangezogen. Diesem Vorgehen liegt die Annahme zu Grunde, dass die Mitarbeiter selbst am besten wissen, wo ihre Stärken und Schwächen liegen und dass sie an letzteren auch arbeiten möchten, falls ihnen keine Nachteile entstehen. Diesem Gedanken folgend, entscheiden dann die Positionsinhaber auch selbst, ob und welchen PE-Bedarf sie haben. Kritisch zu betrachten sind die Ergebnisse dieses Vorgehens allerdings, wenn die Mitarbeiter zu stark dazu neigen, sich **selbstwertdienlich** einzuschätzen. Damit ist die Tendenz gemeint, die eigenen Stärken überzubetonen und die eigenen Schwächen zu untertreiben oder dass, was man gut kann, wichtiger zu bewerten als es tatsächlich ist.

Die Ausprägung der verhaltensorientierten Indikatoren für die Arbeitsleistung wird vor allem mit **Einstufungsverfahren** bestimmt. Zu jedem Bewertungskriterium werden 5- bis 7-stufige Skalen vorgegeben, die durch graphische Elemente und/oder Verhaltensbeschreibungen verankert sind. Marcus und Schuler (2006), Schuler (2004) sowie weit ausführlicher Becker (2009) diskutieren weitere Vor- und Nachteile der verschiedenen Datenarten zur Leistungsbeurteilung sowie weitere konkrete Erhebungsmöglichkeiten. Für Führungskräfte hat Witte (1995) einen Katalog von Leistungsindikatoren und Effizienzvariablen zusammengestellt.

Neben der PE-Bedarfsanalyse können die Leistungsindikatoren auch dazu genutzt werden, die Effekte von PE-Maßnahmen durch Messungen vor und nach der Maßnahme zu **evaluieren** (vgl. Solga, Kap. 6: Evaluation der Personalentwicklung). In Bezug auf beide Zwecke muss aber einschränkend darauf hingewiesen werden, dass die Beurteilung sowohl von den Beurteilten als auch von den Beurteilern meist als unangenehm empfunden wird. Besonders die **Ansprache und Dokumentation schlechter Leistungen** werden gerne gemieden. Als Vermeidungsstrategie werden **zu positive Leistungsbeurteilungen** abgegeben (das Problem der „rating inflation"; Murphy & Cleveland, 1995). Da dies sehr häufig geschieht, ist die Validität von Leistungsbeurteilungen eingeschränkt; dies gilt für Beurteilungen zwecks Entgeltfindung stärker als für Beurteilungen im Rahmen der PE-Bedarfsermittlung. Das Problem lässt sich im PE-Kontext dadurch lindern, dass allen Beteiligten (Beurteilern und Beurteilten) deutlich gemacht wird, dass das Ziel der Leistungsbeurteilung darin besteht, die individuelle Kompetenzentwicklung des Beurteilten zu fördern, nicht aber eine Entscheidung über Fragen der Beförderung oder Entlohnung zu treffen.

Bei der Einführung eines Leistungsbeurteilungssystems helfen die von Schuler (2004) vorgeschlagenen zehn **Schritte des Konstruktionsprozesses** (vgl. Tabelle 14).

Tabelle 14: Konstruktion eines formalen Beurteilungssystems (nach Schuler, 2004)

Konstruktionsschritte
1. **Bestandsaufnahme:** Analyse vorhandener Beurteilungsverfahren und Rahmenbedingungen.
2. **Zielformulierung:** Partizipative Festlegung der wichtigsten angestrebten Funktionen.
3. **Kosten-Nutzen-Kalkulation:** Investitionsrechnung auf der Basis der geschätzten Validität und Leistungsvarianz; Abschätzung sozialer Wirkungen.
4. **Zielgruppen:** Festlegung der Beurteiler und der zu Beurteilenden, Klärung von Partizipations- und Akzeptanzfragen.
5. **Arbeitsanalyse:** Ermittlung der wichtigen Tätigkeiten und ihrer Verhaltensanforderungen.
6. **Beurteilungskriterien:** Bestimmung der Ebenen und Maße; Ableitung der wichtigsten Kriterien aus der Arbeitsanalyse.
7. **Skalierungsverfahren:** Wahl der Methode(n) entsprechend den Zielsetzungen und Möglichkeiten.
8. **Skalenkonstruktion:** Sammlung und Zuordnung von Einzelaussagen zu Beurteilungskriterien; statistische Überprüfung.
9. **Probeverwendung:** Erprobung an repräsentativen Gruppen; Auswertung und gegebenenfalls Modifikation.
10. **Beurteilertraining:** Training bezüglich der Urteilsprozesse, der Verfahrensanwendung, der Gesprächsführung und Zielsetzung.

Die Einführung eines formal geregelten **Beurteilungssystems** ist ein umfassendes Projekt, bei dem schnell Konflikte und andere Schwierigkeiten auftreten können. **Erfolgsfaktoren** sind u.a. die Beteiligung aller Betroffenen, die Beachtung der Mitbestimmungsrechte des Betriebsrates sowie der individuellen Arbeitnehmerrechte und die ständige Pflege bis zur Revision.

2.3.2 Zukunftsorientierte Eignungsdiagnostik und Potenzialanalyse

Eine Leistungsbeurteilung im oben skizzierten Sinne bezieht sich auf die bisherigen und aktuellen Leistungen und Anforderungen. Soll die PE-Bedarfsanalyse **zukünftig auftretende Aufgaben und Anforderungen** einer Position berücksichtigen, sind Verfahren der **Eignungsdiagnostik** einzusetzen. Hier sind drei Ansätze zu unterscheiden, von denen der letzte anschließend ausführlicher dargestellt wird (Schuler & Höft, 2006):

- **Biographieorientierte Verfahren** (Schuler & Marcus, 2006) basieren auf der Idee, dass das Verhalten in der Vergangenheit die beste Grundlage für die Vorhersage zukünftigen Verhaltens ist. Datenbasis für biographieorientierte Vorhersagen sind Beurteilungen bisheriger Leistungen in bzw. durch Arbeitszeugnisse sowie Antworten auf biographiebezogene Fragen in Interviews oder Fragebogen. Sie sind **für die PE-Bedarfsanalyse kaum geeignet**, weil sie Lern- und Verlerneffekte zu wenig berücksichtigen. Lerneffekte zu erreichen ist aber gerade das Anliegen der PE.

- **Konstruktorientierte Verfahren** (Schuler & Höft, 2006) basieren auf dem Gedanken, dass das Verhalten von Personen und die Leistung in beruflichen Situationen in hohem Maße von **überdauernden Personenmerkmalen** (sog. „traits") abhängen. Unter diese Personenmerkmale fallen kognitive Fähigkeiten wie Intelligenz oder Kreativität sowie charakterliche Persönlichkeitseigenschaften wie Extraversion oder Gewissenhaftigkeit. Sie werden vor allem mit Tests und Fragebogen gemessen. Auch die traitorientierten Verfahren **eignen sich kaum zur PE-Bedarfsanalyse**, da „traits" zeitlich überdauernd und relativ stabil konzipiert sind. Damit sind sie aber auch nur schwer durch PE-Maßnahmen veränderbar, d.h. es würden dem Unternehmen erhebliche Kosten für die Veränderung entstehen, die nur durch einen sehr hohen Nutzen aufgewogen werden könnten.

- **Simulationsorientierte Verfahren** (Höft & Funke, 2006) simulieren realitätsnah auf der Zielposition anfallende Aufgaben. Die Leistungsfähigkeit und Eignung wird durch die direkte Konfrontation mit konkreten Anforderungen der Position festgestellt. Vom aktuellen Verhalten wird direkt auf zukünftiges Verhalten geschlossen. Sie bieten damit eine **direkte Punkt-zu-Punkt-Übereinstimmung** zwischen Inhalten des diagnostischen Verfahrens und des zu prognostizierenden Leistungsbereichs. Wernimont und Campbell (1968) sprechen bei diesen Verfahren auch vom **Sample-Ansatz**, da die Eignungsfeststellung auf der Basis einer **repräsentativen Aufgaben- und Verhaltensstichprobe** erfolgen soll. Je ähnlicher die Simulation den tatsächlichen Aufgaben ist, desto größer ist die Wahrscheinlichkeit, dass das spätere Arbeitsverhalten mit ihr vorhergesagt werden kann.

Da sich so gewonnene Daten sehr gut für die PE-Bedarfsanalyse eignen, werden die simulationsorientierten Verfahren nun ausführlicher dargestellt. Werden mehrere dieser Verfahren miteinander kombiniert lässt sich von Assessment bzw. Assessment Center sprechen; diese Methodik wird nachfolgend in einem eigenen Abschnitt erörtert.

Simulationsorientierte Verfahren

Es lassen sich **drei Typen von Simulationen** unterscheiden, die zur Eignungsdiagnostik bzw. Potenzialanalyse verwendet werden (in Anlehnung an Robertson & Kandola, 1982); eine ausführliche Übersicht über die nachfolgend dargestellten Verfahren geben Höft und Funke (2006) sowie Kleinmann (2003):

- **Psycho-motorische Aufgaben** fordern vor allem willkürlich gesteuerte manuelle Tätigkeiten. Die **manuelle Arbeitsprobe** ist der Prototyp eines simulations-orientierten Verfahrens. Beispielsweise bekommt ein Werkzeugmacher die Aufgabe, ein bestimmtes Werkzeug anzufertigen. Die dafür notwendigen Verhaltenskompetenzen können direkt beobachtet werden. Für Führungspositionen und andere Positionen mit geringem Anteil an manuellen Aufgaben, sind die folgenden zwei Typen bedeutsam.
- **Analytisch-konzeptionelle Aufgaben:** Hier werden intellektuelle Kompetenzen beobachtet. In Einzelarbeit soll der Verfahrensteilnehmer oder Kandidat verschiedene Dokumente und Materialien analysieren, Schlüsse ziehen und Handlungspläne entwickeln.

Der häufigste Vertreter dieses Typs ist die **Management-Fallstudie**, eine Weiterentwicklung der **Postkorbübung** (Musch, Rahn & Lieberei, 2001). Konkret hat der Teilnehmer die Aufgabe, z.B. aus der Position eines Niederlassungsleiters, 15-20 Schriftstücke, E-Mails und Tabellen in 60 Minuten einzeln zu analysieren, darin Chancen und Probleme in seiner Region zu erkennen und als Unternehmer zu handeln. Es gibt übergeordnete Probleme, für die immer wieder Symptome in den Vorgängen zu finden sind wie z.B. Optimierungschancen in der Produktion oder die geringe Kundenorientierung mehrerer Mitarbeiter. Anschließend präsentiert der Kandidat seine Analysen und Maßnahmenvorschläge einem Beobachterteam, welches vertiefende Fragen stellt und die Analyseergebnisse bewertet. Beobachtbar werden analytische, konzeptionelle und Steuerungskompetenzen wie Analysevermögen, Arbeitsorganisation und Arbeitskoordination, Handlungsorientierung, Problemlösen und unternehmerisches Denken.

In **Fact-Finding-Aufgaben** wird ein umfassendes Problem in einem Unternehmen grob skizziert, z.B. ein Ertragsrückgang oder massive Probleme in einem Produktionsbereich (hohe Kosten, hohe Fehlerquote etc.). Der Kandidat soll in der Rolle eines Beraters ein Interview vorbereiten, um die Problemursachen genauer zu analysieren. Anschließend hat er Gelegenheit, einen Auskunftgeber (Vertreter des Unternehmens) zu befragen, der als Informationsquelle zur Verfügung steht. Auf der Grundlage der erhaltenen Informationen sind Problemlösungen und eine Strategie zu erarbeiten. Beobachtbar werden analytische, strategische und unternehmerische Kompetenzen. Dabei wird der Aufbau des Interviews – Systematik und Ergiebigkeit – bewertet, nicht aber die soziale Interaktion.

Computergestützte Szenarien (Strauss & Kleinmann, 1995, Wagener, 2001) sind Aufgaben, die darin bestehen, ein auf einem Computer implementiertes **komplexes dynamisches System,** über mehrere Zeitperioden hinweg zu steuern (vgl. Allmendinger, Kap. 3.3.2: Computer- und netzbasierte Personalentwicklung; Demmerle, Schmidt, Hess, Solga & Ryschka, Kap. 4.1: Simulative Techniken). Das System besteht aus vernetzten Variablen, die sich gegenseitig beeinflussen. Die Art und Stärke der gegenseitigen Einflüsse ist den Kandidaten nicht transparent. Meist sind die Systeme als ein Unternehmen (z.B. eine Schneiderwerkstatt, ein Flughafen) dargestellt, und es geht darum, Zielgrößen wie Umsatz, Ertrag und Betriebsklima zu optimieren. Ausgewertet werden die Steuerleistung, gemessen an der Steigerung der Zielgrößen sowie die eingesetzten **Denk- und Planungsprozesse**; letztere zu erfassen ist allerdings sehr aufwändig.

- **Zwischenmenschliche Aufgaben:** Hier werden soziale Kompetenzen beobachtet. Bei diesem Typ übernimmt der Kandidat eine Rolle und hat gegenüber einem oder mehreren Interaktionspartnern zwischenmenschliche Aufgaben zu erledigen. Die häufigsten Vertreter solcher **Rollensimulationen** (Schaller, 2006) sind **Mitarbeitergespräche.** Hier hat der Kandidat in der Rolle einer Führungskraft positive und negative Kritikpunkte zu vermitteln, gemeinsam mit dem Mitarbeiter Problemlösungen zu erarbeiten und Ziele zu vereinbaren. In einem zweiten Schritt soll der Mitarbeiter für ein neues Projekt (z.B. eine Vertriebsoffensive) motiviert werden. Beobachtbar werden soziale und kommunikative Fähigkeiten wie Mitarbeitermotivierung, Konfliktfähigkeit, Überzeugungsvermögen, Kooperation und Einfühlungsvermögen.

Qualitativ hochwertige Aufgaben dieser Art erfüllen die methodischen Anforderungen an ein **Experiment**: Es wird eine genau definierte Situation, hier in Form einer zwischenmenschlichen Interaktion zwischen einem Mitarbeiter und seiner Führungskraft, präpariert. Die Rolle des Mitarbeiters wird von einem trainierten Experten gespielt. Dieser hat die Aufgabe, orientiert an den Positionsanforderungen sowie am erkennbaren Kompetenzniveau des Kandidaten, geplant und kontrolliert **Kompetenzevokatoren** zu senden. Dies sind Signale, die den Kandidaten veranlassen, möglichst viele seiner Kompetenzen zu zeigen. So sollte er Hilfssignale senden, damit der Kandidat helfen kann und Hilfsbereitschaft beobachtbar wird. Das Hilfssignal stellt eine unabhängige Variable dar. Die Beobachter registrieren die Veränderung der messbaren abhängigen Variablen. Im Beispiel besteht sie aus dem Verhalten des Kandidaten und insbesondere der Qualität seiner Hilfe. Die Stärke seines persönlichen Einsatzes ist eine auch quantifizierbare Größe. Der Experte kontrolliert bei diesem Experiment die Wirkung möglicher Störfaktoren. Das Messergebnis kann die Thesen über den Kandidaten entweder stützen oder widerlegen. Mögliche Thesen sind z.B.: Der Kandidat ist für die Zielposition geeignet; oder: Der Kandidat ist als Führungskraft/Coach für Mitarbeiter geeignet. Derartige Rollensimulationen dauern 20 bis 30 Minuten und können bis zu 25 solcher „Mini-Experimente" enthalten. In anderen Rollensimulationen werden **Akquisitionsgespräche**, **Kundenbeschwerden**, **Konfliktgespräche** mit einem Schnittstellenpartner, **Verhandlungen** oder andere betriebliche Interaktionen simuliert.

In **Präsentationen** bekommt der Kandidat Gelegenheit, sich selbst darzustellen. Es wird bewertet, wie überzeugend er dies tut und wie gut er Präsentationstechniken beherrscht. Er kann aber auch aufgefordert werden, ein Produkt, ein Konzept, ein Projekt oder einen Vorgehensvorschlag (z.B. eine Marketingstrategie) vorzustellen und ein Entscheidungsgremium hiervon zu überzeugen.

Von **Gruppendiskussionen** ist als Aufgabentyp für die Eignungsfeststellung **abzuraten**. Die Praxis dieser klassischen und häufig verwendeten Aufgabenform hat gezeigt, dass es nicht möglich ist, die Kandidaten so zu instruieren, dass sie ausreichend gegenseitig das Verhalten und die Kompetenzen evozieren, die sichtbar werden sollen. Die methodischen Anforderungen an ein Experiment im oben beschriebenen Sinne, sind nicht zu realisieren. Das Verhalten der anderen Kandidaten wirkt zu leicht als Störfaktor. Stattdessen sind **Teamaufgaben** mit einem Kandidaten als Teamleiter und drei instruierten Spielern unterschiedlicher Teamrollen zu empfehlen, die, wie zuvor in der Aufgabendramaturgie festgelegt, Kompetenzevokatoren zeigen.

Im **Verlauf einer Rollensimulation** ist es möglich, das weitere Vorgehen **dynamisch** an das bisher gezeigte Kompetenzniveau des Kandidaten anzupassen und z.B. im zweiten Teil als Rollenspieler schwierigere Signale zu senden, auf die der Kandidat reagieren soll. So kann der Rollenspieler beispielsweise schwerer zu entkräftende Einwände gegen Forderungen bringen, nachdem er festgestellt hat, dass ein Kandidat leichte Einwände gut entkräften kann. Auf diese Weise wird es möglich, das genaue **Kompetenzniveau** eines Kandidaten im Sinne **adaptiven Testens**[1] enger einzugrenzen. Dadurch kann zwar die Vergleichbarkeit von Rollensimulationen und Ergebnissen verschiedener Kandidaten reduziert werden, aber ein solches Vorgehen hat vor allem dann mehr Vor- als Nachteile, wenn es darum geht, den individuellen PE-Bedarf zu erheben. Rollensimulationen machen nicht nur Kompetenzen sichtbar, sie gestatten es dem Kandidaten auch, zukünftige Rollen und kritische Situationen hautnah zu erleben und seine **Motivation** hierfür zu **überprüfen**. So kann sich beispielsweise das Interesse an einer Position, auf der häufig Kundenbeschwerden zu bearbeiten sind, nach einer Probe verlieren. Dies hilft, unnötige Einarbeitungskosten und andere PE-Ausgaben zu vermeiden.

Assessment

Ein **Assessment** ist ein simulationsorientiertes eignungsdiagnostisches Verfahren, in dem die von einer oder mehreren Zielpositionen abgeleiteten Anforderungen durch die oben beschriebene Methode der Kompetenzevokation in **verschiedenen Aufgaben** (Rollensimulationen, Fallstudien, Arbeitsproben etc.) systematisch und geplant durch **mehrere Beobachter** geprüft werden. In vier bis zwölf Aufgaben oder Bausteinen werden insgesamt leicht 75 bis 200 der beschriebenen „Mini-Experimente" durchgeführt. Häufig werden auch **nicht-simulative Methoden** wie Tests, Fragebogen und Interviewelemente **integriert**. Sie spielen aber nur eine untergeordnete Rolle.

---

[1] Der Begriff des adaptiven Testens bezeichnet einen flexiblen Testprozess, dessen individueller Verlauf durch die Qualität der Reaktionen eines Testprobanden auf die jeweils bisher vorgelegten Aufgaben gesteuert wird. Es werden stets solche Aufgaben dargeboten, die dem Leistungsniveau des Probanden entsprechen.

Viele konkrete Inhalte für Simulationen können aus dem mit der **Critical Incident Technique** gewonnenen Material entwickelt werden (vgl. das Unterkap. 2.2.3). Das Rahmenkonzept des Assessments wird in einer **Ergebnismatrix** aus AC-Bausteinen und messbaren Kriterien zusammengefasst. Beispiele für solche AC-Ergebnismatrizen finden Sie unter http://klug-md.de/Wissen/Ergebnismatrix.htm[2].

Ein Assessment kann als Assessment-Center (AC) im Gruppenverfahren oder als Einzel-Assessment (EAC) mit einem einzelnen Kandidaten durchgeführt werden. In einem **Assessment-Center** bearbeiten sechs bis sechzehn Bewerber oder Mitarbeiter in einem ein- bis dreitägigen Seminar fünf bis zwölf AC-Aufgaben. Ihr Vorgehen wird dabei von mehreren Beoachterteams, bestehend aus Führungskräften und Personalfachleuten, systematisch beobachtet. Die Analyse der Stärken, Entwicklungsfelder sowie Potenziale und darauf aufbauend die Bewertung der Eignung und des PE-Bedarfs erfolgt anhand von Beobachtungen vieler einzelner Verhaltensweisen über mehrere Aufgaben hinweg. Die Beobachtungen werden nach jeder Einzelaufgabe mit konkreten Verhaltensankern strukturiert dokumentiert und bewertet. Anschließend werden die Einzelbewertungen zusammengefasst.

Einzel-Assessments (EAC) werden vor allem für gehobene Führungs- und Vertriebspositionen durchgeführt (ein Beispiel-Zeitplan findet sich auf http://klug-md.de/Wissen/Zeitplan_EAC.htm). Häufig werden die Aufgaben im letzten Teil von Einzel-Assessments nach dem bis dahin vorliegenden Erkenntnisstand passend ausgewählt. Wurden zu einem Anforderungskriterium gesicherte Erkenntnisse gewonnen, braucht nicht noch eine dritte Aufgabe zu ihrer Messung durchgeführt werden. Stattdessen können dann die Kriterien vertieft geprüft werden, bezüglich derer noch Unsicherheiten besteht. Einzel-Assessments erlauben somit ein Höchstmaß **dynamischen Zuschnitts und Eingehens** auf die individuelle Persönlichkeit. Höchstmögliche **Diskretion** wird realisiert, wenn das EAC außerhalb des Unternehmens stattfindet und so weder andere Kandidaten noch bestehende Mitarbeiter etwas davon mitbekommen.

Unter dem Etikett Assessment-Center oder Potenzialanalyse wird vieles verkauft, was wenig mit der eigentlichen Idee zu tun hat und oft vergleichsweise wenig Nutzen bringt. Um Qualität zu erreichen sollten im Assessment u.a. folgende Prinzipien realisiert werden (vgl. die **Standards der Assessment Center-Technik** des Arbeitskreises Assessment Center e.V.; diese und weitere internationale Qualitätsstandards finden Sie unter http://klug-md.de/Wissen/qstandards.htm):

1. **Prinzip der Simulation:** Die oben skizzierten simulationsorientierten Aufgaben stellen im Assessment den überwiegenden Anteil verwendeter Bausteine dar. Sie werden derart zusammengestellt, dass sie insgesamt einen realitätsnahen Auszug aus

---

[2] Diese Beispiele für Ergebnismatrizen sind Elemente der **frei zugänglichen „Knowledge Base" zur Management-Diagnostik**. Sie enthält u.a. ein Lexikon mit mehr als 250 prägnant erklärten Fachbegriffen, zusätzlich Literaturhinweise, Links, Downloadmöglichkeiten und PDFs.

dem Alltag eines Mitarbeiters oder einer Führungskraft auf der Zielposition abbilden. Dies ist die Kernidee des Assessments.

2. **Prinzip des Anforderungsbezugs:** Assessments geht eine Aufgaben- und Anforderungsanalyse wie in Unterkapitel 2.2 beschrieben voraus. Die mit den AC-Bausteinen beobachtbaren Kriterien repräsentieren das Anforderungsprofil. Für jede Anforderung gibt es möglichst mehrere Evokatoren, damit sie auch tatsächlich beobachtet werden können. Die Aufgaben haben einen inhaltlichen Berufsbezug, denn je ähnlicher die Simulation den tatsächlichen Aufgaben ist, desto größer ist die Wahrscheinlichkeit, dass das spätere Arbeitsverhalten mit ihr vorhergesagt werden kann.

3. **Prinzip der Methodenvielfalt und der Mehrfachbeobachtung:** Die Anforderungen werden mit unterschiedlichen Aufgabentypen und möglichst von verschiedenen Beobachtern mehrfach geprüft. Häufig werden ergänzend zu Simulationen auch Tests, Persönlichkeitsfragebogen sowie Selbst- und Fremdeinschätzungen der bisherigen beruflichen Leistungen eingesetzt. Damit werden Beobachter- und Aufgabeneinflüsse reduziert bzw. ausgeglichen und die Messgenauigkeit erhöht.

4. **Prinzip der Transparenz:** Die Teilnehmer werden über die Anforderungen, die Kriterien, die Aufgaben, den Prozess der Beobachtung, Bewertung und Entscheidungsfindung sowie die Ergebnisse umfassend informiert. Jeder Teilnehmer bekommt ein persönliches Feedback. Diese Transparenz wirkt stressreduzierend und sorgt für Akzeptanz des Verfahrens.

Tabelle 15 beschreibt das **Vorgehen bei der Konstruktion und Durchführung** von Assessments. Sie gelten für viele Praktiker als Königsweg der Eignungsdiagnostik. Nach dem Motto „Sich etwas zeigen lassen ist mehr als sich nur davon berichten lassen" gehen Assessments deutlich über klassische Interviews hinaus. Sie haben eine hohe **soziale Validität**, d.h. sie werden von den Kandidaten als faire und förderliche Beurteilungssituationen erlebt und deshalb gut akzeptiert (Macan, Avedon, Paese & Smith, 1994; Schuler, 1990). Assessments haben eine relativ gute **prognostische Validität**, d.h. sie sind geeignet, den zukünftigen Berufserfolg von Bewerbern global vorherzusagen. Dies gilt umso mehr, je höher der Anteil von Simulationen echter Aufgaben und Arbeitsproben ist (Schmidt & Hunter, 1998). Weitere Befunde zur **Testgüte** von Assessments hat Schuler (2007) zusammengestellt.

Im Zusammenhang mit Assessments als **Methodik im Rahmen der PE-Bedarfsanalyse** ist allerdings beunruhigend, dass schlecht konzipierte Assessments häufig nur über eine geringe **Konstruktvalidität** verfügen. Was ist hiermit gemeint? Konstruktvalidität betrifft die Frage, *was genau* in Assessments eigentlich gemessen wird. Werden tatsächlich die erfolgskritischen Kompetenzausprägungen, also das gemessen, was in nachfolgenden PE-Maßnahmen eventuell gefördert werden soll bzw. muss? Nur wenn diese Frage bejaht werden kann, macht ein Assessment zur PE-Bedarfsanalyse Sinn.

Tabelle 15: Schritte zur Konstruktion und Durchführung von Assessment

Assessment – Konstruktion und Durchführung
1. Genaue Analyse der Anforderungen der Zielposition (siehe Unterkap. 2.1 und 2.2)
2. Konzeption von Bausteinen für das Assessment Center Aus den Anforderungen ergibt sich, welche Kriterien im Rahmen des Assessments beobachtbar gemacht werden sollen. Hierzu werden entsprechende Bausteine und Aufgaben zusammengestellt bzw. spezifisch neu konstruiert.
3. Schulung der Beobachter Führungskräfte und Personalverantwortliche aus dem Unternehmen werden intensiv auf die Beobachterrolle vorbereitet – zwecks Vermeidung von Beobachtungs- und Beurteilungsfehlern
4. Durchführung des Assessments Das Assessment-Center wird an 1 bis 3 Tagen durchgeführt. In der Beobachterkonferenz werden Beobachtungen und Bewertungen zusammengefasst. Die Kandidaten erhalten abschließend ein erstes mündliches Feedback zu Stärken und Entwicklungsfeldern.
5. Gutachtenerstellung Die Beobachtungen, Bewertungen und weiteren Ergebnisse werden in einem Gutachten mit folgenden Inhalten zusammengefasst: ▪ Darstellung des Verfahrens ▪ Einzelergebnisse zu den Anforderungskriterien ▪ prägnante Ergebniszusammenfassung ▪ Positionsempfehlung ▪ Hinweise zur persönlichen Weiterentwicklung
6. Individuelle Entwicklungsgespräche Hier werden konkrete Entwicklungsziele und PE-Maßnahmen on- und off-the-job vereinbart.

Konstrukte (beispielsweise die Handlungsorientierung, eine in Management-Fallstudien häufig gemessene Anforderung) sind nicht direkt beobachtbare Eigenschaften von Personen. Konstrukte werden über die Abgrenzung zu anderen Konstrukten definiert. Im Assessment tragen Konstrukte dazu bei, Beobachtungen zu bündeln und gebündelt zu bewerten. Als Indikator für Konstrukte wie Handlungsorientierung dienen beobachtbare Verhaltensanker wie z.B. „Trifft nach seiner Analyse konkrete Maßnahmen" und „Wird selbst aktiv". Macht es Sinn, die Messungen anhand dieser Verhaltensanker zu einer Aussage zur Handlungsorientierung zu bündeln? Oder sollten sie lieber zwei anderen Konstrukten und damit Anforderungskriterien zugeordnet werden? Die erste Frage ist zu bejahen, wenn konvergente und diskriminante Validität gegeben sind.

- **Konvergente Validität** ist gegeben, wenn Tests hoch mit anderen Tests korrelieren, die vorgeben, das gleiche Konstrukt zu messen. Die Messung des Beobachtungskriteriums Konfliktfähigkeit in einer Verhandlungsaufgabe sollte also hoch mit der in einer Teamaufgabe korrelieren.

- **Diskriminante Validität** ist gegeben, wenn zwei Tests, die vorgeben, unterschiedliches zu messen, möglichst wenig oder gar nicht miteinander korrelieren. Die Messung der Konfliktfähigkeit in einer Verhandlung sollte also z.B. nicht mit der Messung der Überzeugungskraft in derselben Verhandlung und auch nicht in anderen AC-Bausteinen korrelieren.

Sackett und Dreher (1982) haben in einer umfassenden Studie festgestellt, dass AC-Beobachter die Teilnehmer bezüglich **verschiedener Beobachtungskriterien innerhalb einer Aufgabe sehr ähnlich** und bezüglich **identischer Beobachtungskriterien in verschiedenen Aufgaben sehr unähnlich** bewerten. Auch Kolk (2001) fand zu geringe konvergente und diskriminante Validität in den von ihm untersuchten ACs. Demnach haben Assessment-Center *keine* Konstruktvalidität. Kleinmann (1997) hat die Studien, die dieses Ergebnis erbrachten, näher analysiert und eigene empirische Studien zu Faktoren durchgeführt, die die Konstruktvalidität von Assessments beeinflussen. Daran angelehnt sind folgende Maßnahmen zu empfehlen, um in Assessments, die der Personalentwicklung dienen, eine **gute Konstruktvalidität zu erreichen**:

- Die Anforderungs- und **Beobachtungskriterien** sowie die Verhaltensanker sollten **allen Teilnehmern bekannt** gemacht werden. Damit wird der Einfluss der sozialen Intelligenz (Wahrnehmungsfähigkeit in Bezug auf soziale Anforderungen) reduziert.

- Die Beobachter sollten **nur wenige Beobachtungskriterien zeitgleich** beobachten. Die Validität nimmt ab, wenn die Zahl der Kriterien pro Aufgabe größer ist als vier. Denn damit ist die Informationsverarbeitungskapazität der meisten Beobachter ausgeschöpft; mehr als vier Kriterien führen zu Informationsüberlastung.

- Die Beobachtungskriterien sollten so konzipiert sein, dass **alle denkbaren Verhaltensausprägungen** bei einer **zeitgleichen Beobachtung möglich** sind. Anderenfalls sollten die Teilnehmerausprägungen in den Beobachtungskriterien sukzessiv für die einzelnen Aufgaben beobachtet werden.

- Die Beobachtungskriterien sollten für die Beobachter durch **mehrere Verhaltensanker** gut handhabbar sein. Die Beobachter müssen ein **Beobachtertraining** durchlaufen, in dem das Verständnis sowie die Handhabung der Kriterien und Verhaltensanker trainiert wird.

- Gilt es, PE-Maßnahmen durch ACs zu evaluieren, dann sollte eine **Beobachterrotation unterbleiben**.

- Ebenfalls förderlich ist der Einsatz **brillanter Rollenspieler**, die passend Evokatoren zu den Kriterien einsetzen können und somit sicherstellen, dass die Teilnehmer ihre Kompetenzen auch tatsächlich zeigen können.

- **Videoaufzeichnungen** und die Möglichkeit, diese noch einmal anzusehen, erhöhen die Güte der Bewertungen.

Sagie und Magnezy (1997) sowie auch Damitz, Manzey, Kleinmann und Severin (2003) haben ermittelt, dass **Psychologen die Beobachterrolle besser ausfüllen** und mit ihren Bewertungen sowie Verhaltensvorhersagen eine deutlich höhere Güte erreichen als andere Personengruppen. Durch ihr Studium sind sie mit Konstrukten zur Personenbeschreibung vertraut und in der Anwendung von systematischen Verfahren zur Verhaltensbeobachtung trainiert. Ein optimales Beobachterteam besteht daher aus Psychologen und erfahrenen, in der AC-Beobachtung trainierten Linienvorgesetzten, die fachliche Perspektiven einbringen können. Zusammen bieten diese Beobachtertypen ein breites Spektrum an Stärken und gleichen jeweils ihre Schwächen aus.

Potenzialanalysen

Potenzialanalysen sind Varianten des Assessments zur Analyse von Potenzialen meist jüngerer Mitarbeiter. Im Zusammenhang der PE ist ein **Potenzial** eine latente Kompetenz im Sinne einer fachlichen oder überfachlichen Fähigkeit oder Fertigkeit. Potenzialanalysen erfassen **Entwicklungsmöglichkeiten** sowie die zukünftige Eignung für Zielpositionen oder Rollen, die anspruchsvoller sind als jene, die die Mitarbeiter aktuell einnehmen. Sie werden vor allem durchgeführt, um für gehobene Managementpositionen Nachfolger aus den Reihen des eigenen Unternehmens zu identifizieren und diese in ein bis zwei Jahren dorthin zu entwickeln. Zwischen Befunderhebung und Positionsübernahme liegen gewöhnlich mehrere Zwischenschritte und mehr Zeit als bei anderen Assessments. Dadurch ist auch die von Potenzialanalysen zu leistende Vorhersageaufgabe anspruchsvoller als die normaler Assessments. Potenzialanalysen fokussieren:

1. **Latente Kompetenzen:** Dies sind solche Kompetenzen, die zwar schon vorhanden, aber noch nicht zu Tage getreten sind und noch nicht beobachtet wurden. Ein Grund dafür kann darin liegen, dass sie auf der aktuellen Position einfach nicht gefordert werden. Was kann ein Mitarbeiter neben dem, was er in letzter Zeit im Arbeitsalltag gezeigt hat, sonst noch alles? Hier interessieren vor allem solche Kompetenzen, die für weiterführende Aufgaben wie beispielsweise eine Führungsposition oder Expertenlaufbahn wichtig wären.

2. **Leicht entwickelbare Kompetenzen:** Dies sind solche Kompetenzen, die ebenfalls für weiterführende Aufgaben relevant sind und sich mit relativ geringem Aufwand entwickeln lassen.

3. **Das Lernpotenzial:** Personen unterscheiden sich in ihrer Lernbereitschaft und Lernfähigkeit. **Lernbereitschaft** meint den Willen, zu lernen. Er hängt stark von den individuellen Qualifizierungszielen ab. Mit **Lernfähigkeit** ist die Fähigkeit gemeint, sich schnell an neue Anforderungssituationen anzupassen und diese zielführend zu gestalten. Das Produkt dieser beiden Variablen ist das Lernpotenzial. Die Investition, die ein Unternehmen in einen Mitarbeiter in Form von PE tätigt, trägt vor allem dann Früchte, wenn das Lernpotenzial hoch ist.

Wesentliche **Voraussetzungen** für ein hohes Lernpotenzial sind die Bereitschaft zur Selbstkritik und die Fähigkeit, die eigene Leistung realistisch einzuschätzen. Auch diese beiden Merkmale werden in vorhersagestarken Potenzialanalysen gemessen. **Potenzialkatalysatoren** sind Personenmerkmale, die den Prozess beschleunigen, in dem ein

Potenzial zur tatsächlichen Kompetenz wird. Für gehobene Führungsaufgaben und die dafür notwendigen Kompetenzen sind dies z.B. folgende Merkmale: analytische Kompetenz; die Motivation, zu führen und zu gestalten; soziale Flexibilität und Adaptivität. Sie werden in **Führungspotenzialanalysen** gemessen. Für eine **positionsspezifische Potenzialanalyse** werden die Anforderungen zusammengestellt, die zukünftig auf einer bestimmten Zielposition oder für eine bestimmte Rolle im Unternehmen relevant werden. Man kann aber auch eine **allgemeine Potenzialanalyse** durchführen: Hierfür werden relevante *generelle* Anforderungen z.B. für gehobene Vertriebsaufgaben, Expertenaufgaben oder Führungsaufgaben im Unternehmen zusammengestellt. Zur letzten Klasse gehören beispielsweise die Fähigkeiten, Kritik zu vermitteln, zu überzeugen, gemeinsam Problemursachen und -lösungen zu erarbeiten sowie verbindlich Arbeitsaufträge zu vereinbaren. Anschließend wird dann ein **Potenzialanalyse-AC** durchgeführt, in dem die relevanten Fähigkeiten mit Simulationen geprüft werden (ein Beispielzeitplan findet sich auf http://klug-md.de/Wissen/Zeitplan_PotAC.htm). **Latente Kompetenzen** werden so sichtbar. Ist die Kompetenzausprägung eines Kandidaten nur geringfügig vom geforderten Niveau entfernt und ist die Kompetenz an sich leicht aufbaubar, dann wurde ein **leicht entwickelbares Kompetenzpotenzial** identifiziert. Ein weiteres Ergebnis eines solchen Verfahrens mit breiterem Ansatz kann z.B. die Empfehlung für den Kandidaten sein, eher eine Vertriebs-, eine Experten- oder eine Führungslaufbahn anzustreben. Hierzu wird zuvor die Nähe des individuellen Ergebnisprofils zu den drei Anforderungsprofilen geprüft. Stehen solche Orientierungsgedanken im Vordergrund, wird das Verfahren auch **Orientierungscenter** genannt.

Das **Lernpotenzial** lässt sich durch **Messwiederholungen** feststellen. Hierzu werden einzelne Aufgaben – etwa die Rollensimulation eines Mitarbeitergesprächs – intensiv nachbereitet. Der Kandidat soll seine Leistung selbst detailliert einschätzen und bekommt ein umfassendes **Feedback mit Tipps zur Verbesserung**. Zusätzlich kann auch eine kurze **Trainingseinheit** angeboten werden. Die Tipps bzw. Trainingseinheit sollten so gestaltet sein, dass sie für Elemente von PE-Maßnahmen stehen, die später tatsächlich angeboten werden könnten. Beispielsweise können Hinweise zur Fragetechnik bei der Ursachenanalyse von Produktionsproblemen angeboten werden, die auf ein Entwicklungsprogramm für den Führungskräftenachwuchs vorgreifen. Dem entsprechend würde dem Kandidaten z.B. nach der ersten Rollensimulation zurückgemeldet, er solle in der zweiten Rollensimulation mehr offene Fragen zur Problemanalyse einsetzen. Im Anschluss an die Nachbereitung wird als **zweite Messung** eine **parallele Version** des Mitarbeitergesprächs durchgeführt und die **Leistungsveränderungen** werden gemessen. Wenn ein Kandidat seine Leistung selbstkritisch und realistisch einschätzt, von Hinweisen profitiert und seine Leistung im zweiten Mitabeitergespräch verbessert, liegt es nahe, dass er auch von einem Entwicklungsprogramm profitieren kann und sich entwickeln wird. Auf diese Weise sichern Unternehmen Ihre Investitionen in Mitarbeiter ab, die sie in Form von PE tätigen. Stehen bei einem Assessment solche Lernsituationen im Vordergrund, wird es auch **Lernpotenzial-Assessment** genannt (Sarges, 2001).

Eine weitere Variante ist das **Entwicklungs-AC** oder **Development-Center** (DC). Dieses Verfahren fokussiert nicht auf die Beurteilung von Kompetenz, sondern auf **Kompetenz***entwicklung* durch das Bearbeiten von Aufgaben und intensives Feedback. **Lernprozesse** stehen also im Vordergrund. Zusätzliche Bausteine eines DC sind beispielsweise: Selbsteinschätzung der eigenen Leistungen, Auswertung von Rollensimulationen anhand von Videoaufzeichnungen, Wiederholung einer Aufgabe nach Feedback, zwischenzeitliche Trainingseinheiten sowie die Reflexion der eigenen Motivation und der beruflichen Ziele. Das DC ist somit in erster Linie eine intensive Trainingsmaßnahme, die die Methodik und Elemente des Assessments nutzt (einen DC-Beispielzeitplan finden Sie auf http://klug-md.de/Wissen/Zeitplan_DC.htm).

Als Fazit fasst Tabelle 16 den **Nutzen von Assessments** und Potenzialanalysen zusammen. Häufige Fragen und Antworten zum Thema Assessment und Potenzialanalyse finden Sie unter http://klug-md.de/Wissen/FAQ.htm.

2.4 Abschluss der Analyse des PE-Bedarfs

Der PE-Bedarf eines Unternehmens ergibt sich, wenn man die aus der Organisationsanalyse abgeleiteten und durch die Aufgabenanalyse festgestellten aktuellen und zukünftigen Leistungsanforderungen mit der im Rahmen der Personanalyse ermittelten Leistung bzw. Leistungsfähigkeit der Mitarbeiter vergleicht. Personalentwicklung soll Stärken ausbauen, Defizite abbauen und Potenziale in Stärken transformieren. Es gibt prinzipiell drei Arten von Ursachen dafür, dass eine **Diskrepanz zwischen gewünschter und realer Performanz** entsteht:

- **Barrieren** im Bereich der **Motivation** der beteiligten Personen
- **Kompetenzdefizite**
- **Barrieren** in der **Organisation**

Aus den Gründen der ersten und zweiten Art kann sich Trainings- und anderer PE-Bedarf ergeben; Gründe der dritten Art machen dagegen Veränderungen in der **Organisationsstruktur** erforderlich.

Der Frage, ob PE-Maßnahmen getroffen werden sollen oder nicht, schließt sich die nächste Frage an: Welche PE-Maßnahmen sind geeignet, die Lücke zwischen Soll und Ist, zwischen Leistungsanforderungen und Eignung, zu schließen? Alternativ kann man auch an der oder den Positionen ansetzen und diese – orientiert an den vorhandenen Kompetenzen der Mitarbeiter – neu zuschneiden oder aber Hilfsmittel zur Verfügung stellen, um die Defizite auszugleichen.

Tabelle 16: Nutzen von Assessments und Potenzialanalysen für Unternehmen und Teilnehmer

Nutzen für das Unternehmen
▪ Anforderungskriterien werden sichtbar, die in Gesprächen nur sehr schwer oder mit Risiko zu beurteilen sind (etwa Führungskompetenz, Arbeitsorganisation oder analytisches Denken). ▪ Bewertung anhand einheitlicher Kriterien, die von den Zielen, der Strategie und den Führungsgrundsätzen des Unternehmens, abgeleitet sind. ▪ Führungsgrundsätze werden gelebt und Unternehmenskultur wird gestaltet: Der einzelne Mitarbeiter und seine Individualität werden in den Mittelpunkt gerückt; PE ist wichtig! ▪ Hinweise für eine gezielte Förderung und Laufbahnberatung der Teilnehmer; PE-Maßnahmen (Training, Positionswechsel etc.) werden gezielt abgeleitet. ▪ Vermeidung des Gießkanneneffekts bei Investitionen in die PE: Mitarbeiter nehmen nur solche Trainings wahr, die ihrem Bedarf entsprechen. ▪ Beobachter (Führungskräfte und Personalbereich) erhalten einen guten Überblick über vorhandene Potenzialträger und erkennen bisher nicht genutzte Potenziale. ▪ Die Effizienz bisheriger PE-Maßnahmen kann überprüft werden. ▪ Viele Denkanstöße für die beobachtenden Führungskräfte, Verbesserung der Beobachtungs- und Bewertungsfähigkeiten im Alltag. ▪ Positionsentscheidungen werden transparenter (mehrere Beurteiler, Praxis-Situationen, transparente Kriterien), tragbarer und gerechter erlebt.
Nutzen für die Teilnehmer
▪ Vorinformation über mögliche Zielpositionen durch die simulierten Aufgaben und Bewertungskriterien; im AC werden Alltagssituationen der Führungskraft erlebt und mit eigenen Vorstellungen verglichen. ▪ Bessere Chance, erworbene Fähigkeiten in berufsnahen Situationen zu demonstrieren. ▪ Rückmeldung über Stärken, Schwächen, Entwicklungsfelder und Potenziale in Bezug auf Anforderungen höher qualifizierter Arbeitsplätze. ▪ Intersubjektive Bewertung der Stärken, Entwicklungsfelder und Potenziale für unterschiedliche, höher qualifizierte Positionen und Laufbahnen. ▪ Mehr Entscheidungssicherheit; geringeres Risiko, eine falsche Position anzutreten. ▪ Gezielte eigene Weiterbildung wird möglich. ▪ Im AC werden Maßnahmen und Wege aufgezeigt, wie vorhandene Entwicklungsfelder angegangen und Stärken besser genutzt werden können. ▪ Anschließende Trainings-/Entwicklungsmaßnahmen sind erfolgreicher, da ein direkter Bezug zu eigenen Schwächen erkennbar wird.

Bislang wurde als elementare Analyseeinheit die einzelne Position betrachtet. Die skizzierten Schritte lassen sich aber auch für die **PE-Bedarfsanalyse von Teams** oder Arbeitsgruppen anwenden. So kann etwa die Anforderung an das Team eines Bauprojekts lauten, dass sich mindestens zwei Teammitglieder in der Baustatik auskennen, zwei gut verhandeln können und einer die Werkzeuge des Projektmanagements beherrscht. In dieser Art lässt sich ein Gruppen- oder **Team-Anforderungsprofil** formulieren, dem sich das Portfolio der vorhandenen Kompetenzen eines Teams gegenüberstellen lässt. Dies lässt sich gewinnen, indem die Ergebnisse von Eignungsuntersuchungen, wie Assessments und Potenzialanalysen, zusammengefasst werden. Das ist auch zu dem Zweck sinnvoll, Bedarf zu bündeln und ökonomisch für solche Gruppen gemeinsame PE-Angebote zu machen, die den gleichen Bedarf haben.

Neuberger (1994) weist darauf hin, dass die Bestimmung des PE-Bedarfs in weiten Teilen ein **sozialer Aushandlungsprozess** ist, in dem sich die Beteiligten mittels Diskussion auf eine gemeinsame Sicht der Gegebenheiten, der Ziele und Soll-Zustände sowie der zu treffenden Maßnahmen einigen. Dabei spielen auch immer die **Interessen der einzelnen Beteiligten** und ihre **Machtverhältnisse** eine Rolle. Die Beteiligten sollten sich bemühen, die Diskussion offen und sachlich zu führen, um möglichst partnerschaftlich eine übereinstimmende Zielsetzung für die PE zu treffen. Dazu gehört auch, die individuellen und persönlichen Entwicklungswünsche und -erfordernisse des Mitarbeiters zu berücksichtigen, die aus seiner persönlichen Karriereplanung resultieren.

Nachdem die Bedarfsfelder für Personalentwicklung ermittelt wurden, ist es notwendig, sie zu priorisieren. Bedeutende Kriterien hierfür sind der zu erwartende strategische Nutzen, der Einfluss auf die Kosten und den Ertrag des Unternehmens sowie die Dringlichkeit. Die **folgenden Fragen helfen zu priorisieren** und konkrete PE-Maßnahmen abzuleiten:

- Welche Interessen spiegeln sich in dem Bedarf? Welche Personen oder Gruppen haben ihn festgestellt?
- Wie wichtig ist es, auf den Bedarf zu reagieren? Ist dies für das Unternehmen existenziell oder *nur* vorteilhaft?
- Von welchem Ziel der Organisation ist der Bedarf abgeleitet? Vom allerwichtigsten Ziel, von einem wichtigen Ziel oder aber von einem zweitrangigen?
- Wie dringlich ist der Bedarf? Ist er akut und ist seine Grundlage ein aktuelles Defizit? Oder ist er von einer Entwicklung abgeleitet und das Defizit ein prognostiziertes?
- Repräsentiert der Bedarf Defizite oder Chancen? Sollen Fehlerquellen beseitigt oder Chancen genutzt werden?

Zur **Priorisierung der möglichen PE-Maßnahmen** zu einem Bedarfsfeld selbst können folgende Fragen gestellt werden:

- Sind entsprechende PE-Maßnahmen kurzfristig realisierbar?
- Welcher interne und/oder externe Aufwand ist zur Realisierung notwendig?
- Wie wahrscheinlich und wie bedeutsam ist die Effektivitäts- und Effizienzsteigerung der internen Prozesse, die durch die PE-Maßnahme bewirkt wird?
- Dient die PE-Maßnahme der Erreichung des allerwichtigsten Ziels der Organisation, eines wichtigen Ziels oder aber eines unwichtigen?
- Was bringt die Maßnahme den internen Kunden der PE?

Literatur

Bartram, D. (2005). The great eight competencies: A criterion-centric approach to validation. *Journal of Applied Psychology, 6*, 1185-1203.

Becker, F. G. (2009). *Grundlagen betrieblicher Leistungsbeurteilungen* (5. Aufl.). Stuttgart: Schäffer-Poeschel.

Berkel, I. (1998). *Die Rolle der Organisationsentwicklung im Dienstleistungsqualitätsmanagement*. München: Hampp.

Bleicher, K. (2004). *Das Konzept integriertes Management*. Frankfurt a. M.: Campus.

Borg, I. (2003). *Führungsinstrument Mitarbeiterbefragung*. Göttingen: Hogrefe.

Borg, I. & Bergemaier, R. (1993). *Strategische Stärken- und Schwächenanalyse*. München: Human Resources Consulting.

Bownas, D. A. & Bernardin, H. J. (1988). Critical incident technique. In S. Gael (Ed.), *The job analysis handbook for business, industry, and government* (Vol. 2; pp. 1120-1137). New York: Wiley.

Boyatzis, R. E. (1982). *The competent manager. Model for effective performance*. New York: Wiley.

Campbell, J. P., McCloy, R. A., Oppler, S. H. & Sager, C. E. (1993). A theory of performance. In N. Schmitt & W. C. Borman (Eds.), *Personnel selection in organizations* (pp. 35-70). San Francisco: Jossey-Bass.

Chomsky, N. (1981). *Regeln und Repräsentationen*. Frankfurt: Suhrkamp.

Damitz, M., Manzey, D., Kleinmann, M. & Severin, K. (2003). Assessment center for pilot selection: Construct and criterion validity and the impact of assessor type. *Applied Psychology: An International Review, 52*, 192-211.

Domsch, M. (1983). Partizipative Bildungsbedarfsplanung im Betrieb. In W. Weber (Hrsg.), *Betriebliche Aus- und Weiterbildung. Ergebnisse der betriebswirtschaftlichen Bildungsforschung* (S. 97-110). Paderborn: Schöningh.

Drucker, P. F. (2007). *The practice of management*. Amsterdam: Elsevier.

Dudenredaktion (Hrsg.). (2007). *Das große Fremdwörterbuch*. Mannheim: Bibliographisches Institut.

Dunckel, H. (Hrsg.). (1999). *Handbuch psychologischer Arbeitsanalyseverfahren*. Zürich: vdf.

Felfe, J. & Liepmann, D. (2008). *Organisationsdiagnostik*. Göttingen: Hogrefe.

Fiege, R., Muck, P. M. & Schuler, H. (2006). Mitarbeitergespräche. In H. Schuler (Hrsg.), *Lehrbuch der Personalpsychologie* (2. Aufl.; S. 471-522). Göttingen: Hogrefe.

Flanagan, J. C. (1954). The critical incident technique. *Psychological Bulletin, 51*, 327-358.

Frieling, E. & Sonntag, K. H. (1999). *Lehrbuch Arbeitspsychologie* (2. Aufl.). Bern: Huber.

Gael, S. (Ed.). (1988). *The job analysis handbook for business, industry, and government*. New York: Wiley.

Goldstein, I. L. & Ford, J. K. (2002). *Training in organizations* (4th ed.). Belmont, CA: Wadsworth.

Graf, H.G. & Klein, G. (2003). *In die Zukunft führen. Strategieentwicklung mit Szenarien*. Zürich: Rüegger.

Grote, S., Kauffeld, S. & Frieling, E. (Hrsg.). (2006). *Kompetenzmanagement. Grundlagen und Praxisbeispiele*. Stuttgart: Schäffer-Poeschel.

Hacker, W. (1995). *Arbeitstätigkeitsanalyse*. Heidelberg: Asanger.

Häder, M. (2002). *Delphi-Befragungen*. Wiesbaden: VS-Verlag für Sozialwissenschaften.

Heyse, V. & Erpenbeck, J. (2004). *Kompetenztraining*. Stuttgart: Schäffer-Poeschel.

Hoekstra, H. A. & van Sluis, E. (2003). *Managing competencies*. Nijmegen: GITP.

Höft, S. & Funke, U. (2006). Simulationsorientierte Verfahren der Personalauswahl. In H. Schuler (Hrsg.), *Lehrbuch der Personalpsychologie* (2. Aufl.; S. 145-187). Göttingen: Hogrefe.

Holling, H. & Liepmann, D. (2007). Personalentwicklung. In H. Schuler (Hrsg.), *Lehrbuch Organisationspsychologie* (4. Aufl.; S. 345-384). Bern: Huber.

Iles, P. (2001). Employee resourcing. In J. Storey (Ed.), *Human resource management: A critical text* (pp. 133-164). London: Routledge.

Jeanneret, P. R. & Strong, M. H. (2003). Linking O*NET job analysis information to job requirement predictors: An O*NET application. *Personnel Psychology, 56*, 465-492.

Jetter, F. & Skrotzki, R. (2000). *Handbuch Zielvereinbarungsgespräche*. Stuttgart: Schäffer-Poeschel.

Kleinmann, M. (1997). *Assessment-Center. Stand der Forschung – Konsequenzen für die Praxis*. Göttingen: Verlag für Angewandte Psychologie.

Kleinmann, M. (2003). *Assessment Center*. Göttingen: Hogrefe.

Kolk, N. (2001). *Assessment centers: Understanding and improving construct-related validity*. Enschede: Ipskamp.

Landy, F. J. (1993). Job analysis and job evaluation: The respondent's perspective. In H. Schuler, J. L. Farr & M. Smith (Eds.), *Personnel selection and assessment: Individual and organizational perspectives* (pp. 75-90). Hillsdale, NJ: Erlbaum.

Lombriser, R. & Abplanalp, P. A. (2005). *Strategisches Management. Visionen entwickeln, Strategien umsetzen, Erfolgspotenziale aufbauen*. Zürich: Versus.

London, M. (1991). Practice in training and development. In D. W. Bray (Ed.), *Working with organizations and their people: A guide to human resources practice* (pp. 67-94). New York: Guilford.

Lucia, A. D. & Lepsinger, R. (1999). *The art and science of competency models*. San Francisco: Jossey-Bass.

Macan, T. H., Avedon, M. J., Paese, M. & Smith, D. E. (1994). The effects of applicants reaction to cognitive ability tests and an assessment center. *Personnel Psychology, 47*, 715-738.

Marcus, B. & Schuler, H. (2006). Leistungsbeurteilung. In H. Schuler (Hrsg.), *Lehrbuch der Personalpsychologie* (2. Aufl.; S. 433-470). Göttingen: Hogrefe.

Mintzberg, H. (1973). *The Nature of Managerial Work*. New York: Harper & Row.

Mirabile, R. J. (1997). Everything you wanted to know about competency modeling. *Training & Development, 51*, 73-77.

Moore, M. L. & Dutton, P. (1978). Training needs analysis: Review and critique. *Academy of Management Review, 3*, 532-545.

Müller-Stewens, G. & Lechner, C. (2005). *Strategisches Management*. Stuttgart: Schäffer-Poeschel.

Murphy, K. R. & Cleveland, J. N. (1995). *Understanding performance appraisal: Social, organizational, and goal-based perspectives*. Thousand Oaks: Sage.

Musch, J., Rahn, B. & Lieberei, W. (2001). *Bonner-Postkorb-Module*. Göttingen: Hogrefe.

Nerdinger, F. (2008). Arbeitsanalyse und -bewertung. In F. W. Nerdinger, G. Blickle & N. Schaper, *Arbeits- und Organisationspsychologie* (S. 354-376). Berlin: Springer.

Neubauer, R. (2004). Wege und Irrwege bei der Definition von Anforderungen. In K. Sünderhauf, S. Stumpf & S. Höft (Hrsg.), *Assessment Center. Von der Auftragsklärung bis zur Qualitätssicherung* (S. 89-106). Lengerich: Pabst.

Neuberger, O. (1994). *Personalentwicklung*. Stuttgart: Enke.

Peterson, N. G., Mumford, M. D., Borman, W. C., Jeanneret, P. R., Fleishman, E. A., Levin, K. Y. et al. (2001). Understanding work using the Occupational Information Network (O*NET): Implications for practice and research. *Personnel Psychology, 54,* 451-492.

Porter, L. W. & Lawler, E. E. (1968). *Managerial attitudes and performance.* Homewood, ILL: Irwin-Dorsey.

Prahalad, C. & Hamel, G. (1990). The core competence of the corporation. *Harvard Business Review, 68,* 79-91.

Richter, F. & Pohlandt, A. (2004). Maßnahmen zur Unterstützung beruflicher Kompetenzentwicklung. In B. Bergmann u.a. (Hrsg.), *Arbeiten und Lernen* (S. 275-297). Münster: Waxmann.

Robertson, I. T. & Kandola, R. S. (1982). Work sample tests: Validity, adverse impact, and applicant reactions. *Journal of Occupational Psychology, 55,* 171-183.

Robertson, P. P. (2005). *Always change a winning team.* London: Cyan.

Rosenstiel, L. v., Nerdinger, F. & Spieß, E. (Hrsg.). (1998). *Von der Hochschule in den Beruf.* Göttingen: Verlag für Angewandte Psychologie.

Sackett, P. R. & Dreher, G. H. (1982). Constructs and assessment center dimensions: Some troubling empirical findings. *Journal of Applied Psychology, 67,* 401-410.

Sagie, A. & Magnezy, R. (1997). Assessor type, number of distinguishable dimension categories' and assessment center construct validity. *Journal of Occupational and Organizational Psychology, 70,* 103-108.

Sarges, W. (Hrsg.). (2000). *Management-Diagnostik.* Göttingen: Hogrefe.

Sarges, W. (2001). Lernpotenzial-Assessment Center. In W. Sarges, (Hrsg.). *Weiterentwicklungen der Asessment-Center-Methode* (S. 97-108). Göttingen: Hogrefe.

Schaller, R. (2006). *Das große Rollenspiel-Buch. Grundtechniken, Anwendungsformen, Praxisbeispiele.* Weinheim: Beltz Weiterbildung.

Schippmann, J. S., Ash, R. A., Battista, M., Carr, L., Eyde, L. D., Hesketh, B., Kehoe, J., Pearlman, K., Prien, E. & Sanchez, J. I. (2000). The practice of competency modeling. *Personnel Psychology, 53,* 703-740.

Schmidt, F. L. & Hunter, J. E. (1998). The validity and utility of selection methods in personnel psychology: Practical and theoretical implications of 85 years of research findings. *Psychological Bulletin, 124,* 262-274.

Schneider, W. & Kornmeier, M. (2006). *Kundenzufriedenheit. Konzept, Messung, Management.* Bern: Haupt.

Schuler, H. (1990). Personalauswahl aus Sicht der Bewerber: Zum Erleben eignungsdiagnostischer Situationen. *Zeitschrift für Arbeits- und Organisationspsychologie, 34*, 184-191.

Schuler, H. (2004). Leistungsbeurteilung – Funktionen, Formen und Wirkungen. In H. Schuler (Hrsg.), *Beurteilung und Förderung beruflicher Leistung* (2. Aufl.; S. 11-40). Göttingen: Hogrefe.

Schuler, H. (Hrsg.). (2007). *Assessment Center zur Potenzialanalyse*. Göttingen: Hogrefe.

Schuler, H. & Höft, S. (2006). Konstruktorientierte Verfahren der Personalauswahl. In H. Schuler (Hrsg.), *Lehrbuch der Personalpsychologie* (2. Aufl., S. 101-145). Göttingen: Hogrefe.

Schuler, H. & Marcus, B. (2006). Biographieorientierte Verfahren der Personalauswahl. In H. Schuler (Hrsg.), *Lehrbuch der Personalpsychologie* (2. Aufl.; S. 189-230). Göttingen: Hogrefe.

Schuler, H. & Görlich, Y. (2006). Ermittlung erfolgsrelevanter Merkmale von Mitarbeitern durch Leistungs- und Potentialbeurteilung. In K. Sonntag (Hrsg.), *Personalentwicklung in Organisationen* (3. Aufl.; S. 235-269). Göttingen: Hogrefe.

Schüpbach, H. & Zölch, M. (2007). Analyse und Bewertung von Arbeitssystemen und Arbeitstätigkeiten. In H. Schuler (Hrsg.), *Lehrbuch Organisationspsychologie* (4. Aufl.; S. 197-220). Bern: Huber.

Sonntag, K. (1996). *Lernen im Unternehmen. Effiziente Organisation durch Lernkultur*. München: Beck.

Sonntag, K. (Hrsg.) (2006). *Personalentwicklung in Organisationen*. Göttingen: Hogrefe.

Sonntag, K. & Stegmaier, R. (2005). Lernkulturen verstehen, gestalten und messen. Das „Lernkulturinventar" als organisationsdiagnostisches Verfahren zur Messung von Lernkultur. *Personalführung, 1*, 22-29.

Sonntag, K., Stagmeier, R. & Schaper, N. (2006). *Ermittlung organisationaler Merkmale: Organisationsdiagnose und Lernkultur*. In K. Sonntag (Hrsg.), *Personalentwicklung in Organisationen*. (3. Aufl., S. 179-205). Göttingen: Hogrefe.

Sonntag, K., Stegmaier, R., Schaper, N. & Friebe, J. (2004). Dem Lernen auf der Spur: Operationalisierung von Lernkultur. *Unterrichtswissenschaft, 32*, 104-128.

Spencer, L. M. & Spencer, S. (1993). *Competence at work: Models for superior performance*. New York: Wiley.

Steadham, S. V. (1980). Learning to select a needs assessment strategy. *Training and Development Journal, 30*, 56-61.

Strauss, B. & Kleinmann, M. (Hrsg.). (1995). *Computersimulierte Szenarien in der Personalarbeit*. Göttingen: Hogrefe.

Varva, T. G. (1997). *Improving your measurement of customer satisfaction: A guide to creating, conducting, analyzing, and reporting customer satisfaction*. Milwaukee, WI: American Society for Quality Press.

Vroom, V. H. (1964). *Work and motivation*. New York: Wiley.

Wagener, D. (2001). *Psychologische Diagnostik mit komplexen Szenarios: Taxonomie, Entwicklung, Evaluation*. Lengerich: Pabst.

Weinert, A. B. (2004). *Organisations- und Personalpsychologie*. (5. Aufl). Weinheim: Psychologie Verlags Union.

Wernimont, P. & Campbell, J. P. (1968). Signs, samples, and criteria. *Journal of Applied Psychology, 52*, 372-376.

Wiendieck, G. & Pütz, B. (1988). Rollenflexibilität. In W. Bungard & G. Wiendieck (Hrsg.), *Köln-Mannheimer Beiträge zur Wirtschafts- und Organisationspsychologie* (Bd. 2; S. 1-12). Köln: Institut für Sozialpsychologie der Universität Köln.

Wilms, F. E. (2006). *Szenariotechnik. Vom Umgang mit der Zukunft*. Bern: Haupt.

Witte, E. (1995). Effizienz der Führung. In A. Kieser, G. Reber & R. Wunderer (Hrsg.), *Handwörterbuch der Führung* (2.Aufl.; S. 264-276). Stuttgart: Schäffer-Poeschel.

Wood, R. & Payne, T. (1998). *Competency based recruitment and selection – A practical guide*. New York: Wiley.

Wunderer, R. (Hrsg.). (1999). *Mitarbeiter als Mitunternehmer. Grundlagen – Förderinstrumente – Praxisbeispiele*. Neuwied: Kriftel.

3 Instrumente der Personalentwicklung

In den nachfolgenden Kapiteln 3 und 4 werden die verschiedenen **Instrumente und Basistechniken** der Personalentwicklung vorgestellt (siehe Abbildung 1):

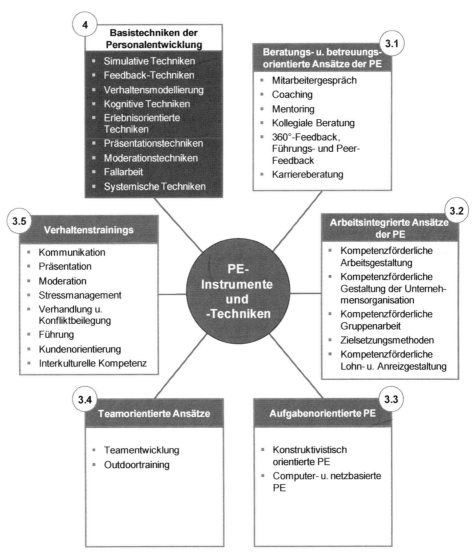

Abbildung 1: Gliederung der Beiträge zu den Instrumenten (Kapitel 3) und Basistechniken (Kapitel 4) der Personalentwicklung

Die Kapitel 3.1 bis 3.5 stellen Definition und Ziele, Rahmenbedingungen, Methoden und Inhalte sowie theoretische Hintergründe folgender Instrumentengruppen der Personalentwicklung vor[1]:

- **Beratungs- und betreuungsorientierte PE-Ansätze (3.1)** unterstützen einzelne Mitarbeiter ganz individuell in ihrem beruflichen Entwicklungsprozess und im Speziellen bei der Analyse ihrer spezifischen Situation, der individuellen Herausarbeitung von Zielen, der Entwicklung von Lösungswegen, der Umsetzung und bei der Überprüfung der Zielerreichung.

- **Arbeitsintegrierte Personalentwicklung (3.2)** bezeichnet Verfahren, die eine Qualifizierung des Mitarbeiters über die Gestaltung der Arbeitsaufgabe und der Arbeitsumgebung anstreben. Neben Maßnahmen der kompetenzförderlichen Arbeitsgestaltung werden im Weiteren kompetenzförderliche Zielsetzungsinstrumente vorgestellt.

- **Aufgabenorientierte Personalentwicklung: Konstruktivistische und computerbasierte Ansätze (3.3)** stellen Verfahren mit einem hohen Praxisbezug dar. Lernende sollen Kompetenzen erwerben, indem sie – unterstützt durch Experten – reale oder realitätsnahe Aufgaben selbstständig lösen. Computerbasierte PE unterstützt die kontruktivistischen Konzepte durch eine anschauliche, problemorientierte Darbietung der Lerninhalte mithilfe elektronischer Medien.

- **Teamorientierte Ansätze (3.4)** fokussieren auf Teams und Arbeitsgruppen. In dem Kapitel werden verschiedene Methoden zur Entwicklung von Gruppen im Seminarraum und *outdoors* vorgestellt, die auch individuelle Kompetenzen entwickeln.

- **Verhaltenstrainings (3.5)** zielen auf die nachhaltige Modifikation von Verhalten ab. Das Kapitel stellt grundsätzliche Gestaltungsmöglichkeiten und -grenzen von Verhaltenstrainings dar und vertieft diese anhand von acht Trainingsinhalten (z.B. Kommunikation, Führung, Verhandlung, interkulturelle Kompetenz).

Das **Kapitel 4: Basistechniken der Personalentwicklung** beinhaltet dagegen verschiedene Techniken, die in **unterschiedlichen PE-Instrumenten** Anwendung finden können (Moderation, Feedback, Rollenspiel, Fallarbeit, systemische Techniken etc.). Sie stellen das **Handwerkszeug** für die Umsetzung der Instrumente dar.

---

[1] Auf die Darstellung klassischer Fachlehrgänge oder -schulungen, in denen versucht wird, Fachwissen allein durch Frontalunterricht zu vermitteln, wird hier verzichtet.

3.1 Beratungs- und betreuungsorientierte Personalentwicklungsansätze

von Jurij Ryschka und Kim-Oliver Tietze

Im Rahmen der beratungs- und betreuungsorientierten Ansätze werden Instrumente der Personalentwicklung (PE) vorgestellt, bei denen der **einzelne Mitarbeiter individuelle Unterstützung erhält** bei der Analyse seiner spezifischen Situation, der Herausarbeitung von Zielen, der Entwicklung von Lösungswegen und konkreten Maßnahmen zur Zielerreichung sowie der Umsetzungsbegleitung und Überprüfung der Zielerreichung. Diesen Phasen kommt in Abhängigkeit der konkreten Fragestellung des Mitarbeiters unterschiedliches Gewicht zu, gegebenenfalls werden auch nur einzelne Phasen relevant. Folgende Instrumente werden vorgestellt:

- Im **Mitarbeitergespräch** diskutieren Vorgesetzter und Mitarbeiter die Themen Arbeitsaufgaben, Entwicklung des Mitarbeiters und Zusammenarbeit. Der Mitarbeiter wird in diesem Fall vom direkten Vorgesetzten beraten. Über die Beratungs- und Betreuungsfunktion hinaus hat das Mitarbeitergespräch auch eine Führungs- und Steuerungsfunktion.

- Beim **Coaching** wird die berufliche Leistungsfähigkeit des Coachingnehmers entwickelt oder stabilisiert. Diese Beratungsaufgabe nimmt ein unabhängiger – meist externer – Coach über mehrere Coaching-Sitzungen hinweg wahr.

- Im Rahmen des **Mentorings** wird der Mitarbeiter von einer beruflich erfahreneren Person aus der eigenen Organisation begleitet. Dieser Mentor fördert die berufliche und persönliche Entwicklung des Mitarbeiters durch Beratung, Informationen, Feedback und emotionale Unterstützung.

- **Kollegiale Beratung** ist eine strukturierte Form der Fallberatung, bei der sich Mitarbeiter der gleichen Ebene ohne professionelle Leitung gegenseitig beraten.

- **360°-, Führungs- und Peer-Feedback** sind Feedback-Instrumente, bei denen ein Organisationsmitglied aus unterschiedlichen Perspektiven Rückmeldungen über das eigene Verhalten bekommt. Meist findet eine Beratung bzgl. der Interpretation der Feedbackergebnisse und des weiteren Entwicklungsprozesses statt. Feedback-Instrumente können auch als Diagnoseinstrument zum Einstieg in ein Coaching oder in eine Karriereberatung genutzt werden.

- Im Rahmen der **Karriereberatung** werden Mitarbeiter durch einen internen oder externen Berater, Trainer oder Coach in Einzel- oder Gruppensettings bezüglich ihrer beruflichen Laufbahn beraten.

3.1.1 Mitarbeitergespräch

Definition und Ziele: „Ein Mitarbeitergespräch ist ein **Arbeitsgespräch** zwischen Mitarbeiter und direktem Vorgesetzten mit den Mindestmerkmalen Besprechen der **Stärken und Schwächen** des Mitarbeiters, **gegenseitiges Feedback zur Zusammenarbeit**, Erörterung von **Entwicklungsperspektiven** und **Vereinbarung von Zielen**." (Alberternst, 2003, S. 9; ähnlich u.a. Alberternst & Moser, 2007; Nagel, Oswald & Wimmer, 2008). Das Gespräch findet in einem **regelmäßigen Abstand** (etwa ein Jahr) statt, es ist **terminiert**, und beide Seiten bereiten sich auf das Gespräch vor – häufig mithilfe von **Leitfäden** (Fiege, Muck & Schuler, 2006). Düll (1993) unterscheidet fünf Inhalte in Mitarbeitergesprächen, die miteinander kombinierbar sind:

- **Leistungsbeurteilung**
- **Karriereentwicklung**
- **Zielvereinbarung**
- **Bilanz der Zusammenarbeit**
- **Problemlösung** bzgl. Arbeitsablauf, -gestaltung oder -organisation.

Die Leistungsbeurteilung im Mitarbeitergespräch wird im Sinne eines Feedbacks bezüglich der Stärken und Schwächen vorgenommen und ist nicht mit einem standardisierten Beurteilungsinstrument vergleichbar. Dem Leistungsbeurteilungsgespräch ist in einem Exkurs weiter unten ein eigener Abschnitt gewidmet.

Die **Ziele der Organisation** lassen sich in drei Bereiche gliedern: die Förderung und Weiterbildung der Mitarbeiter (Personalentwicklung), die Förderung der Arbeitsleistung (Personalführung) sowie die Verbesserung des Organisationsklimas durch eine positive Gestaltung der Zusammenarbeit zwischen Mitarbeitern und Vorgesetzten (Organisationsentwicklung) (Alberternst, 2003).

Die **Ziele für die Mitarbeiter** entsprechen größtenteils den Organisationszielen. Mitarbeiter können Klarheit über eigene Stärken und Schwächen sowie über die Möglichkeiten der eigenen Weiterentwicklung gewinnen. Sie können eigene Ziele mit den Zielen der Organisation abgleichen und erfahren, welche Aufgaben und Anforderungen im nächsten Jahr auf sie zukommen werden. Gleichzeitig können sie den eigenen Arbeitsplatz aktiv mitgestalten, indem sie Vorschläge und eigene Wünsche benennen. Schließlich kann im Rahmen des Gesprächs das Kooperationsklima thematisiert werden.

Rahmenbedingungen: Das Mitarbeitergespräch muss – wie jedes andere PE-Instrument auch – mit der **Unternehmenskultur** kompatibel sein. In Unternehmen, die beispielsweise von einer „up or out"-Kultur geprägt sind und in denen Karriere allein eine vertikale Entwicklung bedeutet, werden die Themen Leistungsbeurteilung und Entwicklung im Mitarbeitergespräch ein größeres Gewicht haben als das Kooperationsklima (zum Thema Karriere siehe Kap. 3.1.6: Karriereberatung).

Aus zwei Gründen empfiehlt sich eine **Top-down-Umsetzung**. Vorgesetzte erfahren von ihren eigenen Vorgesetzten, welchen **Stellenwert** die Themen Arbeitsaufgaben, Personalentwicklung und Zusammenarbeit aus Sicht der Geschäftsleitung im Mitarbeitergespräch haben. Zudem lassen sich entsprechend der **Personalführungsfunktion** die **Unternehmensziele** über Bereiche und Abteilungen auf jeden einzelnen Mitarbeiter herunterbrechen (siehe auch **Management by Objectives** bei Richter & Pohlandt, Kap. 3.2: Arbeitsintegrierte Ansätze der Personalentwicklung). Bei diesem Vorgehen empfehlen sich zusätzlich **Abteilungsworkshops**, in denen Abteilungsleiter und Abteilungsmitglieder gemeinsam Abteilungsziele entwickeln. Im Sinne einer **Zielpyramide** speisen sich diese top-down aus den Unternehmenszielen, werden aber ebenweise bottom-up um die Entwicklungs- und Optimierungspotenziale aus Mitarbeitersicht ergänzt. Die Abteilungsziele bilden dann die **Grundlage für individuelle Zielvereinbarungen**.

Auch wenn es im Unternehmen kein einheitliches Mitarbeitergespräch gibt, steht es selbstverständlich jeder Führungskraft frei, **in Eigenregie** das Mitarbeitergespräch als Führungs- und Entwicklungsinstrument zu nutzen. **Notwendige Kompetenzen** für das erfolgreiche Führen eines Mitarbeitergesprächs (z.B. Gesprächsführung, Feedback geben oder Ziele formulieren) sollten möglichst vor der erstmaligen Durchführung vermittelt bzw. aufgefrischt werden.

Methoden und Inhalte: Im Rahmen des Mitarbeitergesprächs findet sowohl ein Rückblick als auch ein Ausblick statt – und dies hinsichtlich der Inhalte Arbeitsaufgaben, Mitarbeiterförderung und Zusammenarbeit in der Führungsbeziehung.

Tabelle 1: Inhaltliche Gestaltung des Mitarbeitergesprächs

	Arbeitsaufgaben	**Mitarbeiterentwicklung**	**Zusammenarbeit**
Rückblick	bisherige Aufgaben, Schwerpunkte und Ziele	Stärken und Schwächen des Mitarbeiters	bisherige Zusammenarbeit
Ausblick	zukünftige Aufgaben und Arbeitsziele	berufliche Entwicklung und persönliche Ziele	Absprachen für zukünftige Zusammenarbeit

Anhand von Tabelle 1 lässt sich der inhaltliche Ablauf eines Mitarbeitergesprächs darstellen. Das Thema „bisherige Arbeitsaufgaben, Schwerpunkte und Ziele" eignet sich als **Einstieg** für das Mitarbeitergespräch, da Mitarbeiter und Vorgesetzter in diesem Punkt häufig übereinstimmen. Anhand der geleisteten Tätigkeiten und ihrer Ergebnisse lässt sich ein konkretes **Feedback** mit Blick auf die Stärken und Schwächen des Mitarbeiters ableiten. Hier empfiehlt sich, dass zunächst der Mitarbeiter seine Sicht der Dinge schildert. Der Vorgesetzte stellt im Anschluss daran seine Einschätzung dar. Schließlich können mögliche Unterschiede in den Wahrnehmungen diskutiert werden. Im dritten Schritt stellt die Führungskraft die **zukünftigen Aufgaben** der Abteilung und des Mitarbeiters vor. Gemeinsam können darauf bezogene **Ziele vereinbart** werden, welche einerseits den Anforderungen des Unternehmens (Unternehmenszielen) gerecht werden und andererseits die Entwicklung des Mitarbeiters fördern. Hier werden also die Unternehmensziele mit den individuellen Zielen des Mitarbeiters abgeglichen. Weiter werden im vierten Schritt Maßnahmen zur Entwicklung des Mitarbeiters besprochen. Nach den eher sachorientierten Themen, werden im fünften und sechsten Schritt beziehungsorientierte Fragen erörtert. Die gemeinsame **Zusammenarbeit** wird reflektiert. Von beiden Seiten ist ein ehrliches Feedback wünschenswert. Gemeinsam können Mitarbeiter und Vorgesetzter im sechsten Schritt besprechen, in welcher Art und Weise sie die zukünftige Zusammenarbeit gestalten wollen.

In Tabelle 2 ist das Mitarbeitergespräch **in einen Gesamtprozess eingebettet**. Dort werden Ablaufschritte und Inhalte dargestellt. Tipps zum Verhalten während des Gesprächs geben z.B. Hossiep, Bittner und Berndt, 2008.

Nach Alberternst (2003) ist die **Zufriedenheit des Mitarbeiters** mit dem Mitarbeitergespräch abhängig von der **Vorbereitung** des Mitarbeiters auf das Gespräch, vom Ausmaß der **Möglichkeit, die eigene Meinung zu äußern** sowie von der gelungenen **Vereinbarung konkreter und spezifischer Ziele**. Die Bereitschaft des Mitarbeiters, die vereinbarten Ziele umzusetzen, ist umso höher, je mehr Gelegenheit der Mitarbeiter im Mitarbeitergespräch zur Äußerung der eigenen Meinung hatte und je konkreter und spezifischer die vereinbarten Ziele sind. Die Ergebnisse von Alberternst (2003) unterstreichen die Bedeutung einer **guten Vorbereitung des Gesprächs**, gerade auch vonseiten des Mitarbeiters. Weiter müssen Mitarbeiter im Gespräch die Gelegenheit erhalten, dem Vorgesetzten ihre Sicht der Dinge deutlich zu machen und die ihnen wichtigen Themen vorzubringen. Vorgesetzte sollten ihre Mitarbeiter zu einer sorgsamen Vorbereitung des Mitarbeitergesprächs anregen – und dies auch selbst tun. Bei der Vereinbarung von Zielen sollten beide Seiten Sorge dafür tragen, dass die Ziele möglichst konkret und spezifisch formuliert sind.

Exkurs Leistungsbeurteilungsgespräch: In Abgrenzung zum oben beschriebenen Mitarbeitergespräch wird im Leistungsbeurteilungsgespräch die **systematische Leistungsbeurteilung**[1] an den Mitarbeiter kommuniziert (Becker, 2009; Marcus & Schuler, 2005). Dem Beurteilungsgespräch kommt insofern eine deutliche **Steuerungsfunktion zu** im Sinne der „Wirkungstrias Zielsetzung-Beurteilung-Feedback" (Muck & Schuler, 2004, S. 255). Die Leistung des Mitarbeiters wird in diesem Rahmen gewürdigt; wenn Ziele nicht erreicht werden, werden die relevanten Beiträge dafür analysiert und schließlich neue Ziele und Maßnahmen vereinbart.

---

[1] Die Aufstellung allgemeiner Beurteilungsgrundsätze unterliegt der Mitbestimmung durch den Betriebsrat.

Tabelle 2: Gesamtablauf für die Ein- und Durchführung des Mitarbeitergesprächs

Ablaufschritte	Inhalte
0. Entwicklung des Instruments (intern mit externer Unterstützung)	Definition der Ziele des Mitarbeitergesprächs
	Entwicklung des Ablaufs und der entsprechenden Materialien (Infomaterial, Leitfaden, Dokumentationsbogen etc.) auf Basis von Unternehmenszielen, Leitlinien, Führungsleitsätzen, Werten etc. sowie Abgleich des Instruments mit anderen PE-Instrumenten
	Abstimmung des Instruments mit Geschäftsführung und Personalvertretung (Leitfaden und Dokumentationsbogen bedürfen der Zustimmung des Betriebsrats)
	Abschätzung des Unterstützungsbedarfs für Vorgesetzte und Mitarbeiter, Planung und Vorbereitung von Unterstützungs- und Schulungsmaßnahmen
	Gestaltung des Kommunikationsprozesses im Unternehmen, ggf. Bereitstellung einer Hotline für Fragen[1]
1. Training der Vorgesetzten und ggf. der Mitarbeiter (durch externe oder interne Berater/Trainer)	Vorstellung des Instruments: Ziele und Inhalte, Aufbau des Gesprächs, Gebrauch von Leitfaden und Dokumentation etc.[2]
	Vermittlung bzw. Auffrischung von Gesprächsführung und Kommunikation (siehe Demmerle, Schmidt & Hess, Kap. 3.5.1: Kommunikations- und Gesprächsführungstraining)
	Erarbeitung der Gesprächsführung in den verschiedenen Phasen und Schritten des Mitarbeitergesprächs
	Vermittlung grundlegender Theorien und Methoden zum Thema: Zielsetzung, Feedback, Beurteilungsfehler etc. (siehe auch theoretischer Hintergrund)
	Übung des Mitarbeitergesprächs in Rollenspielen
	Analyse und Bearbeitung von herausfordernden Situationen im Mitarbeitergespräch
2. Abteilungsworkshop Zielfindung (moderiert durch internen/externen Berater)	Entwicklung von Abteilungszielen auf Basis der Unternehmensziele sowie der Ziele des Abteilungsleiters und der Mitarbeiter
	Abteilungsziele stellen die Grundlage für die individuellen Ziele der Mitarbeiter dar
3. individuelle Vorbereitung von Mitarbeiter und Vorgesetztem	Gesprächsvorbereitung anhand der bereitgestellten Materialien[3]
4. Mitarbeitergespräch[4]	Beispiel für Ablauf siehe Tabelle 1
5. Dokumentation der Ergebnisse	schriftliche Dokumentation der Gesprächsergebnisse durch Mitarbeiter, anschließender Abgleich mit Vorgesetztem[5]
	je nach Kontrollbedürfnis des Unternehmens: formelle Rückmeldungen (Gespräch ist geführt) oder auch inhaltliche Rückmeldungen (Dokumentation der Ergebnisse) an Personal oder Management[3]
6. Evaluation	Evaluation des Instruments hinsichtlich der Bewährung in der Praxis und Ansatzmöglichkeiten zur Optimierung

Anmerkungen: [1]Für persönliche Fragen (Befürchtungen und Ängste vor dem ersten Gespräch) auf Seiten der Mitarbeiter oder der Vorgesetzten kann ein (externer) Coach die individuelle Gesprächsvorbereitung unterstützen. [2]Die Vorstellung des Instruments lässt sich auch als computer-based Training realisieren. Im Präsenz-Training können dann Fragen der Teilnehmer zum Instrument geklärt werden. [3]Vorbereitung und Kontrolle kann auch über ein Online-Tool gemanagt werden. [4]Mitarbeiter hat im Mitarbeitergespräch das Recht auf Beistand durch ein Betriebsratsmitglied. [5]Der Dokumentationsbogen kann auch im Gespräch gemeinsam ausgefüllt werden.

Inhaltlich werden nach Muck und Schuler (2004) folgende Themen betrachtet:

- **Arbeitstätigkeit** (Kern- und Sonderaufgaben, besondere Rahmenbedingungen)
- **Arbeitsergebnisse** und Grad der **Zielerreichung**
- **dimensionsbezogene Beurteilung**
- **Zielvereinbarungen** bezogen auf die Aufgaben und die Entwicklung
- die **Vereinbarung von Maßnahmen**

Auch hier bildet die Gesprächsvorbereitung – neben dem Beurteilertraining – eine wichtige Voraussetzung für ein erfolgreiches Gespräch.

Theoretische Grundlagen: Wie sich eine **Zielorientierung auf die Arbeitsleistung** auswirkt und welche Moderator- und Mediatorvariablen dabei eine Rolle spielen, erklärt die Zielsetzungstheorie (Kleinbeck, 2004; Locke & Latham, 2002; siehe auch Richter & Pohland in Kapitel 3.2: Arbeitsintegrierte Ansätze der Personalentwicklung). Hinreichend nachgewiesen wurde eine Leistungssteigerung durch **schwierige Ziele**. Bedeutende Moderatorvariablen in der **Zielsetzungstheorie** sind **Zielspezifität, Zielbindung** und **Feedback**. Weitere Befunde bzgl. Feedbacks sind bei Demmerle, Schmidt, Hess, Schneider und Ryschka in Kapitel 4: Feedback-Techniken beschrieben. Hinsichtlich des Mitarbeitergesprächs fanden Kinicki, Prussia, Wu und McKee-Ryan (2004), dass Mitarbeitergespräche zu Leistungsverbesserungen nach 11 Monaten führen, wenn eine ausgeprägte Feedbackkultur in der Organisation herrscht, das Beurteilungssystem kompatibel ist und Vorgesetzte als glaubwürdig wahrgenommen werden.

Einen guten theoretischen und empirischen Überblick zu den Themen **Gerechtigkeit, Vertrauen** und **organisationales Commitment** bezogen auf das Mitarbeitergespräch gibt Alberternst (2003). Muck und Schuler (2004) beschreiben übersichtlich und prägnant die **Wirkung von Feedback** sowie die beim Empfänger dadurch ausgelösten Reaktionen.

Bei der Einführung von Mitarbeitergesprächen zeigten sich als wichtigste Einflussgrößen auf die Einstellung der Mitarbeiter zum Gespräch die Informationsqualität und die wahrgenommene Unterstützung des Instruments durch die Organisationsleitung (Alberternst & Moser, 2007).

Weiterführende Literatur

Breisig, T. (2006). *Entlohnen und Führen mit Zielvereinbarungen: Orientierungs- und Gestaltungshilfen für Betriebs- und Personalräte sowie für Personalverantwortliche.* Frankfurt: Bund-Verlag.

Hossiep, R., Bittner, J. E. & Berndt, W. (2008). *Mitarbeitergespräche – motivierend, wirksam, nachhaltig.* Göttingen: Hogrefe.

Nagel, R., Oswald, M. & Wimmer, R. (2008). *Das Mitarbeitergespräch als Führungsinstrument.* Stuttgart: Klett Cotta.

Neuberger, O. (2004). *Das Mitarbeitergespräch: Praktische Grundlagen für erfolgreiche Führungsarbeit* (6. Aufl.). Leonberg: Rosenberger Fachverlag.

Literatur

Alberternst, C. (2003). *Evaluation von Mitarbeitergesprächen.* Hamburg: Dr. Kovac.

Alberternst, C. & Moser, K. (2007). Vertrauen zum Vorgesetzten, organisationales Commitment und die Einstellung zum Mitarbeitergespräch. *Zeitschrift für Arbeits- und Organisationspsychologie, 51* (3), 116-127.

Becker, F. G. (2009). *Grundlagen betrieblicher Leistungsbeurteilungen* (3. Aufl.). Stuttgart: Schäffer-Poeschel.

Düll, H. (1993). Das Mitarbeitergespräch aus Sicht der betrieblichen Personalforschung. In F. G. Becker & A. Martin (Hrsg.), *Empirische Personalforschung: Methoden und Beispiele* (S. 257-270). München: Hampp.

Fiege, R., Muck, P. M. & Schuler, H. (2006). Mitarbeitergespräche. In H. Schuler (Hrsg.), *Lehrbuch der Personalpsychologie* (2. Aufl., S. 471-522). Göttingen: Hogrefe.

Hossiep, R., Bittner, J. E. & Berndt, W. (2008). *Mitarbeitergespräche – motivierend, wirksam, nachhaltig.* Göttingen: Hogrefe.

Kinicki, A. J., Prussia, G. E., Wu, B. & McKee-Ryan, F. M. (2004). A covariance structure analysis of employees' response to performance feedback. *Journal of Applied Psychology, 89* (6), 1057-1069.

Kleinbeck, U. (2004). Die Wirkung von Zielsetzungen auf die Leistung. In H. Schuler (Hrsg.), *Beurteilung und Förderung beruflicher Leistung* (2. Aufl.; S. 215-237). Göttingen: Hogrefe.

Locke, E. A. & Latham, G. P. (2002). Building a practically useful theory of goal setting and task motivation: A 35-year odyssey. *American Psychologist, 57*, 705-717.

Marcus, B. & Schuler, H. (2005). Leistungsbeurteilung. In H. Schuler (Hrsg.), *Lehrbuch der Personalpsychologie* (S. 433-469). Göttingen: Hogrefe.

Muck, P. M. & Schuler, H. (2004). Beurteilungsgespräch, Zielsetzung und Feedback. In H. Schuler (Hrsg.), *Beurteilung und Förderung beruflicher Leistung* (2. Aufl.; S. 255-289). Göttingen: Hogrefe.

Nagel, R., Oswald, M. & Wimmer, R. (2008). *Das Mitarbeitergespräch als Führungsinstrument.* Stuttgart: Klett Cotta.

3.1.2 Coaching

Definition und Ziele: Coaching bedeutet die Entwicklung oder Stabilisierung der beruflichen Leistungsfähigkeit eines **Coachingnehmers**[2] in einer Beratungsbeziehung mit einem **Coach**. Im Sprachgebrauch bezeichnet der Begriff „Coaching" sowohl eine einzelne Coaching-Sitzung als auch einen gesamten Coachingprozess, der eine Reihe von mehreren Coaching-Sitzungen umfassen kann. In einem Coaching können **fachliche, soziale, methodische und personale Kompetenzen** (vgl. Solga, Ryschka & Mattenklott, Kap. 1: Personalentwicklung: Gegenstand, Prozessmodell, Erfolgsfaktoren) eine Rolle spielen. Die Qualität der Beratungsbeziehung zwischen Coach und Gecoachtem wird bestimmt durch Freiwilligkeit, gegenseitige Akzeptanz, Vertrauen und Diskretion (vgl. Rauen, 2008a).

Coaching hat sich seit den 1990er Jahren als eine populäre Form der Einzelberatung im Rahmen von PE etabliert, vor allem für die Zielgruppen Management und Führungskräfte (Executive Coaching). Das mit Abstand häufigste Setting ist das **Einzelcoaching**, das allein in der Vier-Augen-Begegnung zwischen Coach und Gecoachtem stattfindet. Darüber hinaus existiert das **Teamcoaching**, bei dem die Verbesserung von Kooperation und Interaktion einer Gruppe im Mittelpunkt steht[3]. Das **Gruppencoaching** beinhaltet die Fallberatung Einzelner durch einen Coach in Gegenwart Anderer in einem Gruppenmodus.

Als Maßnahme der Personal- und Führungskräfteentwicklung fokussiert Coaching stets ein **spezifisches Anliegen** bzw. ein **individuelles Lernthema** aus der beruflichen Praxis des Coachingnehmers. Damit ist Coaching eine Form von **Fallberatung** bzw. der personenorientierten Beratung in Organisationen (Kühl, 2008). Die Individualität und der Praxisbezug des Coachings bieten Vorteile gegenüber traditionellen Elementen der Führungskräfteentwicklung wie z.B. Seminaren (vgl. Riedel, 2003).

Die **Ziele** beim Coaching sind so vielfältig wie die Anlässe und Anliegen, die zu einem Coaching führen. Allgemeines PE-Ziel von Seiten der **Organisation** ist die **Stabilisierung und Weiterentwicklung der Leistungsfähigkeit** der Coachingnehmer. Unternehmen knüpfen insbesondere folgende Erwartungen an Coaching: Effizienzsteigerung, die Entfaltung von Potenzialen und Verhaltensänderungen (Böning, 2005). Wichtige **Anlässe** für ein Coaching können sein: organisationale Veränderungen, neue Aufgaben,

---

[2] Eine einheitliche Benennung im deutschsprachigen Raum hat sich bisher nicht durchgesetzt. Weitere Begriffe für den Coachingnehmer sind „Gecoachter", „Klient", „Kunde" oder „Coachee".

[3] Teamcoaching ist damit ein anderer Begriff für Teamentwicklung (vgl. Schmidt, Köppen, Breimer-Haas & Leppkes, Kap. 3.4.1: Teamentwicklung).

Funktionen oder Rollen, Führungskompetenz- oder Persönlichkeitsentwicklung sowie die Bewältigung von herausfordernden Situationen oder Konflikten (vgl. Böning & Fritschle, 2008; Fischer-Epe, 2009). Einer großen amerikanischen Studie zufolge sind die häufigsten **mit Coachingnehmern vereinbarten Ziele:** Ziele klären und verfolgen, Work-Life-Balance, Karriereentwicklung, verbesserte Kommunikation, Stressmanagement und besserer Umgang mit Wandel (Gale, Liljenstrand, Pardieu, & Nebeker, 2002). Coaching ist eine Maßnahme, die **beim Individuum ansetzt**. Dieser Fokus enthält die Tendenz, Organisationsprobleme zu personalisieren (Kühl, 2006). Zudem birgt er die Gefahr, die Veränderungsmöglichkeiten des Einzelnen in seinem sozialen Kontext zu überschätzen und mitunter Lösungsaufgaben für Situationen an den Coachingnehmer zu delegieren, die nur begrenzt in dessen Einflussbereich liegen. Das Verhalten von Individuen in Organisationen hängt nicht nur vom persönlichen Wollen und individuellen Können der Person ab, sondern auch vom sozialen Dürfen und der situativen Ermöglichung (v. Rosenstiel, 2007). Diese Aspekte sind bei der Auftragsklärung und Zielformulierung zwischen Coach und Coachingnehmer zu berücksichtigen sowie möglicherweise grundsätzlich bei der Überlegung, ob Coaching im Einzelfall das PE-Instrument der Wahl darstellt. Die Wirksamkeit von Coaching dürfte dort eingeschränkt sein, wo Problemsituation und Zielerreichung überwiegend vom Umfeld beeinflusst werden.

Wegen der komplexen Anforderungen, die insbesondere bei der Gestaltung von Veränderungsprojekten in Organisationen an deren Akteure gestellt werden, gewinnt **Veränderungs-Coaching** an Bedeutung. Zielgruppe sind hier Träger des Wandels – also Führungskräfte und Projektmanager (Heitger, Krizanits & Hummer, 2004). Im Veränderungs-Coaching geht es darum, neuartige Anforderungen an den Gecoachten zu antizipieren, adäquate Verhaltensweisen in Change-Prozessen zu entwickeln und Wege zur Gestaltung des Wandels zu reflektieren.

In Bezug auf **Stellung und Rolle des Coaches** werden drei Arten des Coachings unterschieden: Coaching durch einen firmenexternen Coach (**externes Coaching**), Coaching durch einen firmeninternen Coach (**internes Coaching**) und **Coaching durch Vorgesetzte** (Fischer-Epe, 2009; Rauen, 2008a). Hauptvorteile des externen Coachings liegen in der Unabhängigkeit, Neutralität und Diskretion des Coaches, in seinen organisationsübergreifenden Perspektiven und seiner speziellen Expertise. Vor allem Führungskräfte der oberen Hierarchieebenen akzeptieren meist nur externe Coaches. Nachteile können dessen möglicherweise fehlende Fach- und Feldkompetenz sein sowie die Kosten, die pro Stunde zwischen ca. 150 bis 400 Euro netto liegen. Beim internen Coaching ist der Coach in der Organisation angestellt, um dessen weitgehender Unabhängigkeit willen am besten in einer Stabsfunktion (Rauen, 2008a). Die Vorteile eines internen Coachings bestehen in der Kenntnis des Unternehmens, seiner Strukturen, seiner Kultur und seiner Politik sowie in den kalkulierbaren Personalkosten. Dem gegenüber stehen häufig eine geringere Akzeptanz durch höhere Führungskräfte, organisationsinterne Abhängigkeiten, reale oder vom Gecoachten unterstellte Einschränkungen der Vertraulichkeit des internen Coaches sowie nicht zuletzt die Gefahr von Betriebsblindheiten.

Mit der Idee des „Coachings durch Vorgesetzte" sind häufig zwei Aspekte verbunden: einerseits die Hoffnung auf einen entwicklungsorientierten Führungsstil von Vorgesetzten, der auch das Fördern von Mitarbeitern betont sowie andererseits die Erwartung an geringe Kosten. Ein solches Konzept beinhaltet jedoch gravierende Rollen- und Interessendilemmata, aufgrund derer die Neutralität des Vorgesetzten-Coaches zumindest fraglich bleibt (Benien, 2009). Viele persönliche Anliegen und Themen des Mitarbeiters, in die der Vorgesetzte selber verwickelt ist, werden daher bei einem solchen Coaching ausgespart bleiben. Die für einen Coach erforderliche hohe psychologische Qualifikation und Rollenklarheit dürften „nicht einlösbare Erwartungen" darstellen (Riedel, 2003, S. 17). Die Kosten für eine qualitativ hochwertige Coachingausbildung und fortlaufende Supervision für den Vorgesetzten-Coach werden zudem häufig unterschätzt.

Rahmenbedingungen: Voraussetzungen für die erfolgreiche Etablierung einer Coachingbeziehung zwischen Coachingnehmer und Coach sind (Greif, 2008; Rauen, 2008a):

- **Freiwillige Teilnahme** und **Veränderungsbereitschaft** des Coachingnehmers: Es ist grundsätzlich nicht möglich, jemanden gegen dessen Willen erfolgreich zu beraten.
- **Gegenseitige Akzeptanz** von Coachingnehmer und Coach, auf der ein wechselseitiges Vertrauen aufbauen kann.
- Wertschätzung und **emotionale Unterstützung** durch den Coach.
- **Offenheit und Transparenz** im Coaching einerseits sowie **Diskretion und Vertraulichkeit** über die Inhalte eines Coachings nach außen andererseits, um coachingrelevante heikle Themen ohne negative Konsequenzen besprechen zu können.
- Ausreichende **Selbstmanagementfähigkeiten** des Coachingnehmers: Sind diese durch psychische oder körperliche Erkrankungen beeinträchtigt, erfordert das andere, adäquate Behandlungsmöglichkeiten.

„Coaching" und „Coach" sind **keine geschützten Begriffe**, was die Frage nach **Qualifikation und Auswahl des Coaches** aufwirft: „Der Coaching-Markt in Europa ist unübersichtlich, ständig wachsend und zu erheblichen Anteilen leider von mehr als fragwürdiger Qualität." (Kaul, 2005, S. 32). Die Eignung eines Coaches für ein spezifisches Coaching bemisst sich an Kriterien wie der Ausbildung und Erfahrung des Coaches, der Transparenz seines Vorgehens beim Coaching, seiner möglicherweise relevanten Expertise für das Coachingthema und der Passung des Coaches mit dem Coachingnehmer. Die Vielfalt möglicher Variablen, fehlende oder uneinheitliche Maßstäbe sowie die Unüberschaubarkeit und Intransparenz der Anbieter erschweren die Auswahl eines geeigneten Coaches[4]. Coaches werden daher häufig lediglich aufgrund von Empfehlungen ausge-

---

[4] Eine Anzahl konkurrierender Coachingverbände versucht, dieses Manko anbieterseitig zu beheben, indem etwa **Qualitätsstandards** für Coaching, Coaches und Coachingausbildungen definiert werden. Allerdings sind die jeweils postulierten Standards der Verbände nicht ganz unabhängig von den Interessen ihrer Mitglieder zu sehen, Coachingleistungen und Coachingausbildungen zu vermarkten.

wählt. Unternehmen behelfen sich, indem z.B. eigene Qualitätsaudits durchgeführt werden, bevor ein Coach in einen Coaching-Pool aufgenommen wird (vgl. Kaul, 2005). Einen systematischen Überblick von Coachingkompetenzen liefert Greif (2008, S. 162 ff.) hinsichtlich der Kategorien Fachwissen, Fähigkeiten und Persönlichkeitseigenschaften, soziale und interkulturelle Kompetenzen, Methodenkompetenzen, Erfahrungswissen und Lernbereitschaft sowie Anerkennung als fachliche Autorität.

Methoden und Inhalte: Der Coaching-Prozess kann in **drei Hauptphasen** unterteilt werden (vgl. Fischer-Epe, 2009):

- Die **Auftragsklärung** im Vorfeld, die der Klärung von Zielen, der Motivation des Coachingnehmers, expliziten und impliziten Aufträgen, der Finanzierung und der Rahmenbedingungen für das Coaching dient.

- Die Coaching-Gespräche, die den Kern des Coaching-Prozesses bilden. Sie gliedern sich in weitere vier Schwerpunkte, die je nach Stadium im Prozess unterschiedlich gewichtet sein können:
  – **Kontakt und Orientierung** schaffen
  – **Situation und Ziele** herausarbeiten
  – **Lösungen** entwickeln
  – **Transfer** in die Praxis sichern

- Die **Auswertung** des Coaching-Prozesses nach einem vereinbarten Zeitraum, „in dem die Erkenntnisse, Lösungsideen, Maßnahmen und Veränderungen im Arbeitsalltag umgesetzt und integriert werden können" (Fischer-Epe, 2009, S. 27). Diese Evaluation dient der Überprüfung der Zielerreichung und thematisiert den persönlichen Lernprozess des Gecoachten.

Angesichts der möglichen Ziel- und Interessenvielfalt gebührt der Auftragsklärung besonderes Augenmerk. Den Auftrag an den Coach, seine Möglichkeiten und Coachingphilosophie, die Interessen des Unternehmens und die des Vorgesetzten sowie besonders Anliegen und Motivation des Gecoachten, gilt es miteinander in Einklang zu bringen. Eine entscheidende Rolle, besonders im Rahmen von unternehmensseitig organisiertem und finanziertem Coaching, spielt daher eine gelungene Balance der Interessen des Gecoachten und des Coaches sowie evtl. des Vorgesetzten und der PE-Abteilung. Diese münden in einer Anfangsvereinbarung, auch „**Dreieckskontrakt**" oder „**Viereckskontrakt**" genannt (vgl. Limpächer & Limpächer, 2003).

Das **Beratungsverständnis** des Coachings folgt den Annahmen der **Prozessberatung** (Schein, 1987). Die Aufgabe des Beraters besteht darin, im Gespräch durch Fragen und andere Interventionen einen Problemlösungsprozess des Klienten anzuregen und zu begleiten, der diesen befähigt, sein Problem weitgehend selbstständig zu lösen. Wesentliche Mittel hierzu bilden Interventionen, die die **Selbstreflexion** des Gecoachten fördern[5]. Modelle und Wirkungsweisen von Selbstreflexion sowie Anregungen zum Einsatz im Coaching finden sich anschaulich beschrieben bei Greif (2008).

Als **Methoden des Coachings** kommt eine Vielzahl von **Gesprächstechniken** in Betracht, die auch in beraterischen und psychotherapeutischen Konzepten eine Rolle spielen. Riedel (2003) führt Zuhören, Nachfragen, Konfrontieren und Erklären psychologischer, pädagogischer oder betriebswirtschaftlicher Zusammenhänge auf. Rauen (2008a) unterscheidet in Methoden zum Beziehungsaufbau, diagnostische Methoden, intervenierende Methoden, reflexive Methoden und Zielsetzungsmethoden. Fischer-Epe (2009) erläutert als Verhaltensweisen des Coaches Zuhören und Stellung nehmen, den Überblick behalten, lösungsorientiert vorgehen, Rollen und Aufgaben klären, Kommunikation reflektieren, die psychologische Welt erklären sowie themenzentriert vertiefen. Eine Reihe an Coachingtools wird beispielsweise bei Rauen (2008b & 2009) vorgestellt. Glaner und Hinz (2007) stellen eine Vielzahl an Coachingansätzen, -schulen und -richtungen dar. Derzeit findet der **systemische Ansatz** viel Beachtung; auf diesem basieren einige interessante Coachingtechniken (z.B. systemisches Fragen; siehe Demmerle, Schmidt, Hess, Solga & Ryschka, Kap. 4.9: Systemische Techniken)

Empirische Forschung: Die Forschung über Effekte, Voraussetzungen und Erfolgsvariablen von Coaching befindet sich noch **in ihren Anfängen**. Ein Grundproblem bei der empirischen Forschung zu Coaching besteht darin, dass angesichts der zahlreichen Richtungen, Modelle und Varianten von Coaching (vgl. Glaner & Hinz, 2007) kaum von „dem" Coaching ausgegangen werden kann. Überdies sind die theoretischen Grundlagen zu Coaching noch wenig ausgebaut. Schließlich kann davon ausgegangen werden, dass mögliche Effekte von Coaching eng mit den Fragestellungen der Gecoachten sowie vom persönlichen und organisationalen Kontext zusammenhängen.

Überblicke über Evaluationsstudien geben Greif (2008) und – mit Fokus auf Coaching von Führungskräften – Künzli (2009). Systematische Kontrollgruppen-Studien zur Wirkungsweise von Coaching sind immer noch rar, was im Kontrast zu dessen angenommener Verbreitung steht (vgl. Künzli, 2009). Ein Gutteil der Studien beinhaltet Post-hoc-Befragungen von Gecoachten mit begrenztem Aussagewert. Darüber hinaus sind die Stichproben, die Fragestellungen, die untersuchten Merkmale, die Coaching-Interventionen und die Forschungsansätze bisheriger Untersuchungen sehr heterogen (vgl. Greif, 2008). Insgesamt geben mehrere Evaluationsstudien Hinweise darauf, dass Coaching zur **Verbesserung des Zielerreichungsgrads**, der **Zufriedenheit** und des allgemeinen **psychischen Befindens** der Gecoachten beiträgt. Riedel (2003) entwickelte eine Coaching-

---

[5] Aus der Annahme, Selbstreflexion bilde einen zentralen Aspekt des Coachings, haben sich Ansätze und Formen des **Selbst-Coachings** ohne die regelmäßige Interaktion mit einem Coach als Gegenüber entwickelt (siehe hierzu z.B. Fischer-Epe & Epe, 2007). Selbst-Coaching besteht zum einen aus der Auseinandersetzung mit Literatur zu fachlichen oder überfachlichen Themen, zum anderen aus der Bearbeitung von Übungen zur Selbstreflexion, die zu Veränderungen von Verhaltensweisen oder von Situationsinterpretationen führen sollen. Anleitungen zum Selbst-Coaching im Rahmen von Veränderungsprozessen finden sich z.B. bei Ryschka (2007).

Theorie auf der Basis des Forschungsprogramms „Subjektive Theorien" und konnte diese Theorie anhand seiner qualitativ-empirisch gewonnenen Ergebnisse bestätigen. Danach führt Coaching in allen untersuchten Fällen zu **kognitiven Veränderungen** bei den Coachingnehmern, wobei sich ein Teil der Effekte in unmittelbaren **Verbesserungen des Handelns**, ein anderer Teil in einer **Erhöhung der Selbsterkenntnis** niederschlägt. Eine groß angelegte Studie mit 1202 Führungskräften zeigt, dass sich ein Führungskräfte-Coaching positiv auf das Führungsverhalten – eingeschätzt durch Kollegen, Vorgesetzte und Mitarbeiter – auswirkt (Smither, London, Flautt, Vargas & Kucine, 2003).

Literatur

Benien, K. (2009). Die Führungskraft als Coach – Chancen, Schwierigkeiten, Voraussetzungen. In F. Schulz von Thun & D. Kumbier, *Impulse für Führung und Training* (S. 43-71). Reinbek: Rowohlt.

Böning, U. (2005). Coaching: Der Siegeszug eines Personalentwicklungs-Instruments. Eine 15-Jahres-Bilanz In C. Rauen (Hrsg.), *Handbuch Coaching* (S. 21-54). Göttingen: Hogrefe.

Böning, U. & Fritschle, B. (2008). *Coaching fürs Business – Was Coaches, Personaler und Manager über Coaching wissen müssen* (2. Aufl.). Bonn: managerSeminare.

Fischer-Epe, M. (2009). *Coaching: Miteinander Ziele erreichen.* Reinbek: Rowohlt.

Fischer-Epe, M. & Epe, C. (2007). *Selbstcoaching: Hintergrundwissen, Anregungen und Übungen zur persönlichen Entwicklung.* Reinbek: Rowohlt.

Gale, J., Liljenstrand, A., Pardieu, J. & Nebeker, D. (2002). *ICF Global Coaching Client Study - Final Report.* San Diego, CA: California School of Organizational Studies at Alliant International University.

Glaner, F. & Hinz, A. (2007). *Supervision und Coaching in der Prozessberatung.* Saarbrücken: VDM.

Greif, S. (2008). *Coaching und ergebnisorientierte Selbstreflexion.* Göttingen: Hogrefe.

Heitger, B., Krizanits, J. & Hummer, C. (2008). Coaching in Veränderungsprozessen. In F. Boos & B. Heitger (Hrsg.), *Veränderung – Systemisch. Management des Wandels. Praxis, Konzepte und Zukunft* (S. 219-243). Stuttgart: Schäffer-Poeschel.

Limpächer, S. & Limpächer, M. (2003). Dreiecksverträge im Coaching. Vertraulichkeit versus Vertraglichkeit? *Wirtschaftspsychologie aktuell, 3,* 61-66.

Kaul, C. (2005). Coaching bei VW. *Wirtschaftspsychologie aktuell, 1,* 29-32.

Künzli, H. (2009). Wirksamkeitsforschung im Führungskräfte-Coaching. *Organisationsberatung Supervision Coaching, 16*, 1-15.

Kühl, S. (2006). Psychiatrisierung, Personifizierung und Personalisierung. Zur personenzentrierten Beratung in Organisationen. *Organisationsberatung, Supervision, Coaching: OSC, 13*, 391-405.

Kühl, S. (2008). *Coaching und Supervision – zur personenorientierten Beratung in Organisationen*. Wiesbaden: Verlag für Sozialwissenschaften.

Rauen, C. (2008a). *Coaching*. Göttingen: Hogrefe.

Rauen, C. (Hrsg.). (2008b). *Coaching-Tools*. Bonn: managerSeminare.

Rauen, C. (Hrsg.). (2009). *Coaching-Tools II*. Bonn: managerSeminare.

Riedel, J. (2003). *Coaching für Führungskräfte. Erklärungsmodell und Fallstudien*. Wiesbaden: Deutscher Universitäts-Verlag.

Rosenstiel, L. v. (2007). *Grundlagen der Organisationspsychologie* (6. Aufl.). Stuttgart: Schäffer-Poeschel.

Ryschka, J. (2007). *Veränderungen in der Firma – und was wird aus mir?* Weinheim: Wiley.

Schein, E. (1987). *Process consultation. Its role in organization development*. Reading: Addison-Wesley.

Smither, J. W., London, M., Flautt, R., Vargas, Y. & Kucine, I. (2003). Can working with an executive coach improve multisource feedback ratings over time? A quasi-experimental field study. *Personnel Psychology, 56*, 23-44.

3.1.3 Mentoring

Definition und Ziele: Mentoring bezeichnet die Begleitung eines **Mentees** oder **Protegés** (Schützlings) durch einen **Mentor**[6] beim Übergang in eine für den Mentee neue berufliche Situation. Mentorenprogramme werden initiiert, um den komplexen **Integrationsprozess von Mitarbeitern** in die Organisation, in die Berufswelt und in ein neues Arbeitsgebiet zu unterstützen. Dabei soll der Mentor als Vorbild fungieren, Erfahrungswissen und Kenntnisse über die Organisation und ihre Innenwelt an den Protegé weitergeben, dessen Handlungen und Entscheidungen durch Gespräche begleiten sowie Kontakte und Gelegenheiten vermitteln, welche die beruflichen Leistungen und das Potenzial des Protegés sichtbar machen (vgl. Blickle, Schneider, Perrewé et al., 2008).

---

[6] Der Begriff entstammt der griechischen Mythologie. Im 2. Gesang der Ilias von Homer vertraut Odysseus, bevor er in den Trojanischen Krieg zieht, seinem alten Freund Mentor die Obhut seines Sohnes Telemachos an.

Mit Mentoring sollen auf diese Weise Karriere, Netzwerkbildung, Organisationssozialisation und Persönlichkeitsentwicklung des Protegés gefördert werden. Ein Schwerpunkt von Mentoring-Programmen bildete in den vergangenen Jahren die Förderung von Frauen, um deren Unterrepräsentation in Führungspositionen zu begegnen sowie deren Karrieremöglichkeiten durch systematischen Kontakt und gezielte Vernetzung mit einflussreichen Mentoren zu erweitern (vgl. Koch, 2001; zur geschlechterspezifischen Thematik: Blickle & Boujataoui, 2005).

Mentoren sind in der Regel **beruflich erfahrene Personen**, die einer Organisation langjährig angehören und dort häufig eine gehobene, mächtige und einflussreiche Position einnehmen (vgl. Blickle et al., 2008). Mentees sind zumeist **Berufsanfänger, Neueinsteiger** oder auch **Potenzialträger**.

Zwischen Mentor und Mentee entwickelt sich eine Austauschbeziehung, in der der Mentor drei Funktionen einnimmt(Blickle, Witzki & Schneider, 2010):

- In der **Vorbildfunktion** dient der Mentor als Rollenmodell für Werte, Verhaltensweisen und Einstellungen, die in der Organisation als erfolgreich gelten.
- Die **psychosoziale Funktion** umfasst Rat in Problemlagen, Wertschätzung des Mentees und freundschaftlichen Umgang.
- Die **Karrierefunktion** beinhaltet die Förderung positiver Aufmerksamkeit für den Mentee, die Einführung in die Mikropolitik der Organisation, den Einsatz für Beförderungen und Versetzungen und Schutz bei drohendem Schaden.

Weber (2004) unterscheidet **vier „Standard-Rollen" eines Mentors**:

- der Lehrer, der Wissen weitergibt,
- das Vorbild, bei dem hospitiert wird,
- der Netzwerker, der Kontakte schafft und
- der Coach, der die Persönlichkeitsentwicklung des Mentees fördert.

Ein bedeutsames **Ziel der Organisation**, das mit Mentoring verfolgt wird, besteht in der Nachwuchs- und Talentförderung. Mentoringbeziehungen fördern Sozialisation und Integration in das Unternehmen, die Bindung von Protegés an die Organisation und deren Arbeitszufriedenheit (vgl. Chao, 2009). Formale, also systematisch organisierte Mentoring-Programme, stellen attraktive Entwicklungsangebote für Berufsanfänger und Nachwuchskräfte dar. Zudem entstehen personale und organisationale Netzwerke sowie ein informelles Wissensmanagement in Bezug auf unternehmensspezifisches Knowhow. **Ziele für die Mentees** können die erfolgreiche Bewältigung des Berufseinstiegs, die gezielte und geförderte Schaffung von Karriereoptionen und die Entwicklung individueller Kompetenzen sein (vgl. Blickle et al., 2010). **Ziele für die Mentoren:** Mentoren sind nicht allein „Gebende" in der Beziehung. Für sie ergibt sich die Möglichkeit, durch die Begleitung des Protegés die eigene Berufsbiographie und Berufsrolle zu reflektieren und aus den Gesprächen neue Perspektiven für berufliches Verhalten zu gewinnen. Für Mitarbeiter, die sich auf einem Karriereplateau befinden, kann eine Mentorenfunktion eine attraktive Aufgabenerweiterung darstellen. Der Mentor erlebt durch den Mentee Anerkennung und Loyalität, erhält Informationen aus der Organisation und erfährt Unterstützung bei seiner fachlichen Aufgabenbewältigung (vgl. Blickle et al., 2010). Nach Young und Perrewé (2000) steigern sich persönliche Zufriedenheit und Karrieremöglichkeiten beim Mentor.

Rahmenbedingungen: Um die Bildung und Aufrechterhaltung gelingender Mentor-Protegé-Beziehungen systematisch zu fördern, sind **Mentoring-Programme** geeignet. Die Dauer organisierter Mentoring-Programme beläuft sich meist auf ein halbes bis ganzes Jahr. Tschirner (2001) empfiehlt für umfassendere Programme als **flankierende Maßnahmen** eine klare Definition von Zielen, die Unterstützung von Seiten des Vorstands, eine umfassende Information von potenziellen Mentoren und Mentees über Ziele und Konzept des Mentoring, ein Matching-System (s.u.), Seminare für Mentees, Training für Mentoren, Austauschforen für beide Gruppen sowie die Integration des Mentoring-Programms in die Personal- und Managemententwicklungssysteme. Tabelle 1 zeigt die Anordnung dieser Elemente in einem Beispielablauf.

Bei anderen intern organisierten Mentoring-Programmen konzentrieren sich die Koordinierungsaufgaben der PE auf die **Schaffung und Qualifizierung eines Mentoren-Pools**. Mentoren aus diesem Pool vermitteln einerseits Kontakte zu potenziellen Protegés aus dem eigenen Bereich und stellen sich andererseits als Mentoren für Protegés aus anderen Bereichen des Unternehmens zur Verfügung. Dieses Konzept nimmt eine Mittelstellung zwischen formellem und informellem „Matching" (s.u.) ein.

Mentoring muss nicht auf eine einzelne Organisation beschränkt sein. Beim „**Cross-Mentoring**" kooperieren zwei oder mehrere nicht konkurrierende Unternehmen, so dass die Mentor-Protegé-„Tandems" unternehmensübergreifend zusammengestellt werden. Beim „**externen Mentoring**" organisiert ein externer Anbieter ein Mentoring-Programm für mehrere Unternehmen (vgl. Haasen, 2001). Durch die Beteiligung mehrerer Organisationen wird Mentoring auch für kleinere und mittlere Unternehmen zu einer Option der Personalentwicklung.

Matching: Mentoring-Beziehungen können informell entstehen, indem ein Protegé sich initiativ und selbstständig einen Mentor sucht oder umgekehrt. Mentor und Protegé können auch durch Mentoring-Programme zueinander finden. Den Prozess der organisierten Zuordnung von Protegé und Mentor wird als „Matching" bezeichnet (Weber, 2004). Dem Matching fällt eine besondere Bedeutung zu, da eine dauerhafte, für beide Seiten zufriedenstellende und tragfähige Kooperationsbeziehung entstehen soll, die von gegenseitiger Sympathie und von Vertrauen geprägt sein muss. Mentoren stammen in der Regel aus höheren Hierarchiestufen und sollten keine direkten oder indirekten Vorgesetzten des Protegés sein. Um den Matchingprozess erfolgreich zu gestalten, empfiehlt Chao (2009), einen möglichst großen Pool an Mentoren zusammenzustellen und sicherzustellen, dass Kompetenzen der Mentoren zu Bedarfen der Mentees passen. Dabei sollten die individuellen Prioritäten auf Seiten des Mentees berücksichtigt und ein gegenseitiges Kennenlernen vor der Entscheidung ermöglicht werden. Weitere empirische Befunde zu förderlichen und hinderlichen Bedingungen für das Zustandekommen einer Mentor-Protegé-Beziehung auf Seiten des Mentors, des Protegés und begünstigende Situationsbedingungen finden sich bei Blickle (2000).

Tabelle 1: Beispielablauf eines Mentoring-Programms

Ablaufschritte	Inhalte
0. Konzeption und Planung des Mentoring-Programms (intern, evtl. mit externer Unterstützung)	▪ Definition der Ziele für das Mentoring-Programm, Abgleich mit den Zielen der Personalentwicklung ▪ Bestimmung der Zielgruppen für das Mentoring ▪ Konzeption und Zeitplanung des Rahmens und der unterstützenden Angebote und evtl. Suche nach externen Anbietern für Moderation, Training oder Begleitung ▪ Planung und Vorbereitung der Programmkommunikation ▪ Abstimmung mit dem Vorstand und Gewinnung eines „Sponsors" (Schirmherrn) für das Mentoring-Programm ▪ Suche nach Mentoren und Planung des Matching-Prozederes
1. Vorbereitungen (intern)	▪ Kommunikation von Zielen und Konzeption des Mentoring-Programms an Zielgruppen und Mentoren ▪ Durchführung des Matching-Prozederes
2. Beginn des Mentoring-Programms (intern, mit externem Trainer/Moderator)	▪ Training und Vorbereitung der Mentoren für ihre Aufgaben ▪ Vorbereitung der Protegés auf das Mentoring ▪ Auftaktveranstaltung mit Vorstellung des Mentoring-Programms, gemeinsamen Aktivitäten und Zeiten für erstes Kennenlernen und Erwartungsaustausch der „Mentor-Protegé-Tandems"
3. Mentoringtreffen	▪ selbst organisierte Treffen von Protegés mit ihren Mentoren
4. begleitende Maßnahmen während des Mentoring-Jahres (intern, mit externem Trainer/Moderator)	▪ Trainings für Protegés zu methodischen und sozialen Kompetenzen ▪ moderierter Erfahrungsaustausch für Protegés ▪ moderierter Erfahrungsaustausch oder moderierte Telefonkonferenzen für Mentoren
5. Ende des Mentoring-Programms (intern, mit externem Trainer/Moderator)	▪ Abschlussveranstaltung mit Protegés und Mentoren mit Erfahrungsaustausch, Auswertung und gemeinsamen Aktivitäten sowie Erfahrungspräsentation für den Sponsor ▪ Verabredungen der Mentoring-Tandems für die Zukunft
6. Evaluation	▪ Evaluation (auch während des Prozesses) hinsichtlich Bewährung und Ansatzmöglichkeiten zur Optimierung

Die **Auflösung** einer Mentor-Protegé-Beziehung kann als planvoller Prozess am Ende eines vereinbarten Zeitraums geschehen. Mentoring-Beziehungen enden dagegen außerplanmäßig, wenn Interesse und Engagement bei einem der beiden Partner stark nachlassen oder die Beziehung für mindestens eine Seite unpassend oder dysfunktional geworden ist. Protegés lösen Mentoring-Beziehungen auf, wenn sie beim Mentor Neidgefühle bemerken, wenn sie eine zu starke Abhängigkeit vom Mentor oder dessen mangelnde Unterstützung wahrnehmen oder wenn sie den Eindruck gewinnen die Beziehung habe sich überlebt (Blickle, 2002).

Methoden und Inhalte: Die Gestaltung des Mentoring-Kontakts obliegt beiden Seiten: Mentor und Protegé. Zu Beginn der Beziehung, gleich ob sie formell oder informell zustande gekommen ist, stehen das wechselseitige Kennenlernen von Person und Arbeitsbereich, eine Verständigung über gegenseitige Erwartungen sowie Verabredungen bezüglich Inhalten, Ausgestaltung, Dauer und Häufigkeit der Mentoring-Treffen. In der Regel erwarten Mentoren von ihren Protegés ein großes Maß an Initiative und Einsatz für das Mentoring.

Elemente des Mentorings können sein: informelle Gespräche zu Fragen des Berufsalltags, gemeinsame Mittagessen, vorbereitete thematisch orientierte Treffen, die Vereinbarung von Zielen und Projekten für den Protegé in einem bestimmten Zeitraum, Zuarbeiten des Protegés für den Arbeitsbereich des Mentors, Begleitung des Mentors zu Meetings und Tagungen, „Shadowing", d.h. der Protegé begleitet den Mentor von einem Tag bis zu einer Woche bei dessen Arbeit, gemeinsame Kontaktgespräche mit einflussreichen Personen der Organisation oder die Planung und Durchführung gemeinsamer Aktivitäten.

Theoretische Grundlagen: Der **Prozessverlauf einer Mentor-Protegé-Beziehung** lässt sich nach Kram (1988) in vier Phasen beschreiben. In der **Initiationsphase** werden die Weichen für den gemeinsamen Weg gestellt sowie Berufswünsche und Erwartungen konkretisiert. In der **Kultivationsphase** etabliert sich ein intensiver Austausch zwischen Mentor und Protegé, der Letzterem hilft, in seine Berufsrolle hineinzuwachsen. Die **Separationsphase** ist gekennzeichnet durch die zunehmende Unabhängigkeit und Autonomie des Protegés. In der **Redefinitionsphase** stellen die beiden Partner die Weichen für eine Veränderung oder eine Beendigung der Mentoring-Beziehung.

Blickle (2000) resümiert die **empirischen Befunde** über Mentor-Protegé-Beziehungen. Danach erleben Protegés weniger Rollenstress und weniger Rollenkonflikte, was als Folge des erfahrenen Rollenmodells des Mentors interpretiert werden kann. Karriereerwartung und Arbeitszufriedenheit von Protegés sind im Vergleich zu nicht-protegierten Personen höher, sie steigen schneller auf und haben später ein höheres Einkommen (siehe auch Allen, Eby, Poteet et al., 2004).

In Metaanalysen (Kammeyer-Mueller & Judge, 2008; Ng, Eby, Sorensen & Feldman, 2005) konnte gezeigt werden, dass Mentoring sich positiv auf den Karriereerfolg auswirkt, sowohl hinsichtlich objektiver Faktoren wie Gehalt und Beförderung als auch subjektiver Kriterien wie Zufriedenheit mit der eigenen Karriere. Mentoring hat nach Blickle (2000) einen positiven Effekt auf die organisationale Sozialisation der Protegés und ihr organisationsbezogenes Commitment und resultiert in einer geringeren Kündigungsbereitschaft.

Underhill (2006) zeigt in einer Metaanalyse Unterschiede zwischen den Auswirkungen von formell zugewiesenen und informellen Mentor-Protegé-Beziehungen: Informell mentorierte Personen schnitten in Bezug auf Karrierefortschritte besser ab als formell mentorierte Mitarbeiter. Diese Unterschiede erklärt Blickle (2002) zum einen damit, dass die Dauer von informellen Mentor-Protegé-Beziehungen durchschnittlich zwischen zwei und fünf Jahren liegt, während formelle Mentoring-Beziehungen zwischen einem halben und einem ganzen Jahr bestehen. „Zum anderen dürfte die Passung von Mentor und Protegé in formell und fremd initiierten Beziehungen niedriger sein als in spontan selbst initiierten Beziehungen." (ebd., S. 70).

Literatur

Allen, T. D., Eby, L. T., Poteet, M. L., Lentz, E. & Lima, L. (2004). Career benefits with mentoring for protégés: a meta-analysis. *Journal of Applied Psychology, 89* (1), 127-136.

Blickle, G. (2000). Mentor-Protegé-Beziehungen in Organisationen. *Zeitschrift für Arbeits- und Organisationspsychologie, 44*, 168-178.

Blickle, G. (2002). Mentoring als Karrierechance und Konzept der Personalentwicklung? *Personalführung, 9*, 66-72.

Blickle, G. & Boujataoui, M. (2005). Mentoren, Karriere und Geschlecht: Eine Feldstudie mit Führungskräften aus dem Personalbereich. *Zeitschrift für Arbeits- und Organisationspsychologie, 49*, 1-11.

Blickle, G., Schneider, P. B., Perrewé, P. L., Blass, F. R. & Ferris, G. R. (2008). The roles of self-disclosure, modesty, and self-monitoring in the mentoring relationship. A longitudinal multi-source investigation. *Career Development International, 13* (3), 224-240.

Blickle, G., Witzki, A. & Schneider, P. B. (2010). Die Bonner Mentoring-Studie: Effekte von Networking, Selbstoffenbarung, Bescheidenheit, sozialer Kompetenz und Macht. In U. Kanning, L. v. Rosenstiel & H. Schuler (Hrsg): *Jenseits des Elfenbeinturms. Psychologie als nützliche Wissenschaft*. Göttingen: Vandenhoeck & Ruprecht.

Chao, G. T. (2009). Formal mentoring: lessons learned from past practice. *Professional Psychology: Research and Practice, 40* (3), 314-320.

Haasen, N. (2001). *Mentoring: Persönliche Karriereförderung als Erfolgskonzept.* München: Heyne.

Kammeyer-Mueller, J. D. & Judge, T. A. (2008). A quantitative review of mentoring research: Test of a model. *Journal of Vocational Behavior, 72,* 269-283.

Koch, C. (Hrsg.) (2001). *Mentoring – ein Konzept zur betrieblichen Personalentwicklung. Ein Leitfaden für Unternehmen.* Erfurt: Bildungswerk der Thüringer Wirtschaft.

Kram, K. E. (1988). *Mentoring at work – Developmental relationships in organizational life.* University Press of America.

Ng, T. W., Eby, L. T., Sorensen, K. L. & Feldman, D. C. (2005). Predictors of objective and subjective career success. A meta-analysis. *Personnel Psychology, 58,* 367-408.

Tschirner, N. (2001). Framework conditions and criteria for the successful implementation of mentoring programs. In C. Koch (Eds.), *Mentoring – a concept for corporate personal development: A guide line for enterprises* (pp. 64-66). Erfurt: Bildungswerk der Thüringer Wirtschaft.

Underhill, C. M. (2006). The effectiveness of mentoring programs in corporate settings: A meta-analytical review of the literature. *Journal of Vocational Behavior, 68* (2), 292-307.

Weber, P. (2004). *Business-Mentoring. Manager als interne Berater in turbulenten Zeiten.* Herdecke: Maori.

Young, A. M. & Perrewé, P. L. (2000). The exchange relationship between mentors and protégés: the development of a framework. *Human Resource Management Review, 10* (2), 177-209.

3.1.4 Kollegiale Beratung

Definition und Ziele: Kollegiale Beratung (oder **Intervision**) bezeichnet eine **strukturierte Form von Fallberatung**, die in einer Gruppe von sechs bis acht Fach- oder Führungskräften regelmäßig und ohne externe Leitung, also „kollegial", durchgeführt wird. Bei der Fallberatung werden Fragen, Probleme und Schwierigkeiten, die ein Teilnehmer als Fall aus seiner beruflichen Praxis vorstellt, mit Beteiligung aller Anwesenden reflektiert und es werden **gemeinsam mögliche Lösungsansätze** entwickelt. Die kollegiale Beratung gewinnt in den vergangenen Jahren an Bedeutung als Maßnahme zur Personal- und Führungskräfteentwicklung in Unternehmen und findet zunehmend Einsatz bei der Qualifizierung von Führungskräften, Projektleitern und Managern (vgl. Tietze, 2010).

Wesentliche Merkmale der kollegialen Beratung bestehen darin, dass die **Inhalte aus der beruflichen Praxis der Teilnehmer** stammen, dass die Beratung sich an einer in Phasen gegliederten **Ablaufstruktur** orientiert und schließlich, dass die **Gruppe selbst-**

ständig und ohne einen ausgewiesenen Beratungsprofi arbeitet (Tietze, 2010). Andere Verfahren zur Fallberatung wie z.B. Gruppensupervision oder Gruppencoaching finden unter Leitung eines gruppenexternen Beraters, Supervisors oder Coaches statt. Die Funktionen und Aufgaben des externen Leiters werden bei kollegialer Beratung von den Gruppenmitgliedern arbeitsteilig übernommen. Die Leitungsrolle füllt abwechselnd je ein Mitglied aus. Die übrigen Teilnehmer nehmen die Aufgaben von „kollegialen Beratern" wahr. Die Gruppe folgt gemeinsam Ablauf, Methodenanleitungen und Zeitstruktur entsprechend eines gewählten, vorgegebenen Modells zur kollegialen Beratung.

Die Fallberatung bei der kollegialen Beratung ist in mehrere Phasen gegliedert, die sowohl die Situationsschilderung und Anliegenklärung beinhalten als auch Phasen zur Ideensammlung, Reflexion und Rückmeldung. Die zur kollegialen Beratung benötigten Kenntnisse über Ablauf und Methoden erwerben die Teilnehmer in der Regel im Rahmen eines **einführenden Seminars**, welches gleichzeitig der Gruppenbildung dient. Dort verabreden die Gruppenmitglieder auch den Turnus ihrer Gruppentreffen sowie Regeln für die Zusammenarbeit.

Ziele der kollegialen Beratung **für die Teilnehmer** sind:

- **Problemlösungen** für die vorgestellten Fälle („aus der Praxis für die Praxis") durch konkrete Handlungsideen oder neue Perspektiven zur Situationsbewertung.

- **Kompetenzentwicklung und stellvertretendes Lernen** durch regelmäßige Gespräche über berufliche Problemsituationen und Lösungswege in einer Gruppe von Gleichrangigen.

- **Unterstützung, Rückhalt und Entlastung** in schwierigen Führungs- oder Managementsituationen.

Die **Ziele für die Organisation** lassen sich gliedern in:

- **Personalentwicklung/Qualifizierung** der Zielgruppen in sozialen, kommunikativen und Problemlösekompetenzen durch die Reflexion von Rollenverhalten und durch eine Lösungsentwicklung für praktische Probleme.

- **Organisationsentwicklung/Entwicklung der Führungskultur**, in welcher schwierige Situationen und Führungskonflikte offener thematisiert und lösungsorientiert behandelt werden.

- **Förderung der Netzwerkbildung** der Teilnehmer durch kontinuierlichen Austausch von Erfahrungen und wechselseitiges Kennenlernen der Arbeitsbereiche.

Ein Teil dieser Ziele wird durch Forschungsarbeiten auch als Wirkungen von kollegialer Beratung belegt (vgl. Nold, 1998; Rotering-Steinberg, 2001; Tietze, 2010; Zorga, Dekleva & Kobolt, 2001).

Methoden und Inhalte: Für die kollegiale Beratung eines Praxisfalles nehmen die Mitglieder der Gruppe verschiedene Rollen ein: Ein **Fallerzähler** wird zu seinem Fall beraten, ein **Moderator** übernimmt die Gesprächsleitung bei dieser Beratung, die übrigen Teilnehmer werden zu **kollegialen Beratern**, wobei ein Berater die Ideen der übrigen Berater mitnotiert, um sie am Ende dem Fallerzähler zu übergeben. Ein **Prozessbeobachter** gibt der Gruppe am Ende Rückmeldungen über Verlauf und Qualität des Beratungsprozesses.

Es gibt verschiedene Modelle für den Ablauf einer kollegialen Beratung (vgl. z.B. de Haan, 2005: Franz & Kopp, 2003; Lippmann, 2009; Rotering-Steinberg, 2006; Tietze, 2008). Der **Beratungsablauf** einer kollegialen Beratung gliedert sich beispielsweise in sechs Phasen, wie Tabelle 1 darstellt. Zu Beginn einer kollegialen Beratung geht es darum, dass die Gruppenmitglieder sich orientieren und die **Fallsituation verstehen**. Anschließend muss der **Fokus** der späteren Beratungsphase entwickelt werden (Will der Fallerzähler konkrete Handlungsideen oder eher alternative Sichtweisen der Berater hören?), bevor eine passende Beratungsmethode gewählt wird. Die Methoden können das kreative Sammeln von Lösungsideen, das Erzeugen neuer Sichtweisen oder die Rückmeldung von Anteilnahme zum Schwerpunkt haben. In der folgenden Beratungsphase können entsprechende **Beratungsmethoden** zum Einsatz kommen, wie eine Hypothesensammlung, ein Brainstorming oder die Resonanzen der kollegialen Berater (zu Beratungsmethoden vgl. Lippmann, 2009; Tietze, 2008). Am Ende einer kollegialen Beratung steht ein **Resümee** des Fallerzählers, in dem dieser bilanziert, welche Ideen oder Sichtweisen ihm für ein Weiterkommen in seiner Praxis hilfreich erscheinen. Zusätzlich sollte die Gruppe den Beratungsprozess **reflektieren**, um ihre Beratungskompetenzen weiterzuentwickeln.

Tabelle 1: Phasen der kollegialen Beratung (nach Tietze, 2008)

Name der Phase	Funktion	Zeitdauer
Casting	Orientierung über Fälle, Entscheidung für eine Reihenfolge, Aufteilung der Beratungsrollen	5 - 10 Minuten
Spontanerzählung	Ein Teilnehmer schildert seinen Praxisfall, die kollegialen Berater stellen Verständnisfragen	10 - 15 Minuten
Schlüsselfrage	Fokussierung des Beratungsanliegens und der Fragestellung durch und für den Fallerzähler	5 - 10 Minuten
Methodenwahl	Gemeinsame Bestimmung einer Beratungsmethode, die zum Beratungsfokus passt	5 Minuten
Beratung	Sammlung von Ideen und Sichtweisen den Regeln der Beratungsmethode entsprechend	10 Minuten
Abschluss	Resümee des Fallerzählers, Prozessreflexion der Gruppe	10 Minuten

Die kollegiale Beratung eines Praxisfalles dauert zwischen 45 und 60 Minuten, so dass bei einem Gruppentreffen mit vier Stunden Umfang drei bis vier Praxisfälle beraten werden können.

Rahmenbedingungen: Für die Verantwortlichen einer Organisation, die Personalentwicklung mit dem Instrument der kollegialen Beratung planen, sind eine Reihe von besonderen Aspekten zu klären und zu beachten.

Erwerb methodischer Kompetenzen: Die Mitglieder einer Gruppe zur kollegialen Beratung müssen am Anfang alle Kompetenzen erwerben, die für die autonome Fallberatung in einer weitgehend selbstgesteuerten Gruppe benötigt werden. Häufig geschieht dies vor Beginn der autonomen Arbeit durch ein Seminar, in dem ein Methodenexperte die **Methodik, den Ablauf und die Rollenanforderungen vermittelt** und mit den Gruppenmitgliedern **anhand von Praxisfällen einübt**. Die Gruppe kann nach dem Erwerb von Basiskompetenzen selbstgesteuert mit der kollegialen Beratung beginnen. Es empfiehlt sich, einer Gruppe nach einem halben bis ganzen Jahr eine methodische Vertiefung anzubieten, um die methodische Sicherheit und Vielfältigkeit bei den kollegialen Beratungen zu fördern.

Gruppenbildung: Die Bildung von Gruppen zur kollegialen Beratung wird in der Regel parallel zur Information über das Angebot geplant. Dabei ist sicherzustellen, dass die Gruppen **attraktiv und arbeitsfähig** sind. Attraktiv werden die Gruppen dann, wenn die Arbeitsfelder und Funktionen der beteiligten Mitglieder interessante Lernthemen und eine Vernetzung versprechen. Günstig wirkt sich aus, wenn die Mitglieder **ähnliche Funktionen und Arbeitsfelder** haben, dabei aber nicht direkt zusammenarbeiten. Eine offene und vertrauensvolle Zusammenarbeit entwickelt sich nur bei **freiwilliger Teilnahme**. Es ist weiterhin darauf zu achten, dass die Basisgröße der Gruppen so gewählt wird, dass bei jedem Gruppentreffen mindestens fünf Mitglieder anwesend sind (vgl. Tietze, 2008).

Lernfokus und Inhalte: Die Mitglieder der Gruppe bestimmen die Inhalte und den Lernfokus der kollegialen Beratung durch den Schwerpunkt der eingebrachten Fälle selber. Zumeist werden Fälle im Zusammenhang mit **schwierigen beruflichen Kooperationsbeziehungen**, mit **komplexen Entscheidungssituationen** oder mit den **Berufsrollen** der Teilnehmer eingebracht. Das Lernen vollzieht sich an den vorgestellten Praxissituationen im Rahmen der Vertraulichkeit der Gruppe, daher ist eine Vorgabe oder Steuerung der Lernthemen durch Außenstehende nicht möglich. Für einen Einblick in die Themen der kollegialen Beratung können die Organisatoren mit der Gruppe vereinbaren, dass die bei der Fallberatung bearbeiteten Lernthemen in einer Form an sie weiter gegeben werden, welche getroffene Vertraulichkeitsvereinbarungen wahrt.

Gruppenprozess: Selbstorganisation und Zusammenarbeit in einer Gruppe ohne festen Gruppenleiter sind anspruchsvolle Aufgaben (vgl. Counselman & Weber, 2004). Vor allem müssen die Gruppenmitglieder für eine zieldienliche Zusammenarbeit unterschiedlicher Charaktere und für eine **offene und zugleich verbindliche Atmosphäre** sorgen, in welcher persönliche Verhaltensweisen reflektiert und mitunter heikle berufliche Themen angeschnitten werden sollen. Regeln für eine engagierte und vertrauensvolle Zusammenarbeit zu verabreden und einzuhalten ist sehr wichtig. **Externe Begleitung und Teamentwicklung** (vgl. Schmidt, Köppen, Breimer-Haas &

Leppkes, Kap. 3.4.1: Teamentwicklung) sind daher bei den ersten beiden Gruppentreffen sinnvoll. Um die Arbeitsfähigkeit langfristig sicherzustellen, empfiehlt es sich, nach etwa einem Jahr die Zusammenarbeit mit einem Experten für Gruppenentwicklung zu reflektieren.

Theoretische Grundlagen: Eine eigenständige Theorie der kollegialen Beratung existiert derzeit noch nicht. Vielfach sind die Modelle und Grundlagen der kollegialen Beratung an Supervisions- oder Beratungsschulen angelehnt. Einige Autoren stellen plausible Bezüge her zu bestehenden Beratungstheorien wie den „Subjektiven Theorien" (vgl. z.B. Mutzeck & Schlee, 2008). Diese beschreiben das Beratungsvorgehen als konstruktiven Veränderungsprozess der inneren Problemrepräsentation, welche der Falleinbringer in Bezug auf seine Praxissituation hat. Das Erzeugen von vielfältigen Denkansätzen und Handlungsoptionen für schwierige Situationen kann als kompatibel mit systemischer und lösungsorientierter Beratung gesehen werden (vgl. Herwig-Lempp, 2004).

Das an Phasen orientierte Vorgehen der kollegialen Beratung weist Parallelen zur Anwendung einer Heuristik (Such- und Findeverfahren) auf, wie sie in der kognitiven Psychologie des Problemlösens empfohlen wird. Durch die Verkettung von Phasen, in denen die Informationsmenge ausgeweitet wird mit Phasen, in denen Informationen fokussiert werden, entsteht der Charakter eines systematischen Problemlöseprozesses. Richard und Rodway (1992) bezeichnen die Funktion der kollegialen Beratung in diesem Sinne als „information processing machine". Nach Hillerbrand (1989) fördert gerade die in der kollegialen Beratung betonte Interaktion von „Beratungslaien" das wechselseitige Verstehen und das Akzeptieren von Lösungsvorschlägen.

Literatur

Counselman, E. F. & Weber, R.L. (2004). *Organizing and maintaining peer supervision groups. International Journal of Group Psychotherapy, 54* (2), 125-143.

Franz, H. & Kopp, R. (2003). *Kollegiale Fallberatung.* Köln: Edition Humanistische Psychologie.

Haan, E. de (2005). *Learning with colleagues. An action guide for peer consultation.* Houndsmills, New York: Palgrave Macmillan.

Herwig-Lempp, J. (2004). *Ressourcenorientierte Teamarbeit. Systemische Praxis der kollegialen Beratung.* Göttingen: Vandenhoeck&Ruprecht.

Hillerbrand, E. (1989). Cognitive differences between experts and novices: Implications for group supervision. *Journal of Counseling and Development, 67,* 293-296.

Lippmann, E. (2009). *Intervision. Kollegiales Coaching professionell gestalten* (2. Aufl.). Heidelberg: Springer.

Mutzeck, W. & Schlee, J. (2008). *Kollegiale Unterstützungssysteme für Lehrer*. Stuttgart: Kohlhammer.

Nold, B. (1998). *Kollegiale Praxisberatung in der Lehrerausbildung*. Tübingen: MVK.

Richard, R. & Rodway, M. (1992). The peer consultation group: A problem-solving perspective. *Clinical Supervisor, 10*, 83-100.

Rotering-Steinberg, S. (2006). *Anleitungen zur Kollegialen Supervision und Qualitätszirkelarbeit sowie zum Kollegialen Coaching*. Tübingen: dgvt.

Rotering-Steinberg, S. (2001). Kollegiale Supervision im Selbst-Training: Rückblick nach zwei Jahrzehnten und Vorausschau. *Gruppendynamik und Organisationsberatung, 4*, 379-392.

Tietze, K.-O. (2008). *Kollegiale Beratung – Problemlösungen gemeinsam entwickeln* (3. Aufl.). Reinbek: Rowohlt.

Tietze, K.-O. (2010). *Wirkprozesse und personenbezogene Wirkungen von kollegialer Beratung. Theoretische Entwürfe und empirische Forschung*. Wiesbaden: Verlag für Sozialwissenschaften.

Zorga, S., Dekleva, B. & Kobolt, A. (2001). The process of internal evaluation as a tool for improving peer supervision. *International Journal for the Advancement of Counselling, 23*, 151-162.

3.1.5 360°-Feedback, Führungs-Feedback und Peer-Feedback

Definition und Ziele: 360°-Feedback, Führungs- oder Vorgesetzten-Feedback sowie Peer- oder Kollegen-Feedback haben sich bereits in den 90er Jahren zu einem „must have"-Instrument für das Human Resource Management entwickelt (Church & Bracken, 1997, S. 149). Mithilfe dieser Feedback-Instrumente geben sich Personen, die zusammenarbeiten, **verhaltens-, kompetenz- oder fähigkeitsbezogene Rückmeldungen**. Dabei kommt meist ein **Fragebogen** zum Einsatz, anhand dessen sich die Beteiligten gegenseitig einschätzen. Häufig wird auch eine **Selbsteinschätzung** vorgenommen, sodass Selbst- und Fremdbild abgeglichen werden können. Anhand des gegenseitigen Feedbacks können die Teilnehmenden ihr Verhalten reflektieren und verbessern. Darüber hinaus können in Gesprächen zwischen Feedback-Empfänger und Feedback-Gebern Rückmeldungen konkretisiert werden und in Maßnahmen zur Verbesserung von Zusammenarbeit und Kommunikation in der Arbeitsgruppe münden (grundlegende Feedback-Techniken sind bei Demmerle, Schmidt, Hess, Solga & Ryschka in Kap. 4: Basistechniken der Personalentwicklung beschrieben).

Die **Bezeichnung** der jeweiligen Feedback-Instrumente spiegelt die Beziehungen zwischen Feedback-Empfänger und -Gebern wider. Beim **Führungs-Feedback** bekommt der Vorgesetzte von seinen Mitarbeitern Rückmeldungen; sind es die Kollegen untereinander, heißt das Instrument **Peer-Feedback**. Beim **360°-Feedback** (im angloamerikanischen Raum: multi-source-feedback) erhält eine Führungskraft Rückmeldungen von „allen Seiten": von Kollegen, Mitarbeitern, Vorgesetzten und Kunden, Zulieferern oder anderen Geschäftspartnern (Mount, Judge, Scullen, Sytsma & Hezlett, 1998; Scherm & Sarges, 2002).

Feedback-Instrumente können sowohl als Einzelmaßnahmen (für einzelne Feedback-Nehmer) als auch im Unternehmen großflächiger zum Einsatz kommen (Letzteres meist mit der Absicht einer Kulturveränderung). Bei einem flächendeckenden Einsatz eines **360°-Feedbacks** sollte der **zeitliche Aufwand** des Fragebogenausfüllens nicht unterschätzt werden: ein Abteilungsleiter müsste als Feedback-Geber beispielsweise alle eigenen direkten Mitarbeiter, alle Kollegen, seinen Vorgesetzten und zusätzlich noch Kunden oder Zulieferer einschätzen. Wenn ein Feedback-Instrument in größeren Teilen der Organisation eingeführt werden soll, empfiehlt es sich, zunächst mit einem Führungs-Feedback zu starten und nur in Einzelfällen bei Bedarf oder auf Wunsch, das Instrument um ein 360°-Feedback zu erweitern.

Peer-Feedback unterstützt die Personal- und Teamentwicklung, besonders bei Gruppenarbeit (Waldmann, 1997). Stehen die Themen Führung und Zusammenarbeit zwischen Mitarbeitern und Vorgesetztem im Fokus, empfiehlt sich ein **Führungs-Feedback**. Bei einer individuellen Führungskräfteentwicklung (z.B. im Rahmen eines Coachings oder einer Karriereberatung) sowie bei der Potenzialeinschätzung kommt ein **360°-Feedback**-Verfahren in Frage.

Ziele der Feedback-Instrumente können sowohl **Führungskräfteentwicklung, Teamentwicklung** und **Organisationsentwicklung** als auch die **Potenzialerhebung und Selektion** sein (London & Smither, 1995). Im Rahmen der **Entwicklungszielsetzung** erhalten Feedback-Empfänger Rückmeldungen, um daraus Entwicklungsbedarf und Maßnahmen zur Verhaltensänderung abzuleiten. Dieser Entwicklungsaspekt ist nach London und Smither (1995) die häufigste Zielsetzung beim Einsatz von Feedback-Instrumenten. Das an dem Prozess beteiligte Team kann sich entwickeln, indem Kollegen untereinander (beim Peer-Feedback) bzw. Mitarbeiter und Führungskraft (beim Führungs- und beim 360°-Feedback) die **Rückmeldungen konkretisieren** und anschließend **Maßnahmen zur Verbesserung** der Kooperation im Team und des Führungsverhaltens des Vorgesetzten (nur beim Führungs- und 360°-Feedback) erarbeiten. Im Rahmen der Organisationsentwicklung können Feedback-Instrumente genutzt werden, um einen **Kulturveränderungsprozess** einzuleiten (London & Beatty, 1993). Feedback-Ergebnisse können auch für **Potenzialeinschätzungen** (siehe auch Klug, Kap. 2: Analyse des Personalentwicklungsbedarfs) und **Selektion** genutzt werden (Edwards & Ewen 2000). Entwicklungs- und Selektionsziele sollten allerdings nicht miteinander verknüpft werden; und die genaue Zielsetzung muss allen Beteiligten im Vorfeld bekannt sein. Feedback-Empfänger stehen dem Instrument und den Rückmeldungen offener gegenüber, wenn nicht Beurteilung, Selektion oder Bezahlung Ziele sind, sondern der Entwicklungsaspekt im Vordergrund steht (Atwater, Brett & Charles, 2007).

Ziele für die Feedback-Empfänger: Feedback-Nehmer erhalten konkrete und relativ ehrliche (da anonyme) Rückmeldungen über das eigene Verhalten und entwickeln sich auf Basis dieser Erkenntnisse weiter.

Ziele für die Feedback-Geber: Die Feedback-Geber geben in einem – zumeist anonymen – Rahmen dem Feedback-Empfänger Rückmeldungen zu dessen Verhalten und Wirkung. Durch die Anonymität werden auch kritische Punkte angesprochen, ohne direkte negative Folgen befürchten zu müssen.

Rahmenbedingungen: Atwater und Kollegen (2007) empfehlen auf Grundlage verschiedener Studien, das Feedback-Instrument bei seiner Einführung zunächst nur zur Führungskräfteentwicklung (in Abgrenzung von Leistungsbewertung) zu nutzen, eine Integration in bestehendes HR-Instrumentarium sicherzustellen und klare Informationen über Zielsetzung und Vorgehen zu geben. Zudem spielt die Nutzenargumentation eine große Rolle: Ehrliches Feedback wird dann gegeben, wenn Feedback-Geber einen Nutzen für sich z.B. hinsichtlich Verbesserung von Führungsverhalten, Kommunikation, Zusammenarbeit oder Produktivität wahrnehmen können (Smith & Fortunato, 2008). Auch sollten aktuelle organisationale Begebenheiten beachtet werden: in Phasen von Umstrukturierung oder Personalabbau wird es z.B. schwierig sein, das für die Einführung notwendige Vertrauen sicherzustellen (Atwater et al., 2007).

Köhler (1995) und Jöns (1995) bevorzugen bei der erstmaligen Durchführung ein **anonymisiertes Vorgehen**, was sich positiv auf die Ehrlichkeit der Rückmeldungen auswirke (Brinkmann, 1998). London, Smither und Adsit (1997) plädieren demgegenüber für eine stärkere Offenheit im Verfahren, da diese die Verantwortlichkeit der einzelnen Beteiligten für die Veränderungen erhöhe, die mit dem Instrument beabsichtigt sind. Führungskräfte stehen dem Feedbackprozess positiver gegenüber, wenn sie wissen, von wem sie welches Feedback erhalten haben (Antonioni, 1994). Mitarbeiter dahingegen fühlen sich bei der Möglichkeit zur anonymen Rückmeldung wohler (London, Wohlers & Gallagher, 1990).

Wenn Anonymität gewahrt werden soll, dann muss hinsichtlich der Anonymität für Feedback-Geber und für Feedback-Empfänger unterschieden werden. **Anonymität für Feedback-Geber** kann gewährleistet werden, wenn die schriftliche Befragung **ohne Namensangabe** stattfindet, aber mit einem **Code**, der die Zuordnung zu einem einzigen Feedback-Empfänger ermöglicht. So ist der Empfänger des Feedbacks erkennbar, aber schon die auswertende Stelle kann nicht mehr erschließen, welcher Mitarbeiter welchen Bogen ausgefüllt hat (bei einem 360°-Feedback werden die verschiedenen Feedback-Geber-Gruppen unterschiedlich gekennzeichnet). Zudem müssen die Rückmeldungen in **Mittelwerte** und **Streuungsmaße** überführt werden. Eine anonyme Befragung fördert gleichzeitig die Bereitschaft zur Teilnahme am Feedback-Verfahren. **Anonymität für Feedback-Empfänger** wird erreicht, indem das Feedback-Ergebnis **ausschließlich dem**

Feedback-Empfänger übergeben wird – keiner anderen Person oder Stelle im Unternehmen. Ein Code gewährleistet, dass Feedback-Bögen nur von der auswertenden Stelle dem Empfänger zugeordnet werden können. Wenn die Codierung der Bögen, ihre Versendung und die Auswertung außerhalb des Unternehmens erfolgen, kann die Anonymität zusätzlich abgesichert werden.

Methoden und Inhalte: In Tabelle 1 ist ein **Gesamtprozess** für die Entwicklung, Einführung und Umsetzung eines Führungs-Feedback-Verfahrens dargestellt. Für die Entwicklung werden **Expertisen und Ressourcen** zur Fragebogenkonstruktion und Prozessgestaltung benötigt, bei der Einführung Kompetenzen zur Gestaltung der Informationen. Im Rahmen der Umsetzung müssen Ressourcen für die Erstellung der Zuordnungslisten (Feedback-Geber zu Feedback-Nehmer), für die Dateneingabe und entsprechende Auswertungswerkzeuge bereitgestellt werden. Beratungs- und Moderationskompetenzen sind für die Ergebnisübergabegespräche und die Moderation von Teamgesprächen von Bedeutung.

Tabelle 1: Gesamtablauf am Beispiel eines Führungs-Feedbacks

Ablaufschritte	Inhalte
0. **Entwicklung des Instruments** (intern und extern)[1]	- Definition und Gestaltung des Gesamtprozesses - Entwicklung des Feedback-Instruments auf Basis von Unternehmenszielen, Leitlinien, Führungsleitsätzen, Werten etc. - Abgleich des Instruments mit anderen PE-Instrumenten - Erstellung von Infomaterial, Anschreiben, Auswertungssystem, Ergebnisbericht, Moderationsleitfaden etc. - Planung der internen und externen Ressourcen für die einzelnen Phasen - Abstimmung des Instruments mit Geschäftsführung und Personalvertretung
1. **Vorbereitung** (intern)	- Erstellen des Gesamtzeitplans - Abgleich des Zeitplans mit auswertender (externer) Stelle und mit Moderatoren - Erstellen von individuellen Zeitplänen für die einzelnen Führungskräfte (Termine für Infoveranstaltung, Ergebnisübergabegespräch und moderiertes Teamgespräch) - Erstellen der Zuordnungslisten (welche Mitarbeiter geben der jeweiligen Führungskraft Rückmeldung?) und Abgleich der Zuordnungslisten mit der jeweiligen Führungskraft
2. **Infoveranstaltung** (intern und extern)	- Einladung zur und Durchführung der Infoveranstaltung (empfohlene Gruppengröße: bis zu 20 Personen) - Weitere Informationen über Mailings, Intranet, Poster etc.
3. **Versand** (eher extern als intern)	- Vorbereitung der Unterlagen: Codierung der Fragebogen, Anschreiben an Mitarbeiter und an Vorgesetzte, Infoblatt zum Instrument, Rückumschlag (frankiert und mit Aufdruck: persönlich/vertraulich, Rücksendeanschrift: auswertende (externe) Stelle) - Versand der codierten Fragebogen, inkl. Anschreiben, Rückumschlag und Infomaterial

Ablaufschritte	Inhalte
4. Ausfüllen der Feedbackbogen	▪ Mitarbeiter und Führungskräfte füllen Fragebogen aus und senden diese an die auswertende Stelle
5. Auswertung (eher extern als intern)	▪ Rücklaufcontrolling und ggf. Nachsteuerung bei geringem Rücklauf ▪ Auswertung der Feedback-Bögen und Dateneingabe 2 (offene und geschlossene Fragen) ▪ Erstellung eines individuellen Ergebnisberichts für jede Führungskraft ▪ ggf. Erstellung einer Gesamtauswertung
6. Ergebnisübergabegespräch (Moderatoren eher extern als intern) [3,4]	▪ Vorbereitung auf Ergebnisübergabegespräch ▪ Diskussion der Ergebnisse zwischen Moderator und Führungskraft (Aufbau des Ergebnisberichts, Abgleich Selbst- und Fremdbild, Erkenntnisse für Führungskraft aus dem Feedback, Definition der Schwerpunkte für das Teamgespräch, Entwicklungsbedarf für Führungskraft)
7. moderiertes Teamgespräch (Führungskraft, Mitarbeiter und Moderator) [4,5]	▪ Vorstellung der Feedback-Ergebnisse durch Vorgesetzten ▪ Schwerpunkte für das Teamgespräch aus Sicht des Vorgesetzten ▪ Diskussion der Ergebnisse ohne Führungskraft (Vertiefung und Konkretisieren der Schwerpunktthemen, Ergänzung der Themen aus Mitarbeitersicht, Priorisierung der Themen) ▪ Maßnahmenerarbeitung durch Führungskraft und Mitarbeiter: Was sollte die Führungskraft, was sollten die Mitarbeiter verändern? (Aktionsplan: Ist-Zustand, Ziel, Aktionen/Maßnahmen, Überprüfungskriterien, Überprüfungstermin) ▪ Abschlussrunde
8. weitere PE-Maßnahmen	je nach Bedarf: ▪ Definition des Trainings-/Entwicklungsbedarfs ▪ Coaching für Führungskraft ▪ Trainings- und Weiterbildungsmaßnahmen ▪ Teamentwicklung oder Konfliktklärung für das Team
9. Umsetzung	▪ Umsetzung der Maßnahmen im Team (3-6 Monate)
10. Überprüfung im Team	▪ Führungskraft und Mitarbeiter werten Umsetzung der vereinbarten Maßnahmen aus (ggf. moderiert)

Anmerkungen: [1]Hinweise und Kriterien für die Auswahl von bereits existierenden Feedback-Verfahren sind bei Scherm und Sarges (2002) umfassend und gleichzeitig übersichtlich dargestellt. [2]Bei Online-Befragungen fällt die Dateneingabe weg, allerdings entstehen Aufwände für Entwicklung und Programmierung des Befragungstools. Voraussetzung ist, dass jeder Mitarbeiter einen eigenen Intranet- oder Internet-Zugang hat. [3]Bei einer wiederholten Durchführung kann die Ergebnisrückmeldung auch schriftlich mit Unterstützung durch eine telefonische Hotline erfolgen. [4]Bei der Durchführung mit internen Moderatoren empfiehlt sich ein Training für die Moderatoren, in dem sie auf die Ergebnisübergabegespräche und die spezifische Moderationstätigkeit in Teamworkshops mit Feedback-Instrumenten vorbereitet werden (1-2 Tage). Eine Hotline sowie Treffen für die Moderatoren zum Erfahrungsaustausch (je 1/2 Tag) sichern die Qualität der Teamgespräche. [5]Um im Rahmen eines 360°-Feedbacks die Rückmeldungen von den anderen Feedback-Gebern zu konkretisieren, empfehlen sich Einzelgespräche, in denen die Führungskraft Fragen zum Ergebnisbericht klärt und sich Anregungen für die eigene Entwicklung einholt.

Damit der **Feedback-Fragebogen** handhabbar bleibt, werden – zumindest bei Entwicklungszielsetzungen – in der Regel Instrumente mit 20 bis 40 verhaltensbezogenen Items eingesetzt. Da ein Fragebogen mit diesem Umfang nicht alle relevanten Verhaltensaspekte abdecken kann, bieten sich zur Ergänzung offene Fragen an wie: „Was soll die Führungskraft beibehalten?" oder „Was soll die Führungskraft ändern?" 360°-Feedback-Instrumente zur Potenzialdiagnose weisen meist einen deutlich größeren Umfang auf und beziehen sich mehr auf Kompetenzdimensionen oder Persönlichkeitsmerkmale als auf Verhaltensaspekte. Auf dem Markt findet sich eine Vielzahl von standardisierten Instrumenten und Verfahren. Grundsätzlich empfiehlt sich sicherzustellen, dass die Inhalte des Feedback-Instruments zu den unternehmensspezifischen Erwartungen an Führungskräfte (z.B. Führungsleitlinien) sowie zur Unternehmenskultur passen. Hierzu ist das Instrument entsprechend anzupassen oder es sind eigene Instrumente zu entwickeln.

Im **Ergebnisbericht** finden sich, abhängig von der Zielsetzung, unterschiedliche Darstellungsformen. Instrumente zur Potenzialdiagnose werden in der Regel auf Dimensionsebene ausgewertet, Instrumente zur Entwicklung auf Itemebene (London, Smither & Adsit, 1997). Für ein einfaches Verstehen der Ergebnisse und einen guten Überblick empfiehlt sich die graphische Darstellung der Mittelwerte und Streuungen für die einzelnen Fragen.

Zur **Steigerung der Effektivität** eines Feedback-Instruments empfehlen London, Smither und Adsit (1997), dass Feedback-Empfänger ihre Rückmeldungen mit einem Kollegen, Berater oder dem eigenen Chef besprechen und einen konkreten Entwicklungsplan erarbeiten (vgl. auch DeNisi & Kluger, 2000; London & Beatty, 1993). Hazucha, Hezlett und Schneider (1993) plädieren dafür, in den Prozess der Verhaltensänderung durch eine kontinuierliche Begleitung zu investieren, z.B. durch Coaching.

Alternativ zum fragebogengestützten Vorgehen können Rückmeldungen bei entsprechender Unternehmenskultur auch in Workshops direkt erfolgen. Brinkmann (1998) stellt hierfür verschiedene Varianten vor. Gerade wenn es um die gegenseitige Rückmeldung im Kollegenkreis oder innerhalb eines Teams inklusive Teamleiter geht, bietet sich ein Workshop zur **Teamentwicklung** an. Hier können die Teilnehmer sich gegenseitig Stärken und Schwächen rückmelden und gemeinsam Ansätze und Möglichkeiten zur Verbesserung des Verhaltens einzelner Personen und Maßnahmen zur Verbesserung der Zusammenarbeit im Team entwickeln.

Theoretische Grundlagen und empirische Forschung: Um zu erklären, wie sich Feedback auf das Verhalten eines Feedback-Empfängers auswirkt, bieten sich nach London und Smither (1995) die Kontrolltheorie (Carver & Scheier, 1982) und die Zielsetzungstheorie (Locke & Latham, 1990) an. Der **Kontrolltheorie** zufolge motivieren Diskrepanzen zwischen Selbst- und Fremdeinschätzung zu Anstrengungen, die durch Feedback vermittelten Lücken zu schließen. Hiernach wäre *negatives* Feedback ein wirksames Instrument zur Leistungssteigerung. Nach der **Zielsetzungstheorie** dagegen motiviert Erfolg (und nicht Misserfolg) dazu, sich anspruchsvollere Ziele als zuvor zu setzen.

Dies insbesondere dann, wenn man überzeugt ist, über die notwendigen Kompetenzen und Ressourcen zu verfügen, die für die Zielerreichung notwendig sind. Hiernach wäre *positives* Feedback für eine Leistungssteigerung geeignet.

Im Sinne beider Theorien macht es Sinn, Feedback-Nehmer durch Coaching zu unterstützen (vgl. Kap. 3.1.2: Coaching). Mit Hilfe eines Coaches können Diskrepanzen zwischen Selbst- und Fremdbild konstruktiver für die eigene Weiterentwicklung genutzt werden (vgl. Atwater et al., 2007). Es werden mehr Entwicklungsideen generiert und spezifischere Entwicklungsziele gesetzt. So kommt es nachweislich zu Verhaltensänderungen, eingeschätzt durch Mitarbeiter und Vorgesetzte (Smither, London, Flautt, Vargas & Kucine, 2003).

Smither, London und Reilly (2005) integrieren verschiedene Bedingungen für den Erfolg von Feedback in einen theoretischen Rahmen und geben mit einer **Metaanalyse** einen umfassenden Überblick über die Forschung. Sie konnten nachweisen, dass Feedback-Instrumente einen im Mittel zwar kleinen, aber durchaus signifikanten positiven Effekt auf das Verhalten der Feedback-Nehmer haben: bei wiederholter Durchführung wurden sie besser eingeschätzt. Wenn Führungskräfte ihr Verhalten aufgrund des Feedbacks ändern, kommt es zu positiven Effekten auf Seiten der Mitarbeiter: Sie zeigen mehr Engagement, weniger Kündigungsabsichten und eine höhere Zufriedenheit (Atwater & Brett, 2006).

Weiterführende Literatur

Edwards, M. R. & Ewen, A. J. (2000). *360°-Beurteilung*. München: C. H. Beck.

Scherm, M. & Sarges, W. (2002). *360°-Feedback*. Göttingen: Hogrefe.

Literatur

Antonioni, D. (1994). The effects of feedback accountability on upward appraisal ratings. *Personnel Psychology, 47*, 349-356.

Atwater, L. E. & Brett, J. F. (2006). 360-degree feedback to leaders: Does it relate to changes in employee attitudes? *Group Organization Management, 31* (5), 578-600.

Atwater, L. E. & Brett, J. F. & Charles, A. C. (2007). Multisource Feedback: Lessons learned an implications for practice. *Human Resource Management, 46* (2), 285-307.

Brinkmann, R. D. (1998). *Vorgesetzen-Feedback – Rückmeldungen zum Führungsverhalten*. Heidelberg: Sauer.

Carver, C. S. & Scheier, M. F. (1982). Control theory: a useful conceptual framework for personality-social, clinical, and health psychology. *Psychological Bulletin, 92*, 111-135.

Church, A. & Bracken, D. W. (1997). Advancing the state of the art of 360-degree feedback. *Group & Organization Management, 2*, 149-161.

DeNisi, A. S. & Kluger, A. N. (2000). Feedback effectiveness: Can 360-degree appraisals be improved? *Academy of Management Executive, 14*, 129-139.

Edwards, M. R. & Ewen, A. J. (2000). *360°-Beurteilung*. München: C. H. Beck.

Hazucha, J. F., Hezlett, S. A. & Schneider, R. J. (1993). The impact of 360-degree feedback on management skills development. *Human Resource Management, 32*, 325-351.

Jöns, I. (1995). Entwicklung der Beurteilungsinstrumente. In K. Hofmann, F. Köhler & V. Steinhoff (Hrsg.), *Vorgesetztenbeurteilung in der Praxis* (S. 37-55). Weinheim: Psychologie Verlags Union.

Köhler, F. (1995). Durchführungshinweise für eine fragebogengestützte Vorgesetztenbeurteilung. In K. Hofmann, F. Köhler & V. Steinhoff (Hrsg.), *Vorgesetztenbeurteilung in der Praxis* (S. 63-66). Weinheim: Psychologie Verlags Union.

Locke, E. A. & Latham, G. P. (1990). *A theory of goal setting and task performance*. Englewood Cliffs: Prentice Hall.

London, M. & Beatty, R. W. (1993). 360-degree feedback as a competitive advantage. *Human Resource Management, 32*, 353-372.

London, M. & Smither, J. W. (1995). Can multi-source feedback change perceptions of goal accomplishment, self-evaluations, and performance-related outcomes? Theory-based applications and directions for research. *Personnel Psychology, 48*, 803-839.

London, M., Smither, J. W. & Adsit, D. J. (1997). Accountability: The achilles' heel of multisource feedback. *Group & Organization Management, 22*, 162-184.

London, M., Wohlers, A. J. & Gallagher, P. (1990). 360-degree feedback surveys: A source of feedback to guide management development. *Journal of Management Development, 9*, 17-31.

Mount, M. K., Judge, T. A., Scullen, S. E., Sytsma, M. R. & Hezlett, S. A. (1998). Trait, rater and level effects in 360-degree performance ratings. *Personnel Psychology, 51*, 557-575.

Scherm, M. & Sarges, W. (2002). *360°-Feedback*. Göttingen: Hogrefe.

Smith, A. F. R. & Fortunato, V. J. (2008). Factors influencing intentions to provide honest upward feedback ratings. *Journal of Business Psychology, 22*, 191-207.

Smither, J. W., London, M., Flautt, R., Vargas, Y. & Kucine, I. (2003). Can working with an executive coach improve multisource feedback ratings over time? A quasi-experimental field study. *Personnel Psychology, 56*, 23-44.

Smither, J. W., London, M. & Reilly, R. R. (2005). Does performance appraisal improve following multisource feedback? A theoretical model, meta-analysis, and review of empirical findings. *Personnel Psychology, 58*, 33-66.

Waldmann, D. A. (1997). Predictors of employee preferences for multirater and group-based performance appraisal. *Group & Organization Management, 22*, 264-287.

3.1.6 Karriereberatung

Definition und Ziele: Karriereberatung besteht in der Unterstützung und Begleitung bei der individuellen beruflichen Entwicklung. In einer Diagnosephase werden eigene Interessen, Werte, Bedürfnisse und Kompetenzen herausgearbeitet und Karriereziele sowie Erfolgskriterien definiert. Verschiedene Karrieremöglichkeiten werden abgewogen und individuelle Entwicklungspläne mit entsprechenden Entwicklungsmaßnahmen (s.u.) zur Erreichung der Karriereziele aufgestellt[7]. Die Umsetzung der Entwicklungspläne wird schließlich überprüft (vgl. Hohner, 2006; Noe, 1996).

Warum ist für in Unternehmen ein Angebot zur Karriereberatung von Mitarbeitern sinnvoll? Ziel ist es, die Ziele des einzelnen Mitarbeiters mit denen des Unternehmens zu verbinden (Moser & Schmook, 2006). Eine gute Passung von Interessen der Person und Charakteristiken der Arbeitsumwelt führt zu einer höheren Arbeitszufriedenheit und größeren Stabilität der Karriereentwicklung (Holland, 1996).

Ziele für die Mitarbeiter im Rahmen einer Karriereberatung sind:

- Klarheit über die eigene Situation, berufliche Ziele, präferierte Tätigkeiten und Entwicklungen gewinnen

- persönliche Erfolgskriterien für die eigene Karriere entwickeln

- Informationen über Karriere- und Entwicklungsmöglichkeiten in der eigenen Organisation erhalten

- den eigenen Wertschöpfungsbeitrag für das Unternehmen definieren (Passung zwischen eigenen Zielen und denen des Unternehmens)

- Wege zur Zielerreichung entwickeln, planen und umsetzen

---

[7] Eine besondere Form der Karriereberatung stellt die **Outplacementberatung** dar. Zielgruppe sind Mitarbeiter, von denen sich das Unternehmen trennt. Diese werden bei ihrer Neuorientierung begleitet und auf den Bewerbungsprozess vorbereitet. Für die Neuorientierung werden die gleichen Diagnosemethoden genutzt wie weiter unten dargestellt (vgl. Berg-Peer, 2003).

Die **Ziele der Organisation** sind:

- individuelle **Karriereziele** der Mitarbeiter an die **Unternehmensziele** heranführen
- langfristig Mitarbeiter erfolgreich auf **Schlüssel- und Führungsfunktionen** vorbereiten (langfristige Nachfolgeplanung)
- **Investitionen** in die Entwicklung des Mitarbeiters tätigen, die auch im Sinne des Mitarbeiters sind (z.B. keine Führungskräfteentwicklung, wenn der Mitarbeiter eine Fachlaufbahn anstrebt)
- **Bindung von Mitarbeitern** verstärken

Hintergrund: Die persönlichen beruflichen Entwicklungsperspektiven werden durch individuelle und Kontextfaktoren beeinflusst. Bei den Kontextfaktoren spielen Umstrukturierungen, Stellenabbau, flachere Hierarchien, Unternehmenszusammenschlüsse und Outsourcing eine Rolle. Für die Beschäftigungsverhältnisse bedeutet dies: zeitbefristete Verträge, geringere Aufstiegsmöglichkeiten und kaum noch lebenslange Perspektiven innerhalb einer Organisation. An die Stelle von stabilen Karrieremustern treten zunehmend Patchwork-Karrieren. In der Literatur existieren zwei Deutungsrichtungen. Auf der einen Seite werden negative Auswirkungen betont. So habe die Unsicherheit bezüglich der eigenen Karriereplanung innerhalb der Organisation negative Auswirkungen auf die Bindung an die Organisation. Beim Mitarbeiter sinke die Motivation, in die Laufbahn innerhalb einer Firma zu investieren (Becker, 2004). Eine „**Perspektivlosigkeit des individuellen Werdegangs**" breite sich tendenziell aus (Staehle, 1999, S. 888). Auf der anderen Seite böten die sich ändernden Rahmenbedingungen auch Chancen. Arthur und Rousseau (2001) sprechen gar von **grenzenlosen Karrieremöglichkeiten** (boundaryless careers). Die Grenzen in Bezug auf Funktion oder Hierarchie verblassten, ein Mensch könne und müsse im Laufe seiner Karriere in vielen Bereichen und auf vielen Positionen arbeiten. Der Einzelne könne sich – im Rahmen der Unternehmensziele – proaktiv einbringen und **sich selbst verwirklichen**. Die Schlussfolgerung für die Praxis ist unter beiden Blickrichtungen eine ähnliche: der einzelne Mitarbeiter muss für sich **persönliche Perspektiven entwickeln**. Um in diesen Zeiten hinsichtlich der eigenen Karriere erfolgreich zu sein, ist es Voraussetzung zu wissen, was man will, was man kann und wen man zur Unterstützung seines Karrierewegs hinzuziehen kann (Eby, Butts & Lockwood, 2003).

Neben den sich ändernden Möglichkeiten der Beschäftigung in Unternehmen ist auf Seiten der Mitarbeiter ein **Wertewandel** zu beobachten. **Kreativität und Eigenständigkeit** bekommen eine höhere Bedeutung, traditionelle Werte wie Pflichtbewusstsein und Disziplin demgegenüber eine geringere Wertigkeit (v. Rosenstiel, Nerdinger & Spieß, 1991). Dies spiegelt sich auch in den **Berufsorientierungen** von Führungsnachwuchskräften wider (Maier, Wastian & v. Rosenstiel, 2009). Nur ein Viertel der befragten Führungsnachwuchskräfte zeigte eine ausgeprägte **Karriereorientierung,** verstanden als die Vermehrung von Geld, Macht und Ansehen. Der Mehrheit waren Freizeit, alternatives Engagement oder eine Kombination der drei Berufsorientierungen wichtiger

(Kaschube, 1997). Beruflicher Aufstieg bedeutet zwar einen Zuwachs an Geld, Macht und Ansehen sowie erweiterten Handlungsspielraum und Einfluss, bringt aber gleichzeitig eine erhöhte Arbeitszeit sowie – damit verbunden – möglicherweise Vereinsamung und Konflikte (innerbetrieblich und familiär) mit sich (v. Rosenstiel, 1997).

Woran messen Mitarbeiter unter den beschriebenen Bedingungen **Karriereerfolg**? **Externe Erfolgssignale**, wie z.B. Status, Gehalt und Hierarchiestufe werden weniger zugänglich, **subjektive Erfolgskriterien** spielen eine größere Rolle: Arbeits- und Karrierezufriedenheit, Erfolgserlebnisse in und mit der eigenen Arbeit, Selbstwert oder Commitment mit der eigenen Rolle in der Organisation und mit dem Unternehmen. Objektive und subjektive Erfolgsfaktoren hängen dabei nur schwach zusammen. Eine nicht unerhebliche Zahl von Personen hat sich vom traditionellen beruflichen Aufstieg verabschiedet und erlebt sich dabei nicht unglücklich, während Personen die weit oben in der Hierarchie stehen, unter Vereinsamung leiden (Nicholson & de Waal-Andrews, 2005; Erfolgskriterien im Überblick finden sich bei Gunz & Heslin, 2005).

Diese Entwicklungen schlagen sich auch in veränderten **Definitionen von Karriere** nieder. In Ergänzung zur traditionellen und alltagssprachlichen Umschreibung, in welcher Karriere stets mit einem **beruflichen Aufstieg** verbunden ist, werden gerade im Kontext von Reorganisationen, Downsizing, flacheren Hierarchien und wirtschaftlichen Schwierigkeiten heute auch **Seitwärts-** oder **Abwärtsbewegungen** betrachtet. So definiert Arnold (2001) Karriere als: „die Sequenz von arbeitsbezogenen Positionen, Rollen, Aktivitäten und Erfahrungen, denen eine Person begegnet" (S. 116, eigene Übersetzung).

Rahmenbedingungen: Ziele, Möglichkeiten aber auch Grenzen der Entwicklung in der Organisation sollten seitens des **Unternehmens** aufgezeigt sowie entsprechende Instrumente und Methoden zur Selbsteinschätzung und Entwicklung zur Verfügung gestellt werden[8]. Auswirkungen der organisationalen Förderung bestimmter Karrierestrategien auf das Unternehmen selbst, sollten dabei beachtet werden. Setzt ein Unternehmen stark auf „grenzenlose Karrieren" über Unternehmensgrenzen hinweg, kann es zwar stetig neue Impulse in die eigene Organisation holen, wird aber auch die Entstehung einer soliden Wissensbasis oder stabiler Beziehungen zwischen den Mitarbeitern erschweren. Zu diesem Thema haben Lazarova und Taylor (2009) ein interessantes Thesenpapier aufgestellt, das den sensiblen Umgang mit dem Thema Karriere von Seiten des Unternehmens fordert und Wege aufzeigt, mittels derer unterschiedliche Karrierestrategien von organisationaler Seite her bedarfsgerecht gefördert werden können. Ungeachtet dessen müssen sich **Mitarbeiter** Informationen über Karrieremöglichkeiten beschaffen, sich aktiv mit der eigenen Laufbahn und der eigenen beruflichen (und privaten) Situation auseinander setzen und mit ihrem Vorgesetzten die Entwicklung besprechen (Moser & Schmook, 2006). Wichtig ist nach Nicholson und de Waal-Andrews (2005) eine kriti-

---

[8] Zum Aufzeigen von Perspektiven können für bestimmte Zielpositionen **Karrierepfade** (**Karrierewege** oder **Karrieremuster**) definiert werden, die sich in Führungs-, Fach- oder auch Projektkarrieren unterscheiden lassen (Becker, 2009).

sche Einschätzung der eigenen Möglichkeiten, die vor unrealistischen Erwartungen und Enttäuschungen bewahrt, aber nicht demotiviert. **Führungskräfte** müssen ihren Mitarbeitern offene und ehrliche Rückmeldungen bezüglich der Leistung (und Potenziale) geben und ihre Mitarbeiter fördern (Moser & Schmook, 2006; vgl. auch Karriereentwicklung als Inhalt des Mitarbeitergesprächs in Kap. 3.1.1).

Methoden und Inhalte: Für die Karriereberatung lassen sich in der Diagnose- und Umsetzungsphase unterschiedliche Instrumente nutzen (vgl. Arnold, 2001). In einer Metaanalyse konnte gezeigt werden, dass Maßnahmen, die mit einer persönlichen Beratung verbunden sind, deutlich effektiver sind als der alleinige Einsatz von Diagnoseinstrumenten ohne persönliche Beratung (Whiston, Brecheisen & Stephens, 2003).

Diagnose/Reflexion

- **Diagnoseinstrumente/Fragebogen** (Papierversion oder computerbasiert)
  - persönlicher Entwicklungsplan/Workbook: Reflexion der bisherigen Berufslaufbahn, eigener Stärken und Schwächen sowie eigener Werte; Erarbeitung persönlicher und beruflicher Ziele sowie Planung der weiteren Karriere (vgl. Ryschka, 2007)
  - **Bochumer Inventar zur berufsbezogenen Persönlichkeitsbeschreibung** (Hossiep, Paschen & Mühlhaus, 2003): Fragebogen zur Erfassung von für das Berufsleben relevanten Persönlichkeitsfacetten
  - **Karriereanker** (Schein, 2004): Fragebogen zur Bestimmung des Karriereankers[9] (das ist der Aspekt des beruflichen Selbstkonzepts, der bei Karriereentscheidungen auf jeden Fall Berücksichtigung finden soll)
  - Fragebogen basierend auf dem **hexagonalen Modell beruflicher Interessen**[10] (Bergmann & Eder, 1992; Holland, 1997), welches berufsbezogene Persönlichkeitstypen erfasst, zu denen jeweils spezifische Berufsumwelten passen: **EXPLORIX** (Jörin, Stoll, Bergmann & Eder, 2003); **AIST-R** (Bergmann & Eder, 2005)
  - **Potenzialanalyse:** Assessment Center, Einzelassessment (vgl. auch Klug, Kap. 2: Analyse des Personalentwicklungsbedarfs) oder 360°-Feedback (siehe Kap. 3.1.5: 360°-Feedback, Führungs-Feedback und Peer-Feedback) zur Informationsgewinnung bezüglich persönlicher Stärken und Schwächen

- **individuelle Karriereberatung/Karrierecoaching:** Beratung einzelner Personen hinsichtlich ihrer Karriere (meist unter Verwendung mindestens eines der oben beschriebenen Diagnoseinstrumente) (vgl. auch Kap. 3.1.2: Coaching)

---

[9] Die acht Karriereanker sind nach Schein (1990): security/stability, autonomy/independence, life style, technical/functional competence, general managerial competence, entrepreneurial creativity, service/dedication to a cause, pure challenge.

[10] Die sechs Typen beruflicher Persönlichkeit sind nach Holland (1997): realistic, investigative, artistic, social, enterprising und conventional.

- **Karriereseminar/Karriereworkshop:** in einer Workshopgruppe (6-12 Personen) wird jeder Mitarbeiter hinsichtlich seiner Karriere durch den Trainer und die anderen Teilnehmer beraten (meist unter Verwendung mindestens eines der oben beschriebenen Diagnoseinstrumente)
- **Mitarbeitergespräch:** Abstimmung der individuellen Entwicklungsplanung mit dem Vorgesetzten (vgl. Kap. 3.1.1: Mitarbeitergespräch)

Umsetzung der Maßnahmen zur Karriereentwicklung

- **Trainings:** Entwicklung von personalen, sozialen, methodischen und fachlichen Kompetenzen (vgl. Allmendinger, Kap. 3.3: Konstruktivistische und computerbasierte Ansätze der Personalentwicklung; Demmerle, Schmidt & Hess, Kap. 3.5: Verhaltenstrainings)
- **Gestaltung der Arbeitsaufgaben und -umgebung:** Ermöglichung einer Qualifizierung on-the-job (vgl. Richter & Pohlandt, Kap. 3.2: Arbeitsintegrierte Ansätze der Personalentwicklung).
- **Mentoring und Coaching:** Begleitung der Entwicklungskandidaten bei der Umsetzung des geplanten Entwicklungsplans (vgl. Kap. 3.1.2: Coaching & Kap. 3.1.3: Mentoring)

In Tabelle 1 wird der detaillierte Ablauf eines Karriereseminars dargestellt, das verschiedene Instrumente und Methoden integriert. Dieser Prozess lässt sich auch auf eine **individuelle Karriereberatung (Karrierecoaching)** übertragen, der 4. Baustein „Training" würde sich in diesem Fall auf mehrere ein- bis zweistündige Sitzungen verteilen.

Theoretische Grundlagen: Der bereits genannte **typologische Ansatz** von Holland (1996) definiert sechs Persönlichkeitstypen und sechs jeweils entsprechende berufliche Umwelten. Die Grundannahme lautet: Eine gute Passung von Person und Arbeitsumwelt führt zu einer stabilen Karriereentwicklung und höherer Arbeitszufriedenheit. Im **allokationstheoretischen Ansatz** (vgl. z.B. Potocnic, 1990) hängt die berufliche Entwicklung weniger vom Individuum als vielmehr von ökonomischen (z.B. der Wirtschaftslage) und sozialen (z.B. der Herkunft) Bedingungen ab. Nach der **Selbstkonzepttheorie** von Super (1981) streben Menschen danach, ihr berufliches Selbstkonzept in einem entsprechenden Berufsrahmen zu verwirklichen. Super beschreibt fünf Stufen der beruflichen Entwicklung über die Lebensspanne und verschiedene geschlechtsspezifische Laufbahnmuster (vgl. Super, 1980). Neuere Modelle beziehen auch Aspekte des Privatlebens mit ein, z.B. das dynamische Modell der Lebensplanung in Beruf und Privatleben (Abele, 2003).

Tabelle 1: Ablauf eines Karriereseminars

Ablaufschritte	Inhalte
0. Vorbereitung	▪ Identifizierung der Zielgruppe für das Seminar ▪ Aufbereitung der Strategie des Unternehmens ▪ Formulierung der Karrieremöglichkeiten und -wege im Unternehmen ▪ Information der Mitarbeiter und der jeweiligen Führungskräfte
1. Instruktion der Teilnehmer	▪ Kommunikation der Erwartungshaltung des Unternehmens an die Mitarbeiter (z.B. „Die Mitarbeiter sollen eigeninitiative Gestalter ihrer Karriere sein.") ▪ Vorstellung der Trainingsziele ▪ Instruktion zur Vorbereitungsphase
2. Vorbereitungsphase der Teilnehmer	▪ Reflexion des persönlichen Profils auf Basis eines persönlichen (Berufs-) Lebensrückblicks, einer Stärken-Schwächen-Analyse, der persönlichen Werte sowie persönlicher und beruflicher Ziele
3. Individueller Abgleich mit der Führungskraft	▪ Abstimmung der persönlichen Ziele mit den Zielen der eigenen Abteilung ▪ Rückmeldung der Führungskraft zum erarbeiteten Profil; ggf. Überarbeitung
4. Training	▪ Vermittlung von Grundlagen zum Thema Karriere ▪ Formulierung eines persönlichen Profils auf Grundlage der Reflexion aus der Vorbereitungsphase und Rückmeldungen von Trainer und Teilnehmern ▪ Kommunikation der Strategie des Unternehmens und Darstellung von Karrieremöglichkeiten innerhalb des Unternehmens ▪ Formulierung der eigenen Karriereziele als Synthese aus den persönlichen Zielen und den Zielen und Möglichkeiten des Unternehmens ▪ Erarbeitung von Wegen, Maßnahmen und Meilensteinen zur Zielerreichung
5. Vertiefung (in Kleingruppen oder Coachings)	▪ Detaillierte Ausgestaltung des persönlichen Entwicklungsplans ▪ Antizipation möglicher Hindernissen und Entwicklung von Bewältigungsmöglichkeiten
5. Abgleich mit Vorgesetztem	▪ Abgleich der erarbeiteten Karriereziele hinsichtlich Realisierungsmöglichkeiten ▪ Treffen von Vereinbarungen bezüglich Entwicklungsmaßnahmen
6. Qualifizierungsmaßnahmen	▪ Ausbau karriererelevanter Kompetenzen mit verschiedenen PE-Maßnahmen
7. Unterstützung bei Umsetzung	▪ Unterstützung durch Führungskraft und Mentor beim Umgang mit Hindernissen und Widerständen

Ein guter Überblick über die **Forschung** zu **subjektiven und objektiven Erfolgsfaktoren** der Karriere findet sich in mehreren Beiträgen der 26. Ausgabe des Journal of Organizational Behavior (2005). In der oben bereits erwähnten **Metaanalyse** von Whiston, Brecheisen und Stephens (2003) werden verschiedene **Methoden des Karrieremanagements** in über 50 Studien miteinander verglichen. Hier zeigt sich, dass ein

Karriereberater für eine Karriereintervention unabdingbar ist. Sowohl Karrierecoachings als auch Karriereworkshops sind signifikant effektiver als die Anwendung von Diagnoseinstrumenten und Fragebogen ohne Beratung. Dies unterstreicht die Studie von Whiston, Sexton und Lasoff (1998): eine Karrieremaßnahme ohne persönliche Beratung (individuell oder in einer Gruppe) hat den gleichen Effekt wie eine Kontrollgruppe – nämlich keinen.

Literatur

Abele, A. (2003). Beruf – kein Problem, Karriere – schon schwieriger: Berufslaufbahnen von Akademikerinnen und Akademikern im Vergleich. In: A. Abele, E.-H. Hoff & H.-U. Hohner (Hrsg.). *Frauen und Männer in akademischen Professionen. Berufsverläufe und Berufserfolg* (S. 157-182). Heidelberg: Asanger.

Arnold, J. (2001). Careers and career management. In N. Anderson, D. S. Ones, H. K. Sinangil & C. Viswevaran (Eds.), *Handbook of industrial, work and organizational psychology, Vol. 2* (pp. 115-132). London: Sage Publications.

Arthur, M. B. & Rousseau, D. M. (2001). The boundaryless career as a new employment principle. In M. G. Arthur & D. M. Rousseau (Eds.), *The boundaryless career* (pp. 3-20). New York: Oxford University Press.

Becker, M. (2009). *Personalentwicklung* (5. Aufl.). Stuttgart: Schäffer-Poeschel.

Becker, F. G. (2004). Karrieren und Laufbahnen. In G. Schreyögg & A. v. Werder (Hrsg.), *Handwörterbuch Unternehmensführung und Organisation* (S. 579-586). Stuttgart: Schäffer-Poeschel.

Berg-Peer, J. (2003). *Outplacement in der Praxis*. Wiesbaden: Gabler.

Bergmann, C. & Eder, F. (1999). *Allgemeiner Interessen-Struktur-Test/Umwelt-Struktur-Test. Manual*. Göttingen: Beltz.

Bergmann, C. & Eder, F. (2005). *Allgemeiner Interessen-Struktur-Test mit Umwelt-Struktur-Test (UST-R) - Revision (AIST-R)*. Göttingen: Beltz Test GmbH.

Eby, L. T., Butts, M. & Lockwood, A. (2003). Predictors of success in the era of the boundaryless career. *Journal of Organizational Behavior, 24*, 689-708.

Gunz, H. P. & Heslin, P. A. (2005). Reconceptualizing career success. *Journal of Organizational Behavior, 26*, 105-111.

Hohner, H.-U. (2006). *Laufbahnberatung. Wege zur erfolgreichen Berufs- und Lebensgestaltung*. Bern: Huber.

Holland, J. L. (1996). Exploring careers with a typology: What we have learned and some new directions. *American Psychologist, 51*, 397-406.

Holland, J. L. (1997). *Making vocational choices. A theory of vocational personalities and work environments* (3rd ed.). Psychological Assessent Resources, Inc.

Hossiep, R., Paschen, M. & Mühlhaus, O. (2003). *Bochumer Inventar zur berufsbezogenen Persönlichkeitsbeschreibung* (2. Aufl.). Göttingen: Hogrefe.

Jörin, S., Stoll, F., Bergmann, C. & Eder, F. (2003). *EXPLORIX – das Werkzeug zur Berufswahl und Laufbahnplanung. Arbeitsheft*. Bern: Hans Huber.

Kaschube, J. (1997). Ziele von Führungsnachwuchskräften – die Sicht der Organisation und des Individuums. In L. v. Rosenstiel, T. Lang-von Wins & E. Sigl (Hrsg.), *Perspektiven der Karriere* (S. 119-134). Stuttgart: Schäffer-Poeschel.

Lazarova, M. & Taylor, S. (2009). Boundaryless careers, social capital, and knowledge management: Implications for organizational performance. *Journal of Organizational Behavior, 30*, 119-139.

Maier, G. W., Wastian, M. & von Rosenstiel, L. (2009). Der differenzielle Einfluss der Berufsorientierungen aus Berufserfolg und Arbeitsmotivation. Ergebnisse einer Längsschnittstudie über 6 Jahre. *Zeitschrift für Arbeits- und Organisationspsychologie, 53* (3), 104-120.

Moser, K. & Schmook, R. (2006). Berufliche und organisationale Sozialisation. In H. Schuler (Hrsg.), *Lehrbuch der Personalpsychologie* (2. Aufl.; S. 231-254). Göttingen: Hogrefe.

Nicholson, N. & de Waal-Andrews, W. (2005). Playing to win: Biological imperatives, self-regulation, and trade-offs in the game of career success. *Journal of Organizational Behavior, 26*, 137-154.

Noe, R. A. (1996). Is career management related to employee development and performance? *Journal of Organizational Behavior, 17*, 119-133.

Potocnic, R. (1990). *Entscheidungstraining zur Berufs- und Studienwahl*. Bern: Huber.

Rosenstiel, L. v. (1997). Die Karriere – ihr Licht und ihre Schatten. In L. v. Rosenstiel, T. Lang-von Wins & E. Sigl (Hrsg.), *Perspektiven der Karriere* (S. 13-42). Stuttgart: Schäffer-Poeschel.

Rosenstiel, L. v., Nerdinger, F. W. & Spieß, E. (1991). *Was morgen alles anders läuft*. Düsseldorf: Econ-Verlag. Online-Zugriff (Stand: 07.07.2010): http://epub.ub.uni-muenchen.de/3058.

Ryschka, J. (2007) *Veränderungen in der Firma – und was wird aus mir? Ein Arbeitsbuch zum Selbstcoaching*. Weinheim: Wiley.

Schein, E. H. (2004). *Karriereanker. Die verborgenen Muster in Ihrer beruflichen Entwicklung*. Darmstadt: Lanzenberger Dr. Looss Stadelmann.

Staehle, W. H. (1999). *Management* (8. Aufl.). München: Vahlen.

Super, D. E. (1980). A life-span, life-space approach to career development. *Journal of Vocational Behavior, 16*, 282-298.

Super, D. E. (1981). Approaches to occupational choice and career development. In A. G. Watts, D. E. Super & J. M. Kidd (Eds.), *Career development in Britain* (pp. 7-51). Cambridge: Hobsons.

Whiston, S. C., Brecheisen, B. K., & Stephens, J. (2003). Does treatment modality affect career counseling effectiveness? *Journal of Vocational Behavior, 62*, 390-410.

Whiston, S. C., Sexton, T. L. & Lasoff, D. L. (1998). Career intervention outcome: A replication and extension. *Journal of Counseling Psychology, 45*, 150-165.

3.2 Arbeitsintegrierte Ansätze der Personalentwicklung

von Falk Richter und Andreas Pohlandt

Die Kompetenzentwicklung von Mitarbeitern kann auf unterschiedlichen Wegen unterstützt werden. Ein wichtiger Ansatz ist dabei das **arbeitsimmanente Lernen**.

Arbeitsimmanentes Lernen resp. **Lernen im Prozess der Arbeit** meint „Lernprozesse, die durch die Auseinandersetzung mit Arbeitsaufgaben und Organisationsbedingungen sowie mit internen und externen Kooperationspartnern angestoßen werden" (Baitsch, 1998, S. 276). Auf diesem Wege werden wichtige personale Voraussetzungen des Arbeitshandelns dauerhaft verändert: Kenntnisse, Fähigkeiten und Fertigkeiten, aber auch Ansprüche, Interessen und berufliche Entwicklungsziele.

Dabei ist festzuhalten, dass sich berufliche Kompetenz nicht allein auf Kenntnisse und Fertigkeiten reduzieren lässt. Entsprechend gängiger Definitionen beinhaltet **berufliche Kompetenz** sowohl die **Befähigung** (**Wissen und Können**) als auch die **Bereitschaft** (**Motivation**) zur Bewältigung aktueller und zukünftiger Anforderungen in einem bestimmten Tätigkeitsbereich (Bergmann, 2000).

Ein wichtiges Bestimmungsmerkmal von Kompetenz ist **selbstorganisiertes Lernen**, welches sich nur bei Gewährung und Nutzung von Handlungsspielräumen und Freiräumen für das Lernen entfalten kann. Selbstorganisiertes Lernen meint dabei das **selbstständige Erkennen von Lernbedarf**, Ableiten von Lernzielen, Organisieren von Lernunterstützung, Abarbeiten des Lernbedarfs und ständiger Abgleich des Erreichten mit den Lernzielen (Knoll, 1999).

Inwieweit Arbeitende die Möglichkeit haben, im Rahmen ihrer Tätigkeit etwas zu lernen, hängt demnach wesentlich von der Gestaltung der Arbeitssituation ab. Aber auch für Trainings oder Seminare *off the job* ist die Gestaltung der Arbeitssituation als ein unterstützendes (oder ggf. auch hemmendes) Element der Umsetzung zu berücksichtigen (vgl. Solga, Kap. 5: Förderung von Lerntransfer).

Wollte man das Thema **arbeitsintegrierte Personalentwicklung** in einem *weiten und umfassenden* Sinne abhandeln, so müssten folgende Aspekte und Formen der Unterstützung von Kompetenzentwicklung vorgestellt werden (vgl. Baitsch, 1998; Bergmann, 2004; Hacker, 2005; Sonntag & Stegmaier, 2007):

- die kompetenzförderliche **Gestaltung von Arbeitsaufgaben** (vollständige Tätigkeiten, Job Enlargement, Job Enrichment etc.)

- die kompetenzförderliche **Gestaltung der Unternehmensorganisation und -kultur** (zeitlicher Freiraum für Lernen, Entwicklungsmöglichkeiten etc.)

- die kompetenzförderliche **Gestaltung von Beschäftigungsverhältnissen** (berufliche Perspektive, Möglichkeiten einer individuellen Karriereplanung; Pietrzyk, 2004)
- die **Gestaltung von arbeitsintegrierten Trainings** unter Nutzung lernpsychologisch fundierter Konzepte (z.B. Cognitive Apprenticeship; siehe hierzu Allmendinger, Kap. 3.3: Konstruktivistische und computerbasierte Ansätze der Personalentwicklung)
- Wissensmanagement und kontinuierliches Lernen von Individuen und Organisationen im Zusammenhang mit **Problemlöse- und Mitarbeitergruppen** (z.B. Qualitätszirkel, „Lernstatt", aufgabenorientierter Informationsaustausch)
- die Förderung beruflicher Weiterentwicklung durch die **Gestaltung** unternehmensinterner beruflicher **Laufbahnmodelle**
- unterschiedliche Formen einer ausgeprägten **individuellen Unterstützung der persönlichen Entwicklung** von Mitarbeitern (z.B. Mentoring; siehe hierzu Ryschka & Tietze, Kap. 3.1: Beratungs- und betreuungsorientierte Personalentwicklungsansätze)
- die Gestaltung von Lernangeboten, die ins Arbeitsumfeld integriert sind, z.B. **Lerninseln und Lernarbeitsplätze** (siehe hierzu Allmendinger, Kap. 3.3: Konstruktivistische und computerbasierte Ansätze der Personalentwicklung)
- die unternehmensübergreifende Kompetenzentwicklung im Rahmen von **Kooperationsnetzwerken.**

Aus diesem Themenkreis werden für diesen Beitrag zunächst folgende Aspekte herausgegriffen und erläutert:

- kompetenzförderliche **Gestaltung von Arbeitsaufgaben**
- kompetenzförderliche **Gestaltung der Unternehmensorganisation**
- die vermittelnde und gestaltende **Rolle von Führungskräften**

Für jeden dieser Faktoren werden auch praktische Hinweise für die Analyse der Organisation und eine darauf basierende Umgestaltung gegeben.

Im Weiteren wird auf einige spezielle Konzepte eingegangen, die als konkrete Ansätze einer kompetenzförderlichen Gestaltung der Unternehmensorganisation angesehen werden können und damit ein zielführendes Lernen unterstützen:

- **Problemlöse- und Mitarbeitergruppen** (Qualitätszirkel, Aufgabenorientierter Informationsaustausch) als Methode zur Förderung des Wissensaustauschs und des kontinuierlichen kooperativen Lernens innerhalb von Organisationen
- **Partizipatives Produktivitätsmanagement** (PPM) als ein Konzept, mit dem nicht nur die Akzeptanz von und die Identifikation mit Organisationszielen, sondern auch die geistige Durchdringung von Prozessen in der Organisation gefördert werden kann

- die **Gestaltung von Zielvereinbarungen** als ein unterstützendes Element für das Erreichen anspruchsvoller Entwicklungsziele
- eine kompetenzförderliche Lohn- bzw. Anreizgestaltung

3.2.1 Kompetenzförderliche Gestaltung von Arbeitsaufgaben

In diesem Abschnitt werden zunächst grundlegende Merkmale kompetenzförderlicher Aufgabengestaltung hervorgehoben und einige markante Modelle und Theorien der Wirkung von Arbeit auf Kompetenz dargestellt. Im Anschluss wird die Diagnose kompetenzförderlicher Aufgabengestaltung mittels Fragebogen sowie Analyse durch Experten dargestellt. Am Ende werden dann konkrete Konzepte zur Umsetzung einer lernförderlichen Aufgabengestaltung vorgestellt.

Zusammenhänge zwischen kompetenzrelevanten Personenmerkmalen und Merkmalen der Arbeitssituation – sowohl im Sinne einer Wirkung der Situation auf die Person als auch umgekehrt – sind vielfach belegt. Baitsch (1998) und Bergmann (2000) geben eindrucksvolle Übersichten über entsprechende empirische Untersuchungen. Kompetenzförderlich gestaltete Arbeitsaufgaben wirken auf zwei Wegen positiv auf den Erhalt von Qualifikation und die Entwicklung von Kompetenz (Bergmann, 2000):

- zum einen direkt durch eine **optimale Inanspruchnahme** vielfältiger Fähigkeiten und Kenntnisse
- zum anderen indirekt über eine **motivierende Arbeitsgestaltung**, welche die **Eigeninitiative** zur persönlichen Weiterentwicklung anregt

Eine wichtige Rolle für den Erhalt von Qualifikation und die Entwicklung beruflicher Handlungskompetenz spielt dabei eine zyklisch und hierarchisch **vollständige Tätigkeit** (Hacker, 2005). Von einer **zyklisch vollständigen Tätigkeit** ist dann zu sprechen, wenn ein Arbeitender nicht nur etwas auszuführen hat, sondern seine Tätigkeit auch planen, vorbereiten, organisieren, nachbereiten und kontrollieren muss. Von **hierarchisch vollständigen Tätigkeiten** ist zu sprechen, wenn im Arbeitshandeln abwechselnd unterschiedliche Bewusstseinsebenen gefordert sind, nämlich nicht bewusstseinsfähige Handlungen bzw. automatisierte Routinen (z.B. wiederholtes Festziehen von Schraubverbindungen, Anfertigung von Serienbriefen), bewusstseinsfähige Handlungen (bewusstes Entscheiden von Alternativen, z.B. Kontrolle der Einhaltung bestimmter Parameter bei einem Werkstück, Bewertung der Kreditwürdigkeit eines Kunden auf der Grundlage vorliegender Informationen nach vorgegebenen Kriterien) und bewusstseinspflichtige Denkhandlungen (Problemlösen, z.B. Fehlersuche bei der Instandsetzung einer komplexen Anlage, Kalkulation eines komplexen Angebots unter Berücksichtigung aller Kosten, konkurrierender Angebote und möglicher Gewinne).

Vollständige Tätigkeiten wirken **kompetenzförderlich** (vgl. Bergmann, 1996), weil

- ein intakter und geschlossener Informationsfluss **Rückmeldungen** über den **Grad der Zielerreichung** gibt, was wiederum eine **Voraussetzung für die Optimierung** des eigenen Vorgehens ist
- die Aktivierung unterschiedlicher psychischer Regulationsebenen einen **Wechsel** zwischen **anstrengenden und entlastenden Tätigkeitsphasen** erlaubt, wodurch Stress reduziert und **Freiraum für Lernen** geschaffen wird; zugleich machen die Erfordernisse bewusstseinspflichtiger Denkhandlungen **Lernen erforderlich**
- die Einbeziehung des Mitarbeiters in die **Festlegung von Arbeitszielen** verbunden mit dem Abgleich der Zielerreichung die Selbstverantwortung sowie **Einsicht in die Wirksamkeit** und Folgen des eigenen Handelns fördert
- komplexe Tätigkeiten **Raum für Selbststeuerung** bieten

Wissen, Fähigkeiten und Fertigkeiten sind Leistungsvoraussetzungen, die **nicht passiv aufbewahrt** werden können. Es muss ständig angewendet werden. Ungenutztes Wissen wird nach kurzer Zeit verlernt. Wenn jemand eine umfangreiche Qualifikation erworben hat, dann ist der Erhalt dieser Qualifikation gefährdet, wenn diesem Mitarbeiter nur **stark zerstückelte Aufgaben** übertragen werden (Beispiel: Ein umfassend qualifizierter Facharbeiter muss an einem Fließband jahraus, jahrein dieselben Handgriffe erledigen.).

Im Falle einer **vollständigen Tätigkeit** ist die tayloristische **Trennung von Kopf- und Handarbeit aufgehoben** und der Arbeitende dementsprechend in der Lage, sein Arbeitshandeln zu überdenken und zu verbessern und darüber hinausgehend auch an der Verbesserung von Abläufen in seiner Abteilung mitzuwirken. Dem sind allerdings erhöhte Anforderungen an die Ausgangsqualifikation gegenüber zu stellen, insbesondere dann, wenn auch hohe Kommunikations- und Kooperationsanforderungen bestehen.

Tabelle 1 veranschaulicht kompetenzförderliche vs. nichtkompetenzförderliche Aufgabengestaltung und deren Wirkung am Beispiel zweier Konzepte der Arbeitsorganisation aus dem Bereich Gesundheitsdienstleistungen (vgl. hierzu auch Elkeles, 1994).

Angesichts komplexer Arbeitssysteme bei der Fertigung von Produkten oder bei der Erstellung von Dienstleistungen ist es allerdings häufig nicht zu realisieren, dass ein einzelner Arbeitender ein Produkt oder eine Dienstleistung komplett allein erstellt. Daher ist eine Erweiterung der Sichtweise auf das Team (**selbstorganisierte/teilautonome Teamarbeit**) notwendig.

Gerade vor dem Hintergrund des demografischen Wandels und der Notwendigkeit des Umgangs mit möglichen Einsatzeinschränkungen älterer Mitarbeiter in bestimmten Teilbereichen, ist dabei Wert zu legen auf eine **altersgemischte Zusammensetzung**. Ein hohes Ausmaß an **Autonomie** ermöglicht es dem Team, die Arbeitsverteilung so vorzunehmen, dass individuelle Stärken und Schwächen der Mitarbeiter Berücksichtigung finden.

Tabelle 1: Kompetenz- vs. wenig kompetenzförderliche Arbeitsgestaltung im Bereich Gesundheitsdienstleistungen

	Kompetenzförderlich: Bezugspflege	Wenig kompetenzförderlich: Funktionspflege
Merkmale	- ganzheitliche Verantwortung einer Pflegekraft für alle pflegerischen Tätigkeiten bei einer fest zugeordneten Gruppe pflegebedürftiger Menschen - patientenbezogene Administration - Organisation zugeordneter Pflegehilfskräfte und Auszubildender - eigenverantwortliche Planung und Durchführung aller Aufgaben - dezentrale Entscheidungen	- Fragmentierung komplexer Pflegeaufteilung in Einzeltätigkeiten - hochgradige Arbeitsteilung - einzelne Pflegekräfte führen bestimmte pflegerische Tätigkeiten durchgehend bei allen Patienten einer Abteilung/Station durch - individuelle Bedürfnisse der Patienten sind dabei einer „effizienten" Organisationsstruktur untergeordnet
Vorteile	- umfassende Nutzung der vorhandenen Qualifikation - geschlossener Prozesskreis von Planung-Durchführung-Evaluation - intensive Kenntnis der Patienten - verbesserte und umfassende Pflegedokumentation - verbesserter Informationsfluss zwischen Pflegepersonal und Pflegebedürftigen sowie Angehörigen - Entlastung der Schichtleitung - geringerer Zeitaufwand infolge weniger Wege- und ablaufbedingter Wartezeiten - Tagesstruktur kann stärker an Bedürfnisse des Pflegebedürftigen angepasst werden - Vertrauensverhältnisses zu Patienten und Angehörigen - verbessertes Feedback durch Patienten und Angehörige	- Routinierte Tätigkeitsausführung - mehr Möglichkeiten des Einsatzes geringqualifizierter Mitarbeiter - kürzere Einarbeitungszeiten - geringerer Anteil examinierter Fachkräfte - geringere Personalkosten
Nachteile	- höhere Qualifikationsanforderungen an die Beschäftigten - höhere Personalkosten - evtl. höhere psychische Belastung durch intensivere Auseinandersetzung mit Einzelschicksalen von Patienten	- Überlastung der Schicht- und Stationsleitung - Unterforderung der Pflegekräfte durch gleichförmige Tätigkeiten - Nichtanwendbarkeit vorhandener Qualifikation - eingeschränkter Entscheidungs- und Handlungsspielraum - hoher Koordinationsaufwand - Mehrfachaufwand bei der Planung und Dokumentation der Pflege - unterbrochener Informationsfluss - höherer Zeitaufwand infolge Wege- und ablaufbedingter Wartezeiten - mangelnde Berücksichtigung patientenspezifischer Bedürfnisse - Aufbau eines Vertrauensverhältnisses ist erschwert

Tabelle 2 verweist jeweils auf ein Beispiel für eine kompetenzförderliche und eine nicht kompetenzförderliche **Gestaltung der Arbeitsaufgabe für ein Team** von Mitarbeitern.

Tabelle 2: Kompetenz- vs. nicht kompetenzförderliche Arbeitsgestaltung für Teams

kompetenzförderliche Arbeitsgestaltung	nicht kompetenzförderliche Arbeitsgestaltung
▪ gemeinsame Organisation von Aufgabenverteilung, Arbeits- und Urlaubszeiten durch alle Teammitarbeiter ▪ selbstorganisierter Aufgabenwechsel, Rotation zwischen den einzelnen Arbeitsplätzen ▪ Integration von vor- und nachbereitenden Aufgaben sowie Kontrollaufgaben in das Team (z.B. Materialwirtschaft, Qualitätskontrolle, Instandhaltung) ▪ Teamverantwortung für das Endergebnis	▪ Festlegung von Aufgabenverteilung, Arbeits- und Urlaubszeiten durch einen Meister/Vorarbeiter/Vorgesetzte ▪ die einzelnen Mitarbeiter sind bestimmten Arbeitsplätzen mehr oder weniger fest zugewiesen ▪ für vorbereitende, planende und kontrollierende Aufgaben sind andere Teams/Abteilungen verantwortlich; strenge Aufteilung von Maschinenbedienung und Instandhaltung; genaue Vorgabe und Fremdkontrolle von Abläufen sowie Zwischen- und Endergebnissen; Einzelverantwortung des Mitarbeiters nur für Zwischenergebnisse

Kompetenzförderliche Arbeitsgestaltung hat jedoch nicht nur einen direkten Effekt auf den Erhalt von Qualifikation, sondern auch eine wichtige Wirkung auf die **arbeitsbezogene Motivation**. Nach dem **Job Characteristics Model von Hackman und Oldham (1976)** wirken **günstig gestaltete Merkmale der Arbeitsaufgabe** – vermittelt über psychologische Erlebniszustände – in positiver Weise auf die Arbeitsmotivation, die Arbeitszufriedenheit, die Qualität der Arbeitsleistung und die Abwesenheitsrate bzw. Fluktuation (vgl. Abbildung 1).

▪ Von hoher **Anforderungsvielfalt** ist zu sprechen, wenn eine Aufgabe viele verschiedene Fähigkeiten und Kenntnisse in Anspruch nimmt, damit zum Qualifikationserhalt beiträgt und durch Abwechslungsreichtum die Motivation fördert.

▪ **Ganzheitlichkeit** meint die eingangs beschriebene Vollständigkeit einer Aufgabe.

▪ Von einer ausgeprägten **Bedeutsamkeit der Aufgabe** ist dann zu sprechen, wenn die individuelle Aufgabe auch im Erleben des Arbeitenden wesentlich zur Wertschöpfung beiträgt. Dies ist beispielsweise dann der Fall, wenn der Arbeitende ein komplettes Modul eines Produkts zu erstellen hat, nicht jedoch, wenn er im Rahmen kurzgetakteter Arbeit lediglich einige Schrauben festziehen muss.

▪ **Autonomie** meint, inwiefern der Arbeitende selbst wichtige Entscheidungen trifft und dadurch Verantwortung für die Qualität und Quantität seiner Arbeitsleistung hat. Wer nichts zu entscheiden hat, trägt auch keine Verantwortung.

▪ **Rückmeldung aus der Aufgabenerfüllung** liegt dann vor, wenn der Arbeitende an seinem Arbeitsergebnis selbst sieht, was er erreicht hat und z.B. selbst Teiltätigkeiten des Prüfens und der Qualitätskontrolle ausführt, bzw. wenn er eine solche Rückmeldung zumindest von nachgeordneten Kollegen oder dem Vorgesetzten erhält.

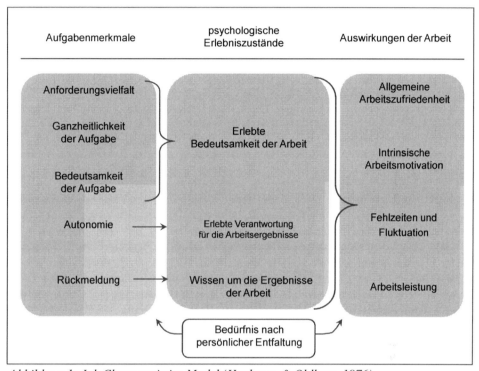

Abbildung 1: Job Characteristics Model (Hackman & Oldham, 1976)

Eine hohe Ausprägung dieser Merkmale wirkt sich günstig auf die Arbeitszufriedenheit und Arbeitsmotivation aus und legt die **Grundlage für selbstmotiviertes Lern- und Leistungsverhalten**. Es erscheint dabei sinnvoll, eine solche, in hohem Maße kompetenzförderliche Gestaltung der Arbeitsaufgabe zu **kombinieren mit individuellen Zielvereinbarungen**. Denn andernfalls wird in erster Linie die Arbeitszufriedenheit gesteigert; diese ist jedoch noch keine hinreichende Bedingung für eine hohe Arbeitsmotivation und ein ausgeprägtes Leistungsverhalten (hierzu sei auf die Ausführungen in Abschnitt 3.2.7 verwiesen).

Das Modell ist in verschiedenen Untersuchungen empirisch bestätigt (Schmidt & Kleinbeck, 1999a), wenngleich eine Einbeziehung zusätzlicher Einflussfaktoren zu einer weiteren Verbesserung der Modellgüte führt (z.B. Kil, Leffelsend & Metz-Göckel, 2000). Während die Autoren des Modells davon ausgegangen waren, dass dieses Modell in erster Linie bei Arbeitenden mit einem hohen **individuellen Wachstumsbedürfnis** Gültigkeit hat (Wachstumsbedürfnis als Moderatorvariable), zeigen empirische Befunde, dass hohe Ausprägungen der Arbeitsmerkmale auch bei einem niedrig ausgeprägten Anspruchsniveau des Stelleninhabers eine positive Wirkung beispielsweise auf die Arbeitszufriedenheit aufweisen (Richter & Pohlandt, 2009).

Neben kompetenzförderlichen Merkmalen der Arbeitsaufgabe sind aber auch solche Merkmale zu berücksichtigen, die zu einer Fehlbeanspruchung und darüber zu einer Beeinträchtigung der Leistungsfähigkeit und Leistungsbereitschaft führen können. Karasek (1979) bzw. Karasek und Theorell (1990) betrachten in ihrem **Job Demand Control Model** gleichzeitig die **Arbeitsintensität** (*job demands*) und den **Tätigkeitsspielraum** (*job control*) als Einflussfaktoren auf die Persönlichkeitsentwicklung (Abbildung 2). Eine Tätigkeit kann insbesondere dann als ungünstig gestaltet eingestuft werden, wenn eine **geringe Ausprägung des Tätigkeitsspielraums** einhergeht mit einer **hohen Arbeitsintensität** (*high strain jobs*). Dies wäre beispielsweise dann der Fall, wenn ein Unternehmen mit dem Ziel der Kostenreduktion Einfachtätigkeiten ausgliedert und durch gering bezahlte Teilzeitkräfte ausführen lässt, die jedoch ein höheres Arbeitspensum zu erfüllen haben. Pietrzyk (2006) verweist auf entsprechende Entwicklungen am Beispiel des Einzelhandels. Eine solche Arbeitsgestaltung führt u.a. zu Stress und daraus resultierenden gesundheitlichen Beeinträchtigungen, während ein gleichzeitiges Vorliegen von **hohen Anforderungen** und **ausgeprägtem Tätigkeitsspielraum** (*active jobs*) die arbeitende Person gleichzeitig fordert und Ressourcen für eine Entwicklung von Kompetenz bereitstellt. Zusammenfassungen vieler Einzelstudien bestätigen die Wirkung der beiden Faktoren v.a. auf gesundheitsbezogene Kriterien (van der Doef & Maes, 1999; Häusser, Mojzisch & Schulz-Hardt, 2009). In einer eigenen Untersuchung zeigten sich *negative Effekte von high strain jobs* auf den Erhalt beruflicher Handlungskompetenz und Arbeitsfähigkeit über die Spanne des Erwerbslebens (Richter, 2010).

low strain jobs: Entspannung, Kompetenzentwicklung evtl. in Abhängigkeit von individuellen Ansprüchen möglich	active jobs: ausgeprägtes Problemlöseverhalten, Entwicklung neuer Handlungsmuster, Kompetenzentwicklung	Hoch
Passive jobs: Verfall von Fähigkeiten und Fertigkeiten, Dequalifizierung, erlernte Hilflosigkeit, Kompetenzverlust	high strain jobs: ausgeprägtes Risiko für Stress und negative Folgen für die Gesundheit, kein Spielraum für Kompetenzentwicklung	Gering
Gering	Hoch	Tätigkeitsspielraum (*control*)
Anforderungen/Arbeitsintensität (*demands*)		

Abbildung 2: Job Demand Control Model (Karasek, 1979; Karasek & Theorell, 1990)

Zur **Analyse der Ausprägung lernförderlicher Merkmale** einer Arbeitsaufgabe eignen sich eine Reihe von Analyseverfahren. Dazu zählt auch der 83 Items umfassende Job Diagnostic Survey, der im Zusammenhang mit dem Job Characteristics Model entwickelt wurde (deutsch: Schmidt & Kleinbeck, 1999a). An dieser Stelle sollen jedoch zwei andere Verfahren näher beschrieben werden:

- der **Fragebogen zu lernrelevanten Merkmalen der Arbeitsaufgabe** (**FLMA**; Richter & Wardanjan, 2000) als ein ökonomisches subjektives, d.h. *vom Arbeitenden selbst* eingesetztes Verfahren zur Arbeitsanalyse und

- das **Tätigkeitsbewertungssystem** (**TBS**; Hacker, Fritsche, Richter & Iwanowa, 1995) in verschiedenen Formen für unterschiedliche Tätigkeiten mit der zugehörigen elektronischen Version **REBA** (Pohlandt, Debitz, Jordan, Richter & Schulze, 2007) als ein etwas aufwendigeres Verfahren zur Bewertung *durch Experten*.

Zur subjektiven Erfassung von Arbeitsintensität und Tätigkeitsspielraum sei ferner auf den 13 Items umfassenden **Fragebogen FIT** von Richter, Hemmann, Merboth, Fritz, Hänsgen und Rudolf (2000) verwiesen.

Subjektive Arbeitsanalyse mit dem Fragebogen zu lernrelevanten Merkmalen der Arbeitsaufgabe (FLMA)

Der **Fragebogen zu lernrelevanten Merkmalen der Arbeitsaufgabe** (**FLMA**; Richter & Wardanjan, 2000)[1] dient der subjektiven Analyse der konkreten Arbeitsaufgabe aus Sicht des Stelleninhabers. Bei der Entwicklung des Instruments wurde Bezug genommen auf das bereits vorgestellte Konzept der **vollständigen Tätigkeit** und die im **Job Characteristics Model** beschriebene Wirkung von Aufgabenmerkmalen bezüglich der Entwicklung intrinsischer Arbeitsmotivation, für die wiederum ein Mediatoreffekt bezogen auf die Entwicklung beruflichen Wissens und Könnens angenommen wird (d.h. eine hohe Ausprägung dieser Merkmale fördert zunächst positiv die arbeitsbezogene Motivation, was sich wiederum positiv auf den selbstorganisierten Erwerb von Wissen und Können auswirkt; Richter, 2005).

Der Fragebogen beinhaltet 24 Einzelaussagen, die anhand einer vierstufigen Antwortskala einzustufen sind (trifft völlig zu – trifft eher zu – trifft eher nicht zu – trifft gar nicht zu), die sich drei Subskalen zuordnen lassen. Neben diesen Subskalen kann auch ein Gesamtwert der **Lernhaltigkeit der Arbeitsaufgabe** ermittelt werden. Tabelle 3 gibt den kompletten Fragebogen wieder.

---

[1] Der Fragebogen wurde im Rahmen verschiedener Projekte an der TU Dresden zwischen 1996 und 2006 entwickelt, evaluiert und eingesetzt; diese wurden aus Mitteln des BMBF und des ESF gefördert.

Tabelle 3: Fragebogen zu lernrelevanten Merkmalen der Arbeitsaufgabe (FLMA)

Merkmale der gegenwärtigen Arbeitsaufgabe
▪ Ich kann die Reihenfolge der Arbeitsschritte in meiner Tätigkeit selbst bestimmen. (TSP)
▪ Über wichtige Dinge und Vorgänge in unserem Betrieb bin ich ausreichend informiert. (TRS)
▪ An meinem Arbeitsplatz habe ich die Möglichkeit, an der Erarbeitung neuer Lösungen teilzunehmen. (TSP)
▪ Ich kann beeinflussen, welche Arbeit mir zugeteilt wird. (TSP)
▪ Andere sagen mir, ob sie mit meiner Arbeit zufrieden sind oder nicht. (TRS)
▪ Bei meiner Arbeit muss ich planen, was ich tun muss und wann. (TSP)
▪ Ich kann mein Arbeitstempo selbst bestimmen. (TSP)
▪ Ich sehe, was mit dem Ergebnis der eigenen Arbeit nachher passiert. (TSP)
▪ Meine Arbeit führe ich nicht nur aus, sondern plane, koordiniere und überprüfe sie auch selbst. (TSP)
▪ Ich weiß, wie die Arbeit in meiner Abteilung (Organisationseinheit) abläuft. (TRS)
▪ In meiner Tätigkeit habe ich die Möglichkeit, mir selbst immer wieder neue Aufgaben zu suchen. (TSP)
▪ Meine Arbeit erfordert enge Zusammenarbeit mit meinen Kollegen. (TRS)
▪ Bei meiner Arbeit habe ich Risikoentscheidungen zu treffen, wobei die Folgen für mich unsicher sind. (ANF)
▪ Wenn mir bei meiner Arbeit Fehler unterlaufen, habe ich die Möglichkeit, diese zu beheben. (TSP)
▪ Ich weiß darüber Bescheid, was die anderen Arbeitskollegen tun. (TRS)
▪ Meine Arbeit erfordert von mir vielfältige Fähigkeiten und Fertigkeiten. (ANF)
▪ Bei meiner Arbeit habe ich insgesamt gesehen häufig wechselnde, unterschiedliche Aufgaben. (ANF)
▪ Ich kann mir meine Arbeit selbstständig einteilen. (TSP)
▪ Bei meiner Arbeit sehe ich selber am Ergebnis, ob meine Arbeit gut war oder nicht. (TSP)
▪ Ich bin auch darüber im Bild, was in anderen Abteilungen getan wird. (TRS)
▪ Ich habe bei meiner Arbeit viele selbstständige Entscheidungen zu treffen. (ANF)
▪ Zur Erfüllung meiner Arbeitsaufgabe habe ich gemeinsam mit meinen Kollegen solche Probleme zu lösen, bei denen die Beteiligten unterschiedliche Standpunkte vertreten. (ANF)
▪ Ich kann bei meiner Arbeit immer wieder Neues dazulernen. (ANF)
▪ Was ich bei dieser Arbeit gelernt habe, kann ich immer wieder gebrauchen. (ANF)

Anmerkung: In Klammern angegeben ist die Subskala, der das fragliche Item jeweils zugeordnet ist.

Die drei Subskalen werden im Folgenden beschrieben:

▪ **Tätigkeitsspielraum und Vollständigkeit** (TSP) bezieht sich auf Merkmale wie Entscheidungsspielraum und ganzheitliche Gestaltung der Aufgabe (Beispiel-Item: „Meine Arbeit führe ich nicht nur aus, sondern plane, koordiniere und überprüfe sie auch selbst").

▪ **Anforderungsvielfalt** (ANF) hat zum Gegenstand, inwieweit vielfältige Fähigkeiten und Fertigkeiten in Anspruch genommen werden (Beispiel-Item: „Meine Arbeit erfordert von mir vielfältige Fähigkeiten und Fertigkeiten").

▪ **Transparenz und Rückmeldung** (TRS) bezieht sich darauf, ob die arbeitsbezogenen Abläufe und Zusammenhänge für den Arbeitenden transparent und ersichtlich sind und ob er von anderen eine Rückmeldung zur Qualität seiner Arbeit erhält (Beispiel-Item: „Andere sagen mir, ob sie mit meiner Arbeit zufrieden sind oder nicht").

Die Auswertung auf Skalenebene wird u.a. für wissenschaftliche Zwecke und für ein sehr grobes Screening empfohlen. Für betriebliche Zwecke der **Analyse, Bewertung und Umgestaltung von Arbeitsaufgaben** bietet sich dagegen eine Analyse auf der Ebene der einzelnen Items an.

Neben einer Erfassung des erlebten Ist-Zustands ist auch eine **Gegenüberstellung mit Wünschen und Ansprüchen** der befragten Mitarbeiter möglich und sinnvoll („In den nächsten 5 Jahren strebe ich eine Arbeit an, bei der ... [es folgen die 24 Items des FLMA]"). Ein solches Vorgehen eignet sich in besonderem Maße für Zwecke einer **partizipativen Arbeitsgestaltung**. Abbildung 3 gibt ein Beispiel für eine solche Gegenüberstellung wieder:

Einzelaussagen		trifft gar nicht zu			trifft völlig zu
01.	Ich kann die Reihenfolge der Arbeitsschritte in meiner Tätigkeit selbst bestimmen.				
02.	Über wichtige Dinge und Vorgänge in unserem Betrieb bin ich ausreichend informiert.				
03.	An meinem Arbeitsplatz habe ich die Möglichkeit, an der Erarbeitung neuer Lösungen teilzunehmen.				
04.	Ich kann beeinflussen, welche Arbeit mir zugeteilt wird.				
05.	Andere sagen mir, ob sie mit meiner Arbeit zufrieden sind oder nicht.				
06.	Bei meiner Arbeit muss ich planen, was ich tun muss und wann.				
07.	Ich kann mein Arbeitstempo selbst bestimmen.				
08.	Ich sehe, was mit dem Ergebnis der eigenen Arbeit nachher passiert.				
09.	Meine Arbeit führe ich nicht nur aus, sondern plane, koordiniere und überprüfe sie auch selbst.				
10.	Ich weiß, wie die Arbeit in meiner Abteilung (Organisationseinheit) abläuft.				
11.	In meiner Tätigkeit habe ich die Möglichkeit, mir selbst immer wieder neue Aufgaben zu suchen.				
12.	Meine Arbeit erfordert enge Zusammenarbeit mit meinen Kollegen.				

Abbildung 3: Gegenüberstellung von eingeschätztem Ist-Zustand (durchgezogene Linie) und Wünschen des Mitarbeiters (gestrichelte Linie) mithilfe des FLMA

Expertenorientierte Analyse von Arbeitstätigkeiten mit dem Tätigkeitsbewertungssystem (TBS) bzw. der elektronischen Version REBA

Das Tätigkeitsbewertungssystem (TBS; Hacker, Fritsche, Richter & Iwanowa, 1995) ist ein **expertenorientiertes (*objektives*) Verfahren zur Analyse**, Bewertung und Gestaltung von Arbeitstätigkeiten, d.h. es wird nicht die subjektive Sicht des Stelleninhabers erfasst, die Bewertung wird vielmehr von einem betrieblichen Experten (idealerweise einem Arbeitspsychologen) vorgenommen. Im Ergebnis der TBS-Anwendung können ermittelte Arbeitsanforderungen hinsichtlich ihrer **Beeinträchtigungsfreiheit** sowie ihrer **Lernförderlichkeit** beurteilt werden. Darüber hinaus bieten die Gestaltungsempfehlungen des TBS ein **Leitbild für lernförderliche Arbeitstätigkeiten**.

Der Geltungsbereich des Basisverfahrens (Hacker et al., 1995) umfasst **Montage-, Bedien- und Überwachungstätigkeiten** aller Industriebranchen. Die zugehörige **rechnergestützte Variante** trägt die Bezeichnung **REBA** (Pohlandt et al., 2007). Darüber hinaus liegen bereichsspezifische Verfahrenskurzformen – z.B. für das Bauwesen und den Einzelhandel – sowie eine **spezielle Variante für Arbeitstätigkeiten im Büro mit überwiegend geistigen Anforderungen** (TBS-GA; Rudolph, Schönfelder & Hacker, 1987) vor.

Die Entwicklung des TBS erfolgte auf der Grundlage des Konzepts der psychischen Regulation von Arbeitstätigkeiten (Hacker, 2005). Gestaltungsziel und Bewertungsmaßstab im TBS sind **vollständige Tätigkeiten**.

Die Analyse der Tätigkeit erfolgt bei der Arbeitsanalyse als Untersuchung des Arbeitsauftrags, seiner Bedingungen und des Tätigkeitsvollzugs einschließlich der regulierenden Vorgänge durch **geschulte Untersucher**. Das TBS untersucht die im Arbeitsauftrag und seinen Ausführungsbedingungen gegebenen objektiven Möglichkeiten für die Förderung der Fähigkeiten und Einstellungen des Arbeitenden durch die Tätigkeit. Das TBS prüft also, ob und gegebenenfalls in welchem Ausmaß objektive **Behinderungen für eine Unterstützung der Kompetenzentwicklung** im Arbeitsauftrag und seinen Ausführungsbedingungen vorliegen. Das TBS beinhaltet dazu einen Merkmalsteil mit 52 ordinal gestuften Skalen. Diese Merkmalsskalen beschreiben objektive Anforderungen, die der Berufstätige während seiner Arbeit zu bewältigen hat (z.B. die Wiederholungshäufigkeit von einzelnen Verrichtungen innerhalb eines Arbeitstages; vgl. Abbildung 4).

A 2.2 Wiederholung von Verrichtungen

Häufigkeit sich gleichförmig wiederholender Verrichtungen (Arbeitsgangstufen) innerhalb einer Teiltätigkeit je Schicht (Arbeitstag)

Gleichförmige Verrichtungen wiederholen sich:

- (0) ungefähr minütlich und häufiger
- (1) alle 1 bis fast 3 Minuten
- (2) alle 3 bis fast 7 Minuten
- (3) alle 7 bis fast 12 Minuten
- (4) alle 12 Minuten bis fast stündlich
- (5) stündlich bis alle 4 Stunden
- (6) keine Wiederholung in einer Schicht

Abbildung 4: Beispiel für eine ordinal gestufte Merkmalskala zur Anforderungsbeschreibung

Die **Merkmalsskalen**, welche die Arbeitsanforderungen beschreiben, sind fünf Bereichen zugeordnet:

- **Organisatorische und technische Bedingungen**, welche die Mensch-Technik-Funktionsteilung sowie die Arbeitsteilung und -kombination zwischen den Mitarbeitern festlegen; 30 Skalen, die zusammengefasst dies erfassen:
  - Vielfalt der Teiltätigkeiten (Arbeitsteilung bzw. -kombination und Funktionsteilung Mensch/Arbeitsmittel)
  - Variabilität der Tätigkeit
  - objektive Möglichkeiten zur psychischen Automatisierung (d.h. zur routinemäßigen Ausführung) von Teiltätigkeiten
  - Durchschaubarkeit des Fertigungs- und Arbeitsprozesses
  - Vorhersehbarkeit und zeitliche Bindung (Kopplung) von Anforderungen
  - Beeinflussbarkeit des Arbeitsprozesses (Handlungs- und Entscheidungsspielraum)
  - körperliche Abwechslung

- **Kooperation und Kommunikation**, die aus Festlegungen hinsichtlich der organisatorischen und technischen Bedingungen resultiert; acht Skalen, die zusammengefasst dies erfassen:
  - zeitlicher Umfang erforderlicher arbeitsbedingter Kooperation
  - Inhalte erforderlicher Kooperation und Kommunikation
  - Formen und Variabilität erforderlicher Kooperation und Kommunikation
  - Möglichkeiten zu nicht auftragsbedingter Kommunikation (im Arbeitsbereich während der Arbeitszeit)

- **resultierende Verantwortung**; fünf Skalen, die zusammengefasst dies erfassen:
  - Inhalte und Umfang individueller Verantwortung
  - Inhalte und Umfang von Gruppenverantwortung

- **resultierende erforderliche geistige Leistungen**; sechs Skalen:
  - erforderliche Orientierungsleistungen und Beurteilungen
  - Vielfalt tätigkeitsregulierender Wahrnehmungsvorgänge und -inhalte
  - erforderliche Fachkenntnisse (Erfahrungswissen)
  - erforderliche Abbild-(Repräsentations-)ebenen von Verarbeitungsleistungen
  - erforderliche geistige (kognitive) Leistungen
  - Vielfalt erforderlicher geistiger (kognitiver) Leistungen

- **resultierende Qualifikations- und Lernerfordernisse**; drei Skalen:
  - geforderte berufliche Vorbildung
  - Inanspruchnahme der geforderten beruflichen Vorbildung durch die untersuchte Tätigkeit
  - bleibende arbeitsbedingte Lernerfordernisse.

Mit dem Leitfaden zur Bewertung und Gestaltung im TBS – enthalten in der Handanweisung des Instruments – erhält der Verfahrensanwender eine **Anleitung zur Bewertung und Gestaltung der analysierten Arbeitstätigkeiten**. Hier werden generelle Gestaltungswege gekennzeichnet und insbesondere Hinweise zur Gestaltung organisationaler Einheiten gegeben. Die Vorteile prospektiver und partizipativer Gestaltungsprozesse werden aufgezeigt und Anwendungsmöglichkeiten des TBS bei diesen Prozessen dargestellt.

Das **Tätigkeitsbewertungssystem TBS-GA** (Rudolph, Schönfelder & Hacker, 1987) ist ähnlich aufgebaut, enthält allerdings 60 Skalen und ist hinsichtlich der Formulierungen auf Bewertung von Tätigkeiten im Büro zugeschnitten.

Das **rechnergestützte Programm REBA** (Pohlandt et al., 2007) ergänzt die in Handbuchform vorliegende TBS-Version. Das Programm ermöglicht das rechnergestützte Gestalten lernförderlicher Arbeitstätigkeiten. Dazu kann der Anwender eine analysierte und bewertete Tätigkeit in ihren kritischen, d.h. schlecht gestalteten Merkmalen simulativ-erprobend solange ändern, bis er beanspruchungsgünstige Varianten (für die keine Fehlbeanspruchung vom Rechner vorhergesagt werden) gefunden hat (Pohlandt, Jordan, Richter & Schulze, 1999). Das Programm gibt Hinweise, was dazu – vorerst simulativ – umzugestalten wäre. Neben der Analyse und Bewertung der Beeinträchtigungsfreiheit und Persönlichkeitsförderlichkeit, erlaubt das Programm auch eine Analyse und Bewertung der untergeordneten Bewertungsebenen Ausführbarkeit und Schädigungslosigkeit.

Fallbeispiel: Unterstützung der Kompetenzentwicklung an einem Maschinenarbeitsplatz durch Anforderungsanalyse und -gestaltung

Am Beispiel der technischen Erneuerung und Reorganisation eines Maschinenarbeitsplatzes sollen Aufbau, Funktion und Anwendung von **REBA** erläutert werden.

In einer kleinen Maschinenfabrik ist ein NC-Bearbeitungszentrum mit einer CNC[2]-Steuerung nachgerüstet worden. Die Problemlage war dadurch gekennzeichnet, dass die Maschinenbediener bisher vorwiegend rein ausführende Aufgaben zu erledigen hatten. Die Ergebnisse der Voruntersuchung auf Grundlage von Beobachtungsinterviews und Beanspruchungsmessungen sowie der Bewertung mittels REBA-Verfahren wiesen für die Tätigkeit am alten Arbeitsplatz in den meisten Merkmalen **Anforderungsdefizite** und den **Auftritt von Fehlbeanspruchungsfolgen**, insbesondere von Monotonie, aus. **Lernpotenziale** für die Kompetenzentwicklung waren nicht ausreichend vorhanden (vgl. Abbildung 5).

Um Abhilfe zu schaffen, wurden die **Arbeitsplatzinhaber** bei der Erarbeitung und Auswahl von Gestaltungslösungen für die Reorganisation **aktiv beteiligt**. Außerdem wurde eine CNC-Weiterbildung im Vor- und Gleichlauf zur technisch-organisatorischen Gestaltung organisiert. Bei der Neugestaltung konnte zwischen verschiedenen Planungs-

---

[2] CNC = Computerized Numerical Control; CNC-Programme und entsprechende Fertigungsanlagen erlauben eine vollautomatisierte computergesteuerte Fertigung von komplexen Werkstücken.

varianten der Mensch/Technik-Funktionsteilung gewählt werden. Dies führte in Verbindung mit der beabsichtigten neuen Arbeitsaufgaben- und Organisationsgestaltung zu zwei Lösungsansätzen:

- bloße Anreicherung der Arbeitsanforderungen durch selbständiges Programmieren und Einfahren der CNC-Programme oder
- zusätzliche Aufgaben zur Wartung und Instandhaltung sowie Aufgaben zur Arbeitsplanung und dispositiven Abstimmung mit Mitarbeitern im Fertigungsbereich.

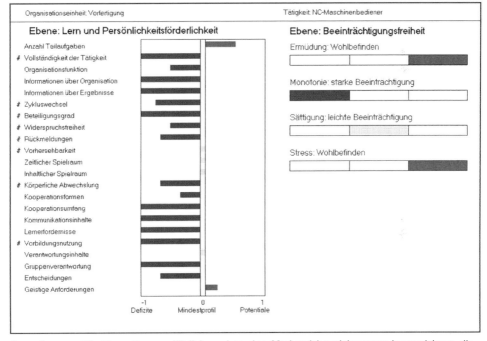

Anmerkungen: Die Doppelkreuze (#) links neben den Merkmalsbezeichnungen kennzeichnen die Prädiktoren, deren Einstufungen bei der Vorhersage der Beeinträchtigungen mittels eines statistischen Modells genutzt werden.

Abbildung 5: Bildschirmanzeige mit den Bewertungsergebnissen einer NC-Maschinenbedienertätigkeit. Die Bewertung erfolgt im Sinne eines Ampelsystems (Defizite sind dabei rot, Entsprechungen mit dem Mindestprofil gelb, Potentiale grün markiert).

Der **Variantenvergleich** zwischen den Gestaltungslösungen erfolgte neben technologisch-betriebswirtschaftlichen Erwägungen auch mit dem REBA-Verfahren. Um zu vermeiden, dass der zukünftige CNC-Maschinenführer Fehlanforderungen ausgesetzt wird, wurden die **anforderungsangereicherten Aufgabenstrukturen** für den Arbeitsplatz **rechnergestützt modelliert** und eine **Prognose der Beanspruchungswirkungen** vorgenommen. Zur Modellierung der Varianten werden mit Hilfe des REBA-Verfahrens zunächst die zu erledigenden Teilaufgaben aufgelistet (vgl. Abbildung 6).

Anschließend werden für jede Variante die einzelnen Teilaufgaben und die Gesamttätigkeit anhand der oben genannten Merkmalsskalen bewertet. Der Nutzer kann über **Hilfetexte** (rechts in Abbildung 6) Hinweise zur Einstufung, zur Ergebnisinterpretation und praktischen Umgestaltung abrufen und ausdrucken. Die **Ergebnisanzeigen** können gleichfalls ausgedruckt, gespeichert, beliebig wieder aufgerufen, mit anderen Ergebnissen verglichen und/oder verändert werden.

Abbildung 6: Bildschirmanzeige zur Auflistung der Teilaufgaben einer CNC-Maschinenführertätigkeit

Die **Modellierung der neuen Anforderungsstrukturen** zeigte, dass es erst durch zusätzliche Dispositions- und Instandhaltungsaufgaben möglich wird, genügend Lernpotenziale in der Arbeit zu schaffen sowie durch einen Wechsel zwischen anforderungsverschiedenen Teilaufgaben die bestehenden Fehlanforderungen wirksam abzubauen (vgl. Abbildung 7).

Die mit dem Anforderungsprofil gezeigten Lernpotenziale und die Vorhersage einer Beanspruchungsoptimierung wurden durch die **Untersuchungsergebnisse am Arbeitsplatz nach der Umgestaltung** bestätigt. Es wurde festgestellt, dass die Tätigkeit von den Maschinenführern als interessanter und anspruchsvoller sowie die Arbeitsintensität als geringer eingeschätzt werden. Bei der Messung der Fehlbeanspruchungsfolgen am umgestalteten Arbeitsplatz wurden keine Befindensbeeinträchtigungen festgestellt. Außerdem führte die realisierte Technik- und Arbeitsaufgabengestaltung nach Aussage der Geschäftsleitung auch zu einer höheren Flexibilität bei der Auftragserledigung.

Zu erkennen ist, dass die geplante Tätigkeit weitgehend beeinträchtigungsfrei ist und **Potenziale für die Kompetenzentwicklung** gestaltet wurden.

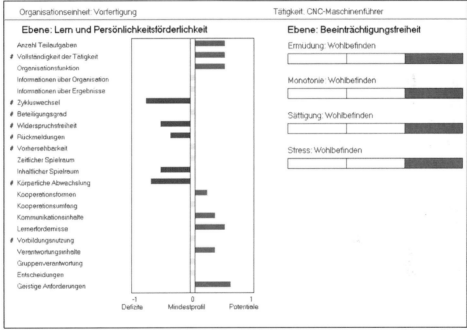

Anmerkungen: Die Doppelkreuze (#) links neben den Merkmalsbezeichnungen kennzeichnen die Prädiktoren, deren Einstufungen bei der Vorhersage der Beeinträchtigungen mittels eines statistischen Modells genutzt werden.

Abbildung 7: Bildschirmanzeige mit den Bewertungsergebnissen einer CNC-Maschinenführertätigkeit mit Programmier- und Dispositionsaufgaben

Praktische Ansätze kompetenzförderlicher Aufgabengestaltung

Die Umsetzung lern- und persönlichkeitsförderlicher Aufgabengestaltung verbindet sich seit langem mit einer Reihe namhafter Konzepte: **Job Enrichment**, **Job Enlargement**, **Job Rotation**, **Empowerment** und **teilautonome Gruppen** (**TAG**).

Job Enrichment beinhaltet eine Anreicherung einer bisher nur ausführenden Tätigkeit um Aufgaben der Organisation, Vor- und Nachbereitung sowie Kontrolle. Man spricht hierbei auch von einer vertikalen Aufgabenerweiterung.

Beim **Job Enlargement** findet dagegen nur eine Aufgabenerweiterung auf horizontaler Ebene statt. D.h. der Stelleninhaber übernimmt permanent weitere Aufgaben, die jedoch alle im Bereich der Ausführung angesiedelt sind. Dadurch erhöht sich zwar die Anforderungsvielfalt, nicht jedoch die Vollständigkeit der Tätigkeit. Es besteht zudem das Risiko, dass aus einer Erhöhung der Arbeitsintensität ungünstige Folgen für die Gesundheit resultieren (Sonntag & Stegmaier, 2007).

Bei der **Job Rotation** findet ein regelmäßiger Wechsel von Arbeitsplätzen statt. Jede Aufgabe wird jeweils vorübergehend für eine bestimmte Zeitdauer übernommen. Über einen größeren Zeitabschnitt betrachtet steigen dadurch die Anforderungsvielfalt und die Kompetenz zur Bewältigung unterschiedlicher Aufgaben. Dieses Vorgehen hat für die Unternehmen den Vorteil, dass die Mitarbeiter flexibler einsetzbar sind. Geschehen die Aufgabenwechsel in kurzen Zyklen, so wird dadurch auch einseitiger Belastung vorgebeugt. Das Ausmaß an Vollständigkeit und Autonomie kann in diesem Zusammenhang dann steigen, wenn der Wechsel zwischen den Arbeitsplätzen selbstorganisiert in einer teilautonomen Gruppe erfolgt. Wird der Aufgabenwechsel dagegen von Vorgesetzten veranlasst, so handelt es sich weiterhin insgesamt betrachtet, um unvollständige Tätigkeiten mit zerstückelten Aufgaben.

Teilautonome Gruppen sind auf Dauer angelegte Gruppen von Mitarbeitern, die einen gemeinsamen Arbeitsauftrag arbeitsteilig auszuführen haben, dabei über zeitlichen und inhaltlichen Tätigkeitsspielraum verfügen und auf dieser Basis gemeinsame Entscheidungen zur Rollen-, Funktions- und Ressourcenverteilung treffen. Es bestehen Abstimmungs- und Kommunikationserfordernisse. Die Verantwortung für die Organisation, Vor- und Nachbereitung und Kontrolle des gemeinsamen Arbeitsauftrags liegt zu einem erheblichen Anteil im Bereich der Gruppe, deren Mitglieder jeweils gleichberechtigt mitentscheiden. Die Gruppenmitglieder führen, im Sinne selbstorganisierter Job Rotation, abwechselnd verschiedene anspruchsvolle Aufgaben aus (Hacker, 1994; Wegge, 2006; siehe auch Tabelle 1).

Des Weiteren sei an dieser Stelle auf das Management-Konzept des **Empowerment** verwiesen, welches ebenfalls eine Verlagerung von Entscheidungskompetenzen und damit eine Anreicherung von Arbeitsaufgaben zum Gegenstand hat. Das Konzept beinhaltet die Öffnung von Gestaltungsspielräumen, mehr Selbstbestimmung, Partizipation an Entscheidungen, flachere Hierarchien, Übernahme von Verantwortung und eine Selbstevaluation der Mitarbeiter. Auf diese Weise sollen u.a. auch Kosten eingespart werden, die anderenfalls durch eine externe Kontrolle der Mitarbeiter anfallen würden (Blanchard, Carlos & Randolph, 1998).

Die Umsetzung dieser Konzepte hat einerseits eine Veränderung von Leistungsvoraussetzungen insbesondere im Bereich methodischer, sozialer und personaler Kompetenzen zur Folge, setzt eine entsprechende Kompetenzentwicklung allerdings auch bereits voraus. Auf unterstützende Maßnahmen, beispielsweise in Form von Trainings oder Maßnahmen zur Teamentwicklung (vgl. Schmidt, Köppen, Breimer-Haas & Leppkes,

Kap. 3.4: Teamorientierte Personalentwicklungsansätze), kann daher im Regelfall nicht verzichtet werden.

3.2.2 Kompetenzförderliche Gestaltung der Unternehmensorganisation

Neben der Gestaltung konkreter Arbeitsaufgaben und Tätigkeiten sind auch Merkmale der Unternehmensorganisation sowie die gelebte und erlebte Unternehmenskultur zu berücksichtigen. Auch für diese Merkmale ist eine positive Wirkung auf kompetenzrelevante Personenmerkmale festzustellen (Richter, 2005). Es geht dabei u. a. darum, die **zeitlichen Voraussetzungen für selbstorganisiertes Lernen** zu schaffen, des Weiteren um Möglichkeiten für die **intellektuelle Durchdringung von Arbeitsprozessen** über die konkrete individuelle Arbeitsaufgabe hinaus und um **Entwicklungsmöglichkeiten im Unternehmen**, die wiederum Ansporn sein können, sich persönlich und beruflich weiterzuentwickeln.

Dabei ist es denkbar, dass eine **kompetenzförderliche Gestaltung der Unternehmensorganisation und -kultur** (sowie das Verhalten von Führungskräften) auch geeignet sind, negative Einflüsse einfacher, weil zunehmend standardisierter Aufgaben (z.B. in der System-Gastronomie) auf die arbeitsbezogene Motivation teilweise zu kompensieren. Es folgt eine Darstellung zentraler kompetenzförderlicher Gestaltungsmerkmale:

Partizipationsmöglichkeiten: Partizipation meint die **Beteiligung der Mitarbeiter an Entscheidungen** im Unternehmen, die über Prozessabläufe am einzelnen Arbeitsplatz hinausgehen. Partizipation der Mitarbeiter ist beispielsweise im Rahmen von Konzepten wie Aufgabenorientierter Informationsaustausch oder Qualitätszirkel (vgl. Abschnitt 3.2.4) möglich oder auch im Rahmen des partizipativen Produktivitätsmanagements (vgl. Abschnitt 3.2.5).

Zeitliche Freiräume: Lernen und die Entwicklung von Innovationen setzen zeitliche **Spielräume für das Ausprobieren neuer Abläufe** voraus. Dabei ist auch zu berücksichtigen, dass neu erlernte Abläufe zunächst einmal noch nicht perfekt funktionieren können; vielmehr ist eine Leistungsverschlechterung zu erwarten, bevor es schließlich zu einer deutlichen Verbesserung, relativ zum Leistungsstand vor der Kompetenzentwicklungsmaßnahme, kommt. Wenn eine Organisation extrem *schlank* gestaltet ist, dann entfallen diese Spielräume. Es sind keine weiteren Verbesserungen möglich. Neben **eingeschränkten Lernmöglichkeiten** bestehen weitere Risiken, wenn doch *etwas schief geht* (z.B. Störungen bei der Materiallieferung, plötzlich auftretende Qualitätsmängel). Auch die Arbeitsintensität ist erhöht, was mit gesundheitlichen Risiken verbunden ist.

Anerkennung von Selbstständigkeit und Umgang mit Fehlern: Die Anerkennung selbstständigen Handelns hängt eng mit dem Aufgabenmerkmal **Tätigkeits- und Entscheidungsspielraum** zusammen. Es stellt sich dabei auch die Frage nach dem betrieblichen Umgang mit Fehlern. Gerade innovatives Handeln ist immer auch mit der **Gefahr des Scheiterns** verbunden. Wenn jedoch Fehler im Unternehmen hart sanktioniert werden, wird kein Mitarbeiter bestrebt sein, gewohnte Routinen zu verlassen und an der Verbesserung von Abläufen mitzuwirken.

Entwicklungsmöglichkeiten: Nicht jeder Mitarbeiter will sich ständig weiterentwickeln und nach höheren Zielen streben. Wenn sich in bestimmten Studien immer wieder negative Alterstrends bei **beruflichen Entwicklungszielen** zeigen (z.B. Bergmann, Pohlandt, Pietrzyk, Richter, & Eisfeldt, 2004), so kann dies jedoch mehrere Ursachen haben. Neben zunehmenden familiären Verpflichtungen, die den beruflichen Spielraum einschränken, können berufliche Ziele auch aus einem **Mangel an Entwicklungsmöglichkeiten** und daraus resultierender Resignation abnehmen. Es ist demnach auch eine Frage des Angebots. Eine besondere Schwierigkeit kann sich dabei aus flacher werdenden Hierarchien und der damit verbundenen **abnehmenden Anzahl von Führungspositionen** ergeben. Hier geht es darum, Wege aufzuzeigen, die eine Karriere jenseits traditioneller Führungskarrieren ermöglichen.

Verschiedene Möglichkeiten der Lernunterstützung: Erwachsene lernen orientiert am Bedarf und nicht auf Vorrat. Lernmöglichkeiten für Erwachsene müssen sich dabei auch an den unterschiedlichen Voraussetzungen und Bedürfnissen der Mitarbeiter orientieren und sowohl **angeleitete kollektive Formen des Lernens** (Seminare, Unterweisungen) als auch Möglichkeiten für **kooperatives Lernen** (organisierte wie auch informelle Austauschmöglichkeiten) und **individuelles Lernen** (Nachschlagewerke, Handanweisungen, Informationen im Intranet) anbieten. Eigene Untersuchungen zeigen dabei, dass dem **informellen Lernen in der Arbeit** im Vergleich zu organisierter Aus- und Weiterbildung der größte Stellenwert beigemessen wird (Richter & Pohlandt, 2004).

Zur Beschreibung kompetenzförderlicher Merkmale der Unternehmensorganisation und der erlebten Unternehmenskultur eignet sich der **Fragebogen zum Lernen in der Arbeit** (LIDA; Wardanjan, Richter & Uhlemann, 2000)[3]. Der Fragebogen beinhaltet 16 Items, die jeweils vierstufig zu beantworten sind (trifft völlig zu – trifft eher zu – trifft eher nicht zu – trifft gar nicht zu). Die 16 Items – Tabelle 4 gibt den kompletten Itemsatz wieder – lassen sich diesen vier, oben schon beschriebenen Skalen zuordnen:

- **Partizipationsmöglichkeiten** (PA)
- **Zeitliche Freiräume** (ZE)
- **Anerkennung von Selbständigkeit** (SE)
- **Entwicklungsmöglichkeiten** (EN)

---

[3] Der Fragebogen wurde im Rahmen verschiedener Projekte zwischen 1996 und 2006 an der TU Dresden entwickelt, evaluiert und eingesetzt, die aus Mitteln des BMBF und des ESF gefördert wurden.

Tabelle 4: Fragebogen zum Lernen in der Arbeit (LIDA)

Bedingungen im Unternehmen/in der Institution
▪ Bei uns gibt es gute Weiterbildungsmöglichkeiten. (EN)   ▪ Die Beziehungen zwischen den Kollegen/Mitarbeitern sind in Ordnung. (SE)   ▪ Selbstständiges Handeln wird bei uns geschätzt. (SE)   ▪ Die Vorgesetzten haben Vertrauen in die Mitarbeiter. (SE)   ▪ Die Mitarbeiter haben bei uns Verantwortung. (SE)   ▪ Während meiner Arbeit habe ich meist genügend Zeit, um mich mit Kollegen/Mitarbeitern über die Arbeit auszutauschen. (ZE)   ▪ Ich habe großen Einfluss auf meine Arbeitszeitregelung. (ZE)   ▪ Ich kann im Großen und Ganzen selbst entscheiden, wann ich eine Arbeitspause einlege. (ZE)   ▪ Meist habe ich die Zeit, mir während der Arbeitszeit neue Dinge für meine Arbeit anzueignen. (ZE)   ▪ Bei der Arbeit gemachte Fehler werden bei uns als Chance zum Lernen angesehen. (EN)   ▪ Bei Veränderungsmaßnahmen werden die Mitarbeiter gefragt. (PA)   ▪ Die Mitarbeiter werden in Entscheidungen des Unternehmens/der Institution einbezogen. (PA)   ▪ Bei Zielsetzungen des Unternehmens/der Institution können die Mitarbeiter mitreden. (PA)   ▪ Verbesserungsvorschläge zahlen sich bei uns aus. (EN)   ▪ Die Vorgesetzten berücksichtigen neue Ideen der Mitarbeiter. (PA)   ▪ Bei uns gibt es gute Entwicklungsmöglichkeiten. (EN)

Anmerkung: In Klammern angegeben ist die Subskala, der das fragliche Item jeweils zugeordnet ist.

Auch bei diesem Fragebogen ist es möglich, den erlebten Ist-Zustand den **Ansprüchen und Wünschen der Mitarbeiter** gegenüberzustellen, wobei für betriebliche Zwecke wiederum eine Auswertung auf der Ebene der einzelnen Items sinnvoll erscheint.

Bei der Analyse kompetenzförderlicher organisationaler Merkmale wichtig erscheint der **Einsatz sowohl subjektiver als auch expertenorientierter Verfahren**, um die Vorteile beider Methoden zu verbinden. Eine alleinige Verwendung objektiver (expertenorientierter) Verfahren verbunden mit einem Top-Down-Ansatz der Implementierung von Maßnahmen der Arbeitsgestaltung entspricht *gerade nicht* dem Ansatz einer **partizipativen Arbeitsgestaltung**. Umgekehrt können aber subjektive Urteile immer auch einer Beeinflussung durch **subjektive Wertmaßstäbe** unterliegen. So ist zu erwarten, dass ein Mitarbeiter mit höheren Ansprüchen an eine lernförderliche Arbeitsgestaltung eine bestimmte Arbeitsaufgabe als weniger lernförderlich gestaltet einstuft als ein anderer Mitarbeiter mit geringeren Ansprüchen.

Aus Gründen der Übersichtlichkeit wurden in diesem und in den vorangegangenen Abschnitten nur wenige Verfahren angerissen. Neben den hier dargestellten Instrumenten zur Beschreibung von Merkmalen der Arbeitssituation existiert eine ganze Reihe **weiterer Verfahren zur subjektiven und objektiven Arbeitsanalyse** (vgl. Dunckel, 1999).

3.2.3 Die wichtige Rolle der Führungskräfte

Wenn es um die kompetenzförderliche Gestaltung von Arbeitssituationen geht, dann darf das Handeln von Führungskräften nicht außer Acht gelassen werden. **Führungskräfte wirken mit bei der Gestaltung von Arbeitsaufgaben und Unternehmenskultur.** Sie sind verantwortlich für die Umsetzung und das Vorleben einer bestimmten Unternehmenskultur, vereinbaren Ziele und geben Rückmeldung zur Zielerreichung. Entsprechend der Theorie der Führungssubstitute (Kerr & Jermier, 1978; vgl. auch Staehle, 1999, S. 382ff) steht das Verhalten von Führungskräften dabei allerdings in Konkurrenz mit anderen Einflussfaktoren aus der Organisation und Arbeitssituation auf das Verhalten von Mitarbeitern. Das Führungsverhalten und andere situative Einflüsse können einander dabei wechselseitig in ihrer Wirkung kompensieren, ersetzen oder auch neutralisieren (z.B. Feedback aus der Aufgabenausführung vs. Feedback durch eine Führungskraft als jeweiliger Ersatz, räumliche Distanz als Neutralisierer).

Wenngleich sich das Verhalten von Führungskräften immer auch an den Anforderungen der Situation (Organisationsstruktur, Art der Aufgabe, Erfahrung und Struktur der Mitarbeiter usw.) orientieren muss, so gibt es doch recht deutliche Hinweise auf die **Wirkungen unterschiedlichen Führungsverhaltens**. Aktuell liegt der Fokus dabei insbesondere auf dem Konzept der **transaktionalen vs. transformationalen Führung** (Bass & Avolio, 1995; Felfe, 2005). Tabelle 5 verweist auf die für Kompetenzentwicklung relevanten Merkmalsaspekte dieser Führungsstile.

- *Transaktionale* Führung wirkt kompetenzförderlich durch die Vorgabe und **Vereinbarung von Zielen** und durch Feedback zur Zielerreichung (hierzu genauer der Abschnitt 3.2.6).

- *Transformationale* Führung wirkt kompetenzförderlich, weil sie bei den Geführten eine **Verinnerlichung und selbstgesteuerte Verfolgung von Entwicklungszielen fördert**, die möglicherweise zunächst nur von außen vorgegeben werden.

Tabelle 5: Merkmale transaktionaler und transformationaler Führung

Führungskonzept	Merkmale
Transaktionale Führung	▪ Anerkennung von Leistung (bedingte Wertschätzung, Lob) ▪ Reagieren auf Fehler und Abweichungen (Hinweise, Sanktionen)
Transformationale Führung	▪ Ausstrahlung, Charisma, Vorbildwirkung (durch moralisches Verhalten und fachliche Kompetenz) ▪ intellektuelle Stimulierung ▪ inspirierende Motivation, Vision ▪ individuelle Förderung der Mitarbeiter

Positive Auswirkungen transformationaler Führung sind nachgewiesen für eine ganze Reihe von Merkmalen mit Bezug zu Komponenten von Kompetenz, darunter

Extra-Rollenverhalten (d.h. produktives Arbeitsverhalten jenseits erwarteter Leistungen), Commitment, geringeres Stresserleben und Burnout sowie objektive Erfolgsindikatoren wie z.B. Verkaufsleistungen oder die Innovationsfähigkeit von Teams (Felfe, 2005; Geyer & Steyrer, 1998; Judge & Piccolo, 2004; Kearney & Gebert, 2006; Maunz, 1999; Meyer, Stanley, Herscovitch & Topolnytsky, 2002).

Für die Analyse transaktionalen und transformationalen Führungsverhaltens bietet sich das **Multifactor Leadership Questionnaire** (MLQ) an (Felfe & Goihl, 2002; für ein Anwendungsbeispiel siehe Richter & Pohlandt, 2004).

3.2.4 Problemlöse- und Mitarbeitergruppen

Eine Möglichkeit zur praktischen Umsetzung der in Abschnitt 3.2.2 angesprochenen **Partizipationsmöglichkeiten**, verbunden mit einer kompetenzförderlichen **intellektuellen Durchdringung** von Arbeitsprozessen über die eigene Arbeitsaufgabe hinaus, besteht in der Installation von Problemlöse- und Mitarbeitergruppen. Im Rahmen solcher Gruppen ist es möglich, routinierte Prozesse zu hinterfragen und zu verbessern und **neue Sicht- und Vorgehensweisen zu erlernen** – nicht nur auf individueller Ebene, sondern auch auf der Ebene der Organisation.

Problemlöse- und Mitarbeitergruppen, die unter den Bezeichnungen Qualitätszirkel, Werkstattzirkel, Sicherheits- und Gesundheitszirkel, Lernstatt oder Aufgabenorientierter Informationsaustausch firmieren, gehören zu den seit langem in Unternehmen etablierten Ansätzen zur Unterstützung des **arbeitsnahen kooperativen Lernens**, wenngleich ihr Potenzial nicht immer vollständig genutzt wird (Antoni & Bungard, 2004; Deppe, 1992; Guldin, 2000; Johannes, 1993; Neubert & Tomczyk, 1986; Wetzstein, Ishig & Hacker, 2004).

- **Qualitätszirkel** sind dabei langfristig angelegt und beinhalten regelmäßige Treffen von Kleingruppen von 5 bis 10 Mitarbeitern der unteren Hierarchieebene unter Anleitung eines Moderators zum Zwecke der Bearbeitung selbstgewählter Probleme des eigenen Arbeitsbereichs. Kooperatives Lernen der teilnehmenden Mitarbeiter ist ein mehr oder weniger gewünschter *Nebeneffekt*.

- **Werkstattzirkel** enden im Gegensatz zu Qualitätszirkel nach einer begrenzten Anzahl von Treffen und bearbeiten Problemstellungen, die durch das Management vorgegeben werden.

- **Sicherheits- und Gesundheitszirkel** umfassen ebenfalls nur eine begrenzte Anzahl von Treffen und beschäftigen sich mit selbstgewählten Problemen aus den Bereichen Arbeitsschutz bzw. Gesundheit.

- **Lernstätten** (Kunstwort aus *Lernen* und *Werkstatt*) haben die Bewältigung aktuellen Lernbedarfs sowie aktueller psychosozialer Probleme in einer Mitarbeitergruppe zum Gegenstand, d.h. hier ist Lernen das primäre Ziel des Zusammentreffens.

- **Aufgabenorientierter Informationsaustausch** beinhaltet im Gegensatz zum Qualitätszirkel eine stärkere Einbeziehung externer Moderatoren und wissenschaftlich fundierter Analysen, die eine Entscheidungsgrundlage für die Gruppe liefern sollen und ist offen für eine möglichst heterogene Zusammensetzung der Gruppe (unterschiedliche Hierarchieebenen, unterschiedliche Abteilungen, bis hin zur Einbeziehung von Kunden).

Diese Konzepte sind insbesondere auch bedeutsam für ein erfolgreiches **Wissensmanagement** im Unternehmen. Wissensmanagement darf dabei nicht gleichgesetzt werden mit der Einführung von Informations- und Kommunikationstechnologien, welche die Speicherung und den Abruf von Informationen (und explizitem Wissen) ermöglichen, sondern muss sich auf das handlungswirksame Erfahrungswissen in den Köpfen der Mitarbeiter beziehen. Dies setzt einen **Wissensaustausch** voraus, beispielsweise indem neue Mitarbeiter das betriebsspezifische Wissen durch Beobachtung von erfahrenen Mitarbeitern lernen. Wichtig ist aber auch, dass Unternehmen bemüht sind, das Erfahrungswissen jener Mitarbeiter, die das Unternehmen altersbedingt verlassen werden, im Unternehmen zu halten. Des Weiteren bringen neue Mitarbeiter **neues Wissen** ins Unternehmen hinein und tragen dazu bei, vorhandene Routinen und möglicherweise **überholtes Wissen auf den Prüfstand** zu stellen.

Problemlösegruppen bieten dafür einen geeigneten Rahmen und bieten neben der meist angezielten kontinuierlichen Verbesserung von Prozessabläufen eine Reihe weiterer Vorteile wie etwa eine **Förderung von Fach-, Methoden- und Sozialkompetenz**, eine **Förderung des Problembewusstseins**, eine verbesserte **Akzeptanz für Veränderungsmaßnahmen** durch Beteiligung an deren Entwicklung und eine **Erhöhung der Identifikation** des Einzelnen mit seiner Arbeit und dem Unternehmen.

Diese Vorteile sind jedoch auch an **Voraussetzungen** gebunden. So ist es notwendig, dass sich das Management zu einer **dauerhaften Unterstützung** dieser Maßnahmen verpflichtet. Dazu gehört insbesondere auch die Bereitschaft zur **Umsetzung von Vorschlägen**, die in der Gruppe resultieren, insbesondere in der Startphase der Zirkelarbeit. Es bedarf eines **zeitlichen Freiraums** für die regelmäßig durchzuführenden Gruppensitzungen und **flankierender Maßnahmen** in Form von Schulungen für die Moderatoren der Gruppen. Des Weiteren muss eine **vorübergehende Leistungsverschlechterung** infolge der Labilisierung gewohnter Arbeitsroutinen in Kauf genommen werden (ein ausführlicher Überblick zu diesen Konzepten findet sich bei Richter, 2006, S. 382ff).

Ebenfalls in den Bereich des gruppenbezogenen Wissensmanagements einzuordnen sind die sogenannten **Communities of Practice** (Lave & Wenger, 1991). Im Gegensatz zu den bis hierher thematisierten Problemlösegruppen handelt es sich bei Communities of

Practice um informelle Zusammenschlüsse von Personen, die durch gemeinsame Aufgaben miteinander verbunden sind. Mitglieder einer solchen Community agieren weitgehend selbstorganisiert miteinander, tauschen sich aus, unterstützen einander und arbeiten gemeinsam an einer Weiterentwicklung ihres Aufgabengebietes. Strukturen, Rollen und Aufgabenverteilungen bilden sich dabei nicht einmalig durch externe Vorgabe, sondern fortlaufend und situativ durch gemeinsames Aushandeln. Praktisch kann es im Rahmen von Communities of Practice allerdings aufgrund einer Wettbewerbssituation auch zu einem Gegeneinander und einer wechselseitigen Blockade kommen. Wenger, McDermott und Snyder (2002) geben **praktische Hinweise zur "Kultivierung" einer solchen Community,** auch im Hinblick auf dabei zu beachtende Risiken.

3.2.5 Partizipatives Produktivitätsmanagement (PPM)

Eine weitere Methode, um die in Abschnitt 3.2.2 angesprochene kompetenzförderliche **Partizipation** zu ermöglichen sowie eine kompetenzförderliche **intellektuelle Durchdringung** von Arbeitsprozessen zu fördern und zudem auch eine möglichst hohe **Bindung an organisationale Ziele** zu erzeugen, ist das partizipative Produktivitätsmanagement (PPM). Während jedoch bei den im Abschnitt 3.2.4 thematisierten Problemlösegruppen eher nur ein kleiner Teil der Mitarbeiter eines Unternehmens beteiligt ist, schließt PPM die Teilnahme aller Mitglieder einer Arbeitsgruppe ein.

PPM wurde Ende der 80er Jahre des 20. Jahrhunderts von Robert D. Pritchard in den USA entwickelt. Der Kerngedanke der Methode besteht darin, die Mitarbeiter intensiv in die Entwicklung eines Systems zur **Messung und Verbesserung der Produktivität** in einer Organisation einzubinden und die entsprechenden Ergebnisse auch wiederum an die Gruppe zurückzumelden. PPM ist dabei auf solche Aufgaben und Kennziffern beschränkt, die auch tatsächlich von der Gruppe beeinflusst werden können.

Die Erarbeitung eines arbeitsgruppenspezifischen PPM-Systems erfolgt im Rahmen eines Entwicklungsteams, dem ein oder mehrere Moderatoren, Mitglieder der Arbeitsgruppe sowie der unmittelbare Vorgesetzte der Arbeitsgruppe angehören. Je Arbeitsgruppe sind dafür vier Schritte zu durchlaufen:

1. Identifizieren der **wesentlichen Aufgabenbereiche** einer Arbeitseinheit
2. Ableiten von verhaltensbezogenen Leistungsindikatoren für jeden Aufgabenbereich
3. Erstellen von **Bewertungsfunktionen** je Indikator
4. regelmäßiges Erarbeiten von **Feedbackberichten**

Ein **Aufgabenbereich** kann beispielsweise die *termingerechte Auftragsabwicklung* sein, ein dazu auszuwählender **Leistungsindikator** der *prozentuale Anteil termingerecht erfüllter Aufträge*. Für das Erstellen einer Bewertungsfunktion werden zunächst auf der

Basis bisheriger Erfahrungswerte **ein Mittelwert und die Bandbreite möglicher Indikatorwerte** (im Beispiel: unterschiedliche prozentuale Anteile termingerecht erfüllter Aufträge) bestimmt. Beispielsweise könnte der Anteil termingerecht erfüllter Aufträge im Mittel bei 75 % liegen (dies wäre der Erwartungswert) bei einer monatlichen Schwankung zwischen 55 % und 95 % (dies ist die Bandbreite). In einem nächsten Schritt werden die Indikatorwerte hinsichtlich ihrer Bedeutung in eine Rangfolge gebracht. Dabei erhält der bestmögliche Indikatorwert den Punktwert +100 (im Beispiel: 95 %), der schlechtestmögliche den Wert -100 (im Beispiel: 55 %); der Erwartungswert (im Beispiel: 75 %) erhält stets den Punktwert 0. Die Punktwerte der anderen Indikatorwerte ergeben sich entsprechend. Die **Punktwerte** stellen also **Gewichtungsfaktoren für erzielte Indikatorwerte** dar. Nachdem der Erwartungswert, die Bandbreite und die Punktwerte festgelegt sind, wird eine **grafische Bewertungsfunktion** gebildet, aus der sich der **Effektivitätswert für jeden erzielten Indikatorwert** ablesen lässt (Abbildung 8 zeigt eine mögliche Bewertungsfunktion für das erörterte Beispiel).

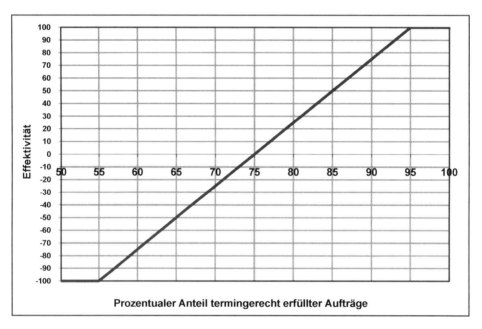

Anmerkungen: In dieser Bewertungsfunktion soll der prozentuale Anteil termingerecht erfüllter Aufträge als wichtigster Indikator den Punktwert +/- 100 erreichen können; eine Bewertungsfunktion muss aber nicht in jedem Fall derart kontinuierlich ansteigen und Werte zwischen −100 und +100 erreichen.

Abbildung 8: Beispiel einer Bewertungsfunktion

Im angegebenen Beispiel ergibt sich etwa bei einem prozentualen Anteil termingerecht erfüllter Aufträge von 60% ein Effektivitätswert von -75, bei 80% ein Effektivitätswert von 25 und bei 85% ein Effektivitätswert von 50.

Andere **Aufgabenbereiche** und hierfür **leistungsbestimmende Indikatoren** könnten sein:

- **Verkaufserfolg**: Anzahl/Umsatz verkaufter Produkte, Anzahl neu geworbener Kunden
- **Kundenzufriedenheit**: Anzahl Stornierungen, Befragung zur Kundenzufriedenheit (mit der Qualität von Produkten, mit dem Verhalten von Mitarbeitern usw.)
- **Qualität**: Anzahl, Menge und prozentualer Anteil an Ausschussware
- **Effektiver Umgang mit Material**: Menge an nicht mehr nutzbarem Materialabfall
- **Qualität der Arbeitsgestaltung**: Krankenstand, Fehlzeiten, Fluktuation, Unfallhäufigkeit
- **Arbeitssicherheit**: Unfallhäufigkeit

Über alle im Rahmen eines PPM-Systems definierten Indikatoren hinweg lässt sich ein **Gesamtwert der Effektivität** einer Arbeitsgruppe berechnen. Über den Stand der Effektivität eines Teams (Einzelindikatoren und Effektivitätsgesamtwert) und Veränderungen derselben werden regelmäßig (z.B. monatlich oder vierteljährlich) **Feedbackberichte** erstellt und in der Gruppe diskutiert. Es werden **Handlungsalternativen entwickelt** und vorgeschlagen, um Effektivitätsschwächen oder -einbrüche zu beheben und Effektivitätserfolge zu stabilisieren oder zu maximieren. *Darin* besteht eine wesentliche *kompetenzförderliche* Wirkung von PPM.

Die **Grundsätze** (und Vorteile) von PPM sind folgendermaßen zusammenzufassen:

- Die Mitarbeit der Gruppe erhöht die Akzeptanz von Produktivitätszielen.
- Was nicht gemessen wird, kann nicht zurückgemeldet werden und geht als wertvolle Information verloren.
- Präzise Messungen sind die Grundlage für ein faires Feedback.
- Die Gruppe steuert sich auf der Grundlage dieses Feedbacks selbst und kann auf der Grundlage dieses Feedbacks Verbesserungen am individuellen und gruppenbezogenen Arbeitshandeln vornehmen.
- Es wird nur gemessen, was auch von der Gruppe beeinflusst werden kann.

Weitere Informationen zur Vorgehensweise finden sich bei Holling, Lammers und Pritchard (1999), einen Praxisleitfaden liefern Reich und Gude (2000).

Evaluationsstudien verweisen auf beachtliche positive Effekte dieses Ansatzes. So berichten Sodenkamp, Schmidt und Kleinbeck (2002) eine mittlere Effektstärke d von

1.4 auf Basis von 55 Projekten, in denen PPM zum Einsatz kam. Die dabei erzielten Produktivitätssteigerungen sind zeitlich stabil und gehen nicht mit einer höheren Fehlbeanspruchung der Beschäftigten einher (Wegge, 2004).

3.2.6 Vereinbarung von Zielen als unterstützendes Element der Kompetenzentwicklung

Die alleinige Darbietung von Entscheidungs- und Handlungsspielräumen, Möglichkeiten für Partizipation und persönliche Entwicklung sowie die Einführung von Konzepten der Gruppenarbeit (teilautonome Gruppen, Qualitätszirkel) und gruppenbezogenen Selbststeuerung (PPM) sind jedoch nicht in jedem Fall hinreichende Bedingungen für Kompetenzentwicklung. Erfolgreiche Kompetenzentwicklung kann nur vor dem Hintergrund von **Entwicklungszielen** erfolgen oder aber vor dem Hintergrund von **Leistungszielen, deren Erreichen eine Kompetenzentwicklung notwendig macht**.

Ziele beinhalten ein **motivierendes Element**, indem ein **subjektiv erlebter Spannungszustand** entsteht, der mit zunehmender Zielerreichung abnimmt und zu einem Gefühl von Befriedigung führt. Dies setzt allerdings eine bestimmte Qualität von Zielen voraus. Ziele müssen dabei vor allem **SMART** sein – **S**pezifisch, **M**essbar, **A**kzeptiert, **R**ealistisch und **T**erminiert. Realistisch meint dabei allerdings nicht, dass Ziele zu leicht sein sollten! Im Gegenteil: Es sind gerade schwierige und anspruchsvolle Ziele, die dazu motivieren, Handlungspläne und Strategien zu entwickeln, Probleme zu lösen und damit fast automatisch Kompetenzentwicklung auslösen.

Bereits F. W. Taylor hat zu Beginn des 20. Jahrhunderts postuliert, dass durch klare Vorgaben und eine zeitliche Eingrenzung bessere Leistungen erzielt werden als durch die bloße Vornahme, *sein Bestes zu geben* (vgl. Lehner & Putz, 2002; andere Aspekte von Taylors *wissenschaftlicher Betriebsführung* sind gleichwohl sehr zu hinterfragen). Diese Erkenntnis spielt eine wichtige Rolle bei dem Konzept der **Führung durch Zielvereinbarungen** (Management by Objectives, MBO), welches im Wesentlichen auf Arbeiten von Drucker in den 50er bis 70er Jahren des 20. Jahrhunderts zurückgeht (Drucker, 1998). Zielvereinbarungen dienen in erster Linie der Umsetzung von leistungsbezogenen Organisationszielen, sind allerdings auch für die Kompetenzentwicklung von Relevanz.

Wichtige Hinweise zur Formulierung von Zielen liefert dabei die **Zielsetzungstheorie** von Locke und Latham (1990, vgl. auch Kleinbeck, 2004; Schmidt & Kleinbeck, 1999b, Wegge, 2004). Die zwei Kernaussagen dieser Theorie lauten:

1. **Schwer zu erreichende Ziele** führen zu einer **höheren Leistung** als leichte Ziele.
2. **Spezifische und konkrete Ziele** führen zu einer **höheren Leistung** als unspezifische, vage oder keine Ziele.

Die Gültigkeit dieser Aussagen ist in empirischen Untersuchungen vielfach bestätigt worden (Mento, Steel & Karren, 1987; Tubbs, 1986). Diese Theorie und die zugehörigen Befunde sind die Grundlage für heutige MbO-Konzepte. Ziele wirken dabei über vier Mechanismen (Mediatoren) leistungsfördernd (Breisig, 2000; Wegge, 2004):

- **Aufmerksamkeitslenkung** auf relevante Information
- **Richtungsweisung** der Handlung
- leichteres **Finden und Entwickeln von Handlungsstrategien**
- **Anstrengungsmobilisierung** und Erhöhung der Ausdauer

Auch das Selbstvertrauen des Mitarbeiters steigt durch die Vereinbarung anspruchsvoller, dabei jedoch als erreichbar erlebter Ziele.

Eine Zielsetzung erzeugt zunächst einen Spannungszustand, der durch Annäherung an das Ziel gemindert wird. Ist das Ziel klar und konkret, so ist auch die Zielerreichung überprüfbar und erzeugt ein Gefühl der Erleichterung und des Glücks.

Weitere Hinweise und Aussagen, die aus der Zielsetzungstheorie resultieren, lauten (Pietruschka, 2000):

- Eine regelmäßige **Überprüfung des Zielerreichungsgrads** und der Effektivität der Bewältigungsstrategien des Mitarbeiters, verbunden mit regelmäßigem **Feedback**, führen zu einer Leistungsverbesserung. Dieses Feedback sollte spezifisch und konstruktiv sein. Regelmäßiges Feedback, beispielsweise bezogen auf die Erreichung von Zwischenzielen, stellt eine wichtige Quelle der Motivation gerade bei weniger leistungsstarken Mitarbeitern dar. Gegebenenfalls ist es auch notwendig, Ziele und/oder verwendete Handlungsstrategien zu überdenken.

- Die **Akzeptanz von Zielen** kann durch **Partizipation** der Mitarbeiter verstärkt werden. Die Leistung des Mitarbeiters hängt wesentlich von der Bindung an das Ziel ab. Prinzipiell gibt es zwei Möglichkeiten der Zielfestsetzung: die autokratische Zielvorgabe oder die partizipative Zielvereinbarung unter Einbindung des Mitarbeiters in den Zielfindungsprozess. In jedem Fall ist eine **Begründung von Zielen** sinnvoll, was auch bei autokratisch vorgegebenen Zielen die Identifikation erleichtern kann.

- **Leistungsbezogene Entlohnung** kann die Bindung an ein Ziel erhöhen und sich darüber förderlich auf die Leistung auswirken. Entsprechende Entlohnungen können dazu führen, dass die **Anstrengungen gesteigert** werden, ein bestimmtes Ziel zu erreichen. Es ist dabei sinnvoll, ein gestaffeltes Belohnungssystem zu verwenden, das auch bei nicht 100%iger Zielerreichung eine Belohnung vorsieht. Dadurch wird das Ziel-Commitment auch bei weniger leistungsstarken Mitarbeitern aufrecht erhalten.

Fähigkeiten und Persönlichkeitsdispositionen, die Komplexität der Aufgabe, situative Grenzen, Rückmeldungen sowie die durch Partizipation beeinflusste Bindung an ein Ziel wirken dabei als Moderatoren des Zusammenhangs zwischen schwierigen und spezifischen Zielen und der Leistung. Fähigkeiten, ausgeprägte Entwicklungs- und Leistungsziele, Feedback und Partizipation wirken sich dabei positiv aus. Neben situativen Grenzen (z.B. fehlende Ressourcen) verringert auch eine hohe Komplexität der Aufgabe den Zusammenhang. Hier ist eine Auflösung der Komplexität auch im Sinne einer Zerlegung in Teilaufgaben und Teilziele sinnvoll (Wegge, 2004).

3.2.7 Kompetenzförderliche Lohn- bzw. Anreizgestaltung

Ein Ansatz zur Förderung der Kompetenzentwicklung durch Lohn- und Anreizgestaltung ist das Konzept der **kompetenzabhängigen Entlohnung** von Mitarbeitern (**Pay-for-knowledge** oder auch **Skill-Based Pay Plans**). Das Gehalt richtet sich dabei nicht (nur) nach den klassischen Vergütungssäulen Arbeitsschwere, Leistungsniveau und soziale Gesichtspunkte, sondern (auch) nach den **erworbenen Kenntnissen und Fähigkeiten**. Denn je mehr Arbeitsplätze ein Mitarbeiter aufgrund seiner Kenntnisse und Fähigkeiten beherrscht, desto **flexibler kann er eingesetzt** werden.

Neben einer höheren Arbeitszufriedenheit infolge einer höheren Entlohnung und verbesserter Entwicklungsmöglichkeiten sind durch ein solches System schlankere Strukturen, eine größere Stabilität der Belegschaft, eine verbesserte Produktqualität, weniger Absentismus, eine geringere Fluktuation und eine höhere Produktivität zu erwarten (Gupta, Jenkins & Curington, 1986; Gupta, Schweizer & Jenkins, 1987).

Der *Pay-for-knowledge*-Ansatz ist in den USA weit verbreitet und findet dort große Zustimmung. In einer neueren Studie von Shaw, Gupta, Mitra und Ledford (2005), bei der 97 Unternehmen im Längsschnitt untersucht wurden, konnte festgestellt werden, dass ein entsprechendes Entlohnungssystem **in Produktionsunternehmen erfolgreicher** ist als in Dienstleistungsunternehmen und überraschenderweise **weniger erfolgreich** in Unternehmen, die eine **Strategie der Innovation** verfolgen. Eine Ursache für letzteren Befund könnte darin bestehen, dass durch die Innovationen vorhandenes (und prämiertes) Wissen sehr schnell veraltet.

Ein weiteres **Problem** bei diesem Entlohnungsansatz ist auch darin zu sehen, dass Inhalte aus externer Weiterbildung zwar einfach zu zertifizieren sind, aber möglicherweise gar nicht zur Anwendung kommen (siehe Solga, Kap. 5: Förderung von Lerntransfer), während andererseits die **in Arbeitszusammenhängen informell erworbenen Kompetenzen** zwar in stärkerem Maße handlungswirksam, aber wiederum **schwierig zu zertifizieren** sind.

Wenn es darum geht, Mitarbeiter zu mehr Leistung bzw. zur Verfolgung von Entwicklungszielen zu motivieren, ist jedoch zu berücksichtigen, dass **finanzielle Anreize nur einen *Teil* des Motivationspotentials** ausmachen.

Zum einen ist davon auszugehen, dass es **grundlegende Bedürfnisse** gibt, die auch in der bzw. durch die Arbeit selbst befriedigt werden können: Selbstbestimmung, Kompetenzerfahrung, soziale Zugehörigkeit, Verantwortung, Unabhängigkeit, Selbstverwirklichung (Argyris, 1964; Deci & Ryan, 1985).

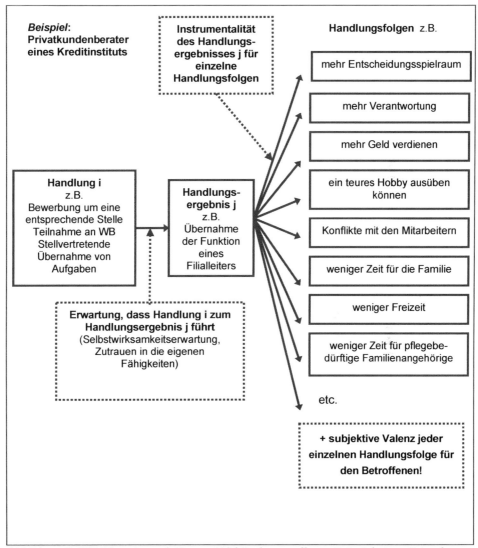

Abbildung 9: VIE-Theorie nach Vroom (1964), dargestellt am Beispiel eines Privatkundenberaters eines Kreditinstituts, der für eine Führungskarriere motiviert werden soll

Zum anderen sind auch **motivationale Unterschiede** zwischen Mitarbeitern zu berücksichtigen. Prozesstheorien der Motivation verweisen auf verschiedene Faktoren in der Person des Mitarbeiters, die zum Entstehen einer aufgaben- bzw. leistungsbezogenen Motivation beitragen (vgl. die **Valenz-Instrumentalitäts-Erwartungs- [VIE-] Theorie** von Vroom, 1964):

- die subjektive **Erwartung**, ein bestimmtes **Ziel erreichen** zu können
- die **Instrumentalität**, d.h. die subjektive Erwartung, welche *Folgen* ein bestimmtes Handlungsergebnis hat
- die positive vs. negative **Valenz** (subjektive Wertigkeit) dieser Handlungsfolgen für den Arbeitenden

Abbildung 9 verweist auf ein fiktives Beispiel zur Veranschaulichung des Ansatzes von Vroom (1964): Ein Kreditinstituts kann bestrebt sein, Mitarbeiter in den Filialen als zukünftige Führungskräfte zu gewinnen und dementsprechend Personalentwicklung zu betreiben. Die Auswahl und Motivierung geeigneter Mitarbeiter muss sich dabei sowohl an den fachlichen als auch an den motivationalen Leistungsvoraussetzungen orientieren, inklusive unterschiedlicher (möglicherweise in sich widersprüchlicher) Interessenlagen.

Am Anfang steht eine Analyse dieser Voraussetzungen, an die sich eine gezielte Beeinflussung der vom Mitarbeiter wahrgenommenen **Valenzen**, **Instrumentalitäten und Erwartungen** anschließen kann. Dies wiederum ist eine wichtige **Aufgabe der Führungskräfte**. Ein ausgeprägtes Leistungs- und Karrieremotiv bei dem ausgewählten Mitarbeiter kann dabei sehr *förderlich* sein, ein ausgeprägtes Anschlussmotiv (hohe Valenz eines angenehmen Miteinanders mit den Kollegen) dagegen eher *hinderlich*. Es lässt sich nicht davon ausgehen, dass Karriere im Sinne eines stetigen Strebens nach höheren und besser dotierten Positionen das erste Ziel eines *jeden* Mitarbeiters darstellt, dem sich alles andere (familiäre Verpflichtungen, private Interessen, Freunde, Verbundenheit zu einer Region usw.) unterzuordnen hat.

In der **Weg-Ziel-Theorie der Führung** von House (1971) wird der Ansatz von Vroom um die intrinsische Valenz der Aufgabe und der Zielerreichung erweitert. Es resultiert diese Formel:

$$M = IV_b + P_1 (IV_a + (P_{2i} \times EV_i))$$

wobei *M* die **Motivation** darstellt, die aus folgenden Faktoren resultiert:

- IV_b: **intrinsische Valenz der Aufgabe** (erlebte Freude an der Ausführung)
- IV_a: **intrinsische Valenz der Zielerreichung** (erlebte Freude am Erfolg)
- EV_i: **extrinsische Valenz der Zielerreichung** (welche Bedeutung hat es z.B. für den Mitarbeiter, mehr Geld zu verdienen oder aufzusteigen?)
- P_1: **Instrumentalität des zielorientierten Verhaltens** (die wahrgenommene Wahrscheinlichkeit, dass das Arbeitshandeln zum Erfolg führt)

▪ P_{2i}: **Instrumentalität des Ergebnisses für extrinsische Bedürfnisse** (mit welcher wahrgenommenen Wahrscheinlichkeit führt z.B. die erfolgreiche Absolvierung einer Weiterbildung tatsächlich am Ende zu einer Beförderung?)

Einige dieser Faktoren sind additiv, andere multiplikativ miteinander verknüpft. D.h.: Eine hohe intrinsische Valenz der Arbeitsaufgabe (hervorgerufen durch Tätigkeitsspielraum, Anforderungsvielfalt und Rückmeldung) kann bereits für sich genommen zu einer hohen Arbeitsmotivation beitragen. Ein positiver Einfluss der intrinsischen Valenz der Zielerreichung setzt jedoch bereits voraus, dass der Mitarbeiter sich überhaupt in der Lage sieht, ein Leistungs- oder Entwicklungsziel zu erreichen (gefördert durch unterstützende Maßnahmen zur Kompetenzentwicklung). Extrinsische Anreize können nur dann wirksam werden, wenn sie für den Mitarbeiter eine Bedeutung aufweisen und er zwischen seinem Arbeitshandeln und diesen Anreizen einen funktionalen Zusammenhang herstellen kann. Es ist Aufgabe der Führungskräfte bzw. Personalentwickler, diese subjektive Bedeutung für den Mitarbeiter zu analysieren, ggf. andere Anreize zu setzen und den Zusammenhang zwischen Lernhandlungen und zu erzielenden Anreizen deutlich zu machen.

3.2.8 Fazit

In diesem Beitrag wurde erläutert, wie durch eine **kompetenzförderliche Gestaltung** der **Arbeitsaufgaben, Unternehmensorganisation und Unternehmenskultur** die Kompetenz von Mitarbeitern als wichtige Voraussetzung für Leistung, Innovation, Wohlbefinden etc. im positiven Sinne beeinflusst werden kann.

Kompetenz geht über die in Ausbildungen und darauf aufbauenden Weiter- und Fortbildungen erworbenen Qualifikationen hinaus und entwickelt sich erst in der **selbsttätigen Auseinandersetzung mit Arbeitsaufgaben**. Kompetenz beinhaltet dabei nicht nur Wissen und Können, sondern auch motivationale Leistungsvoraussetzungen. Beide Aspekte müssen zum Gegenstand der Analyse und Beeinflussung gemacht werden. Für Qualifikation, Wissen und Können als auch für motivationale Leistungsvoraussetzungen gilt, dass diese nicht passiv aufbewahrt und erhalten werden können, sondern der **dauernden Förderung und Inanspruchnahme** bedürfen.

Eine wichtige Rolle für den Erhalt und die Entwicklung von Kompetenzen spielen **ganzheitliche Arbeitsaufgaben** mit einem hohen **Tätigkeits- und Entscheidungsspielraum**, mit vielfältigen **Anforderungen** sowie **Transparenz** von Abläufen und **Rückmeldungen** zur Tätigkeitsausführung (letztere idealerweise aus der Tätigkeitsausführung selbst, alternativ durch zeitnahes Feedback von Kollegen und Vorgesetzten).

Eine kompetenzförderliche Gestaltung der Unternehmensorganisation und -kultur, verbunden mit und vermittelt durch ein kompetenzförderliches Verhalten von Führungskräften, stellt dazu eine wichtige Ergänzung dar. Wesentliche Merkmale einer **kompe-

tenzförderlichen Unternehmenskultur sind zeitliche Freiräume für das Lernen, die Anerkennung selbständigen Handelns, Entwicklungs- sowie Partizipationsmöglichkeiten. Partizipationsmöglichkeiten und zeitliche Freiräume für kooperatives Lernen können dabei konkret mit Hilfe von **Problemlöse- und Mitarbeitergruppen** (Qualitätszirkel, Aufgabenorientierter Informationsaustausch) oder durch das Konzept des **Partizipativen Produktivitätsmanagements** (PPM) institutionalisiert werden.

Die alleinige Darbietung von Lernmöglichkeiten in der Arbeit/im Unternehmen ist allerdings noch keine hinreichende Bedingung für eine erfolgreiche Kompetenzentwicklung aller Mitarbeiter. Es ist vielmehr wichtig, **Entwicklungsziele** zu formulieren, festzulegen bzw. zu vereinbaren. Je anspruchsvoller und konkreter Ziele dabei formuliert sind, desto höhere Leistungen sind zu erwarten. Erfolgreiche Kompetenzentwicklung setzt insbesondere bei anspruchsvollen Entwicklungszielen eine individuelle Förderung und Ableitung von Entwicklungsplänen voraus. Eine wichtige Rolle zum Zwecke der Motivierung spielt die **Analyse und Darbietung individuell bedeutsamer Anreize**. Dabei sind sowohl extrinsische Anreize (Lernen und Leistung als Mittel zum Zweck) als auch intrinsische Anreize (Lernen und Leistung aufgrund einer motivierenden Aufgabengestaltung) zu berücksichtigen.

Die individuelle Förderung von Mitarbeitern, verbunden mit der Analyse und Darbietung von individuell abgestimmten Anreizen, gehört zu den wichtigen **Aufgaben der unmittelbaren Führungskräfte**. Die Basis für das Vorhandensein entsprechender Anreize wird jedoch durch die Gestaltung kompetenzförderlicher Arbeitsaufgaben und einer entsprechenden Unternehmensorganisation und Unternehmenskultur gelegt.

Literatur

Antoni, C.H. & Bungard, W. (2004). Arbeitsgruppen. In H. Schuler (Hrsg.), *Organisationspsychologie – Gruppe und Organisation. Enzyklopädie der Psychologie, Band D/III/4* (S.129-191). Göttingen: Hogrefe.

Argyris, C. (1964). *Integrating the individual and the organization*. New York: Wiley.

Baitsch, C. (1998). Lernen im Prozeß der Arbeit – zum Stand der internationalen Forschung. In Arbeitsgemeinschaft Qualifikations-Entwicklungs-Management Berlin (Hrsg.), *Kompetenzentwicklung '98: Forschungsstand und Forschungsperspektiven* (S. 269-337). Münster: Waxmann.

Bass, B. M. & Avolio, B. (1995). *MLQ Multifactor Leadership Questionnaire. Technical Report*. Redwood City, CA.: Mind Garden.

Bergmann, B. (1996). Lernen im Prozeß der Arbeit. In Arbeitsgemeinschaft Qualifikations-Entwicklungs-Management Berlin (Hrsg.), *Kompetenzentwicklung '96* (S. 153-262). Münster: Waxmann.

Bergmann, B. (2000). Arbeitsimmanente Kompetenzentwicklung. In B. Bergmann, A. Fritsch, P. Göpfert, F. Richter, B. Wardanjan & S. Wilczek (Hrsg.), *Kompetenzentwicklung und Berufsarbeit* (S. 11-39). Münster: Waxmann.

Bergmann, B. (2004). Unterstützung der Kompetenzentwicklung. In B. Bergmann u.a. (Hrsg.), *Arbeiten und Lernen* (S. 299-318). Münster: Waxmann.

Bergmann, B., Pohlandt, A., Pietrzyk, U., Richter, F. & Eisfeldt, D. (2004). Alterstrends beruflicher Handlungskompetenz. In B. Bergmann u.a. (Hrsg.), *Arbeiten und Lernen* (S. 245-273). Münster: Waxmann.

Blanchard, K., Carlos, J.P. & Randolph, A. (1998). *Management durch Empowerment*. Reinbeck: Rowohlt.

Breisig, T. (2000). *Entlohnen und Führen mit Zielvereinbarungen: Orientierungs- und Gestaltungshilfen für Betriebs- und Personalräte sowie für Personalverantwortliche*. Frankfurt am Main: Bund-Verlag.

Deci, E. L. & Ryan, R. M. (1985). *Intrinsic motivation and self-determination in human behavior*. New York: Plenum.

Deppe, J. (1992). *Quality Circle und Lernstatt. Ein integrativer Ansatz*. Wiesbaden: Gabler.

Drucker, P. F. (1998). *Die Praxis des Managements*. Düsseldorf: Econ.

Dunckel, H. (1999). *Handbuch psychologischer Arbeitsanalyseverfahren*. Zürich: vdf.

Elkeles, T. (1994). *Arbeitsorganisation in der Krankenpflege – Zur Kritik der Funktionspflege*. Frankfurt: Mabuse.

Felfe, J. (2005). *Charisma, transformationale Führung und Commitment*. Köln: Kölner Studienverlag.

Felfe, J. & Goihl, K. (2002). Deutsche überarbeitete und ergänzte Version des Multifactor Leadership Questionnaire (MLQ). In A. Glöckner-Rist (Hrsg.), *ZUMA-Informationssystem. Elektronisches Handbuch sozialwissenschaftlicher Erhebungsinstrumente. Version 6.00*. Mannheim: Zentrum für Umfragen, Methoden und Analysen.

Geyer, A. L. & Steyrer, J. M. (1998). Transformational leadership and objective performance in banks. *Applied Psychology: An International Review, 47*, 397-420.

Guldin, A. (2000). Förderung von Innovationen. In H. Schuler (Hrsg.), *Lehrbuch der Personalpsychologie* (S. 289-311). Göttingen: Hogrefe.

Gupta, N., Jenkins, G. D. & Curington, W. (1986). Paying for knowledge: Myths and realities. *National Productivity Review 5*, 107-23.

Gupta, N., Schweizer, T. & Jenkins, G. D. (1987). Pay-for-knowledge compensation plans: Hypotheses and survey results. *Monthly Labor Review, 110* (10), 40-43.

Hacker, W. (1994). Arbeitsanalyse zur prospektiven Gestaltung von Gruppenarbeit. In C. H. Antoni (Hrsg.), *Gruppenarbeit in Unternehmen: Konzepte, Erfahrungen, Perspektiven* (S. 49-80). Weinheim: Beltz.

Hacker, W. (2005). *Allgemeine Arbeitspsychologie* (2. Aufl.). Bern: Huber.

Hacker, W., Fritsche, B., Richter, P. & Iwanowa, A. (1995). Tätigkeitsbewertungssystem TBS. Verfahren zur Analyse, Bewertung und Gestaltung von Arbeitstätigkeiten. In Ulich, E. (Hrsg.), *Mensch – Technik – Organisation. Band 7*. Zürich: vdf.

Hackman, J. R. & Oldham, G. R. (1976). Motivation through the design of work: Test of a theory. *Organizational Behaviour and Human Performance, 21*, 289-304.

Häusser, J., Mojzisch, A. & Schulz Hardt, Stefan (2009). Der empirische Stand des Job-Demand-Control(-Support) Models nach 30 Jahren Forschung. Was wissen wir heute und wo geht es hin? *Vortrag auf der 6. Tagung der Fachgruppe Arbeits- und Organisationspsychologie der Deutschen Gesellschaft für Psychologie vom 9.-11. September 2009 in Wien*.

Holling, H., Lammers, F. & Pritchard, R. D. (Hrsg.) (1999). *Effektivität durch Partizipatives Produktivitätsmanagement*. Göttingen: Verlag für Angewandte Psychologe.

House, R. J. (1971). A path-goal theory of leader effectiveness. *Administrative Science Quarterly, 16*, 321-339.

Johannes, D. (1993). *Qualitätszirkel, Gesundheitszirkel und andere Problemlösegruppen – eine vergleichende Darstellung der verschiedenen Konzepte*. Essen: BKK.

Judge, T. A. & Piccolo, R. F. (2004). Transformational and transactional leadership: a metaanalytic test of their relative validity. *Journal of Applied Psychology, 89*, 755-768.

Karasek, R. A. (1979). Job demands, job decision latitude and mental strain: implications for job redesign. *Administrative Science Quarterly, 24*, 285-308.

Karasek, R. & Theorell, T. (1990). *Healthy work: Stress, productivity, and the reconstruction of working life*. New York: Basic Books.

Kearney, E. & Gebert, D. (2006). *Leadership and Diversity*. Vortrag auf der „Berlin Conference on Expertise in Context", Humboldt-Universität Berlin, 26.-28.07.2006.

Kerr, S. & Jermier, J. M. (1978). Substitutes for leadership: Their meaning and measurement. *Organizational Behavior and Human Performance, 22*, 375-403.

Kil, M., Leffelsend, S. & Metz-Göckel, H. (2000). Zum Einsatz einer revidierten und erweiterten Fassung des Job Diagnostic Survey im Dienstleistungs- und Verwaltungssektor. *Zeitschrift für Arbeits- und Organisationspsychologie, 44*, 115-128.

Kleinbeck, U. (2004). Die Wirkung von Zielsetzungen auf die Leistung. In H. Schuler (Hrsg.), *Beurteilung und Förderung beruflicher Leistung* (S. 215-237). Göttingen: Hogrefe.

Knoll, J. (1999). Eigen-Sinn und Selbstorganisation. Zu den Besonderheiten des Lernens von Erwachsenen. In Arbeitsgemeinschaft Qualifikations-Entwicklungs-Management Berlin (Hrsg.), *Kompetenzentwicklung '99: Aspekte einer neuen Lernkultur, Argumente, Erfahrungen, Konsequenzen* (S. 61-79). Münster: Waxmann.

Lave, J. & Wenger E. (1991). *Situated Learning: Legitimate Peripheral Participation*. Cambridge: Cambridge University Press.

Lehner, J. M. & Putz, P. (2002). Effekte zielorientierter Führungssysteme – Entwicklung und Validierung des Zielvereinbarungsbogens (ZVB). *Zeitschrift für Arbeits- und Organisationspsychologie, 46*, 22-34.

Locke, E. A. & Latham, G. P. (1990). *A theory of goal setting and task performance*. Englewood Cliffs, NJ: Prentice-Hall.

Maunz, S. (1999). Führung und Burnout: Burnoutprävention durch Erhöhung der Führungsqualität? *Psychologie in Österreich, 19*, 164-166.

Mento, A. J., Steel, R. P. & Karren, R. J. (1987). A meta-analytic study of the effects of goal setting on task performance: 1966-1984. *Organizational Behavior and Human Decision Processes, 39*, 52-83.

Meyer, J. P., Stanley, D. J., Herscovitch, L. & Topolnytsky, L. (2002). Affective, continuance, and normative commitment to the organization: A Meta-analysis of antecedents, correlates, and consequences. *Journal of Vocational Behavior, 61*, 20-52.

Neubert, J. & Tomczyk, R. (1986). *Gruppenverfahren der Arbeitsanalyse und Arbeitsgestaltung*. Berlin: Springer.

Pietruschka, S. (2000). Psychologische Grundlagen für eine Führung mit Zielvereinbarungsgesprächen. In F. Jetter & R. Skrotzki (Hrsg.), *Handbuch Zielvereinbarungsgespräche* (S. 38-48). Stuttgart: Schaeffer-Poeschel.

Pietrzyk, U. (2004). Evaluation unterschiedlicher Beschäftigungsformen unter dem Aspekt der Entwicklung beruflicher Handlungskompetenz und Gesundheit. In B. Bergmann u.a. (Hrsg.), *Arbeiten und Lernen* (S. 149-243). Münster: Waxmann.

Pietrzyk, U. (2006). Beschäftigungsentwicklung im Einzelhandel – Wo führt sie hin? In B. Bergmann et al. (Hrsg.). *Kompetent für die Wissensgesellschaft* (S. 265-308). Münster: Waxmann.

Pohlandt, A., Debitz, U., Jordan, P., Richter, P. & Schulze, F. (2007). *REBA ergoInstrument 8.0. Rechnergestützte Bewertung von Arbeitstätigkeiten für die Sicherheit und den Gesundheitsschutz am Arbeitsplatz* (Handbuch und Rechnerprogramm auf CD-ROM). Bochum: Infomedia-Verlag.

Pohlandt, A., Jordan, P., Richter, P. & Schulze, F. (1999). Die rechnergestützte psychologische Bewertung von Arbeitsinhalten REBA. In H. Dunckel (Hrsg.), *Handbuch psychologischer Arbeitsanalyseverfahren*. Zürich: vdf.

Reich, S. & Gude, D. (2000). *Information und Koordination teilautonomer Organisationseinheiten – ein Praxisleitfaden für KMU* (Ergebnisbericht zum Arbeitspaket 1.1 B des Projekts „Innovative und menschengerechte Organisationsgestaltung in kleinen und mittleren Unternehmen"). Dortmund: IfaDo. Verfügbar unter http://www.ergonetz.de/imokmu/downloads/information-koordination-teilautonomer-organisationseinheiten.pdf [28.10.2009].

Richter, F. (2005). *Lernförderlichkeit der Arbeitssituation und Entwicklung beruflicher Handlungskompetenz*. Hamburg: Kovac.

Richter, F. (2006). Lernunterstützungen im Arbeitsprozess. In Bärbel Bergmann u.a. (Hrsg.), *Kompetent für die Wissensgesellschaft* (S. 365-403). Münster: Waxmann.

Richter, F. (2010). Lernförderlichkeit und Arbeitsintensität als Einflussfaktoren auf den Erhalt beruflicher Handlungskompetenz über die Spanne des Erwerbslebens. In Gesellschaft für Arbeitswissenschaft (Hrsg.), *Neue Arbeits- und Lebenswelten gestalten* (367-370). Dortmund: GfA-Press.

Richter, F. & Pohlandt, A. (2004). Maßnahmen zur Unterstützung beruflicher Kompetenzentwicklung. In B. Bergmann u.a. (Hrsg.), *Arbeiten und Lernen* (S. 275-297). Münster: Waxmann.

Richter, F. & Pohlandt, A. (2009). Lernförderliche Arbeitsgestaltung, Arbeits-zufriedenheit und Anspruchsniveau. *Arbeit, Zeitschrift für Arbeitsforschung, Arbeitsgestaltung und Arbeitspolitik, 2*, S. 107-122.

Richter, F. & Wardanjan, B. (2000). Die Lernhaltigkeit der Arbeitsaufgabe - Entwicklung und Erprobung eines Fragebogens zu lernrelevanten Merkmalen der Arbeitsaufgabe (FLMA). *Zeitschrift für Arbeitswissenschaft, 54*, 175-183.

Richter, P., Hemmann, E., Merboth, H., Fritz, S., Hänsgen, C. & Rudolf, M. (2000). Das Erleben von Arbeitsintensität und Tätigkeitsspielraum – Entwicklung und Validierung eines Fragebogens zur orientierenden Analyse (FIT). *Zeitschrift für Arbeits- und Organisationspsychologie, 44*, 129-139.

Rudolph, E., Schönfelder, E. & Hacker, W. (1987). *Tätigkeitsbewertungssystem-Geistige Arbeit (TBS-GA)*. Berlin: Psychodiagnostisches Zentrum der Humboldt-Universität zu Berlin.

Schmidt, K.-H. & Kleinbeck, U. (1999a). Job Diagnostic Survey (JDS - deutsche Fassung). In H. Dunckel (Hrsg.), *Handbuch psychologischer Arbeitsanalyseverfahren* (S. 205-230). Zürich: vdf.

Schmidt, K.-H. & Kleinbeck, U. (1999b). Funktionsgrundlagen der Leistungswirkungen von Zielen bei der Arbeit. In M. Jerusalem & R. Pekrun (Hrsg.), *Emotion, Motivation und Leistung* (S. 291-304). Göttingen: Hogrefe.

Shaw, J. D., Gupta, N., Mitra, A. & Ledford Jr., G. E. (2005). Success and survival of skill-based pay plans. *Journal of Management, 31,* 28-49.

Sodenkamp, D., Schmidt, K.-H. & Kleinbeck, U. (2002). Balanced Scorecard, Erfolgsfaktorenbasierte Balanced Scorecard und Partizipatives Produktivitätsmanagement – Ein Vergleich. *Zeitschrift für Personalpsychologie, 1* (4), 182-195.

Sonntag, K. & Stegmaier, R. (2007). *Arbeitsorientiertes Lernen: Zur Psychologie der Integration von Lernen und Arbeit.* Stuttgart: Kohlhammer.

Staehle, W. H. (1999). *Management. Eine verhaltenswissenschaftliche Perspektive* (8. Aufl.; überarb. von P. Conrad & J. Sydow). München: Vahlen.

Tubbs, M. E. (1986). Goal setting: A meta-analytic examination of the empirical evidence. *Journal of Applied Psychology, 71,* 474-483.

Van der Doef, M. & Maes, S. (1999). The job demand-control (-support) model and psychological well-being: A review of 20 years of empirical research. *Work & Stress, 13,* 87-114.

Vroom, V. H. (1964). *Work and motivation.* New York: Wiley.

Wardanjan, B., Richter, F. & Uhlemann, K. (2000). Lernförderung durch die Organisation – Erfassung mit dem Fragebogen zum Lernen in der Arbeit (LIDA). *Zeitschrift für Arbeitswissenschaft, 54,* 184-190.

Wegge, J. (2004). *Führung von Arbeitsgruppen.* Göttingen: Hogrefe.

Wegge, J. (2006). Gruppenarbeit. In H. Schuler (Hrsg.), *Lehrbuch der Personalpsychologie* (S. 579-610). Göttingen: Hogrefe.

Wenger, E., McDermott, R. & Snyder, W.M. (2002). *Cultivating communities of practice: A guide to managing knowledge.* Cambridge: Harvard Business School Press.

Wetzstein, A., Ishig, A. & Hacker, W. (2004). Der Aufgabenbezogene Informationsaustausch als innovationsförderndes Instrument für Unternehmen. *Wirtschaftspsychologie aktuell, 11,* 57-60.

3.3 Konstruktivistische und computerbasierte Ansätze der Personalentwicklung

von Katrin Allmendinger

Im Folgenden werden zunächst konstruktivistisch orientierte PE-Ansätze dargestellt, bevor auf computerbasierte PE eingegangen wird. In beiden Unterkapiteln werden nach einer definitorischen Abgrenzung und der Darstellung der Ziele der PE-Ansätze die Rahmenbedingungen, Methoden und Inhalte sowie theoretischen Hintergründe erläutert. Computerbasierte PE baut in der Praxis häufig auf konstruktivistischen Ansätzen auf. Diese Ansätze haben gemeinsam, dass Wert gelegt wird auf eine **aktive, problemorientierte Verarbeitung des Lerninhalts** durch Lernende, die ihren Lernprozess in bestimmten Grenzen selbst konstruktiv gestalten.

3.3.1 Konstruktivistisch orientierte Personalentwicklung

Gemeinsam ist den konstruktivistisch orientierten Lernansätzen, dass sie sich explizit dem Anliegen verschrieben haben, die **Chance des Lerntransfers zu erhöhen** (Gräsel & Mandl, 1999; Kohler, 2000; vgl. Solga, Kap. 5: Förderung von Lerntransfer). Zur Veranschaulichung der Ansätze und Prinzipien, die im Folgenden dargestellt werden, wird ein Praxisbeispiel aufgegriffen, das sich auf den nach konstruktivistischen Prinzipien optimierten Lehrgang „Industriemeister, Fachrichtung Metall" bezieht. Die Neuordnung des Lehrgangs wurde durch den Erlass einer neuen Prüfungsordnung angestoßen, die vorsieht, dass die Absolventen des Lehrgangs nicht mehr in einzelnen Fächern geprüft werden, sondern anhand von drei so genannten „Situationsaufgaben", die aus der betrieblichen Praxis von Industriemeistern abgeleitet werden (Deutscher Industrie- und Handelstag, 1998). Zur Lösung der Aufgaben ist es erforderlich, erworbenes Fachwissen aus den Handlungsbereichen Technik, Organisation und Führung zu verknüpfen und auf die konkrete Aufgabenstellung zu transferieren.

Definition und Ziele

Konstruktivistisch orientierte Lehr-/Lernszenarien zielen darauf ab, dass Lernende Qualifikationen, Wissen und Kompetenzen erwerben, die sie **im konkreten Anwendungsfall einsetzen** können, um berufliche Anforderungen zu bewältigen. Je nach konstruktivistischem Ansatz steht dabei in unterschiedlichem Ausmaß das **selbstorganisierte Lernen** im Vordergrund.

Mitte der 90er Jahre hat sich die Lehr-/Lernforschung mit dem Phänomen des **trägen Wissens** auseinandergesetzt. Unterschiedliche Studien ergaben, dass in Schule, Universitäten, aber auch teilweise in der beruflichen Weiterbildung, Wissen erworben wird, dass nicht oder nur ansatzweise zur Lösung komplexer realitätsnaher Aufgaben eingesetzt wird. Als zentrale Ursache wurde der in der **traditionellen Gestaltung** von Lehr-/Lernprozessen verankerte Schwerpunkt der Unterweisung des Lernenden durch den Lehrenden (**Instruktion**) angesehen. Drei zentrale Aspekte werden damit assoziiert (Gräsel & Mandl, 1999, Reinmann-Rothmeier & Mandl, 2006; Reinmann-Rothmeier, Mandl & Prenzel, 1994). Erstens wird davon ausgegangen, dass Lerninhalte in ihrer Entwicklung abgeschlossene, stark strukturierte Wissenssysteme sind. Lehrende verfügen somit über objektives Wissen, das sie im Unterricht an Lernende vermitteln. Zweitens wird als zentrale Aufgabe der Lehrenden erachtet, das Wissen sinnvoll zu portionieren. Sie präsentieren die aufeinander aufbauenden Wissensinhalte schrittweise und überprüfen den Lernerfolg durch abstrakte Prüfungsaufgaben. Drittens wird eine rezeptive Lernhaltung assoziiert. Eigenständige Reflexion, Vergleiche mit Vorerfahrungen und Anwendungsmöglichkeiten bleiben in der Regel aus. Damit einher geht häufig eine absinkende Lernmotivation und fehlende Eigenverantwortung für den Lernprozess. Diesen Auswirkungen versuchen die konstruktivistischen Lernansätze entgegenzuwirken.

Folgende Aspekte können generell der konstruktivistischen Gestaltung von Bildungsmaßnahmen zugeordnet werden (Reinmann-Rothmeier et al., 1994):

- **Ziel:** Es wird auf die Umsetzung und Anwendung von Wissen und Fertigkeiten abgezielt und nicht ausschließlich auf die Erweiterung des bestehenden Wissens.
- **Inhalt:** Auf konkrete Handlungen bezogenes Wissen bzw. strategisches Wissen steht generell beim konstruktivistischen Lernen im Vordergrund.
- **Lernkultur:** Voraussetzung für die Umsetzung konstruktivistischer Lernansätze ist eine Offenheit seitens der Bildungsverantwortlichen und des Managements für neue Weiterbildungskonzepte sowie eine hohe Flexibilität hinsichtlich der Schulungen.

Im Abschnitt Methoden und Inhalte (s.u.) werden drei konstruktivistische Ansätze vorgestellt, die auf einem gemäßigten Konstruktivismus-Ansatz basieren. Diese Ansätze haben gemeinsam, dass sie Wissen nicht als Abbild der Wirklichkeit definieren, sondern, dass sie davon ausgehen, dass Wissen aus einem **aktiven, individuellen und kontextabhängigen Konstruktionsprozess**[1] hervorgeht. Die Vertreter der Ansätze tragen dieser Überzeugung Rechnung, indem sie ein **komplexes, authentisches Problem** zum **Ausgangspunkt des Lernprozesses** machen. Die Lernenden werden angeregt, im Zuge der Bearbeitung des Problems Lerninhalte eigenständig zu durchdenken, mit Vorwissen und

---

[1] Jeder Lerner ist somit aktiv bei der Wissensgenerierung und –aneignung involviert. Neue Lerninhalte werden mit bereits vorhandenem Wissen bzw. Vorerfahrungen verbunden und dabei aktiv konstruiert bzw. individuell mit Fallbeispielen verknüpft.

Vorerfahrungen in Zusammenhang zu bringen, mit Dritten zu diskutieren und in neue Kontexte zu übertragen.

Konstruktivistische und problemorientierte Lehr-/Lernangebote haben mittlerweile in unterschiedliche Bildungsbereiche Einzug erhalten. In der Praxis werden sie häufig gekoppelt mit traditionellen Unterweisungsformen. Insofern kann in der Regel davon ausgegangen werden, dass konkrete Lehr-/Lernszenarien häufig Elemente sowohl von hierarchisch und logisch gegliederter Wissensvermittlung als auch aktiver Wissenskonstruktion beinhalten (Reinmann-Rothmeier & Mandl, 2006).

Es sei ausdrücklich darauf hingewiesen, dass traditionelle Wissensvermittlung neben problemorientierten Lernansätzen je nach Lehr-/Lernsituation durchaus einen wichtigen Stellenwert haben kann. So ist Wissensvermittlung beispielsweise dann indiziert, wenn sich Lernende bei geringem oder nicht vorhandenem Vorwissen in kurzer Zeit einen systematischen Überblick über einen Lerninhaltsbereich verschaffen wollen.

Rahmenbedingungen

Konstruktivistische bzw. problemorientierte PE ist erfolgversprechend, wenn verschiedene **Rahmenbedingungen** gegeben sind. So ist z.B. darauf zu achten, dass die **Gruppengröße** einen Betreuungsschlüssel zulässt, der die Begleitung individueller Konstruktionsprozesse möglich macht. Insbesondere, wenn es um die Reflexion und Anwendung des Gelernten geht, hat es sich als sinnvoll erwiesen, wenn Dyaden oder Kleingruppen bis zu 4 Personen, zusammenarbeiten. Besondere Aufmerksamkeit liegt somit auf der Gestaltung der **Transferphase**. Die Rolle des Trainers verändert sich vom Wissensvermittler zum Impulsgeber und **Begleiter** im Lern- und Transferprozess. Entsprechende Expertise bezogen auf den Arbeitsalltag der Kursteilnehmer ist seitens des Trainers erforderlich. Durch die vernetzte Thematisierung fächerübergreifender Inhalte wird eine Kooperation zwischen verschiedenen Fachtrainern notwendig. Die Kursteilnehmer sind gefordert, sich aktiv mit Lerninhalten auseinanderzusetzen, bestimmte Inhalte selbständig in Einzel- oder Gruppenarbeit zu erarbeiten und Praxisbeispiele einzubringen. Dazu ist eine mentale Abkehr von der Idee des „einen besten bzw. einzig richtigen Lösungswegs" (Musterlösung) hin zu einem Denken in Alternativen unabdingbar.

Ziel der im Praxisbeispiel angeführten Weiterbildung für Industriemeister, Fachrichtung Metall, ist eine Steigerung der Handlungskompetenz im betrieblichen Alltag. Die Qualität des neuen Lehrgangs misst sich folglich daran, inwieweit sich die erworbenen Qualifikationen in der betrieblichen Praxis verwerten lassen. Analog und zur Vorbereitung auf das neue Prüfungsverfahren mit Situationsaufgaben werden so genannte situationsbezogene Lernaufgaben aus der betrieblichen Praxis von Industriemeistern im Lehrgang eingesetzt. Sie umfassen unterschiedliche Qualifikationsschwerpunkte aus den Bereichen Technik, Organisation und Führung. So hat die Auswahl und Einführung einer neuen Maschinensteuerung beispielsweise auch zur Folge, dass der Meister ein Schulungskonzept vorlegen muss, um die Einarbeitung seiner Mitarbeiter zu gewährleisten. Eine situationsbezogene Lernaufgabe basiert auf einer betrieblichen Situationsbeschreibung, die aus Texten, Graphiken, Tabellen, Videos und betrieblichen Originalunterlagen bestehen kann. Die Situationsbeschreibung wird durch eine leitfadengestützte Arbeitsanalyse gewonnen. Der Leitfaden, der im Rahmen eines vom Bundesinstitut für Berufsbildung im Auftrag des BMBF geförderten Modellversuchs durch das Fraunhofer Institut Arbeitswirtschaft und Organisation entwickelt wurde, umfasst fünf Teile zu unterschiedlichen Themenfeldern (Gidion & Müller, 2000): Arbeitsalltag des interviewten Industriemeisters, Unternehmen, Arbeitssystem, Hintergrund und Umfang einer konkreten, repräsentativen Arbeitsaufgabe des Meisters und Checkliste für die benötigten Originalunterlagen (z.B. Layoutplan, Auftragsunterlagen). Um immer wieder aktuelle Arbeitsaufgaben von Meistern im Lehrgang integrieren zu können, ist es erforderlich, dass Dozenten entweder direkt im Unternehmen oder gemeinsam mit den Lehrgangsteilnehmern aktuelle Situationsbeschreibungen aufgreifen. Da die Meisterlehrgänge in der Regel berufsbegleitend absolviert werden, kann Gelerntes oftmals gleich in den Arbeitsalltag der Teilnehmenden transferiert werden.

Methoden und Inhalte

Im Folgenden werden die konstruktivistisch orientierten Ansätze Anchored Instruction, Cognitive Flexibility Theory und Cognitive Apprenticeship dargestellt. Im Anschluss daran werden allgemeine Prinzipien konstruktivistischer Lernansätze abgeleitet und anhand des Praxisbeispiels „Industriemeister" verdeutlicht.

Anchored Instruction: Bransford, Sherwood, Hasselbring, Kinzer und Williams (1990) gehen in ihrem Konzept der Anchored Instruction davon aus, dass träges Wissen dadurch vermieden werden kann, dass ein so genannter narrativer Anker, der Interesse erzeugt, Bestandteil von Lernprozessen ist (vgl. auch Mandl, Gruber & Renkl, 1995). Ein narrativer Anker ist beispielsweise die filmische Darstellung einer Ausgangssituation aus verschiedenen Perspektiven. Dadurch sollen Lernende animiert werden, zu überlegen, wie sie die Herausforderung, die sich an den Protagonisten stellt, bewältigen würden. Der Film bricht nach der Darstellung der Ausgangssituation ab und regt die Lernenden an, komplexe Fragestellungen selbst zu entdecken und selbständig die erforderlichen Wissensgrundlagen sowie Lösungswege zu erarbeiten. Zentrale Aspekte, die diesem Lernansatz zugrunde liegen sind:

- **Narrativer, videobasierter Anker:** Der Aufbau mentaler Modelle[2] von situativen Gegebenheiten wird durch das Video unterstützt. Die intrinsische Motivation der Lernenden wird gefördert, da ein bedeutungsvoller, realistischer Kontext dargeboten wird, der die Anbindung an das eigene Vorwissen erlaubt.

---

[2] Unter mentalem Modell versteht man allgemein die Repräsentation eines Gegenstandes oder eines Prozesses im Bewusstsein eines Menschen.

- **Problemkomplexität:** Die durch das Video angestoßene, komplexe Problemstellung wird durch die Lernenden selbständig herausgearbeitet und konkretisiert. Zur Lösung erforderliche Informationen sind in das Video teilweise eingebettet und müssen ausfindig gemacht werden. Durch unterschiedliche videobasierte Anker können multiple Perspektiven und Anwendungszusammenhänge vermittelt werden.
- **Fächerübergreifendes Lernen:** Durch die Integration von verschiedenen fachlichen Hintergründen wird vermieden, dass Wissen fächerteilig abgespeichert wird.

Cognitive Flexibility Theory: Spiro und Jehng (1990) betonen in der Cognitive Flexibility Theory, dass Lernende **multiple Perspektiven** einnehmen sollen. Ihrer Meinung nach ist die zu starke Vereinfachung im Lernprozess einer der Hauptursachen, weshalb Transfer nicht stattfindet. Übervereinfachung könne jedoch vermieden werden, wenn ein Phänomen, ein Fallbeispiel oder ein Konzept von mehreren Perspektiven aus betrachtet wird. Wird derselbe Inhalt zu unterschiedlichen Zeitpunkten, in anderen Kontextbezügen und zu anderen Zwecken dargeboten, können Lernende einen vollständigen Zugang erwerben. Nach Spiro und Jehng (1990) ist ihre Theorie im doppelten Sinn als konstruktivistisch zu bezeichnen:

- **Einbindung des Vorwissens im Konstruktionsprozess:** Lernende entwickeln Bedeutungszusammenhänge, indem sie auf der Basis ihres bereits erworbenen Vorwissens die dargebotene Information einordnen. So wird ein Text zu einem Lerninhalt beispielsweise als eine vorläufige Grundlage verstanden, die nur im Zusammenhang mit dem Vorwissen eine adäquate und vollständige Repräsentation der Bedeutung des Textes ermöglicht.
- **Konstruktion des Vorwissens:** Es wird davon ausgegangen, dass auch das Vorwissen, das eingesetzt wird, konstruiert ist. Es wird nicht nur aus dem Gedächtnis abgerufen, sondern durch einen Vergleich des aktuellen Falls mit den bereits abgespeicherten Fällen konstruiert.

Cognitive Apprenticeship: Im Cognitive Apprenticeship-Ansatz (Collins, Brown & Newman, 1989; Brown, Collins & Duguid, 1998) wird davon ausgegangen, dass Lerntransfer dadurch gefördert wird, dass verschiedene Grade und Qualitäten der äußeren Anleitung im Lernprozess berücksichtigt werden. Ähnlich wie in einer Handwerkslehre, werden sowohl manuelle Tätigkeiten als auch kognitive Konzepte gelernt, die diesen Tätigkeiten zugrunde liegen. Obwohl der Schwerpunkt des Ansatzes die Aktivität als zentrales Element des Wissenserwerbs ist, werden deren Einbettung in das kulturelle Umfeld und die mit ihr verbundenen Konzepte berücksichtigt. So sind beispielsweise die Umstände unter denen ein bestimmtes gegenständliches (z.B. Hammer) oder kognitives (z.B. Rechenweg) Werkzeug eingesetzt wird, situationsspezifisch und eingebunden in die Kultur einer Gemeinschaft von Praktikern (z.B. Schreinern, Mathematikern). Der Lernende („Lehrling") wird folglich durch die Beobachtung eines erfahrenen Praktikers an die Aktivitäten einer Berufsgruppe herangeführt (**Modelllernen**). Mit der Zeit ändert sich die Rolle des Lehrenden vom Modell, das sein mit der Aktivität verbundenes Wissen vermittelt, hin zu einem **Begleiter** der Aktivitäten des Lernenden („gemeinsame Aktivität in unterschiedlichen Zusammenhängen") und einem **Initiator** weiterer selbständiger Aktivitäten des Lernenden. Dabei werden die Lernenden angeregt, ihre Lernschritte zu artikulieren und zu reflektieren, um zu gewährleisten, dass sie die zugrundeliegenden Problemlösestrategien bewusst verarbeiten und dadurch auf anderen Kontexte und Ausgangssituationen übertragen können. Trotz konstruktivistischer Grundposition des Cognitive Apprenticeship-Ansatzes werden folgende Methoden zur gezielten Anleitung der Lernenden genutzt:

- **Kognitive Modellierung:** Der lehrende Experte demonstriert sein Vorgehen bei der Aufgabenbewältigung und verbalisiert, was er während des Handelns wahrnimmt und denkt. Dadurch werden internal ablaufende kognitive Prozesse für den Lernenden beobachtbar.

- **Coaching and Fading/Anleiten und Zurücknehmen:** Nach der Modellierung befasst sich der Lernende selbst mit der Problemstellung. Dabei wird er durch Experten beobachtet und unterstützt. Sie geben Feedback, Ratschläge und erinnern an die Gestaltung von Teilprozessen. Somit gewinnt der Novize Selbstvertrauen und Kontrolle über die Situation, was dazu führt, dass die Hilfestellung sukzessive ausgeblendet werden kann.

- **Scaffolding/Hilfestellung geben**: Kann ein lernender Novize Arbeitsaufgaben nicht allein bewältigen, so wird er durch Anleitung eines Experten unterstützt. Dadurch werden Überforderungen im Lernprozess vermieden und die Motivation zum Weiterlernen bleibt erhalten.

- **Artikulation/Verbalisierung**: Der lernende Novize wird gebeten, aktualisierte Wissensinhalte und Denkprozesse bei der Problemlösung zu äußern.

- **Reflexion**: Der Lernende wird aufgefordert, seine Vorgehensweisen bei der Problemlösung mit anderen Novizen und Experten zu diskutieren und in der Kommunikation zu reflektieren. Dabei werden eigene Vorgehensweisen mit fremden Vorgehensweisen verglichen, die eigene Problemlösung optimiert und die Ausbildung metakognitiver Strategien für effektiveres Lernen unterstützt.

Eng mit dem Cognitive Apprenticeship-Ansatz verbunden, ist der von Lave und Wenger (1991) vorgestellte Ansatz des **Situierten Lernens** in **Praktiker-Gemeinschaften**[3]. Im Gegensatz zu Arbeitsgruppen oder Projektteams, die durch die Bearbeitung spezifischer Aufgaben (z.B. der Bereitstellung einer Dienstleistung oder eines Produkts) gekennzeichnet sind, existiert eine selbstorganisierte Praktiker-Gemeinschaft so lange, wie Interesse daran besteht, Wissen zusammenzutragen, auszutauschen und Fähigkeiten der Mitglieder der Gemeinschaft weiterzuentwickeln. Der Ansatz wird in der Management-

---

[3] Dabei handelt es sich um eine Gemeinschaft von Personen, die informelle Schnittstellen in ihrer beruflichen Tätigkeit aufweisen und ähnlichen Arbeitsaufgaben gegenüberstehen (deutsche Übersetzung des englischen Begriffs „community of practice").

Literatur im Zusammenhang mit Wissensmanagement in Organisationen und Unternehmen diskutiert (Wenger & Snyder, 2000). Beispiele für die erfolgreiche Umsetzung des Cognitive Apprenticeship-Ansatzes gibt es u.a. bezogen auf die Vermittlung von Qualitätswissen im Rahmen eines Qualitätsmanagementtrainings (Hron, Lauche & Schultz-Gambard, 2000).

Allgemeine Prinzipien konstruktivistischer Ansätze: Unter Berücksichtigung der soeben erläuterten konstruktivistisch orientierten Lernansätze lassen sich folgende Prinzipien zur Unterstützung von Lernprozessen ableiten (vgl. auch Koschmann, 1996; Reimann & Zumbach, 2001; Steiner, 2006):

- **Förderung einer aktiven Lernhaltung:** Lernende übernehmen nicht nur dargebotenes Material, sondern rekonstruieren es aktiv. Lehrende und Lernmaterialien unterstützen die kritische Auseinandersetzung mit dem Lerninhalt, indem sie u.a. die Artikulation, Anwendung und Reflexion des Gelernten anregen.
- **Berücksichtigung des Vorwissens:** Neue Informationen werden auf der Basis des Vorwissens aufgenommen. Dabei werden einerseits neue Inhalte an vorhandene Wissensstrukturen (Akkommodation) und andererseits vorhandene Wissensstrukturen und Überzeugungen an neue Informationen (Adaptation) angepasst.
- **Authentizität und multiple Perspektiven:** Lehr-/Lernsituationen sollen authentische Aktivitäten und Problemstellungen von einer Gemeinschaft von Praktikern aufgreifen. Der Lernende wird dabei gefordert, denselben Lerninhalt aus unterschiedlichen Perspektiven und Kontexten zu reflektieren.
- **Förderung der Eigenständigkeit:** Lerninhalte werden so aufbereitet und Lehr-/Lernsituationen werden so gestaltet, dass Lernende zunächst an den Lerninhalt herangeführt werden (z.B. durch Lehrende oder geeignetes Lernmaterial), mit der Zeit jedoch selbstorganisiert die eigenen Lernziele weiterverfolgen.

Insbesondere die Prinzipien der Lerneraktivität und Perspektivenvielfalt legen nahe, dass Lernen in einem sozialen Kontext stattfindet. So ermöglicht das gemeinsame Bearbeiten einer Problemstellung in Kleingruppen, dass Lerninhalte diskutiert und von verschiedenen Standpunkten aus betrachtet werden. Durch Lernprozessbegleitung und Moderation können derartige Artikulations- und Reflexionsprozesse systematisch angeregt werden. Auf die Wahl eines **geeigneten Schwierigkeitsgrads** der Problemstellung im kooperativen Lernzusammenhang muss besonderer Wert gelegt werden. Mit der Komplexität der Aufgabenstellung steigt die Wahrscheinlichkeit und Notwendigkeit, dass die Perspektiven der Gruppenmitglieder integriert werden, um zu einer Lösung zu gelangen. Außerdem hat eine gut gewählte – d.h. fordernde, aber nicht überfordernde – Aufgabenkomplexität Auswirkungen auf motivationale Aspekte beim Lernen.

Bezogen auf das Praxisbeispiel „Industriemeister" lassen sich folgende konkrete Umsetzungsweisen der Prinzipien identifizieren (Gidion & Müller, 2000):

- **Förderung einer aktiven Lernhaltung:** Die Lehrgangsteilnehmenden sind aktiv an der Konstruktion von Wissen beteiligt. Sie bringen in die Bearbeitung der situationsbezogenen Lernaufgaben ihre eigenen Sichtweisen ein. Dabei übernehmen sie nicht nur die Vorgehensweisen, die durch die Originalunterlagen des Betriebes, in dem die Aufgabe erhoben wurden, nahe liegen, sondern hinterfragen diese kritisch auf der Basis ihrer eigenen betrieblichen Erfahrungen. Durch das Arbeiten in Kleingruppen und die Präsentation von Ergebnissen in Plenumssituationen wird die Artikulation und Reflexion des Gelernten zusätzlich angeregt. Teilweise ist es möglich, dass Meister aus dem Betrieb, in dem die situationsbezogene Lernaufgabe als konkrete Arbeitsaufgabe aufgetreten ist, bei den Ergebnispräsentationen mit dabei sind. Sie können die Praxisnähe der Lösungen besonders gut beurteilen und ermöglichen eine Auseinandersetzung innerhalb der Gemeinschaft der Praktiker, wie es der Cognitive Apprenticeship Ansatz anregt.

- **Berücksichtigung des Vorwissens:** Durch den Einsatz der situationsbezogenen Lernaufgaben wird es möglich, auch im Lehrgangskontext systematisch das Vorwissen der Teilnehmenden aus ihren unterschiedlichen Anwendungszusammenhängen und Branchen zu berücksichtigen. Mit entsprechenden Teilaufgaben wird ein themenbezogener Diskurs zwischen den Teilnehmenden angeregt, der die kritische Überprüfung des eigenen Wissensstands zulässt.

- **Authentizität und multiple Perspektiven:** Durch das Aufgreifen realistischer und zugleich subjektiv bedeutsamer betrieblicher Problemstellungen, die die Meister zu bewältigen haben, wird hohe Authentizität gewährleistet. Die meisten Aufgabenstellungen von Meistern haben ihren Schwerpunkt in einem der Bereiche Technik, Organisation oder Führung. In der Regel sind die Problemstellungen eines Bereiches jedoch nicht ohne Auswirkungen auf die zwei anderen Bereiche. So wird beispielsweise bei der technisch begründeten Auswahl einer neuen Maschinensteuerung, die organisatorische Planung der Umstellung der Anlage und die Auswahl und Schulung der Mitarbeitenden erforderlich, die die Steuerung in Zukunft bedienen sollen. Nach den Prinzipien der Cognitive Flexibility Theory bietet sich nach der Lösung der Aufgabenstellung an, die Inhalte in anderen Kontextbezügen und aus anderen Perspektiven zu reflektieren. Im Rahmen des Industriemeister-Lehrgangs wird diese Anforderung durch die Arbeit mit unterschiedlichen situationsbezogenen Lernaufgaben, deren Inhalte sich teilweise überschneiden, gewährleistet.

- **Förderung der Eigenständigkeit:** Überträgt man die Maximen des Cognitive Apprenticeship-Ansatzes auf Lehr-/Lernsituationen, dann bietet es sich an, nach einer Phase des Modelllernens und der Begleitung der Lernaktivitäten, die Prozessbegleitung langsam zurückzunehmen und Lernsituationen so zu gestalten, dass eigenständiges Lernen möglich wird. Dabei können die Lernenden individuelle Lernziele formulieren und Detailliertheitsgrade der Bearbeitung des Lerninhalts frei wählen. Innerhalb der Industriemeister-Lehrgänge hängt es sehr stark von den konkreten Teilnehmenden und Lehrkräften ab, ob dieses Ziel erreicht wird. Prinzipiell wird als Klammer über alle Lehrgänge hinweg eine Orientierung an den Lernzielen und Inhalten des Rahmenstoffplans empfohlen, um eine optimale Prüfungsvorbereitung zu gewährleisten.

Anhand des Praxisbeispiels konnten einerseits die Potenziale verdeutlicht werden, die die Integration konstruktivistischer Prinzipien bieten, andererseits werden aber auch Problembereiche offensichtlich:

- **Aufwand bei der Erstellung der Lernmaterialien:** Wenn Lernen anhand von praxisnahen, aktuellen Problemstellungen erfolgen soll, ist ein Vorbereitungsaufwand einzuplanen, der in der Regel über die Vorbereitung eines Fachvortrags zum Lernstoff hinaus geht. Damit Lernmaterialien immer auf dem aktuellen Stand bleiben, müssen kontinuierliche Rückkopplungen mit der Gemeinschaft der Praktiker eingeplant werden. Diese Rückkopplungen sind methodisch vorzubereiten (z.B. Entwicklung eines Leitfadens zur Arbeitsanalyse).

- **Überwindung von fächerteiligem Vorgehen:** Durch den Einsatz von authentischen Problemstellungen ist es erforderlich, unterschiedliche Fachdisziplinen zu berücksichtigen. Lehrende sind folglich aufgefordert, ihre Lehreinheiten detailliert aufeinander abzustimmen und zu vernetzen. Auch Prüfungen und Lernerfolgskontrollen sind entsprechend anders zu gestalten. Workshops für Lehrende und Prüfer sind zur Einführung konstruktivistischer Prinzipien flankierend erforderlich.

- **Revision problematischer epistemischer Überzeugungen**: Mit epistemischen Überzeugungen sind Annahmen gemeint, die Personen über „Wissen" und „Lernen" haben. Als „objektivistisch" können Überzeugungen bezeichnet werden, bei denen davon ausgegangen wird, dass es für jede Aufgabe eine richtige Lösung gibt und dass es Ziel des Lernens ist, dieses „richtige" Wissen zu erwerben. In traditionellen Lehr-/Lernsituationen haben Lehrende häufig unterschiedliche Lösungswege bei der Aufgabenbearbeitung im Sinn und eine oder mehrere Musterlösungen vorbereitet. Durch die Realisierung konstruktivistischer Prinzipien wird das Wissens- und Könnensgefälle abgemildert. Es wird voneinander gelernt, da jeder Teilnehmende aufgefordert ist, sein Vorwissen einzubringen. Unter Umständen übersteigt das Anwendungswissen der Teilnehmenden das des Lehrenden. Es stellt sich die Herausforderung zu akzeptieren, dass arbeitsanaloge Lernaufgaben unterschiedliche Lösungen haben können, die qualitativ gleichwertig sein können.

Weitere Problembereiche sind, dass in der Praxis der oft erhöhte Zeitaufwand seitens der Lehrenden und der Lernenden gegen eine Implementierung konstruktivistischer Lernsettings spricht und die empirische Befundlage bislang uneinheitlich ist. In neueren Studien, bei denen Wissenstests unmittelbar nach der Lernphase dargeboten wurden, konnten bisweilen sogar schlechtere Leistungen (vor allem bei generell bereits leistungsschwachen Lernenden) festgestellt werden (Reinmann-Rothmeier & Mandl, 2006). Die Problembereiche machen deutlich, dass die Offenheit für neue Ansätze und somit auch eine innovationsförderliche Lernkultur eine notwendige Rahmenbedingung ist, durch die konstruktivistisches Lernen erst möglich wird und eine gute Balance zwischen Konstruktion und Instruktion in Lernsettings angestrebt werden sollte.

Theoretische Grundlagen

Prinzipiell lassen sich in der Konstruktivismus-Diskussion drei verschiedene theoretische Stränge unterscheiden (Gerstenmaier & Mandl, 1995):

- **„Radikaler" Konstruktivismus:** Schwerpunkt der radikal-konstruktivistischen Erkenntnistheorie ist, dass Wahrnehmung Konstruktion und Interpretation ist. Vertreter dieses theoretischen Strangs gehen davon aus, dass Objektivität und damit personenunabhängiges Denken und Verstehen unmöglich sind (vgl. auch historische Einordnung durch König & Zedler, 2007). Die Wirklichkeit ist damit immer von Individuen kognitiv konstruiert und wird erst dann verbindlich, wenn sie von anderen Individuen geteilt wird.

- **„Neuer" Konstruktivismus:** Sowohl in der Soziologie als auch der Kognitionswissenschaft und der Psychologie haben sich Modellannahmen herausgebildet, die unter dem Begriff neuer Konstruktivismus zusammengefasst werden können. Als „neu" bezeichnen ihn Gerstenmaier und Mandl (1995) in Anlehnung an die Cognitive Flexibility Theory, in der davon ausgegangen wird, dass Bedeutungen auf der Basis des Vorwissens konstruiert werden und dass dieses Vorwissen selber ebenfalls konstruiert ist (siehe oben Cognitive Flexibility Theory). Im Zusammenhang mit diesem theoretischen Strang lassen sich drei Ansätze unterscheiden. Erstens gibt es den sogenannten sozialen Konstruktivismus, der vor allem die Produktion und Weitergabe gesellschaftlichen Wissens thematisiert. Zweitens kann der Ansatz der situierten Kognition subsummiert werden, bei dem das Denken als kontextabhängig aufgefasst wird. Denken und Lernen wird nicht als reine Aktivität des Individuums angesehen, sondern die physikalische und soziale Situation, in die ein Individuum eingebettet ist, spielt eine wesentliche Rolle. Dritte Form des neuen Konstruktivismus bilden anthropologische Ansätze, die die Beziehungen zwischen Menschen und den historisch und kulturell konstituierten Welten untersuchen, die diese miteinander teilen. Der bereits beschriebene Ansatz des situierten Lernens in Praktiker-Gemeinschaften (Lave & Wenger, 1991) kann dieser Form des neuen Konstruktivismus zugeordnet werden.

- **Konstruktivistische Ansätze in der Instruktionspsychologie:** Dass die Konstruktivismus-Diskussion auch Einzug erhalten hat in die Instruktionspsychologie bzw. Pädagogik zeigen die bereits oben vorgestellten Ansätze: Anchored Instruction, Cognitive Flexibility Theory und Cognitive Apprenticeship. Ihnen ist gemeinsam, dass gemäßigt konstruktivistische Sichtweisen auf die Gestaltung von Lehr-/Lernsituationen übertragen wurden, um eine aktive Auseinandersetzung mit dem Lerninhalt und damit höhere Anwendbarkeit und Transferierbarkeit des Wissens zu gewährleisten.

Abschließend sei darauf hingewiesen, dass die verschiedenen theoretischen Stränge die Grundannahme teilen, dass Erkennen immer ein Konstruieren ist, dass aber ansonsten die Schwerpunkte der Ansätze und Theorien recht unterschiedlich sind und unabhängig voneinander zu sehen sind (Schnotz, Molz & Rinn, 2004). Insofern steht der Begriff Konstruktivismus für ein Konglomerat verschiedener theoretischer Positionen, die zu unterscheiden sind, wenn es darum geht, Lernangebote, die als „konstruktivistisch" bezeichnet werden, zu beurteilen. In der Praxis kommen häufig Mischformen aus konstruktiver Aktivität der Lernenden und expliziter Instruktion vor, um einerseits Motivation, Interesse und Eigeninitiative der Lernenden zu fördern, aber andererseits auch explizite inhaltliche Orientierung, Anleitung und Hilfestellung zu geben (Reinmann-Rothmeier & Mandl, 2006).

3.3.2 Computer- und netzbasierte Personalentwicklung

Wie bereits eingangs erwähnt wurde, werden Lernformen, bei denen Computer bzw. Netzwerke eingesetzt werden, häufig mit konstruktivistischen Ansätzen in Zusammenhang gebracht. Gerade wenn Lerninhalte auf anschauliche, problemorientierte Art und Weise vermittelt werden sollen, kann der Einsatz von elektronischen Medien hilfreich sein. So wird beispielsweise im Anchored Instruction-Ansatz explizit auf die Nutzung unterschiedlicher Medien zur Vermittlung des Ausgangsproblems hingewiesen.

Definition und Ziele

Computerbasierte bzw. netzbasierte Personalentwicklung hat mittlerweile Einzug in viele Unternehmen und Organisationen erhalten. Als Oberbegriff wird häufig **E-Learning** verwendet, da man darunter allgemein das Lernen mit elektronischen Medien versteht (Reinmann-Rothmeier & Mandl, 2006). Je nachdem welche Ausprägungen die konkreten Einsatzformen haben, kommen folgende Begrifflichkeiten zum Tragen (Bruns & Gajewski, 1999):

- **Computer-Based Training (CBT):** Unter CBTs werden Lernprogramme verstanden, die seit ungefähr dem Jahre 1980 unter Verwendung von Computern beim Lernen zum Einsatz kommen. In der Regel findet dabei das Lernen selbstorganisiert und ohne tutorielle Betreuung statt. Wird ein Lerninhalt über CD-Rom dargeboten und ist als Lernform das eigenständige Durcharbeiten vorgesehen, spricht man von CBT.
- **Web-Based Training (WBT):** Das Lernen findet bei WBTs unter Nutzung von Netzwerken statt. Typischerweise kommen dafür entweder das Internet oder das firmeninterne Intranet in Frage. In der Regel greifen bei WBTs Lernende und Lehrende bzw. Tutoren auf einen Server zu, auf dem die Lerninhalte (sowie Übungsaufgaben, Tests etc.) gespeichert sind. Außerdem stehen den Akteuren meist unterschiedliche Kommunikationsmöglichkeiten zur Verfügung.

- **Blended Learning:** Wenn eine Kombination aus CBT oder WBT mit Präsenzphasen („face-to-face") stattfindet, spricht man von Blended Learning. Häufig eignen sich dabei die Lernenden in den CBT- bzw. WBT-Phasen Basiswissen zu einem Themenbereich an, der dann in den Präsenzphasen vertieft wird. So kann man beispielsweise bei einem Blended Learning-Angebot, bei dem es um die Vermittlung von Moderationstechniken geht, die Basisinformationen zu den Techniken über CBT oder WBT vermitteln und die Präsenzphasen zum Einüben der Techniken verwenden. Außerdem können nach Präsenzphasen WBT-Phasen geeignet sein, um den Lerntransfer zu begleiten. Dafür kommt neben sogenannten Lernpartnerschaften zwischen Trainingsteilnehmern auch die tutorielle Begleitung des Transfers in Frage.

Weitere Begriffe, die im Zusammenhang mit E-Learning verwendet werden sind: Lernen auf Distanz (distance learning), multimediales oder telemediales Lernen (je nachdem, ob eher die Darstellung eines Lerninhalts oder die Distribution und Interaktion betont werden), am aktuellen Lernbedarf orientiertes Lernen (learning on demand, just in time learning) und computerbasiertes, kollaboratives Lernen (computer-supported collaborative learning).

Strategische Ziele, die mit der Einführung von computer- bzw. netzbasierter Personalentwicklung verbunden werden, sind vielfältig und im hohen Ausmaß abhängig von den konkreten Einsatzszenarien. Einige Unternehmer erhoffen sich durch die Reduzierung von Reisekosten und Ausfallzeiten Kostenersparnisse. Dabei wird häufig unterschätzt, dass die Einführung von E-Learning unter Umständen ebenfalls hohe Kosten mit sich bringen kann (z.B. in den Bereichen Aufbereitung der Lerninhalte, Bereitstellung einer Lernplattform, Schulung der Trainer). Andere wiederum hoffen auf didaktische Impulse, die sich auch auf Präsenzveranstaltungen auswirken. So kann z.B. mit entsprechenden Blended Learning-Angeboten eine Flexibilisierung und Effektivierung insofern stattfinden, als Lernende ihre Lerntiefe bzw. ihr Lerntempo in den E-Learning-Phasen selber in gewissen Grenzen bestimmen und dann mit einem vergleichbaren Vorwissen in die Präsenzphase eintreten. Dies ermöglicht in der Präsenzphase eine Erhöhung der Lernanteile, die der Einübung und dem Diskurs dienen (z.B. Fallarbeit, Rollenspiele, Gruppenarbeit, Diskussion). Phasen der „reinen" Wissensvermittlung werden somit ausgelagert. Des Weiteren können auch ganz spezifische Rahmenbedingungen die Nutzung von elektronischen Medien attraktiv machen (z.B. die Vernetzung von Auslandsgesellschaften, die ständige Veränderung eines Lerninhaltsbereichs beispielsweise bei Produktschulungen oder die Integration von Wissensmanagement-Ansätzen).

Waren früher primäre Inhaltsbereiche, die mit Hilfe von elektronischen Medien vermittelt wurden, im Bereich von Softwareschulungen angesiedelt, so haben sich im Laufe der Zeit auch betriebswirtschaftliche Inhalte, Produktschulungen, Sprachkurse und viele weitere Inhaltsbereiche etabliert. Insbesondere Blended Learning-Angebote und tutoriell begleitete WBTs erlauben auch effektive Schulungen zur Förderung von Methoden- und Sozialkompetenz.

Je nachdem in welchem Umfeld die Zielgruppe der Lernenden tätig ist, können die E-Learning-Ansätze auch direkt in den Arbeitsprozess integriert werden. So kann z.B. ein Verwaltungsmitarbeiter ein nach dem „learning on demand"-Prinzip aufgebautes WBT nutzen, wenn er einen administrativen Sonderfall bearbeitet, zu dem ihm spezifisches Fachwissen fehlt. Findet er die nötige Information nicht, kann er außerdem einen Experten per Mail kontaktieren. Ein vergleichbares Vorgehen ist auch in der Werkshalle vorstellbar, wenn beispielsweise Montagemitarbeiter Hintergründe zum Einbau spezieller Komponenten erlernen müssen.

In etlichen größeren Firmen gibt es zudem so genannte Corporate Universities (Schulmeister, 2001). Um ein möglichst hohes fachliches Niveau bemüht, werden in Corporate Universities in der Regel auch unternehmensexterne Bildungsanbieter, z.B. Business Schools, miteinbezogen. Der Begriff Corporate Universities ist insofern irreführend, da es sich dabei in der Regel um unterschiedliche Weiterbildungsmaßnahmen handelt, die an verschiedenen Einrichtungen (und nicht etwa an einer lokal existierenden Firmenuniversität) belegt werden. Strategisch wird häufig darauf abgezielt, Mitarbeitende des eigenen Konzerns, seltener auch Zulieferer, Kooperationspartner und Kunden, weiterzubilden. Meist erfolgen die Weiterbildungen nach dem Blended Learning Prinzip. Inhaltlich sind in der Regel Lerninhalte vorzufinden, die mit der Strategieentwicklung eines Unternehmens zusammenhängen (z.B. Führungskräftetrainings, Change-Management-Trainings).

Rahmenbedingungen

Rahmenbedingungen, die die Einführung und Etablierung von computer- bzw. netzbasierter Personalentwicklung fördern, können unterschiedlichen Bereichen zugeordnet werden:

- **Unternehmenskultur:** Wenn Lernen und Qualifizierung als wichtige Bestandteile zur Förderung der strategischen Weiterentwicklung eines Unternehmens erkannt werden und in der Unternehmenskultur fest verankert sind, ist computer- und netzbasierte PE besonders effektiv. Da Lernzeiten häufig parallel zum Arbeitsprozess organisiert werden müssen, muss die Weiterentwicklung der Mitarbeitenden eine hohe Wertschätzung erfahren. Gerade Formen von E-Learning, die eine hohe Eigeninitiative erfordern, z.B. CBTs, sind zum Scheitern verurteilt, wenn dem Lernen ein negatives Image anhaftet oder Freiräume nicht gewährt werden. Eine Verankerung von E-Learning in die Vision und Strategie der Arbeit innerhalb von Bildungsabteilungen und im Endeffekt dem Gesamtunternehmen ist notwendig.

- **Bildungskoordinatoren und Trainer:** Sowohl die Mitarbeitenden in den Weiterbildungsabteilungen als auch die internen und externen Trainer haben großen Einfluss auf die computer- und netzbasierte PE. Eine entsprechende Qualifizierung ist notwendig, damit eine sinnvolle Integration von elektronischen Medien in Lernprozesse erfolgen kann (Holl & Allmendinger, 2005).

- **Zielgruppe:** Computer- bzw. netzbasierte PE verlangt von den Lernenden in der Regel Eigeninitiative. Zudem ist es von Vorteil, wenn die Zielgruppe mit der Nutzung von Computern und Netzwerkumgebungen vertraut ist, also eine gewisse Medienkompetenz besitzt.

- **Lernziele/Lerninhalte:** Es gibt Lernzielbereiche bzw. Lerninhalte, die sich für computer- bzw. netzbasierte PE besonders gut eignen. Günstige Rahmenbedingungen sind beispielsweise, wenn eine hohe Aktualität und schnelle Verfügbarkeit von Lerninhalten entscheidend sind. Auch Inhalte, die über einen längeren Zeitraum hinweg, im Diskurs erarbeitet werden, eignen sich (z.B. Ausarbeitung eines im Intranet diskutierten Leitbilds für die Projektarbeit im Rahmen eines Projektmanagement-Trainings). Darüber hinaus können praktische Gründe, insbesondere bei der Erprobung von E-Learning, eine Rolle spielen. So eignen sich dann beispielsweise Lerninhaltsbereiche, zu denen bereits umfangreiche, gut aufbereitete digitale Materialien existieren und bei denen die Trainer ebenfalls als Berater im Arbeitsprozess fungieren (Holl & Allmendinger, 2005).

- **Technische Infrastruktur:** Vorteilhaft ist, wenn im Unternehmen bereits die technische Basis zum E-Learning gegeben ist bzw. die bestehende Infrastruktur kostengünstig angepasst und erweitert werden kann. So kann z.B. eine synchrone Kommunikationssoftware, die im Rahmen der Kundenbetreuung eingesetzt wird und die Visualisierung des Bildschirms des Kommunikationspartners (application sharing) ermöglicht, auch für Lernzwecke eingesetzt werden. Prinzipiell ist auf eine einfache Bedienbarkeit und Integrierbarkeit in die bestehende Infrastruktur zu achten.

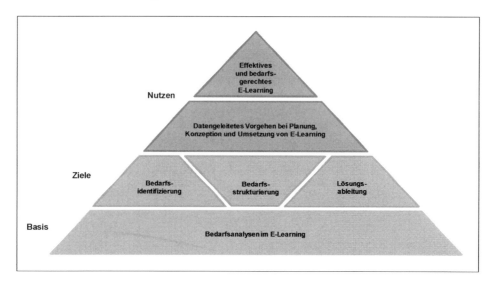

Abbildung 1: Bedarfsanalysen im E-Learning

Als förderlich hat sich bei der Einführung sowie bei der in regelmäßigen Abständen wiederkehrenden Optimierung von computer- und netzbasierten Bildungsangeboten erwiesen, wenn systematische Bedarfsanalysen durchgeführt werden.

Neben allgemeinen Bildungsbedarfsanalysen gibt es spezielle E-Learning-bezogene Bedarfsanalysen. Zusammenfassend können folgende Ziele von E-Learning-bezogenen Bedarfsanalysen festgehalten werden (vgl. Abbildung 1):

- **Bedarfsidentifizierung:** Konkrete Anforderungen an E-Learning-Szenarien werden erfasst (allgemein bezogen auf Zielgruppen und Lehr-/Lerninhalte sowie spezifisch bezogen auf den Einsatz von telemedialer Kommunikationssoftware).

- **Bedarfsstrukturierung:** Die identifizierten Anforderungen werden in Zusammenhang gebracht mit den Rahmenbedingungen des Unternehmens (z.B. bezogen auf das Kosten-Nutzen-Verhältnis im E-Learning, bereits existierende IT-Lösungen etc.).

- **Lösungsableitung:** Handlungsschritte werden abgeleitet (z.B. bezogen auf die Weiterqualifizierung der Trainer hinsichtlich E-Learning). Die Ableitung von Maßnahmen bzw. die Strukturierung des weiteren Vorgehens erfolgt auf empirisch ermittelter Basis.

Datengeleitetes Vorgehen ist nicht nur bei der Analyse des Bedarfs erforderlich, sondern auch bei der Beurteilung des Umsetzungsprozesses und der Ergebnisse von E-Learning-Angeboten. Sowohl formative Formen der Evaluation, die auf die Optimierung von Lernangeboten abzielen, sind vonnöten als auch summative Formen, bei denen es um die konkrete Feststellung des Lern- und Transfererfolgs geht (vgl. auch Solga, Kap. 6: Evaluation der Personalentwicklung). In diesem Punkt unterscheiden sich computer- bzw. netzbasierte PE-Maßnahmen nicht von traditionellen Formen der Weiterbildung.

Methoden und Inhalte

Unterschiedliche Autoren weisen darauf hin, dass die computer- bzw. netzbasierte PE nicht automatisch mit didaktischer Innovation gleichzusetzen ist (z.B. Tulodziecki & Herzig, 2004; Zentel & Hesse, 2004). Besonderes Potenzial wird dem Lernen mit elektronischen Medien jedoch in drei Bereichen zugeschrieben (Reinmann-Rothmeier, 2003):

- **Darstellung von Lerninhalten:** Durch die zusätzliche Nutzung von multimedialen und hypermedialen (z.B. Hypertext, Hypervideo) Darstellungsformen kann dazu beigetragen werden, dass Inhalte anschaulicher vermittelt und leichter verständlich werden.

- **Selbstgesteuertes Lernen:** Individuelle selbstgesteuerte Lernphasen können bei gut aufbereiteten Inhalten und einer hohen Lernkompetenz der Zielgruppe dazu führen, dass Wissenserwerb unabhängig von der Verfügbarkeit eines Lehrenden stattfindet.

- **Kooperatives Lernen:** Computerunterstützte Kommunikationsformen können das gemeinsame Erarbeiten und Erwerben von Wissen in einer Gruppe fördern.

Schümmer und Haake (2004) weisen darauf hin, dass ohne Kommunikation kooperatives Lernen undenkbar ist. Kommunikationsmedien lassen sich grob dahingehend unterscheiden, ob sie den zeitversetzten (asynchronen) oder den zeitgleichen (synchronen) Austausch unterstützen. Beispiele für asynchrone elektronische Kommunikationsmedien im Lernkontext sind E-Mail, Diskussionsforen und Newsgruppen. Synchrone Formen der medienvermittelten Kommunikation werden möglich durch Telefon (auch Internet-Telefonie), Textchat, Videokonferenz und virtuelle Klassenzimmer bzw. Kooperationsräume, bei denen neben einem Audiokanal häufig auch ein Textkanal und ein gemeinsamer Arbeitsbereich mit der Möglichkeit, Dateien anzusehen und zu bearbeiten (application sharing), zur Verfügung stehen (vgl. Abbildung 2).

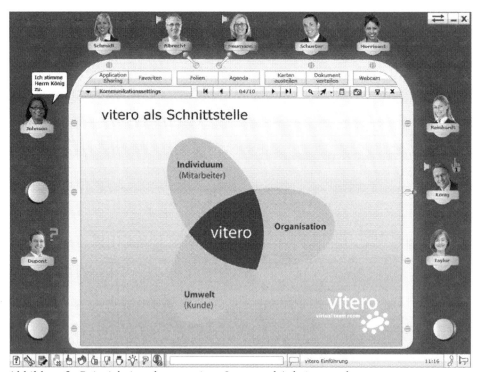

Abbildung 2: Beispiel einer kooperativen Lern- und Arbeitsumgebung

Anhand eines Praxisbeispiels sollen im Folgenden einige Möglichkeiten des Ablaufs eines Blended Learning-Ansatzes unter Verwendung unterschiedlicher Kommunikationsmedien verdeutlicht werden. Inhaltlich handelt es sich bei dem Beispiel um eine Weiterbildung, die für Fachtrainer eines Unternehmens der Maschinenbaubranche entwickelt wurde. Die Trainer verfügten über einen ingenieurwissenschaftlichen Hintergrund und langjährige Erfahrungen im Bereich der Gestaltung von Präsenztrainings. Ziel des Unternehmens war es, die Trainer auch für E-Learning-Szenarien zu qualifizieren.

Eine Bedarfsanalyse im Unternehmen ergab, dass neben der Weiterbildung zum E-Trainer auch Lehr-/Lernmethoden von Präsenzveranstaltungen aufgefrischt werden sollten. Es wurde ein Blended Learning-Training entworfen, das beide Inhaltsbereiche umfasst

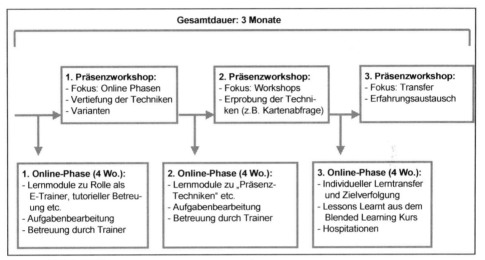

(vgl. Abbildung 3).

Abbildung 3: Beispiel eines Blended Learning-Trainings

Im Training wurde ein gemäßigter konstruktivistischer Ansatz realisiert. In den **Online-Phasen** wechselte sich die individuelle Aneignung von Lerninhalten mit kooperativen Aufgabenbearbeitungen, Diskussionen und der Lösung von authentischen Fallbeispielen ab. Es wurde Wert darauf gelegt, dass die Trainingsteilnehmer **verschiedene Kommunikationsmedien** nutzen, um sich gemeinsam Wissen anzueignen und mit der Tutorin zu kommunizieren (z.B. E-Mail, Diskussionsforum, asynchroner Dokumentenaustausch im Rahmen von Tandemübungen). Durch die Aufgabenstellungen wurden die Teilnehmenden angeregt, immer wieder die Rolle von **E-Tutoren** zu übernehmen, indem sie beispielsweise ihrem Tandempartner eine Rückmeldung zu dessen Aufgabenlösung schrieben und diese auf die Lernplattform stellten. Dadurch wurde ein aktiver Diskurs und eine Reflexion der Ergebnisse des Tandempartners auf hohem Niveau erzielt und gleichzeitig durch den Metakommentar über den Kommentar des Tandempartners die Gelegenheit geschaffen, dass die Teilnehmenden in ihrer neuen Rolle als E-Trainer eine Rückmeldung erhielten. In den Online-Phasen wurde eine gemeinsame Basis geschaffen, die es ermöglichte, die Präsenzworkshops zur Vertiefung des Gelernten (z.B. im Rahmen von Rollenspielen) zu nutzen. Darüber hinaus konnte durch die auf ein Vierteljahr verteilte Qualifizierung gewährleistet werden, dass eine systematische Transferbegleitung des

Gelernten in den Arbeitsalltag stattfand (vgl. Solga, Kap. 5: Förderung von Lerntransfer).

In der Regel ist es sinnvoll, in den Online-Phasen die Lernenden durch Tutoren zu betreuen, um dem selbstgesteuerten Lernen einen gewissen didaktischen und organisatorischen Rahmen zu geben (Allert, Jechle, Pankratz & Einhaus, 2001; Weidenmann, 2006). Wichtige **Faustregeln zur tutoriellen Betreuung** sind:

- E-Tutoren sollten neben der Vermittlung von Fachkompetenz (theoretisches und praktisches Wissen) auch die Vermittlung von Methodenkompetenz (Nutzung der Kommunikationsmedien), Sozialkompetenz (Zusammenarbeit mit Tandempartner etc.) und Lernkompetenz (selbständiger und kooperativer Wissenserwerb) im Blick behalten.

- Bei jedem Lernschritt (z.B. bei Einzel-, Tandem- oder Gruppenübungen) muss das zu erreichende Lernergebnis und der Zeitpunkt sowie die Art der Ablieferung des Ergebnisses gemeinsam festgelegt werden, um einen Motivationsverlust zu verhindern. Dieser kann dadurch entstehen, dass das gemeinsame Lernen durch verschiedene Zeitpläne der Kooperationspartner unmöglich wird. Bei längerfristigen kooperativen Aufgaben ist das Definieren von Zwischenzielen von besonderer Bedeutung, um als Tutor, wenn nötig, beratend in den Lernprozess eingreifen zu können.

- Wenn Tutoren Leistungen bewerten, ist zu beachten, dass sowohl Gruppenleistungen bewertet werden, um die Kooperation zu unterstützen, als auch individuelle Leistungsbewertungen vorgenommen werden, um den Lernprozess des Einzelnen anzuregen und einschätzen zu können. Im Vergleich zu Präsenzveranstaltungen kann eine Differenzierung des Lerninhalts je nach Leistungsniveau der Lernenden beim E-Tutoring leichter vorgenommen werden. So können z.B. besonders Leistungsstarke oder Interessierte zusätzliche Informationen und Aufgabenstellungen erhalten, und Teilnehmende mit weniger Vorwissen können durch gezielte Hilfestellungen unterstützt werden.

- Prinzipiell ist zu beachten, dass der E-Tutor eine Modellperson für das Beobachtungslernen der Weiterbildungsteilnehmer ist: Er sollte sich besonders genau an die gemeinsam vereinbarten Regeln halten und z.B. Abgabetermine pünktlich einhalten. Des Weiteren sollte er die Lernenden zur Reflexion des Gelernten anregen, indem er selber seine Denkprozesse und Ideen in Worte fasst.

Tutorielle Betreuung verändert sich mit der **Laufzeit** des Kurses. Zunächst besteht die Hauptaufgabe des E-Tutors den Teilnehmenden Zugang zum Lernangebot zu verschaffen (z.B. durch das Versenden von Passwörtern an alle Lernenden, Erläuterung des Lernangebots). Danach gilt es, die Teilnehmenden an die Art des Lernens heranzuführen (z.B. durch Aufgabenstellungen mit Rückmeldung, durch die Erläuterung möglicher Lernschritte, durch die Förderung des Austausches der Lernenden untereinander). Ab ungefähr dem zweiten Kursdrittel ist es sinnvoll, dem selbstgesteuerten Lernen kontinuierlich mehr Raum zu geben (z.B. durch Zurückfahren der organisatorischen Strukturierung, Unterstützung der Lernzielklärung und Selbstbewertung der Lernenden).

Eine wichtige Herausforderung für den E-Tutor ist die individuell auf den einzelnen Lernenden abgestimmte Vorgehensweise zur Förderung einer intensiven Auseinandersetzung mit den Lerninhalten. Außerdem gilt es, die Rahmenbedingungen der Lernenden im Vorfeld zu klären, sodass das im Vergleich zu Präsenzveranstaltungen kontinuierlich notwendige Schaffen von Freiräumen zum E-Learning im beruflichen Alltag der Teilnehmenden funktioniert. Dabei ist die Einbindung der Vorgesetzten der Teilnehmenden von besonderer Bedeutung.

Theoretische Grundlagen

In der computer- bzw. netzbasierten PE sind ähnliche Prinzipien zu beachten, wie sie im Rahmen der konstruktivistischen, problemorientierten Ansätze bereits erläutert wurden (Koschmann, 1996):

- **Prinzip der Authentizität:** Reale oder realitätsnahe Situationen aus dem Anwendungsgebiet des zu erwerbenden Wissens werden aufgegriffen. Dabei kann die Präsentation des Ausgangsproblems medial gestützt erfolgen, z.B. durch Videosequenzen, Interviewausschnitte oder Fotos.

- **Prinzip der Vielfalt:** Im Lernprozess werden mehrere Perspektiven eingenommen. Im Erfolgsfall werden unterschiedliche Standpunkte, Kompetenzen und Fachgebiete in die kooperative Bearbeitung von Aufgabenstellungen integriert.

- **Prinzip der Aktivität:** Die Lernenden werden aktiv, indem sie ihren Bildungsprozess mitgestalten. Es bieten sich Entscheidungsfälle, Gestaltungsaufgaben und Beurteilungsaufgaben an, um auch in Online-Phasen die Aktivität der Teilnehmenden zu fördern (Tulodziecki & Herzig, 2004).

- **Prinzip der Artikulation:** Die Lernenden werden angeregt, neu erworbenes Wissen zu artikulieren, z.B. synchron in Online-Präsentationen in virtuellen Klassenzimmern oder asynchron in Diskussionsforen.

- **Prinzip der Akkommodation und Adaptation:** Lehrende und Lernende orientieren sich an ihrem bereits vorhandenen Wissen, sind jedoch auch bereit, dieses Wissen zu reflektieren, zu modifizieren und, falls nötig, zu revidieren.

- **Prinzip der Unabhängigkeit von formellen Lernzeiten:** Die Fixierung von Lernen auf Kursstunden, Trainingstage oder Seminare soll aufgebrochen werden zugunsten des Verständnisses, dass ein kontinuierliches, lebenslanges Lernen erforderlich ist.

Tulodziecki und Herzig (2004) nennen unterschiedliche Funktionen, die elektronische Medien bei der Anregung und Unterstützung von Lehr-/Lernprozessen übernehmen können: Mittel zur Präsentation von Aufgabenstellungen, Informationsquelle und Lernhilfe, Werkzeug zur Aufgabenlösung, Instrument der Planung, der Kooperation und des Austauschs sowie Werkzeug zur Speicherung und Distribution von Ergebnissen.

Wesentliche Voraussetzung bei der Planung des Medieneinsatzes bleibt, dass diese nicht zum Selbstzweck verwendet werden, sondern eingebettet sind in ein didaktisches Konzept, das die aktive Auseinandersetzung der Lernenden mit Lerninhalten und Aufgabenstellungen fördert.

Weiterführende Literatur

Bruns, B. & Gajewski, P. (1999). *Multimediales Lernen im Netz: Leitfaden für Entscheider und Planer*. Berlin: Springer.

Haake, J., Schwabe, G. & Wessner, M. (2004). *CSCL-Kompendium: Lehr- und Handbuch zum computerunterstützten kooperativen Lernen*. München: Oldenbourg.

A. Krapp & B. Weidenmann (2006). *Pädagogische Psychologie* (5. Aufl.). Weinheim: Beltz.

Literatur

Allert, H., Jechle, T., Pankratz, A. & Einhaus, J. (2001). Teletutoring: Neue Anforderungen durch telemediale Lernangebote. *Personalführung*, 2, 38-45.

Bransford, J. D., Sherwood, R. D., Hasselbring, T. S., Kinzer, C. K. & Williams, S. M. (1990). Anchored instruction: Why we need it and how technology can help. In D. Nix & R. J. Spiro (Eds.), *Cognition, education, and multimedia: Exploring ideas in high technology* (pp. 115-141). Hillsdale, N.J.: Erlbaum.

Brown, J. S., Collins, A. & Duguid, P. (1998). Situated cognition and the culture of learning. In M. Yazdani & R. W. Lawler (Eds.), *Artificial intelligence and education*, Vol. 2 (pp. 245-268). Norwood, N.Y.: Ablex.

Bruns, B. & Gajewski, P. (1999). *Multimediales Lernen im Netz: Leitfaden für Entscheider und Planer*. Berlin: Springer.

Collins, A., Brown, J. S., & Newman, S. E. (1989). Cognitive apprenticeship: Teaching the crafts of reading, writing, and mathematics. In L. B. Resnick (Ed.), *Knowing, learning, and instruction: Essays in honor of Robert Glaser* (pp. 453-494). Hillsdale, NJ: Erlbaum.

Deutscher Industrie- und Handelstag (1998). *Geprüfter Industriemeister, Geprüfte Industriemeisterin, Fachrichtung Metall: Rahmenstoffplan mit Lernzielen*. Bonn: DIHT.

Gerstenmaier, J. & Mandl, H. (1995). Wissenserwerb unter konstruktivistischer Perspektive. *Zeitschrift für Pädagogik, 41*, 867-888.

Gidion, G. & Müller, K. (2000). Der Modellprojektverbund. In C. Drewes, D. Scholz & D. A. Wortmann (Hrsg.), *Aus der Arbeit lernen: Situationsaufgaben als neues Leitbild der Qualifizierung zum Geprüften Industriemeister Metall* (S. 14-23). Bonn: Schriftenreihe des Bundesinstituts für Berufsbildung.

Gräsel, C. & Mandl, H. (1999). Problemorientiertes Lernen: Anwendbares Wissen fördern. *Personalführung 6*, 54-62

Holl, G. & Allmendinger, K. (2005). E-Learning erfolgreich einführen. In K. Schwuchow & J. Gutmann (Hrsg.), *Jahrbuch Personalentwicklung 2005: Ausbildung, Weiterbildung, Management Development* (S. 161-167). München: Luchterhand.

Hron, I., Lauche, K. & Schultz-Gambard, I. (2000). Training im Qualitätsmanagement. Eine Interventionsstudie zur Vermittlung von Qualitätswissen und handlungsleitenden Kognitionen. *Zeitschrift für Arbeits- und Organisationspsychologie, 44*, 192-201.

Kohler, B. (2000). Problemlöseaufgaben bewältigen und Kenntnisse erwerben: Lernen mit problemorientiert gestalteten Texten. *Zeitschrift für Entwicklungspsychologie und Pädagogische Psychologie, 32*, 34-43.

König, E. & Zedler, P. (2007). *Theorien der Erziehungswissenschaft* (3. Aufl.). Weinheim: Beltz.

Koschmann, T. (1996). Paradigm shifts and instructional technology: An introduction. In T. Koschmann (Ed.), *CSCL: Theory and practice of an emerging paradigm* (pp. 1-23). Mahwah, NJ: Erlbaum.

Lave, J. & Wenger, E. (1991). *Situated learning: Legitimate peripheral participation*. Cambridge: Cambridge University Press.

Mandl, H., Gruber, H. & Renkl, A. (1995). Situiertes Lernen in multimedialen Lernumgebungen. In L. J. Issing & P. Klimsa (Hrsg.), *Information und Lernen mit Multimedia* (S. 167-178). Weinheim: Psychologie Verlags Union.

Reimann, P. & Zumbach, J. (2001). Design, Diskurs und Reflexion als zentrale Elemente virtueller Seminare. In F. W. Hesse & H. F. Friedrich (Hrsg.), *Partizipation und Interaktion im virtuellen Seminar* (S. 135-163). Münster: Waxmann.

Reinmann-Rothmeier, G. (2003). *Didaktische Innovation durch Blended Learning*. Bern: Huber.

Reinmann-Rothmeier, G. & Mandl, H. (2006). Unterrichten und Lernumgebungen gestalten. In A. Krapp & B. Weidenmann (Hrsg.), *Pädagogische Psychologie* (5., vollst. überarb. Aufl.; S. 613-658). Weinheim: Beltz.

Reinmann-Rothmeier, G., Mandl, H. & Prenzel, M. (1994). Computerunterstützte Lernumgebungen: Planung, Gestaltung und Bewertung. Erlangen: Siemens/Publicis-MCD-Verlag.

Schnotz, W., Molz, M. & Rinn, U. (2004). Didaktik, Instruktionsdesign und Konstruktivismus: Warum so viele Wege nicht nach Rom führen. In U. Rinn & D. M. Meister (Hrsg.), *Didaktik und Neue Medien* (S. 123-146). Münster: Waxmann.

Schulmeister, R. (2001). *Virtuelle Universität – Virtuelles Lernen*. München: Oldenbourg.

Schümmer, T. & Haake, J. (2004). Kommunikation. In J. Haake, G. Schwabe & M. Wessner (Hrsg.), *CSCL-Kompendium: Lehr- und Handbuch zum computerunterstützten kooperativen Lernen* (S. 66-79). München: Oldenbourg.

Spiro, R. J. & Jehng, J.-C. (1990). Cognitive flexibility and hypertext: Theory and technology for the nonlinear and multidimensional traversal of complex subject matter. In D. Nix & R. J. Spiro (Eds.), *Cognition, education, and multimedia: Exploring ideas in high technology* (pp. 163-205). Hillsdale, N.J.: Erlbaum.

Steiner, G. (2006). Lernen und Wissenserwerb. In A. Krapp & B. Weidenmann (Hrsg.), *Pädagogische Psychologie* (S. 137-202). Weinheim: Beltz.

Tulodziecki, G. & Herzig, B. (2004). Allgemeine Didaktik und computerbasierte Medien. In U. Rinn & D. M. Meister (Hrsg.), *Didaktik und Neue Medien* (S. 123-146). Münster: Waxmann.

Weidenmann, B. (2006). Lernen mit Medien. In A. Krapp & B. Weidenmann (Hrsg.), *Pädagogische Psychologie* (5., vollst. überarb. Aufl.; S. 423-476). Weinheim: Beltz.

Wenger, E. & Snyder, W. (2000). Communities of practice: Warum sie eine wachsende Rolle spielen. *Harvard Business Manager*, 4, 55-62.

Zentel, P. & Hesse, F. W. (2004). *Netzbasierte Wissenskommunikation in Hochschule und Weiterbildung*. Bern: Huber.

3.4 Teamorientierte Personalentwicklungsansätze

*von Jan Martin Schmidt, Hajo Köppen,
Nadine Breimer-Haas und Barbara Leppkes*

Teamorientierte Ansätze der Personalentwicklung zielen darauf ab, die **Interaktion in Arbeitsgruppen oder Teams zu optimieren**. Dabei stehen zwei Zielebenen im Vordergrund: Zentrale Ebene ist die Gruppe als Ganzes; entsprechende Ziele sind allerdings nur unter Entwicklung individueller Kompetenzen zu erreichen – sie stellen die zweite Zielebene dar. Die beiden hier vorgestellten Verfahren, Teamentwicklung und Outdoor-Training, kommen bei **bestehenden Gruppen** zum Einsatz. Dabei kann das Outdoor-Training auch als Training der Teamkompetenz in einer nur zu Trainingszwecken zusammen gekommenen Gruppe eingesetzt werden. Wenngleich Outdoor-Trainings zumeist als eine Methode der Teamentwicklung eingesetzt werden, sollen sie aufgrund ihrer Popularität hier gesondert dargestellt werden.

Im Folgenden sollen die Begriffe Gruppe und Arbeitsgruppe voneinander abgegrenzt werden, Tabelle 1 differenziert darüber hinaus zwischen Teams und Arbeitsgruppen.

Tabelle 1: Unterscheidung zwischen Team und Arbeitsgruppe (vgl. van Dick & West, 2005; Weinert, 2004)

	Team	Arbeitsgruppe
Zielcommitment	sehr hoch	vorhanden
Arbeitsprodukte	kollektiv, individueller Beitrag oft nicht mehr zu bestimmen	Addition individueller Arbeitsprodukte
Verantwortlichkeit	untereinander und für das gemeinsame Arbeitsprodukt	für individuelles Arbeitsprodukt
Rollen, Fähigkeiten und Abhängigkeit	definierte Rollen mit sich gegenseitig ergänzenden Fähigkeiten und hoher gegenseitiger Abhängigkeit	Rollenteilung, evtl. unterschiedliche Fähigkeiten, wenig gegenseitige Abhängigkeit
Entscheidungsverhalten	eher kooperativ-aushandelnd, oft langwierig	eher hierarchisch-delegativ, eher schneller

In einer **Gruppe** stehen mehrere Personen dauerhaft in direkter Interaktion und haben eine Rollendifferenzierung, gemeinsame Normen und ein Wir-Gefühl entwickelt (v. Rosenstiel, 2007).

Merkmale einer **Arbeitsgruppe** sind: 1. ein gemeinsamer Arbeitsauftrag, 2. eine gemeinsame Handlungsorganisation zur Aufgabenerfüllung, 3. gemeinsame Entscheidungen auf der Grundlage von Tätigkeitsspielraum, 4. Kommunikation sowie 5. ein Mindestmaß geteilter Ziele und Kenntnisse (vgl. Hacker, 1994; Wegge, 2006).

Teamorientierte Ansätze können, obwohl sie explizit den Teambegriff im Titel tragen, sowohl auf Teams als auch auf Arbeitsgruppen angewendet werden.

Chancen und Risiken von Gruppen- und Teamarbeit: Im Allgemeinen wird angenommen, dass die Arbeit in Gruppen oder Teams bessere Leistungen ermöglicht als dies für Einzelarbeit der Fall ist. Dies erklärt die **Beliebtheit der Teamarbeit** in der Unternehmenspraxis (Nerdinger, Blickle & Schaper, 2008). Allerdings wird diese Annahme in wissenschaftlichen Studien nicht eindeutig belegt. Tabelle 2 gibt einen Überblick über Effekte, die bei der Arbeit in Gruppen oder Teams auftreten können. Diese Effekte bergen sowohl Chancen als auch Risiken für die Organisation, weshalb einer Gruppen- oder Teamarbeit nicht pauschal Vorrang gegenüber Einzelaufträgen gegeben werden kann.

Tabelle 2: Chancen und Risiken der Gruppen- und Teamarbeit (vgl. van Dick & West, 2005; Nerdinger et al., 2008; Wegge, 2006)

Chancen	Risiken
Social Facilitation: Leistungssteigerung unter Beobachtung der Tätigkeit durch andere Personen (bei routinierten und eingeübten Aufgaben).	**Social Loafing:** unbewusste Leistungsreduktion in der Gruppe (im Vergleich zur Addition der Einzelleistungen) bei Verhinderung der Zuordnung von Einzelleistungen, bei für unwichtig erachteten Aufgaben und bei unklaren Leistungsstandards.
„Köhler"-Effekt: bei motorischen Aufgaben Leistungssteigerung durch unbewusstes gegenseitiges „Anstacheln".	
Social Compensation: Leistungssteigerung als „Aufopfern" für das Arbeitsergebnis der Gesamtgruppe (Gegenstück zu „Free Riding" und „Sucker-Effekt").	**Free Riding („Trittbrettfahren"):** bewusste Leistungsreduktion bei Annahme, dass die Anstrengungen der Übrigen ausreichen, um das Ziel zu erreichen.
Social Labouring: Leistungssteigerung gegenüber Einzelleistungen bei hoher Bekanntheit der Teammitglieder und kompetitiven Situationen.	**„Sucker"-Effekt:** bewusste Leistungsreduktion bei Beobachtung von „Free Riding" anderer Personen („nicht der Dumme sein wollen").
Informationsverarbeitung und Wissen: In der Gruppe kann mehr Wissen gespeichert und leichter geteilt werden, als zwischen unabhängig voneinander agierenden Einzelpersonen.	**Group Think:** ineffektives Entscheidungsfällen in der Gruppe durch Gruppendruck, Harmoniebedürfnis, Zeitdruck und Selbstüberschätzung.
Umgang mit Fehlern und Lernen: Fehler im Gedächtnisprozess einzelner Personen lassen sich leichter korrigieren. Rückmeldungen aus Arbeitsergebnissen werden schneller und gründlicher verarbeitet. Die Möglichkeit zu Beobachtung und Nachahmung fördert das Lernen.	**Risky Shift:** Treffen riskanterer/extremerer Entscheidungen in der Gruppe, als dies bei den jeweiligen Einzelpersonen der Fall gewesen wäre.
	Intergruppenprozesse: übermäßige Abgrenzung von und Rivalität mit anderen Gruppen.

Teamorientierte Verfahren helfen, die Chancen besser zu nutzen und Risiken zu umgehen.[1] So können beispielsweise durch Outdoor-Übungen (z.B. Kommunikations- und Problemlöseaufgaben, die nur durch eine gelungene Kommunikation und Kooperation aller Teammitglieder zum Erfolg führen) leistungsfördernde oder -mindernde Effekte demonstriert werden oder durch Klärung von Verantwortlichkeiten im Rahmen einer Teamentwicklung „Free Riding"-Effekte reduziert werden.

3.4.1 Teamentwicklung

Teamentwicklungen sind „systematische Interventionen ..., in deren Rahmen neugebildete oder bereits bestehende Arbeitsgruppen insbesondere unter qualifizierter Anleitung von Moderatoren daran arbeiten, ihre Leistungsfähigkeit sowie die Qualität des Arbeitens und Zusammenwirkens in der Gruppe zu optimieren" (Stumpf & Thomas, 2003, S. X).

Die Teamentwicklung ist mit diesem Anspruch ein **„Grenzgänger" zwischen Personal- und Organisationsentwicklung**. Sie grenzt sich nach Comelli (2003) von „traditionellen Schulungen" durch folgende Punkte ab:

- Durchführung in „Organisationsfamilien" (gemeinsam arbeitende Personen)
- Behandlung konkreter Probleme der Zusammenarbeit, nicht eines vorgegebenen Lernstoffes
- Einbezug der Beteiligten in den Lösungsprozess
- Durchführung in mehreren Durchgängen (Prozess)
- Zweck: Steigerung der Leistungsfähigkeit und Arbeitsqualität, nicht reine Vermittlung von Wissen

Teamentwicklung setzt gleichermaßen an personellen Kompetenzen und Interaktionsstrukturen an. „TE (Teamentwicklung) wird dann (und erst dann) zur OE (Organisationsentwicklung), wenn die vereinbarten Neuerungen sachlich, sozial und zeitlich generalisiert werden: Sie müssen dauerhaft und jenseits der Gruppengrenzen durchgesetzt sein und auch dann praktiziert werden, wenn die Personen, die ursprünglich die Veränderungen erarbeitet und vereinbart haben, nicht (mehr) beteiligt sind" (Neuberger, 1994, S. 202). In der Umsetzung erhält diese zunächst theoretische Nähe von Personal- und Organisationsentwicklung sehr schnell praktische Relevanz, da die Auswirkungen für die Aufbau- und Ablauforganisation teilweise schwerer wiegen können als bei anderen

---

[1] Während wir uns an dieser Stelle auf eine Optimierung *bestehender* Teams beschränken wollen, möchten wir auf die Forschung zur bestmöglichen Zusammensetzung neu zu gründender Teams hinweisen. Hierbei beschäftigt man sich unter anderem mit der Frage nach dem Nutzen einer beispielsweise altersmäßigen, kulturellen oder charakterlichen Diversität der Teammitglieder (nachzulesen z.B. bei Nerdinger et al., 2008).

Personalentwicklungsmaßnahmen (z.B. Verhaltenstrainings), beispielsweise durch die Neuorganisation von Informationswegen, Veränderung der Zuständigkeiten oder Umgestaltung der Linienorganisation. Auftraggebern ist nicht immer bewusst, dass mit einer Teamentwicklung auch **Strukturveränderungen** einhergehen können. Daher ist meist ein höherer Abstimmungsaufwand mit Führungskräften und anderen Interessengruppen nötig.

Anwendungsgebiete und Umfeld

Teamentwicklung wird an dieser Stelle als ein **aktiver, bewusst gesteuerter Prozess** verstanden. Diesem Verständnis stehen eher beschreibende Ansätze des *sich selbst* (quasi automatisch) entwickelnden Teams (vgl. Tuckman, 1965)[2] gegenüber. Van Dick und West (2005) beziehen sich zur besseren Abgrenzung auf den aktiven Begriff des „**Team-Building**". Abbildung 1 stellt den Prozess der Teamentwicklung in mehreren Phasen dar, die im Folgenden detailliert behandelt werden (vgl. van Dick & West, 2005, angelehnt an Stumpf & Thomas, 2003).

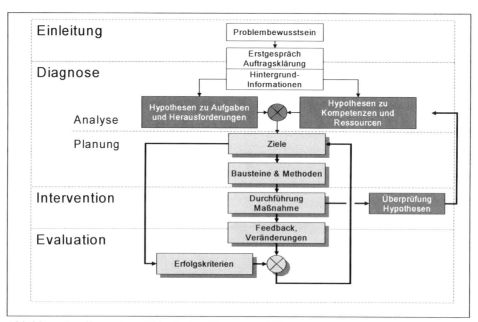

Abbildung 1: Allgemeiner Ablauf einer Teamentwicklung

---

[2] Die **Teamentwicklungs-Phasen** Forming – Storming – Norming – Performing – Adjorning (Tuckman, 1965) stellen das wohl populärste Modell dieses Ansatzes dar. Sie können als leicht verständliche Heuristik eingesetzt werden (obgleich Comelli, 2003, dem Modell lediglich die Bedeutung eines „Wortspiels" beimisst).

Nach der Entstehung eines **Problembewusstseins** im Team kommt in einem Erstgespräch der Kontakt mit einem Auftragnehmer zustande. Während des Erstgespräches, der **Auftragsklärung** und der Erhebung weiterer Hintergrundinformationen (was sowohl in getrennten Gesprächen, als auch bei einer einzelnen Gelegenheit geschehen kann), werden Hypothesen gebildet zu den Herausforderungen des Teams und zu den im Team mehr oder weniger vorhandenen Kompetenzen, die benötigt werden, um diesen Herausforderungen gerecht zu werden. Aus dieser Analyse ergeben sich die **Ziele** des Gesamtprozesses und der einzelnen Maßnahmen der Teamentwicklung sowie konkrete **Inhalte und Methoden**. Nach der **Durchführung** einer Maßnahme wird im Rahmen der **Evaluation** die Erreichung der zuvor definierten Erfolgskriterien ermittelt, um die **Planung weiterer Maßnahmen** darauf abzustimmen. Weiterhin werden in aller Regel im Prozess der Teamentwicklung weitere Informationen erhoben, die zu einer Überprüfung und Neubewertung der anfangs aufgestellten Hypothesen und ggf. auch zu einer veränderten Zielsetzung führen können. Die einzelnen Phasen werden im Folgenden vertiefend erläutert.

Einleitung

In dieser Phase entsteht ein **Problembewusstsein** innerhalb des Teams, und eine Teamentwicklung wird als Lösungsmöglichkeit in Betracht gezogen. Die **Anlässe** dazu können vielfältig sein (vgl. Comelli, 2003; Nerdinger et al., 2008):

- Neugründung eines Teams, „Starthilfe" (Rollen und Prozesse klären, definieren, stärken)
- Entwicklung der Fähigkeit, Konflikte zu erkennen, zu klären und positiv zu nutzen
- Stärkung der gegenseitigen Unterstützung und Zusammenarbeit innerhalb des Teams oder mit anderen Arbeitsgruppen innerhalb der Organisation
- (stärkere) Ausschöpfung des Leistungspotenzials einer Gruppe
- Einstieg in einen Prozess der Organisationsentwicklung

Die Entscheidung, eine Teamentwicklung durchzuführen, wird durch persönliche positive Erfahrungen (vorwiegend von Führungskräften) oder Beispiele für gelungene Teamentwicklungsprojekte begünstigt (vgl. Comelli, 2003). Ein Mitglied der Gruppe, meist in Leitungsfunktion, nimmt Kontakt zu unternehmensinternen oder -externen Fachleuten auf. Schon im Erstgespräch kann die Diagnosephase beginnen, indem direkt an dieser Stelle eine Auftragsklärung in Angriff genommen wird. Nach Horn-Heine (2003) kann bereits die **Nachbereitung des Erstgespräches** diagnostische Hinweise liefern: Wie wurde das Gespräch eröffnet? Von wem wurde es geführt und dominiert? Welche Themen wurden direkt angesprochen, welche Fragen und Antworten kamen auf? Eine ausgeprägte Ehrlichkeit im Umgang mit persönlichen Zweifeln oder Bedenken, insbesondere in der Abstimmung mit den Auftraggebern, ist bei der Beantwortung dieser Fragen entscheidend. Sie sollten durchaus auch angesprochen werden.

Diagnose

Analyse und Auftragsklärung: Die Diagnosephase beginnt mit einer sorgfältigen Auftragsklärung, die in aller Regel zunächst zwischen Auftraggeber und Teamentwickler geführt wird. Sie wird jedoch meist zur Erhebung weiterer Informationen auf andere Mitglieder des Teams ausgeweitet (persönliches Gespräch, moderierte Gruppendiskussion, schriftliche Befragung etc.; vgl. Horn-Heine, 2003; Neuberger, 1994). Neuberger (1994) definiert den Prozess der *gemeinschaftlichen* **Diagnose und Problemdefinition** sogar als notwendiges Bestimmungsmerkmal für den Begriff Teamentwicklung. Die Vorfeld-Informationen werden während der Maßnahmendurchführung weiter vertieft, um eine genauere Problembeschreibung zu erhalten. Mögliche **Inhaltsbereiche eines Erstgespräches** und konkrete Fragen sind in Tabelle 3 dargestellt (vgl. Horn-Heine, 2003; Langmaack & Braune-Krickau, 2010; van Dick & West, 2005).

Tabelle 3: Inhaltsbereiche und Fragen in der Auftragsklärung

Inhaltsbereich	Fragen
Vorgeschichte	Wie kam der Kontakt zustande? Warum gerade mit dem Auftragnehmer? Was wurde bisher unternommen?
Auftraggeber	Wer ist der Auftraggeber? Unterschied zwischen aktuellem Gesprächspartner und Auftraggeber? In welcher Beziehung steht er zum Team?
Beteiligte	Welche Mitglieder hat das Team? Wie lange arbeiten die Mitglieder schon zusammen?
Strukturen	Welche (hierarchischen) Strukturen bestehen innerhalb des Teams? Wer hat welche Entscheidungskompetenzen? In welche Strukturen ist das Team eingebettet?
Aufgaben des Teams	Welche Aufgaben hat das Team insgesamt und welche Aufgaben haben die einzelnen Mitglieder? Wie gut sind diese Aufgaben bisher bewältigt worden? Welche Kooperationsnotwendigkeiten gibt es?
Anlass	Warum soll gerade jetzt eine Teamentwicklung durchgeführt werden? Was ist der konkrete Anlass? Gibt es aktuelle Probleme? Wie wirken sich diese auf das Team und seine Leistung aus?
Ziel	Was soll sich nach Abschluss des Teamentwicklungsprozesses verändert haben? Woran wird man erkennen können, dass er stattgefunden hat?
Konflikte	Gibt es Konflikte innerhalb des Teams? Zwischen wem? Wie wirken sie sich auf die Teamleistung und Zusammenarbeit aus? Wie wird im Team mit Kritik umgegangen?
Interessen	Auf wessen Wunsch kommt die Teamentwicklung zustande? Wer hat ein (verdecktes) Interesse am Erreichen oder am Nicht-Erreichen der Ziele?
Umfeld	Welche weiteren Personen und Organisationen stehen in Kontakt zum Team (Stakeholder)? Welche Hindernisse von außen gibt es für eine Problemlösung?
Rahmenbedingungen	Wo findet die Teamentwicklung statt (inhouse oder Hotel)? Welche Kosten entstehen und wer trägt diese?

Kritisch zu hinterfragen sind insbesondere folgende Punkte (vgl. auch Comelli, 2003):

- Ist Teamentwicklung die **richtige Lösung** für das bestehende Problem? Wenn es sich beispielsweise um Konflikte zwischen wenigen einzelnen Personen oder um Schwächen der Führungskraft handelt, sollte alternativen Maßnahmen (z.b. Konfliktklärung, Mediation oder Coaching der Führungskraft) der Vorzug gegeben werden.
- Wird die Teamentwicklung für persönliche oder politische Interessen **instrumentalisiert**? Vorsicht ist dann geboten, wenn dem Auftragnehmer zwischen den Zeilen vermittelt wird, „dem Team mal richtig einzuheizen" oder „mal was zu machen, damit die da oben beruhigt sind".
- Sind die **nötigen Ressourcen vorhanden**, um zumindest ein Teilziel der Teamentwicklung zu erreichen? Hat das Vorgehen die nötige **„Rückendeckung" der nächsten Führungsebene**?
- Besteht auf Seiten der Teammitglieder genügend **Bereitschaft, aktiv mitzuwirken**?
- Sind, insbesondere bei Konflikten oder sozialen Störungen, zumindest grundlegende kommunikative Kompetenzen sowie eine Lösungsbereitschaft vorhanden, die ein **gemeinsames und konstruktives Sich-Annähern an die Problematik** ermöglichen?
- Ist eine **Kontinuität der Gruppe** gewährleistet?

Auf Basis der erhobenen Informationen werden **erste Hypothesen** gebildet zu aktuellen Herausforderungen und Aufgaben des Teams (z.B.: Rückkehr zum früheren Leistungslevel bei gleichzeitiger Übernahme einer neuen Aufgabe; Finden einer tragfähigen Lösung zur Arbeitszeit- und Urlaubsplanung) sowie zu dessen Ressourcen und Kompetenzen (z.B.: hohe Leistungsbereitschaft bei den Teammitgliedern, seit einer Neuordnung der Zuständigkeiten jedoch schlechter Informationsfluss; fehlende Konfliktkompetenzen; Arbeitstechniken der Entscheidungsfindung in der Gruppe werden nicht angewendet).

Nach Comelli (2003) finden sich folgende **typische Problemfelder:**

- nicht bekannte oder befolgte Regeln zur Strukturierung der Gruppe
- gestörte Beziehungen: Kommunikationsprobleme oder Konflikte, dadurch Erschwerung der Zielerreichung
- nicht bekannte oder beherrschte Arbeitstechniken effizienter Teamarbeit
- Mangel an sozialen Fähigkeiten bei Mitgliedern des Teams
- negative gruppendynamische Prozesse

Aus der Kombination von Herausforderungen und Kompetenzen können **vorläufige Ziele für den Teamentwicklungsprozess** abgeleitet werden. Gerade wenn die bisherigen Informationen nur aus einer oder wenigen Quellen stammen, sollten die Schlüsse explizit als Arbeitshypothesen definiert werden, die im weiteren Verlauf der Teamentwicklung überprüft werden.

Die Erarbeitung von Herausforderungen und Kompetenzen kann in der Vorbereitungsphase geschehen – sie kann allerdings auch im Rahmen eines ersten Workshops bereits den Auftakt zu einer Teamentwicklungsmaßnahme bilden. Gemeinsam mit den Teammitgliedern wird im ersten Schritt zunächst eine **Bestandsaufnahme** vorgenommen. Dieses Vorgehen bietet den Vorteil, dass die Hypothesen direkt durch die Betroffenen entwickelt und überprüft werden können; mehrfache Abstimmungsschleifen mit den Auftraggebern können so vermieden werden.

Planung: Erst nachdem die aus den aktuellen Herausforderungen und Kompetenzen abgeleiteten Ziele der Teamentwicklung feststehen, kann mit der Planung konkreter Ablaufschritte und Maßnahmen begonnen werden. Neben der inhaltlichen Planung sind eine Reihe von Rahmenbedingungen zu beachten:

- **Ort:** Es bietet sich an, die gewohnte Arbeitsumgebung des Teams zu verlassen, um ungestört vom Tagesgeschäft arbeiten zu können. Auftraggeber und -nehmer sollten sich vorab ein Bild vom Durchführungsort machen.

- **Zeit:** Teamentwicklungsprozesse können je nach Zielsetzung über mehrere Monate hinweg durchgeführt werden. Die Länge einer Veranstaltung innerhalb eines Teamentwicklungsprozesses ist ebenfalls von den spezifischen Zielen abhängig. Maßnahmen, die zu Beginn eines Prozesses stattfinden, verlieren erfahrungsgemäß deutlich an Effektivität, wenn sie mit einem Zeitansatz von weniger als einem Tag durchgeführt werden. Zudem ist diese Zeit oft nötig, um zu „greifbaren" Zwischenergebnissen zu gelangen – diese sollten gerade zu Beginn eines Prozesses nicht fehlen.

- **Zielgruppe:** Grundsätzlich sollten alle Betroffenen in die Maßnahme einbezogen werden. In der Praxis ist jedoch nicht immer leicht zu entscheiden, wer zu diesem Kreis gehört. Prinzipiell ist auch der Einbezug von teamexternen Personen (Schnittstellen, „Stakeholder") möglich; dieser Schritt empfiehlt sich jedoch nicht gleich zu Anfang eines Teamentwicklungsprozesses.

- **Einbezug von Vorgesetzten:** Vorgesetzte (Teamleitung o.ä.) sollten grundsätzlich in den Prozess der Teamentwicklung einbezogen werden. Dies bedeutet nicht, dass sie bei *jeder* Einzelmaßnahme *permanent* anwesend sein müssen. Sie können in einer frühen Prozessphase bewusst außen vor gelassen werden, um zunächst eine teaminterne Klärung vorzunehmen. Sollten sich Konflikte auch auf die Führungskräfte beziehen, sind diese unbedingt einzubeziehen.

- **Teilung der Gruppe:** Grundsätzlich sollte das gesamte Team komplett an jeder Maßnahme des Teamentwicklungsprozesses teilnehmen. In der Praxis sind diesem Anspruch jedoch immer wieder Grenzen gesetzt, die eine Teilung der Gruppe erforderlich machen (beispielsweise in Schichtbetrieben, insbesondere wenn die Arbeit auch am Wochenende fortgesetzt werden muss). Dabei sollte darauf geachtet werden, dass zumindest ein erstes, wenn auch sehr kurzes, Treffen mit *allen* Beteiligten ermöglicht wird. Die Gruppen können dann nach dem Zufallsprinzip getrennt werden. Oft bieten sich aber auch auf tieferer Ebene weitere „Organisationsfamilien" an. Auch eine Trennung nach Problembetroffenheit (es nehmen nur diejenigen Mitglieder der Gruppe teil, die aktuell von dem konkret behandelten Problem betroffen sind) oder rollierende Systeme (kleinere Gruppen „entsenden" jeweils einen Vertreter in die Teamentwicklungsmaßnahme) können sinnvoll sein, dies aber in Abhängigkeit von der jeweils vorliegenden Problemstellung und Zielsetzung.

- **Vertraulichkeit, Kontrolle, Überprüfbarkeit:** Vor der Maßnahme sollte festgelegt werden, welche Inhalte der Teamentwicklung vertraulich bleiben können und über welche beispielsweise die nächste Führungsebene eine Rückmeldung erwartet. Wichtig ist dies insbesondere für die Kontrolle der Umsetzung von Vereinbarungen.

- **Verbindlichkeit und Vereinbarungen:** In Teamentwicklungsprozessen werden in aller Regel Vereinbarungen getroffen. Die Einhaltung dieser Vereinbarungen bedarf in fast allen Fällen der Kontrolle und Evaluation. Schon im Vorfeld sollte geklärt werden, wer (wenn nicht ohnehin die Führungskraft) für die oft unangenehme Aufgabe in Frage kommt, die Umsetzung der Vereinbarungen voranzutreiben.

- **Transfersicherung:** Es ist wichtig, den Transfer aller Kenntnisse und Fertigkeiten, die jenseits konkreter Vereinbarungen erarbeitet wurden, in den Arbeitsalltag zu sichern. Hierzu können kurze Auffrischungsseminare durchgeführt oder andere transfersichernde Maßnahmen ergriffen werden (vgl. dazu Solga, Kap. 5: Förderung von Lerntranfer). Ein Beispiel sind Transferkonferenzen, in denen gemeinsam erarbeitet wird, inwieweit der Transfer gelungen ist und welche weiteren Schritte anzugehen sind.

Intervention

In der **Interventionsphase** werden die aus den Zielen abgeleiteten Teamentwicklungsmaßnahmen umgesetzt. Wie bereits beschrieben muss der Beginn der Intervention nicht mit dem ersten Treffen des Teams zusammenfallen: Es kann bereits ein Workshop zur Problem- und Zielanalyse vorgeschaltet worden sein; der Übergang von der Analyse- in die Interventionsphase kann allerdings auch in einer Veranstaltung stattfinden.

In Teamentwicklungsmaßnahmen können zahlreiche Methoden zum Einsatz kommen (vgl. Demmerle, Schmidt, Hess, Solga & Ryschka, Kap. 4: Basistechniken der Personalentwicklung; Kap. 3.4.2: Outdoor-Training). Besonderes Gewicht erhalten dabei meist **Moderationstechniken, erlebnisorientierte Techniken** und **Feedback-Techniken**. Einige „Standardsituationen" der Teamentwicklung – bestehend aus Teamentwicklungszielen und den dazugehörigen **Interventionsbausteinen** – sind in Tabelle 4 dargestellt. Es sei aber darauf hingewiesen, dass die konkrete Maßnahmenplanung im Praxisfall erst nach einer genauen Zieldefinition stattfinden kann; insofern sind die in Tabelle 4 genannten Standardsituationen als Anregungen und nicht als fertige „Rezepte" zu verstehen. Während der Planung sollte darauf geachtet werden, dass das Konzept flexibel ist; denn es können kurzfristig Themen oder Erkenntnisse auftreten, die Berücksichtigung finden müssen (vgl. Nerdinger et al., 2008).

Tabelle 4: „Standardsituationen" in der Teamentwicklung

Ziel	Zielaspekte	Mögliche Interventionsbausteine
Erleichterung des Beginns der Zusammenarbeit	Einander kennenlernen wechselseitiges Erkennen von Kompetenzen, Stärken und Schwächen Klärung von Organisation und Arbeitsteilung	**inhaltliche Inputs:** Aufgaben, Ziele, Anforderungen des Teams **Übungen**[3]: „dem Team etwas über mich mitteilen", „Kennenlernen", „Feedback, Wirkung auf andere", „Selbstbeschreibung mit Symbolen", „Gruppenaufgaben ohne feste Führung", „Gruppenaufgaben mit Führung" **Follow-Up:** Überprüfung der Tragfähigkeit getroffener Vereinbarungen (Struktur, Kommunikation, Aufteilung etc.)
Ziele und Maßnahmenpläne	Definition von messbaren Zielen Erarbeitung von Maßnahmenplänen	**Sammlung und Priorisierung** von Problemen, Herausforderungen, Änderungswünschen **positiver Soll-Zustand:** konkrete Beschreibung für jeden Bereich („Wunderfrage"[4]) **Messindikatoren:** „Woran erkennen Sie, dass Sie diesen Zustand/das Ziel erreicht haben?" **Terminierung** des Ziels Entwicklung von **Schritten** zu diesem Ziel **Formulierung eines konkreten Maßnahmenplanes:** WAS, WER, mit WEM (Beteiligte), bis WANN, WOMIT (Ressourcen), erster Schritt, Konsequenz bei Nichtumsetzung Maßnahmen zur **Kontrolle der Umsetzung**
Visionen (vgl. van Dick & West, 2005)	Entwicklung eines von allen Teilnehmern getragenen Leitbildes	Verfahren an **Zukunftskonferenz** angelehnt **„Wo steht das Team in 10 Jahren?"**, Beantwortung in Kleingruppen, Präsentation Integration in eine **gemeinsame Vision** **Rahmenbedingungen** (Hindernisse, Synergien) Definition von **Projekten zur Umsetzung**

---

[3] siehe Demmerle, Schmidt, Hess, Solga & Ryschka, Kap. 4.5: Erlebnisorientierte Techniken
[4] „Wie sähe die Welt/Ihre Situation aus, wenn durch ein Wunder das Problem über Nacht verschwunden wäre?"

Ziel	Zielaspekte	Mögliche Interventionsbausteine
Gruppenidentität (vgl. Krüger, 2002)	Erhöhung der Identifikation mit dem Team Stärkung im Wettbewerb mit anderen Teams (Uniqueness)	**Wissen und Können** im Team **Einstellungen und Werte** im Team **gemeinsames Identitätsstatement**: Integration von Wissen, Können, Einstellungen und Werten **Sammlung**: Umfeld und Rahmenbedingungen **Auswirkung** der Rahmenbedingungen auf das Verhalten der Teammitglieder
Stakeholderanalyse (vgl. van Dick & West, 2005)	Bestandsaufnahme der Interessensgruppen Reduktion der Widerstände von Stakeholdern bei Veränderungen	Sammlung der **angestrebten Veränderungen oder Aufgaben des Teams** **Auflistung der Stakeholder**: „Wer/welche Personengruppen könnten möglicherweise von diesen Veränderungen/Aufgaben betroffen sein?" für jeden Stakeholder: **Vor- und Nachteile**, bzw. Interessen der Gruppe **Priorisierung** der Interessen der Stakeholder **Modifikation des geplanten Vorgehens**: Minimierung der Nachteile für Stakeholder **Abstimmung** der modifizierten Strategie
Konfliktlösung (vgl. Thomann, 2008; Solga, 2008; siehe auch Demmerle, Schmidt & Hess, Kap. 3.5.5: Verhandlungs- und Konfliktbeilegungstraining)	Identifikation des Konfliktes Klärung von Konflikten Vereinbarung tragfähiger Lösungen ggf. mit Unterstützung durch eine neutrale dritte Partei (Mediator)	**Mediation**, z.B. mit folgenden Inhalten: **Selbstklärungsphase**: Darstellung der einzelnen subjektiven Sichtweisen **„Dialog der Wahrheit"**: Zusammenführung der unterschiedlichen Ansichten, gesteuerter Streitdialog **Erklärungen und Lösungen**: theoretische Erklärung des Konfliktes, Angebot von Modellen, Suche nach Alternativen, Vereinbarung von Lösungen
individuelle Entwicklung (vgl. van Dick & West, 2005)	Vorteile der Teamarbeit für persönliche Entwicklung verdeutlichen Verbesserung des Teamklimas	**Theorie**: Positives Teamklima hilfreich für persönliche Entwicklung **Prinzipien**: Eine Gruppe besitzt mehr Information als jedes seiner Mitglieder allein; eine Gruppe dient als Fehlerwarnsystem; eine Gruppe ist mehr als die Summe ihrer Teile. **Welche individuellen Verhaltensweisen helfen**, die Prinzipien optimal auszunutzen? **Welche Verhaltensweisen sind hinderlich?** (Brainstorming) Diskussion und **Vereinbarung von Handlungszielen**

Ziel	Zielaspekte	Mögliche Interventionsbausteine
Anpassung an den Wandel von Umfeld, Zielen und Aufgaben	neue Ausrichtung des Teams und seiner Strukturen	bei Unklarheit über die kommenden Aufgaben: „Vision" oder „Stakeholderanalyse" (s.o.) vorschalten **Beschreibung** der anstehenden Veränderung **Ableitung der veränderten Anforderungen** an das Team: „Welche neuen Ziele, Anforderungen und Aufgaben werden sich durch die Veränderung für das Team ergeben?" Auflistung: **Benötigte Kompetenzen und Strukturen** zur Erfüllung der neuen Anforderungen Auflistung: im Team **bisher genutzte Kompetenzen und Strategien** **Abgleich:** Welche Kompetenzen und Strukturen können beibehalten werden? Welche werden nicht mehr benötigt? Welche müssen neu aufgebaut werden? „**Ziele und Maßnahmenpläne**" (s.o.) erarbeiten
Leistungssteigerung	Gründe für Leistungsabfall oder -stagnation erforschen hindernde Strukturen beseitigen erforderliche Kompetenzen und Rahmenbedingungen identifizieren	Auflistung: „In **welchen Bereichen** soll die Leistung verbessert werden?" Sammlung von **förderlichen und hinderlichen Faktoren** bei Leistungsabfall: verantwortliche Faktoren identifizieren **Explizierung von impliziten Leistungs- und Verhaltensnormen** („Wie verhält man sich im Team, wenn ...") Definition von **Idealzielen**, siehe „Ziele und Maßnahmenpläne" falls relevant: „**Stakeholderanalyse**" (s.o.) Sammlung/Tabelle: „Was muss an **Wissen, Können, Einstellungen** und **Rahmenbedingungen** vorhanden sein, um diese Ziele erreichen zu können?" Abgleich: Was davon ist im Team **vorhanden**? Wie können erforderliche Kompetenzen **aufgebaut** werden? ggf. **Überprüfung der Zielsetzungen** **Maßnahmenplan** erstellen (s.o.)

Evaluation

Eine Erfolgsbewertung der Teamentwicklung sollte sowohl zwischen den Einzelmaßnahmen zum Zwecke der „Kurskorrektur" (**formative Evaluation**) als auch zum Ende des Prozesses als abschließende Bewertung (**summative Evaluation**) stattfinden (vgl. Greif, 2003; siehe auch Solga, Kap. 6: Evaluation der Personalentwicklung). Nerdinger und Kollegen (2008) empfehlen einen zeitlichen Abstand zwischen Intervention und Evaluation von eins bis drei Monaten, da Veränderungen und Vereinbarungen eine gewisse Zeit brauchen, um greifen zu können.

Die Bewertung des monetären Erfolgs von Teamentwicklungsmaßnahmen ist nur schlecht möglich. Zwecks Kategorisierung der **immateriellen Erfolgsparameter** in einem an Unternehmensstrategie und Business-Zielen orientierten Modell schlägt Greif (2003) vor, die vier Dimensionen der Balanced Scorecard – nämlich 1. Finanzen, 2. Kunden, 3. Lernen und Entwicklung sowie 4. interne Geschäftsprozesse – heranzuziehen (vgl. Kaplan & Norton, 1996).

Zur Evaluation von Teamentwicklungsprozessen und -maßnahmen können folgende **Methoden** angewendet werden (Greif, 2003):

- soziometrische Methoden: grafische Darstellung der Beziehungen im Team
- Beobachtungs- und Ratingsysteme: Verhalten der Teammitglieder wird von Beobachtern eingeschätzt
- Bestimmung des Teamklimas (z.B. mit dem Teamklima-Inventar von Brodbeck, Anderson & West, 2000, oder dem Fragebogen zur Arbeit im Team von Kauffeld, 2004)

Sind im Rahmen eines Teamentwicklungsprozesses mehrere Maßnahmen geplant, so ist eine sorgfältige Erfolgsbewertung nach jeder einzelnen Maßnahme unerlässlich, um ggf. die Ziele der folgenden Maßnahmen entsprechend modifizieren zu können.

Neben der Bewertung der Zielerreichung sollten die Ziele selbst und die der Teamentwicklung zugrunde liegenden Hypothesen fortlaufend überprüft werden.

Empirische Befunde: Die Wirksamkeit von Teamentwicklungsmaßnahmen wurde in einer aktuellen **Metaanalyse** überprüft (Klein, Diaz Granados, Salas, Le, Burke, Lyons & Goodwin, 2009). Die untersuchten Maßnahmen wurden in vier Gruppen eingeteilt:

- Trainings zur Stärkung der Zielidentifikation
- Trainings zur Verbesserung der Beziehungen in der Gruppe
- Trainings zur Klärung von Rollen und Rollenerwartungen
- Trainings zur allgemeinen Problemlösung

Diese vier Maßnahmen wurden hinsichtlich der Erreichung von vier Erfolgskriterien verglichen. Diese Erfolgskriterien waren: **kognitive Effekte** (z.B. Wissen über die Kompetenzen im Team), **affektive Effekte** (z.B. Vertrauen), **Teamprozesse** (z.B. Koordination und Kommunikation) und **Leistung** (z.B. Produktivität).

Es zeigte sich, dass jede Maßnahme die verschiedenen Erfolgskriterien positiv beeinflusst, wobei Trainings zur Stärkung der Zielidentifikation und Trainings zur Klärung von Rollen und Rollenerwartungen am besten abschnitten. Dabei wurden die Erfolge insbesondere auf affektiver und auf Teamprozessebene erzielt. Insgesamt kann gesagt werden, dass Teamentwicklungsmaßnahmen geeignet sind, die Probleme und Risiken von Teamarbeit, die zu Beginn dieses Kapitels beschrieben wurden (siehe Tabelle 2), zu begrenzen oder sogar zu eliminieren (vgl. auch Nerdinger et al., 2008).

Literatur

Brodbeck, F. C., Anderson, N. & West, M. (2000). *TKI Teamklima-Inventar.* Göttingen: Hogrefe.

Comelli, G. (2003). Anlässe und Ziele von Teamentwicklungsprozessen. In S. Stumpf & A. Thomas (Hrsg.), *Teamarbeit und Teamentwicklung* (S. 169-190). Göttingen: Hogrefe.

Greif, S. (2003). Evaluation der Prozese und Ergebnisse von Teamentwicklungsmaßnahmen. In S. Stumpf & A. Thomas (Hrsg.), *Teamarbeit und Teamentwicklung* (S. 217-240). Göttingen: Hogrefe.

Hacker, W. (1994). Arbeitsanalyse zur prospektiven Gestaltung von Gruppenarbeit. In C. H. Antoni (Hrsg.), *Gruppenarbeit in Unternehmen: Konzepte, Erfahrungen, Perspektiven* (S. 49-80). Weinheim: Beltz/PVU.

Horn-Heine, K. (2003). Prozessorientiertes Vorgehen in der Teamentwicklung. In S. Stumpf & A. Thomas (Hrsg.), *Teamarbeit und Teamentwicklung* (S. 299-316). Göttingen: Hogrefe.

Kaplan, R. S. & Norton, D. P. (1996). *The balanced scorecard: Translating strategy into action.* Boston, MASS: Harvard Business School Press.

Kauffeld, S. (2004). *Der Fragebogen zur Arbeit im Team.* Göttingen: Hogrefe.

Klein, C., Diaz Granados, D., Salas, E., Le, H., Burke, C. S., Lyons, R. & Goodwin, G. F. (2009). Does team building work? *Small Group Research, 40,* 181-222.

Krüger, W. (2002). *Teams führen.* Freiburg: Haufe.

Langmaack, B. & Braune-Krickau, M. (2010). *Wenn die Gruppe laufen lernt.* Weinheim: Psychologie Verlags Union.

Nerdinger, F. W., Blickle, G. & Schaper, S. (2008). *Arbeits- und Organisationspsychologie.* Heidelberg: Springer.

Neuberger, O. (1994). *Personalentwicklung.* Stuttgart: Lucius & Lucius.

Rosenstiel, L. v. (2007). *Grundlagen der Organisationspsychologie.* Stuttgart: Schäffer-Poeschel.

Solga, M. (2008). Konflikte in Organisationen. In F. Nerdinger, G. Blickle & N. Schaper, *Arbeits- und Organisationspsychologie* (S. 121-134). Heidelberg: Springer.

Stumpf, S. & Thomas, A. (Hrsg.). (2003). *Teamarbeit und Teamentwicklung.* Göttingen: Hogrefe.

Thomann, C. (2008). *Klärungshilfe: Konflikte im Beruf.* Reinbek: Rowohlt Taschenbuch Verlag.

Tuckman, B. W. (1965). Developmental sequences in small groups. *Psychological Bulletin, 63,* 348-399.

Van Dick, R. & West, M. A. (2005). *Teamwork, Teamdiagnose, Teamentwicklung.* Göttingen: Hogrefe.

Wegge, J. (2006). Gruppenarbeit. In H. Schuler (Hrsg.), *Lehrbuch der Personalpsychologie* (S. 579-610). Göttingen: Hogrefe.

Weinert, A. B. (2004). *Organisations- und Personalpychologie.* Weinheim: Beltz PVU.

3.4.2 Outdoor-Training

Stellen Sie sich vor, Sie stünden mit einem Stapel Bretter und einigen Seilen ausgerüstet vor einer Schlucht und müssten zusammen mit Ihren Teamkollegen dort hinüber – dann könnte es sein, dass Sie sich inmitten eines Outdoor-Trainings befinden.

Seit den 1980er Jahren gelten Outdoor-Trainings als neue, innovative Instrumente der Personalentwicklung. Insbesondere im Managementbereich und in der **Teamentwicklung** werden sie vorrangig zur Erlangung von **Schlüsselqualifikationen** sowie als Möglichkeit der **individuellen Grenzerfahrung** und -überwindung eingesetzt.

Outdoor-Trainings gehören im deutschsprachigen Raum noch nicht zu den alltäglichen Trainingsformen. Da fast nur die konventionellen Weiterbildungsmaßnahmen sorgfältig der Evaluation und Qualitätssicherung unterzogen worden sind, werden erlebnis- und handlungsorientierte Ansätze sehr kontrovers diskutiert (Witt, 2000).

Definition und Ziele

Der Begriff „Outdoor-Training" bezeichnet zum einen die **äußere Form** einer überwiegend in der freien Natur stattfindenden Weiterbildungsveranstaltung. Zum anderen wird hierunter eine **besondere Form des Lernens** verstanden, die das individuelle und gemeinschaftliche Erleben und Handeln (das konkrete Tun) als zentrales Mittel des Lernens einsetzt und dabei betriebliche Qualifikationsziele verfolgt.

Outdoor-Training als ein betriebliches, erfahrungs- und handlungsorientiertes Weiterbildungskonzept basiert größtenteils auf dem Gedankengut und den Theorien der **Erlebnispädagogik** (Michl, 2009). „Erlebnispädagogik ist eine handlungsorientierte Methode und will durch exemplarische Lernprozesse, in denen ... Menschen vor physische, psychische und soziale Herausforderungen gestellt werden, diese in ihrer Persönlichkeitsentwicklung fördern und sie dazu befähigen, ihre Lebenswelt verantwortlich zu gestalten." (Heckmair & Michl, 2008, S. 115). Die wichtigsten Lernziele dabei sind Selbstständigkeit, Verantwortung und soziale Kompetenz. Mit Outdoor-Trainings werden hauptsächlich **affektive Lernerfolge** erzielt, d.h. solche, die in die Bereiche **Motivation, Einstellung, Selbststeuerung** fallen (z.B. Vertrauen zu anderen fassen; Wertschätzung für die Kompetenzen anderer gewinnen; Gruppenzusammenhalt fördern; Verantwortung übernehmen).

Die konkreten **Ziele** von Outdoor-Trainings können dabei sehr vielfältig sein; sie reichen von der Unterstützung von Teamentwicklungsprozessen über die Förderung persönlicher und sozialer Kompetenzen bis hin zum Selbst- und Projektmanagement. Gemeinsames Moment all dieser Ziele ist es, in der Natur die **Schlüsselqualifikationen** zu fördern, die in der täglichen Arbeit angewandt werden müssen (Kern & Schmidt, 2001). Nach Reetz (1990, S. 25) geht es hierbei darum, „daß nicht nur über Sachwissen, sondern auch über Handlungswissen verfügt werden kann, so daß aus einer allgemeinen Kompetenz heraus jeweils ein situativer Transfer auf konkrete berufliche Situationen möglich ist". Schlüsselqualifikationen sollen als „Schlüssel" zum Erwerb domänenspezifisch wechselnden Spezialwissens dienen (zum Begriff der Schlüsselqualifikation siehe auch Solga, Ryschka & Mattenklott, Kap. 1: Personalentwicklung: Gegenstand, Prozessmodell, Erfolgsfaktoren).

Konkreter können auf der Ebene der **persönlichen Kompetenzen** Ziele der Outdoor-Trainings unter anderem das Selbstmanagement und die Persönlichkeitsentwicklung, die Steigerung von Initiative, Motivation und Kreativität, die Schulung von Anpassungsfähigkeit und Flexibilität, die Stressbewältigung sowie die Entwicklung von Mut und Selbstvertrauen sein. Bei der Entwicklung **sozialer Kompetenzen** stehen die Verbesserung der Kommunikation, Kooperation und Konfliktfähigkeit, die Entwicklung von Beziehungen sowie die Teamentwicklung im Vordergrund.

Als **Vorteile** von Outdoor-Trainings gegenüber anderen Weiterbildungsmaßnahmen nennt Immle (1999):

- reale, nicht gespielte Aufgabenstellungen
- Stimulieren der Kreativität durch die Natur
- aktives, handelndes und erfahrendes Lernen „am eigenen Leib"
- schnelleres Lösen von eingefahrenen und verhärteten Strukturen durch die Distanz zum Alltag, das direkte Erleben sowie das unmittelbare Reflektieren
- unmittelbares Erleben von Gruppendynamik (ohne „aus dem Feld" gehen zu können)

- innerliches und äußerliches Sich-Anpassen-Müssen an dynamisch sich verändernde Bedingungen

Für Rieper (1995) ist der zentrale Vorteil von Outdoor-Trainings die hohe **Identifikation der Teilnehmer mit den Lernergebnissen** – ein Effekt des **intensiven Selbst-Erlebens**. Für Teamentwicklung ist dies bedeutsam, da eine Änderung des ich-bezogenen Leistungsdenkens zugunsten eines „echten" Teambewusstseins ein nachhaltiges Überzeugtsein von den individuellen Vorteilen der Teamarbeit erforderlich macht. Bei „konventionellen" Trainings, in denen Regeln der Zusammenarbeit „rational" vermittelt werden, fehlt das eigene Erleben der Zusammenarbeit im Team. Beim Outdoor-Training entwickelt sich dagegen ein **Gefühl der Zusammengehörigkeit** und, damit verbunden, „echte" **Einsicht in die Vorteile von Teamarbeit**. Ein wichtiger Erfolgsfaktor ist aber die Einsicht auf Seiten der Teilnehmer, dass erfahrungsorientiertes Lernen und damit **emotionale Betroffenheit** Grundvoraussetzungen für wesentliche Verhaltensänderungen sind.

Die **Nachteile** von Outdoor-Trainings liegen zum einen darin, dass sie eher kostenintensiver sind als traditionelle Weiterbildungsveranstaltungen, weil sie kleinere Gruppen voraussetzen und meist auch länger andauern. Weiterhin wird die **Transferproblematik** als ein Nachteil von Outdoor-Trainings gesehen. Bei kaum einer anderen Weiterbildungsmaßnahme ist die Transferdistanz zwischen Lern- und Funktionsfeld so groß wie bei Outdoor-Trainings (siehe dazu Solga, Kap. 5: Förderung von Lerntransfer).

Als Hauptformen von Outdoor-Trainings lassen sich die **Wilderness-Programme**, die ganz in den „Outdoors" stattfinden und die **outdoor-orientierten Programme**, bei denen die Teilnehmer auf speziellen Outdoor-Parcours in Zivilisationsnähe kleine Handlungselemente absolvieren, unterscheiden (vgl. Kern & Schmidt, 2001).

Wilderness-Programme: Die meist mehrtägigen Wilderness-Programme werden abseits der Zivilisation durchgeführt. Diese Kursform eignet sich für den Erwerb von Zusammenhangs- und Handlungswissen, da sie die Teilnehmer mit komplexen Ausgangsproblemen konfrontieren. Sie besitzen einen großen Erlebnis- und Erinnerungswert; die Unvorhersehbarkeit der Gegebenheiten in der Natur sorgt für reizvolle Spannung. Nachteile solcher Programme sind die hohen Kosten, die relativ lange Dauer und die Tatsache, dass körperlich schwächere Teilnehmer überlastet werden können (durch die Konzentration aufs Durchhalten kann das eigentliche Trainingsziel dann zur Nebensache werden). Zudem bieten Biwaks und Zelte selten optimale Bedingungen für die intensive Reflexion der Erlebnisse. Eine Spezialform sind **Survival-Trainings**. Sie gelten jedoch nicht als geeignete Kurse für die Personal- oder Teamentwicklung, da sie primär auf den Erwerb von technischen Fertigkeiten gerichtet sind und versagen, wenn es darum geht, gewonnene Erkenntnisse auf die Arbeitssituation zu übertragen.

Outdoor-orientierte Programme: In diesen kürzeren, teilweise nur halbtägigen Veranstaltungen werden meist mehrere Teamaufgaben bewältigt. Durch eine planvolle Auswahl der Übungen kann zielgerichtet auf einen gewünschten Effekt hingearbeitet werden. Die Vorteile dieser Form sind die Möglichkeit, Personen mit unterschiedlicher physischer Konstitution daran teilnehmen zu lassen, sowie die geringeren Kosten. Weiterhin eignen sich Seminare, die von einer festen Unterkunft aus operieren, besser für die Reflexions- und Transferarbeit. Ein Nachteil der outdoor-orientierten Programme kann die mangelnde Erlebnistiefe des Trainings sein. Eine Spezialform sind die **Prominenten-Programme**. Dabei wird ein Outdoor-Experte (ein Extrembergsteiger beispielsweise) engagiert, der in seiner natursportlichen Domäne durch herausragende Leistungen bekannt geworden ist. Diese Veranstaltungen haben eher als Incentives oder als Events ihren Wert, da viele der prominenten Experten wenig zur transferorientierten Teamentwicklung beitragen können.

Rahmenbedingungen

Teilnehmerzusammensetzung: Neben den in einer Analysephase bestimmten Lernzielen sind die **Motivation** und das Interesse der Teilnehmer, ihr Leistungsverhalten und ihr Arbeitsumfeld Faktoren, die für die Gestaltung der Maßnahme grundlegend bestimmend sind. Im Rahmen von Outdoor-Trainings verspricht die Arbeit mit **bereits bestehenden Teams** den größten Erfolg. Die Auswahl der Methoden, der Übungen und des Ablaufs, die grundsätzlich Aufgabe des Trainers sind, muss den Fähigkeiten und Fertigkeiten der Zielgruppe sowie weitestgehend den Strukturen und den Anforderungen, die auch im Arbeitstalltag bestehen, entsprechen.

Kontakt und Vertrag zwischen Unternehmen und Trainern: Da die Berufsbezeichnung des Outdoor-Trainers nicht geschützt ist, sollte sich der Auftraggeber über die Qualifikation des Anbieters informieren. Neben den üblichen Auswahlkriterien (z.B. Beherrschung von Gesprächstechniken, umfassendes und kundenspezifisches Konzept, Bereitschaft zur Kursevaluation) sollte auf die folgenden Punkte besonderes Gewicht gelegt werden:

- **technische Qualifikationen:** Besitzen die Trainer Ausbildungen in den Sportarten, die in dem Seminar eingesetzt werden sowie dazugehörige Kenntnisse in Sicherheits- und Rettungsmaßnahmen?
- **erlebnispädagogische Qualifikation:** Verfügen die Trainer über pädagogisches Grundwissen und kennen sie die Theorien und Wirkungsmodelle der Erlebnispädagogik?
- **Qualität der logistischen Unterstützung:** Besitzt der Anbieter aufeinander abgestimmte Mitarbeiter? Besteht ein bereits erprobtes Drehbuch für das Verhalten bei unvorhergesehenen Zwischenfällen? (Renner & Strasmann, 2000)

Festlegung der Dauer und der zeitlichen Gestaltung: Die Dauer des Trainings von einem halben Tag bis zu mehreren Wochen beeinflusst seine Wirksamkeit, wobei diese Funktion nicht linear verstanden werden darf. Die Länge sollte den jeweiligen Lernzielen angemessen sein.

Dokumentation der Maßnahme durch die Kursteilnehmer: Für den Erfolg des Outdoor-Trainings ist es sinnvoll, dass sich die Teilnehmer vor dem Seminar intensiv mit den Lernzielen und dem Seminarinhalt auseinandersetzen und ihre persönlichen Zielsetzungen aufstellen.

Zielüberprüfung und Festlegen der Spielregeln: Im Normalfall beginnen Outdoor-Trainings nach einer kurzen Begrüßung mit der Programmeinführung. Hier werden die Zielsetzungen überprüft und ratifiziert. Nach der Vorstellung des groben Ablaufs werden **gemeinsame Spielregeln** festgelegt. Einige Trainer lassen die Teilnehmer bewusst über den genauen Ablauf der Veranstaltung im Unklaren und konzentrieren sich ausschließlich auf die Spielregeln, weil dynamische Veränderungen der Situation – z.B. Störungen oder Hindernisse – dramaturgisch eingeplant sind. Spielregeln geben allen Beteiligten Sicherheit. Mögliche Inhalte solcher Spielregeln sind:

- Eigenverantwortung
- Gleichstellung und Gleichberechtigung aller Teilnehmer
- Offenheit, Echtheit, Ehrlichkeit (soweit wie möglich)
- Möglichkeit, jederzeit „nein" zu sagen (Challenge-by-choice)
- Vertraulichkeit
- Respektieren der eigenen Gefühle und Ängste sowie der Gefühle und Ängste der anderen Teilnehmer
- Rücksichtnahme auf das schwächste Glied der Gruppe

Übungsabfolge: Nach diesen Vereinbarungen wird meist eine „Warm-up-Sequenz" vorgesehen, um die **physische** und **emotionale Sicherheit** innerhalb des Teams und zu den Trainern aufzubauen. Risikoreichere Übungen sollen erst nach einer Reihe von vertrauensbildenden Übungen erfolgen.

Ziel einer gelungenen Übungsabfolge ist es, die Teilnehmer aus der sog. Komfortzone heraus und in die sog. **Herausforderungszone** hineinzuführen. Dort werden die Leistungsanforderungen als schwierig, aber machbar erlebt. In der Herausforderungszone soll die Lernbereitschaft am größten sein (Renner & Strasmann, 2000).

Transfervorbereitung: Schon während des Seminars wird in den Reflexionsphasen die Verbindung zwischen den Seminarerlebnissen (Lernfeld) und den Aufgaben des Arbeitsalltags (Funktionsfeld) geschaffen (vgl. auch Solga, Kap. 5: Förderung von Lerntransfer). Ein für Outdoor-Trainings bekanntes Reflexionsmodell ist das „**Metaphorische Modell**": Die Transferunterstützung wird erreicht, indem zwischen dem Funktionsfeld und dem Lernfeld eine möglichst große Strukturähnlichkeit hergestellt wird (Bacon, 2003). Diese Isomorphie bringt die Teilnehmer dazu, einen bewussten oder unbewussten Vergleich zwischen dem Verhalten im Alltag und den im Training gelernten Verhaltensalternativen zu ziehen (Reiners, 1995). Beispiele für eine isomorphe Trainingsgestaltung finden sich bei Kaltenecker (2006).

Sicherheit: Gatt (2004) schätzt die Wahrscheinlichkeit, dass sich ein Teilnehmer während der Seminarzeit verletzt auf 0,05 bis 10%. Er definiert „Verletzung" als eine nachhaltige traumatische Einwirkung auf die Psyche oder Physis eines Betroffenen (eine Bänderzerrung, eine größere Schürfwunde, eine nicht aufgearbeitete Erfahrung von Ausgrenzung durch die Gruppe etc.). Es geht hier um ein gewisses **körperliches Risiko**, das mit natursportlichen Aktivitäten stets verbunden ist, vor allem aber um die **psychische Sicherheit** der Teilnehmer. Objektive Gefahren können – und müssen! – durch optimale Sicherheitsvorkehrungen (redundante Sicherheitssysteme) vermieden werden. Ein hohes Maß an psychischer Sicherheit muss gewährleistet sein, wenn Teilnehmer an ihre psychischen Grenzen gehen und trotz erlebter Überforderung dabeibleiben.

Methoden und Inhalte

Da Outdoor-Trainings häufig mit dem Ziel der Teamentwicklung eingesetzt werden, entsprechen die Phasen in den wichtigsten Teilen dem bereits vorgestellten **Prozessablauf** (siehe Kap. 3.4.1: Teamentwicklung). Der Ablauf der Outdoor-Maßnahme selbst, gliedert sich grob in vier Phasen, die mehrfach durchlaufen werden können (vgl. Simmel & Uhlenbrock, 2003): Nach einer Aktivität („do") werden die Erlebnisse und Prozesse ausgewertet („review"), wobei die Bedeutung des Erlebten für den Einzelnen und für die Gruppe erarbeitet wird („transfer"). Die Erkenntnisse werden dann in Handlungsvorhaben umgewandelt und eventuell in nachfolgenden Trainingsbausteinen direkt geübt („apply").

Tabelle 1 gibt einen Überblick über die neben **Natursportarten, Expeditionen und Seilelementen** in Outdoor-Trainings eingesetzten **Übungen**.

Während der Aktivitäten gilt das Prinzip der **Gruppenselbststeuerung**. Das heißt, der Trainer hat im Allgemeinen die Aufgabe zu beobachten und hält sich ansonsten zurück. Dies gilt natürlich nur, so lange die physische und psychische Sicherheit der Teilnehmer gewährleistet ist. An jede Aktivität sollte eine **Reflexionsphase** angeschlossen werden, die der Trainer moderiert. Um diese Phasen anregend gestalten zu können, ist es zum einen wichtig, die Abläufe in der Gruppe genau zu beobachten und zum anderen Fragen zu stellen, welche die Erkenntnisebene der Teilnehmer vertiefen können. Hierzu sind in Tabelle 2 einige für die Trainingspraxis nutzbare **Beobachtungskriterien und Auswertungsfragen** dargestellt.

Tabelle 1: Übungen im Outdoor-Training[5]

Baustein	mögliche Inhalte/Beispiele	Schwerpunkt, Ziele
Spiele	Integrative, kohäsionsfördernde Spiele, kooperative Spiele (Spiele ohne Gewinner oder Verlierer).	Warming-Up, Kontaktaufnahme, Kennenlernen, Aktivierung, Motivation, Abbau sozialer Ängste.
Vertrauensübungen	„**Vertrauensfall**": Ein Teilnehmer lässt sich von einem Podest in die Reihe der Teamkollegen fallen. „**Blindenführung**": Ein „sehender" Partner führt den „blinden" zu einem Ziel oder über Hindernisse, u.U. unter Verzicht auf verbale oder akustische Kommunikation.	Stärkung des Vertrauens einzelner Teilnehmer zueinander und zum Team. Schaffung einer Basis für weiterführende Erfahrungen und für die Teamentwicklung.
Initiativaufgaben	(Kreative) Lösung scheinbar nicht lösbarer Aufgaben: „**Säurefluss**": Ein imaginärer, tödlicher Fluss muss mithilfe von Brettern, Seilen und Pflöcken überbrückt werden. „**Spinnennetz**": Die Gruppe muss durch ein vertikal gespanntes großmaschiges Netz aus Seilen von einer Seite auf die andere gelangen.	Förderung der Problemlösefähigkeit, der Motivation und der funktionierenden Kooperation in der Gruppe.
Kommunikationsaufgaben	Schwergewicht liegt in der Kommunikation, nicht in konkreten Handlungen. Häufig bekommen die Teilnehmer bestimmte Informationen, die sie der gesamten Gruppe vermitteln müssen, um gemeinsam zu einer Lösung zu gelangen.	Förderung der Kommunikationsfähigkeit innerhalb der Gruppe.
Problemlöseaufgaben	Zeitlich reglementierte Aktionen, in denen die Teilnehmer in der Gruppe eine bestimmte Aufgabe zu lösen haben. Komplexere Problemlösungsaufgaben und Lernprojekte sind z.B. Floßbau, Schluchtüberquerung, Seilbrückenbau, Orientierungs- und Konstruktionsaufgaben.	Inszenierung dynamischer Prozesse in der Gruppe, direktes und unmittelbares, reflektierendes und alltagsweltbezogenes Lernen. Aspekte des Gruppen- oder Führungsverhaltens. Nachbilden strukturähnlicher oder metaphorischer Situationen zum Funktionsfeld.
Selbsterfahrungsübungen	„**Solo**": kurzzeitige Einsamkeitserfahrung mit dem Fehlen von Ablenkung (Macintosh, 1993). Die Teilnehmer werden in einem ihnen zugewiesenen Geländeabschnitt von der Gruppe isoliert und verbringen dort alleine 24-36 Stunden, zumindest aber eine Nacht. Sie erhalten Lebensmittel sowie die nötige Ausrüstung, um sich ein Lager zu bauen, jedoch nichts, was dem Zeitvertreib dienen könnte (z.B. MP3-Player, Uhren, Mobiltelefone).	Auseinandersetzung mit dem Selbstbild, Selbsterfahrung. Gegenüberstellung des von außen vermittelten Fremdbildes zum eigenen Selbstbild. Formulierung von individuellen Handlungs- und Verhaltensplänen.

---

[5] Die hier dargestellten outdoorspezifischen Bausteine können durch die von Demmerle, Schmidt, Hess, Solga & Ryschka in Kap. 4 beschriebenen Basistechniken – insbesondere erlebnisorientierte Techniken – ergänzt werden.

Tabelle 2: Beobachtungskriterien und Auswertungsfragen im Outdoor-Training (Kaltenecker, 2006)

Zielebene	Beobachtungskriterien	Auswertungsfragen
Aktions-orientiert	Gemeinschaftsleistung vs. Einzelkampf Kooperation vs. Konkurrenz Geplante Strategie vs. trial & error Lösungs- vs. Problemorientiert Kreativität vs. Routine	Wie ist es mir in der Übung ergangen? Was ist mir besonders aufgefallen? Welche Rolle habe ich eingenommen? Wie zufrieden bin ich mit dem Ergebnis? Was hat gut funktioniert? Was weniger? Wie hätten wir es uns leichter machen können?
Selbst-thematisierend	Selbstwertschätzung vs. Defizitorientierung Differenz- vs. Gruppendenken Harmonisierung vs. Konfliktfähigkeit Mehrbrillen- vs. Einbrillenprinzip Wahrnehmung vs. Ausblendung der Umwelt	Woran erinnert mich diese Übung? Was kommt mir in den Sinn, wenn ich unser Übungsverhalten mit dem Arbeitsverhalten vergleiche? Was ist ähnlich, was ist anders? Wenn man diese Übung nun völlig anders bewerten wollte, dann ließe sich behaupten, ...
Organisational	Bewahrens- vs. Veränderswertes Verstärkungs- vs. Abschwächungswürdiges Konsequenzen aus und Relativität der „Lessons learned" Konkretheit vs. Abstraktheit der Lösungsansätze Klarheit vs. Unklarheit der nächsten Schritte	Welche „Lehren" lassen sich aus der Übung ziehen? Worauf können wir bauen? Was sollte uns nicht passieren? Welche konkreten Veränderungsschritte liegen für den Organisationsalltag nahe? Welche neuen Vereinbarungen brauchen wir?

Empirische Befunde: Im Allgemeinen kann festgestellt werden, dass Outdoor-Trainings von Teilnehmern durchaus positiv wahrgenommen werden und dass subjektiv Lernerfolge erzielt werden. Ob diese sich objektiv im Arbeitsalltag niederschlagen, kann nicht abschließend geklärt werden, da empirische Untersuchungen selten sind. Um den Erfolg von Outdoor-Trainings zu sichern, empfehlen Kern und Schmidt (2001) auf der Grundlage ihrer eigenen Evaluationsdaten, vorab zur geplanten Maßnahme eine intensive Bedarfsanalyse und kritische Zielvereinbarungsgespräche durchzuführen sowie im Anschluss an das Training die Ergebnisse über Follow-up-Programme langfristig nutzbar zu machen.

Weiterführende Literatur

Buchner, D. (Hrsg.). (2000). *Outdoor-Training: Wie Manager und Teams über Grenzen gehen.* Wiesbaden: Gabler.

Miles, J. C. & Priest, S. (Hrsg.). (1999). *Adventure programming.* Pennsylvania: Venture Publishing.

Schad, N. & Michl, W. (Hrsg.). (2004). *Outdoor-Training – Personal- und Organisationsentwicklung zwischen Flipchart und Bergseil.* München: Reinhardt.

Literatur

Bacon, S. (2003). *Die Macht der Metaphern.* Augsburg: Ziel.

Gatt, S. (2004). Sicherheit bei Seminaren mit erlebnisorientierten Lernmethoden. In N. Schad & W. Michl (Hrsg.), *Outdoor-Training – Personal- und Organisationsentwicklung zwischen Flipchart und Bergseil* (S. 159-161). München: Reinhardt.

Heckmair, B. & Michl, W. (2008). *Erleben und Lernen. Einführung in die Erlebnispädagogik* (6. Aufl.). München: Reinhardt.

Immle, S. (1999). Outdoor-Training: zurück zur Natur. *management & seminar, 9,* 27-29.

Kaltenecker, S. (2006). Draußen und Drinnen. Outdoor in der Organisationsberatung. *OrganisationsEntwicklung, 2,* 12-21.

Kern, H. & Schmidt, D. (2001). *Nutzen und Chancen des Outdoor-Trainings. Eine Methodentriangulation zur Überprüfung des Praxistransfers im betrieblichen Kontext.* Dissertation, Universität Bielefeld. Online im Internet: URL: http://bieson.ub.uni-bielefeld.de/volltexte/2003/323/ (Stand: August 2010).

Macintosh, H. (1993). Gedanken zum Solo. *e&l – Erleben und Lernen, 1,* 35-38.

Michl, W. (2009). *Erlebnispädagogik.* München: Ernst Reinhardt / UTB.

Reetz, L. (1990). Zur Bedeutung der Schlüsselqualifikationen in der Berufsbildung. In L. Reetz & T. Reitmann (Hrsg.), *Schlüsselqualifikationen. Dokumentation des Symposions in Hamburg: „Schlüsselqualifikationen – Fachwissen in der Krise?"* (S. 16-35). Hamburg: Feldhaus.

Reiners, A. (1995). *Erlebnis und Pädagogik: praktische Erlebnispädagogik. Ziele, Didaktik, Methodik, Wirkungen.* München: Sandmann.

Renner, H.-G. & Strasmann, J. (2000). Outdoor-Seminare in der betrieblichen Praxis – eine Einführung. In H.-G. Renner & J. Strasmann (Hrsg.), *Das Outdoor-Seminar in der betrieblichen Praxis* (S. 7-9). Hamburg: Windmühle.

Rieper, G. (1995). Lernfeld Natur: Erlebnispädagogik in der Managemententwicklung. *Personalführung, 27*, 924-930.

Simmel, M. & Uhlenbrock, H.-G. (2003). Teamentwicklung durch Outdoor Training: Verfremden, um zu erkennen. In: S. Stumpf & A. Thomas (Hrsg.), *Teamarbeit und Teamentwicklung* (S. 623-634). Göttingen: Hogrefe.

Witt, M. M. (2000). *Teamentwicklung im Projektmanagement – konventionelle und erlebnisorientierte Programme im Vergleich*. Wiesbaden: DUV.

3.5 Verhaltenstrainings

*von Christina Demmerle,
Jan Martin Schmidt und Michael Hess*

Verhaltenstrainings sind von Experten geleitete Weiterbildungsmaßnahmen, die in Gruppen durchgeführt werden und das **Ziel verfolgen**, **überfachliche Fähigkeiten** (Skills) **zu entwickeln**. Sie grenzen sich damit ab von nicht geleiteten Maßnahmen (z.B. kollegialer Beratung), Einzelmaßnahmen mit ähnlichem Ziel (z.B. Coaching), reinen Fachtrainings, lediglich auf Wissensvermittlung abzielenden Schulungen und von gruppenbezogenen Maßnahmen (z.B. Teamentwicklung). Bei Verhaltenstrainings soll das bisherige Verhaltensmuster meist nicht ersetzt, sondern im Sinne einer **Repertoireerweiterung** ergänzt werden.

Der Begriff „Verhaltens"-Training beschreibt nicht die Methode, sondern das Ziel des Trainings: Verhalten soll so verändert werden, dass „eine für Mensch und Organisation optimale Auseinandersetzung mit situativen Anforderungen erfolgen kann" (Sonntag & Stegmaier, 2005, S. 266). Dabei werden systematisch Wissen, Einstellungen und Verhaltensweisen aufgebaut, um die Effektivität des Einzelnen, des Teams und schließlich der Organisation zu erhöhen (Goldstein & Ford, 2002). Stark verkürzend und ohne diesen Ansätzen im Detail gerecht werden zu können, lassen sich **drei Zielebenen** (vgl. Weinert, 2004, S. 165) unterscheiden, die in der Vorbereitung eines Trainings betrachtet werden können:

- **Können:** Trainingsziele sollten hier angesiedelt werden, wenn Mitarbeiter motiviert sind, das entsprechende Verhalten zu zeigen, aber notwendige Kompetenzen noch ausbaufähig sind. Interventionen auf dieser Ebene setzen an **Verhaltenskompetenzen** und der **Vermittlung relevanten Wissens** an.

- **Wollen:** Wenn das gewünschte Verhalten bisher nur geringen Stellenwert genoss oder Mitarbeiter aus anderen Gründen wenig motiviert sind, sich in der entsprechenden Art und Weise zu verhalten, werden Trainingsziele eher im Bereich der Bereitschaft liegen. Interventionen setzen bei **Einstellungen**, **Normen und Motiven** der Mitarbeiter an.

- **Dürfen:** Ziele auf dieser Ebene sind sinnvoll, wenn Mitarbeiter alle notwendigen Kompetenzen und Einstellungen mitbringen, diese aber durch **organisatorische Rahmenbedingungen** (z.B. Einsatzgebiet, Entscheidungsspielraum) nicht zur Anwendung bringen können. Erfolgreiche Verhaltenstrainings erfordern zwingend eine Umgebung, in der die neuen Kompetenzen auch umgesetzt werden können. Um diese Umgebung herzustellen, bedarf es oft eher Organisations- als Personalentwicklung. Trainings können jedoch helfen, veränderte oder veränderungsbedürftige **Rahmen-**

bedingungen wahrzunehmen oder **bestehende voll auszuschöpfen** (vgl. Solga, Kap. 5: Förderung von Lentransfer).

Ein großer Teil des Weiterbildungsbudgets fließt in den Bereich Verhaltenstrainings. Es stellt sich somit die Frage, welchen Nutzen diese Trainings im Verhältnis zu den eingesetzten Interventionen haben bzw. wie Verhaltenstrainings gestaltet sein müssen, damit die gewünschte Verhaltensänderung und die damit angestrebte Leistungsverbesserung eintreten.

Nutzen für den Einzelnen und die Organisation

Betrachtet man Verhaltenstrainings nicht nur als Möglichkeit der persönlichen Entwicklung, sondern als strategische Maßnahme zur besseren Bewältigung aktueller und zukünftiger Aufgaben, müssen sie sich an der Leistungssteigerung des Einzelnen und dem Organisationserfolg messen lassen: Verhaltenstrainings haben einen nachweislichen Effekt auf den Erfolg von Organisationen (gemessen in Profitabilität, Effektivität, Produktivität, Kostenreduktion, Verbesserung von Qualität und Quantität als auch Kündigungsabsicht, Reputation, soziales Kapital; im Überblick Aguinis und Kraiger, 2009). Eine Metaanalyse von Arthur et al. (2003), in der Daten aus 165 Quellen aggregiert werden, zeigt einen positiven Effekt von Verhaltenstrainings auf die Leistung des Einzelnen. Taylor, Russ-Eft und Chan (2005) konnten in ihrer Metaanalyse zeigen, dass die Effektstärken jedoch umso geringer werden, je mehr Transferleistung dafür erforderlich ist: der höchste Effekt zeigt sich nach den Trainings für „gelerntes Wissen beschreiben" und „im Training reproduzieren". Der Einfluss auf „Einstellung zum Thema", das „Verhalten am Arbeitsplatz" und die „Produktivität" ist vorhanden, nimmt aber immer weiter ab. Die Frage ist also weniger *ob* Verhaltenstrainings einen Nutzen haben, sondern vielmehr *wie* sie gestaltet sein müssen.

Grundsätzliche Gestaltungsmerkmale

Welche Verhaltenstrainings haben sich als wirksam erwiesen? Verhaltenstrainings basieren auf der Theorie des sozialen Lernens. Am effektivsten hat sich das Prinzip der **Verhaltensmodellierung (Beobachtungslernen)** erwiesen; dabei wird das erwünschte Verhalten demonstriert und von den Teilnehmern in Rollenspielsituationen imitiert (Demmerle, Schmidt, Hess, Solga & Ryschka, Kap. 4.3: Verhaltensmodellierung). Trainings, die nach diesem Prinzip aufgebaut sind, zeigen messbare Effekte für den Einzelnen und die Organisation (Aguinis & Kraiger, 2009).

Neben dem Einsatz theoriebasierter Lernprinzipien gilt es, den Teilnehmern zu ermöglichen, Einfluss auf die Trainingsinhalte zu nehmen und damit sicherzustellen, dass die Teilnehmer einen Nutzen wahrnehmen und Anstrengung investieren, neues Verhalten zu erlernen sowie eine Atmosphäre zu schaffen, in der die Teilnehmer Fehler machen und gemeinsam aus ihnen lernen können (Aguinis & Kraiger, 2009).

Immer noch sind in Gruppen durchgeführte Verhaltenstrainings effektiver als computerbasierte Lernprogramme (Wesson & Gogus, 2005). Diese können jedoch im Sinne des Blended Learnings, ein Trainingsdesign sinnvoll unterstützen.

Die transferförderliche Gestaltung der Trainings und die strategische Einbettung in die Organisation verringern die Transferlücke (Taylor et al., 2005) und bewirken eine tatsächliche Verhaltensänderung. Methodisch haben sich im Training folgende Merkmale als hilfreich für das gelernte Wissen gezeigt: der Einsatz von Checklisten mit erwünschtem Verhalten in Form von „Wenn-dann-Regeln" („Wenn Du auf die Situation X triffst, dann verhalte Dich so: …"), von wiederholten Trainingseinheiten und von Modelle, die positives und negatives Verhalten zeigen. Das Zeigen der Modelle, der Einsatz von unternehmensspezifischen, mitarbeitergenerierten Szenarien in Rollenspielen und das Setzen eigener Lernziele wirkten sich auf das Verhalten am Arbeitsplatz positiv aus (Taylor et al. 2005; siehe auch Solga, Kap. 5: Förderung von Lerntransfer).

Hinweise zur Konzeption und Durchführung

Vor dem Training sollten im Rahmen einer sorgfältigen Vorbereitung folgende Fragen gestellt werden:

- **Zielgruppe:** Wer wird trainiert? Welche fachlichen Erfahrungen und Bildungsniveaus liegen vor? Wie groß ist die Trainingserfahrung?
- **Historie und Umfeld:** Warum wird das Training gerade jetzt durchgeführt? Was wurde bisher unternommen? Mit welchem Erfolg? Wo liegen Widerstände? Wer profitiert von den momentanen Verhaltensweisen?
- **Führung und Unternehmenskultur:** Welche Rolle werden die Führungskräfte spielen (insbesondere in der Transferphase)? Passt das zu trainierende Verhalten in die Kultur der Organisation? Von wem ging der Impuls zum Training aus? Mit welchem Hintergrund?
- **Interventionsschwerpunkt:** Ist der Ansatzpunkt „Mitarbeiter" richtig gewählt? Stimmen die übrigen Strukturen?

Verhalten zielgerichtet zu verändern, ist ein zeitaufwändiger Prozess, der vor allem auf einem basiert: Übung. Kein Verhaltenstraining kommt daher ohne **praktisches Einüben** von Fertigkeiten und ohne verhaltensorientiertes Feedback aus. Um ausreichend Zeit für Praxisübungen zu haben, sollte bei der erstmaligen Beschäftigung mit einem Thema ein Verhaltenstraining von etwa **zwei bis drei Tagen Dauer** eingeplant werden.

Nachdem die Teilnehmer Gelegenheit hatten, das neue Verhalten nicht nur in der künstlichen Trainingssituation einzuüben, sondern auch im Alltag so umzusetzen, dass es stabil und sicher, automatisiert und ohne Ressourcenverbrauch angewendet werden kann, folgt idealerweise ein vertiefendes **Follow-Up-Training** im Umfang von ein bis zwei Tagen. Durch den Einbezug praktischer Erfahrungen der Teilnehmer leisten diese

Follow-Ups einen wichtigen Beitrag zur **Transfersicherung**. Die Kombination von Basistraining und Follow-Up bildet quasi die „Grundeinheit" des Verhaltenstrainings. Je nach Umfang des Themas können die Inhalte durch weitere Trainings oder individuelles Coaching vertieft oder erweitert werden.

Die **Notwendigkeit praktischer Übungen** limitiert die mögliche **Teilnehmerzahl** für ein Training. Die ideale Gruppengröße dürfte in den meisten Fällen bei etwa sechs bis zehn liegen. Oberhalb einer Größe von 12-15 Personen kann (zumindest beim Einsatz eines einzelnen Trainers) nicht mehr ausreichend Raum für Verhaltensübungen geboten werden.

Die Kriterien, nach denen **Trainer ausgewählt** werden, können an dieser Stelle nicht umfassend dargestellt werden, da sie in Abhängigkeit vom Thema stark variieren. Während beispielsweise für Führungstrainings nicht unbedingt Branchenerfahrung notwendig ist, sollte dies bei einem Kundenorientierungstraining gegeben sein.

Auch bei der **Zusammenstellung der Trainingsgruppen** sollten folgende Aspekte beachtet werden: **Dauer der Betriebszugehörigkeit**, **Vorerfahrungen und Ausbildung** (Vorteile homogener Gruppen: Reduzierung von Über- oder Unterforderungen; Vorteile heterogener Gruppen: Wissenstransfer, Bildung neuer Netzwerke), **Stellung in der Hierarchie** (Vorteile homogener Gruppen: vertraulichere Gespräche möglich; Vorteile heterogener Gruppen: Bewusstsein für andere Hierarchieebenen, direkte Klärung hierarchiebezogener Fragestellungen möglich), **Kenntnis der Teilnehmer untereinander/Zusammenarbeit in einer Abteilung** (Vorteile homogener Gruppen: gemeinsame Sprache, keine Kennenlern-Phasen notwendig, höherer Alltagsbezug von Übungen und Rollenspielen möglich; Vorteile heterogener Gruppen: Vermeidung von Abschottungen, abteilungsübergreifende Zusammenarbeit). Das Verhaltenstraining wird im Sinne eines umfassenden Verständnisses von Personalentwicklung nur eine Methode der Verhaltensänderung sein und sollte mit **weiteren Instrumenten kombiniert** werden, wie z.B. Vertiefung durch individuelles Coaching, Klärung von Umsetzungsproblemen im Rahmen von kollegialer Beratung, Feedback über die Verhaltensänderung durch formalisierte Instrumente.

Rahmenbedingungen

Neben den reinen Trainerhonoraren sollten im Rahmen einer Vollkostenbetrachtung auch Entwicklungs-, Evaluations- und Overheadkosten sowie die Arbeitsausfallkosten der Teilnehmer beachtet werden (siehe Phillips & Schirmer, 2005). Unter Kostendruck werden zuweilen die Trainingsdauer oder Follow-Up-Maßnahmen massiv reduziert. Dieses Vorgehen führt jedoch nur vordergründig zu einer Effizienzsteigerung, da bei

Unterschreitung einer gewissen Mindestdauer (ca. zwei Tage) die Effektivität des Trainings drastisch nachlässt[1].

Mit Verhaltenstrainings lassen sich teils **beachtliche Kompetenzerweiterungen** und Verhaltensänderungen bewirken. Aber: Sie können **keine Wunder** vollbringen. Verhaltensmuster, die sich über Jahrzehnte hinweg eingeschliffen haben, werden sich nicht durch ein oder zwei Trainings ändern lassen. Erst wenn die Kombination aus Einsicht in Veränderungsnotwendigkeit, positiver Zukunftsvision und Wissen um konkrete Schritte die „Kosten" der Veränderung übersteigt, findet laut Paschen (2004) „echter" Wandel statt.

Die höchsten Aussichten auf Umsetzungserfolg haben sicher Trainings, die sich auf das **Einüben akzeptierter Verhaltensweisen** konzentrieren. Problematisch wird es für Trainer dann, wenn das Seminarthema selbst auf Widerstand stößt; dann ist die Gefahr groß, aus der Rolle dessen, der zeigt, *wie* es geht, in eine Rolle zu geraten, in der es gilt, zu *rechtfertigen, dass* es geht. Um diesem Problem vorzubeugen, ist eine **sorgfältige Auftragsklärung** zwischen Auftraggeber und Trainer sowie ein hohes **Commitment der Führungskräfte** von Teilnehmern notwendig (vgl. Solga, Kap. 5: Förderung von Lerntransfer). Doch auch, wenn Teilnehmer begeistert bei der Sache sind: Daraus, dass diese im Trainingskontext in der Lage sind, sich in einer bestimmten Art und Weise zu verhalten, darf noch nicht geschlossen werden, dass sie es später auch tun werden. Im Training gezeigtes Verhalten stellt maximale und leider nicht typische Leistung dar.

Verhaltenstrainings dürfen, wenn sie erfolgreich sein sollen, nicht losgelöst von der sie **umgebenden Unternehmensrealität** geplant werden. Vor Trainingsbeginn sollte kritisch gefragt werden, wie das neue Verhalten bewertet werden wird, wenn es tatsächlich im Alltag eingesetzt wird. Insbesondere bei „kooperativen" Führungs-, Verhandlungs- oder Kommunikationsstilen muss hinterfragt werden, ob das neue Verhalten tatsächlich positiv bewertet wird, oder ob bestehende Strukturen stärker als der Wunsch nach Veränderung sein werden. Verhaltenstrainings sind somit – gerade in der **Transferphase** – immer auch **Thema der Führungskräfte**. Deren (undelegierbare!) Aufgabe ist es, klar und transparent zu kommunizieren, **welche Herausforderungen mit den neuen Kompetenzen bewältigt werden sollen** (Paschen, 2004; vgl. auch Solga, Kap. 5: Förderung von Lerntransfer). Fehlen diese oder können sie von der Führung nicht glaubhaft vermittelt werden, ändert sich erfahrungsgemäß wenig am Verhalten der Mitarbeiter. Das Training von Führungskräften und der Einsatz von Belohnung für die Umsetzung und Kritik für die Nicht-Umsetzung zeigen messbare Erfolge für den Einsatz der neuen Verhaltensweisen am Arbeitsplatz (Taylor et al. 2005). Veranstaltungen, die einem Trend folgen, der sich nicht in der Unternehmenskultur wiederfindet, erzeugen neben Kosten letztendlich Frustration bei allen Beteiligten.

---

[1] Ironischerweise führen die ausbleibenden Erfolge dann oft dazu, die entsprechenden Budgets noch weiter einzuschränken.

Notwendig ist also eine Kombination aus sinnvoller Einbettung des Trainings in die Organisation, theoriegeleiteter Seminargestaltung und transferförderlicher Maßnahmen am Arbeitsplatz, um damit den optimalen Lern- und Anwendungserfolg zu erreichen und Wert für die Organisation zu schaffen.

Literatur

Aguinis, H. & Kraiger, K. (2009). Benefits of training and development for individuals and teams, organizations, and society. *The Annual Review of Psychology, 60*, 451-74.

Arthur, W. J., Bennett, W. J., Edens, P. & Bell, S. T. (2003). Effectiveness of training in organizations: A meta-analysis of design and evaluation features. *Journal of Applied Psychology, 88*, 234-245.

Goldstein, I. L. & Ford, J. K. (2002). *Training in organizations* (4th ed.). Belmont, CA: Wadsworth.

Paschen, M. (2004). Wie verändern sich Menschen? *managerSeminare, 75*, 71-76.

Phillips, J. J. & Schirmer, F. C. (2005). *Return on Investment in der Personalentwicklung*. Berlin: Springer.

Sonntag, K. H. & Stegmaier, R. (2005). Verhaltensorientierte Verfahren der Personalentwicklung. In H. Schuler (Hrsg.), *Lehrbuch der Personalpsychologie* (2. Aufl.). (S. 266-288). Göttingen: Hogrefe.

Taylor, P. J., Russ-Eft, D. F. & Chan, D. W. L. (2005). A meta-analytic review of behavior modeling trainings. *Journal of Applied Psychology, 90*, 692-709.

Weinert, A. B. (2004). *Organisations- und Personalpsychologie*. Weinheim: Psychologie Verlags Union.

Wesson, M. J. & Gogus, C. I. (2005). Shaking hands with a computer: an examination of two methods of organizational newcomer orientation. *Journal of Applied Psychology, 90*, 1018-1026.

3.5.1 Kommunikations- und Gesprächsführungstraining

Mitarbeiter in Unternehmen stehen vor der Herausforderung mit unterschiedlichen Personen, die in verschiedenen Arbeitszusammenhängen stehen, einen anderen Fachhintergrund oder einer anderen Nationalität angehören, eine effektive Abstimmung zu gewährleisten. Was kennzeichnet **gute bzw. erfolgreiche Kommunikation**? Im unternehmerischen Kontext unterscheiden sich Gespräche deutlich in ihrer **Intention und Ausgestaltung**: Der Bankberater, der ein Verkaufsgespräch mit einem Neukunden führt, legt andere Erfolgskriterien an sein Kommunikationsverhalten an, als die Führungskraft im Kritikgespräch mit einem Mitarbeiter. Neben dem **Anlass des Gesprächs** bestimmt auch der **Kontext** die relevanten Kriterien. Es macht einen Unterschied, ob das Unternehmen eine Interaktion im Verkaufsgespräch mit einem Kunden als erfolgreich ansieht, wenn der Kunde ein möglichst teures Produkt oder das für ihn passende Produkt erworben hat. Die **Lernziele und Inhalte** eines Kommunikationstrainings können also nicht allgemein vorgegeben werden, sondern ergeben sich aus den **Zielen, Normen und Leitlinien des Unternehmens sowie der Tätigkeit** der zu trainierenden Personen.

Allgemeingültig bezeichnet **Gesprächskompetenz**:

1. die Fähigkeit zu einer **angemessenen Einschätzung der Situation** und den Erwartungen des Gegenübers zu kommen,

2. auf Grundlage dieser Einschätzung, **eigene Ziele zu formulieren** und aus dem persönlichen Verhaltensrepertoire **angemessene Verhaltensweisen** (mit hoher Erfolgswahrscheinlichkeit) auszuwählen sowie

3. diese entsprechend sprachlich, mimisch und gestisch zum **Ausdruck zu bringen**.

Gesprächskompetenz ist also eine Mischung aus **sozialer** (1. und 2.) und **rhetorischer Kompetenz** (3.; vgl. auch Hartung, 2004).

Trainingsziele: Die Ziele und die inhaltliche Ausgestaltung des Trainings orientieren sich wie oben ausgeführt an den Leitlinien des Unternehmens.

- **Trainingsziele der Organisation:**
  - **interne Abläufe optimieren** durch größtmögliche organisationale Klarheit und Transparenz sowie Herstellung eines gemeinsamen Verständnisses
  - **Reibungsverluste** durch Missverständnisse, Konflikte etc. **reduzieren**
  - Gespräche zwischen Vorgesetzten und Mitarbeitern optimieren und dadurch **tragfähige Beziehungen** auf- und auszubauen
  - **Kundenbindung** durch Gesprächskompetenz herstellen

- **Ziele der Teilnehmer** (Taxonomie nach Kraiger, Ford & Salas, 1993):
  - **affektive Erträge:** je nach Unternehmensstrategie z.B. Ausbildung einer wertschätzenden Kommunikationshaltung
  - **behaviorale Erträge:** sichere Umsetzung von Gesprächsführungstechniken

- **kognitive Erträge:** Erwerb von Wissen über Analysemodelle der Kommunikation sowie einer Sensibilität für die Analyse von Störungen

Anwendungsgebiete: Die gezielte Förderung von Kommunikationsfähigkeit fokussiert auf folgende Zielgruppen: auf Mitarbeiter, die Protagonisten der **internen Kommunikation** sind (Führungskräfte, Führungskräftenachwuchs, Projektleiter etc.), und auf Mitarbeiter, die die **Kommunikation mit externen Kunden** gestalten müssen (Vertriebsmitarbeiter, Mitarbeiter im Call Center, Kundenbetreuer etc.).

Inhalte: Orientiert an den drei oben genannten Aspekten von Gesprächskompetenz können in Trainings folgende Inhalte (Themen, Modelle, Handlungsempfehlungen, Techniken) zum Tragen kommen (siehe Tabelle 1).

Tabelle 1: mögliche Inhalte eines Kommunikationstrainings

Baustein	mögliche Inhalte	Schwerpunkt, Ziele
Erfahrung mit Kommunikation	persönliche positive und negative Erfahrungen mit Kommunikationssituationen	Anknüpfen an den Herausforderungen der Teilnehmer
Situationsanalyse	grundsätzliche Analyse (z.B. Problem-Umfeld-Analyse; Thomann-Schema) Kommunikationsmodelle (Sender-Empfänger-Modell; „4 Seiten einer Nachricht"); nonverbale Signale; Urteilsfehler	Kennenlernen und anwenden können von Modellen zur Analyse von Situationen
Verhaltensrepertoire aufbauen	Gespräche steuern (Fragetechniken, Gesprächsphasen); Ich-Botschaften; aktives Zuhören; Verstärkung; Zusammenfassen; Konkretisieren; Vorschläge und Empfehlungen unterbreiten; Perspektivenwechsel; gemeinsames Verständnis schaffen; Abwehr rhetorischer Tricks	Aufbau eines Verhaltensrepertoires, aus dem situationsangemessen ausgewählt werden kann
angemessener Einsatz	persönliches Auftreten und Wirkung; nonverbale Signale und Körpersprache einsetzen	Verfestigen der Verhaltensweisen

Methoden: Im Training müssen **automatisierte Kommunikationsmuster wieder bewusst** und damit **veränderbar** gemacht werden. Daran anschließend werden **neue Verhaltensweisen** aufgebaut und durch zahlreiche Übungen im Idealfall automatisiert. Nach der Technik der **Verhaltensmodellierung** (siehe auch Demmerle, Schmidt, Hess, Solga & Ryschka, Kap. 4.3: Verhaltensmodellierung) kann in einem Videofilm das Zielverhalten gezeigt werden, um daraus Lernziele abzuleiten, die dann im Rollenspiel umgesetzt werden. Einen möglichen Aufbau für ein Kommunikationstraining skizziert z.B. Schmidt (2009) in einem Seminarfahrplan für drei Tage.

Eine aktuelle Anforderung ergibt sich aus dem Einsatz **neuer Medien**: computervermittelte Kommunikation (E-Mail) oder Telefon- und Videokonferenzen gehören mittlerweile zum üblichen Instrumentarium in Unternehmen. Bei diesen Medien fallen jeweils unterschiedliche **Kommunikationskanäle** (wie beispielsweise der Blickkontakt) weg. Ohne **nonverbale Informationen** können geschriebene oder gehörte Nachrichten **missverständlich interpretiert** werden. Dies führt häufig zu Störungen (Nossek & Hieber, 2004; Wegge & Bipp, 2004). Gegenstand des Trainings kann die **Wahl des angemessenen Mediums** zum Kommunikationsanlass sein sowie der **zielführende Umgang** mit dem jeweiligen Medium. Auch Kommunikationsprozesse in globalen Unternehmen mit Kollegen anderer Kulturen in einer anderen Sprache als der Muttersprache, können Bestandteile des Trainings werden (siehe auch Kap. 3.5.8: Interkulturelles Kompetenztraining).

Theoretische Grundlagen:

- **Analyse der Situation:** Zur Analyse von Kommunikationssituationen lassen sich verschiedene Modelle heranziehen:
  - Watzlawick, Beavin und Jackson (1969; 2007) benennen **fünf Axiome der Kommunikation**[1], die Kommunikation beschreiben und bei der Analyse von Störungen hilfreich sind.
  - Die **Semiotik**[2] unterscheidet drei Aspekte menschlicher Kommunikation: Syntaktik (Vorgang der Nachrichtenübermittlung), Semantik (Bedeutung der Symbole) und Pragmatik (Beeinflussung des Verhaltens der Empfänger; Watzlawick, Beavin & Jackson, 1969; 2007).
  - **Grundsätzliche Analysemodelle** finden sich bei Thomann und Schulz von Thun (2005) sowie bei Benien (2003). So ist zum Beispiel das Modell der **4 Seiten einer Nachricht** hilfreich zur Analyse von Störungen. Jede Mitteilung hat nach Schulz von Thun (2005) vier Aspekte: Sachaspekt, Beziehungsaspekt, Selbstoffenbarungsaspekt und Appell. Jeder Aspekt kann unterschiedlich im Vordergrund stehen und/oder gehört werden.
  - Eine Einordnung von Kommunikation in psychologische Erkenntnisse der Wahrnehmungs- und Emotionspsychologie liefern Galliker und Weimar (2006) sowie Görgen (2004).
  - **Urteilsfehler:** Wenn wir Situationen analysieren, sind wir spezifischen Urteilsfehlern ausgesetzt. Einen Überblick dazu geben Frindte (2002) und Gehm (2006).

- **Aufbau eines Verhaltensrepertoires** und angemessener Einsatz auf allen Ebenen:
  - Einen guten Überblick über **Techniken der Gesprächsführung** geben z.B. Benien (2003), Cole (2003) und Gehm (2006).

---

[1] „Man kann nicht nicht kommunizieren", „Jede Kommunikation hat einen Inhalts- und einen Beziehungsaspekt, derart, dass letzterer den ersteren bestimmt und daher eine Metakommunikation ist", „Die Natur einer Beziehung ist durch die Interpunktion der Kommunikationsabläufe seitens der Partner bedingt", „Menschliche Kommunikation bedient sich digitaler und analoger Modalitäten", „Zwischenmenschliche Kommunikationsabläufe sind entweder symmetrisch oder komplementär, je nachdem, ob die Beziehung zwischen den Partnern auf Gleichheit oder Unterschiedlichkeit beruht" (Watzlawick et al., 1969, S. 53-70).

[2] wissenschaftliche Erforschung der Gegenstände und der Funktionsweisen von Kommunikationsvorgängen

Literatur

Benien, K. (2003). *Schwierige Gespräche führen.* Reinbek: Rowohlt.

Cole, K. (2003). *Kommunikation klipp und klar. Besser verstehen und verstanden werden.* Weinheim: Beltz.

Frindte, W. (2002). *Einführung in die Kommunikationspsychologie.* Weinheim: Beltz.

Galliker, M. & Weimar, D. (2006). *Psychologie der Verständigung: Eine Einführung in die kommunikative Praxis.* Stuttgart: Kohlhammer.

Gehm, T. (2006). *Kommunikation im Beruf* (4. Aufl.). Weinheim: Beltz.

Görgen, F. (2004). *Kommunikationspsychologie in der Wirtschaftspraxis.* München: Oldenbourg.

Hartung, M. (2004). Wie lässt sich Gesprächskompetenz wirksam und nachhaltig vermitteln? Ein Erfahrungsbericht aus der Praxis. In M. Becker-Mrotzek & G. Brünner (Hrsg.), *Forum angewandte Linguistik, Band 43: Analyse und Vermittlung von Gesprächskompetenz* (S. 47-66). Frankfurt: Peter Lang.

Kraiger, K., Ford, J. K. & Salas, E. (1993). Application of cognitive, skill-based, and affective theories of learning outcomes to new methods of training evaluation. *Journal of Applied Psychology, 78*, 311-328.

Nossek, S. & Hieber, C. (2004). *Sie haben Post! Effektiver Einsatz neuer Kommunikationsmedien in Organisationen.* Heidelberg: Carl-Auer.

Schmidt, T. (2009). *Kommunikationstrainings erfolgreich leiten: Der Seminarfahrplan.* Bonn: managerSeminare

Schulz von Thun, F. (2005). *Miteinander reden 1-3.* Reinbek: Rowohlt.

Thomann, C. & Schulz von Thun, F. (2003). *Klärungshilfe.* Reinbek: Rowohlt.

Watzlawick, P., Beavin, J. H. & Jackson, D. D. (1969). *Menschliche Kommunikation. Formen, Störungen, Paradoxien.* Bern: Huber.

Wegge, J. & Bipp, T. (2004). Videokonferenzen in Organisationen: Chancen, Risiken und personalpsychologisch relevante Anwendungsfelder. *Zeitschrift für Personalpsychologie, 3,* 95-111.

3.5.2 Präsentationstraining

Neben der Entwicklung von qualitativ hochwertigen Ergebnissen entscheidet in zunehmendem Maße die Professionalität der Darstellung über den Erfolg des Unternehmens und das persönliche Fortkommen des Einzelnen. Eine Präsentation ist die **strukturierte, systematisch aufbereitete** und **oftmals durch mediale Hilfsmittel unterstützte Darstellung von Inhalten**. Sie dient dem Zweck der Information oder Überzeugung einer Zielgruppe durch eine oder mehrere Personen, die diese Darstellung durchführen. An die Darstellung schließt sich eine Frage- und Diskussionsrunde an (vgl. auch Demmerle, Schmidt, Hess, Solga & Ryschka, Kap. 4.6: Präsentationstechniken). Auch wenn heute der Einsatz neuester Präsentationssoftware und Beamertechnologie möglich und üblich ist, bleiben die aus der antiken Rhetorik abgeleiteten fünf zentralen Schritte bei der Erarbeitung einer Rede die eigentliche Herausforderung: Stoffsammlung (inventio), zweckmäßige Gliederung (dispositio), stilistische Ausgestaltung (elocutio), Aneignung (memoria) und Vortrag (actio) – die für die Zielgruppe relevanten Inhalte auszuwählen, diese verständlich und nachvollziehbar zu strukturieren, zudem durch den zielgerichteten Einsatz von unterschiedlichen Medien sowie mit einer eindrücklichen persönlichen Darstellung zu überzeugen ist nicht leicht, aber trainier- und lernbar (Günther & Sperber, 2008)[1].

- **Trainingsziele der Organisation:**
  - **interne Optimierung von Prozessen:** Mitarbeiter, die eine hohe Fachkompetenz besitzen, werden befähigt dieses Wissen prägnant und zielgruppenadäquat zu präsentieren.
  - **professioneller Kontakt mit Partnern und Kunden:** Für die Außendarstellung der Organisation bei bestehenden oder potenziellen Kunden und Partnern sind Präsentationen der Mitarbeiter eine erste Visitenkarte, die es gilt, kompetent und souverän einzusetzen.

- **Lernziele** der **Teilnehmer** nach der Klassifizierung der Lernerfolge von Kraiger, Ford und Sales (1993):
  - **affektive Erträge:** Steigerung der Selbstwirksamkeit, erfolgreiche Präsentationen durchführen zu können.
  - **behaviorale Erträge:** Erwerb der Kompetenz, zielgerichtet, verständlich und anregend zu präsentieren, Erlangen von Sicherheit im Einsatz von Präsentationsmedien sowie Erwerb von Souveränität im Umgang mit unvorhergesehenen Situationen und kritischen Fragen.
  - **kognitive Erträge:** Erwerb von Wissen über die Erfolgsfaktoren und Ablaufschemata einer Präsentation sowie Grundlagen der Psychologie des Überzeugens.

---

[1] Im vorliegenden Kapitel werden vorangig Elemente des Präsentationstrainings vorgestellt. Bei Demmerle et al., Kapitel 4.6: Präsentationstechniken werden weiterhin die Gestaltungselemente und Erfolgsfaktoren einer Präsentation beschrieben.

Anwendungsgebiete: Mittlerweile gibt es in wissensintensiven Arbeitsfeldern kaum einen Arbeitsplatz, an dem es nicht notwendig ist, sich und seine Ideen, das neue Produkt, das Unternehmen oder die Aufgaben der Abteilung präsentieren zu können. In besonderem Maße gilt dies für Führungskräfte, Projektleiter, Vertriebsmitarbeiter sowie spezialisierte Fachkräfte.

Rahmenbedingungen: Das Training sollte in zwei oder drei aufeinander aufbauenden Stufen konzipiert werden. Im ersten Schritt steht die Vermittlung von Grundlagenwissen und das Kennenlernen verschiedener Präsentationstechniken im Vordergrund. Im weiteren Verlauf orientiert sich das Training zunehmend an den spezifischen Präsentationen der einzelnen Teilnehmer und ermöglicht die Festigung der neu erworbenen Verhaltensweisen.[2] Ein Gruppentraining kann dabei durch Einzelmaßnahmen, wie gezieltes Coaching und individuelle Rückmeldung für eine Präsentation im beruflichen Umfeld, sinnvoll ergänzt werden.

Inhalte und Methoden: Die folgenden Inhalte eines Präsentationstrainings bilden die Grundkompetenzen ab (siehe Tabelle 1).

Tabelle 1: Mögliche Inhalte für ein Präsentationstraining

Baustein	mögliche Inhalte	Schwerpunkt, Ziele
Grundlagen der Präsentation	Anlässe für eine Präsentation; Vorbereitung einer Präsentation (Auswahl und Aufbereitung von Inhalten, Aufbau und Ablauf einer Präsentation)	Grundlagenwissen erwerben
Visualisierung	Visualisierungsmöglichkeiten mit unterschiedlichen Medien (Folien, Flip-Chart, Pinnwand, Präsentation mit Beamer)	Gestaltungsmittel kennen und einsetzen lernen
Persönliches Auftreten	Mimik, Gestik, Stimmmodulation; „spannende Geschichten erzählen"	Sensibilität für die eigene Wirkung entwickeln und das eigene Auftreten optimieren
Umgang mit schwierigen Situationen	Umgang mit kritischen Fragen und rhetorischen Tricks; Selbstregulation bei Lampenfieber; Umgang mit unvorhergesehenen Störungen	Souveränität im Umgang mit schwierigen Situationen ausbauen

Methoden: Um eine individuelle Präsentationsform zu entwickeln und zu festigen, sollten die Teilnehmer möglichst viele Präsentationen im Training selbst durchführen. Hierzu können beispielsweise die Grundlagen einer Präsentation von den Teilnehmern

---

[2] Ergänzend können die Teilnehmerinnen und Teilnehmer in Realsituationen (z.B. bei einer nächsten Produktpräsentation) begleitet werden, um im Vorfeld Entwicklungsbedarfe abzuleiten oder im Nachgang an das Training die individuelle Professionalisierung zu vertiefen und Fragen in Bezug auf die Praxis zu bearbeiten.

anhand von Lehrmaterial selbst vorbereitet und vor der Gruppe präsentiert werden. Dies ermöglicht ein Agieren auf zwei Ebenen: **Wissensvermittlung und Umsetzung**. Die Teilnehmer vermitteln die relevanten Inhalte und vertiefen gleichzeitig ihre Präsentationskompetenz. Zudem fungieren die Teilnehmer während des gesamten Trainings als Präsentatoren oder Feedbackgeber. Durch die Rolle der Feedbackgebenden wird ihre Sensibilität für die Erfolgskriterien einer Präsentation erhöht und die Fähigkeit gesteigert, sich auch in Realsituationen selbst zu beurteilen und damit zu verbessern.

Theoretische Grundlagen: Das Angebot an Praxisliteratur zum Thema Präsentation ist umfangreich, jedoch gibt es nur wenige aktuelle Theorien oder empirische Arbeiten, die sich mit den Erfolgsfaktoren der Präsentation beschäftigen:

- **Praxisliteratur:** Ein guter Überblick über Aufbau und Methoden einer Präsentation findet sich bei Hartmann, Funk und Nietmann (2008) und bei Kürsteiner (1999). Eine lesenswerte Ergänzung mit neuen Aspekten zum Thema „authentisch Präsentieren" geben Winkler, Commichau und Schulz von Thun (2005). Um die eigene Visualisierungstechnik zu verbessern und Ideen für ansprechende Präsentationen zu erhalten lohnt sich ein Blick in Rachows Anleitung für Visualisierungen (2009).

- **Kommunikationspsychologie:** Das Hamburger Verständnismodell von Langer, Schulz von Thun und Tausch (1974) hat aufgrund von Experteneinschätzungen in den 80er Jahren die Komponenten **Einfachheit, Gliederung**, **Ordnung, Kürze** und **Prägnanz** sowie **zusätzliche Stimulanz** als wesentliche Erfolgsfaktoren eines geschriebenen Textes formuliert. Diese Punkte lassen sich auch auf Präsentationen übertragen.

- **Sozialpsychologie:** Aus der **Psychologie des Überzeugens** lassen sich zudem Komponenten ableiten, die einen Redner und das was er vertritt überzeugend wirken lassen, wie z.B. Sympathie, Autorität etc. Einen guten Überblick und lesenswerten Einstieg geben Cialdini (2007) und Jonas, Stroebe und Hewstone (2007).

Literatur

Cialdini, R. P. (2007). *Die Psychologie des Überzeugens* (2. Aufl.). Bern: Huber.

Günther, U. & Sperber, W. (2008). *Handbuch für Kommunikations- und Verhaltenstrainer: psychologische und organisatorische Durchführung von Trainingsseminaren* (4. Aufl.). München: Ernst Reinhardt.

Hartmann, M., Funk, R. & Nietmann, H. (2008). *Präsentieren. Präsentationen zielgerichtet und adressatenorientiert*. Weinheim: Beltz.

Jonas, M., Stroebe, W. & Hewstone, M. (2007). *Sozialpsychologie: Eine Einführung* (5. Aufl.). Berlin: Springer.

Kürsteiner, P. (1999). *Reden, Vortragen und Überzeugen.* Weinheim: Beltz.

Kraiger, K., Ford, J. K. & Salas, E. (1993). Application of cognitive, skill-based, and affective theories of learning outcomes to new methods of training evaluation. *Journal of Applied Psychology, 78*, 311-328.

Langer, I., Schulz von Thun, F. & Tausch, R. (1974). *Verständlichkeit in Schule, Verwaltung, Politik und Wissenschaft.* München: Reinhard.

Rachow, A. (2009). *Sichtbar: Die besten Visualisierungs-Tipps für Präsentation und Training.* Bonn: managerSeminare.

Winkler, M., Commichau, A. & Schulz von Thun, F. (2005) *Reden: Handbuch der kommunikationspsychologischen Rhetorik.* Reinbek: Rowohlt.

3.5.3 Moderationstraining

Von der Effektivität einer Moderation – sei es beim internen Abteilungstreffen, im Planungsworkshop mit der Projektgruppe, im Qualitätszirkel oder in einem Workshop mit Kunden zur Analyse der Produktanforderungen – hängt entscheidend die Qualität der Ergebnisse ab. Ein Moderator unterstützt eine Gruppe mithilfe diverser Methoden, ein von der Gruppe zu definierendes Ziel zu erreichen. Die Teilnehmer sind dabei Experten für ihr Problem und die Lösung, der Moderator ist verantwortlicher Experte für den Weg zur Zielerreichung; er bleibt dabei inhalts- und personenneutral. Um effektiv und lösungsorientiert moderieren zu können, bedarf es einer fundierten Ausbildung der potenziellen Moderatoren:

Trainingsziele: Da die Anlässe für eine Moderation sehr unterschiedlich sind, orientieren sich die Trainingsziele an den jeweiligen Bedürfnissen des Unternehmens sowie am Entwicklungsbedarf und Kenntnisstand der Teilnehmer.

- Die **Trainingsziele der Organisation** orientieren sich an folgendem Zielspektrum:
  - **interne Optimierung von Prozessen:** effektive Gestaltung von Workshops und Meetings.
  - **professioneller Kontakt mit Partnern und Kunden:** kompetente Auftragsklärung und Prozessabstimmung mit Kunden sowie die professionelle Darstellung der Organisation bei übergreifenden Besprechungen.
- Die **Ziele der Teilnehmer** lassen sich nach den drei Ebenen der Lernerfolge von Kraiger, Ford & Salas (1993) wie folgt formulieren:
  - **affektive Erträge:** Ausbilden einer wertschätzenden, ressourcenorientierten und personen-/inhaltsneutralen Moderationshaltung; Ausbilden einer Überzeugung, Moderationen erfolgreich bewältigen zu können.
  - **behaviorale Erträge:** Festigung im sicheren Umgang mit Methoden zum Sammeln von Ideen, Ansätzen und Lösungen (Kartenabfrage, Zurufliste), Bewerten

(Priorisieren mit Punkten, Diskussionsrunde, Argumentationsrunde) und Entscheiden (Entscheidungsmatrix) (einen Überblick über diese Methoden geben Demmerle, Schmidt, Hess, Solga & Ryschka, Kap. 4.7: Moderationstechniken); Erlernen von Handlungsoptionen zur Prozesssteuerung.
- **kognitive Erträge:** Erwerb eines umfangreichen Methoden- und Prozesswissens.

Anwendungsgebiete: Für Führungskräfte, Projektleiter und Vertriebsmitarbeiter gehört die Anwendung von Moderationen mittlerweile zur Grundqualifikation. Nachwuchskräfte können durch ein Training auf diese Aufgaben vorbereitet werden.

Rahmenbedingungen: Um zukünftige Moderatoren auf allen drei Zielebenen zu qualifizieren, ist ausreichend Zeit notwendig. Es bietet sich an, das Training auf zwei Zeitpunkte zu verteilen: Im ersten Block werden Grundlagen vermittelt (Grundlagen Moderation und Methoden sowie Rolle des Moderators). Im zweiten Teil werden von den Teilnehmern vorbereitete Moderationen mit der Seminargruppe durchgeführt. Diese werden im Anschluss analysiert und weiterentwickelt. Themen sollten aktuelle Fragen der Gruppe sein, um die Echtheit der Situation zu fördern („Wie können wir die Zufriedenheit unserer Kunden erhöhen?").

Inhalte und Methoden: einen Überblick über potenzielle Inhalte gibt Tabelle 1.

Im Training selbst kommen dabei unterschiedliche Techniken zum Einsatz (siehe auch Demmerle, Schmidt, Hess, Solga & Ryschka, Kap. 4.7: Moderationstechniken):

- **Präsentations- und Moderationstechniken:** Den Teilnehmern werden in einem interaktiven Vortrag oder Lehrgespräch die Inhalte präsentiert. Dabei ist es hilfreich, praxisnahe Beispiele zu wählen und die verschiedenen Methoden nicht nur vorzustellen, sondern innerhalb des Vortrags auch selbst einzusetzen (z.B. zu Beginn eine Punktabfrage zum Vorwissen und zur Motivation der Teilnehmer durchführen; per Zurufliste Anlässe für Moderationen sammeln; Merkmale und Erfordernisse einer guten Moderation mittels Kartenabfrage sammeln, gruppieren und priorisieren etc.).

- **simulative Techniken:** Die Teilnehmer sollten im zweiten Schritt eigene Moderationen vorbereiten. Erst in der konkreten Umsetzung offenbaren sich die vorab kommunizierten Schwierigkeiten: Wie formuliere ich die Instruktion oder Fragestellung bei Kleingruppenarbeit prägnant und eindeutig? Wie richte ich abschweifende Diskussionen wieder auf das Ziel aus? Wie gehe ich mit (scheinbar) destruktiven Teilnehmern um? Wie kann ich einen Fahrplan im Kopf haben und aktuelle Bedürfnisse einbeziehen, um die Gruppe dabei zu unterstützen ihr Ziel zu erreichen? Diese exemplarisch dargestellten Erfahrungen müssen gemeinsam reflektiert sowie alternative Vorgehensweisen diskutiert werden.

Tabelle 1: mögliche Inhalte für ein Moderationstraining

Baustein	mögliche Inhalte	Schwerpunkt, Ziele
Grundlagen Moderation	Grundlagen Moderation; Anlässe für Moderation und Spezifika (Meetings, Workshops); Aufbau einer Moderation in öffnende und schließende Phasen	Vermittlung von Grundlagenwissen
Rolle des Moderators	Allparteilichkeit; Umgang mit Situationen, in denen man inhaltlich beteiligt ist („zwei Hüte auf hat")	Sensibilität entwickeln für Handeln nach dem Prinzip der Allparteilichkeit
Methoden	Methoden zum Sammeln, Bewerten, Auswählen und Schließen; Visualisierungen zielgerichtet einsetzen	Kennen und erfolgreiches einsetzen lernen von Moderationstechniken
Prozesswissen	Psychologie der Gruppe; Gruppenentwicklung, Struktur von Gruppen, Gruppenrollen, Gruppenkohäsion	Sensibilität entwickeln für Gruppenprozesse und angemessener Umgang damit
	Methodenauswahl in Hinblick auf ein Ziel und entsprechende Formulierung von Arbeitsaufträgen und Fragen	
Umgang mit schwierigen Situationen	Umgang mit Widerstand, Konfrontation, Konflikten und herausfordernden Teilnehmergruppen	Bearbeitung von erlebten oder antizipierten Schwierigkeiten der Teilnehmer
Transfer	zielgerichteter und angemessener Einsatz im Arbeitsalltag	Entwicklung von Einsatzstrategien; Bearbeitung von Befürchtungen

Vor allem Führungskräften, die es gewohnt sind, allein schnelle Entscheidungen zu treffen, fällt es häufig schwer die Rolle des „Machers" in einer Moderation aufzugeben und eine vorwiegend **unterstützende Funktion** auszuüben, ohne selbst Ergebnisse zu produzieren. **Phasen der Ergebnislosigkeit und Unsicherheit**, die es auf dem Weg zur Lösung auszuhalten gilt, erleben diese Teilnehmer als große Herausforderung. Die Frage der **Rollenklärung** kann dabei in allen Phasen des Trainings zum Thema werden, es sollte dann im Training aufgegriffen und Möglichkeiten der Handhabung diskutiert werden.

Theoretische Grundlagen: Es gibt nur wenig empirische Forschung, die sich mit den **Erfolgsfaktoren von Moderation** beschäftigt. Eine Ursache dafür ist die Schwierigkeit, Erfolgskriterien zu definieren, die über eine reine Zufriedenheitsbewertung durch Teilnehmer hinausgehen. Es gibt aber sehr viel Praktikerliteratur zu den Methoden der Moderation. Zudem lassen sich ausgewählte Ergebnisse der Arbeitsgruppenforschung adaptieren und nutzen.

- **Methoden:**
  - Moderationsmethoden und Aufbau einer Moderation: Hartmann, Rieger und Luoma (2007), Freimuth (2009) und Lipp und Will (2008). Für mehr Hintergrundinformationen und eine intensive Auseinandersetzung mit Fragen der Haltung empfiehlt sich die Lektüre von Graeßner (2008). Neuere Ansätze stellt Eppler (2006) zusammen.
  - Effektivität von Brainstorming: Stroebe und Nijstad (2004).
  - Überblick und Forschung über verschiedene Methoden: Brandstädter (1989).
- **Effektivität von Gruppenarbeit**
  - Gruppenleistung ist der Leistung eines Einzelnen meist überlegen, begründet durch Möglichkeiten der Arbeitsteilung (in Bezug auf Menge und Art), Nutzung von Synergieeffekten bei der Informationsverarbeitung, Effekte durch Motivationsgewinn aus Gruppenprozessen (Antoni, 2001; Guzzo & Dickson, 1996; Wegge, 2004;). Gruppenarbeit birgt, bedingt durch Gruppenprozesse, auch Risiken, wie das Risikoschub-Phänomen, group-think, social loafing und Verantwortungsdiffusion etc. (Sader, 2008; Wegge, 2004; weiterführend auch Schmidt, Köppen, Breimer-Haas & Leppkes, Kap. 3.4: Teamorientierte Personalentwicklungsansätze).
- **Einflussfaktoren auf die Effektivität von Gruppenarbeit:**
  - Zielsetzungstheorie: Die Leistung von Gruppen mit schwierigen Zielen ist um fast eine Standardabweichung höher als die Leistung von Gruppen ohne klare Gruppenziele (O´Leary-Kelly, Martocchio & Frink, 1994).
  - Gruppenzusammensetzung: Heterogenität der Zusammensetzung, Diversität, Anzahl der Gruppenmitglieder (unterschiedliche Ergebnisse je nach Aufgabentyp und Art der Unterschiede; van Dick & West, 2005; Wegge, 2004).
  - Persönlichkeitseigenschaften: bessere Leistung bei hohem Leistungs- und Anschlussmotiv der Teilnehmer (Wegge, 2004).

Literatur

Antoni, C. H. (2001). Gruppenarbeit: mehr als ein Ansatz zur betrieblichen Flexibilisierung. In C. H. Antoni (Hrsg.), *Praxishandbuch Gruppenarbeit. Konzepte – Werkzeuge – Praxismodelle* (S. 15-60). Düsseldorf: Symposium.

Brandstätter, H. (1989). Problemlösen und Entscheiden in Gruppen. In E. Roth, H. Schuler & A. B. Weinert (Hrsg.), *Enzyklopädie der Psychologie D/III/3: Organisationspsychologie* (S. 505-528). Göttingen: Hogrefe.

Eppler, M. J. (2006). Innovation durch Moderation. Eine Übersicht über moderne Moderationsmethoden und Werkzeuge. *Organisationsentwicklung, 1*, 88-90.

Freimuth, J. (2009). *Moderation*. Göttingen: Hogrefe

Graeßner, G. (2008). *Moderation - das Lehrbuch.* Augsburg: Ziel.

Guzzo, R. A. & Dickson, M. W. (1996). Teams in organizations: Recent research on performance and effectiveness. *Annual Review of Psychology, 47,* 307-338.

Hartmann, M., Rieger, M. & Funk, R. (2007). *Zielgerichtet moderieren.* Weinheim: Beltz.

Kraiger, K., Ford, J. K. & Salas, E. (1993). Application of cognitive, skill-based, and affective theories of learning outcomes to new methods of training evaluation. *Journal of Applied Psychology, 78,* 311-328.

Lipp, U. & Will, H. (2008). *Das große Workshop-Buch* (8. Aufl.). Weinheim: Beltz.

O´Leary-Kelly, A. M., Martocchio J. J. & Frink, D. D. (1994). A review of the influence of group goals on group performance. *Academy of Management Journal, 37,* 1285-1301.

Sader, M. (2008). *Psychologie der Gruppe* (9. Aufl.). Weinheim: Juventa.

Stroebe, W. & Nijstad, B. (2004). Warum Brainstorming in Gruppen Kreativität vermindert: Eine kognitive Theorie der Leistungsverluste beim Brainstorming. *Psychologische Rundschau, 55,* 2-10.

Van Dick, R. & West, M. A. (2005). *Teamwork, Teamdiagnose und Teamentwicklung.* Göttingen: Hogrefe.

Wegge, J. (2004). *Führung von Arbeitsgruppen.* Göttingen: Hogrefe.

3.5.4 Stressmanagementtraining

In der Umgangssprache werden unter Stress einerseits **objektive Belastungen** (sogenannte Stressoren) verstanden wie körperliche Belastung, Zeitdruck, Konzentrationsanforderungen oder soziale Stressoren. Andererseits werden mit Stress auch **persönliche Reaktionen** bezeichnet, wie z.B. Anspannung, Gereiztheit oder das Gefühl der Überforderung. In wissenschaftlichen Stresstheorien (vgl. Zapf & Semmer, 2004) stehen theoretische Konzeptionen von **Stress als Reiz** (die Belastung steht im Vordergrund) Konzeptionen von **Stress als Reaktion** gegenüber (die Beanspruchung als Reaktion auf bestimmte Belastungen steht im Vordergrund). **Kognitive Stresstheorien** integrieren diese Ansätze und stellen die **ablaufenden Prozesse** in den Vordergrund. Im Zentrum dieser Theorien steht die **Beurteilung von Situationen** (primäre Bewertung – Ereignis wird als Bedrohung, Herausforderung oder Schaden erlebt) und die **Abschätzung von Bewältigungsmöglichkeiten** (sekundäre Bewertung – Vermeidung oder Beseitigung sind möglich bzw. nicht möglich). Stress entsteht, wenn ein Ereignis als Bedrohung oder Herausforderung erlebt wird und gleichzeitig die eigenen Fähigkeiten zur Bewältigung der Situation als zu gering eingeschätzt werden (Lazarus & Folkman, 1984). Identische

Belastungen werden von verschiedenen Menschen somit als unterschiedlich beanspruchend empfunden[3].

Die **Folgen von Stress** sind massiv. Neben den persönlichen Konsequenzen von andauerndem Stress (Schlafstörungen, Konzentrationsschwierigkeiten, erhöhtes Risiko für chronische Erkrankungen) hat Stress auch Einfluss auf die Leistung. Das **Yerkes-Dodson-Gesetz** beschreibt einen umgekehrt-U-förmigen Zusammenhang: Bei mittlerer Aktivierung ist die **Leistungsfähigkeit** maximal; zuviel aber auch zu wenig Aktivierung wirkt sich leistungshemmend aus (Yerkes & Dodson, 1908). Weiterhin entstehen für das Unternehmen Kosten durch häufige **Fehlzeiten**, zunehmende **Unfälle**, ansteigende **Fehlerhäufigkeit** und damit **abnehmende Produktivität**.

Stressbewältigung ist die gedankliche und verhaltensmäßige Bemühung, mit den spezifischen Anforderungen fertig zu werden, die die Bewältigungskompetenzen der Person beanspruchen oder übersteigen (Lazarus & Folkman, 1984). Die Bewältigung kann dabei an der **Regulation der Emotionen** ansetzen, um eine kurzfristige Erleichterung zu schaffen (sinnvoll in unvermeidbaren und unkontrollierbaren Situationen) oder auf eine langfristige **Veränderung der Beziehung zwischen Person und Umwelt**, also der Situation, ausgerichtet sein. Dabei können Bedingungen verändert, Probleme angegangen, persönliche Ressourcen aufgebaut oder Stressoren ausgeschaltet werden.

- **Zeitpunkt der Intervention**
  - **präventive Maßnahmen:** Während primäre Prävention das Ziel verfolgt, Bedingungen zu schaffen, die die Entstehung von Stress verhindern, bezieht sich die sekundäre Prävention auf die Reduzierung bereits eingetretener Folgen der Belastung. Tertiäre Prävention fokussiert auf die Minimierung des Wiederauftretensrisikos.
  - **therapeutische Maßnahmen:** Sie greifen bei einer bereits eingetretenen Schädigung, die mithilfe einer Therapie reduziert werden soll.
- **Ansatzpunkt der Intervention**
  - **Verhaltenspräventionen** zielen auf die Veränderung der Person durch Aufbau von Ressourcen (Stressbewältigungstraining, Fachtrainings).
  - **Verhältnispräventive Maßnahmen** beziehen sich auf die Veränderung der Arbeitssituation (Arbeitsplatzgestaltung; Bamberg, Ducki & Metz, 1998).

Trainingsziele: Stressbewältigungstrainings zielen auf die Sicherstellung der Arbeitsfähigkeit und die Vermeidung von Folgeeffekten ab.

---

[3] Dimensionen, auf denen Menschen sich hinsichtlich ihrer Stressanfälligkeit unterscheiden, sind beispielsweise **Hardiness**, bestehend aus den Facetten „Sich-verpflichtet-Fühlen', „Glaube an Kontrolle', „Herausforderung' (Funk, 1992), **Kontrollüberzeugung** und **Kohärenzsinn**, d.h. umfassendes, dauerhaftes, dynamisches Vertrauen darin, dass innere und äußere Umweltreize strukturiert, vorhersagbar und erklärbar sind, dass man selbst über Ressourcen verfügt, um Umweltanforderungen zu begegnen, und der Überzeugung, dass Anforderungen Herausforderungen darstellen, für die sich die Anstrengung lohnt (Knoll, Scholz & Rieckmann, 2005).

- Die **Trainingsziele der Organisation** orientieren sich an folgendem Zielspektrum:
  - **Leistungsfähigkeit:** Leistungsfähigkeit in belastenden Situationen sicherstellen.
  - **im Kontakt mit Partnern und Kunden:** durch individuelle Fähigkeit zur Selbstregulation bei hohen Belastungen kundenfreundliches Verhalten wahren.
  - **Kostenreduktion:** Fehlzeiten und Wahrscheinlichkeit chronischer Erkrankungen reduzieren, erfolgreiche Zusammenarbeit fördern, Produktivität steigern, Arbeitsunfälle verringern.

- Die **Ziele der Teilnehmer** nach der Klassifikation der Lernerträge nach Kraiger, Ford & Salas (1993):
  - **affektive Erträge:** subjektive Belastbarkeit erhöhen und wahrgenommene individuelle Bewältigungsmöglichkeiten erweitern.
  - **behaviorale Erträge:** Erwerb eines Spektrums von an die Person angepassten Techniken, zur Reduzierung von Stresserleben in belastenden Situationen; Erwerb von Kompetenzen (wie systematisches Problemlösen, Zeitmanagement etc.) die den Einzelnen befähigen, langfristig Belastungen zu reduzieren.
  - **kognitive Erträge:** Wissen über Stresstheorie und Auslösemechanismen von Stress; Sensibilität für eigene Stressoren und Belastungen ausbilden; Frühwarnzeichen erkennen und eigene Ressourcen besser einschätzen lernen.

Zielgruppe eines Stressbewältigungstrainings sind zum einen **Mitarbeiter, die chronischen Belastungen ausgesetzt sind**, wie z.B. Mitarbeiter in Dienstleistungsbetrieben mit häufigem Kundenkontakt und im Call Center; das Ziel ist hier die **Prävention von Belastungsfolgen**. Zum anderen stehen Arbeitsgruppen wie Einsatzkräfte, Mitglieder von Krisenstäben, Fluglotsen, Sicherheitsbeamte etc. vor der Herausforderung, einzelne, zeitlich begrenzte, evtl. **hoch bedrohliche Ereignisse professionell zu meistern**. Sie arbeiten in **kritischen Handlungsfeldern**, die höchste kognitive Leistungsfähigkeit erfordern. Sie tragen Verantwortung für das Leben anderer, können Belastungen nicht vorhersehen, besitzen einen großen Handlungs- und Entscheidungsspielraum, den sie ausfüllen und verantworten müssen (Bengel, Singer & Kuntz, 1997). In auftretenden Extremsituationen, müssen sie auf ein Repertoire an kurzfristigen Techniken zurückgreifen können, um die sich stellenden Aufgaben zu bewältigen; das Ziel ist hier die **Aufrechterhalten der Handlungsfähigkeit**.

Inhalte und Methoden: Tabelle 1 gibt einen Überblick über potenzielle Inhalte eines Stressbewältigungstrainings[4].

---

[4] Es orientiert sich dabei vor allem an den gut evaluierten Stressimpfungstrainings von Meichenbaum (2002) und Wagner-Link (2009), die zu den kognitiv-behavioralen Verfahren zählen. Daneben gibt es Trainings, die auf reiner Information über den Stressmechanismus beruhen, Trainings, die Techniken zur Spannungsreduktion vermitteln (reine Entspannungsverfahren) und Trainings, die Kompetenzen vermitteln (Zeitmanagement, Selbstmanagement). Für einen Überblick siehe Semmer und Zapf (2004).

Tabelle 1: mögliche Inhalte eines Stressbewältigungstrainings

Baustein	mögliche Inhalte	Schwerpunkt, Ziele
Grundlagen Stress	theoretische Grundlagen; Stressmodell (z.B. Lazarus); allgemeines Reaktionsmodell (Stressoren – Person – Stressreaktion) Input: empirische Zusammenhänge zwischen Stress, Gesundheit und Leistung	Vermittlung von Information zu Stress und Stressfolgen
individuelle Stressdiagnose	Sammeln von individuellen Stresssituationen; Selbstbeobachtung der eigenen Stressreaktion (Gefühle, Gedanken, Verhaltensweisen und Körperreaktionen); Übertragen auf Reaktionsmodell; Ansatzpunkte für Bewältigung sammeln	Selbstbeobachtung und Ansatzpunkte zur Bewältigung
kurzfristige Techniken	positive Selbstinstruktion; innere und äußere Wahrnehmungslenkung; Abreaktion; Atemtechniken; Gedankenstopp	Aufrechterhalten der Handlungsfähigkeit
langfristige Techniken	Entspannungsübungen (progressive Muskelrelaxation, Autogenes Training); Einstellungsänderung; ausgleichende Tätigkeiten; systematisches Problemlösen; soziales Netz; effektive Erholung	Techniken zur Stärkung der eigenen Widerstandskraft erlernen und einüben
Transfer	mittels mentalen Trainings Techniken in Alltag übertragen; auslösende Situationen analysieren und Technik anwenden	individuelle Einsatzstrategien entwickeln

Die **Methoden** variieren abhängig von der zur Verfügung stehenden Zeit und den spezifischen Anforderung. Um optimale Ergebnisse zu erzielen, empfiehlt es sich, sowohl die Umgebungsbedingungen als auch die persönlichen Ressourcen mittels Diagnostik bzw. Anforderungsanalyse zu integrieren. Im Training können durch mentales Training (siehe auch Demmerle, Schmidt, Hess, Solga & Ryschka, Kap. 4.4: Kognitive Techniken) erlernte Techniken gedanklich durchgespielt werden. In Rollenspielen oder auch Planspielen (z.B. beim Krisenmanagement) werden belastende Situationen simuliert, damit die Teilnehmer erworbene Techniken einsetzen und deren Wirkung überprüfen können (siehe auch Demmerle, Schmidt, Hess, Solga & Ryschka, Kap. 4.1: Simulative Techniken). Um den Transfer in den Arbeitsalltag zu gewährleisten, sollte an den individuellen Herausforderungen der Teilnehmer gearbeitet werden. Im Einzelcoaching können dazu individuelle Fragestellungen vertiefend behandelt werden (siehe auch Ryschka & Tietze, Kap. 3.1.2: Coaching).

Alternative Maßnahmen: Der Aufbau von Stressbewältigungskompetenzen stellt nur einen Baustein zur Stressvermeidung und -bewältigung dar. Im Sinne einer Verhältnisprävention können auch die Zahl oder Auswirkungen der Belastungen reduziert werden:

- **belastungsreduzierende Arbeitsplatzgestaltung:** Einsatz von Methoden der Arbeitsplatzgestaltung (Einsatz- und Schichtpläne, Arbeitssicherheit, technische Ausstattung etc.).
- **regenerationsfördernde Arbeitsplatzgestaltung:** Möglichkeiten der Regeneration zwischen verschiedenen Belastungsepisoden schaffen (Pausengestaltung, planmäßige Rotation auf Arbeitsplätzen mit unterschiedlichen Belastungsstärken etc.); neue Erkenntnisse finden sich auch in der Erholungsforschung, die positive Effekte regenerativer Erholung auf Wohlbefinden und Leistung zeigen (Fritz & Sonnentag, 2006).
- **Passung von Stellenanforderung und fachlicher Qualifikation:**
  - **Platzierungsentscheidungen:** Personalauswahl für eine optimale Passung zwischen Anforderungen und Kompetenzen verbessern (vgl. Ryschka & Tietze, Kap. 3.1.6: Karriereberatung).
  - **fachbezogene Personalentwicklungsmaßnahmen:** Fachtrainings einsetzen, um fachliche Überforderung zu reduzieren.

Theoretische Grundlagen:

- **Stresstheorie:** Einen guten Überblick geben Zapf und Semmer (2004), Knoll, Scholz und Rieckmann (2005), Zapf und Dormann (2001) und Battmann und Schönpflug (2006) sowie zur kognitiven Stresstheorie Lazarus und Folkman (1984).
- **Stressbewältigung:** Zur Stressbewältigung bieten Meichenbaum (2003), Wagner-Link (2009) und Kaluza (2004 & 2009) einen lesenswerten Einstieg. Eine weitere Perspektive zum erweiterten Stress- und Ressourcenmanagement findet sich bei Bamberg, Busch und Ducki (2003).
- **Effektivität von Stressbewältigungstraining:** Metaanalysen von van der van der Klink, Blonk, Schene und van Dijk (2001)[5], Bamberg und Busch (2006) sowie Ruotsalainen et al. (2008) geben einen Überblick über verschiedene Evaluationsstudien und können zeigen, dass Stressbewältigungstrainings grundsätzlich wirksam sind. Die Autoren zeigen erste Annahmen für spezifische Bedingungen auf, die den Trainingserfolg steigern können (Einbindung der Teilnehmer in eine Problemanalyse, Kennzeichnung als gesundheitsrelevante Maßnahme, etc.).

Literatur

Bamberg, E. & Busch, C. (2006). Stressbezogene Interventionen in der Arbeitswelt. *Zeitschrift für Arbeits- und Organisationspsychologie, 50,* 215-226.

---

[5] Die Effektstärken (d als Maß der standardisierten Werte) liegt über alle Trainings bei d = .44. Die geringsten Werte ergeben sich für reine Entspannungstrainings (d = .35). Die höchsten Effektstärken ergaben sich für kognitiv-behaviorale Stressmanagementtrainings (d = .68), die in Tabelle 1 beschrieben sind.

Bamberg, E., Busch, C. & Ducki, A. (2003). *Stress- und Ressourcenmanagement. Strategien und Methoden für die neue Arbeitswelt.* Bern: Huber.

Bamberg, E., Ducki, A. & Metz, A.-M. (Hrsg.). (1998). *Handbuch betrieblicher Gesundheitsförderung.* Göttingen: Hogrefe.

Battmann, W. & Schönpflug, W. (2006). Bewältigung von Stress in Organisationen. In K. Sonntag (Hrsg.), *Personalentwicklung in Organisationen* (S. 211-227). Göttingen: Hogrefe.

Bengel, J., Singer, S. & Kuntz, V. (1997). Psychische Belastungen des Rettungspersonals. In J. Bengel (Hrsg.), *Psychologie in Notfallmedizin und Rettungsdienst* (S. 39-56). Berlin: Springer.

Fritz, C. & Sonnentag, S. (2006). Recovery, well-being and performance outcomes: The role of work load and vacation experiences. *Journal of Applied Psychology, 91,* 936-945.

Kaluza, G. (2009). *Gelassen und sicher im Stress.* Berlin: Springer.

Kaluza, G. (2004). *Stressbewältigung – Trainingsmanual zur psychologischen Gesundheitsförderung.* Berlin: Springer.

Knoll, N., Scholz, U. & Rieckmann, N. (2005). *Einführung in die Gesundheitspsychologie.* Stuttgart: Lucius & Lucius.

Kraiger, K., Ford, J. K. & Salas, E. (1993). Application of cognitive, skill-based, and affective theories of learning outcomes to new methods of training evaluation. *Journal of Applied Psychology, 78,* 311-328.

Lazarus, R. S. & Folkman, S. (1984). *Stress, appraisal, and coping.* New York: Springer.

Meichenbaum, D. (2003). *Interventionen bei Stress. Anwendung und Wirkung des Stressimpfungstrainings.* Bern: Huber.

Ruotsalainen, J., Serra, C., Marine, A. & Verbeek, J. (2008). Systematic review of interventions for reducing occupational stress in health care workers. *Scandinavian Journal of Work, Environment & Health, 34,* 169-178.

Semmer, N. K. & Zapf, D. (2004). Gesundheitsbezogene Interventionen in Organisationen. In H. Schuler (Hrsg.), *Enzyklopädie der Psychologie D/III/4: Organisationspsychologie* (2. Aufl.; S. 773-843). Göttingen: Hogrefe.

Van der Klink, J. J. L., Blonk, R. W. B., Schene, A. H. & Van Dijk, F. J. H. (2001). The benefits of interventions for work related stress. *American Journal of Public Health, 91,* 270-276.

Wagner-Link, A. (2009). *Verhaltenstraining zur Stressbewältigung. Arbeitsbuch für Therapeuten und Trainer* (4. Aufl.). Stuttgart: Klett-Cotta.

Yerkes, R. M. & Dodson, J. D. (1908). The relation of strength of stimulus to rapidity of habit-formation. *Journal of Comparative Neurology and Psychology, 18*, 459-482.

Zapf, D. & Dormann, C. (2001). Gesundheit und Arbeitsschutz. In H. Schuler (Hrsg.), *Lehrbuch der Personalpsychologie* (S. 559-588). Göttingen: Hogrefe.

Zapf, D. & Semmer, N. K. (2004). Streß und Gesundheit in Organisationen. In H. Schuler (Hrsg.), *Enzyklopädie der Psychologie D/III/3: Organisationspsychologie* (2. Aufl.; S. 1007-1112). Göttingen: Hogrefe.

3.5.5 Verhandlungs- und Konfliktbeilegungstraining

Definition und Ziele: Ein **Konflikt** ist eine von den Betroffenen subjektiv empfundene **Spannungssituation**, die entsteht, wenn zwei oder mehr Parteien tatsächlich oder scheinbar **unvereinbare Ansichten oder Bedürfnisse** haben oder **gegensätzliche Ziele** zu verwirklichen versuchen. So oder ähnlich lauten gängige Konfliktdefinitionen, deren versachlichende Formulierungen ein Phänomen beschreiben, das viele Mitarbeiter von Organisationen zumeist täglich am eigenen Leibe verspüren.

Konflikte sind nicht die Ausnahme; häufig gehören sie zum Alltag in Unternehmen. In jeder Firma treten Unstimmigkeiten, Spannungen und Auseinandersetzungen auf, manche Konflikte sind sogar in den Strukturen von Unternehmen geradezu vorprogrammiert: im Bankenbereich z.B. zwischen Kundenbetreuern und Kreditabteilung, in der Industrie zwischen Vertrieb und Abwicklung. Neben diesen intraorganisationalen Konflikten lassen sich auch interorganisationale Auseinandersetzungen beschreiben, häufig in einer „Kunde-Dienstleister"-Konstellation.

Zur Differenzierung von Konflikten bietet sich die **Konflikttypologie** von Rüttinger und Sauer (2000) an:

- **Bewertungskonflikte** liegen zugrunde, wenn sich die Konfliktpartner nicht über die **zu verfolgenden Ziele** einig sind (z.B. Kundenstamm ausbauen oder in vorhandene Beziehungen intensivieren).

- **Beurteilungskonflikte** liegen dann vor, wenn Uneinigkeit über die **Wege zur Zielerreichung** herrscht (Leistungssteigerung durch angedrohte Sanktionen oder in Aussicht gestellte Belohnung).

- **Verteilungskonflikte** bestehen, wenn um (ggf. auch nur scheinbar) **begrenzte Ressourcen** gekämpft wird (z.B. Budget, Positionen, Macht, Anerkennung, Gehaltserhöhung).

- **Beziehungskonflikte** liegen wiederum vor, wenn Uneinigkeit oder Unzufriedenheit darüber besteht, wie man **miteinander umgehen** sollte (z.B. Freundlichkeit im Umgang, Einbeziehung in Entscheidungen, Wertschätzung).

Die meisten Betroffenen nehmen Konflikte als etwas Negatives wahr. In ihrer Metaanalyse konnten De Dreu und Weingart (2003) zeigen, dass Konflikte sowohl auf der Aufgaben- als auch auf der Beziehungsebene signifikant negativ mit der erlebten Zufriedenheit der Gruppenmitglieder korrelieren und zu messbaren **Leistungseinbußen** in Arbeitsgruppen führen. Diese Befunde zeigen die Notwendigkeit auf, (mittels Personalentwicklung) Kompetenzen konstruktiver Konfliktbeilegung zu entwickeln.

Legt man den obigen Konfliktbegriff zugrunde, so lässt sich **Verhandlung** definieren als ein Prozess der Konfliktbeilegung durch den wechselseitigen Austausch von Forderungen und Zugeständnissen. Nicht zuletzt aufgrund der zunehmenden Komplexität wirtschaftlicher Interaktionen nimmt die Fähigkeit, Verhandlungen zu führen, einen immer wichtigeren Stellenwert ein. Viele Produkte sind mittlerweile erklärungsintensiv und ihre Implementierung ist Teil eines Gesamtprozesses, der in Form gemeinsamer Projektarbeit mit partnerschaftlichen Pflichten auf Kunden- und Anbieterseite umgesetzt wird. Im Verlauf dieses Prozesses muss nicht nur zu Beginn über Preise und Konditionen verhandelt werden; auch im weiteren Projektverlauf sind unvereinbare Standpunkte bezüglich Umsetzung, Dokumentation, Serviceleistungen etc. mittels Verhandlung aufeinander abzustimmen.

Verhandlungsfähigkeit sollte nicht als die „Macht des besseren Argumentes" definiert werden, sondern als die Kompetenz, partnerschaftlich mit einem Gegenüber Interessen abzugleichen, Gemeinsamkeiten zu betonen, Unterschiede anzuerkennen und vor dem Hintergrund dieser Akzeptanz Lösungen für die Umsetzung der vereinbarten Ziele zu generieren (vgl. Bazerman, Curhan, & Moore, 2001; Erbacher, 2005; Fisher, Ury & Patton, 2004; Lewicki, Saunders, & Minton, 2006). In seiner Literatursichtung zur Effektivität von Verhandlunsgtrainings weist z.B. Movius (2008) nach, dass diese partnerschaftliche Haltung erwiesenermaßen zu besseren Ergebnissen in konfliktären Verhandlungen führt.

Die **Ziele** von Konflikt- und Verhandlungstrainings lassen sich folgendermaßen systematisieren:

- **Trainingsziele der Organisation:**
    - Grundlagenschaffung eines **kooperativen innerbetrieblichen Klimas** mit dem Ziel erhöhter Mitarbeiterzufriedenheit und verbesserter Leistungsbereitschaft.
    - **Vorbeugung** dysfunktionaler, intra- oder interorganisationaler **Konflikteskalation**.
    - **Sichern langfristiger Kundenbindung** durch den Einsatz partnerschaftlicher Konfliktlösungs- und Verhandlungstechniken.
    - Vorteile in **konfliktären Projektsituationen** (z.B. Claim Management, d.h. Umgang mit Forderungen des Kunden oder Kooperationspartners, die nachgeschaltete Verhandlungen in komplexeren Projektabwicklungen erforderlich machen).

- **Trainingsziele der Teilnehmer** (zur Taxonomie s.a. Kraiger, Ford & Salas, 1993):
  - **affektiver Ertrag:** Reflexion der eigenen **Konfliktfähigkeit**; Erhöhung der Fähigkeit, konfliktäre Situationen sachlich zu betrachten; Erhöhung der **persönlichen Sicherheit**.
  - **behavioraler Ertrag:** Erweiterung des eigenen **Verhaltensrepertoires** in Konflikt- und Verhandlungsprozessen; Umgang mit unproduktiven und unfairen Verhandlungsmethoden.
  - **kognitiver Ertrag:** Bewusstmachen der eigenen Interessenlage und derjenigen des Gegenübers, um eine **langfristige Kooperation** zu entwickeln; Entwicklung der Fähigkeit, **innovative Lösungsalternativen** zu erdenken, die über einfache Kompromisse hinausgehen und festgefahrene Konflikt- oder Verhandlungssituationen überwinden.

Folgende **Anwendungsgebiete** lassen sich für Konflikt- und Verhandlungstrainings unterscheiden:

- **Führungskräfteentwicklung** (anwendbar auf Mitarbeiterebene, z.B. bei Zielvereinbarungen)
- **Mitarbeiterschulung** (Umgang mit Kollegen)
- **Supervision, Teamentwicklung** (als Werkzeug zur Bearbeitung aktueller Konflikte)
- **Entwicklung des Kundenmanagements** (Kundenorientierungsmaßnahmen, Beschwerdemanagement i.S. eines partnerzentrierten Gesprächsstiles, Claim Management in Großprojekten)
- **Entwicklung des Lieferantenmanagements** (Preis- und Vertragsverhandlungen)
- **Bereichsentwicklung** (Kooperations-Workshops zwischen unterschiedlichen Unternehmensbereichen, z.B. Vertrieb/Abwicklung, Forschung/Produktion etc.)

Rahmenbedingungen: Um Konflikt- und Verhandlungstrainings sinnvoll einsetzen zu können, sollten als **Durchführungszeit** mindestens zwei Tage angesetzt werden, da gerade der Wandel der Teilnehmer von einer „Ich muss den anderen besiegen"-Haltung zu der vielzitierten Win-win-Einstellung (Thompson & Fox, 2001) auch thematisiert und diskutiert werden muss. Bei kürzeren Trainings besteht die Gefahr, dass der intendierte Einstellungswandel rudimentär bleibt. Richtwerte für die **Gruppengröße** weichen in der Regel nicht von anderen Trainings ab. Mindestens acht Personen sollten jedoch teilnehmen, wenn komplexe Konfliktsituationen nachgestellt werden sollen.

Methoden/Inhalte: An dieser Stelle seien neben der bereits erwähnten **Konflikttypologie** zwei zentrale Modelle erwähnt, ohne die ein Konflikt- oder Verhandlungstraining meist nicht auskommt. Das **Harvard-Konzept** (Fisher, Ury & Patton, 2004) basiert auf vier zentralen Annahmen, deren Einhaltung die Autoren als entscheidend für erfolgreiche Verhandlungen erachten:

- Trennung von **Verhandlungsgegenstand und Person** (Sach- und Beziehungsebene)

- **Offenlegung** der hinter den Positionen stehenden **Interessen**
- Entwicklung **kreativer (Konflikt-)Lösungen** („Kuchen vergrößern")
- Entwicklung **gemeinsamer Kriterien** zur Beurteilung des Verhandlungsergebnisses

Das **Dual Concern-Modell** (Pruitt & Carnevale, 1993) eignet sich ausgezeichnet, um unterschiedliche Konfliktverhaltensformen darzustellen und lässt sich problemlos mit dem Harvard-Modell verbinden (siehe Abbildung 1). Es postuliert, dass sich Menschen in Konfliktsituationen an zwei Ausrichtungen orientieren können: zum einen an ihren Eigeninteressen (i.S. eines Selbstbehauptungsmotivs), zum anderen an den Interessen des Konfliktpartners (Fremdinteressen).

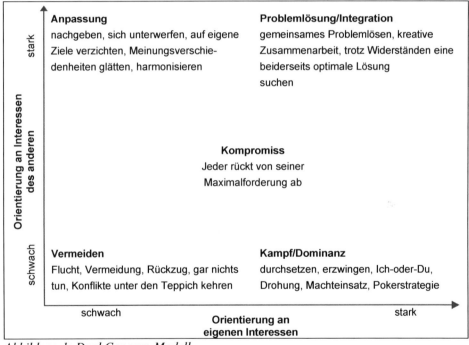

Abbildung 1: Dual Concern-Modell

Bei Konflikt- und Verhandlungstrainings bietet sich der Einsatz von **Videofeedback** an, da oftmals komplexere Fallbeispiele in Rollenspielen durchgeführt werden. Wenn mehrere Teilnehmer interagieren, ist es am Ende des Rollenspiels oftmals schwierig, die einzelnen Sequenzen aus dem Gedächtnis zu replizieren – im Videofeedback können diese detailliert nachbereitet und Strategien für die Konfliktbeilegung oder Verhandlung abgeleitet werden. Ein weiterer Vorteil besteht darin, dass dadurch gerade das Beobachtungslernen unterstützt wird. Dieses scheint insbesondere bei Verhandlungstrainings zu positiven Effekten auf Seiten der Teilnehmer zu führen (vgl. Movius, 2008).

In Tabelle 1 sind einige zentrale Bausteine von Konflikt- und Verhandlungstrainings dargestellt. Als vielversprechender Ansatz erweist sich das Konzept von Otto, Lang und Schmitz (2007). Diese orientieren ihr Trainingskonzept am Modell der Selbstregulation und unternahmen eine bewusste Einteilung des Verhandlungstrainings in die Abschnitte Vorbereitung, Durchführung und Nachbereitung. Bei den Teilnehmern kam es zu messbaren positiven Effekten: So empfanden sich die Untersuchungsteilnehmer nach dem Training besser für Verhandlungen gerüstet, da sie für sich eine höhere Selbstwirksamkeitserwartung feststellten. Sie empfanden weniger negative Emotionen gegenüber schwierigen Verhandlungssituationen, hörten aktiver zu, wandten weniger unfaire Argumentationstaktiken an, hatten den Eindruck, dass sie den Prozess besser steuern konnten und zeigten so auch weniger Vermeidungstendenzen als eine nicht trainierte Kontrollgruppe.

Als Einstiegsübung für ein Konflikt- und Verhandlungstraining dient häufig der Klassiker eines Ressourcenkonfliktes aus dem Harvard-Modell: Zwei oder mehr Teilnehmer kämpfen um eine Orange. Natürlich haben die Verhandelnden unterschiedliche Instruktionen bzgl. ihrer Ziele, die sie aber zunächst nicht preisgeben (einer braucht die Schale, der andere den Saft etc.). Anhand eines solchen Einstiegs lassen sich sehr gut Werthaltungen bezogen auf Verhandlungen konkretisieren: „Wer hat aus Sicht der Teilnehmer am besten verhandelt?" Derjenige, der alle anderen „niedergemacht" hat oder derjenige, der schnell einlenkt? Erstaunlich ist, wie wenige Teilnehmer auf die Idee kommen, ihre Interessen offenzulegen und darüber eine echte **Win-win-Lösung** (Thompson & Fox, 2001) zu kreieren. Die Grundhaltung hier: „Durch das Offenlegen der Interessen können beide Seiten zu einem optimalen Ergebnis kommen".

Hier kommen bei den meisten Menschen **kognitive Fehler** und **Reaktionstendenzen** zum Tragen, die gleichsam „stereotypes Konfliktverhalten" darstellen. Hierzu zählen die Annahme, dass die Menge der verteilbaren Ressourcen in jedem Fall begrenzt ist („fixed pie"), und die Tendenz, Vorschläge der Gegenseite quasi automatisch abzuwerten, eben weil sie von der Gegenseite kommen (vgl. hierzu Bazerman, Curhan, Moore & Valley, 2000; Lewicki et al., 1999).

Zum Abschluss eines Konflikt- und Verhandlungstrainings sollten die Teilnehmer schließlich in **Rollenspielen** in der Lage sein, **partnerorientierte Verhandlungstechniken** einzusetzen, z.B. **Trade-off** bzw. **Logrolling**, bei dem beide Parteien Rangreihen ihrer Verhandlungsinteressen bilden, wobei die eine Seite in einem für sie unwichtigen Punkt nachgibt, der aber für die andere Seite eine große Bedeutung hat, und vice versa. Eine andere Technik ist das sogenannte **Cost-Cutting**: Eine Partei erhält, was sie will, muss aber im Gegenzug auf etwas verzichten, was die Kosten der Gegenseite reduziert oder eliminiert.

Tabelle 1: Typische Bausteine von Konflikt- und Verhandlungstrainings

Baustein	Inhalte	Schwerpunkt, Ziele
schwierige Verhandlungspartner	Umgang mit tricksenden, intransparenten Verhandlern; Aushalten von „Psychoterror" in Verhandlungen	Erkennen von „beziehungsunabhängigen" Strategien; Festigung der Sicherheit
persönliches Konfliktverhalten	Reflektion typischer, individueller Verhaltensweisen in Konfliktsituationen	bessere Verhaltenssteuerung im Konfliktfall
Kundentypen und -rollen in Verhandlungen	Analyse der Position und Rolle des Gegenübers; Ausrichtung der eigenen Verhandlungsstrategie	Verständnis für die rollengebundene Interessenlage des Partners
Konflikttypologie	Darstellung unterschiedlicher Konfliktformen und typischer Symptome	Analyse als Grundlage der Versachlichung von Konflikten
Konfliktlösungsansätze und konkrete Verhandlungstechniken	z.B. Trade-off/Logrolling; Cost-Cutting (s.u.)	Verhandlungstechniken pragmatisch einsetzen können
Konflikteskalationsmodelle	Darstellung unterschiedlicher Ausweitungsstufen von Konflikten und angepasste Interventionsmöglichkeiten	Analyse zur Orientierung vorhandener Konflikte
Kognitive Fehler und Reaktionstendenzen	Kennenlernen typischer Denkschemata; reaktive Abwertung der Vorschläge der Gegenseite	Vermeidung durch Bewusstmachen der Voreinstellungen und Reaktionstendenzen
Harvard-Modell des Verhandelns	Vermittlung der zentralen Inhalte des Modells; Umsetzung über Rollenspiele und Fallanalysen	Anwendung interessenorientierter Verhandlungstechniken
Einwandbehandlung und rhetorische Tricks in Verhandlungen	Eingehen auf und Abfangen von klassischen Einwänden (Preis, Wettbewerb) und Killerphrasen	Techniken zur Erhöhung der persönlichen Sicherheit vermitteln
Dual Concern-Modell	Vermittlung des Modells als Koordinatenkreuz für typische Verhaltensweisen	Einordnung unterschiedlicher Verhaltensalternativen im Konfliktfall; Vor- und Nachteile der Verhaltensweisen
Choreographie einer Verhandlung	Verhandlungsabschnitte kennenlernen und durchspielen	sicheres Agieren auch in längeren Verhandlungen

Theoretische Grundlagen: Im Bereich Konflikt sind als **Standardwerke** im deutschen Raum sicherlich die Arbeiten von Glasl (2004) und von Rüttinger und Sauer (2000) zu nennen, die eine **ausführliche Übersicht** zum Thema liefern (vgl. zusammenfassend auch Blickle & Solga, 2006; Solga, 2008). Das **Dual Concern-Modell** (Pruitt & Carnevale, 1993) liefert eine paradigmatische Grundlage zur Analyse von eigenem und fremden Konfliktverhalten und damit verbundenen Vor- und Nachteilen (kurz- und langfristige Kosten). Das **Harvard-Konzept** von Fisher, Ury und Patton (2004; vgl. auch Ury, 1992) kann wohl mit Fug und Recht als das Standardwerk für Praktiker im Bereich Verhandlung bezeichnet werden. Ebenfalls mit der Harvard Business School verbunden sind Lax und Sebenius (1987), die auf die Analyse und Beratung in komplexen Verhandlungssituationen spezialisiert sind. Crott, Kutschker & Lamm (1977) beschreiben u.a. die **sozialpsychologischen und rollenbezogenen Aspekte** von Verhandlungssituationen, während Carlisle und Parker (1989) ihre auf zahlreichen Fällen basierende Erfahrung in der **Zusammenarbeit zwischen Kunde und Anbieter** umsetzungsorientiert darlegen. Zeisberg (2003) schließlich beschreibt auch die **interkulturelle Ebene** partnerschaftlichen Verhandelns (siehe auch Kap. 3.5.8: Interkulturelles Kompetenztraining).

Literatur

Bazerman, M. H., Curhan, J. R. & Moore, D. A. (2001). The death and rebirth of the social psychology of negotiation. In G. Fletcher & M. Clark (Eds.), *Blackwell handbook of social psychology: Interpersonal processes* (pp. 196-228). Oxford, UK: Blackwell.

Bazerman, M. H., Curhan, J. R., Moore, D. A. & Valley, K. L. (2000). Negotiation. *Annual Review of Psychology, 51*, 279-314.

Blickle, G. & Solga, M. (2006). Einfluss, Konflikte, Mikropolitik. In H. Schuler (Hrsg.), *Lehrbuch der Personalpsychologie* (2. Aufl.; S. 611-650). Göttingen: Hogrefe.

Carlisle, J. A. & Parker, R. C. (1989). *Beyond negotiation – Redeeming customer-supplier relationships.* New York: Wiley.

Crott, H., Kutschker, M. & Lamm, H. (1977). *Verhandlungen II: Organisationen und Nationen als Konfliktparteien.* Stuttgart: Kohlhammer.

De Dreu, C. K. & Weingart, L. R. (2003). Task versus relationship conflict, team performance, and team member satisfaction: A meta-analysis. *Journal of Applied Psychology, 88*, 741-749.

Erbacher, E. (2005). *Grundzüge der Verhandlungsführung.* Zürich: vdf.

Fisher, R., Ury, W. & Patton, B. (2004). *Das Harvard-Konzept: Sachgerecht verhandeln – erfolgreich verhandeln.* Frankfurt a. M.: Campus.

Glasl, F. (2004). *Konfliktmanagement. Ein Handbuch für Führungskräfte, Beraterinnen und Berater* (8. Aufl.). Bern: Haupt.

Kraiger, K., Ford, J. K. & Salas, E. (1993). Application of cognitive, skill-based, and affective theories of learning outcomes to new methods of training evaluation. *Journal of Applied Psychology, 78*, 311-328.

Lax, D. A. & Sebenius, J. K. (1987). *The manager as negotiator*. New York: Free Press.

Lewicki, R. J., Saunders, D. M. & Minton, J. W. (2006). *Negotiation* (5th ed.). Burr Ridge: McGraw-Hill.

Movius, H. (2008). The effectiveness of negotiation training. *Negotiation Journal, 10*, 509-531.

Otto, B., Lang, A. & Schmitz, B. (2007). Selbstregulation in der Verhandlungsführung: Evaluation eines Trainings zur Förderung von Verhandlungskompetenz. *Zeitschrift für Arbeits- und Organisationspsychologie, 51*, 68-78.

Pruitt, D. G. & Carnevale, P. J. (1993). *Negotiation in social conflict*. Buckingham: Open University Press.

Rüttinger, B. & Sauer, J. (2000). *Konflikt und Konflikt lösen. Kritische Situationen erkennen und bewältigen* (3. Aufl.). Leonberg: Rosenberger Fachverlag.

Solga, M. (2008). Konflikte in Organisationen. In F. Nerdinger, G. Blickle & N. Schaper (Hrsg.), *Lehrbuch der Arbeits- und Organisationspsychologie* (S. 121-134). Berlin: Springer.

Thompson, L. & Fox, C. R. (2001). Negotiation within and between groups in organizations: Levels of analysis. In M. E. Turner (Ed.), *Groups at work: Theory and research* (pp. 221-266). Mahwah, NJ: Erlbaum.

Ury, W. (1992). *Schwierige Verhandlungen*. Frankfurt/M.: Campus.

Zeisberg, S. (2003). *Weltweit professionell verhandeln*. Frankfurt a. M.: Redline Wirtschaft.

3.5.6 Führungstraining

Definition/Ziele: Führung wird verstanden als Einflussnahme auf die Zielerreichung der Organisation durch das **Treffen von Entscheidungen** (Managementfunktion) und das **Beeinflussen des Verhaltens** von Mitarbeitern (Personalführungsfunktion).

Führungstrainings sollen das Management- und Personalführungsverhalten optimieren[6] oder auf spezielle Aufgaben vorbereiten (z.B. Mitabeitergespräche, interkulturelle Aufgaben; vgl. Kaschube & v. Rosenstiel, 2004). Bei speziellen Zielgruppen kann sich das Training auf eine der beiden Funktionen beschränken (z.B. reines Managementtraining für Fachexperten ohne zugeordnete Mitarbeiter; reines Führungstraining für Gruppenleiter ohne Entscheidungsaufgaben). Führungstrainings grenzen sich ab von weiteren Maßnahmen der Führungskräfteentwicklung wie beispielsweise Coaching oder Mentoring.

Abbildung 1 stellt führungsrelevante Situationen und damit verbundene Kompetenzen nach Stempfle und Badke-Schaub (2005) dar, aus denen Ziele und Inhalte eines Führungstrainings abgeleitet werden können.

- **Die Trainingsziele der Organisation** können bestehen in
  - der **Leistungssteigerung** von Führungskräften und ihren Mitarbeitern,
  - der **Effizienzsteigerung** im Führungsprozess (z.B. Verkürzung von Entscheidungswegen),
  - der **Veränderung der Führungskultur** (veränderte Führungsanforderungen, anderer Stellenwert der Mitarbeiter) und
  - einer stärkeren **Ausschöpfung der Mitarbeiterpotenziale** und der **Vermeidung von Reibungs-, Übermittlungs- und Koordinationsverlusten**.
- **Ziele der Teilnehmer** (zur Taxonomie s.a. Kraiger, Ford & Salas, 1993):
  - **affektive Erträge:** Reflexion über die erworbene Führungshaltung und der Erwartungen an die Rolle, Ausbilden eines Führungs-Selbstverständnisses.
  - **behaviorale Erträge:** Optimierung des eigenen Führungshandelns und Entwicklung von Handlungsalternativen z.B. in Mitarbeitergesprächen.
  - **kognitive Erträge:** Erwerb von Wissen z.B. über Führungsinstrumente, Basisprinzipien der Führung und Handlungsempfehlungen zur Bewältigung herausfordernder Situationen.

---

[6] Führungstrainings setzen primär an Verhaltenskompetenzen an. Obgleich auch Haltungen und Eigenschaften Zielebenen darstellen können, sind diese wesentlich schwieriger und langwieriger zu verändern. Daher sollte auch aus Effizienzgründen bereits bei der Personalauswahl und nicht erst bei der späteren Personalentwicklung eine Deckung von Haltungen und entsprechenden Organisationsanforderungen angestrebt werden.

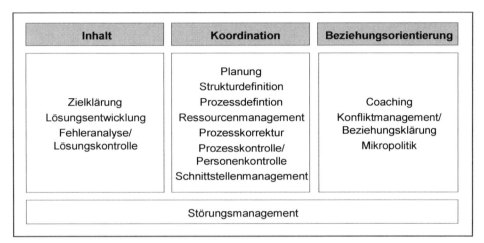

Abbildung 1: Typologie führungsrelevanter Situationen nach Stempfle & Badke-Schaub (2005)

Die **Anlässe** für ein Führungstraining können in der **Entwicklung von Führungspotenzialen** (erstmalige Übernahme oder Erweiterung der Führungsaufgaben), der **Beseitigung von Defiziten** (nicht optimale Ergebnisse, Konflikte) oder der **Einführung neuer Führungsinstrumente** (Mitarbeitergespräche, Coaching als Führungstechnik, Zielvereinbarungen etc.) bestehen.

Als **Zielgruppen** kommen sowohl bereits als Führungskräfte tätige Mitarbeiter[7] als auch Nachwuchsführungskräfte in Betracht (vgl. Kaschube & v. Rosenstiel, 2004).

Rahmenbedingungen: Führungsverhalten ist nicht nur von Verhaltenskompetenzen und Einstellungen der Führungskräfte abhängig, sondern in hohem Maße von den umgebenden Rahmenbedingungen (Verhalten und Erwartungen überstellter Führungskräfte, Marktanforderungen oder unternehmensinternen Ablaufstrukturen). Führungstrainings müssen sich daher immer auch an den Zielen und der **Kultur des Unternehmens** orientieren. Für Auftraggeber und -nehmer ist eine sorgfältige Abklärung dieser Rahmenbedingungen entscheidend. Unrealistische Erwartungen (z.B. Veränderung der Führungskultur durch einzelne Trainings) sollten diskutiert werden. Als Basis für die Konzeption eines Führungstrainings können folgende Fragen sowohl für Auftraggeber als auch Trainer hilfreich sein:

- Wie wird in der Organisation bisher geführt und wie wird auf das Führungshandeln reagiert? Sollen innerhalb der bestehenden Führungsphilosophie Kompetenzen aufgebaut werden, oder soll die Art der Führung sich grundsätzlich ändern?

---

[7] Dabei wird häufig in unteres, mittleres und Top-Management unterschieden, da mit der Stellung in der Hierarchie unterschiedliche Führungsaufgaben (und damit unterschiedliche Trainingsziele) verbunden sind.

- An welchen organisatorischen Anforderungen muss sich die Führung orientieren? Welche Situationsanforderungen machen welche Führungstechniken unmöglich?
- Wie passen eventuell einzuführende Führungsinstrumente zur bestehenden Führungskultur? Wie lassen sich Diskrepanzen erklären (Modetrend oder geplante Veränderung)?
- Wie lange sind die Teilnehmer des Trainings bereits in einer Führungsposition? Ist eine Änderung von Einstellungen und Haltungen realistischerweise zu bewerkstelligen? Unter welchen Umständen ist zu erwarten, dass neu erworbene Kompetenzen auch tatsächlich umgesetzt werden?

Methoden und Inhalte: Kaschube und v. Rosenstiel (2004) unterteilen auf Führungsstil und Führungsverhalten bezogene PE-Maßnahmen **methodisch** in **persönlichkeitsorientierte Maßnahmen** (Auseinandersetzung mit ethischen Normen, erlebnisorientierte Verfahren, Outdoor-Training; vgl. Schmidt, Köppen, Breimer-Haas & Leppkes, Kap. 3.4: Teamorientierte Ansätze), **verhaltensorientierte Trainingskonzepte** (Verhaltensmodellierung, Unternehmensplanspiele; vgl. Demmerle, Schmidt, Hess, Solga & Ryschka, Kap. 4: Basistechniken der Personalentwicklung) und **führungstheoretisch orientierte Trainingskonzepte** (Leader-Match-, Grid-, Leader-Member-Exchange- und Vroom & Yetton-Ansatz; s.u.). Darüber hinaus kommen Präsentationstechniken, simulative Techniken (insbesondere Rollenspiele) und Feedback-Techniken zum Einsatz (vgl. Demmerle, Schmidt, Hess, Solga & Ryschka, Kap. 4: Basistechniken der Personalentwicklung). **Inhaltlich** stehen je nach betrachteter Führungsaufgabe (o.g. Klassifikation nach Stempfle und Badke-Schaub, 2005) verschiedene Kompetenzen im Mittelpunkt der Führungskräftetrainings. Tabelle 1 gibt einen Überblick über Bausteine von Führungstrainings, die je nach Zielsetzung miteinander kombiniert werden können.

Aufgrund ihrer exponierten Position ist insbesondere bei Trainings mit Führungskräften auf Vertraulichkeit zu achten.

Theoretische Grundlagen: Welche Führungspersönlichkeit ist erfolgreich? Welcher Führungsstil hilft dabei die Ziele zu erreichen? Wie wählt man Führungskräfte aus? Diese und weitere Fragen führten in den vergangen 100 Jahren zu zahlreichen Forschungsaktivitäten. Die wesentliche Rolle von Führung in Organisationen ist unumstritten. Wie Führung funktioniert, darüber wissen wir noch immer wenig. Einen Überblick über den Stand des Wissens geben Avolio, Walumbwa und Weber (2009). So zeigt sich, dass die Interkation zwischen Führungskraft und Mitarbeiter sowie der Einfluss der Situation stärker berücksichtigt werden müssen. Ein wesentlicher Ansatzpunkt zum Erfolg von Führung in Organisationen sind die in den letzten Jahrzehnten entstandenen Konzepte zur transformationalen, authentischen, visionären Führung. **Transformative Führungskräfte** (vgl. Bass, 1985; Burns, 1978) führen mit Charisma, visionärer Inspiration und Fürsorge, während **transaktionale** Führungskräfte lediglich korrektiv im Rahmen von Standards handeln (Judge & Piccolo, 2004).

Tabelle 1: Bausteine von Führungstrainings

Baustein	mögliche Inhalte	Schwerpunkt, Ziele
Grundlagen		
Selbstverständnis als Führungskraft, Führungsstile, Umgang mit Macht	Führungsbegriff grundlegende Führungsdimensionen eigenes Menschen- und Führungsbild, Abgleich mit dem Bild der Organisation Anwendung von Führungsinstrumenten	bewusster Umgang mit der Rolle als Führungskraft
grundlegende Führungsinstrumente	Aufgabenübertragung: Zielvereinbarung, Delegation, Auftrag Besprechungen und Meetings Kommunikation und Mitarbeitergespräche	zielgerichteter Einsatz verschiedener Führungsinstrumente
Inhalt		
Ziele und Lösungen entwickeln	Entwickeln und Formulieren von Zielen Techniken der Problemanalyse und -lösung Kreativitätstechniken Auswahl geeigneter Entscheidungsstile (vgl. Vroom & Yetton, 1973)	Förderung von Entscheidungs- und Lösungskompetenzen
Koordination		
Strategie, Gestaltung von Organisationseinheiten	Wahl der Organisationsform (Teams, Linienstruktur, Matrix etc.) Planung und Management von Prozessen Umgestaltung von Strukturen, Veränderungsmanagement	Kompetenzen in der Gestaltung von Aufbau- und Ablauforganisationen
Beziehungsorientierung		
Coaching, Entwicklung und Beurteilung von Mitarbeitern	Beurteilung und Einschätzung von Mitarbeitern Rückmeldung und Feedback Grundlagen der Personalentwicklung	Aufbau von Beurteilungskompetenzen Akzeptanz von PE als Führungsaufgabe
Konfliktmanagement und Beziehungsgestaltung	Grundlagen der Konfliktentstehung Analyse von Konfliktsituationen Führen von Konfliktgesprächen	Fähigkeit zur konstruktiven Konfliktlösung
Störungsmanagement		
Selbstregulation, Umgang mit Belastungen und Stress	Grundlagen der Stressentstehung kurzfristig wirksame Stressmanagementtechniken (vgl. in diesem Kap. 3.5.4: Stressmanagementtraining)	Erhalt der Handlungsfähigkeit in Krisensituationen
systematische Problemlösung unter Handlungs- und Zeitdruck	geeignete und ungeeignete Führungsstile und Führungsinstrumente für Situationen mit hohem Handlungsdruck systematisches Problemlösen (s.o.) evtl. Einüben von aufgabenspezifischen Standardablaufplänen	Aufbau automatisch abrufbarer Lösungsschemata

Eine größere Rolle spielt in Organisationen mittlerweile auch das Führen virtueller und internationaler Teams. Einen guten praktischen Einblick in Besonderheiten und Herausforderungen sowie zu Ansatzpunkten geben Konrad und Hertel (2002) sowie Duarte und Snyder (2006). Hinweise zum Stand der Forschung in diesen Bereichen fassen Avolio, Walumbwa und Weber (2009) zusammen.

Weitere Führungstheorien, auf denen Trainings aufbauen, werden im Folgenden dargestellt.

Auf Führungsstilkonzepten mit je einer aufgaben-/leistungsorientierten und einer mitarbeiter-/beziehungsorientierten Dimension basieren der **Grid-Ansatz** (Blake & Mouton, 1968), sowie die **Situationstheorien** (**Kontingenztheorie** nach Fiedler, 1967, und Leader-Match-Training; **situativer Ansatz** nach Hersey & Blanchard, 1996), die einen jeweils geeigneten Führungsstil aus Mitarbeiter- und Situationsvariablen ableiten. Nach den auf Motivationstheorien (vgl. Vroom, 1964) basierenden **Weg-Ziel-Theorien** (vgl. House, 1971) entsteht Handlungsmotivation beim Mitarbeiter, indem die Führungskraft Organisations- und Mitarbeiterziele aufeinander ausrichtet. Das **Dyaden-**, bzw. **Leader-Member-Exchange-Modell** (vgl. Dansereau, Graen & Haga, 1975; Graen, Novak & Sommerkamp, 1982, Gerstner, 1997) betrachtet die Beziehung zwischen Führungskraft und einzelnem Mitarbeiter (Dyade), nach der sich Mitarbeiter entweder in einer privilegierten in-group oder der out-group befinden. In Trainings (vgl. Scandura & Graen, 1984) werden diese Zuordnungen hinterfragt und verändert. Das **Organizational Bevahior Modification**-Modell (vgl. Davis & Luthans, 1979) interpretiert Führung (basierend auf dem operanten Lernen nach Skinner) als Sonderfall sozialen Handelns, das durch komplexe Verstärkung oder Bestrafung gesteuert wird.

Vertiefende Übersichten zur Führungstheorie finden sich u.a. bei Neuberger (2002), Rosenstiel, v. (2005) oder Weinert (2004), zur Führungskräfteentwicklung bei Kaschube und Rosenstiel, v. (2004) sowie Sonntag und Schaper (2006).

Sind Führungstrainings erfolgreich? Die Antwort muss bei „es kommt darauf an" bleiben. Führungstrainings können hohe Erfolge verzeichnen, etwa beim Wissenszuwachs des Einzelnen bei der Verhaltensänderung und sogar beim Output der Organisation. Sie können aber auch einfach verpuffen. Hinweise aus Metaanalysen sprechen dafür, dass die Erfolgsfaktoren darin liegen, den richtigen Führungskräften zur richtigen Zeit mit der richtigen Methode eine Entwicklungsmaßnahme zukommen zu lassen. Die vermittelten Inhalte müssen deutlich nützlich für die direkte Anwendung im Führungsalltag sein und so vermittelt werden, dass sie den individuellen Lernstilen gerecht werden (Collins & Holton, 2004).

Literatur

Avolio, B. J., Walumbwa, F. O. & Weber, T. J (2009). Leadership: Current theories, research, and future directions. *Annual Review of Psychology, 60*, 421-449.

Bass, B. M. (1985). *Leadership and performance beyond expectations.* New York: Academic Press.

Blake, R. R. & Mouton, J. S. (1968). *Verhaltenspsychologie im Betrieb.* Düsseldorf: Econ.

Burns, J. M. (1978). *Leadership.* New York: Harper & Row.

Collins, D. B. & Holton, E. F. (2004). The effectiveness of managerial leadership devleopment programs: a meta-analysis of studies from 1982 to 2001. *Human Resources Development Quarterly, 15*, 217-248.

Dansereau, F., Graen, G. & Haga, W. J. (1975). A vertical dyad linkage approach to leadership within formal organizations: A longitudinal investigation of the role making process. *Organizational Behavior and Human Performance, 13*, 46-78.

Davis, T. R. & Luthans, F. (1979). Leadership reexamined: A behavioral approach. *Academy of Management Review, 4*, 237-248.

Duarte, D. L. & Snyder, N. T. (2006). *Mastering virtual teams: strategies, tools, and techniques that suceed.* San Fransico: Wiley.

Fiedler, F. E. (1967). *A theory of leadership effectiveness.* New York: McGraw-Hill.

Gerstner, C. R. (1997). Meta-analytic review of leader-member exchange theory: correlates and construct issues. *Journal of Applied Psychology, 82*, 827-844.

Graen, G., Novak, M. A. & Sommerkamp, P. (1982). The effects of leader-member exchange and job design on productivity and satisfaction: Testing a dual attachment model. *Organizational Behavior and Human Performance, 30*, 109-131.

Hersey, P. & Blanchard, K. H. (1996). *Management of organizational behaviour* (7th ed.). Englewood Cliffs, NJ: Prentice-Hall.

House, R. J. (1971). A path-goal theory of leader effectiveness. *Administrative Science Quarterly, 16,* 321-338.

Judge, T. A. & Piccolo, R. F. (2004). Transformational and transactional leadership: a meta-analytic test of their relative validity. *Journal of Applied Psychology, 89*, 755-768.

Kaschube, J. & Rosenstiel, L. v. (2004). Training von Führungskräften. In H. Schuler (Hrsg.), *Enzyklopädie der Psychologie D/III/4: Organisationspsychologie – Gruppe und Organisation* (S. 559-605). Göttingen: Hogrefe.

Konrad, U. & Hertel, G. (2002). *Management virtueller Teams.* Weinheim: Beltz.

Kraiger, K., Ford, J. K. & Salas, E. (1993). Application of cognitive, skill-based, and affective theories of learning outcomes to new methods of training evaluation. *Journal of Applied Psychology, 78*, 311-328.

Neuberger, O. (2002). *Führen und führen lassen.* Stuttgart: Lucius und Lucius.

Rosenstiel, L. v. (2005). Führung. In H. Schuler (Hrsg.), *Lehrbuch der Personalpsychologie* (S. 353-384). Göttingen: Hogrefe.

Scandura, T. & Graen, G. B. (1984). Moderating effects of initial leader-member exchange status on the effects of a leadership intervention. *Journal of Applied Psychology, 69*, 428-436.

Sonntag, K. & Schaper, N. (2006). Förderung beruflicher Handlungskompetenz. In K. Sonntag (Hrsg.), *Personalentwicklung in Organisationen* (S. 270-311). Göttingen: Hogrefe.

Stempfle, J. & Badke-Schaub, P. (2005). Führungshandeln im Alltag. Ein Modell zur Analyse von Führungsprozessen. *Zeitschrift für Arbeits- und Organisationspsychologie, 49*, 92-101.

Vroom, V. H. (1964). *Work and motivation.* New York: Wiley.

Vroom, V. H. & Yetton, P. W. (1973). *Leadership and decision making.* Pittsburgh, PA: University of Pittsburgh Press.

Weinert, A. B. (2004). *Organisations- und Personalpsychologie* (5. Aufl.). Weinheim: Beltz.

3.5.7 Kundenorientierungstraining

Definition/Ziele: Kundenorientierung ist ein **kontinuierlicher Prozess des Ausrichtens** eines Unternehmens **an den Bedürfnissen des Kunden** mit dem Ziel, **Kundenzufriedenheit, -bindung** und **-loyalität** zu steigern. Ziel von Kundenorientierungstrainings ist die Optimierung jener Verhaltensweisen von Mitarbeitern mit Kundenkontakt, die sich auf die Zufriedenheit der Kunden auswirken (z.B. durch Ausbau von Kompetenzen oder die Veränderung von Einstellungen).

Auch wenn die „Service-Wüste" die öffentliche Debatte dominiert: Kundenzufriedenheit wird nach wie vor auch durch Produktqualität bestimmt. Insofern leisten auch Fachtrainings einen wertvollen Beitrag zur Kundenzufriedenheit einer Organisation. Der einleitenden Definition von Verhaltenstrainings folgend, konzentrieren sich Kundenorientierungstrainings allerdings auf überfachliche Fertigkeiten.

- Die **Trainingsziele der Organisation** bestehen in einer Steigerung der Kundenorientierung, die über höhere Kundenzufriedenheit und -bindung letztendlich zur Umsatzerhöhung beitragen soll. Die konkreten Trainingsziele sind in starkem Maße abhängig vom Kundenorientierungsverständnis der Organisation:
    - **Einhaltung allgemeiner Standards:** Das Unternehmen definiert, was kundenorientiertes Verhalten bedeutet und stellt allgemeinverbindliche Standards auf (z.B. Meldeformel am Telefon, Reklamationsbearbeitung). Trainings zielen auf die Einübung und letztendlich Einhaltung dieser Standards.
    - **eigenverantwortliche Orientierung am Einzelkunden:** Die Mitarbeiter ergründen in jedem Kundenkontakt neu die Bedürfnisse des individuellen Kunden und orientieren ihren Service daran. Dieses Verständnis findet sich verstärkt dort, wo wenig standardisierte Leistungen bestehen. Trainingsziel ist die Befähigung der Mitarbeiter, aus Kundenwünschen flexible Lösungen zu entwickeln.

- **Ziele der Teilnehmer** (zur Taxonomie s.a. Kraiger, Ford & Salas, 1993):
    - **affektive Erträge:** Entwicklung einer Haltung, Kundenbeschwerden nicht als Kritik, sondern als „kostenlose Marktforschung" und Chance zur Serviceverbesserung zu verstehen.
    - **behaviorale Erträge:** Fähigkeit, Kundenbedürfnisse im Gespräch zu erfragen und das eigene Verhalten diesen Bedürfnissen anzupassen sowie die Fähigkeit, in Konfliktsituationen kundenorientiertes Verhalten beizubehalten.
    - **kognitive Erträge:** Wissen um Kundenbedürfnisse und die Entstehung von Kundenzufriedenheit.

Die Anlässe für ein Kundenorientierungstraining können vielfältig sein. So können beispielsweise Befragungsergebnisse „Kundenzufriedenheits-Alarm" auslösen. Doch auch wenn in den Augen der Verantwortlichen „dringend etwas getan werden muss", ist deutliche Vorsicht angeraten, nicht vorschnell Trainings ins Leben zu rufen, sondern sorgfältig zu prüfen, welche Faktoren zur mangelnden Kundenzufriedenheit beitragen. Die

Verantwortung allein den Mitarbeitern zu übertragen, wird der komplexen Organisations- und Marktrealität nicht gerecht.

Kundenzufriedenheit wird häufig als **Differenz zwischen einer Soll-Erwartung** und einem **Ist-Erleben** interpretiert (s.u.). Folglich kann auch das Anheben der Kundenerwartungen durch einen Wettbewerber (z.B. besserer Service) bei konstanter eigener Leistung zu sinkender Kundenzufriedenheit führen. Der Trainingsanlass muss also nicht in „mangelnder" Kundenorientierung bestehen, auch Marktveränderungen können eine Anpassung des Serviceverhaltens notwendig machen.

Mitarbeiter mit Kundenkontakt (z.B. Außendienst, Call Center, Kundenberater) sind die zentrale Zielgruppe von Kundenorientierungstrainings. Obwohl Führungsverhalten Einfluss auf die Kundenorientierung der Mitarbeiter nimmt (vgl. Erbel, 2004; Homburg & Stock, 2002), sind **Führungskräfte** eher selten in Kundenorientierungstrainings anzutreffen. Falls doch, erfordern sie eine grundsätzlich andere Trainingsgestaltung: Ziel ist die Stärkung jener Führungsaspekte, die kundenorientiertes Mitarbeiterverhalten fördern, wie z.B. Leistungs-, Mitarbeiter- und Kundenorientierung oder die Gewährung von Handlungsspielräumen (Bradley & Sparks, 2000; Dormann, Spethmann, Weser & Zapf, 2003; Sparks, Bradley & Callan, 1997). Fähigkeiten, die sich auf die direkte Kundeninteraktion beziehen, spielen dann eine eher untergeordnete Rolle (es sei denn, die Führungskräfte stehen ebenfalls im Kontakt mit Kunden).

Rahmenbedingungen: Neben den üblichen Trainingskosten (Trainer, Arbeitsausfall, Spesen) sind bei Kundenorientierungstrainings noch zwei weitere Aspekte bedeutsam:

- **Optimierungsvorschläge:** Gerade wenn das Training Workshopanteile enthält, können die Mitarbeiter mit einer Fülle von Optimierungsideen zurückkehren. Der Realisierungsaufwand und die Chance positiver Effekte sollten in die weitere Planung mit aufgenommen werden.
- **Befragungen:** Idealerweise sind Kundenorientierungstrainings mit Daten zu Kundenzufriedenheit und -bedürfnissen verknüpft (vgl. Schenk & Schmidt, 2002). Der Aufwand für eine solche Analyse vor einer Trainingsmaßnahme rechnet sich schnell durch die höhere Zielgenauigkeit des Trainings.

Die Trainer sollten im Vorfeld eines Trainings über die Produkte/Leistungen sowie Kundenschnittstellen informiert sein. Branchenerfahrung ist von Vorteil und sollte durch Erfahrung aus Branchen mit höheren Service-Ansprüchen ergänzt werden.

Methoden/Inhalte: Tabelle 1 gibt einen Überblick über mögliche Bausteine und Inhalte eines Kundenorientierungstrainings.

In Kundenorientierungstrainings können, je nach Zielsetzung und Inhalten, eine Reihe verschiedener Techniken (vgl. Demmerle, Schmidt, Hess, Solga & Ryschka, Kap. 4: Basistechniken der Personalentwicklung) miteinander kombiniert werden. Von besonderer Bedeutung sind:

- **simulative Techniken:** In fähigkeitsorientierten Trainings können simulierte Kundeninteraktionen eine tragende Rolle spielen. Beispielsweise kann den Mitarbeitern durch einen Wechsel in die Kundenperspektive die „Hilflosigkeit" angesichts von (in diesem Fall fiktiven und den Mitarbeitern unbekannten) unflexiblen Abläufen oder Fachausdrücken verdeutlicht werden.
- **Feedback-Techniken** können sich auf das Interaktionsverhalten selbst, die Wirkung auf Kunden oder den Erfolg (z.B. gesteigerte Kundenzufriedenheit) beziehen. Verhaltensmaterial kann in Rollenspielen oder realen Kundeninteraktionen erzeugt werden.
- **Verhaltensmodellierung** ist gerade für das Trainieren direkter Kundeninteraktionen gut geeignet. Über die „gewohnten" Verhaltensmodelle (Trainer, Kollegen, Video) hinaus bieten sich hier auch Mitarbeiter anderer Unternehmen (Besuche, Anrufe) an.
- **Kognitive Techniken** können auf Situationen mit hohem Belastungs- oder Konfliktpotenzial vorbereiten. Selbstregulations- und Instruktionstechniken (vgl. Kap. 3.5.4: Stressmanagementtraining) können helfen, auch bei aufgebrachten Kunden kundenorientiertes Verhalten beizubehalten.

Im Gegensatz zu anderen Trainingsthemen stellen die Teilnehmer die Sinnhaftigkeit von Kundenorientierung selten in Frage. Bei einer Sammlung wenig kundenorientierter Erlebnisse entsteht oft eine beeindruckende Collage aus Anekdoten und Kuriositäten, die meist in der einhelligen Feststellung gipfelt, dass der Kunde alles ist – nur nicht König. Auch Unzufriedenheiten eigener Kunden werden oft recht offen geschildert. Interessant sind die dafür herangezogenen Gründe: Im Einklang mit bekannten Verzerrungen der Ursachenzuschreibung (Jones & Nisbet, 1972; Ross, 1977) tendieren Teilnehmer häufig dazu, eigenes kundenunfreundliches Verhalten eher auf schlechte Rahmenbedingungen zurückzuführen. Führungskräfte hingegen führen dasselbe Verhalten eher auf die mangelnde Einstellung der Mitarbeiter zurück. Für Trainer ist es ein sensibler Prozess, die dominierende Ursachenzuschreibung „aufzubrechen" und zu ergänzen.

Theoretische Grundlagen: Durch erhöhte Kundenzufriedenheit sollen eine **Stärkung der Kundenloyalität** und des **Wiederkaufverhaltens** (Übersicht: Homburg & Rudolph, 1998) und dadurch eine Verbesserung betriebswirtschaftlicher Kenngrößen (vgl. Bernhardt, Donthu & Kennet, 2000) erreicht werden. Eine einheitliche Definition von „Kundenzufriedenheit" existiert allerdings nicht. Übersichten über die verschiedenen Konzeptansätze finden sich in Simon und Homburg (1998) oder Töpfer (1999). Auch „kundenorientiertes Verhalten" lässt sich aufgrund des subjektiven Bewertungsprozesses durch den Kunden nur organisationsspezifisch definieren.

Kundenzufriedenheit wird durch eine Vielzahl mitarbeiterbezogener Faktoren beeinflusst: z.B. kommunikative Fähigkeiten (z.B. Bradley & Sparks, 2000; Sparks, Bradley & Callan, 1997), Kompetenz und Einsatzbereitschaft (Mohr & Bitner, 1995), Führungsverhalten, Arbeitszufriedenheit und Commitment (z.B. Bernhardt, Donthu & Kennet,

2000; Homburg & Stock, 2002), Entscheidungsspielraum (z.B. Dormann et al., 2003). Übersichten zu mitarbeiterbezogenen Interventionsbereichen bietet Nerdinger (2003).

Tabelle 1: Bausteine eines Kundenorientierungstrainings

Baustein	mögliche Inhalte	Schwerpunkt, Ziele
Theorie der Kundenorientierung (vgl. theoretische Grundlagen, s.u.)	Leitlinien und Ziele des Unternehmens, Vorteile von Kundenorientierung für Organisation und Mitarbeiter zentrale Begriffe (Kundenzufriedenheit, -orientierung, -loyalität, -bindung)	Vermittlung Grundlagenwissen; Vermittlung der Bedeutung von Kundenorientierung für Unternehmen und Mitarbeiter
Kundenbedürfnisse: Analyseergebnisse	allgemeine Kundenbedürfnisse (auf Produkt, Branche oder Markt bezogen) unternehmensspezifische Kundenbedürfnisse	Vermittlung handlungsleitenden Wissens; Umsetzung in Handlungsanleitungen
Kundenbedürfnisse: eigenes Erleben	eigene Bedürfnisse als Kunde (reale Situationen oder simulative Techniken)	Selbstwahrnehmung als „kundenorientiert"; Identifikation mit Kunden
bisherige Normen im Umgang mit Kunden	Sammlung von Regeln im Umgang mit Kunden, z.B. anhand von Standardsituationen/Critical Incidents	Explizierung von impliziten, handlungsleitenden Regeln und Normen
Grundlagen Kommunikation	vgl. Kap. 3.5.1: Kommunikations- und Gesprächsführungstraining	Stärkung grundlegender Kommunikationskompetenz
Kommunikation: Kundenbedürfnisse erfassen	Fragetechniken Segmentierung und Zielgruppenbildung	Fähigkeit zu zielgruppen- und situationsangepasstem Fragen
Kommunikation: kundenorientierte Sprache	Förderung von Verständlichkeit positive und bildhafte Sprache	Fähigkeit zu zielgruppen- und situationsangepasstem Ausdruck
Umgang mit Kritik und Beschwerden	Hintergrund und Funktion von Beschwerden	Kundenbeschwerden: keine persönlichen Angriffe, Lernchance für Organisation
Konflikt und Selbstmanagement	eigene Reaktionsmuster verdeutlichen Selbstregulationstechniken	Verdeutlichung von Reiz-Reaktions-Schemata und Veränderungsmöglichkeiten
Standards im Kundenkontakt	Erarbeitung von Standards Ausgestaltung vorgegebener Standards	Einbindung der Mitarbeiter in den Prozess
Training von Kundeninteraktion	Routineinteraktionen Interaktion mit speziellen Kundengruppen Beschwerdegespräche	Ausbau von Verhaltenskompetenzen

Literatur

Bernhardt, K. L., Donthu, N. & Kennett, P. A. (2000). A longitudinal analysis of satisfaction and profitability. *Journal of Business Research, 47,* 161-171.

Bradley, G. L. & Sparks, B. A. (2000). Customer reactions to staff empowerment: Mediators and moderators. *Journal of Applied Social Psychology, 30,* 991-1012.

Dormann, C., Spethmann, K., Weser, D. & Zapf, D. (2003). Organisationale und persönliche Dienstleitungsorientierung und das Konzept des kundenorientierten Handlungsspielraums. *Zeitschrift für Arbeits- und Organisationspsychologie, 47,* 194-207.

Erbel, C. (2004). Das operative Management als Qualitätsbremse von Mitarbeiterleistungen – oder warum PE-Maßnahmen oft keine Wirkung entfalten. *Wirtschaftspsychologie aktuell, 3/2004,* 61-64.

Homburg, C. & Rudolph, B. (1998). Theoretische Perspektiven zur Kundenzufriedenheit. In H. Simon & C. Homburg (Hrsg.), *Kundenzufriedenheit: Konzepte-Methoden-Erfahrungen* (S. 33-58). Wiesbaden: Gabler.

Homburg, C. & Stock, R. (2002). Führungsverhalten als Einflussgröße der Kundenorientierung von Mitarbeitern: Ein dreidimensionales Konzept. *Marketing, 24,* 123-137.

Jones, E. F. & Nisbet, R. E. (1972). The actor and the observer: Divergent perceptions of the causes of behavior. In E. F. Jones, D. E. Kanouse, H. H. Kelly, R. E. Nisbet, S. Valins & B. Weiner (Eds.), *Attribution. Perceiving the causes of behavior* (pp. 79-94). Morristown: General Learning Press.

Kraiger, K., Ford, J. K. & Salas, E. (1993). Application of cognitive, skill-based, and affective theories of learning outcomes to new methods of training evaluation. *Journal of Applied Psychology, 78,* 311-328.

Mohr, L. A. & Bitner, M. J. (1995). The role of employee effort in satisfaction with service transactions. *Journal of Business Research, 32,* 239-252.

Nerdinger, F. W. (2003). *Kundenorientierung.* Göttingen: Hogrefe.

Ross, L. (1977). The intuitive psychologist and his shortcomings: Distortions in the attribution process. In L. Berkowitz (Ed.), *Advances in experimental social psychology, Vol. 10* (pp. 174-221). New York: Academic Press.

Schenk, C. & Schmidt, J. M. (2002). Kundenorientierung im Rettungsdienst: Was will der Patient? *Rettungsdienst, 25,* 422-426.

Simon, H. & Homburg, C. (Hrsg.). (1998). *Kundenzufriedenheit: Konzepte – Methoden – Erfahrungen.* Wiesbaden: Gabler.

Sparks, B. A., Bradley, G. L. & Callan, V. J. (1997). The impact of staff empowerment and communication style on customer evaluations: The special case of service failure. *Psychology and Marketing, 14*, 475-493.

Töpfer, A. (Hrsg.). (1999). *Kundenzufriedenheit messen und steigern*. Kriftel: Luchterhand.

3.5.8 Interkulturelles Kompetenztraining

Definition/Ziele: Unter interkultureller Kompetenz versteht man die Fähigkeit eines Einzelnen oder einer Organisation, die **kulturellen Besonderheiten** eines Gegenübers aus einem anderen Land **wahrzunehmen**, mit seinen **eigenen kulturellen Werten in Beziehung zu setzen, die Unterschiede anzuerkennen** und **dieses Wissen nutzbringend anzuwenden**. Eine Ausdifferenzierung dieser Beschreibung liefert Thomas (2009) mit dem Begriff der „interkulturellen Handlungskompetenz". Diese beinhaltet die oben beschriebenen Aspekte und geht noch darüber hinaus, indem u.a. auch Punkte wie die Fähigkeit, **interkulturelles Wissen** auf andere Situationen **zu transferieren** und trotz unterschiedlicher kultureller Orientierung **Synergien in der Zusammenarbeit abzuleiten**, integriert sind. Interkulturelle Kompetenz ist in jedem Fall eng verknüpft mit persönlichen Einstellungen und Werthaltungen, die auf der individuellen Enkulturationsgeschichte fußen (Berry, Poortinga, Segall & Dasen, 2002).

International agierende Unternehmen stellen regelmäßig fest, dass sich die Zusammenarbeit mit Kollegen, Mitarbeitern, Partnern oder Kunden aus anderen Kulturkreisen schwieriger entwickelt, als man im „heimischen Hafen" erwartet hätte. Missverständnisse, die auf das Übersehen von Feinheiten des verbalen und nonverbalen Verhaltens des Gegenübers beruhen, sind die Regel.

- **Trainingsziele der Organisation:**
  - **Wettbewerbsvorteile** durch effiziente und schnelle Internationalisierung und damit Gewinnmaximierung.
  - **Know-how-Gewinn** bezüglich der Kulturspezifika der jeweiligen Region, um interkulturelle Missverständnisse und Reibungsverluste zu vermeiden und damit Kostenreduktion zu erzielen.
  - **schneller und erfolgreicher Zugang zu Märkten**, die andere Unternehmen noch nicht besetzen konnten.
- **Ziele der Teilnehmer** (zur Taxonomie, s.a. Kraiger, Ford & Salas, 1993):
  - **affektive Erträge:** Zuwachs von **Sicherheit im interkulturellen Kontakt**, um interkulturelle Stolperfallen zu vermeiden.
  - **behaviorale Erträge:** Ausbau von Fähigkeiten der **aktiven Gesprächssteuerung im interkulturellen Kontext**, um Verhandlungen, Projekte oder Verkaufsgespräche erfolgreicher durchzuführen.

– **kognitive Erträge:** tieferes **Verständnis des eigenen Werte- und Normensystems** im Vergleich zu demjenigen des Partnerlandes, um eventuelle Berührungs- oder auch Reibungspunkte in der Zusammenarbeit zu erkennen; Erlangen von **konkret anwendbarem Wissen zu kulturspezifischen Management-Techniken,** Kommunikationsformen, Personalentwicklungsinstrumenten, Vertriebsformen etc.

Thomas (2009) beschreibt in seinem Übersichtsbeitrag ausführlich, welche Effekte in interkulturellen Trainings erzielt werden sollen, z.B. interkulturelle Orientierungsklarheit oder Handlungsflexibilität und -kreativität.

Aus den oben beschriebenen Zielen wird deutlich, dass die **Anwendungsgebiete** interkultureller Trainings gerade im „globalen Dorf" breit gefächert sind und beinahe jedes Unternehmen berühren können. Für Mitarbeiter im **internationalen Vertrieb** bzw. Export bieten interkulturelle Trainings die Möglichkeit, ein tieferes Verständnis von der **Erlebenswelt ihrer Kunden** zu entwickeln, um so kultursensibler zu verhandeln.

Ein wesentlicher Anwendungsbereich interkultureller Trainings sind – leicht nachzuvollziehen – **internationale Fusionen.** Hier steht in aller Regel die kulturübergreifende Zusammenarbeit zwischen Teams oder Bereichen im Mittelpunkt der Maßnahme (zu interkulturellen Teams s.a. Stumpf, 2006). Weiterhin ist die Vorbereitung von **Entsendungskandidaten** („Expatriates") auf ihre Aufgaben im Zielland, ggf. verbunden mit Integrationsprozessen für die Familie des Entsandten (Kühlmann, 2004), ein zentrales Anwendungsgebiet.

Rahmenbedingungen: Art und Umfang interkultureller Trainings können je nach den Zielen des Unternehmens von eintägigen Trainings bis hin zu mehrmonatigen interkulturellen Begleitprozessen variieren. Interkulturelle Trainings bestehen oft aus einem Teil, der die **allgemeine interkulturelle Sensibilisierung** und die **Reflexion des eigenen Wertesystems** beinhaltet (Durchführungszeit: ca. einen halben bis einen Tag). Darauf aufbauende **länderspezifische Trainings** können sich auf ca. ein bis drei Tage Durchführungszeit pro Land belaufen.

Methoden/Inhalte: Wie eingangs erwähnt, berühren interkulturelle Trainings immer auch Einstellungen und Werthaltungen. Ein einfaches Trainieren von Verhaltensregeln (i.S. eines „Wie tief muss ich mich in Japan verbeugen?") reicht alleine nicht aus. Es bewährt sich deshalb, Interkulturalität nicht nur in Form eines *Wie* zu vermitteln, sondern auch die Bearbeitung des *Warum* zu integrieren. Das *Wie* betrifft die Frage nach **kulturspezifischen Handlungs- und Denkweisen** oder spezifischen impliziten und expliziten Regeln einer Kultur. Häufig erleben Menschen im internationalen Kontakt diesen „interkulturellen Knigge" als ausgesprochen hilfreich, da diese Regeln eine anfängliche Orientierung ermöglichen. Allerdings ist die Zahl der zu lernenden kulturspezifischen Verhaltensweisen schier unendlich. Das *Warum* dagegen bezieht sich auf die Frage: „Woher kommt es, dass sich Angehörige einer anderen Kultur so verhalten, wie sie es tun?" Das in Tabelle 1 illustrierte Konzept der **„kulturspezifischen Orientie-**

rungssysteme" (siehe hierzu Thomas, 2003) fokussiert damit auf einige, wenige übergeordnete Dimensionen wie explizite vs. implizite Sprache oder Beziehungs- oder Aufgabenorientierung in Verhandlungen. Damit wird ein reines, mühseliges Auswendiglernen des „interkulturellen Knigge" vermieden.

Tabelle 1: Das Wie und Warum interkultureller Trainings

Wie? (kulturspezifische Verhaltensregeln)	Warum? (kulturspezifische Orientierungssysteme)
Wie viele Minuten muss ich zu spät kommen, um höflich zu sein?	In welchem Zusammenhang stehen kulturelle Werte und Zeitmanagement?
Wann und wie redet man über das Geschäft, wann über Privates?	Welche Kulturen sind eher beziehungsorientiert in Verhandlungen, welche nicht?
Wie viele cm Abstand muss ich zu jemandem halten, den ich nicht kenne?	Wie steht die Zielkultur zum Thema „Körperlichkeit und Vertrauen"?

Bei kulturspezifischen Trainings bewährt sich, zwei Trainer einzusetzen – einen aus dem eigenen Kulturkreis sowie einen weiteren aus demjenigen des Ziellandes (zur Übersicht interkultureller Trainingsmethodiken siehe Gudykunst & Hammer, 1983; Triandis, 1989; Thomas, 2009). Dadurch ist die Moderation aus unterschiedlichen Blickwinkeln möglich und nicht zuletzt kann der interkulturelle Partner lebendige Fallbeispiele beisteuern, die den Transfer des Trainings deutlich unterstützen.

In Tabelle 2 sind einige der wesentlichen Bausteine interkultureller Trainings dargestellt (siehe hierzu auch Brislin & Yoshida, 1994).

Ein zentrales Modul vieler interkultureller Trainings ist das Herausarbeiten vorhandener **Stereotypen** oder auch **Vorurteile** bezogen auf die **eigene und die Partnerkultur**. In Kleingruppen werden Fragestellungen behandelt wie:

- „Wie werden wir als Deutsche von unseren Partnern im Ausland wahrgenommen?"
- „Wie sehen wir unsere Partner, wie sieht der typische Franzose/Brite/Chinese aus?"

Daraus werden dann wesentliche Stolperfallen in der Zusammenarbeit abgeleitet (z.B. Aufeinandertreffen von Kulturen, die gerne genau planen mit solchen, die gerne improvisieren).

Weiterhin kann auch die **Analyse** von tatsächlich stattgefundenen **Kommunikationssequenzen** (auch Schriftverkehr, E-Mails) zwischen zwei Mitgliedern unterschiedlicher Kulturen sehr viele Hinweise auf zugrundeliegende Werte (Höflichkeit, Direktheit/Indirektheit der Sprache, „warming-up" in Verhandlungen) liefern.

Tabelle 2: Typische Bausteine interkultureller Trainings

Baustein	Inhalte	Schwerpunkt, Ziele
Verdeutlichung der eigenen kulturellen Bedingtheit	Definition „Kultur", Entstehung und Wirkung der eigenen „kulturellen Brille", Akkulturation Funktion interkultureller Kommunikation Erarbeitung von Stereotypen und Vorurteile	Vermittlung von Grundlagenwissen die eigene Kultur als spezifische Sichtweise verstehen: Selbstreflexion Schärfung der Wahrnehmung von kulturellen Unterschieden
kulturunspezifische „Awareness-Übungen"	durch Rollenspiele Muster in instruierten, ritualisierten Verhaltensweisen eines Gegenübers erkennen	allgemeine interkulturelle Sensibilisierung erlebbar machen kultureller Werte „im Labor"
kulturelle Orientierungssysteme	zentrale kulturelle Orientierungssysteme, die zu unterschiedlichen Werte- und Normsystemen führen (z.B. Zeitmanagement, Sprachebenen u.ä.) vertiefende Themen: nationale Identität, Politik, Wirtschaft, Management etc. der eigenen und der Partnerkultur	tieferes Verständnis der Unterschiede Akzeptanz der Unterschiede als gegeben, Vermeidung von Bewertungen Nutzbarmachen des Wissens im internationalen Geschäft
Culture Assimilator (Triandis, 1984; Thomas, 2009)	Bearbeitung kulturspezifischer Fallbeispiele, die zentrale kulturelle Orientierungssysteme abbilden	tieferes Verständnis der kulturellen Orientierungssysteme
interkulturelle Methodenkompetenz	Vermittlung von Wissen über Führungsstile, Teamarbeit, Vertrieb, PE, Meetingkultur, Projektmanagement etc. Üben von Verhandlungen, Präsentationen, Managementtechniken etc.	Nutzbarmachen und Anwenden des Wissens im internationalen Geschäft
Verhaltensregeln	Trainer aus dem Zielland vermittelt dos & don´ts, Bearbeitung offener Fragen	Abdecken des „interkulturellen Knigge"

Vielfach werden auch Culture-Assimilator-Elemente eingesetzt. Bei einem Culture-Assimilator-Training werden die Teilnehmer schriftlich oder per PC mit ambivalenten, „kulturbedingten kritischen Interaktionssituationen" (z.B. einer „schief gelaufenen" Verhandlungssituation mit chinesischen Partnern) konfrontiert, die mehrere (meist vier) Erklärungsalternativen sowie ebenso vielen Erläuterungen zu diesen Alternativen beinhalten. Die Teilnehmer haben die Aufgabe, sich für eine dieser Alternativen zu entscheiden, um dann im weiteren Verlauf zu erfahren, welche Erklärung in die richtige Richtung geht. Die Vertiefung des Wissens erfolgt durch Gruppendiskussionen und Erörterungen zu den Erklärungsalternativen. Culture-Assimilator-Trainings werden mittlerweile für 25 Länder angeboten und stetig weiterentwickelt. Thomas (2009) betont, dass die Akzeptanz dieser Trainingsform durch die Teilnehmer im Wesentlichen durch die ökologische Validität der Interaktionssituationen bedingt ist.

Immer wieder kommt der Einwand einzelner Teilnehmer, dass kulturelle Unterschiede unwichtig sind, so lange man nur „freundlich und normal" ist. Sicherlich hilft eine gewisse Grundsympathie[8], sie kann aber nicht alle interkulturellen Missverständnisse vermeiden. Oft ist der Schritt vom Erkennen vorhandener Unterschiede zum Überkommen einer Bewertung sehr schwierig zu realisieren. Die Grundhaltung „So wie es bei uns läuft, ist es eigentlich sinnvoller" bleibt haften (siehe hierzu auch Hofstede, 2007). Und schließlich muss erwähnt werden, dass auch ein interkulturelles Training das eigentliche Erleben der Partnerkultur nicht vorwegnehmen kann. Ein Kulturschock (z.B. bei Expatriates) kann dadurch nur eingeschränkt, nicht vermieden werden.

Theoretische Grundlagen: Berry, Poortinga, Segall und Dasen (2002) beschreiben in ihrem **Grundlagenbuch** wesentliche Aspekte der interkulturellen psychologischen Forschung. Dabei werden Themen wie Erziehung, Sozialverhalten, Persönlichkeit, Wahrnehmung, Forschungsdesigns und Anwendungsgebiete behandelt. Lesenswert und praxisnah sind die **Untersuchungen** von Hall und Hall (2000), die in den 80ern im Auftrag des Stern-Magazins zentrale kulturelle Orientierungssysteme und deren Auswirkungen auf die Zusammenarbeit in Organisationen erforschten. Hofstedes (2004) viel zitierte und kritisierte Untersuchung bei IBM, die vier zentrale Kulturdimensionen (Maskulinität–Femininität, Unsicherheitsvermeidung, Machtdistanz und Individualismus–Kollektivismus) postuliert, ist nach wie vor als Denkanregung und Modell ausgezeichnet. Vor dem **Hintergrund methodischer Fragestellungen** sei auf die Untersuchungen von Thomas (1988) zur deutschen Adaptation des „Culture Assimilators" verwiesen und natürlich auf den ursprünglichen Entwickler des Verfahrens Triandis (1984, 1989).

Literatur

Berry, J. W., Poortinga, Y. H., Segall, M. H. & Dasen, P. R. (2002). *Cross-cultural psychology.* Cambridge: University Press.

Brislin, R. W. & Yoshida, T. (1994). *Intercultural communication training: An introduction.* Thousand Oaks, CA: Sage.

---

[8] In einigen lateinamerikanischen Ländern ist die Wahrnehmung eines „sympatico' beim Gegenüber sogar Teil der kulturellen Werte.

Gudykunst, W. B. & Hammer, M. R. (1983). Basic training design: Approaches to intercultural training. In D. Landis & R. W. Brislin (Eds.), *Handbook of intercultural training* (Vol. 1; pp. 118-154). New York: Pergamon.

Hall, E. T. & Hall, M. R. (2000). *Understanding cultural differences: Germans, French and Americans.* Yarmouth: Intercultural Press.

Hofstede, G. (2007). Motivation, leadership and organization: Do american theories apply abroad? In D. S. Pugh (Ed.), *Organization theory* (pp. 223-250). London: Penguin.

Hofstede, G. (2004). *Cultures and organizations.* Columbus: McGraw-Hill.

Kraiger, K., Ford, J. K. & Salas, E. (1993). Application of cognitive, skill-based, and affective theories of learning outcomes to new methods of training evaluation. *Journal of Applied Psychology, 78*, 311-328.

Kühlmann, T. M. (2004). *Auslandseinsatz von Mitarbeitern.* Göttingen: Hogrefe

Stumpf, S. (2006). Interkulturalität in der Personal-, Team- und Organisationsberatung. *Gruppendynamik & Organisationsberatung, 37*, 33-49.

Thomas, A. (1988). Untersuchungen zur Entwicklung eines interkulturellen Handlungstrainings in der Managerausbildung. *Psychologische Beiträge, 30*, 147-165.

Thomas, A. (2003). *Psychologie interkulturellen Handelns.* Göttingen: Hogrefe.

Thomas, A. (2009). Interkulturelles Training. *Gruppendynamik & Organisationsberatung, 40*, 128-152.

Triandis, H. C. (1989). Intercultural education and training. In P. Funke (Ed.), *Understanding the USA: A cross-cultural perspective* (pp. 305-322). Tübingen: Narr.

Triandis, H. C. (1984). A theoretical framework for the more efficient construction of culture assimilators. *International Journal of Intercultural Relations, 8*, 301-330.

4 Basistechniken der Personalentwicklung

*von Christina Demmerle, Jan Martin Schmidt,
Michael Hess, Marc Solga und Jurij Ryschka*

Das vorliegende Kapitel beschreibt Interventionstechniken, die **in die breiter angelegten Personalentwicklungsinstrumente** (Verhaltenstrainings, Coachings, Teamentwicklungsmaßnahmen etc.; vgl. Kap. 3: Instrumente der Personalentwicklung) **eingefügt** und dort zur konkreten **Ausgestaltung der Lernumgebungen** verwenden werden. Basistechniken lassen sich flexibel miteinander und **mit anderen Aktivitäten kombinieren**. So kann ein klassisches Verhaltenstraining Rollenspiele und Feedback-Techniken beinhalten und zugleich mit erlebnisorientierten Methoden arbeiten.

Basistechniken bilden die **Grundausstattung im Werkzeugkasten** des Personalentwicklers bzw. des durchführenden Trainers. Es ist Aufgabe der PE-Konzeption, zu entscheiden (und Aufgabe der Evaluation von PE zu beurteilen), ob der Einsatz und die gewählte Kombination der Techniken geeignet sind, die festgelegten Lernziele zu verwirklichen.

Basistechniken lassen sich in folgende Gruppen untergliedern[1]:

- **Simulative Techniken** bilden einen Ausschnitt der beruflichen Wirklichkeit ab. Mit ihrer Hilfe lässt sich eine realitätsnahe, aber geschützte Lernumgebung herstellen.
- **Feedback-Techniken** werden eingesetzt, um den Teilnehmern einer PE-Maßnahme Rückmeldungen über ihr Verhalten und die Verhaltenskonsequenzen zu geben.
- **Verhaltensmodellierung** ist ein systematisches Verfahren zum Aufbau neuer Verhaltensweisen, das sich an der Theorie des Beobachtungslernens orientiert.
- **Kognitive Techniken** sind Maßnahmen, deren Ziel darin besteht, die aktive und selbstgesteuerte intellektuelle Durchdringung einer Arbeitsaufgabe bzw. eines Arbeitssystems zu fördern.
- **Erlebnisorientierte Techniken** sind spielerische Übungen, die zumeist in Trainingsgruppen zum Einsatz kommen.
- **Präsentationstechniken** sind Techniken zur Informationsvermittlung durch mündliches Vortragen.

---

[1] *Outdoor*-spezifische Techniken finden sich bei Schmidt, Köppen, Breimer-Haas & Leppkes, Kap. 3.4.2: Outdoor-Training.

- **Moderationstechniken** sind Maßnahmen zur gezielten Koordination und Steuerung der Aktivitäten innerhalb einer Arbeitsgruppe.
- **Fallarbeit** umfasst Aktivitäten zur systematischen Bearbeitung konkreter Probleme, die sich in der beruflichen Praxis eines PE-Teilnehmers stellen.
- **Systemische Techniken** werden insbesondere in Beratungsprozessen eingesetzt; ihr Ziel besteht darin, die Handlungsspielräume eines Klienten(systems) durch das Infragestellen von Wirklichkeitsbeschreibungen zu erweitern.

4.1 Simulative Techniken

Hintergrund und Funktionsweise: Mithilfe simulativer Techniken lässt sich eine, der Realität nachempfundene, Lernumgebung erzeugen, die es den Lernenden gestattet, Verhaltensweisen auszuprobieren, einzuüben, zu verfeinern, ohne reale Konsequenzen befürchten zu müssen. Es handelt sich dabei um handlungsorientiertes Lernen mit dem Freiraum, auch unterschiedliche Verhaltensweisen zu testen (Ruben, 1999). Die Verfahren gliedern sich in **Rollenspiele**, **Fallstudien** und **Planspiele**. Während im Rollenspiel das Erlernen eines Verhaltens in einer konkreten Interaktionssituation im Fokus steht, werden in der Fallstudie anhand schriftlichen Materials Lösungen für konkrete Fragestellungen entwickelt und im Planspiel die Steuerung eines komplexen Systems simuliert.

Rollenspiele

Hintergrund und Funktionsweise: Die Rollenspiel-Methodik stammt ursprünglich aus dem therapeutischen Psychodrama (vgl. z.B. von Ameln, Gerstmann & Kramer, 2009). Sie ist aber in zahlreiche pädagogische Anwendungsfelder adaptiert worden und spielt selbst in der Personalauswahl eine große Rolle (Schuler & Höft, 2006). Die Rollenspiel-Methode wird als *das* zentrale Element des Verhaltenstrainings angesehen (u.a. Günther & Sperber, 2008); sie ist ein wichtiger Bestandteil der Verhaltensmodellierung, die in einem separaten Abschnitt, nämlich in Kapitel 4.3, behandelt wird. Im Rollenspiel werden relevante Aspekte sozialer Interaktionsprozesse durch mindestens zwei Akteure simuliert. Zahlreiche Hinweise zur Technik des Rollenspiels geben die Bücher von Neumann und Hess (2009), Schaller (2006), Scheller (2004) und Yardley-Matwiejczuk (1997).

Anwendungsgebiete und Umfeld: Rollenspiele lassen sich für unterschiedliche Zwecke einsetzen:
- **diagnostische Funktion:** Beobachtung (Erhebung) des Verhaltens eines Akteurs in einer umschriebenen Anforderungssituationen.

- **Rückmeldefunktion:** Zurückmeldung der Wirkungen von Verhaltensweisen (vgl. Kap. 4.2: Feedback-Techniken).
- **Trainingsfunktion:** Testen, Üben und Optimieren von Verhaltensweisen.
- **Perspektivenfunktion:** Übernahme einer anderen Wahrnehmungs- und Erlebnisperspektive im Rahmen eines Rollentauschs.

Rollenspiele werden oft zwecks Trainings sozialer Kompetenzen (Mitarbeitergespräche führen, mit Konflikten umgehen, Auftragsakquise etc.) eingesetzt (vgl. auch Kanning, 2007). Ein großer Vorteil der Rollenspiel-Methodik besteht in ihrer flexiblen Handhabung.

Hinweise zur Durchführung: Die Anwendung lässt sich in die Phasen Vorbereitung, Durchführung, Auswertung und Nachbesprechung sowie Vorbereitung von Lerntransfer unterteilen (vgl. Fliegel, Groeger, Künzel, Schulte & Sorgatz, 1998). Die Aufgabe des Trainers besteht darin, den sicheren Rahmen zu schaffen, in dem Freiwilligkeit und konstruktives Lernen im Vordergrund stehen. Um zu verhindern, dass weder in der Durchführung noch in der Nachbesprechung sich die Rollenspielteilnehmer bloßgestellt fühlen, bedarf es reichhaltiger Trainererfahrung, die über den im Weiteren beschriebenen formalen Ablauf hinausgeht.

Die **Vorbereitungsphase** dient der Klärung der Situation, die es zu simulieren gilt und der Klärung der Rollen, die es zu spielen gilt. Tabelle 1 gibt einen Überblick über mögliche Fragen in der Vorbereitungsphase.

Die **Durchführung** orientiert sich an der intendierten Funktion des Rollenspiels und an den vorab vereinbarten Aufgaben der Teilnehmer. Zur späteren Nachbesprechung bietet sich ein Mitschnitt der Episode auf Video an. Die Akteure sollten ein Spielverhalten vermeiden, das nicht mit der beschriebenen Rolle einhergeht. Das Rollenspiel kann en bloc durchgespielt oder aber gezielt durch den Trainer oder den Rollenspieler mit einem Time-out unterbrochen werden, um den Akteuren ein Zwischenfeedback zu geben, weitere Handlungsstrategien zu sammeln oder durch „Doppeln" bzw. Befragen der Akteure Informationen über andere Perspektiven zu gewinnen (vgl. auch Fliegel et al., 1998).

Auswertung und Nachbesprechung: Die Auswertephase ist erfolgskritisch für das Rollenspiel. Der Hauptakteur erhält Feedback, um Unterschiede zwischen einem Ideal- bzw. Wunschverhalten und seiner tatsächlichen Verhaltensleistung zu erkennen (siehe Kap. 4.2: Feedback-Techniken). In Anlehnung an Günther und Sperber (2008) wird der in Tabelle 2 dargestellte Ablauf vorgeschlagen.

Tabelle 1: Vorbereitung eines Rollenspiels

Themenbereich	Inhalte und Fragestellungen	Funktion
Hintergrund der Situation	Wie ist es zu der Situation gekommen? Wer ist beteiligt? Wie sieht der äußere Rahmen aus?	Hinweise für Akteure, wie sich ihre Rolle in das Gesamtgeschehen einordnet
Aufgaben- oder Problemdefinition	Was genau stört den Beispielgeber (Teilnehmer oder Trainer)? Wo liegen Probleme? Was fällt besonders schwer?	Herausarbeitung zentraler Aspekte, Fokussierung der Beobachter und Spieler
Typische Situation, Situationsauswahl	Falls sich das Problem über mehrere Situationen erstreckt: Wann tritt es besonders deutlich auf? Gibt es typische oder wiederkehrende Situationen? Wie sähe eine fiktive Situation aus?	Herausarbeitung der zentralen Rollenspielaspekte, konkrete Beschreibung der Rollenspielsituation
Zielbeschreibung	Was möchte der Beispielgeber verändern oder erreichen? Wie genau sähe das ideale Zielverhalten aus?	Herausarbeitung zentraler Rollenspielaspekte und Ziele für das spätere Feedback
Beschreibung der einzelnen Rollen	Wo ordnet sich die Person in das Geschehen ein? Wie hat sie sich bisher verhalten? Wie verhält sie sich in typischen Situationen? Was geht in ihr vor? Welche Ziele verfolgt sie?	Vorbereitung der Akteure auf ihr Verhalten während des Rollenspiels
Aufgabe der Beobachter	Auf welches Verhalten soll geachtet werden? Wozu möchte der Beispielgeber Feedback erhalten? Sollen verschiedene Personen unterschiedliche Aspekte beobachten?	Einweisung der Beobachter in ihre Rollen
Rahmenbedingungen	Welche „Requisiten" müssen vorhanden sein?	Schaffung des notwendigen Rahmens, ohne ein „perfektes Bühnenbild" zu bauen

Vorbereitung des Lerntransfers: Um die Übertragbarkeit einer zu erlernenden Verhaltensweise auf unterschiedlichste Anwendungssituationen zu gewährleisten (vgl. Solga, Kap. 5: Förderung von Lerntransfer), sollte diese in unterschiedlichen, aber anforderungsähnlichen Rollenspiel- bzw. Aufgabensituationen eingeübt werden (Prinzip der wechselnden Kontexte). Hilfreich ist ein schrittweises Steigern des Schwierigkeitsgrades von Rollenspielsituation zu Rollenspielsituation (vgl. Fliegel et al., 1998). Um auf Seiten der Teilnehmer ein Vertrauen in die eigene Tüchtigkeit zu fördern, sollten schwierige Interaktionsprozesse so lange durchgespielt werden, bis diese das Gefühl entwickeln, die Anforderungssituation wirklich meistern zu können (Lee & Kahnweiler, 2000).

Tabelle 2: Auswertung eines Rollenspiels

Phase	Inhalte und Fragestellungen	Funktion
Stellungnahme Hauptakteur	Wie weit (z.B. auf einer 10er-Skala) haben Sie sich dem Wunschverhalten genähert? Was glauben Sie, wie das Verhalten generell gewirkt hat? Gibt es Aspekte, zu denen Sie Feedback erhalten möchten?	Aufmerksamkeitslenkung auf konkretes Verhalten, Zielsetzung und Wirkung von Verhalten. Festlegung von Punkten, in denen besonders intensives oder kein Feedback mehr erwünscht ist
Stellungnahme der weiteren Akteure	Wie hätte sich die Person gefühlt, deren Rolle Sie gespielt haben? Welche Verhaltensweisen haben dazu beigetragen? Wie hätten Alternativen aussehen können?	Wirkungsfeedback. Anregungen für alternatives Verhalten
Rückmeldung durch die Beobachter	Welche Verhaltensweisen sind den Beobachtern aufgefallen? Welche Wirkungen hatten diese? Wie nah liegt das Verhalten am Zielverhalten? Wie könnten Alternativen aussehen?	Wirkungsfeedback. Anregungen für alternatives Verhalten
Vertiefung durch Trainer	Angebot von Verhaltensalternativen. Verbindung zwischen Verhaltensweisen und Theorie	Anregungen für alternatives Verhalten. Modelle und Hintergrundwissen anbieten
Ansehen der Aufzeichnung in Ausschnitten[2]	Welche Szenen fallen dem Hauptakteur besonders auf?	Verhaltensfeedback an Hauptakteur. Konkretisierung an Verhaltensbeispielen
Vorbereitung eines weiteren Durchlaufs	Siehe Tabelle 1. Evtl. Zielsetzung verfeinern	Umsetzung der Rückmeldungen in Verhalten

Fallstudien

Hintergrund und Funktionsweise: Im Rahmen einer Fallstudie wird den Teilnehmern eines Workshops oder Seminars eine reale oder realitätsnahe Problemsituation anhand zahlreicher Informationsmaterialien (Texte, Grafiken, Tabellen) geschildert. Es gilt, die Materialien einzeln oder in der Gruppe zu analysieren und Vorschläge zur Lösung des fraglichen Problems zu entwickeln.

Dabei existiert meist keine einzig richtige Lösung – es ist Aufgabe der Teilnehmer, Handlungsalternativen abzuwägen und begründet zu entscheiden, wie das Problem ge-

---

[2] Gerade bei mehrmaligen Durchläufen muss nicht das komplette Rollenspiel betrachtet werden; Schlüsselszenen sind in der Regel ausreichend.

löst werden soll. Die präsentierten Materialien sind didaktisch aufbereitet und oft mit Lösungshinweisen versehen. Entwickelt wurde das Fallstudien-Konzept an der Harvard Business School bereits 1908.

Interaktive Elemente stehen nicht im Vordergrund (einmal davon abgesehen, dass die entwickelten Handlungsalternativen präsentiert werden müssen). Eine Ausnahme bildet die als **Case-Incident-Method** (Kaiser, 1996) oder **Fact-Finding** (Obermann, 2006) bezeichnete Übung. Sie ist durch interaktives Fragen und Antworten gekennzeichnet. Das Problem wird unklar und lückenhaft präsentiert; es gilt zunächst, zusätzliche Informationen herbeizuschaffen. Deshalb erhalten die Teilnehmer Gelegenheit, eine Person zu treffen, die – ausgerüstet mit einer „Datenbank" – wichtige Hinweise geben kann. Durch gezieltes Nachfragen erhalten die Mitspieler jene Informationen, die für ein umfassendes Verständnis der Situation benötigt werden. Im Mittelpunkt dieser Fallstudienvariante steht die Problemanalyse durch ein gezieltes und systematisches Suchen von Informationen; Fragetechniken können trainiert werden.

Über die Fallstudienmethodik informieren die Beiträge von Heimerl und Loisel (2005), Kaiser (1996), Perlitz und Vassen (1976), Reetz (1988) und Wolf (1992).

Anwendungsgebiete und Umfeld: Fallstudien können zur Einführung in eine Thematik oder auch zur Sensibilisierung für ein bestimmtes Problem dienen. Sie können zur Entwicklung oder Anwendung bzw. Vertiefung fachlicher oder methodischer Kompetenzen (z.B. betriebswirtschaftliche Kenntnisse, systematisches Problemlösen, Fragetechniken) verwendet werden. Ferner lassen sich mit ihrer Hilfe Lern- und Lerntransfererfolge feststellen (vgl. Solga, Kap. 6: Evaluation der Personalentwicklung).

Sie werden als Einzelbausteine in Weiterbildungsseminare integriert oder als selbstständige, allein stehende Instrumente eingesetzt. Sie können auch außerhalb eines Trainings oder Workshops bearbeitet und in E-Learning- oder Fernlernsysteme integriert werden.

Hinweise zur Durchführung: Die Konstruktion einer Fallstudie setzt ein hohes bereichsspezifisches Expertenwissen voraus. Es gilt, eine Problemkonstellation zu entwickeln sowie didaktisch aufzubereiten und dabei folgende Konstruktionsprinzipien zu beachten: 1. Realitätsangemessenheit, 2. Anschaulichkeit, 3. subjektive Bedeutsamkeit (aus Teilnehmersicht) und 4. Wissenschaftsorientierung (d.h. Verallgemeinerbarkeit und Widerspruchsfreiheit der Inhalte).

Die Durchführung erfolgt typischerweise, wie in Tabelle 3 dargestellt (vgl. Sonntag & Schaper, 2006).

Tabelle 3: Ablauf einer Fallstudie

Phase	Inhalte	Durchführung
Einarbeitung	Kursorisches Durcharbeiten des Falles Beschaffung zusätzlicher Informationen	allein oder in der Kleingruppen
Analyse	Analyse von Beziehungen und Daten Identifikation des Hauptproblems	
Entwicklung von Lösungsalternativen	Entwicklung tragfähiger Alternativen Prüfen der Alternativen	
Entscheidungsfindung	Auswahl einer Alternative Begründung der ausgewählten Alternative	
Präsentation	Vorstellung der Ergebnisse Diskussion des Vorgehens und der gewählten Alternative	im Plenum; vor Trainern, Führungskräften, Experten
Vergleich mit der Praxis	Identifikation von Gemeinsamkeiten zur Praxis Herausarbeitung von Transfermöglichkeiten	in der Kleingruppen oder im Plenum

Planspiele

Hintergrund und Funktionsweise: Computergestützt wird in Planspielen (auch Simulationsspiele, computersimulierte Szenarien, Business Games oder Gaming Simulations genannt) die **Steuerung eines komplexen Systems** (eines Unternehmens) simuliert.

Über mehrere Perioden hinweg agiert der Teilnehmer (allein oder als Teamplayer mit anderen) in der verantwortlichen Position eines Systemlenkers (Unternehmensführers): Es gilt, die zahlreichen Parameter des Systems und die zahlreichen Informationen aus der Umwelt des Systems **von Periode zu Periode neu auszuwerten** und auf der Grundlage dieser Analyse **Handlungsentscheidungen** (Managemententscheidungen) zu treffen. Diese Entscheidungen fließen in das System zurück und beeinflussen den weiteren Verlauf des Spielgeschehens. Es gibt Planspielvarianten, in denen die Teilnehmer als Repräsentanten unterschiedlicher Systeme miteinander interagieren und wechselseitig voneinander abhängig sind.

Im Unterschied zur Fallstudie wirken die Entscheidungen der Teilnehmer hier direkt auf den Spielverlauf ein. Somit erhalten die Spieler nach jeder Periode eine **unmittelbare Rückmeldung** zur Wirkung des eigenen Entscheidungsverhaltens. Im Unterschied zur Rollenspiel-Methode geht es in Planspielen häufig nicht um das Verhalten in face-to-face-Interaktionsprozessen, sondern um die Steuerung eines durch Komplexität ausgezeichneten Systems.

Nach Dörner, Kreuzig, Reither und Stäudel (1983) sind komplexe Problemlöseszenarien durch folgende Merkmale gekennzeichnet:

- **Variablenvielzahl**: Es existiert eine große Anzahl zu kontrollierender Systemvariablen.
- **Vernetztheit**: Es existieren multiple Wirkungszusammenhänge zwischen den zahlreichen Systemvariablen.
- **Dynamik**: Eingriffe der Teilnehmer in das System und spontane (reaktive) „Entscheidungen" des Systems selbst haben eine stetige Veränderung der Situation zur Folge.
- **Intransparenz**: Die Wirkungszusammenhänge zwischen den Systemvariablen sind uneindeutig und undurchsichtig.
- **Polytelie**: Es existieren zahlreiche, u.U. unvereinbare Teilziele.

Über den Einsatz von Planspielen informieren Blötz (2008), Buerschaper (2000), Geuting (2000) und Kriz (2000).

Anwendungsgebiete und Umfeld: Mithilfe computergestützter Szenarien lässt sich das Planungs- und Entscheidungsverhalten in komplexen Systemen fördern. Hauptziel des Planspieleinsatzes: die Optimierung von Kompetenzen und Arbeitsmethoden des strategischen und operativen Planens, Analysierens, Entscheidens unter Unsicherheits- bzw. Risikobedingungen. Zugleich bietet das Planspiel aber auch Gelegenheit zur Teamentwicklung (Teilnehmer müssen kooperativ planen und entscheiden).

Hinweise zur Durchführung: Zwischen einer Vor- und Nachbereitungsphase („Debrief"; Kriz, 2000) wiederholen sich die Phasen Lageanalyse, Entscheidungsplanung, Entschlussfassung, Handlungsvollzug und Rückinformation (Geuting, 2000). Die Nachbesprechung kann eher auf die Erfolgsindikatoren und eingesetzten Strategien fokussieren, sich jedoch auch auf Prozesse innerhalb der Gruppe beziehen. Den Abschluss der Nachbesprechung sollte ein transferförderlicher Vergleich zwischen der Simulationsumgebung und der Realität bilden (Übertragbarkeiten, Generalisierungen; vgl. Kriz, 2000).

Rahmenbedingungen und Investitionen: Die Einführung von Planspielen sollte in einem umfassenden Entwicklungskonzept stattfinden. Möglichkeiten des weiteren Einsatzes der erworbenen Kompetenzen sollten vor der Planung des Planspiels feststehen. Kleinere Planspiele lassen sich relativ gut in Trainings oder Seminare integrieren. Sie können entweder als Startpunkt zur Verdeutlichung von Schwierigkeiten und individuellen Lernschwerpunkten genutzt werden oder in der Abschlussphase dazu dienen, das erworbene Wissen möglichst praxisnah einzusetzen. Praktische Hinweise zur Auswahl von Planspielen bietet Blötz (2008).

Literatur

Blötz, U. (2008). *Planspiele in der beruflichen Bildung*. Bonn: Bundesinstitut für Berufsbildung.

Buerschaper, C. (2000). Strategisches Denken beim Umgang mit komplexen Problemen: Computersimulierte Szenarien im Trainings- und Beratungskontext. In D. Herz & A. Blätte (Hrsg.), *Simulation und Planspiel in den Sozialwissenschaften* (S. 145-180). Münster: LIT.

Dörner, D., Kreuzig, H. W., Reither, F. & Stäudel, T. (1983). *Lohhausen. Vom Umgang mit Unbestimmtheit und Komplexität*. Bern: Huber.

Fliegel, S., Groeger, W., Künzel, R., Schulte, D. & Sorgatz, H. (1998). *Verhaltenstherapeutische Standardmethoden*. München: Urban und Schwarzenberg.

Geuting, M. (2000). Soziale Simulation und Planspiel in pädagogischer Perspektive. In D. Herz & A. Blätte (Hrsg.), *Simulation und Planspiel in den Sozialwissenschaften* (S. 15-62). Münster: LIT.

Günther, U. & Sperber, W. (2008). *Handbuch für Kommunikations- und Verhaltenstrainer*. München: Ernst Reinhardt.

Heimerl, P. & Loisel, O. (2005). *Lernen mit Fallstudien in der Organisations- und Personalentwicklung. Anwendungen, Fälle und Lösungshinweise*. Wien: Linde.

Kaiser, F.-J. (Hrsg.). (1996). *Die Fallstudie – Theorie und Praxis der Fallstudiendidaktik*. Bad Heilbrunn: Klinkhardt.

Kanning, U. P. (Hrsg.). (2007). *Förderung sozialer Kompetenzen in der Personalentwicklung*. Göttingen: Hogrefe.

Kriz, W. (2000). *Lernziel: Systemkompetenz. Planspiele als Trainingsmethode*. Göttingen: Vandenhoeck & Ruprecht.

Lee, C. D. & Kahnweiler, W. M. (2000). The effect of a mastery learning technique on the performance of a transfer of training task. *Performance Improvement Quarterly, 13*, 125-39.

Neumann, E. & Heß, S. (2009). *Mit Rollen spielen: Rollenspielsammlung für Trainerinnen und Trainer* (3. Aufl.). Bonn: managerSeminare.

Obermann, C. (2006). *Assessment Center: Entwicklung, Durchführung, Trends. Mit Übungen* (3. Aufl.). Wiesbaden: Gabler.

Perlitz, M. & Vassen, P. S. (1976). *Grundlagen der Fallstudiendidaktik*. Köln: Hanstein.

Reetz, L. (1988). Zum Einsatz didaktischer Fallstudien im Wirtschaftslehreunterricht. *Unterrichtswissenschaft, 16*, 38-55.

Ruben, B. D. (1999) Simulations, games, and experience-based learning: The quest for a new paradigm for teaching and learning. *Simulation & Gaming, 30 (4)*, 498-505.

Schaller, R. (2006). *Das große Rollenspiel-Buch: Grundtechniken, Anwendungsformen, Praxisbeispiele*. Weinheim: Beltz.

Scheller, I. (2004). *Szenisches Spiel: Handbuch für die pädagogische Praxis*. Berlin: Cornelsen-Scriptor.

Schuler, H. & Höft, S. (2006). Simulationsorientierte Verfahren der Personalauswahl. In H. Schuler (Hrsg.), *Lehrbuch der Personalpsychologie* (2. Aufl.; S. 145-187). Göttingen: Hogrefe.

Sonntag, K. & Schaper, N. (2006). Förderung beruflicher Handlungskompetenz. In K. Sonntag (Hrsg.), *Personalentwicklung in Organisationen* (3. Aufl.; S. 329-354). Göttingen: Hogrefe.

von Ameln, F., Gerstmann, R. & Kramer, J. (2009). *Psychodrama* (2. Aufl.). Berlin: Springer.

Wolf, K. (1992). Die Fallstudie als Unterrichtsmethode. *Wirtschaft und Weiterbildung, 44*, 324-332.

Yardley-Matwiejczuk, K. M. (1997). *Role play: Theory & practice*. London: Sage.

4.2 Feedback-Techniken

Hintergrund und Funktionsweise: Feedback-Techniken[3] sind Methoden, die in der Personalentwicklung (Verhaltenstraining, Coaching etc.) eingesetzt werden, um Teilnehmern Rückmeldung über (soziales) Verhalten und dessen Wirkungen zu liefern.

Feedback wird hauptsächlich mit zwei **Zielsetzungen** eingesetzt:

- **Verstärkung erwünschten Verhaltens:** Die Auftretenswahrscheinlichkeit von Verhalten steigt, wenn es positive Folgen hat (Thorndike, 1932). Durch positive Rückmeldungen werden so erwünschte Verhaltensweisen verstärkt und stabilisiert.

- **Korrektur unerwünschten Verhaltens:** Feedback dient auch dazu, Abweichungen von einem Wunschverhalten zu verdeutlichen. Negatives Feedback führt leicht zu negativen emotionalen Reaktionen (Kluger, Lewinsohn & Aiello, 1994), hat aber eher eine leistungssteigernde Wirkung als positives Feedback (Campion & Lord, 1982). Ob eine Person eher **durch negatives oder aber positives Feedback** zu einer

---

[3] Feedback ist als Basistechnik abzugrenzen von institutionalisierten Feedback-Systemen (z.B. Führungs-Feedback, 360°-Feedback; vgl. Ryschka & Tietze, Kap. 3.1.5).

Leistungssteigerung motiviert wird, hängt nach Van Dijk und Kluger (2004) davon ab, ob der Feedbackempfänger darauf konzentriert ist, **Bestrafungen zu vermeiden** (sog. „**prevention focus**") oder **Belohnungen zu erzielen** (sog. „**promotion focus**"). **Negatives Feedback, das Ärger oder Enttäuschung provoziert** und als falsch oder unbrauchbar abgewertet wird, bleibt unwirksam (Brett & Atwater, 2001). So ist es also in Verhaltenstrainings die Aufgabe des Trainers sowohl das eigene Feedback als auch das Peer-Feedback annehmbar und motivierend zu gestalten.

Die **größten Effekte** von Feedback-Techniken sind unter folgenden Voraussetzungen zu erwarten (vgl. Goldstein & Ford, 2002; Kluger & DeNisi, 1996):

- **Wenig komplexe Aufgaben:** Komplexe Aufgaben sollten in möglichst überschaubare Einzelaufgaben zerlegt werden, zu denen separates Feedback möglich ist[4].

- **Klare Zielsetzung:** Der Feedback-Nehmer hat vor Beginn der Aufgabe ein realistisches (Verhaltens-)Ziel erarbeitet, über dessen Erreichen er Feedback erhält.

- **Verhaltensbezug:** Feedback sollte sich auf veränderbares Verhalten beziehen. Rückmeldungen auf Persönlichkeitsebene rufen wenige Änderungen hervor, da der Feedback-Nehmer kaum Konsequenzen aus der Rückmeldung ziehen kann.

- **Konkrete Verbesserungsvorschläge:** Das Feedback bezieht sich nicht nur auf das Zurückspielen von Informationen, sondern zeigt konkret, wie es besser geht.

- **Dauerhaft und hochfrequent:** Die stärksten Effekte sind zu erwarten, wenn das Feedback häufig[5], dauerhaft und in zeitlicher Nähe zum Verhalten gegeben wird.

- **Beschränkung auf systematische Fehler:** Feedback bei Fehlern sollte sich auf systematische Aspekte, nicht auf zufällige Abweichungen konzentrieren.

Entmutigende und selbstwertbedrohliche Rückmeldungen, aber auch globales Loben verringern den Feedback-Effekt eher (vgl. Ilgen, Fisher & Taylor, 1979; Kluger & DeNisi, 1996). Vor Beginn einer Feedback-Maßnahme sollte der im Folgenden erläuterte Unterschied zwischen Lob und Kritik auf der einen und Feedback auf der anderen Seite verdeutlicht werden:

- **Unabhängigkeit von Extremen:** Lob und Kritik erfolgen nur bei extremem Verhalten. Feedback fördert auch kontinuierliches Lernen im mittleren Leistungsbereich.

- **Trennung von Rückmeldung und Bewertung:** Lob und Kritik sind immer mit einer Wertung verbunden. Feedback ermöglicht auch neutrale Rückmeldungen.

- **Unabhängigkeit von Anlässen:** Lob und Kritik erfordern immer einen konkreten Anlass, Feedback dagegen nicht. Es kann daher dauerhafter und effektiver erfolgen.

---

[4] Dieses Vorgehen entspricht der „Teillernmethode" (Zerlegung einer Gesamtaufgabe in Teilaufgaben), der die „Ganzlernmethode" (Erlernen der Aufgabe als Ganzes) gegenübersteht (Goldstein & Ford, 2002).

[5] Dabei ist zu beachten, dass dem Feedback-Nehmer zwischen den einzelnen Rückmeldungen ausreichend Gelegenheit bleibt, alternative Verhaltensweisen auszuprobieren und zu festigen.

- **Interaktion:** Gelobt und kritisiert wird meist hierarchisch von oben nach unten. Feedback (von unten nach oben) kann Höhergestellten ermöglichen, etwas über das eigene Verhalten und die Konsequenzen dieses Verhaltens zu lernen.

Feedback-Interventionen lassen sich den in Tabelle 1 skizzierten **Ebenen** zuordnen. Die bedeutendste dieser Ebenen stellt die Ebene des Feedbacks zu konkret beobachtbaren Verhaltensweisen dar. Feedback auf Wirkungs-, Erfolgs- oder globaler Ebene sollte stets um Verhaltensfeedback und konkrete Verhaltensvorschläge ergänzt werden.

Tabelle 1: Feedback-Ebenen in der Personalentwicklung

Feedback-Ebene	Leitfrage	Was wird zurückgemeldet?	Bemerkungen
konkretes Verhalten	Wie verhält sich eine Person?	konkret beobachtbare Verhaltensepisoden	meist durch Video- oder Tonaufzeichnungen
Wirkung von Verhalten	Welche Wirkung erzielt konkretes Verhalten bei anderen Personen?	Reaktionen und Interpretationen anderer Personen	klassischerweise Trennung in Beobachtung und Wirkung
globale Eindrücke	Wie wirkt eine Person allgemein?	Gesamteindrücke	anspruchsvolle Technik: Verhaltensbezug herstellen
objektiver Erfolg	Wird ein objektives Ziel erreicht?	personenunabhängig erfassbare Parameter	kaum bei sozialen Fähigkeiten einsetzbar

Einen guten Überblick zu Feedback-Übungen im Seminarkontext gibt Fengler (2009). Im Folgenden wird die konkrete Umsetzung der beschriebenen Ebenen verdeutlicht.

Feedback-Ebene: konkretes Verhalten

Anwendungsgebiete und Umfeld: Das Rückmelden konkreten Verhaltens erfolgt meist durch Videoaufzeichnungen oder Eindrucksschilderungen von Beobachtern. Es kann für sich allein stehen, wird aber meist mit anderen Feedback-Ebenen kombiniert. Der isolierte Einsatz kommt in Frage, wenn auf hohem Niveau vorhandene Kompetenzen vom Feedback-Nehmer selbstständig optimiert werden sollen.

Hinweise zur Durchführung: Videoaufzeichnungen lenken den Blick auf das eigene Verhalten und spiegeln es in unverfälschter Form zurück. Sie unterbinden das Negieren von Verhaltensfehlern (vgl. Mittenecker, 1987). Die Rückmeldung des „reinen" Verhaltens wird fast immer um Kommentare zu dessen Wirkung ergänzt. Das Trennen dieser beiden Schritte erlaubt es dem Feedback-Nehmer, sich zunächst selbst „ein Bild zu machen". Das Selbst-Erkennen von Schwächen und Lösungen ist einer Fremd-Rückmeldung in jedem Fall vorzuziehen.

Möglichkeiten und Grenzen: Die Konfrontation mit der Aufzeichnung ist oft unangenehm. Um Selbstwertbedrohungen zu reduzieren, ist es wichtig, die Aufmerksamkeit vom Gesamteindruck („Was habe ich nur für ein Bild abgegeben?") auf konkrete Verhaltensweisen („Hier schauen Sie ihren Gesprächspartner nicht an.") zu lenken und verhaltensbezogene Verbesserungsvorschläge zu unterbreiten. Die Teilnehmer sollten auf jeden Fall (notfalls mit „sanftem Druck") zu einem zweiten Durchgang bewegt werden, um durch eine Verbesserung ein Erfolgserlebnis zu haben.

Feedback-Ebene: Wirkung von Verhalten

Die meisten Seminarteilnehmer dürften bei „Feedback" an diese Form der Rückmeldung denken: das Spiegeln der Wirkungen des eigenen Verhaltens auf andere. Das geschieht im PE-Kontext meist durch andere Teilnehmer, durch Trainer, aber auch durch Vorgesetzte.

Anwendungsgebiete und Umfeld: Wirkungsfeedback macht insbesondere beim Training sozial-interaktiver Fertigkeiten Sinn. Hier existiert zumeist kein objektiver Maßstab; die Güte einer Interaktion wird dadurch bestimmt, wie sie beim Anderen „ankommt". Wichtig für den Feedback-Nehmer ist, dass die Rückmeldung „verobjektiviert" und damit gültig wird. Dies kann durch anerkannte Experten (z.B. Trainer) oder durch die Übereinstimmung mehrerer Urteile (z.B. Kollegen) geschehen.

Hinweise zur Durchführung: In der einschlägigen Literatur finden sich zahlreiche Feedback-Regeln. Die meisten dieser Regeln (vgl. z.B. Günther & Sperber, 2008) können aus den eingangs vorgestellten theoretischen Grundlagen abgeleitet werden. An dieser Stelle sollen kurz die wichtigsten Regeln für gutes Feedback vorgestellt werden:

- **positive Rückmeldung:** In der Praxis geht ein positiver Gesamteindruck oft in einzelnen kritischen Rückmeldungen unter. Der positive Rahmen sollte daher immer wieder betont werden.

- **Trennung zwischen Beobachtung und Wirkung:** Diese Trennung (vgl. Schulz von Thun, 1981) lässt dem Feedback-Nehmer die Möglichkeit, aus dem Verhaltensfeedback andere Schlüsse zu ziehen als der Feedback-Geber. So kann er beispielsweise die Verhaltensrückmeldung annehmen, ohne der Interpretation zu folgen.

- **So konkret wie möglich:** Feedback sollte sich auf konkrete, nachvollziehbare Beobachtungen beziehen. Spezifisches Feedback hat mehr Informationsgehalt und größere Bedeutung für die Handlungsregulation (Kleinbeck & Schmidt, 1996). In Trainingskontexten birgt jedoch ein zu enger Fokus auf die beobachtete Situation die Gefahr, zu keiner langfristigen Verhaltensänderung oder Verbesserung bei veränderten Aufgaben zu führen (Goodman, Wood & Hendricks, 2004). Dies hebt die Bedeutung des nächsten Punktes hervor.

- **Änderungsvorschläge unterbreiten:** Feedback ist wirkungsvoller (s.o.), wenn es mit konkreten, verhaltensbezogenen Veränderungsvorschlägen verknüpft wird sowie das Vertrauen in die eigene Tüchtigkeit stärkt und allgemeine Handlungsstrategien vermittelt.

- **Ich-Botschaften:** Wirkungs-Feedback ist subjektiv und sollte vom Feedback-Geber auch als subjektiv kenntlich gemacht werden.

Umgesetzt werden diese Regeln beispielsweise im sogenannten 3-W-Schema – eine einfache Merkformel zum Formulieren konstruktiven Feedbacks (Solga & Blickle, 2009):

- **Wahrnehmung:** eine oder mehrere konkrete, beobachtbare Verhaltensweisen schildern *("Ich habe wahrgenommen, dass...")*
- **Wirkung:** Wirkung ausgelöster Emotionen oder realer Konsequenzen des Verhaltens aufzeigen *("Dadurch entsteht bei mir der Eindruck, dass ..."; Dies hatte die Konsequenz, dass ..."; „Das ärgert mich, weil...")*
- **Wunsch/Tipp/Erwartung:** positive Verhaltensalternative verdeutlichen *("Ich gebe Ihnen den Tipp..."; „Ich wünsche mir von Ihnen, dass..."; „Ich erwarte von Ihnen...")*

Rahmenbedingungen und Investitionen: Wirkungsfeedback erfordert kaum Vorbereitung. Da es aber auf Verhaltensbeispiele bezogen sein muss, sollte in PE-Maßnahmen genügend Material für eine fundierte Rückmeldung (durch Rollenspiele, Übungen etc.) erzeugt werden.

Möglichkeiten und Grenzen: Ein Trainer muss nicht nur die Feedback-Regeln kennen und referieren können. Die wichtigere und schwierigere Aufgabe besteht darin, ihre Umsetzung zu kontrollieren. Seminarteilnehmer sind in aller Regel keine geschulten Beobachter und haben oft Schwierigkeiten mit der Trennung von Beobachtung und Interpretation. Notfalls muss gebetsmühlenartig die Frage gestellt werden: „An welchem Verhalten machen Sie Ihre Einschätzung konkret fest?"

Feedback-Ebene: globale Eindrücke

Globale Eindrücke festigen sich aufgrund diffuser und unstrukturierter Informationen über eine andere Person. Bei der Eindrucksbildung kommen eine Reihe von Wahrnehmungs-, Urteils- und Zuschreibungsfehlern (s.u.) zum Tragen, die ein Feedback auf der Basis von Globaleindrücken erschweren.

Anwendungsgebiete und Umfeld: Globale Rückmeldungen sind weit verbreitet, nicht immer ist ihr Einsatz jedoch sinnvoll. Sie bieten sich an, wenn aggregierte Rückmeldungen einen Einstiegspunkt bilden sollen, um komplexes Verhalten durch konkrete Beispiele zu veranschaulichen. So können beispielsweise Selbst-Fremdbild-Differenzen oder unklare Aspekte näher betrachtet werden. Der Einsatz von globalen Feedback-Verfahren erfordert viel Erfahrung in der Durchführung, da der mangelnde Verhaltensbezug leicht kontraproduktive Effekte zur Folge haben kann.

Hinweise zur Durchführung: Die Erhebung von Globaleindrücken kann sehr unterschiedlich vonstatten gehen. Sie können z.B. ad hoc in der Gruppe gesammelt werden (vgl. Kap. 4.5: Erlebnisorientierte Techniken), durch Trainer nach einer längeren Beobachtungssequenz erfasst oder durch Persönlichkeitsfragebogen bzw. in Entwicklungs-Assessment-Centern erhoben werden. Erfolgskritisch ist, undifferenzierte Allgemeineindrücke durch konkrete Verhaltensbeispiele fassbar zu machen. Gerade bei selbstwertbedrohlicher Rückmeldung kann sonst ein negativer Effekt eintreten: Teilnehmer „machen dicht" oder verfallen in Verteidigungshaltungen, anstatt die Information positiv zu nutzen.

Beim Eindrucks-Feedback entsteht zunächst nur ein Bild im Raum. Aufgabe des Trainers ist es, Verhaltensbeispiele zu sammeln. Hilfreiche Fragen an Feedback-Geber sind:

- „In welcher Situation kamen Sie das erste Mal zu dieser Einschätzung?"
- „Was haben Sie konkret beobachtet, das Sie zu dieser Einschätzung gebracht hat? In welchen Situationen konnten Sie das noch beobachten?"
- „Haben Sie auch Beobachtungen gemacht, die Ihrer Einschätzung widersprechen?"
- „Was denken Sie, warum Herr/Frau ... sich in dieser Situation so verhalten hat?"

Dem Personalentwickler sollten die wichtigsten Beurteilungsfehler (z.B. Halo-Effekt, Actor-Observer-Fehler[6]) bekannt sein, damit er gezielt reagieren kann.

Rahmenbedingungen und Investitionen: Für ein globales Feedback ist ausreichend Zeit zur Verfügung zu stellen, um die Ursprünge des Gesamteindrucks beleuchten zu können.

Möglichkeiten und Grenzen: Meist ist Globalfeedback weder nötig noch zielführend. Es sollte aufgrund von Aufwand und Risiken nur eingesetzt werden, wenn abstrahierte Bilder benötigt werden. Meist ist aber genau dies nicht gefragt; benötigt werden Hinweise zu konkreten Verhaltensweisen. Wenn die Ebene der Rückmeldung im Training von „Sie haben schnell nachgegeben" zu „Sie sind ohnehin der weiche Typ" wechselt, muss der Trainer eingreifen.

Feedback-Ebene: objektiver Erfolg

Anwendungsgebiete und Umfeld: Diese Art von Rückmeldung setzt einen objektiven, personenunabhängigen Maßstab voraus. Damit scheidet sie für viele soziale Lernfelder aus, da hier Verhalten fast immer von unterschiedlichen Personen unterschiedlich bewertet wird. Für wissens- und tätigkeitsbezogene Bereiche ist Erfolgsfeedback dagegen sehr gut geeignet. Sind den Teilnehmern darüber hinaus Optimierungsmöglichkeiten

---

[6] **Halo-Effekt:** Ein besonders hervorstechendes Merkmal überstrahlt alle anderen Eigenschaften. **Actor-Observer-Fehler:** Eigenes Verhalten wird eher durch situative Randbedingungen, das Verhalten anderer eher durch Persönlichkeitseigenschaften erklärt (vgl. z.B. Taylor, Peplau & Sears, 2005).

bereits bekannt, kann das Lernen in hohem Maße selbstgesteuert geschehen. Daher sind Erfolgsrückmeldungen vergleichsweise oft in automatisierten Lernumgebungen, wie z.B. E-Learning (vgl. Uhl, 2001) zu finden.

Hinweise zur Durchführung: Für die Bewertung von (Lern-)Leistungen ist die Verwendung eines möglichst objektiven Kriteriums ein großer Vorteil. Für den Lernprozess selbst ist es allerdings förderlicher, wenn gleichzeitig auch Hinweise zur Verhaltensänderung gegeben werden (vgl. Kluger & DeNisi, 1996).

Möglichkeiten und Grenzen: Es besteht die Gefahr, dass Feedback-Nehmer eine Erfolgsrückmeldung erwarten, wo eigentlich Wirkungs-Feedback sinnvoll wäre. Vor erfolgsbezogenem Feedback sollte sorgfältig geklärt werden, ob wirklich ein objektiver Maßstab besteht, der sich auch innerhalb des Settings erheben lässt. So ist der Verkaufserfolg nach einem Vertriebstraining ein objektiver Indikator; er kann jedoch im Training nicht erhoben werden, so dass Wirkungs-Feedback hier sinnvoller wäre.

Literatur

Brett, J. F. & Atwater, L. E. (2001). 360°-Feedback: Accuracy, reactions, and perceptions of usefulness. *Journal of Applied Psychology, 86 (5)*, 930-942.

Campion, M. A. & Lord, R. G. (1982). A control systems conceptualization of the goal-setting and changing process. *Organizational Behavior and Human Performance, 30*, 265-287.

Fengler, J. (2009). *Feedback geben* (4. Aufl.). Weinheim: Beltz

Goodman, J. S., Wood, R. E. & Hendricks, M. (2004). Feedback specificy, exploration, and learning. *Journal of Applied Psychology, 89 (2)*, 248-262.

Goldstein, I. L. & Ford, J. K. (2002). *Training in organizations. Needs assesment, development, and evaluation* (4th ed.). Belmont, CA: Woodsworth.

Günther, U. & Sperber, W. (2008). *Handbuch für Kommunikations- und Verhaltenstrainer* (4. Aufl.). München: Ernst Reinhardt.

Ilgen, D. R., Fisher, C. D. & Taylor, M. S. (1979). Consequences of individual feedback on behavior in organizations. *Journal of Applied Psychology, 64*, 349-371.

Kleinbeck, U. & Schmidt, K.-H. (1996). Die Wirkung von Zielsetzung auf das Handeln. In J. Kuhl & H. Heckhausen (Hrsg.), *Enzyklopädie der Psychologie C/IV/4: Motivation, Volition und Handlung* (S. 875-907). Göttingen: Hogrefe.

Kluger, A. N., Lewinsohn, S. & Aiello, J. R. (1994). The influence of feedback on mood: Linear effects on pleasentness und curvlinear effects on arousal. *Organizational Behavior and Human Decision Processes, 60*, 276-299.

Kluger, A. & DeNisi, A. (1996). The effects of feedback interventions on performance: A historical review, a meta-analysis and a preliminary feedback intervention theory. *Psychological Bulletin, 119,* 254-284.

Mittenecker, E. (1987). *Video in der Psychologie. Methoden und Anwendungsbeispiele in Forschung und Praxis.* Bern: Huber.

Schulz von Thun, F. (1981). *Miteinander reden.* Reinbek: Rowohlt.

Solga, M. & Blickle, G. (2009). Feedback als kritischer Erfolgsfaktor in der Personaldiagnostik. In DGFP e. V. (Hrsg.), *Mitarbeiter auswählen. Personaldiagnostik in der Praxis* (S. 107-114). Bielefeld: W. Bertelsmann.

Taylor, S. E., Peplau, L. A. & Sears, D. O. (2005). *Social psychology.* Englewood Cliffs, NJ: Prentice Hall.

Thorndike, E. L. (1932). *The fundamentals of learning.* New York: AMS Press.

Uhl, A. (2001). Selbststeuerung des Lernens. *Personalwirtschaft, 11/2001,* 52-57.

Van Dijk, D., & Kluger, A. N. (2004). Feedback sign effect on motivation: Is it moderated by regulatory focus? *Applied Psychology: An international review, 53,* 113-135.

4.3 Verhaltensmodellierung

Hintergrund und Funktionsweise: Die Verhaltensmodellierung (engl. **Behavior Modeling Training**) ist eine Trainingsmethode mit breiter theoretischer Basis. Nach Metaanalysen von Burke und Day (1986) sowie von Aguinis und Kraiger (2009) ist sie eine der **effektivsten Trainingsmethoden** überhaupt. Die Teilnehmer beobachten dabei eine (Video-)Sequenz, in der eine Person (sog. **Modellperson**) die für das jeweilige Training gewünschte Verhaltensweise ausführt (z.B. im Mitarbeitergespräch aktiv zuhört und konstruktives Feedback gibt). Aus dem Verhalten werden **Lernziele abgeleitet**, die von den Teilnehmern anschließend im **Rollenspiel** umgesetzt werden. Sie erhalten dazu von Trainer und Teilnehmern ein **Feedback** (Robertson, 1990; Sonntag & Stegemaier, 2005).

Die Verhaltensmodellierung geht auf die **Theorie des Beobachtungslernens** von Bandura (1979) zurück. Bandura konnte zeigen, dass Personen nicht allein durch eigene, individuell gemachte Erfahrungen, sondern gleichsam durch die Beobachtung anderer Personen in ihren Verhaltensweisen beeinflusst werden: Die Beobachtung einer anderen Person kann dazu führen, dass **neue Verhaltensweisen** in das individuelle Verhaltensrepertoire aufgenommen werden oder die **Auftretenswahrscheinlichkeit** von bereits vorhandenen Verhaltensweisen steigt oder sinkt – abhängig davon, ob die Modellperson positive oder negative Konsequenzen auf das Verhalten erfährt[7].

Nach Bandura (1979) sind vier Teilprozesse für das Beobachtungslernen notwendig, aus denen sich direkt die Prozesse der Verhaltensmodellierung ableiten lassen:

- **Aufmerksamkeitsprozesse** lenken die Wahrnehmung auf die Modellperson und ihr Verhalten.
- **Gedächtnisprozesse** regulieren den Aufbau und die Organisation einer mentalen Repräsentation des beobachteten Verhaltens im Gedächtnis.
- **Motorische Reproduktionsprozesse** regulieren die Integration von Teilhandlungen in die neu erworbene Gesamthandlung.
- **Motivationsprozesse** beeinflussen im Sinne externer Verstärkung (materielle und soziale), stellvertretender Verstärkung und Selbstverstärkung[8] die Ausführungshäufigkeit des erworbenen Verhaltens.

Anwendungsgebiete und Umfeld: Mit der Technik der Verhaltensmodellierung können effektiv neue Verhaltensweisen aufgebaut werden. Dies ist vor allem für Verhaltenstrainings relevant: Kundenfreundlich auf Beschwerden von aufgebrachten Kunden zu reagieren, ein effektives Mitarbeitergespräch zu führen oder in belastenden Situationen, stressreduzierendes Verhalten zu zeigen, können inhaltliche Ziele einer Verhaltensmodellierung sein (siehe auch Demmerle, Schmidt & Hess, Kap. 3.5: Verhaltenstrainings).

Die generellen **Ziele** der Verhaltensmodellierung sind dabei:

- die Vermittlung eines **kognitiven Handlungsmodells** des zu erlernenden Verhaltens
- das **praktische Einüben** des modellierten Verhaltens
- die **Veränderung der Einstellung** in eine positive Beurteilung des Verhaltens

Rahmenbedingungen: Decker und Nathan (1985) formulierten die Verhaltensmodellierung erstmals als Trainingsmodell aus. Stärke und Erfolgsgröße der Verhaltensmodellierung ist dabei ihre umfassende theoretische Basis. Tabelle 1 zeigt den Ablauf einer Verhaltensmodellierung im Überblick, der sich aus den relevanten Prozessen von Bandura ableitet. Um die gewünschten Effekte zu erzielen ist es notwendig, diese Erkenntnisse auch vollständig umzusetzen. Im Anschluss werden diese Phasen noch weiter erläutert.

---

[7] In Abgrenzung zu Ansätzen, die von einer einseitigen Beeinflussung des Menschen durch die Umwelt ausgehen, und zu einseitig personenzentrierten Ansätzen postuliert Bandura (1979) eine wechselseitige Beeinflussung von Verhalten, Umwelteinflüssen und personalen Merkmalen.

[8] **Externe Verstärkung** bezeichnet die direkte Belohnung durch andere Personen oder positive Konsequenzen als Folge des Verhaltens, **stellvertretende Verstärkung** die Beobachtung der Belohnung der Modellperson und **Selbstverstärkung** die innere Zufriedenheit über den Erfolg (Holling, 2000).

Tabelle 1: Ablauf der Verhaltensmodellierung

Aufgaben	Prozeduren	Prozesskomponenten des Beobachtungslernens
1. Ziele verankern	• Einführung in das Thema durch den Trainer • evtl. Darstellung der Verhaltensmodellierungsmethode • Entwicklung bzw. Präsentation der Lernziele	Aufmerksamkeitsprozesse
2. Modellverhalten vorführen	• Darbietung des Modellverhaltens mittels Videofilm • Abgleich des Modellverhaltens mit den Lernzielen	
3. Merken und Erinnern fördern	• Förderung des Speicherns der Lerninhalte im Gedächtnis u.a. durch Gruppendiskussion zur Effektivität des Verhaltens oder durch gedankliche Wiederholung (mentales Training; vgl. Kap. 4.4: Kognitive Techniken)	Gedächtnisprozesse
4. Nachahmung ermöglichen	• Einüben des zu erlernenden Verhaltens durch wiederholtes Ausführen im Rollenspiel	Reproduktionsprozesse
5. Rückmeldung geben	• soziale Verstärkung der Rollenperson durch Trainer und Teilnehmer • stellvertretende Verstärkung für alle Teilnehmer durch Beobachtung der Modellperson und der anderen Teilnehmer als Rollenspieler	Motivationsprozesse

Zahlreiche Studien konnten in den verschiedenen Phasen erfolgskritische Variablen identifizieren:

Phase der Aufmerksamkeitsprozesse

Einführung in das Thema: Die Einführung durch den Trainer kann im Sinne eines Vortrags sein oder durch eine Gruppendiskussion, in der die bisherigen Erfahrungen der Teilnehmer aufgegriffen werden. Diese Phase ist wichtig, um Aufmerksamkeit bei den Teilnehmern für das Thema zu schaffen und auf das interessierende Verhalten zu fokussieren (Holling, 2000).

Entwicklung bzw. Präsentation der Lernziele: Die Lernziele sollten schriftlich fixiert und in unmittelbarer zeitlicher Nähe zur Darbietung des Modellverhaltens präsentiert werden (direkt vor und nach der Videopräsentation). Die Formulierung der Lernziele durch die Teilnehmer selbst führt zu einer besseren Behaltensleistung und Generalisierung des Verhaltens, im Vergleich zu vorgegebenen Zielen. Die Lernziele sollten in Form heuristischer Regeln – d.h. als Handlungsanweisungen mit Aufforderungscharakter – formuliert werden („Andere aussprechen lassen!", „Konkrete Änderungsvorschläge machen!"; Holling, 2000; siehe auch Kap. 4.4: Kognitive Techniken).

Präsentation des Modellverhaltens: Durch die Einführung in den Problembereich und die Entwicklung von Lernzielen wird die Aufmerksamkeit der Teilnehmer auf das interessierende Verhalten gelenkt. Während der Darbietung gibt es weitere Möglichkeiten, die selektive Wahrnehmung zu beeinflussen: (a) **Merkmale des Modells:** die Attraktivität des Modells für die Beobachter – vermittelt z.B. über gesellschaftlichen Status und Kompetenz – können die Aufmerksamkeit der Beobachtung steigern. Hinsichtlich der Beobachter-Modell-Beziehung sollten Gemeinsamkeiten bzw. Ähnlichkeiten (etwa in Einstellungen, Werten und Überzeugungen) sichergestellt werden, so dass eine hohe Identifikation mit dem Modell möglich ist (Decker & Nathan, 1985); (b) **Merkmale des modellierten Verhaltens:** Baldwin (1992) konnte zeigen, dass die alleinige Darbietung eines positiven Modells zu einer besseren Verhaltensreproduktion führt, während die Kombination eines negativen und positiven Modellverhaltens zu einer besseren Verhaltensgeneralisierung führt; (c) **Merkmale der Beobachter:** Bei den Teilnehmern (Beobachtern) ist es wichtig, die Erwartungshaltung zu erzeugen, dass sie im Anschluss an die Modellvorführung das Verhalten selbst ausführen werden und dazu eine Rückmeldung erhalten.

Phase der Behaltensprozesse

Förderung der Speicherung des modellierten Verhaltens im Gedächtnis: Beim Speichern des modellierten Verhaltens im Gedächtnis werden relevante von irrelevanten Elementen getrennt und zu einem Muster bildlicher oder verbaler Sprache organisiert. Gefördert wird dieser Prozess durch die gedankliche Wiederholung, in dem der Teilnehmer sich im Sinne eines mentalen Trainings vorstellt, das Verhalten selbst auszuführen. Im Training kann dies durch **Merkformeln** unterstützt werden, in dem Schlüsselelemente des Modellverhaltens in Form von Schlüsselworten, Merksätzen oder Kombination von Anfangsbuchstaben abgespeichert werden (z.B. „KISS – Keep It Short and Simple" im Präsentationstraining). Zudem können die Teilnehmer das beobachtete Verhalten in eigenen Worten beschreiben oder die Lernziele im Anschluss selbst aufschreiben (Holling, 2000).

Phase der Verhaltenswiederholung

Einüben des modellierten Verhaltens: Das gewünschte Verhalten wird meist im **Rollenspiel** geübt. Das Setting sollte dabei einer Umgebung ähnlich sein, die einer möglichen Situation im beruflichen Alltag entspricht. Eine Diskussion der Teilnehmer über ablaufende Gedanken und Gefühle während der Verhaltensausführung kann zu einer effizienteren Verhaltenssteuerung führen (Decker & Nathan, 1985). Es ist sinnvoll, auch wenn das gewünschte Verhalten bereits einmal gezeigt wurde, weitere Rollenspiele durchzuführen, so dass ein Overlearning-Effekt entsteht: Die Teilnehmer üben weiter, obwohl sie das Verhalten bereits beherrschen. Dies erhöht die Wahrscheinlichkeit einer **automatisierten Ausführung** und die **Ausführung des Verhaltens auch in ungünstigen, belastenden Situationen**. Durch wiederholtes Üben in unterschiedlichen Situationen kann einem gelungenen Transfer und einer **Generalisierung** Vorschub geleistet werden (Wexley & Latham, 1981). Die **Selbstwirksamkeit** ist ein wesentlicher Faktor bei der Verhaltensänderung: Der Teilnehmer muss zu der subjektiven Überzeugung gelangen, das gewünschte Verhalten ausführen zu können. Demzufolge ist es wichtig, den Teilnehmern in dieser Phase, die Erfahrung der erfolgreichen Bewältigung machen zu lassen (Robertson, 1990). Im Sinne der Motivation stellt dies zudem eine positive Verstärkung dar (siehe auch Solga, Kap. 5: Förderung von Lerntransfer).

Phase des Motivationsprozesses

Diese Phase ist sowohl als separate Phase im Anschluss an die Verhaltenswiederholung angesetzt sowie als Gestaltungselement, das während des gesamten Trainings von Bedeutung ist. Die Teilnehmer erhalten **Rückmeldung** zur Qualität der Ausführung des modellierten Verhaltens. Dies geschieht mit dem Ziel der Verstärkung (Häufigkeit erhöhen) und der **Regulierung** (Anpassung an ein Ideal; Semmer & Pfäfflin, 1979). Die Verstärkung kann dabei in drei Formen erfolgen: (a) **stellvertretende Verstärkung**, in dem die Teilnehmer beobachten, wie die Modellperson erfolgreich ist und Anerkennung erhält; (b) **direkte Verstärkung** als positive Rückmeldung im Training durch Trainer und Teilnehmer; (c) **Selbstverstärkung**, im Sinne von Zufriedenheit durch das Erfolgserlebnis. Am häufigsten wird im Training **direktes Feedback** eingesetzt. Die Rückmeldung mittels Videoaufnahme hat zudem den Vorteil der erhöhten Verhaltensaufmerksamkeit durch die Teilnehmer. Es vermittelt **konkrete und unverfälschte** Informationen, wodurch eine **realistische Selbsteinschätzung** eigener Fertigkeiten ermöglicht wird (Mittenecker, 1987).

Sicherung des Trainingstransfers: Decker und Nathan (1985) ergänzen die vier Phasen nach Bandura um die Phase des Trainingstransfers (vgl. auch Solga, Kap. 5: Förderung von Lerntransfer). Diese soll während des gesamten Trainings Beachtung finden. Um den Transfer des modellierten Verhaltens in den Berufsalltag zu forcieren, sollte es zur **Steigerung der positiven Selbsteinschätzung** und der Selbstwirksamkeit zunächst in den Bereichen eingesetzt werden, in denen Erfolge zu erwarten sind. Wexley und Latham (1981) formulieren Grundsätze zur Erleichterung des Lerntransfers wie z.B. Formulierung allgemeiner Verhaltensregeln und Ähnlichkeit von Situationsmerkmalen der Trainingssituation und der Transfersituation. In einer **Metaanalyse** fanden Taylor, Russ-Eft und Chan (2005) für einen Trainingstransfer günstige Bedingungen, wenn

- **positive *und negative* Modelle** gezeigt wurden,
- die Trainingsteilnehmer für das Üben des Gelernten in der Praxis **eigene Szenarien** entwickelten,
- die Trainingsteilnehmer sich für die gelernten Verhaltensänderungen **Ziele setzten**,

- die **Führungskräfte** der Trainingsteilnehmer die Verhaltensmodellierungen **selbst trainiert** hatten und
- die **Anwendung des gelernten Verhaltens belohnt** bzw. dessen Ignorieren sanktioniert wurde.

Literatur

Aguinis, H. & Kraiger, K. (2009). Benefits of training and development for individuals and teams, organizations, and society. *The Annual Review of Psychology, 60*, 451-74.

Baldwin, T. T. (1992). Effects of alternative modeling strategies on outcomes of interpersonal-skills training. *Journal of Applied Psychology, 77*, 147-154.

Bandura, A. (1979). *Sozial-kognitive Lerntheorie.* Stuttgart: Klett-Cotta.

Burke, M. & Day, R. (1986). A cumulative study of the effectiveness of managerial training. *Journal of Applied Psychology, 71*, 232-245.

Decker, P. J. & Nathan, B. R. (1985). *Behavior modeling training.* New York: Praeger.

Holling, H. (2000). Verhaltensmodellierung für die Durchführung von Mitarbeitergesprächen. In M. Kleinmann & B. Strauß (Hrsg.), *Potenzialfeststellung und Personalentwicklung* (S. 237-249). Göttingen: Verlag für Angewandte Psychologie.

Mittenecker, E. (1987). *Video in der Psychologie. Methoden und Anwendungsbeispiel.* Bern: Huber.

Robertson, I. T. (1990). Behaviour modelling: Its records and potential in training and development. *British Journal of Management, 1,* 117-125.

Semmer, N. & Pfäfflin, M. (1979). *Interaktionstraining: Ein handlungstheoretischer Ansatz zum Training sozialer Fertigkeiten.* Weinheim: Beltz.

Sonntag, K. H. & Stegmaier, R. (2005). Verhaltensorientierte Verfahren der Personalentwicklung. In H. Schuler (Hrsg.), *Lehrbuch der Personalpsychologie* (2. Aufl.). (S.266-288). Göttingen: Hogrefe.

Taylor, P. J., Russ-Eft, D. F. & Chan, D. W. L. (2005). A meta-analytic review of behavior modeling training. *Journal of Applied Psychology, 90*, 692-709.

Wexley, K. N. & Latham, G. P. (1981). *Developing and training human resources in organizations.* Glenview, IL: Scott Foresman.

4.4 Kognitive Techniken

Hintergrund und Funktionsweise: Die beschriebenen Verfahren stellen Bausteine eines Ansatzes dar, der als **kognitives Training** bezeichnet wird (Sonntag, 1993). Das gemeinsame Ziel dieser Techniken besteht darin, die kognitive Steuerung einer bestimmten Arbeitstätigkeit – also die Prozesse des **Planens**, des **gedanklichen Probehandelns** und des **Entscheidens** – zu verbessern. Dies geschieht durch Förderung einer aktiven und selbstgesteuerten intellektuellen Durchdringung der Arbeitsaufgabe.

Gemeinsam ist den kognitiven Trainingstechniken der Bezug zur arbeitspsychologischen **Handlungsregulationstheorie** (Bergmann, 1994; Hacker, 1998; Volpert, 1987). Sie bildet den theoretischen Kern der Verfahren. Die Handlungsregulationstheorie muss hier nicht ausgeführt werden. Es genügen folgende Hinweise: Gegenstand der Theorie sind die Prozesse der **kognitiven Steuerung von Arbeitstätigkeit**. Um zielgerichtet handeln zu können, d.h. einen Ausgangszustand durch sachkundiges Entscheiden und Verhalten in einen Zielzustand zu transformieren, benötigen Menschen eine Wissensbasis, die folgende Informationen enthält:

- **Ziele:** Worin genau bestehen Hauptziel und Zwischenziele der Arbeitstätigkeit?
- **Aktionsprogramme:** Mithilfe welcher Handlungsalternativen lässt sich das Ziel erreichen?
- **Signale:** Woran lässt sich erkennen, welche Handlungsalternative angesichts gegebener Randbedingungen ausgewählt werden sollte? Wie lässt sich feststellen, ob das Ziel erreicht wurde?

Diese Wissensgrundlage, die die notwendigen Kenntnisse zur Bewältigung einer Arbeitsaufgabe enthält, wird als das **operative Abbildsystem** (OAS) der Tätigkeit bezeichnet. Sie ist im Gedächtnis des Arbeitstätigen gespeichert. Je realitätsangemessener (d.h. je vollständiger und differenzierter) das operative Abbildsystem ist, desto effektiver ist auch die durch das OAS regulierte Arbeitstätigkeit.

Damit lässt sich die **Aufgabe von Personalentwicklung** als eine **Optimierung der operativen Abbildsysteme** des Arbeitstätigen bestimmen. Mithilfe kognitiver Trainingstechniken soll die **intellektuelle Durchdringung** der relevanten Handlungsstrukturen einer Aufgabe oder Arbeitstätigkeit gefördert werden, damit es Mitarbeitern gelingt, ein vollständiges und differenziertes OAS ihrer Tätigkeit zu entwickeln.

Ein wichtiges Ziel der kognitiven Trainingstechniken besteht ferner darin, ein **aktives und selbstgesteuertes Lernen** zu ermöglichen. Denn der Handlungsregulationstheorie zufolge gelingt die Ausbildung bzw. Optimierung von OAS am besten in der Ausführung der zu erlernenden Tätigkeit durch selbstständiges **Explorieren der Ausführungsbedingungen** und **Experimentieren mit unterschiedlichen Handlungsalternativen**.

Tabelle 1 gibt eine Übersicht über die zum kognitiven Training gehörenden Verfahren (vgl. auch Hacker & Skell, 1993; Matern & Hacker, 1986; Sonntag, 1989; Sonntag, 1993; Sonntag & Schaper, 2001). Diese lassen sich einzeln oder kombiniert verwenden. Die Vertreter des Ansatzes empfehlen eine **Kombination der Bausteine** miteinander und mit der ebenfalls in diesem Kapitel dargestellten Technik der **Verhaltensmodellierung** (siehe Kap. 4.3: Verhaltensmodellierung). Dann wird von **multiplen kognitiven Trainings** gesprochen (vgl. z.B. Bergmann, Wiedemann & Zehrt, 1997). Zum Erlernen sensu-motorischer Fertigkeiten kann durch Beobachtung und Selbstinstruktionstechniken die zu erlernende Fertigkeit aufgenommen und mithilfe mentalen Trainings zu einem mentalen Modell aufgebaut werden. Bei der anschließenden Durchführung kann das mentale Modell auf seine Gültigkeit überprüft und ggf. modifiziert werden. Bei mehrfachem Durchlaufen führt dies zu einer Ausdifferenzierung des operativen Abbildsystems. Zum Erwerb komplexerer Arbeitstätigkeiten, die in stärkerem Umfang Denk-, Planungs- und Entscheidungsprozesse beinhalten, können heuristische Regeln, Selbstinstruktionstechniken oder verbales Training eingesetzt werden (Sonntag, 1989).

Tabelle 1: Kognitive Trainingstechniken

Verfahren	Vorgehensweise
mentales Training	intellektuelles oder intensiv anschauliches Vollziehen der Arbeitstätigkeit in der Vorstellung
verbales Training	etappenweise Ausbildung kognitiver Handlungsschemata durch unterschiedliche Formen des Mitsprechens
Lernen mithilfe heuristischer Regeln	Vermitteln heuristischer Regeln (metakognitive Denk-, Lern- und Planungshilfen), die anschließend bei der selbstständigen Bearbeitung komplexer Aufgaben behilflich sind
Selbstreflexionstechniken	Anwendung einer Fragemethodik zur Selbstreflexion der eigenen Vorgehensweise bei der Bearbeitung von Aufgaben
Selbstinstruktionstechniken	selbstständiger Erwerb aufgabenrelevanter Kenntnisse durch systematisches Beobachten und Protokollieren der eigenen Arbeitstätigkeit und der Arbeitstätigkeit von Job-Experten

Mentales Training

Die Technik des mentalen Trainings besteht darin, eine Arbeitstätigkeit **in der Vorstellung** auszuführen (Heuer, 1985; Ulich, 1999). Der Lernende kann sich dabei entweder auf die intellektuellen Prozesse der Handlungsregulation (eine Tätigkeit gedanklich planen; Entscheidungspunkte markieren) konzentrieren, oder er kann sich die sensu-motorischen Aspekte intensiv anschaulich vergegenwärtigen (gedanklich den Handlungsablauf intensiv durchspielen und nachspüren). Beispielsweise können die Einstiegsphase einer Präsentation oder der Einstieg in ein Kritikgespräch gedanklich durchgespielt werden. Das mentale Training ist geeignet den Transfer von abstrakt Gelerntem in die Handlung zu übertragen.

Verbales Training

Die Technik des verbalen Trainings basiert auf Galperins (1967) „Theorie der etappenweisen Ausbildung geistiger Handlungen". Das Prinzip dieses Ansatzes besteht darin, kognitive Handlungsschemata durch unterschiedliche **Formen des Mitsprechens** bei der Handlungsausführung zu erwerben (Abstraktionsniveau: konkret, verallgemeinernd, verkürzend; Modulation: laut, flüsternd, innerlich).

Lernen mithilfe heuristischer Regeln

Heuristische Regeln sind knappe **Handlungsanweisungen**, die das Denken und Handeln in eine bestimmte Richtung weisen (Denkhilfen), nicht aber vollständig bestimmen (Beispiele: „Vergleiche Ausgangs- und Zielzustand!"). Heuristische Regeln erfüllen folgende Funktionen:

- Sie fordern zu einer **systematischen Vorgehensweise** bei der Problemlösung auf.
- Sie regen die Aktivierung der für eine Tätigkeit **relevanten Gedächtnisinhalte** an.
- Sie steigern das physiologische **Aktivationsniveau** der Person.
- Sie eignen sich für die soeben beschriebene **Verinnerlichung** von Handlungen durch unterschiedliche **Sprechformen**.
- In geeigneter Menge und Kombination können sie ein **ganzheitliches Abbild** der Arbeitstätigkeit liefern.
- Sie lassen, weil sie das Denken und Handeln nicht vollständig festlegen, Raum für ein **selbstständiges Experimentieren** und Explorieren von Handlungsalternativen.

Bei der Verwendung heuristischer Regeln in der Personalentwicklung werden zunächst einige allgemeine heuristische Regeln als Denk-, Lern- und Planungshilfen vermittelt. Danach werden die Teilnehmer aufgefordert, eine komplexe Problem- oder Aufgabenstellung selbstständig zu bewältigen – und zwar mithilfe der gelernten heuristischen Regeln (vgl. Holling & Liepmann, 2004; Sonntag, 1989). Beispiele für kognitive Trainings, die auf der Vermittlung heuristischer Regeln basieren, finden sich bei Sonntag (1993) sowie Schaper und Sonntag (1997).

Selbstreflexionstechniken

Hierbei reflektieren die Teilnehmer ihr Vorgehen bei der Bearbeitung einer Aufgabe mithilfe von Fragen. Sie werden so zur Reflexion und gegebenenfalls zur Modifikation des Denkens und Problemlösens angeregt (Schaper & Sonntag, 1997).

Selbstinstruktionstechniken

Bei dieser Vorgehensweise werden die Lernenden angeleitet, sich selbstständig aufgabenrelevante Kenntnisse anzueignen. Dies geschieht durch das systematische **Beobachten und Protokollieren** der eigenen Arbeitstätigkeit und der **Arbeitstätigkeit erfahrener Kollegen** (Matern & Hacker, 1986; Rühle, 1988). Die ausgewählten Handlungsalternativen sollen benannt und grob skizziert sowie die Abfolge der Arbeitshandlungen registriert werden. Hierfür lassen sich ggf. entsprechende Protokollbögen einsetzen.

Literatur

Bergmann, B. (Hrsg.). (1994). *Die Handlungsregulationstheorie. Von der Praxis einer Theorie*. Göttingen: Verlag für Angewandte Psychologie.

Bergmann, B., Wiedemann, J. & Zehrt, P. (1997). Konzipierung und Erprobung eines multiplen Störungsdiagnosetrainings. In K. Sonntag & N. Schaper (Hrsg.), *Störungsmanagement und Diagnosekompetenz* (S. 233-251). Stuttgart: Teubner.

Galperin, P. J. (1967). Die Entwicklung der Untersuchungen über die Bildung geistiger Operationen. In H. Hiebsch (Hrsg.), *Ergebnisse der sowjetischen Psychologie* (S. 367-405). Berlin: Akademie Verlag.

Hacker, W. & Skell, W. (1993). *Lernen in der Arbeit*. Berlin: Bundesinstitut für Berufsbildung.

Hacker, W. (1998). *Allgemeine Arbeitspsychologie. Psychische Regulation von Arbeitstätigkeiten*. Bern: Huber.

Heuer, H. (1985). Wir wirkt mentale Übung? *Psychologische Rundschau, 36*, 191-200.

Holling, H. & Liepmann, D. (2004). Personalentwicklung. In H. Schuler (Hrsg.), *Lehrbuch Organisationspsychologie* (3. Aufl.; S. 345-383). Bern: Huber.

Matern, B. & Hacker, W. (1986). Erlernen von Arbeitsverfahren. *Psychologie für die Praxis, 1986*, 25-38.

Rühle, R. (1988). *Kognitives Training in der Industrie*. Berlin: VEB Deutscher Verlag der Wissenschaften.

Schaper, N. & Sonntag, K. (1997). Kognitive Trainingsmethoden zur Förderung diagnostischer Problemlösefähigkeiten. In K. Sonntag & N. Schaper (Hrsg.), *Störungsmanagement und Diagnosekompetenz* (S. 193-210). Stuttgart: Teubner.

Sonntag, K. (1989). *Trainingsforschung in der Arbeitspsychologie*. Bern: Huber.

Sonntag, K. (1993). Kognitive Trainingsverfahren in der Berufsbildung. In C. K. Friede & K. Sonntag (Hrsg.), *Berufliche Kompetenz durch Training* (S. 47-70). Heidelberg: Sauer.

Sonntag, K. & Schaper, N. (2001). Wissensorientierte Verfahren der Personalentwicklung. In H. Schuler (Hrsg.), *Lehrbuch der Personalpsychologie* (S. 241-263). Göttingen: Hogrefe.

Ulich, E. (1999). Lern- und Entwicklungspotentiale in der Arbeit – Beiträge der Arbeits- und Organisationspsychologie. In K. Sonntag (Hrsg.), *Personalentwicklung in Organisationen* (2. Aufl.; S. 123-153). Göttingen: Verlag für Angewandte Psychologie.

Volpert, W. (1987). Psychische Regulation von Arbeitstätigkeiten. In U. Kleinbeck & H. Rutenfranz (Hrsg.), *Enzyklopädie der Psychologie D/III/1: Arbeitspsychologie* (S. 1-42). Göttingen: Hogrefe.

4.5 Erlebnisorientierte Techniken[9]

Erlebnisorientierte Techniken (Übungen und Spiele[10]) erzeugen Aufmerksamkeit durch zusätzliche Stimulanz und verbinden theoretische Inhalte mit praktischen Erfahrungen. Die wichtigsten Gründe für den Einsatz sind:

- **Erfahrungsbezug:** Übungen und Spiele schaffen Erfahrungen, die Inhalte glaubhaft transportieren können. Aus der Gedächtnisforschung ist zudem bekannt, dass praktisch erarbeitete Inhalte besser erinnert werden als solche, die nur „passiv rezipiert" werden.

- **Anschaulichkeit:** Einige Übungen zielen darauf ab, soziale Phänomene (Gruppen- und Rollenverhalten, Entwicklungen und Prozesse etc.) zu verdeutlichen.

- **gemeinsame Symbolsprache:** Eine in der Gruppe durchgeführte Übung kann einen gemeinsamen Erfahrungsschatz vermitteln, der in der Auswertung und im Transfer sehr nützlich sein kann. Die aus einer gemeinsamen Erfahrung entstandene Symbolik kann mit einem Satz den gesamten Theorieinhalt einer Übung mitteilen.

- **Teilnehmeraufmerksamkeit:** Spiele machen ein Seminar interessanter und lebhafter für die Teilnehmer, was sich positiv auf deren Aufmerksamkeit auswirkt.

In Abbildung 1 sind beispielhafte Übungen und Spiele für verschiedene Einsatzbereiche[11] zusammengestellt. Ziel der vertiefenden Darstellung der Übungen ist es,

---

[9] Weitere Outdoor-spezifische Techniken sind in Kapitel 3.4.2 Outdoor-Trainings in Tabelle1 beschrieben.
[10] Zu den erlebnisorientierten Techniken zählen auch gruppendynamische Techniken. Sie kommen heute allerdings nur noch selten zur Anwendung, weshalb auf eine Darstellung an dieser Stelle verzichtet wird.
[11] Auf die Darstellung von Spielen, die lediglich der Auflockerung oder Motivation dienen, wurde verzichtet.

Funktionsprinzipien zu erläutern, nicht vollständige Anleitungen zu bieten. Es können je nach Ziel der Veranstaltung individuelle Anpassungen vorgenommen werden.

Bücher zu erlebnisorientierten Techniken im Seminar gibt es unzählige. Einen Überblick geben u.a. Ameln und Kramer (2007), Heckmair (2008), Rachow (2002) oder Röschmann (1998). Entscheidend ist, dass Spiele und Übungen immer nur Mittel zum Zweck bleiben (**Ohne Ziel kein Spiel!**). Fehlt eine fundierte Nachbesprechung, oder ist nicht klar, welche Inhalte mit der Übung vermittelt werden sollen, sind Spiele lediglich eine, wenn auch amüsante, Verschwendung wertvoller Seminarzeit.

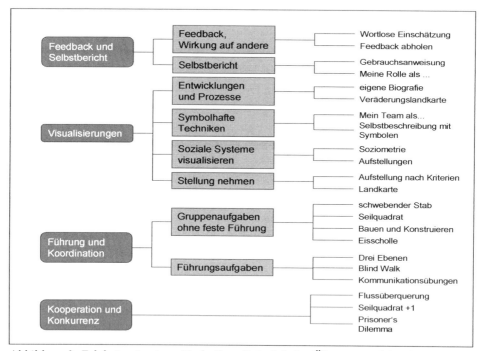

Abbildung 1: Erlebnisorientierte Techniken: Beispiele für Übungen und Spiele

Feedback und Selbstbericht

Feedback, Wirkung auf andere: Diese Übungen ermöglichen eine Rückmeldung über die eigene Wirkung auf andere. Die Gruppe sollte dazu mit Feedbackregeln vertraut sein und die grundlegende Wirkung von Feedback kennen (siehe Kap. 4.2: Feedback-Techniken):

- **wortlose Einschätzung:** Die Teilnehmer geben aufgrund eines ersten Eindrucks eine wortlose, d.h. gezeichnete, pantomimische oder anders visualisierte Einschätzung zu anderen Personen ab. Neben einer Überprüfung dieser Eindrücke können auch Wahrnehmungseffekte erarbeitet werden. Ein Vergleich zwischen der Bewertung zu Anfang und Ende eines Seminars kann aufschlussreich sein (vgl. Röschmann, 1998; Vopel, 1995a, 1995b).

- **Feedback abholen:** Ein Teilnehmer wählt einen anderen Teilnehmer aus, von dem er gerne zu einem bestimmten Thema Feedback erhalten möchte. Dieser gibt nach einer kurzen Bedenkzeit Rückmeldung. Nachdem das Feedback „abgeholt" wurde, wechselt der Feedback-Geber in die Position des Feedback-Nehmers.

Selbstbericht: In diesen Übungen teilen Seminarteilnehmer den anderen etwas über sich mit, das diese sonst nicht, nur schwierig oder erst nach längerer Zeit kennenlernen würden:

- **Gebrauchsanweisung:** Die Teilnehmer erstellen für sich selbst eine Gebrauchsanleitung, die sie den anderen präsentieren. Die Anleitung deckt alle üblichen Punkte ab: Funktionen, Gebrauch, Verhalten bei Fehlfunktionen etc.

- **„Meine Rolle als ...":** Die Teilnehmer notieren drei Rollen, die sie in verschiedenen Lebensbereichen ausfüllen (z.B. Beruf, Familie, Freizeit). Für jede Rolle beantworten sie folgende Fragestellung: „Meine Rolle als ... macht es notwendig, dass ich...". Die Ergebnisvorstellung kann den Blick für Eigenschaften der anderen Person öffnen, die im normalen Kontext nicht bekannt würden (vgl. Röschmann, 1998; Vopel, 1995b).

Visualisierungen

Entwicklungen und Prozesse: Diese Techniken machen einen chronologischen Verlauf von Ereignissen (die möglicherweise nur subjektive Relevanz für Einzelne haben) sichtbar:

- **eigene Biografie:** Die Teilnehmer schreiben oder zeichnen ihre Biografie in einer Gruppe (vgl. Röschmann, 1998; Vopel, 1994). Zur Visualisierung von Veränderung und Entwicklung ist der **„Lebensfluss"** gut geeignet: Die Biografie wird als Fluss mit Zuflüssen, Inseln, Stromschnellen etc. (bedeutende Ereignisse) dargestellt.

- **Veränderungslandkarte:** Auch Veränderungsprozesse können gut visualisiert werden. Neben Flussläufen (s.o.) bieten sich auch Landkarten an, auf denen bisher zurückgelegte Wege eingezeichnet werden. In den Karten wird markiert, wo sich Wege getrennt haben, Zwischenlager errichtet wurden etc. (vgl. Rachow, 2002).

Die Visualisierung strukturiert Entwicklungswege und fördert eine Reflexion.

Symbolhafte Techniken: Symbole reduzieren Komplexität und bieten einen guten Einstiegspunkt für eine weitere Vertiefung und die Betrachtung aus verschiedenen Perspektiven:

- **Selbstbeschreibung mit Symbolen:** Anhand von Symbolen beschreiben die Teilnehmer sich selbst. Bewährt haben sich Bilder, Fotos (vgl. Wallenwein, 2003) und Landschaftsaufnahmen. Auch Sprichworte eignen sich gut für diese Technik (vgl. Röschmann, 1998; Vopel, 1995a).

- **„Mein Team als..."**: Mit anschaulichen Bildern werden verschiedene Teamrollen verdeutlicht. So können beim Bild „Fahrrad" (vgl. Röschmann, 1998; Vopel, 1995b) die Rollen Lenker, Kette oder Pedale zugeordnet werden. Weitere Symboliken sind z.B. Schiff (vgl. Lumma, 1988) oder Dorf (vgl. Schönfeld & Meier, 2002).

Diese Übungen helfen, Rollenkonstellationen aufzudecken, die durch eine reine Diskussion nicht sichtbar würden. Alle Teilnehmer sollten in der Nachbesprechung die Zuordnungen hinterfragen und die Situation aus ihrer Sicht darstellen können. Die Zuordnungen können dokumentiert werden, um Entwicklungen deutlich zu machen.

Soziale Systeme visualisieren: Die Grundidee ist, soziale Beziehungen sichtbar und dadurch besprechbar zu machen. Soziale Nähe wird dabei auf Papier oder den Raum übertragen:

- **Soziometrie:** Soziometrische Techniken stellen ausgewählte Aspekte sozialer Beziehungen bildhaft dar (vgl. Moreno, 1974). In Konfliktklärungen hat sich dazu beispielsweise folgendes Vorgehen bewährt (vgl. Thomann, 2004): Die Teilnehmer zeichnen alle in einer Situation relevanten Personen, Strukturen oder sonstigen Aspekte. Dabei werden ausschließlich Symbole verwendet, keine Worte. Die Bilder werden vorgestellt, wobei zunächst die hierarchisch Niedrigeren und diejenigen mit geringerer Gruppenzugehörigkeit präsentieren. In der nächsten Phase werden die verschiedenen „Wahrheiten" der Personen weiter erforscht und im Dialog miteinander in Kontakt gebracht (zum genauen Vorgehen siehe Thomann, 2004).

- **Aufstellung**[12]: Die Teilnehmer stellen sich so im Raum auf, dass die räumliche Nähe die sozialen Nähe repräsentiert: Einander sympathische oder eng verbundene Menschen stehen näher beieinander als solche, die wenig miteinander zu tun haben oder sich unsympathisch sind. Durch Befragung einzelner Personen („Zu welcher der beiden Gruppen fühlen Sie sich eher hingezogen?") können die Beziehungen weiter exploriert werden. Durch Veränderungen der Aufstellung („Wie müssten die Gruppen stehen, damit weniger Informationen verloren gingen?") können Ziele thematisiert werden. Die Aufstellung kann zur **Skulptur** erweitert werden, indem beispielsweise Mimik oder Gesten ergänzt werden (vgl. Rachow, 2002; von Schlippe & Schweitzer, 2003).

---

[12] Aufstellungen sind ein Mittel zur Darstellung sozialer Konstellationen. Die Autoren distanzieren sich jedoch ausdrücklich von Aufstellungsmethoden, die zur Kurzzeitintervention bei massiven Problemen oder gar psychischen Störungen eingesetzt werden. Diese Methoden erzeugen durch den Einsatz starker Emotionen teils sehr heftige Reaktionen und entsprechend dramatische und publikumswirksame „Effekte", bleiben jedoch eine wissenschaftliche Fundierung ihrer Wirkmechanismen und den Nachweis ihrer Wirksamkeit schuldig.

„Stellung" nehmen: Hier ordnen sich die Teilnehmer ebenfalls im Raum an. Es werden jedoch keine Beziehungen verdeutlicht, sondern Zustimmung zu Aussagen oder die Nähe zu bestimmten Einstellungen. Bekannte Varianten dieses Übungstyps sind:

- **Aufstellung nach Kriterien:** Die Teilnehmer stellen sich nach bestimmten Kriterien, z.B. der Zustimmung zu Aussagen im Raum auf („Wie hoch sehen Sie die Chancen, dass sich heute eine Lösung für das Problem findet?"). Eine Raumseite steht für volle Zustimmung, die gegenüberliegende für volle Ablehnung. Von den Teilnehmern werden kurze Statements eingeholt („Warum stehen Sie gerade hier?").
- **Landkarte:** Die Teilnehmer stellen sich anhand einer fiktiven auf dem Boden ausgebreiteten Landkarte auf. Geografisch nahe Personen stehen so auch bei der oft anschließenden Vorstellungsrunde beieinander und können über die Gemeinsamkeit leichter ins Gespräch kommen (vgl. Rachow, 2002).

Führung und Koordination

Gruppenaufgaben ohne feste Führung: Bei „klassischen" Gruppenaufgaben muss in der Gruppe eine Aufgabe gelöst werden, ohne dass vorher eine Rollenverteilung vorgenommen oder eine Leitung bestimmt wird. Die Art, wie sich Rollen ausbilden, Entscheidungen getroffen werden oder eine Leitung etabliert, ist Thema der Auswertung:

- **schwebender Stab:** Ein Stab wird auf die ausgestreckten Zeigefinger der sich in zwei Reihen gegenüber stehenden Teilnehmer gelegt. Aufgabe ist es, den Stab abzulegen, ohne dass dabei ein Finger den Kontakt verliert. Meistens bewegt sich der Stab zunächst nach oben, statt nach unten. Erst nach mehreren Anläufen gelingt es, den Stab auf dem Boden abzulegen (vgl. Heckmair, 2000; Topf, 2002).
- **Seilquadrat:** Die Aufgabe besteht darin, nach einer kurzen Besprechung zu viert mit verbundenen Augen aus einem Seil ein Quadrat zu formen, in dessen Ecken jeweils ein Teilnehmer steht (Rachow, 2002).
- **Bauen und Konstruieren:** Die Übung „**Eier können fliegen**" zählt zu den Konstruktions-Klassikern: Jede Gruppe erhält ein rohes Ei, das bei einem Wurf aus dem 1. oder 2. Stock den Boden unversehrt erreichen soll. Den Teilnehmern stehen Materialien wie Papier, Klebestreifen, Luftballons, o.ä. zur Verfügung. Ihnen ist frei gestellt, wie sie diese Materialien einsetzen, solange das Ei nicht zu Bruch geht (vgl. Wallenwein, 2003). Alternativ lässt sich alles als Aufgabe einsetzen, was von einer Gruppe in vertretbarer Zeit hergestellt werden kann: Papierflieger (vgl. Förste, 2002), Murmelbahnen (vgl. Schoschnig, 2002), Papier- oder Legokonstruktionen.
- **Teppich/Eisscholle:** Die Teilnehmer stehen auf einem Stück Packpapier (= Eisscholle), das anfangs noch allen bequem Platz bietet. Dann aber schmilzt die Eisscholle (Herausreißen kleiner Stücke bzw. unter den Füßen der Teilnehmer mehrmals gefaltet), ohne dass ein Teilnehmer den Boden berühren darf. Nach einiger Zeit können sich die Teilnehmer nur noch durch gegenseitiges Stützen und Festhalten

auf dem kleiner werdenden Untergrund halten (vgl. Heckmair, 2000; Rabenstein, 1996; Röschmann, 1998). Diese Aufgabe ist aufgrund des Körperkontaktes nur für Gruppen einsetzbar, die solche Nähe akzeptieren.

Die **Auswertungen** dieser Gruppenaufgaben verlaufen nach ähnlichen Leitfragen:
- **objektiver Erfolg:** „Wie gut haben Sie die Aufgabe gelöst?"
- **Vorgehen:** „Wie sind Sie vorgegangen? Wann haben Sie gemerkt, dass es so nicht funktioniert? In welche Phasen lässt sich Ihr Vorgehen einteilen?"
- **Strukturen:** „Wer hatte welche Rolle? Welche Reaktionen gab es auf Versuche, die Leitung zu übernehmen? Hat die Verteilung bei der Lösung geholfen?"
- **Kommunikationsstrukturen:** „Hatten alle die Informationen, die sie benötigten? Kamen Nachrichten richtig an? Wurde zu wenig/zu viel kommuniziert?"
- **Entscheidungen:** „Wie wurden Entscheidungen getroffen und gelenkt?"

In den nächsten Schritten werden Optimierungsmöglichkeiten sowie Übertragbarkeiten und Unterschiede zum Arbeitsalltag ausgearbeitet, die in möglichst konkreten Ableitungen für den Arbeitskontext münden. Die verwendeten Spiele sollten sich an den realen Strukturen orientieren, so dass ein Bezug leichter hergestellt werden kann.

Führungsaufgaben: Im Unterschied zu den zuvor beschriebenen Aufgaben ist hier explizit eine Hierarchie oder Aufgabenteilung vorgegeben und Kommunikationswege werden bewusst eingeschränkt.

- **Drei Ebenen:** Die Teilnehmer werden analog Abbildung 2 eingeteilt. Die operative Ebene erhält eine Rechenaufgabe mit zwei Unbekannten, z.B. „32 X + A + 4/15 = 30" (vgl. Röschmann, 1998), die mittlere Ebene Material, das nicht das Geringste mit der Aufgabe zu tun hat. Die obere Führungsebene erhält Zahlenmaterial, u.a. die benötigte Information „X = 0,5". Keine Gruppe weiß, welche Informationen die andere hat, Kommunikation ist nur auf dem schriftlichen Weg von einer Ebene zur anderen möglich. Auch Konstruktionsaufgaben (z.B. Lego) eigenen sich als Aufgabe: Das Management besitzt die Bauanleitung, die operative Ebene die Steine. In der Auswertung sollte auf die Sicht der verschiedenen Beteiligtengruppen eingegangen werden.

- **Blind Walk:** Ein Teilnehmer mit verbundenen Augen wird durch eine unbekannte Umgebung geführt. Diese Übung lässt sich im Rahmen von Führungstrainings einsetzen, z.B. indem im Rahmen eines Rollentauschs eine Führungskraft von einem Mitarbeiter geführt wird (vgl. Rachow, 2002; Scherer, 2002).

- **Kommunikationsübungen:** A muss etwas reproduzieren (z.B. bauen), das B erläutert, ohne dass A das Ausgangsprodukt sehen kann. B wiederum kann nicht sehen, was A produziert. Beide Seiten sind auf exakte Informationen angewiesen. Als Modell eignen sich z.B. geometrische Zeichnungen, Gebilde aus Stühlen (vgl. Heinemann, 1985, Röschmann, 1998) oder Haltungen von Personen (vgl. Rachow, 2002). Die Übungen eignen sich für Kommunikations- oder Führungsseminare.

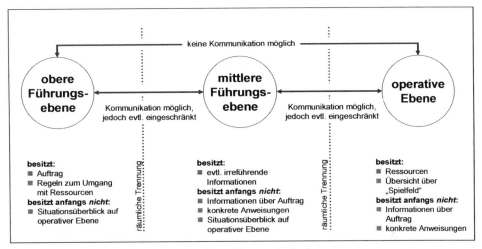

Abbildung 2: Funktionsprinzip einer Drei-Ebenen-Aufgabe

Kooperation und Konkurrenz

Die Gemeinsamkeit dieser Aufgaben ist, dass Teams an getrennten Aufgaben arbeiten, die eine Konkurrenzsituation nahe legen. Die Aufgaben sind allerdings nur durch ein Zusammenarbeiten der Gruppen oder das Teilen von Ressourcen problemlos zu lösen.

- **Flussüberquerung:** Mehrere Gruppen haben die Aufgabe, mit verschiedenen Hilfsmitteln (Kisten, Balken etc.) einen „Fluss" (abgesteckter Bereich) zu überqueren. Alle Teilnehmer mitsamt Material müssen das Ufer erreichen. Eine Gruppe alleine kann die Aufgabe mit viel Anstrengung und etwas Glück gerade eben erreichen. Das Ziel ist allerdings nicht, als *erste* Gruppe fertig zu werden, sondern *möglichst schnell*. Das wird am ehesten durch Ressourcen-Teilung mit anderen Gruppen erreicht.

- **Seilquadrat + 1:** Diese Übung basiert auf dem „Seilquadrat" (s.u.). Der Unterschied besteht darin, dass eine Figur hergestellt werden soll, die aus einer Ecke mehr besteht, als Teilnehmer in der Gruppe sind. Diese Aufgabe ist relativ einfach zu lösen, wenn sich die Gruppen eine Seite des Vielecks „teilen" und der jeweils anderen Gruppe einen ihrer Mitspieler ausleihen (siehe Abbildung 3; vgl. Heckmair, 2000).

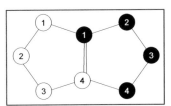

Abbildung 3: Lösungsskizze zu „Seilquadrat + 1" (nach Heckmair, 2000)

- **Prisoner's Dilemma:** Zwei Teams sind bei einem Überfall erwischt worden. Bestraft werden sie aber nur, wenn ein Team gegen das andere aussagt. Daher wird beiden Teams Strafmilderung für eine Aussage versprochen. Beide Teams haben keinen Kontakt zueinander. Tabelle 4 zeigt mögliche Verteilungen der Strafen. Durch Veränderung der Risiken (Instruktion 1 legt „Aussagen" nahe, Instruktion 2 „Schweigen") können die Strategien beeinflusst werden. In *jedem* Fall bleibt das Schweigen auf beiden Seiten die beste Alternative. Die Übung gewinnt an Tiefe, wenn in mehreren Durchgängen die Instruktionen variiert werden: Wenn die Gruppen sich in der ersten Runde „verpfeifen" (Instruktion 1), kann sehr schnell, auch bei veränderter Instruktion (2), die Motivation, es den Anderen heimzuzahlen oder die Angst, wieder hereingelegt zu werden, die optimale Option „Schweigen" überlagern. Die Übung muss gründlich nachbesprochen werden.

Tabelle 4: Optionen im Prisoner's Dilemma

	Instruktion 1		Instruktion 2	
	A schweigt	A sagt aus	A schweigt	A sagt aus
B schweigt	A und B: keine Strafe	A: 2 Jahre B: 10 Jahre	A und B: keine Strafe	A: 7 Jahre B: 10 Jahre
B sagt aus	A: 10 Jahre B: 2 Jahre	A: 4 Jahre B: 4 Jahre	A: 10 Jahre B: 7 Jahre	A: 7 Jahre B: 7 Jahre

Literatur

Ameln, F. & Kramer, J. (2007). *Organisationen in Bewegung bringen. Handlungsorientierte Methoden für die Personal-, Team- und Organisationsentwicklung.* Berlin: Springe.

Förste, S. (2002). Der Teamflieger. In A. Rachow (Hrsg.), *spielbar II* (S. 183). Bonn: managerSeminare.

Heckmair, B. (2000). *Konstruktiv lernen.* Weinheim: Beltz.

Heckmair, B. (2008). *Erleben und Lernen.* München: Reinhardt.

Heinemann, U. (1985). *Reden – Zuhören – Antworten.* München: Pfeiffer.

Lumma, K. (1988). *Strategien der Konfliktlösung.* Hamburg: Windmühle.

Moreno, J. L. (1974). *Die Grundlagen der Soziometire. Wege zur Neuordnung der Gesellschaft.* Opladen: Leske + Budrich.

Rabenstein, R. (1996). *Lernen kann auch Spaß machen.* Münster: Ökotopia.

Rachow, A. (2002). *Ludus & Co.* Bonn: managerSeminare.

Röschmann, D. (1998). *Ein Verzeichnis von über 400 Gruppenübungen und Rollenspielen.* Hamburg: Windmühle.

Scherer, B. (2002). Blind Walk. In A. Rachow (Hrsg.), *spielbar II* (S. 107). Bonn: managerSeminare.

Schlippe, A. v. & Schweitzer, J. (2003). *Lehrbuch der systemischen Therapie und Beratung.* Göttingen: Vandenhoeck & Ruprecht.

Schönfeld, D. & Meier, M. (2002). Offenes Dorf. In A. Rachow (Hrsg.), *spielbar II* (S. 143). Bonn: managerSeminare.

Schoschnig, U. (2002). Murmelbahnbau. In A. Rachow (Hrsg.), *spielbar II* (S. 171). Bonn: managerSeminare.

Thomann, Ch. (2004). *Klärungshilfe: Konflikte im Beruf.* (2. Aufl.). Reinbek: Rowohlt.

Topf, C. (2002). Eine schwere Last ablegen. In A. Rachow (Hrsg.), *spielbar II* (S. 111). Bonn: managerSeminare.

Vopel, K. W. (1994). *Themenzentriertes Teamtraining.* Salzhausen: iskopress.

Vopel, K. W. (1995a). *Anfangsphase Teil I.* Salzhausen: iskopress.

Vopel, K. W. (1995b). *Anfangsphase Teil II.* Salzhausen: iskopress.

Wallenwein, G. (2003). *Spiele: Der Punkt auf dem i.* Weinheim: Beltz.

4.6 Präsentationstechniken

Hintergrund und Funktionsweise: Unter einer Präsentation versteht man die strukturierte, systematisch aufbereitete und oftmals durch mediale Hilfsmittel wie Projektoren, Beamer oder Flipcharts unterstützte Darstellung von Inhalten zum Zweck der Information und/oder der Überzeugung einer Zielgruppe durch eine oder mehrere Personen, die diese Darstellung durchführen.

Präsentationstechniken werden hier als alle relevanten Hilfsmittel verstanden, die bei der Vorbereitung, Umsetzung und Nachbereitung (vgl. Ruhleder, 2006) einer Präsentation eingesetzt werden können und die der Vermittlung der Inhalte dienlich sind (zum Überblick siehe Abbildung 1).

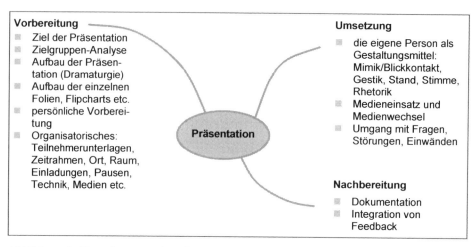

Abbildung 1: Kernelemente einer Präsentation

Anwendungsgebiet/Umfeld: Die Einsatzmöglichkeiten von Präsentationen im organisationalen Umfeld sind sehr umfangreich:

- **Mitarbeiter** werden vom Management, Personalabteilung oder Betriebsrat über Ergebnisse, Erfolge, Innovationen, Technik oder Strategien informiert.
- **Führungskräfte** werden durch ihre Mitarbeiter über Projekte/Ergebnisse informiert.
- **Schulungsteilnehmern** wird mittels Präsentationen Wissen vermittelt.
- **Kunden** erhalten durch Präsentationen eine überzeugende, systematische Darstellung von Produkten, Prozessen, Projektständen oder internen Strukturen.

Hinweise zur Durchführung: Die **Prägnanz** einer Präsentation ist an die **Person des Präsentierenden gekoppelt.** Die Art, wie etwas präsentiert wird, beeinflusst die Meinung der Zuhörer über die Richtigkeit und Relevanz des Gesagten wesentlich mehr als die dargestellten Informationen selbst (Mehrabian, 1981). Im Folgenden werden Techniken für alle drei Phasen der Präsentation – Vorbereitung, Umsetzung und Nachbereitung – zusammenfassend dargestellt.

Eine gute **Vorbereitung** liefert Sicherheit für den Präsentierenden. Zunächst steht dabei die Entscheidung an, welches **Thema** die Präsentation haben sollte. Oftmals sind bereits hier Missverständnisse vorprogrammiert, wenn sich der Präsentierende nicht in sein Publikum hineinversetzt. Um „Einweg-Kommunikation" zu vermeiden, lohnt es sich daher, sich über die Relevanz des Themas bei der Zielgruppe Gedanken zu machen. Zunächst sollten entsprechende **Informationen** zum Thema gesammelt und – in mehreren Schritten – **zusammengefasst** werden. Für den Präsentierenden gilt hier die Regel, dass weniger mehr ist, d.h. dass auf Folien oder an Flipcharts optimalerweise nur **Stichworte** auftauchen sollten (Will, 2006). Der Fließtext sollte aus dem Munde des Präsentierenden kommen. **Kurze, prägnante Begriffe** („Telegrammstil")[13], **Überschriften** sowie **Bilder, Grafiken** oder **Tabellen** (Murch & Woodworth, 1978) helfen dem Publikum in der Orientierung. Um die Zuhörer einschätzen zu können, lohnt es sich, eine **Zielgruppen-Analyse** durchzuführen. Diese kann sich auf Erwartungen, Vorwissen, Motivation, Kultur, Hierarchien, Funktionen, Stimmung des Publikums etc. beziehen. Oft hilft ein Vorabkontakt zu den Zuhörern, der auch eventuelle Berührungsängste reduziert.

Schon bei der Aufbereitung des Präsentationsmaterials ist es wichtig zu entscheiden, ob mit einer Präsentation informiert oder überzeugt werden soll. Während bei einer **Informationspräsentation** die lebendige Darstellung von Fakten im Vordergrund steht, sollten bei einer **Überzeugungspräsentation** zusätzlich eventuelle Einwände oder gar Widerstände der Zuhörer berücksichtigt werden.

Auch die **Organisation** ist ein wichtiger Teil der Vorbereitung. Aspekte wie Kinobestuhlung vs. Stuhlkreis (der eher zum diskutieren anregt) oder die Pausengestaltung beeinflussen die Aufnahmefähigkeit der Zuhörer.

In der **Umsetzung** von Präsentationen ist der folgende **Aufbau** dienlich:

1. **Aufmerksamkeit erzeugen, Begrüßung, Einleitung:** Start mit einer (rhetorischen) Frage, Geschichte oder Scherz (Ruhleder, 2006); Ziel: Interesse wecken.

2. Darstellung der **Aufgaben- oder Problemstellung:** Untermauerung durch Bilder oder Beispiele.

3. **Lösungsansatz:** Logische, faktenbasierte Anknüpfung an die Aufgabenstellung, Sicherung des Verständnisses der Zuhörer.

4. **Vorteile/Nutzenargumentation:** Beschreibung des Nutzens der Lösung oder (meist weniger motivierend) Verweis auf Nachteile bei Nichteinhaltung.

5. **Abschluss/Vereinbarungen/Appell:** Bündelung der Aufmerksamkeit und Zusammenfassung der notwendigen Schritte/Aktionen.

6. **Diskussion/Fragen/Einwandbehandlung:** Aufgreifen von offenen Punkten und transparente Beantwortung derselben; Techniken: Frage inhaltlich wiederholen um Verständnis sicher zu stellen; bei kritischen Einwänden deutlich machen, welchem Teil zugestimmt werden kann und wo es Widerspruch gibt; Diskussionsfragen Einzelner öffnen und an das Publikum zurückgeben (am besten geeignet, wenn es um Erfahrungen bzw. einen Aspekt geht, den der Referent nicht beantworten kann); bei ausufernden Fragen, die nur das Interesse Weniger berühren, auf Beantwortung nach der Präsentation verweisen (und auch wirklich offen dafür sein).

---

[13] Siehe hierzu auch die vier „**Verständlichmacher**" Einfachheit, Gliederung und Ordnung, Kürze und Prägnanz sowie Stimulanz nach Langer, Schulz von Thun und Tausch (2006).

Der beschriebene inhaltliche Aufbau einer Präsentation sollte vor allem durch die **Gestaltungsmittel der eigenen Person** unterstützt werden. Wesentlich hierfür sind also Elemente der **Körpersprache** und der **Rhetorik** (siehe hierzu Ditko, Eick & Mühlnickel, 1999; Gelb, 1998; Molcho 2002; Motamadi, 1993):

- **Blickkontakt:** bei Gruppen bis 15 Personen mit jedem Blickkontakt aufnehmen; Ziel: Interesse und Aufnahmebereitschaft signalisieren, Feedback einholen (Dialog statt Einweg-Kommunikation), Selbstsicherheit ausstrahlen.
- **Stand:** Füße etwa auf Schulterbreite parallel, zum Publikum gewandt; bewusst bewegen, wenn man z.B. vom Beamer zum Flipchart geht; Ziel: Ruhe vermitteln und dem Publikum ermöglichen, sich auf den Inhalt zu konzentrieren.
- **Gestik:** findet auf Höhe der Hüften und des Brustkorbs statt, da zu ausladende Bewegungen übertrieben wirken; Ziel: Unterstreichung des Gesagten und damit besseres Verständnis beim Zuhörer.
- **Rhetorik:** kurze, prägnante Sätze, breit gefächerter Wortschatz (nicht fremdwortlastig!), abwechslungsreiche Modulation der Stimme (laut-leise, hart-weich, schnell-langsam), Einhalten von Sprechpausen, Atemtechnik (Luftholen!); Ziel: tiefere Verarbeitung des Gesagten bei den Zuhörern.

Neben diesen Aspekten sind auch ganz **allgemeine Verhaltenshinweise** erfolgversprechend. Bei **kleineren Runden** (bis ca. 20 Zuhörer) kann schon vor der eigentlichen Präsentation durch Blicke, Begrüßung oder direkte Ansprache **frühzeitig Kontakt aufgenommen werden**. Dies reduziert die eigene Nervosität und liefert Sympathiepunkte. Zu **Beginn** einer **längeren Präsentation** sollte nach der ersten Begrüßung auf den **Ablauf** und die **Pausen hingewiesen** werden. Insbesondere der **Einstieg** in eine Präsentation sollte **auswendig sitzen** – zu Beginn ist bei den meisten Präsentierenden die Aufregung am höchsten. Ein sicherer Einstieg hilft, sich für den weiteren Verlauf zu beruhigen.

Unter dem Stichwort **Medienwechsel** versteht man den Einsatz unterschiedlicher Präsentationsmittel (z.B. Folien, Flipchart, Pinnwand etc.). Er dient der Stimulanz und unterstützt die Aufnahme der Inhalte. So hilft es z.B., die Agenda eines Meetings für alle sichtbar auf einem Flipchart im Raum zu platzieren, statt sie auf einer Folie abzubilden, die „weitergeblättert" wird. Die Zuhörer können sich dann zu jeder Zeit orientieren, an welchem Punkt des Meetings sie sich gerade befinden. Auch die Darstellung entsprechender Nutzenargumente (z.B. die Vorteile eines Produkts) an einem Flipchart ermöglicht dem Präsentierenden, diese beim Publikum zu jeder Zeit sichtbar zu halten.

Die **Nachbereitung** einer Präsentation beinhaltet die Auswertung der Reaktionen aus dem Publikum. Die vorgebrachten Fragen und Einwände sind oft hilfreich, um Schwachstellen in den eigenen Unterlagen zu erkennen. Weiterhin erhält man darüber oft fachliche Anregungen, die als Feedback für die eigene Arbeit dienlich sind.

Theoretische Grundlagen: Die Literatur zum Thema Präsentation ist in aller Regel sehr praxisorientiert und wird damit zumeist der zentralen Fragestellung des Lesers – „Wie mache ich's?" – sehr gerecht. Neben den zitierten Beiträgen und Fachbüchern sei noch auf die Bücher von Seifert (2004), Feuerbach (1990), Hartmann, Funk, & Nietmann (2003) sowie Zelazny (2005) verwiesen, die eine umfangreiche Übersicht über Präsentationstechniken liefern.

Literatur

Ditko, P. H., Eick, G. & Mühlnickel, I. (1999). *Erfolgreich repräsentieren.* Stuttgart: DS-Verlag.

Feuerbach, B. (1990). *Fachwissen prägnant vortragen – moderne Vortragstechniken für Wissenschaftler und Ingenieure.* Heidelberg: Sauer.

Gelb, M. J. (1998). *Sich selbst präsentieren.* Offenbach: GABAL.

Hartmann, M., Funk, R. & Nietmann, H. (2003). *Präsentieren.* Weinheim: Beltz.

Langer, I., Schulz von Thun, F. & Tausch, R. (2006). *Sich verständlich ausdrücken.* München: Reinhardt.

Mehrabian, A. (1981). *Silent messages: Implicit communication of emotions and attitudes.* Belmont, CA: Wadsworth.

Molcho, S. (2002). *Alles über Körpersprache.* München: Goldmann.

Motamadi, S. (1993). *Rede und Vortrag.* Weinheim: Beltz.

Murch, G. M. & Woodworth, G. L. (1978). *Wahrnehmung.* Stuttgart: Kohlhammer.

Ruhleder, R. H. (2006). *Vortragen und Präsentieren.* Würzburg: Max Schimmel.

Seifert, J. W. (2004). *Visualisieren, Präsentieren, Moderieren.* Offenbach: GABAL.

Will, H. (2006). *Mini-Handbuch Vortrag und Präsentation.* Weinheim: Beltz.

Zelazny, G. (2005). *Wie aus Zahlen Bilder werden: Wirtschaftsdaten überzeugend präsentieren.* Wiesbaden: Gabler.

4.7 Moderationstechniken

Hintergrund/Funktionsweise: Moderationstechniken sind Techniken und Methoden, die eine Gruppe dabei unterstützen, in einer Diskussion ein Ziel zu erreichen. Die Aufgabe der Moderation besteht darin, durch den Einsatz von Moderationstechniken und grundsätzlichen Techniken (Fragen und Zusammenfassen), den Prozess auf dieses Ziel gerichtet zu steuern. Der Moderator bleibt dabei inhalts- und personenneutral und bewegt sich innerhalb des vom Auftraggeber oder der Gruppe zu definierenden Rahmens (vgl. auch Demmerle, Schmidt & Hess, Kap. 3.5.3: Moderationstraining). Die Aufgaben umfassen im Einzelnen (vgl. Edmüller & Wilhelm, 2007; Hartmann, Rieger & Luoma, 2007):

- **Vorbereitung**
  - Moderationsauftrag und Ziele mit dem Auftraggeber klären
  - Informationen über das Thema und die erwarteten Teilnehmer einholen
  - Moderation methodisch vorbereiten – auf logische Stringenz prüfen
  - Raum, Technik, Medien, Material, Verpflegung etc. organisieren
- **Umsetzung**
  - Ankommen gestalten und ein gemeinsames Verständnis vom Thema herstellen
  - Ziele abstimmen
  - kontinuierliche Anpassung einer am Ziel orientierten Planung: Weiterentwicklung und ggf. Anpassung des Moderationsleitfadens
  - Themen sammeln und strukturieren
  - auf die wichtigen und damit zu bearbeitenden Themen fokussieren
  - Diskussions- und Aushandlungsprozess steuern – zusammenfassen und gegenüberstellen (ausgewählte Themen ggf. in Kleingruppen bearbeiten)
  - (terminierte) Vereinbarungen treffen und Ergebnisse visualisieren
- **Nachbereitung**
  - Dokumentation der Inhalte gewährleisten
  - methodische und inhaltliche Auswertung vornehmen

Hinweise zur Durchführung: Der Ablauf einer Moderation lässt sich in **öffnende** und **schließende Phasen** einteilen: Phasen in denen Möglichkeiten erweitert und Inhalte angereichert werden, abgelöst von Phasen, in denen sich auf das momentan Wesentliche konzentriert und fokussiert wird (vgl. Abbildung 1). Gerade bei der Moderation eines Workshops muss der Moderationsleitfaden im Sinne einer dynamischen Planung während des gesamten Prozesses kritisch geprüft und immer wieder im Hinblick auf das definierte Ziel und die aktuellen Gegebenheiten angepasst werden. Dies geschieht in enger Abstimmung mit dem Auftraggeber und wird der Gruppe transparent gemacht (vgl. auch Langmaack & Braune-Krickau, 2010).

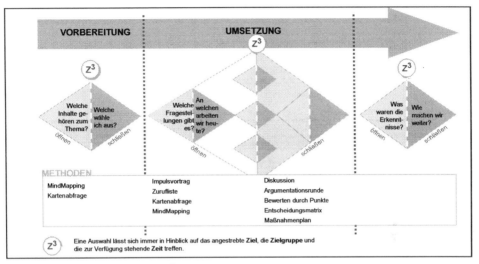

Abbildung 1: Aufbau einer Moderation

Einsatz und Variation von Moderationstechniken

Ein Moderator benötigt einen gut gefüllten Handwerkskoffer mit Moderationstechniken, die er versteht, situationsangemessen einzusetzen. Die Zeitschrift für Organisationsentwicklung (ZOE) stellt auf ihrer Website ein „Periodensystem der Moderation" dar, in dem verschiedene Methoden zusammengefasst dargestellt sind (http://www.zoe.ch/dateien/periode.html).

Ein Moderator muss die Techniken **so gut beherrschen**, dass er für die Umsetzung nur wenig geistige Kapazität braucht und sich vollständig **auf den Prozess konzentrieren kann**. Im Folgenden werden grundsätzliche Fragetechniken, Techniken zum Sammeln und Strukturieren sowie zum Bewerten und Entscheiden vorgestellt. Diese Techniken stellen eine Auswahl der Grundmethoden dar. Weitere findet man z.B. bei Rabenstein, Reichel und Thanhoffer (2004). Erfahrene Moderatoren entwickeln Techniken weiter und passen sie auf die spezifische Fragestellung an. Bei allzu schillernden Verfahren, sollte nicht aus den Augen verloren werden, **was Techniken leisten sollen: die Gruppe bei der Erreichung ihrer Ziele zu unterstützen**.

Grundsätzliche Fragetechniken

Während der gesamten Moderation stehen dem Moderator als grundsätzliche Techniken Fragen, Paraphrasieren, Zusammenfassen und Visualisieren zur Verfügung:

Fragetechniken sind eines der wichtigsten Werkzeuge des Moderators, um den Prozess zu steuern. **Offene Fragen** bringen ein Gespräch in Gang, eignen sich zum Öffnen von

Phasen und können das Wissen, die Anliegen und Interessen der Teilnehmer aktivieren („Welche Themen sind für Sie heute die wesentlichen?"). Sie beginnen mit einem Fragewort, bieten einen breiten Antwortspielraum und ermöglichen dadurch den Erhalt umfassender Informationen. **Alternativfragen** fokussieren ein Thema auf zwei oder mehr Alternativen und fordern eine Entscheidung („Welches Thema ist Ihnen wichtiger, A oder B?"). Sie eignen sich zum Schließen von Phasen bzw. zur Markierung von Wendepunkten im Moderationsprozess. **Geschlossene Fragen** bereiten den Abschluss einer Gesprächsphase vor und dienen zum Schließen von Phasen („Diskutieren wir zunächst das Thema A?"). Mit geschlossenen Fragen können Gespräche gesteuert werden, sie lassen sich mit „ja" oder „nein" beantworten und führen zu einer klaren Entscheidung. Diese Fragen sollten sparsam und nur zum Beenden von Phasen eingesetzt werden (Edmüller & Wilhelm, 2007; Seifert, 2004). Einen Überblick über weitere, spezielle Fragetechniken wie **zirkuläres Fragen**, **Skalierungsfragen** etc. findet man in der systemischen Beratung, z.B. bei Bamberger (2010).

Paraphrasieren und Zusammenfassen: Aussagen und Stellungnahmen inhaltlich zusammenzufassen, kann an verschiedenen Punkten hilfreich sein, um für die Teilnehmer den Prozess zu verdeutlichen (Hartmann et al., 2007).

Themen sammeln und strukturieren

Die folgenden Methoden eignen sich, um **Phasen zu öffnen**. Dabei werden Themen, Ideen oder Lösungsmöglichkeiten gesammelt, um einen Überblick über die Themenvielfalt zu bekommen. Die Methoden **Zurufliste** und **Kartenabfrage** gehen dabei **von den Details zu den Oberbegriffen** (bottom-up), **MindMap** dem entgegen von den Oberbegriffen zu den Details (top-down).

Mit der **Zurufliste** lassen sich viele Ideen in kurzer Zeit sammeln. Die Teilnehmer rufen ihre Ideen in die Runde und der Moderator und/oder Co-Moderator visualisieren diese für alle sichtbar auf einem Flipchart oder auf Karten an einer Pinnwand. Bei dieser Methode beeinflussen sich die Beiträge der Teilnehmer gegenseitig. Problematisch kann dabei sein, dass sich Ideen zu stark an den ersten benannten Ideen orientieren und der individuelle Gedankenprozess durch die Rufe der anderen Teilnehmer unterbrochen wird. Abhilfe können Pausen zur Reflexion schaffen. Demgegenüber können Ideen der anderen Teilnehmer eigene Ideen anregen und dadurch Synergien entstehen lassen. Eine Zeitersparnis ergibt sich, da nicht alles mehrfach aufgeschrieben wird. Vorgehensweise (vgl. auch Hartmann et al., 2007; Lipp & Will, 2008):

- **Moderator** benennt und notiert auf Flipchart/Pinnwand die **genaue Fragestellung**, erklärt **Ablauf und Spielregeln**: keine Diskussionen, Rückfragen erst im Anschluss an die Sammlungsrunde etc.
- Moderator eröffnet Runde und **notiert Beiträge der Teilnehmer**

- wenn keine Beiträge mehr formuliert werden schließt Moderator die Sammlung – nicht zu früh schließen, Pausen zum Nachdenken lassen
- im Anschluss an Sammlungsphase können **inhaltliche Nachfragen** geklärt werden.

Bei der **Kartenabfrage** schreiben die Teilnehmer ihre Ideen auf Moderationskarten. Diese werden dann an einer Pinnwand gesammelt und später strukturiert. Vorteil dieser Methode ist, dass alle Teilnehmer eingebunden werden, ohne von den anderen beeinflusst zu werden. Dadurch werden mehr und unterschiedlichere Ideen produziert – allerdings ist die Umsetzung zeitaufwändiger als die Zurufliste. Vorgehensweise (vgl. auch Lipp & Will, 2008; Seifert, 2004):

- **Einleitung**
  - Moderator gibt **Einführung in das Thema** und notiert auf Pinnwand **Fragestellung** (Frage so formulieren, dass sie **Kern des Interesses** abbildet und von allen in gleicher Weise verstanden wird)
  - Moderator erklärt **Ablauf und Regeln**: nur eine Idee pro Karte aufschreiben, nicht mehr als sieben Worte pro Karte, lesbar schreiben

- **Sammlungsphase**
  - Teilnehmer notieren ihre Beiträge auf Karten
  - Moderator sammelt Karten währenddessen ein und pinnt sie unstrukturiert an die Wand oder Teilnehmer pinnen ihre Karten direkt an und erklären diese kurz
  - Moderator liest jede Karte vor, Verständnisfragen werden geklärt

- **Ordnungsphase**
  - thematisch zusammengehörende Karten werden an eine leere Pinnwand gehängt
  - bei jeder Karte wird entschieden, ob sie einer bereits vorhandenen Gruppe zugeordnet werden kann oder eine neue Gruppe eröffnet; die Teilnehmer schlagen Zuordnung vor und entscheiden, wohin die Karte gehört (bei unterschiedlichen Meinungen entscheidet der Autor der Karte bzw. kann die Karte auch gedoppelt werden, um mehreren Gruppen zugeordnet zu werden)
  - nach Abschluss der Sortierphase werden gemeinsam Überschriften für die Karten-Gruppen entwickelt

Mithilfe einer gemeinsam erstellten **Mindmap** können ebenfalls unterschiedliche Aspekte zu einer Frage gesammelt werden. Die Anwendung dieser Technik setzt voraus, dass die Oberbegriffe/Gruppen bekannt bzw. leicht zu überblicken sind (Buzan & North, 2002; ein Beispiel für eine Mindmap findet sich in Kap. 4.6: Präsentationstechniken, Abbildung 1). Vorgehensweise:

- der Moderator benennt das **Thema** und schreibt es in die Mitte der Pinnwand
- gemeinsam werden durch Zuruf **Hauptäste** festgelegt
- für jeden Hauptast werden **Unterpunkte** gesammelt

- nach der Sammlungsphase werden **Überschneidungen, Zusammenhänge oder Widersprüche** innerhalb oder zwischen den Hauptästen geprüft und markiert

Themen bewerten und entscheiden

In den schließenden Phasen werden Vorschläge reduziert, Entscheidungen getroffen und Maßnahmen geplant.

Die wohl traditionellste Methode des Aushandelns ist die **Diskussionsrunde**. Sie ist mit am schwierigsten zu steuern. Diskussionen haben den Vorteil, dass Teilnehmer unmittelbar ihre Argumente austauschen können. Es besteht jedoch die Gefahr, dass Diskussionen sich endlos und ohne neue Erkenntnisse an denselben Fragen aufreiben und rhetorisch versierte Teilnehmer mit ihrer Meinung im Vordergrund stehen. Erfolgreiche Diskussionen kennzeichnen sich durch ein **klares Ziel** und eine **eng umrissene Fragestellung**. Eine Diskussion durchläuft in der Regel **drei Phasen** (Vorbereitung, Kernzeit und Schlussphase), die im Anteil ausgewogen sein sollten. Die anspruchsvolle Aufgabe des Moderators ist, für ein ausgewogenes Verhältnis der Phasen zu sorgen und folgende Aufgaben zu erfüllen (vgl. Hartmann et al., 2007; Lipp & Will, 2008):

- **Vorbereitung und Start**
  - Diskussionsfrage benennen
  - Ziel benennen (geht es um einen Meinungsaustausch oder Entscheidungsfindung)
  - Spielregeln vereinbaren (Andere ausreden lassen, nur Einer spricht zur gleichen Zeit, ggf. Wortmeldung und Rednerliste, Zeitlimit pro Beitrag)
- **Kernzeit**
  - am Ziel und der Frage orientiert Beiträge **strukturieren**, Gemeinsamkeiten und Unterschiede aufzeigen
  - auf **Einhaltung** der vereinbarten **Diskussionsregeln** achten
  - allen Teilnehmern die **Möglichkeit zur Beteiligung** geben
  - den inhaltlichen Prozess **visualisieren** und **dokumentieren**
- **Schlussphase**
  - **Entscheidungsfindung** bzw. Schlussphase einleiten
  - **Ergebnis benennen** und **festhalten**, um thematischen Schlusspunkt zu setzen

In der **Argumentationsrunde** tragen die Teilnehmer ihre Meinung und Argumente in strukturierter Form vor. Sie kann dann eingesetzt werden, wenn ein Überblick über Tendenzen in der Gruppe entsteht oder die Entscheidung über verschiedene alternative Lösungsmöglichkeiten vorbereitet werden soll. Vorgehensweise (vgl. Lipp & Will, 2008):

- Moderator erklärt **Ablauf und Spielregeln**
- alternative **Lösungsvorschläge, Modelle** etc. werden von den jeweiligen Gruppen vorgestellt und inhaltliche Fragen geklärt, jeder Vorschlag ist visualisiert

- Teilnehmer reflektieren, welchen Vorschlag sie aus welchen Gründen **favorisieren**
- Teilnehmer **formulieren** der Reihe nach ihre **Argumente** (ohne Diskussion)

Bei der **Punktbewertung** bewerten die Teilnehmer mit Klebepunkten (max. halb so viele Punkte wie Themen) verschiedene Alternativvorschläge oder Ideen, an denen anschließend weitergearbeitet werden soll. Vorgehensweise (vgl. Hartmann et al, 2007; Seifert, 2004):

- Themen/Alternativen sind auf Karten, an der Pinnwand oder auf dem Flipchart **visualisiert**; Moderator sorgt dafür, dass alle Vorschläge inhaltlich verstanden sind
- Moderator vermittelt **Ziele und Ablauf** des Verfahrens (wie viele Ideen kommen weiter; was geschieht mit den anderen Themen) und erklärt das Verfahren: wie viele Punkte bekommt jeder Teilnehmer; dürfen mehrere Punkte auf eine Karte geklebt werden?
- Teilnehmer **kleben ihre Punkte** zur Bewertung
- Moderator **schreibt Anzahl der Punkte** für alle sichtbar auf die Karte und sortiert Vorschläge in entsprechende **Rangfolge**

Bei der **Entscheidungsmatrix** wird eine Entscheidung in Teilentscheidungen zerlegt. Sie kann eingesetzt werden, um aus verschiedenen Lösungsmöglichkeiten die beste Alternative auszuwählen. Die Lösungsmöglichkeiten werden dabei anhand definierter Kriterien beurteilt. Vorgehensweise (vgl. auch Lipp & Will, 2008):

- **Alternativen** werden im Plenum **vorgestellt** und inhaltliche Fragen geklärt
- Teilnehmer **sammeln** die für diese Frage relevanten **Bewertungskriterien**
- jeder Teilnehmer **punktet mit Klebepunkten** zunächst für die **Kriterien**, die am bedeutendsten für die Lösung sind
- Moderator zählt Punkte und vergibt den **Gewichtungsfaktor** für die Kriterien
- aus den Lösungsmöglichkeiten und den Kriterien wird eine **Matrix erstellt**
- jeder Teilnehmer kennzeichnet anschließend mit einem Klebepunkt zeilenweise für jedes Kriterium die **Lösungsmöglichkeit, die das Kriterium am Besten erfüllt**
- die Punkte werden mit den **gewichteten Faktoren multipliziert** und **ausgezählt**; Alternative mit den meisten Punkten wird ausgewählt (in Abbildung 2: Lösung C).

	Lösung A	Lösung B	Lösung C	Lösung D
Kriterium A (x 3)		•	•••	
Kriterium B (x 2)	••	•	•	
Kriterium C (x 1)	••	•		•
Kriterium D (x 1)		• •	••	•
Punkte	4+2=6	3+4+2+2=11	12+2+2=16	1+1=2

Abbildung 2: Entscheidungsmatrix

Arbeit in Kleingruppen

In der Kleingruppenarbeit erarbeiten drei bis fünf Teilnehmer gemeinsam einen Inhalt oder diskutieren eine Fragestellung. Sie kann immer dann eingesetzt werden, wenn **parallel an** einer oder **mehreren Fragestellungen** gearbeitet werden soll. Der Arbeitsgruppenauftrag sollte **visualisiert** werden. Die Kleingruppenergebnisse müssen wieder **ins Plenum eingebracht** werden – dies geschieht meist in Form einer **Präsentation**. Im Plenum werden die anderen Teilnehmer eingebunden, können abweichende und ergänzende Meinungen äußern und über den Vorschlag entscheiden. Das Erstellen der Präsentation muss Bestandteil des Arbeitsauftrags sein. Einen guten Überblick über die Arbeit mit Kleingruppen gibt Knoll (2007).

Moderationsgrundausstattung

Für die Umsetzung der Methoden wird **Moderationsmaterial** benötigt. Die Grundausrüstung setzt sich wie folgt zusammen: **Stifte** in ausreichender Anzahl (zwei pro Teilnehmer), **Moderationskarten** in verschiedenen Farben und ggf. Formen, **Pinnwände** mit Papier bespannt (3-10), **Flipchart** mit ausreichend Papier (Hartmann et al., 2007). Nicht immer steht dies zur Verfügung, aber vieles lässt sich improvisieren: mit Klebestreifen und Pinnwänden in Form von Wänden, Türen, Fenstern, hochkant gestellten Tischen wurden auch schon Moderationen erfolgreich durchgeführt.

Moderation mit großen Gruppen

Einen Überblick über spezielle Techniken zur Moderation mit großen Gruppen geben Dittrich-Brauner et al. (2008) sowie Königswieser und Keil (2008).

Literatur

Bamberger, G. G. (2010). *Lösungsorientierte Beratung* (3. Aufl.). Weinheim: Beltz.

Buzan, T. & North, V. (2002). *Business mind mapping.* Wien: Ueberreuter.

Dittrich-Brauner, K., Dittmann, E., List, V. & Windisch, C. (2008). *Grogruppenverfahren: Lebendig lernen – Veränderungen gestalten.* Berlin: Springer.

Edmüller, A. & Wilhelm, T. (2007). *Moderation.* Planegg: STS.

Hartmann, M., Rieger, M. & Luoma, M. (2007). *Zielgerichtet moderieren.* Weinheim: Beltz.

Langmaack, B. & Braune-Krickau, M. (2010). *Wie die Gruppe laufen lernt.* Weinheim: Beltz.

Lipp, U. & Will, H. (2008). *Das große Workshop-Buch.* Weinheim: Beltz.

Seifert, J. W. (2004). *Visualisieren – Präsentieren – Moderieren.* Offenbach: GABAL.

Knoll, J. (2007). *Kurs- und Seminarmethoden. Ein Trainingsbuch zur Gestaltung von Kursen und Seminaren, Arbeits- und Gesprächskreisen.* Weinheim: Beltz.

Königswieser, R. & Keil, M. (Hrsg.). (2008). *Das Feuer großer Gruppen: Konzepte, Designs, Praxisbeispiele für Großveranstaltungen.* Stuttgart: Schäffer-Poeschel.

Rabenstein, R., Reichel, R. & Thanhoffer, M. (2004). *Das Methoden-Set. 5 Bücher für Referenten und Seminarleiter.* Münster: Ökotopia.

4.8 Fallarbeit

Hintergrund und Funktionsweise: Bei der Fallarbeit werden **individuelle Fragestellungen aus dem Arbeitsalltag** eines PE-Teilnehmers systematisch diskutiert und analysiert; es werden **konstruktive Lösungsansätze** entwickelt. Der Bearbeitungsprozess wird von einem Beratungsprofi (Trainer, Berater oder Coach) gesteuert. Dieser gibt auch theoretische Modelle an die Hand, die helfen können, die jeweilige Fragestellung zu klären (z.B. aus dem Bereich der verbalen Kommunikation oder aus anderen Bereichen der Sozialpsychologie). Die **systemischen Interventionstechniken** (vgl. Kap. 4.9: Systemische Techniken) stellen ein wichtiges Handwerkszeug in der Fallarbeit dar. Denn Fallarbeit wird häufig systemisch inszeniert, oder sie erhält wichtige Impulse durch systemische Interventionen. Andere Bezeichnungen für Fallarbeit sind Fallberatung oder Gruppencoaching.

Dabei kann insofern von **Gruppencoaching** gesprochen werden, als eine Person in der Gruppe beraten wird und – im Gegensatz zum klassischen Einzel-Coaching – nicht nur der Trainer/Berater, sondern auch die anderen Gruppenteilnehmer beratend und unterstützend tätig sind. Sie geben Rückmeldungen und Anregungen und sind ggf. als Rollenspieler oder Mitakteure in erlebnisorientierten Übungen aktiv.

In **Abgrenzung zur kollegialen Beratung** (siehe Ryschka & Tietze, Kap. 3.1.4: Kollegiale Beratung), bei der die Gruppe selbstgesteuert an individuellen Fragestellungen der Teilnehmer arbeitet, wird der Bearbeitungs- und Beratungsprozess bei der Fallarbeit von einem Trainer/Berater geleitet. Das Wissen über die Methode liegt im ersten Fall bei der Gruppe, im zweiten Fall beim Trainer/Berater. Da dieser in der Regel über ein höheres Maß an methodischer Kompetenz verfügt, ist bei der Fallarbeit eine noch tiefer greifende und noch intensivere Bearbeitung der Fragestellungen möglich. Dies wirkt sich auch auf den zeitlichen Aufwand aus: Die Bearbeitung eines Themas im Rahmen der Fallarbeit benötigt 1,5 bis 2 Stunden, in der Kollegialen Beratung dauert sie etwa 45 bis 60 Minuten.

Die **Ziele** der Fallarbeit für die **Teilnehmer** sind:

- die Erarbeitung von Lösungen für konkrete Herausforderungen im Arbeitsleben
- das Erlernen einer generellen Methode zur strukturierten Reflexion und Problemlösung
- die Auseinandersetzung mit der eigenen Rolle am Arbeitsplatz
- die generelle Erweiterung von Kommunikations- und Handlungsmöglichkeiten im Arbeitsalltag

Für das **Unternehmen** bietet sich folgender **Nutzen**:

- Ausbau einer Kultur gegenseitiger Unterstützung
- Stärkung der Mitarbeiter an ihren Arbeitsplätzen und in ihren Rollen

Anwendungsgebiet und Umfeld: Fallarbeit kann eingesetzt werden in Verhaltenstrainings und Workshops (z.B. bei der Erörterung von Kommunikations- und Führungsproblemen sowie Konfliktkonstellationen oder auch von schwierigen Beziehungen mit Kunden; vgl. Demmerle, Schmidt & Hess, Kap. 3.5: Verhaltenstrainings). Von besonderer Bedeutung ist Fallarbeit zur Vorbereitung und Förderung des Lerntransfers.

Für den erfolgreichen Einsatz der Fallarbeitstechnik sind folgende Aspekte zu berücksichtigen:

- **Unabhängigkeit der Teilnehmer:** Idealerweise arbeiten die Gruppenmitglieder nicht direkt zusammen, sind also weder disziplinarisch oder fachlich einander unterstellt noch in einer Prozesskette direkt miteinander verknüpft.

- **Offenheit und Vertrauen:** Gegenseitiges Vertrauen ist eine Voraussetzung für das offene Thematisieren eigener Fragestellungen. Dies macht eine Verabredung von Vertraulichkeit aber nicht überflüssig.
- **Gruppengröße:** Die ideale Gruppengröße für die Fallarbeit liegt bei fünf bis acht Teilnehmern. Wenn die Gruppengröße diese Zahl unter- oder überschreitet, sind folgende Konsequenzen zu beachten: Je kleiner die Gruppe ist, desto mehr Input wird von Seiten des Trainers/Beraters notwendig sein. Je größer die Gruppe, desto mehr Ideen und Perspektiven sind in der Gruppe vorhanden. Vor dem Hintergrund eines zeitlich beschränkten Rahmens können diese aber i.d.R. nicht alle bzw. nicht alle ausführlich gehört werden; dies erfordert von jedem einzelnen Teilnehmer ein gewisses Maß an Zurückhaltung bezüglich eigener Ideen und Beiträge, vom Trainer eine stärkere Steuerung des Diskussionsprozesses.

Hinweise zur Durchführung: Die Fallbearbeitung kann als ein zweistündiger Trainingsbaustein genutzt werden oder auch den Großteil eines 4-Tage-Seminars ausmachen. Im Folgenden wird der Ablauf der Fallarbeit in Anlehnung an die Vorgehensweisen von Benien (2009), Schulz von Thun (2006) und Wimmer (dargestellt in Mayer, 2003) beschrieben. Ähnliche Vorgehensweisen werden bei der Beratungsarbeit genutzt (z.B. Bamberger, 2010). Es lässt sich grundsätzlich die **Fallerhebung** (Findung der Fragestellungen) von der **eigentlichen Bearbeitung** (Lösungsfindung) trennen.

Das grundsätzliche Vorgehen wird in Abbildung 1 im Überblick beschrieben.

Fallerhebung

Grundsätzlich empfiehlt es sich, hierbei mit einem **Diagnoseschema** zu arbeiten. Mit dem sog. **Thomann-Schema** (Schulz von Thun, 2006) wird die Fragestellung beispielsweise hinsichtlich folgender Aspekte analysiert:

- **systemische Kontexte**: Wie sieht der organisationale Rahmen aus? Wie stehen die in der Fragestellung beteiligten Personen zueinander (Visualisierung in einem Organigramm oder einer anderen Form der Systemzeichnung; siehe Kap. 4.9: Systemische Techniken)?
- **konkrete Schlüsselsituation**: Beschreiben Sie eine typische Situation, in der die Problematik der Fragestellung anschaulich wird!
- **innere Situation des Fragestellers**: Wie geht es dem Fallgeber selbst? Welche Gedanken gehen ihm in der fraglichen Situation durch den Kopf? Welche Gefühle hat er dabei? Wie verhält er sich?
- **Anliegen und Ziel**: Was genau ist die Fragestellung? Welches Anliegen soll in der Fallbearbeitung geklärt werden? Wozu sollen Anregungen gegeben werden?

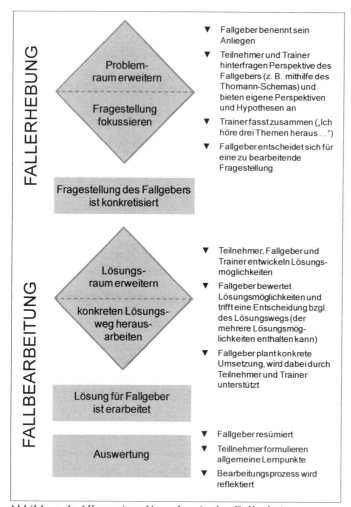

Abbildung 1: Allgemeines Vorgehen in der Fallarbeit

In Abhängigkeit vom zeitlichen Rahmen bieten sich unterschiedliche Methoden der Fallerhebung an:

- **Zeitrahmen zwei bis vier Stunden** (Bearbeitung von ein bis drei Fällen): Zunächst reflektiert jeder Teilnehmer für sich (2 Minuten), welche konkreten, aktuellen und noch nicht gelösten Herausforderungen sich ihm in seinem Arbeitsumfeld stellen und notiert diese auf Kärtchen. Jeder Teilnehmer schätzt auf einer 10-stufigen Skala ein, wie bedeutsam (Relevanz des Themas und erlebte Handlungsnotwendigkeit) diese Fragestellung für ihn aktuell ist. Nachdem alle Teilnehmer Ihre Themen kurz vorgestellt haben, wird mit dem am höchsten bewerteten Thema gestartet. Die eigentliche

Analyse anhand des Diagnoseschemas findet in der Gesamtgruppe statt. Zeitbedarf für die Fallerhebung: 15 bis 20 Minuten.

- **Zeitrahmen ein Tag** (Bearbeitung von drei bis vier Fällen): Die Fallerhebung findet in drei bis vier Kleingruppen statt. Die Teilnehmer jeder Kleingruppe tauschen sich kurz über ihre persönlichen Herausforderungen aus und entscheiden sich für die Fragestellung einer Person. Diese Fragestellung wird in der Kleingruppe anhand des Schemas analysiert: Der Fragesteller schildert seinen Fall; die anderen Gruppenmitglieder hinterfragen und analysieren die Situation und visualisieren die erste Analyse auf einem Flipchart. Diese Analyse wird später der Gesamtgruppe vorgestellt. Zeitbedarf für die Fallerhebung: 30 bis 45 Minuten.

- **Zeitrahmen 2-4 Tage** (Bearbeitung von ca. vier Fällen pro Tag): Die Teilnehmer kommen zu zweit zusammen und tauschen sich über ihre aktuell herausfordernden Situationen aus. Nacheinander wird für jeden Teilnehmer ein Fall analysiert. Ein Teilnehmer schildert seinen Fall; der andere hinterfragt nach den Regeln des aktiven Zuhörens und strukturiert das Thema mithilfe des Analyseschemas; er visualisiert die Ergebnisse. Anschließend werden die Rollen getauscht. Zeitbedarf für die Fallerhebung: 90 Minuten.

Fallbearbeitung

Fallanalyse und Konkretisierung der persönlichen Fragestellung: Der Fallgeber stellt seinen Fall der gesamten Gruppe anhand des oben genannten Analyseschemas vor. Die anderen Teilnehmer und der Trainer/Berater stellen **Erkundungs- und Verständnisfragen** hinsichtlich der Hintergründe und Zusammenhänge, um die Situation so genau wie möglich zu verstehen. Die Informationen werden vom Trainer/Berater visualisiert. Bereits in dieser Phase kann es sich ergeben, dass der Fragesteller eine neue Sicht auf die eigene Situation bekommt. Nicht selten verändert sich dabei die eigentliche Frage des Fallgebers. In Einzelfällen klärt sich an dieser Stelle bereits die Situation für den Fragesteller und die Fallarbeit kann abgeschlossen werden. In diesem Stadium können auch Rollenspiele und Übungen zur Konkretisierung der Situation eingesetzt werden. Wenn der Fallgeber sein Anliegen genau benannt hat („Wie kann ich ... erreichen?"), wird zur nächsten Phase übergegangen.

Sammlung von Lösungsmöglichkeiten in Form von Denk- und Handlungsalternativen: In dieser Phase sind die Teilnehmer und der Trainer/Berater als Inputgeber gefragt. Je nach Fragestellung nehmen die Kollegen zunächst einmal persönlich Stellung bezüglich der geschilderten Situation. Beispielsweise können sie dem Fragesteller dabei helfen, andere Perspektiven zu verstehen, indem sie hypothetisch in die Rolle einer an der Fallgeschichte beteiligten Person schlüpfen und dann ihre Sicht der Dinge und die damit verbundenen Gefühle schildern. Der Fallgeber hört sich diese Perspektivenschilderung an und prüft für sich, was davon tatsächlich vorliegen könnte und wie er darauf seinerseits reagieren kann. Alternative Handlungsmöglichkeiten können in **Rollenspielen** (für

Anwendungsmöglichkeiten und Vorgehensweisen siehe Kap. 4.1: Simulative Techniken) verdeutlicht werden, indem beispielsweise unterschiedliche Seminarteilnehmer die Rolle des Fallgebers einnehmen und er selbst eine Person aus dem Fall spielt. In dieser Phase kann auch in Form eines **Brainstormings** eine Liste von Handlungsoptionen erarbeitet werden. Häufig lassen sich auch Übungen aus der Vielzahl der **erlebnisorientierten Techniken** (siehe Kap. 4.5) nutzen, um die Problematik zu verdeutlichen oder alternative Verhaltensweisen zu generieren.

Festlegung des Vorgehens durch den Fragesteller und Erprobung der Lösungsmöglichkeiten: Der Fallgeber entscheidet sich schließlich für sein weiteres Vorgehen. Gemeinsam können Details ausgearbeitet werden. Handlungsalternativen werden in Rollenspielen erprobt und eingeübt.

Abschließendes Resümee des Fragestellers und kurzer Rückblick der Kollegen: Zum Abschluss reflektiert zunächst der Fallgeber die Bearbeitung seiner Situation. Er benennt die Punkte, an denen er persönlich weitergekommen ist und schildert sein aktuelles Befinden. Der Trainer/Berater fasst gemeinsam mit den Seminarteilnehmern zusammen, welche generellen Erkenntnisse sich aus der Bearbeitung der Situation ableiten lassen und stellt theoretische Erklärungsmodelle zur Verfügung.

Das beschriebene strukturierte Vorgehen wird vom Trainer/Berater in Abhängigkeit von der Fragestellung zielorientiert und flexibel genutzt.

Detaillierte Einführungen in die Methode mit zahlreichen Fallbeispielen finden sich sowohl bei Benien (2009) als auch bei Schulz von Thun (2006). Schulz von Thun regt in den Fallbeispielen zum Mitdenken an, Benien gibt zudem prägnante Hinweise zu Fehlern und Gefahren, aber auch zu Hilfsregeln für den Notfall. Eine Vielzahl von Techniken und Übungen findet sich bei Lippmann (2009) und Tietze (2003).

Literatur

Bamberger, G. G. (2010). *Lösungsorientierte Beratung* (3. Aufl.). Weinheim: Beltz.

Lippmann, E. (2009). *Intervision* (2. Aufl.). Heidelberg: Springer.

Benien, K. (2009). *Beratung in Aktion*. Hamburg: Windmühle.

Mayer, B. M. (2003). *Systemische Managementtrainings. Theorieansätze und Lernarchitekturen im Vergleich*. Heidelberg: Carl Auer.

Schulz von Thun, F. (2006). *Praxisberatung in Gruppen. Erlebnisaktivierende Methoden mit 20 Fallbeispielen*. Weinheim: Beltz.

Tietze, K.-O. (2003). *Kollegiale Beratung: Problemlösungen gemeinsam entwickeln*. Reinbek: Rowohlt.

4.9 Systemische Techniken

Hintergrund und Funktionsweise: Die hier beschriebenen Techniken werden in der **Beratung** von Einzelpersonen, Teams und Organisationen eingesetzt. Sie werden oft mit einer anderen Gruppe von Basistechniken, den sog. Fallarbeitstechniken, kombiniert (siehe Kap. 4.8: Fallarbeit). Denn **Fallarbeit** wird häufig systemisch inszeniert, oder sie erhält wichtige Impulse durch systemische Interventionen. Am stärksten verbreitet sind die systemischen Techniken im **Coaching**; deshalb stellt das vorliegende Kapitel eine wichtige Ergänzung zu Kapitel 3.1.2 dar.

Den konzeptuellen Rahmen liefert die **Systemtheorie** – wobei sich streng genommen gar nicht von *der* Systemtheorie sprechen lässt, denn diese zerfällt in eine Reihe sehr unterschiedlicher Denkschulen. Es ist an dieser Stelle nicht sinnvoll, die Schulen ausführlicher zu beschreiben (siehe dafür Kriz, 1999; von Schlippe & Schweitzer, 2002; Simon, 2009); stattdessen werden nachfolgend einige systemtheoretische Grundideen vorgestellt, die für das aktuelle Selbstverständnis systemischer Beratung von Bedeutung sind:

- **Kontextabhängigkeit**: Grundlegend ist die Idee, dass sich das Verhalten von Menschen innerhalb sozialer Systeme (das Verhalten eines Mitarbeiters in seiner Arbeitsgruppe beispielsweise) nicht aus den (Persönlichkeits-) Merkmalen dieser Menschen (allein) erklären lässt. Entscheidend sind die Kräfte, die *von außen* auf die Person einwirken. Damit sind die Aktivitäten der anderen Akteure innerhalb des sozialen Systems gemeint (das Verhalten der Kollegen, des Vorgesetzten etc.). In diesem Sinne ist das, was Menschen tun, stets *kontext*abhängig, und es kann nur bei genauer Kenntnis des Kontextes erklärt werden.

- **Zirkularität und Komplexität**: Wir denken linear, sobald es um Ursachen und Wirkungen geht (eine Ursache hat eine Wirkung, Punkt). In sozialen Systemen ist das Verhältnis von Ursache und Wirkung aber stets zirkulär: Der Effekt wirkt auf die Ursache zurück – und in diesem Moment tauschen Ursache und Wirkung die Rollen. Das ist schon kompliziert genug. Es gilt aber zugleich: Jedes Verhalten ist Ursache vieler Wirkungen und Wirkung vieler Ursachen! Wie bei einem Mobile hängt (fast) alles mit allem zusammen. Um damit nicht überfordert zu sein, vereinfachen wir die Dinge durch kognitive *Interpunktion* (vgl. Watzlawick, Beavin & Jackson, 1969) – wir arbeiten einfache Ursache-Wirkungs-Erklärungen heraus, indem wir willkürlich *Punkt und Komma* setzen (siehe Abbildung 1). So entstehen dramatisch einfache Erklärungen für tatsächlich hochkomplexe Zusammenhänge. Das wäre nicht weiter schlimm, würden die Dinge, die wir tun, um Probleme zu lösen, nicht auf diesen dramatisch einfachen – vereinfachten! – Erklärungen beruhen.

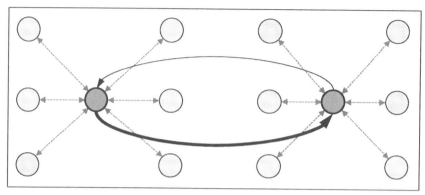

Abbildung 1: Einfache Ursache-Wirkungs-Erklärungen entstehen durch kognitive Interpunktion

- **Konstruiertheit von Wirklichkeit**: Für uns Menschen ist es selbstverständlich, dass die Welt so *ist*, wie wir sie *sehen*. Tatsächlich jedoch sind wir als erkennende Subjekte stets aktiv an der Konstruktion unserer Erfahrungswelt beteiligt. Denn unser Erkennen beruht darauf, dass wir Unterscheidungen treffen (z. B. die Unterscheidung zwischen Ursache und Wirkung). Diese Unterscheidungen jedoch werden von uns an die Dinge herangetragen – es wäre jederzeit möglich, auch anders zu unterscheiden, die Dinge anders zu sehen. Die *eine, wahre* Realität mag durchaus existieren; wir haben aber keinen direkten Zugang zu ihr – sie muss ja stets erst wahrgenommen werden, um zum Gegenstand des weiteren Nachdenkens, Urteilens und Diskutierens zu werden. Eine andere Idee besagt, dass menschliche Wirklichkeit – unsere Ideen, Erinnerungen, Identität – im sozialen Austausch konstruiert werden. Unsere Urteile über die Welt entstehen in der Kommunikation mit anderen, im Dia- bzw. *Multi*log. Dass wir aktive Konstrukteure unserer Erfahrungswelt sind, gilt selbstverständlich *auch für Berater* (Trainer, Coaches, Personalentwickler, Organisationsberater) – den objektiven Blick gibt es nicht, auch nicht von außen.

- **Nicht-Steuerbarkeit sozialer Syteme**: Aus Sicht vieler Vertreter des systemischen Ansatzes machen die beschriebenen Phänomene – Zirkularität, Komplexität, Konstruiertheit von Wirklichkeit – ein instruktives Einwirken auf soziale Systeme unmöglich. *Instruktiv* soll dabei heißen: zielbewusst intervenieren und so einen erwünschten, genau definierten Effekt herbeiführen. Berater können Impulse geben und ein Klientensystem auf diese Weise in Bewegung versetzen – wie diese Impulse aber ins System hineinwirken und welche Dynamik sie dort entfalten, ist nicht berechenbar.

Vor diesem Hintergrund lautet das **Ziel systemischer Beratung**: Handlungsspielräume von Klienten oder Klientensystemen durch das **Infragestellen – *Verstören* – von Wirklichkeitskonstruktionen** zu erweitern. Die Entscheidungen und Verhaltensweisen eines Klienten oder Klientensystems mögen sinnvoll sein im Kontext der *eigenen* Erfahrungswelt; zugleich jedoch können sie im Kontext einer *anderen* Erfahrungswelt – der Erfahrungswelt eines wichtigen Interaktionspartners – als störend (falsch, unangepasst, krank, böse etc.) erlebt werden und das Miteinander oder die Zusammenarbeit erschweren. Systemische Beratung geht davon aus, dass Klienten oder Klientensysteme *anders* und damit vielleicht *anpassungs- und anschlussfähiger* handeln könnten, wenn es gelänge, verfestigte Wirklichkeitsbeschreibungen zu dekonstruieren (Sichtweisen in Frage zu stellen) und damit neue Handlungsmöglichkeiten zu eröffnen, die zuvor unmöglich waren. Durch den Begriff der Verstörung soll deutlich werden: Es gilt, *neue* Sichtweisen und Problemlösungen zu ermöglichen, ohne diese inhaltlich vorzugeben – systemische Beratung ist **Beratung ohne Ratschlag**.

Die Vertreter des **lösungsorientierten Ansatzes** (siehe Bamberger, 2010) würden ergänzen, dass sich Beratung nicht auf die Analyse von Problemen, sondern auf die Konstruktion von Lösungen zu fokussieren habe. Denn das Sprechen über Probleme bewirke Problemhypnosen (die Unfähigkeit, vorhandene Ressourcen und Lösungsansätze zu erkennen) und verfestige das Erleben von Inkompetenz und Hilflosigkeit auf Seiten des Klienten. Zudem sei es wichtig, die im Klientensystem vorhandenen Kompetenzen zu aktivieren und zu nutzen, um gangbare Lösungen zu entwickeln (sogenannte **Ressourcenorientierung**).

Anwendungsgebiete und Umfeld: Wie bereits gesagt, kommen die systemischen Techniken in der Beratung von Einzelpersonen (Bamberger, 2010; von Schlippe & Schweitzer, 2009; Schwing & Fryszer, 2009), Teams (Sagebiel & Vanhoefer, 2006) und Organisationen (König & Volmer, 2008; Königswieser & Exner, 2008; Königswieser & Hillebrand, 2007) zum Einsatz. Im Kontext von Personalentwicklung sind es deshalb die **beratungs- und betreuungsorientierten Ansätze** (siehe Ryschka & Tietze, Kap. 3.1: Beratungs- und betreuungsorientierte Personalentwicklungsansätze), die vom systemischen Ansatz und den dazugehörigen Techniken profitieren. Typisch ist ihre Anwendung im **Coaching** und in der **kollegialen Beratung**. Aber auch **Teamentwicklungsprozesse** (siehe Schmidt, Köppen, Breimer-Haas & Leppkes, Kap. 3.4: Teamorientierte Personalentwicklungsansätze) können systemisch inszeniert werden. Seltener werden systemische Techniken in Trainings verwendet; hier kommen sie dann zumeist im Rahmen von **Fallarbeit** zum Einsatz.

Rahmenbedingungen: Dem beschriebenen Ansatz – Beratung als Verstörung – liegt die Idee der Nicht-Steuerbarkeit komplexer sozialer Systeme zugrunde: Klientensysteme können nicht instruktiv verändert, sondern bloß produktiv irritiert werden; Beratung kann lediglich Impulse geben, die dafür sorgen, dass das Klientensystem beginnt, auf der Grundlage neuer Wirklichkeitskonstruktionen eine neue, adaptivere Form der Selbstorganisation zu entwickeln. Die meisten Klienten oder Auftraggeber werden jedoch eine *instruktive* Form der Beratung – d.h. konkrete, leicht umsetzbare Handlungsempfehlungen – erwarten oder gar bevorzugen, insbesondere dann, wenn sie aus der Wirtschaft kommen. Zugleich wird systemische Beratung **mit *instruktiven* Beratungsangeboten**

konkurrieren müssen, die mit vorgeblich einfachen Lösungen und vollmundigen Erfolgsversprechen werben.

Tabelle 1: Kriterien für die Bestimmung von Beratungszielen im systemischen Ansatz

Kriterium	Definition und Leitfragen
Klarheit	spezifisch, messbar, terminiert ▪ *Was* soll bis *wann*, *wie* und *mit wem* in *welchem Ausmaß* erreicht werden?
Positivität	das Ziel soll positiv formuliert sein als Beginn eines erwünschten Zustands, nicht als Ende eines negativen Zustands ▪ Wenn Sie weg wollen von ... oder ... nicht mehr wollen, was *stattdessen*?
Motivationskraft	das Ziel soll attraktiv und motivierend sein ▪ Welche wichtigen Bedürfnisse wären durch die Zielerreichung erfüllt? ▪ Was macht es lohnenswert für Sie, sich für dieses Ziel einzusetzen?
Kontrollierbarkeit	das Ziel muss durch eigene Anstrengung und direkte Einflussnahme erreichbar sein ▪ Was können Sie persönlich tun, um auf dem Weg zum Ziel einen Schritt weiter zu kommen? ▪ Was können Sie allenfalls indirekt durch Kommunikation mit anderen beeinflussen? ▪ Was können Sie *nicht* ändern, so dass wir bestenfalls einen optimalen Umgang damit finden können?
Passung	die Zielerreichung soll weder unter-, noch überfordern; in diesem Sinne sollten sehr umfangreiche Ziele in Teilziele aufgegliedert werden ▪ In welche Teilziele könnten wir dieses doch sehr umfangreiche Ziel untergliedern?
Vertretbarkeit	Abwägen unerwünschter Konsequenzen und Nebenwirkungen, die mit der Zielerreichung einhergehen können ▪ Welche *unerwünschten* Auswirkungen würden Sie wahrscheinlich in Ihrem Kontext und bei sich selbst erzielen? ▪ Was ist der Preis für diese Veränderung (z.B. Verzicht auf etwas)? ▪ Wer könnte Einwände haben und das Ziel boykottieren? ▪ Passt das definierte Ziel zu Ihren übergeordneten Zielen und Wertvorstellungen?
Priorisierung	bei mehreren, eventuell widerstreitenden Zielen sollte eine Prioritätenliste erstellt werden ▪ Wichtigkeit der Ziele auf einer Skala von 1 bis 10? ▪ Dringlichkeit der Ziele auf einer Skala von 1 bis 10?

Deshalb macht systemische Beratung eine **transparente und sehr genaue Erwartungs- und Auftragsklärung** erforderlich. Leitfragen: Können die Anliegen des Klienten oder Auftraggebers sinnvoll mittels systemischer Beratung bearbeitet werden? Inwieweit sind die Vorstellungen des Klienten oder Auftraggebers bezüglich Rollenverteilung und Beratungsablauf mit dem systemischen Beratungskonzept vereinbar? Ist der Klient bereit, seine Anliegen *systemisch* zu bearbeiten?

Der instruktiven Zurückhaltung sollte deshalb zugleich auch ein starkes Bemühen um **wohl definierte Beratungsziele** gegenüber stehen (siehe Tabelle 1 für eine Übersicht über Zielbestimmungskriterien).

Ferner kann das Beratungsprogramm, durch Verstörung für produktive Instabilität zu sorgen, nur dann erfolgreich sein, wenn die Zusammenarbeit auf einer sicheren Basis ruht. Gemeint ist damit das Erleben von **Sicherheit und Vertrauen** auf Seiten des Klienten oder Klientensystems. Diese Basis herzustellen, d.h. für sogenannte **Metastabilität** (von Schlippe & Schweitzer, 2009) zu sorgen, ist eine wichtige Aufgabe systemischer Beratung und eine zentrale Rahmenbedingung für den Einsatz systemischer Interventionen. Dies macht neben einer sehr genauen Auftragsklärung und Zielbestimmung die Schaffung eines **positiven affektiven Rahmens** durch das Zeigen von **Wertschätzung** (Respekt vor der Selbstorganisation des Klientensystems) und **Empathie** (Bemühen um einfühlendes Verstehen) erforderlich.

Im Folgenden werden vier unterschiedliche Interventionstechniken dargestellt, die für den systemischen Ansatz zentral sind: systemisches Fragen, Umdeuten (Reframing), Visualisieren und Reflecting Team:

Systemisches Fragen

Aus systemischer Sicht werden Fragen nicht (nur) gestellt, um Informationen zu gewinnen; vielmehr ist das Fragen selbst eine **Form der Intervention**. Das Besondere: Formal gesehen sind Fragen (sofern es sich nicht um *inquisitorische* Fragen handelt) ungleich schwächer als Ratschläge oder gar Handlungsanweisungen. Im Gegensatz zu diesen beschränken sie die Handlungsfreiheit des Gesprächspartners nicht. Ihr Gestus ist partnerschaftlich; er hat mit eigener Unwissenheit und Interesse am Gegenüber zu tun. Und dennoch können Fragen die **Aufmerksamkeit auf Neues lenken** und so wichtige Veränderungsimpulse geben. Sie können leichter angenommen werden – und gerade deshalb viel nachhaltiger wirken. Dagegen besteht das Problem von Ratschlägen und Handlungsanweisungen oftmals darin, **Widerstand zu erzeugen** (psychologisch: Reaktanz – ein unangenehmes Spannungsgefühl, das wir erleben, wenn andere versuchen, unsere Handlungsfreiheit einzuschränken).

Systemische Fragen fordern – implizit! – dazu auf, gewohnte Sichtweisen zu überprüfen. In jeder Frage steckt die Implikation, dass die Wirklichkeit auch anders gesehen werden könnte; damit dient das systemische Fragen der **Dekonstruktion gewohnter Wirklichkeitsbeschreibungen**. Eine weitere Funktion systemischen Fragens besteht darin, Ressourcen des Klienten oder Klientensystems zu aktivieren und neue Lösungswege entdecken zu helfen. Dabei sind die Möglichkeiten, systemische Fragen zu stellen, außerordentlich vielfältig (siehe von Schlippe & Schweitzer, 2009 für einen Überblick). Ein paar typische Frageformen sollen im Folgenden kurz dargestellt werden:

- **Zirkuläre Fragen**: Eine Frage ist zirkulär, wenn sie der Absicht folgt, ein geschildertes Problem zu **kontextualisieren**, also herauszuarbeiten, dass das Problem durch ein systemtypisches Zusammenspiel *vieler* Kräfte (Personen) erzeugt wurde und aufrechterhalten wird. Dabei bedient sich das zirkuläre Fragen einer Technik, die als **triadisches Fragen** (manchmal auch: *Tratschen über Anwesende*) bezeichnet wird: Befragte werden im Beisein eines *Dritten* gebeten, über das Denken, Fühlen und Verhalten dieser *dritten Partei* Auskunft zu geben. Aber auch dann, wenn ein Dritter nicht anwesend ist, sind Fragen hilfreich, die dazu auffordern, die **Perspektive zu wechseln** und sich in das Erleben eines Dritten hineinzudenken.

- **Lösungsorientierte Fragen**: Sie gehen von der Beobachtung aus, dass Ratsuchende meist stark auf ihr Problem fixiert sind und Dinge, die *funktionieren*, immer weiter aus dem Blick geraten (**Problemhypnose**). Das Nachdenken über genau diese Dinge kann aber Hinweise darauf geben, wie eine Problemlösung gestaltet werden könnte, denn dort scheint es Ressourcen zu geben, die sich möglicherweise für die Problemlösung aktivieren lassen. Deshalb fragen systemische Berater 1. nach **Ausnahmen vom Problem** oder 2. nach den **Ressourcen eines Klienten**, ohne sich dabei auf das Problem selbst zu beziehen, oder 3. nach Möglichkeiten zur **Verschlimmerung des Problems** (Verschlimmerungsfragen lassen erkennen, dass Probleme aktiv erzeugt und aufrechterhalten werden – und dabei wird im Umkehrschluss deutlich, was der Klient unterlassen könnte, wollte er das Problem loswerden). Die sogenannte **Wunderfrage**, eine klassische Intervention aus dem lösungsorientierten Ansatz nach Steve de Shazer (vgl. Bamberger, 2010), besteht aus einer Reihe von Fragen, die allesamt von der Idee ausgehen, dass das Problem – wie durch ein Wunder – plötzlich verschwunden wäre; auch hier besteht die Idee darin, Ressourcen, d.h. Lösungspotenziale, sichtbar zu machen. Tabelle 2 gibt eine Übersicht über die lösungsorientierten Fragen.

- **Skalierungsfragen**: Sie fordern den Klienten dazu auf, den erlebten Schweregrad eines geschilderten Problem, die erlebte Zuversicht, das Problem zu lösen, den erlebten Ärger etc. auf einer Skala einzuschätzen. Ein Beispiel: „Nehmen wir an, es gibt eine Skala von 1 bis 10. Zehn bedeutet: Das Problem ist so groß wie nur irgend vorstellbar. Eins bedeutet: Das Problem ist gar nicht da. – Wo stehen Sie heute?". Skalierungsfragen geben dem Beratungsgespräch eine **lösungsorientierte Griffigkeit**: Ziele können konkret vereinbart („Wo auf dieser Skala von 1 bis 10 wollen Sie sein, wenn wir unsere Zusammenarbeit beendet haben?") und Erfolge der Beratungsarbeit konkret überprüft werden (wo wollte der Klient hin und wo steht er jetzt?). Ferner ist es durch Anschlussfragen möglich, die **Aufmerksamkeit auf Ressourcen** zu lenken: „Warum geben Sie dem Problem eine 7 auf dieser Skala? Was haben Sie bisher getan, um nicht bei 10 zu sein?".

- **Fragen zum Problemnutzen**: Typisch systemisch sind schließlich auch solche Fragen, die den Nutzen eines Problems in den Blick nehmen. Sie sind der Idee verpflichtet, dass ein Problem auch deshalb fortbestehen kann, weil es auf eine be-

stimmte, bisher nicht erkannte Art und Weise nützlich ist, also beispielsweise zur **Stabilisierung des sozialen Systems** beiträgt oder den Beteiligten gewisse **Vorteile verschafft** (Aufmerksamkeit, Unterstützung, Freiheit von einer unangenehmen Verpflichtung etc.). Im Folgenden einige typische Fragen zum Problemnutzen:
– Welchen Vorteil könnte es haben, das Problem noch etwas länger zu behalten?
– Was würden Sie verlieren, dass Ihnen wichtig ist, wenn das Problem weg wäre?
– Wer außer Ihnen hat einen Nutzen davon, dass das Problem existiert?
– Worin genau besteht dieser Nutzen?

Tabelle 2: Lösungsorientierte Fragen

Fragerichtung	Beispielfragen
Ausnahmen vom Problem	▪ Wie oft, wie lange, wann und wo ist das Problem *nicht* aufgetreten? ▪ Was haben Sie und andere in dieser Zeit anders gemacht? ▪ Wie haben Sie es geschafft, das Problem in dieser Zeit nicht auftreten zu lassen? ▪ Wie könnten Sie mehr von dem machen, was Sie in Nicht-Problem-Zeiten gemacht haben?
Ressourcen	▪ Was möchten Sie in Ihrem Leben gern so bewahren, wie es ist? ▪ Was gelingt Ihnen in Ihrem Berufsleben besonders gut?
Verschlimmerung des Problems	▪ Wie könnten Sie das Problem absichtlich verschlimmern? ▪ Wie könnten andere dabei mithelfen, das Problem zu verschlimmern? ▪ Was müssten Sie tun, damit andere das Problem noch schlimmer machen?
plötzliche Wendung zum Besseren (Wunderfrage)	▪ Wenn das Problem – wie durch ein Wunder – plötzlich weg wäre: Was wäre dann anders? Was würden Sie dann konkret (anders) machen? ▪ Woran würden andere (der Vorgesetzte, ihre Kollegen etc.) feststellen, dass das Problem nicht mehr da ist? Wie würden die anderen reagieren? ▪ Wie würden sich dann Ihre Beziehungen verändern – zum Vorgesetzten, zu den Kollegen etc.?

Umdeuten (Reframing)

Die Technik des Umdeutens (Reframing, manchmal auch kognitives Umstrukturieren) besteht darin, den Schilderungen des Gesprächspartners im Dialog eine *neue* **Bedeutung zuzuweisen**, eine Bedeutung, die sich prägnant von der aktuellen Sicht des Gesprächspartners unterscheidet. Ziel ist es, bisherige Sichtweisen zu verstören und so neue Denk- und Handlungsalternativen zu eröffnen. Dabei sind Umdeutungen nicht nach ihrem Wahrheitsgehalt zu beurteilen, sondern nach ihrer **Nützlichkeit** im Sinne des Bewirkens von Veränderungen.

Ziel des Umdeutens ist es nicht, den Klienten durch originelle Sichtweisen zu verblüffen („Mich quält schon lange, dass man in meinem Lebenslauf keinen roten Faden erkennen kann." – „Umwege verbessern die Ortskenntnis, finden Sie nicht?"), sondern ihm durch ein stetes **Hinterfragen seiner Weltsicht** zu vermitteln, dass sich Probleme vor dem Hintergrund unterschiedlicher Erfahrungswelten ganz unterschiedlich darstellen und Dinge ihren Sinn ändern können, wenn man sie in einem anderen Licht erzählt.

Dabei lassen sich inhaltlich ganz unterschiedliche Richtungen einschlagen: Das problematische Verhalten des Klienten oder einer Person im Klientensystem kann gedeutet werden als etwas, das 1. in anderen Zusammenhängen stimmig und sinnvoll wäre (**stimmige Kontexte**), das 2. von besonderen Fähigkeiten und Fertigkeiten zeugt (**sichtbar werdende Kompetenzen**) oder das 3. eigentlich etwas Gutes zu bewirken versucht (**positive Absichten**). Um Reframingangebote im Sinne dieser drei Richtungen zu formulieren, haben sich folgenden Leitfragen bewährt (Tabelle 3).

Tabelle 3: Umdeutungsrichtungen und dazugehörige Leitfragen

Umdeutungsrichtung	Leitfragen
stimmige Kontexte	- In welchen Kontext könnte das problematische Verhalten stimmig hineinpassen? - In welchen Situationen ist es einmal sinnvoll gewesen? - In welchen Situationen wäre es (könnte es) heute immer noch hilfreich oder von Vorteil (sein)?
sichtbar werdende Kompetenzen	- Welche Fähigkeiten und Fertigkeiten zeigen sich in dem problematischen Verhalten? - Was muss der Akteur zu leisten in der Lage sein, um sich so aufführen zu können? - Wo könnte der Akteur diese Fähigkeiten und Fertigkeiten anders oder sinnvoller einsetzen?
positive Absichten	- Was möchte der Akteur bewusst oder unbewusst erreichen? - Welcher positive Zweck, welche gute Absicht könnte seinem Verhalten zugrunde liegen?

Visualisierungstechniken

Visualisierungstechniken verfolgen das Ziel, soziale Systeme und die dort herrschenden Kommunikationsprozesse **in analoger Form sichtbar** zu machen. Was bedeutet das? Eine Darstellung ist analog, wenn zwischen den darstellenden Zeichen und dem bezeichneten Sachverhalt eine **bildliche Ähnlichkeitsbeziehung** existiert (Watzlawick et al., 1969). Beziehungsstrukturen (Nähe – Distanz, Überordnung – Unterordnung, Koalition – Opposition etc.) und Beziehungsmuster (Fordern, Anklagen, Unterstützen etc.) werden bildhaft dargestellt. Die verwendete Symbolik wird zumeist intuitiv und unmittelbar verstanden. Was in der sprachlichen Darstellung unklar bliebe oder gar maskiert würde, kommt deutlich zum Vorschein, weil sich die diplomatischen Feinheiten der sprachlichen Kommunikation nicht in die analoge Form übertragen lassen. Das Visualisieren kann **diverse Funktionen** übernehmen:

- Beziehungsaspekte, die sich nur schlecht verbalisieren lassen, werden sichtbar und damit auch nutzbar gemacht.
- Die Visualisierungstechnik löst Such- oder Reflexionsprozesse aus und kann somit neue Sichtweisen ermöglichen.
- Der Klient kann Distanz gewinnen zu den *Fäden, an denen er hängt*; er kann das soziale System von außen und aus unterschiedlichen Perspektiven betrachten.
- Die Komplexität des sozialen Systems wird auf bestimmte, subjektiv bedeutungsvolle Relationen reduziert.
- Veränderungen im sozialen System können hypothetisch visualisiert und *durchgespielt* werden (durch das Verschieben von Figuren beispielsweise).

Die Möglichkeiten, soziale Systeme und Beziehungskonstellationen zu visualisieren, sind vielfältig, wobei sich drei Gruppen von Visualisierungstechniken unterscheiden lassen (weitere Visualisierungstechniken finden sich in Kap. 4.5: Erlebnisorientierte Techniken):

- **Systemaufstellungen**: Hier werden Figuren (Bauklötze, Lego- oder Playmobil-Männchen, Spielfiguren aus Brettspielen etc.) verwendet, um Interaktionspartner zu repräsentieren. Beziehungskonstellationen werden durch die räumliche Nähe und Distanz der Figuren zueinander visualisiert. In der Organisationsberatung hat die Systemaufstellung seit einiger Zeit einen festen Platz im Methodenrepertoire (Weber, 2000). Abzugrenzen sind diese Formen der Systemaufstellung von den umstrittenen Ansätzen, die mit dem Namen Bert Hellinger verbunden sind (siehe dazu die Potsdamer Erklärung der Systemischen Gesellschaft zur Aufstellungsarbeit; http://www.systemische-gesellschaft.de/medien/themenindex).
- **Systemzeichnungen**: Hier werden Systeme und Beziehungskonstellationen mit *Papier und Bleistift* visualisiert. Für Systemzeichnungen hat sich eine ursprünglich aus der Familientherapie stammende Form der *Kurzschrift* etabliert (von Schlippe & Schweitzer, 2002; siehe Abbildung 2). Auch Organigramme stellen Systemzeichnungen dar.
- **Stellen von Skulpturen**: Hier wird der eigene Körper, werden Körperhaltung, Gestik und Mimik der Beteiligten zum Visualisierungsmaterial (von Schlippe & Schweitzer, 2009).

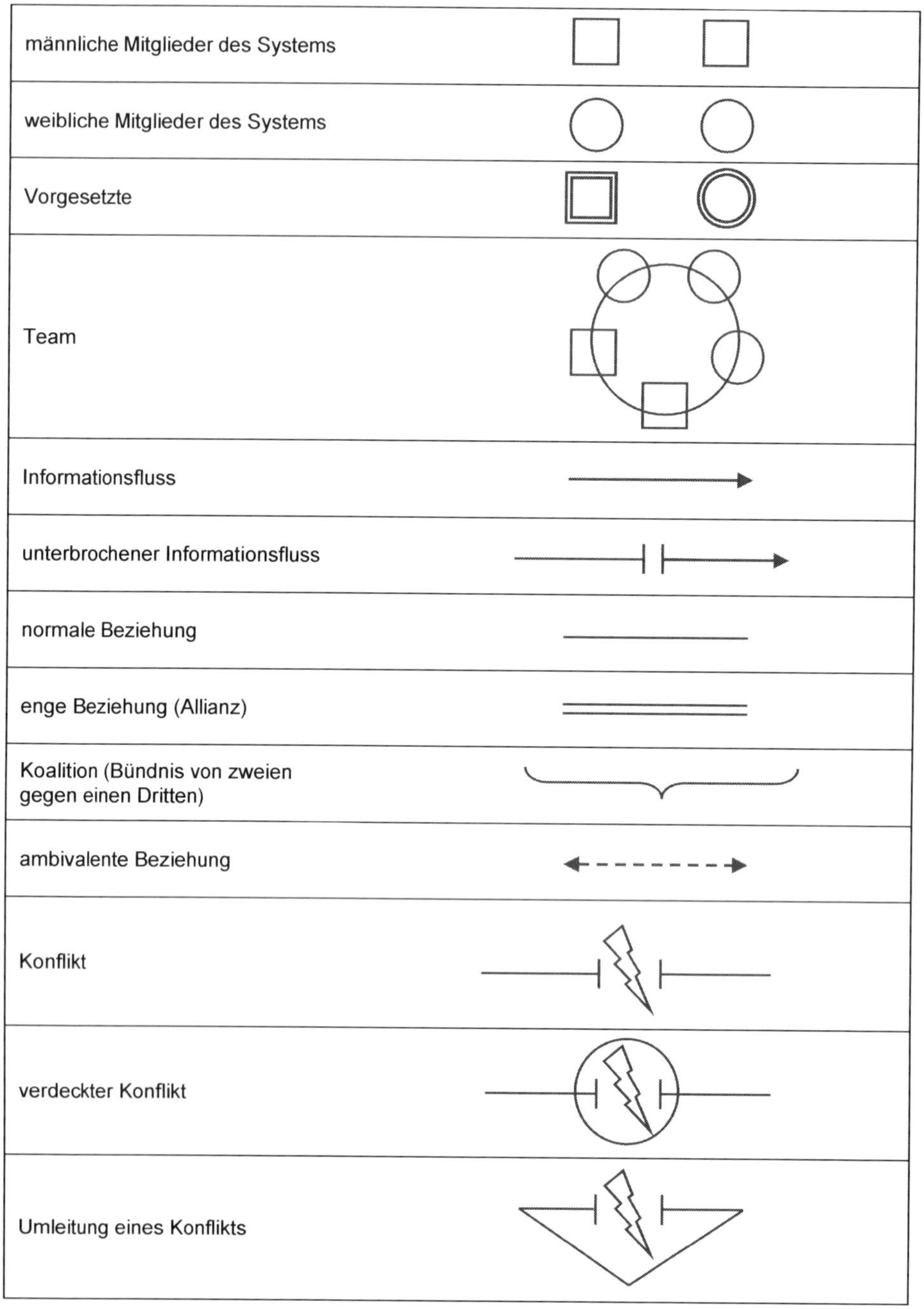

männliche Mitglieder des Systems	□ □
weibliche Mitglieder des Systems	○ ○
Vorgesetzte	▣ ◎
Team	(Kreis aus Symbolen)
Informationsfluss	⟶
unterbrochener Informationsfluss	—⊣⊢⟶
normale Beziehung	——————
enge Beziehung (Allianz)	══════
Koalition (Bündnis von zweien gegen einen Dritten)	⏜
ambivalente Beziehung	◄- - - - - -►
Konflikt	—⊣⚡⊢—
verdeckter Konflikt	—⊣(⚡)⊢—
Umleitung eines Konflikts	⬇⚡

Abbildung 2: Symbole für Systemzeichnungen

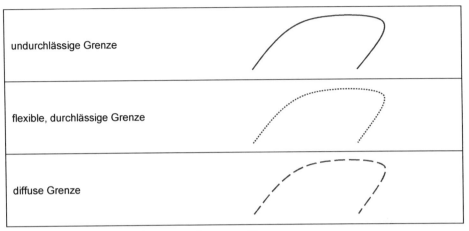

Abbildung 2: Symbole für Systemzeichnungen, Fortsetzung

Reflecting Team

Diese Technik (Anderson, 1990; Hargens & von Schlippe, 1998) versucht, **Perspektivenvielfalt** – die Gleichzeitigkeit unterschiedlichster Wahrnehmungs- und Interpretationsmöglichkeiten – erlebbar zu machen, um neue Wirklichkeitskonstruktionen anzustoßen und damit bei der Entwicklung von Handlungsalternativen zu unterstützen. Eine Voraussetzung ist die **Mitarbeit von zwei bis vier Personen**, die **nicht zum Klientensystem gehören**. Damit lässt sich die Technik sehr gut in der kollegialen Beratung (Tietze, 2003, spricht dabei von **Resonanzgruppen**) und in der Fallarbeit mit Trainingsgruppen durchführen. Weniger geeignet ist sie für Coaching- und Teamentwicklungsprozesse, weil im Coaching – zumindest im klassischen Setting – nur zwei Personen, Coach und Klient, anwesend sind und in der Teamentwicklung die Außenperspektive fehlt (denn i.d.R. sind die Teilnehmer ja Mitglieder desselben Systems). In Teamberatungsprozessen besteht das Reflecting Team aber häufig aus zwei (oder drei) externen Beratern.

Die Technik arbeitet mit zwei Gruppen; Klient und Berater bilden die erste Gruppe, zwei bis vier weitere Personen die zweite Gruppe, Beobachtersystem oder reflektierendes Team genannt. Der **Ablauf** ist einfach beschrieben:

Klient und Berater beginnen ein Gespräch, in dem das zu bearbeitende Problem besprochen wird. Aufgabe des Beraters ist es, Informationen zu erfragen, die das Beobachtersystem ins Reflektieren bringen; folglich agiert er als **interessierter Interviewer** und verzichtet auf eigene Kommentare. Die Mitglieder des reflektierenden Teams sitzen abseits und hören zu; die **Zwei-Gruppen-Struktur** sollte durch die Sitzordnung deutlich werden.

Nach etwa 20 bis 30 Minuten wird das Gespräch unterbrochen. Jetzt beginnen die Teilnehmer des Beobachtersystems, **über das Gehörte zu reflektieren**, ohne dass sich der Klient aktiv an diesem Reflexionsprozess beteiligt – er ist jetzt in der Rolle des Zuhörens. Die Teilnehmer des reflektierenden Teams sollen drei Regeln befolgen:

- **Wertschätzung**: Alles, was gesagt wird, soll wertschätzend gesagt werden.
- **konjunktivisches Sprechen**: Es wird fragend (vorsichtig, suchend) reflektiert, nicht aber urteilend (wissend, diagnostizierend) festgestellt.
- **Perspektivenvielfalt**: Ziel ist es, neue Sichtweisen einzubringen und unterschiedlichste Hypothesen zu erzeugen, um den Klienten so auf neue Ideen zu bringen. Dagegen ist das reflektierende Team *nicht* auf der Suche nach der besten, einzig richtigen Erklärung – sie existiert ja nach systemischem Verständnis gar nicht.

Anschließend können die entstandenen Ideen und Perspektiven nochmals durch den Klienten kommentiert werden, wobei der **Fokus auf dem Neuen** liegen sollte, nicht aber auf der Korrektur von Aussagen.

Fazit: Die systemischen Techniken folgen der Idee, die Handlungsspielräume eines Klienten oder Klientensystems durch das Verstören von Wirklichkeitskonstruktionen zu vergrößern. Ihre Anwendung ist systemtheoretisch begründet und für anspruchsvolle Beratungsprozesse, insbesondere für Coachings, vorgesehen. Als kritische Rahmenbedingungen ihres Einsatzes wären zu nennen: eine genaue Erwartungs- und Auftragsklärung sowie ferner das Herstellen einer Vertrauensbasis (*Metastabilität*) durch Wertschätzung und Empathie. Vier Techniken gehören zum klassischen Repertoire systemischer Beratung: systemisches Fragen, Umdeuten (Reframing), Visualisieren und Reflecting Team. Eine Vielzahl weiterer Techniken findet sich in den einschlägigen Handbüchern u.a. von Bamberger (2010), König und Volmer (2008), Königswieser und Exner (2008), Sagebiel und Vanhoefer (2006), von Schlippe und Schweitzer (2009) sowie Schwing und Fryszer (2009).

Literatur

Anderson, T. (1990). *Das reflektierende Team*. Dortmund: Modernes Leben.

Bamberger, G. G. (2010). *Lösungsorientierte Beratung: Praxishandbuch* (3. Aufl.). Weinheim: Beltz-PVU.

Hargens, J. & Schlippe, A. von (1998). *Das Spiel der Ideen. Reflektierendes Team und systemische Praxis*. Dortmund: Modernes Leben.

König, E. & Volmer, G. (2008). *Handbuch Systemische Organisationsberatung*. Weinheim: Beltz.

Königswieser, R. & Exner, A. (2008). *Systemische Intervention: Architekturen und Designs für Berater und Veränderungsmanager* (9. Aufl.). Stuttgart: Schäffer-Poeschel.

Königswieser, R. & Hillebrand, M. (2007). *Einführung in die systemische Organisationsberatung* (3. Aufl.). Heidelberg: Carl Auer.

Kriz, J. (1999). *Systemtheorie für Psychotherapeuten, Psychologen und Mediziner.* Wien: UTB für Wissenschaft/Facultas.

Sagebiel, J. & Vanhoefer, E. (2006). *Es könnte auch anders sein: Systemische Variationen der Teamberatung.* Heidelberg: Carl Auer.

Schlippe, A. von & Schweitzer, J. (2002). *Lehrbuch der systemischen Therapie und Beratung* (8. Aufl.). Göttingen: Vandenhoeck & Ruprecht.

Schlippe, A. von & Schweitzer, J. (2009). *Systemische Interventionen.* Göttingen: Vandenhoeck & Ruprecht.

Schwing, R. & Fryszer, A. (2009). *Systemisches Handwerk: Werkzeug für die Praxis.* Göttingen: Vandenhoeck & Ruprecht.

Simon, F. B. (2009). *Einführung in Systemtheorie und Konstruktivismus.* Heidelberg: Carl Auer.

Tietze, K.-O. (2003). *Kollegiale Beratung: Problemlösungen gemeinsam entwickeln.* Reinbek: Rowohlt.

Watzlawick, P., Beavin, J. H. & Jackson, D. D. (1969). *Menschliche Kommunikation. Formen, Störungen, Paradoxien.* Bern: Huber.

Weber, G. (2000). *Praxis der Organisationsaufstellungen - Grundlagen, Prinzipien, Anwendungsbereiche.* Heidelberg: Carl Auer.

5 Förderung von Lerntransfer

von Marc Solga

Die Investition in Weiterbildungsprogramme – in 2007 waren es allein in Deutschland 27 Milliarden Euro (Lenske & Werner, 2009) – hätte wenig Sinn, wenn Gelerntes nicht **am Arbeitsplatz verwendet** und somit zur **Verbesserung von Arbeitsleistung** beitragen würde. In der Praxis jedoch wird selten überprüft, ob gelernte Kenntnisse und Fertigkeiten tatsächlich auch Anwendung finden (vgl. Bergmann & Sonntag, 2006, oder auch Solga, Kap. 6: Evaluation der Personalentwicklung). Oft fehlt es an Zeit, Geld und Know-how, um Personalentwicklungsprogramme transferorientiert zu evaluieren.

Seit langer Zeit jedoch beklagt die Trainingsforschung, dass Gelerntes häufig gar nicht oder bloß unzureichend ein- bzw. umgesetzt wird, wenn Trainingsteilnehmer an den Arbeitsplatz zurückkehren (sog. **Transferproblem**; Baldwin & Ford, 1988; Broad & Newstrom, 1992). Im Folgenden einige Befunde, die das Transferproblem deutlich machen:

- Saks (2002) bat 150 Trainer einzuschätzen, wie groß der prozentuale Anteil der Trainingsteilnehmer sei, die Gelerntes sofort nach Beendigung der Maßnahme sowie sechs bzw. zwölf Monate später effektiv in ihre Arbeitstätigkeit integrieren würden. Das Ergebnis: **62 %, 44 % und 34 %** (Mittelwerte der Einschätzungen). Wahrscheinlich jedoch, so der Autor selbst, wird die tatsächliche Problematik hier noch unterschätzt, weil die befragten Trainer implizit gebeten wurden, eine Selbsteinschätzung ihrer Leistung zu geben.

- In ihrer Metaanalyse bezüglich der **Zusammenhänge von Evaluationskriterien** für Trainings berichten Alliger, Tannenbaum, Bennett, Traver und Shotland (1997) zwar substanzielle, doch bloß **schwache Zusammenhänge** zwischen **Lernerfolg und Lerntransfer** (nämlich .11 für den Zusammenhang Wissenserwerb – Lerntransfer sowie .18 für den Zusammenhang Fertigkeitserwerb – Lerntransfer). Fazit: Lernerfolg ist eine notwendige, aber keine hinreichende Bedingung für die Anwendung des Gelernten im Arbeitsalltag.

- Gleichsinnige Befunde liefert die Metaanalyse von Arthur, Bennett, Edens und Bell (2003) zur **Effektivität von Trainingsmaßnahmen**. Zwar ergeben sich insgesamt mittlere bis große durchschnittliche Effektstärken[1] auf den vier Evaluationsebenen nach Kirkpatrick (Zufriedenheit der Teilnehmer: $d = 0.60$, Lernerfolg: $d = 0.63$,

---

[1] d ist ein zusammenfassendes Maß für die Wirksamkeit von Interventionen, hier: von Trainingsmaßnahmen. Es repräsentiert den Unterschied zwischen einer Interventionsgruppe (Personen, die ein bestimmtes Training erhalten haben) und einer Kontrollgruppe (Personen, die kein Training erhalten haben). Ein d von etwa **0.20** weist auf **schwache**, ein d von etwa **0.50** auf **mittlere** und ein d von etwa **0.80** auf **starke Effekte** hin.

Lerntransfer: $d = 0.62$, Erträge für die auftraggebende Organisation: $d = 0.62$; zu den vier Evaluationsebenen siehe Solga, Kap. 6: Evaluation der Personalentwicklung). Studien jedoch, in denen *sowohl* Lernerfolg *als auch* Lerntransfer erhoben wurden, zeigen eine **deutliche Minderung der Effekte** von der Ebene des Lernerfolgs zur Ebene des Lerntransfers. „[T]he average decrease in effect size for learning and behavioral comparisons was 0.77, a fairly large decrease", so die Autoren (p. 238; mit behavioral comparisons sind dabei Vergleiche zwischen einer Trainings- und einer Kontrollgruppe hinsichtlich des *Lerntransfer*erfolgs gemeint).

- In ihrer Metaanalyse zum **Behavior Modeling Training** (BMT; siehe Demmerle, Schmidt, Hess, Solga & Ryschka, Kap. 4.3: Verhaltensmodellierung) finden Taylor, Russ-Eft und Chan (2005) große Effektstärken für Lernerfolg ($d = 1.05$ für Wissenserwerb und $d = 1.09$ für den Erwerb von Fertigkeiten). Auf der **Ebene des Lerntransfers** erwies sich die Wirksamkeit von BMT mit $d = 0.25$ jedoch als **deutlich geringer** (noch schwächer fallen die Effekte im Sinne betrieblicher Erträge aus).

- Die kürzlich publizierte Metaanalyse von Taylor, Russ-Eft und Taylor (2009) zur **Effektivität von Managementtrainings** zeigt, dass **unterschiedliche Anspruchsgruppen** – Trainingsteilnehmer, Vorgesetzte, Kollegen und Mitarbeiter von Trainingsteilnehmern – zu **unterschiedlichen Einschätzungen** kommen, wenn es gilt, Lerntransfer zu beurteilen. Am besten wird Lerntransfer von den Lernenden selbst eingeschätzt ($d = 0.61$). Vorgesetzte beurteilen die Lerntransfereffekte von Managementtrainings ebenfalls positiv, aber etwas schlechter ($d = 0.51$). Kollegen dagegen sind deutlich weniger optimistisch im Urteil ($d = 0.25$). Als besonders schwach werden die Lerntransfereffekte aus der Perspektive der Mitarbeiter der trainierten Führungskräfte beurteilt ($d = 0.12$). Der letzte Befund ist besonders enttäuschend – denn Mitarbeiter sind ja gewissermaßen die *Kunden* jener Techniken und Instrumente, die Vorgesetzte in Managementtrainings erwerben sollen (z.B. Mitarbeitergespräche führen).

Abbildung 1 beschreibt zwei prototypische Szenarien dessen, was sich nach Beendigung eines Trainings oder eines Seminars ereignen kann.

- **Szenario A:** Zurück im Arbeitsalltag werden die Versuche, das Gelernte anzuwenden, immer seltener: Anwendungsversuche scheitern; Arbeitsdruck erschwert das Einüben der neuen Kenntnisse und Fertigkeiten; Kollegen und Vorgesetzte bieten wenig oder keinerlei Unterstützung an. So kommt es, dass die Teilnehmer bald wieder auf gewohnte Verhaltensweisen zurückgreifen und Erlerntes in Vergessenheit gerät. Häufig mangelt es schlicht an Gelegenheiten, das Erworbene sinnvoll anzuwenden.

- **Szenario B**: Wünschenswert dagegen wäre es, wenn das Gelernte immer häufiger zum Einsatz käme und – durch Kollegen und Vorgesetzte verstärkt und unterstützt – auf immer mehr Anwendungskontexte generalisiert würde.

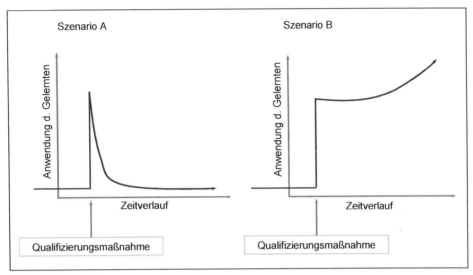

Abbildung 1: Szenarien zur Anwendung des Gelernten am Arbeitsplatz (in Anlehnung an Baldwin & Ford, 1988)

Wie müssen Trainings und Weiterbildungsseminare gestaltet sein, damit Lerntransfer gelingt? Wie lassen sich Transferprozesse durch gezielte Aktivitäten im Arbeitsumfeld lernender Mitarbeiter fördern? Seit Baldwin und Fords (1988) Resümee zur Lerntransferforschung sind zahlreiche Forschungsarbeiten publiziert worden, die Hinweise und Anhaltspunkte dazu enthalten, wie eine praktische Förderung des Lerntransfers gelingen kann (weitere Zusammenfassungen: Baldwin, Ford & Blume, 2009; Burke & Hutchins, 2007; Cheng & Ho, 2001; Ford & Weissbein, 1997).

Broad und Newstrom (1992) sowie Lemke (1995) fassen sämtliche Aktivitäten zur gezielten Verbesserung des Lerntransfers im Begriff des **Transfermanagements** zusammen. Der folgende Beitrag beschreibt Möglichkeiten, Transferprozesse zu fördern, wobei zwei Tätigkeitsfelder unterschieden werden: die **transferförderliche Ausgestaltung der Lernumgebung** (des Trainings, Coachings oder Seminars) und die **Förderung von Lerntransfer durch Maßnahmen in der Arbeitsumwelt** lernender Mitarbeiter. Bevor diese Maßnahmen beschrieben werden, sind einige grundlegende Konzepte und Begrifflichkeiten zu erörtern.

Literaturhinweise: Bücher von Besser (2004), Broad und Newstrom (1992), Holton und Baldwin (2003) sowie Lemke (1995) enthalten Handlungsanweisungen zur Optimierung von Lerntransfer aus PE-Maßnahmen.

5.1 Grundlegende Konzepte und Begrifflichkeiten

5.1.1 Lerntransfer

Generell bedeutet **Lerntransfer**, dass Kenntnisse und Fertigkeiten, die in einer bestimmten **Lernumgebung (Lernfeld)** erworben wurden, auf **Anwendungskontexte (Funktionsfelder)** übertragen werden, deren Merkmale sich von denen der Lernumgebung mehr oder weniger stark unterscheiden (Hasselhorn & Mähler, 2000; Mandl et al., 1992). Hierfür muss das Erlernte auf veränderte Kontextbedingungen verallgemeinert werden und für längere Zeit wirksam oder anwendbar bleiben (Baldwin & Ford, 1988; Laker, 1990). Für PE lässt sich die obige Definition wie folgt konkretisieren: Lerntransfer ist die Übertragung gelernter Kenntnisse und Fertigkeiten auf Herausforderungen (Aufgaben und Probleme) des Arbeitslebens, die Umsetzung und Generalisierung erworbener Kompetenzen in den Arbeitsalltag.

Lerntransferprozesse lassen sich anhand folgender **Dimensionen** beschreiben und voneinander unterscheiden:

- **Generalisierung:** Je mehr sich das Anwendungsfeld vom ursprünglichen Lernkontext unterscheidet, desto stärker muss das Erlernte von den spezifischen Bedingungen der Lernsituation abstrahiert und **auf veränderte Bedingungen übertragen**, also generalisiert werden. Die unterschiedlichen Grade der Ähnlichkeit von Lern- und Anwendungsumgebung werden als **Transferdistanzen** bezeichnet (Baldwin & Ford, 1988; Laker, 1990). Bei geringen Transferabständen wird von **nahem Transfer** gesprochen (etwa bei Softwareschulungen), bei großen Transferdistanzen von **weitem Transfer** (beispielsweise bei Outdoor-Trainings, wenn es dort um kooperatives Problemlösen geht).

- **Aufrechterhaltung:** Transferprozesse lassen sich auch danach unterscheiden, wie langfristig das Erlernte im Anwendungsfeld **wirksam oder anwendbar bleibt** (Baldwin & Ford, 1988; Laker, 1990). Erfordert ein aktuelles Problem den Einsatz von Kenntnissen und Fertigkeiten, die lange zuvor erlernt wurden, müssen die fraglichen Kompetenzen über einen langen Zeitraum hinweg anwendbar bleiben, auch wenn sie in der Zwischenzeit selten oder gar nicht verwendet wurden.

- **positiver und negativer Transfer:** Der Versuch, Gelerntes anzuwenden, kann die Leistung im Anwendungskontext auch verschlechtern. Werden leistungsrelevante Kenntnisse und Fertigkeiten nicht akkurat gelernt oder sind Trainingsinhalte schlecht auf die Herausforderungen des Arbeitssystems abgestimmt, sind Handlungsfehler oder -verzögerungen möglich[2]. Lerntransferprozesse, die die **Arbeitstätigkeit erleichtern oder verbessern**, werden als positive Lerntransferprozesse bezeichnet, solche, die die **Leistungen in der Anwendungssituation beeinträchtigen**, als negative.

- **horizontaler und vertikaler Transfer:** *Positive* Lerntransferprozesse werden ferner in horizontale (laterale) und vertikale untergliedert (Hasselhorn & Mähler, 2000; Mandl et al., 1992). Im Falle horizontalen Transfers wird Gelerntes auf veränderte Anwendungssituationen **desselben Anforderungsniveaus** übertragen. Vertikaler Transfer bedeutet, dass die erworbene Qualifikation verwendet wird, um neue, anspruchsvollere Kompetenzen zu erwerben. Beispiel: Aufbauend auf Kenntnissen und Fertigkeiten aus Verhandlungstrainings erwirbt eine Person Kompetenzen zur Konfliktmediation (d.h. zur Beilegung eines Konflikts mithilfe eines allparteilichen Vermittlers). Vertikaler Transfer ist sukzessives Dazulernen durch Anwendung des Gelernten auf Herausforderungen eines **komplexeren Anforderungsniveaus**. Mandl et al. (1992): Es „kann von effizienter Weiterbildung nur dann gesprochen werden, wenn das Gelernte im Funktionsfeld im Sinne eines horizontalen oder vertikalen Transfers angewendet wird" (S. 129).

5.1.2 Lerntransfermanagement

Lerntransfermanagement beinhaltet sämtliche Maßnahmen zur **Planung, Optimierung und Kontrolle von Lerntransfer** im Kontext betrieblicher Weiterbildung[3]. Lerntransfermanagement soll positive Transferprozesse ermöglichen, die weit generalisieren, lange Zeit bestehen bleiben und möglichst auch vertikal wirksam sind. „Der Begriff des Transfermanagements ist mit der Vorstellung verbunden, daß sich Lerntransfer in großem Umfang managen, also planen, kontrollieren (evaluieren) und organisieren läßt." (Lemke, 1995, S. 5).

Der Begriff des Lerntransfermanagements soll (durchaus in programmatischer Absicht) hervorheben, dass Lerntransfer nicht üblicherweise von selbst geschieht. Lerntransferprozesse müssen *aktiv, systematisch und nachhaltig* unterstützt und gefördert werden, damit Personalentwicklung Früchte trägt.

Transfermanagement sollte **lange Zeit vor** der eigentlichen Entwicklungsmaßnahme beginnen und **zeitlich weit über das Ende** eines Trainings, Coachings oder Weiterbildungsseminars hinausgehen (Broad & Newstrom, 1992; Burke, 2001; Machin, 2002).

---

[2] Letzteres spricht sehr dafür, im Zuge der Planung und Entwicklung von Weiterbildungsaktivitäten auf genaue **Aufgabenanalysen** nicht zu verzichten (vgl. Klug, Kap. 2: Analyse des Personalentwicklungsbedarfs).

[3] Die **Kontrolle** des Lerntransfers ist Gegenstand des Kapitels 6 zur PE-Evaluation.

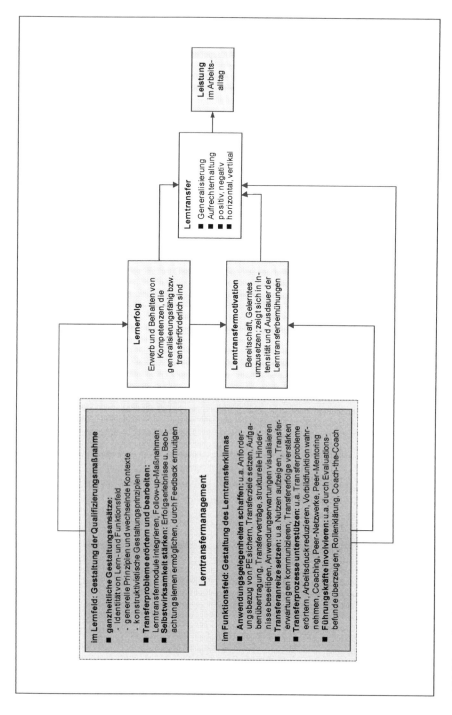

Abbildung 2: Ein Modell des Lerntransfermanagements in Lern- und Funktionsfeld

Für Broad und Newstrom (1992) ist Lerntransfermanagement eine **gemeinsame Aufgabe** von **Personalentwicklern, Führungskräften** und **PE-Teilnehmern**. „The *Transfer Partnership* is made up of managers (including executives, supervisors, team leaders etc.), trainers, and trainees who have a strong interest in a particular training program and who have agreed to work together to support the full application of the training to the job. We propose that a Transfer Partnership be formed for every high-priority training program" (Broad & Newstrom, 1992, p. 14; Hervorhebung im Original).

Abbildung 2 veranschaulicht die Zusammenhänge zwischen Arbeitsleistung, Lerntransfer und Lerntransfermanagement (von rechts nach links gelesen): Nach Rückkehr an den Arbeitsplatz ist die Leistung eines Weiterbildungsteilnehmers von der Qualität und Häufigkeit seiner Lerntransferaktivitäten abhängig. Die Lerntransferprozesse sind ihrerseits von diesen Größen abhängig: vom zuvor erzielten **Lernerfolg** und von der **Lerntransfermotivation** des Weiterbildungsteilnehmers.

Dabei meint **Lernerfolg** Erwerb und Behalten erwünschter Kompetenzen. Letztere sind nach Beendigung der Personalentwicklungsmaßnahme mehr oder weniger **generalisierungsfähig**, d.h. auf veränderte Kontextbedingungen anwendbar. Andere, ebenfalls erworbene Kompetenzen wirken eher **transferförderlich**: Sie beeinflussen die Lerntransfermotivation. Hierzu zählt etwa die auf Lerntransferprozesse bezogene Selbstwirksamkeitserwartung (Vertrauen in die eigene Tüchtigkeit) des Lernenden; sie ist Gegenstand des Abschnitts 5.2.5. **Lerntransfermotivation** ist die Bereitschaft, erworbene Kompetenzen im Arbeitskontext anzuwenden. Die Transfermotivation des Teilnehmers zeigt sich in der Ausdauer und Intensität seines Bemühens, Gelerntes in die Arbeitstätigkeit zu integrieren (Gegenfurtner, Veermans, Festner & Gruber, 2009).

Lernerfolg und Lerntransfermotivation werden durch Bedingungen a) im **Design der PE-Maßnahme** (Lernfeld) und b) in der **Arbeitsumwelt des lernenden Mitarbeiters** (Funktionsfeld) beeinflusst, wobei letztere in ihrer Gesamtheit als **Lerntransferklima** (Tracey, Tannenbaum & Kavanagh, 1995) bezeichnet werden. Diese Bedingungen zu gestalten, ist Aufgabe des **Lerntransfermanagements**, das sich sowohl auf Merkmale des Lernfelds als auch auf solche des Funktionsfelds bzw. der Funktionsfelder konzentrieren muss.

Lernerfolg und Lerntransfermotivation sind auch von Bedingungen abhängig, die **in der Person des Lernenden** lokalisiert sind. Sie werden als **Trainingsbereitschaft** (preparedness oder readiness for training) bezeichnet (Noe & Colquitt, 2002). Lernende verfügen über ganz bestimmte **Denkfähigkeiten** (Intelligenz) und **Vorkenntnisse** sowie spezifische **berufliche Einstellungen** (organisationales Commitment oder Karriereorientierung beispielsweise), ferner über ganz bestimmte Ausprägungen lern- und lerntransferrelevanter **Persönlichkeitsmerkmale** (z.B. Gewissenhaftigkeit). Die kognitiven (intellektuellen) Merkmale beeinflussen den Lernerfolg; Einstellungen und Persönlichkeitsmerkmale die Lerntransfermotivation des Teilnehmers (vgl. Colquitt, LePine & Noe, 2000). Diese, in der Person des Lernenden lokalisierten Merkmale sind nicht Gegenstand des vorliegenden Beitrags. Hinweise, wie sich die Merkmale des PE-Teilnehmers im Lerntransfermanagement berücksichtigen lassen, geben Noe und Colquitt (2002) sowie Machin (2002). Blume, Ford, Baldwin und Huang (in press) geben in ihrer Metaanalyse Auskunft darüber, inwiefern diese personalen Merkmale auf Lerntransferprozesse Einfluss nehmen.

5.2 Lerntransfermanagement im Lernfeld

Im Folgenden werden die wichtigsten Ansätze zur Förderung von Lerntransfer diskutiert, die sich auf **Merkmale der Lernumgebung** konzentrieren (siehe nochmals Abbildung 2). Hierbei lassen sich drei **ganzheitliche** (**als Transfertheorien bezeichnete**) **Ansätze** voneinander unterscheiden. Sie empfehlen eine bestimmte Gestaltung der Lernumgebung *insgesamt*:

- Identität von Lern- und Anwendungsumgebung herstellen,
- generelle Prinzipien vermitteln und dabei wechselnde Kontexte einsetzen,
- konstruktivistische Gestaltungsprinzipien verwenden.

Eine zweite Gruppe von Maßnahmen folgt der Idee, Transferprobleme bereits **im Verlauf des Programms zu bearbeiten**:

- Selbstmanagement- bzw. Rückfallpräventionstrainings integrieren,
- Follow-up-Maßnahmen durchführen.

Abschließend werden Techniken besprochen, deren Ziel darin besteht, transferkritische **Selbstwirksamkeitserwartungen** der PE-Teilnehmer zu stärken.

Weitere Möglichkeiten, das Lernfeld transferförderlich auszugestalten, beschreiben Besser (2004), Broad und Newstrom (1992) und Lemke (1995).

5.2.1 Identität von Lern- und Anwendungsumgebung herstellen

Für die Vertreter dieses Ansatzes, der auch als **Theorie identischer Elemente** bezeichnet wird, ist die Wahrscheinlichkeit, dass Erworbenes von einer Lernumgebung auf eine Anwendungssituation übertragen wird, abhängig von der **Ähnlichkeit beider Kontexte**. Je umfangreicher die Übereinstimmungen, desto größer die Wahrscheinlichkeit positiver Transferprozesse (Laker, 1990; Mandl et al., 1992).

Für die Gestaltung von Weiterbildungsaktivitäten folgt daraus, dass **Arbeitssysteme** möglichst **wirklichkeitsgetreu abgebildet** und berufliche **Aufgaben realistisch simuliert** werden müssen.

Der Ausgestaltung des Lernfelds muss deshalb eine genaue Beschreibung jener Aufgaben und Arbeitssysteme vorangehen, auf die die Teilnehmer einer PE-Maßnahme vorbereitet werden sollen. Hierfür stehen die Instrumente der psychologischen **Arbeits- und Anforderungsanalyse** zur Verfügung, mit deren Hilfe sich Arbeitssysteme und ihre Leistungsanforderungen an Arbeitstätige beschreiben lassen (Dunckel, 1999; vgl. auch Klug, Kap. 2: Analyse der Personalentwicklungsbedarfs).

Die Simulation des Anwendungszusammenhangs im Lernfeld ist jedoch an Voraussetzungen geknüpft und mit besonderen **Schwierigkeiten** und Konsequenzen verbunden, die es bei der Auswahl transferförderlicher Gestaltungsmittel zu beachten gilt:

- Zunächst ist das dargestellte Vorgehen an die Voraussetzung gebunden, dass die Merkmale des anvisierten Funktionsfelds präzise beschreibbar sind. Die Theorie identischer Elemente ist deshalb nur anwendbar, wenn das Ziel der Entwicklungsmaßnahme darin besteht, Mitarbeiter auf **klar definierte Aufgaben** vorzubereiten. Sind die beruflichen Herausforderungen unscharf oder wird eine generelle Förderung der persönlichen und professionellen Entwicklung der Teilnehmer angestrebt, lässt sich auf die Theorie identischer Elemente schlecht Bezug nehmen.

- Um Lernprozesse und Behaltensleistungen zu fördern, ist es sinnvoll, das Lernfeld zu vereinfachen bzw. um spezielle **didaktische Elemente** zu ergänzen, die den Lernprozess anregen und steuern. Es stellt sich sodann die Frage, welche Elemente ähnlich oder identisch sein müssen, welche folgenlos variieren dürfen und welche zur Unterstützung des Lernprozesses sogar variieren müssen (Mandl et al., 1992).

- Die Idee des beschriebenen Ansatzes besteht darin, durch die Angleichung der Lernumgebung ans Anwendungsfeld die Notwendigkeit einer weiten Generalisierung des Erlernten auf stark veränderte Bedingungen auszuschalten. Zwar werden auf diese Weise nahe Transferprozesse ermöglicht – gleichzeitig jedoch reduziert sich die Wahrscheinlichkeit eines weiten Transfers, weil die Teilnehmer keinerlei generalisierende Erfahrungen machen können (Laker, 1990). Damit werden unvorhersehbare **Veränderungen im Anwendungsfeld** zum Problem; sie müssen, weil sich der Ansatz auf nahe Transferprozesse beschränkt, **sofort *ins Lernfeld*** implementiert werden. Die Theorie identischer Elemente bleibt deshalb auf **zeitlich relativ stabile Arbeitssysteme** beschränkt; stark veränderliche berufliche Umwelten machen andere Trainingsdesigns notwendig, etwa das nachfolgend dargestellte.

5.2.2 Generelle Prinzipien vermitteln und wechselnde Kontexte einsetzen

Die Vermittlung genereller Prinzipien stellt einen Ansatz des Transfermanagements dar, der dem Prinzip identischer Elemente entgegengesetzt ist (Laker, 1990):

- Während der gerade beschriebene Ansatz auf die Vermittlung stark aufgabenspezifischer fachlicher Kenntnisse und Fertigkeiten setzt, besteht die Idee dieser zweiten Transfertheorie darin, **generelle Denk- und Problemlösestrategien** und theoretisches Grundlagenwissen zu entwickeln, Kompetenzen also, die sich flexibel auf zahlreiche, sehr unterschiedliche Herausforderungen anwenden lassen.
- Während sich die Theorie identischer Elemente auf nahe Transferprozesse beschränkt, soll die Vermittlung genereller Prinzipien **weite Transferprozesse** ermöglichen.
- Während die Theorie identischer Elemente stabile Anwendungskontexte verlangt, kann auf generelle Prinzipien zurückgegriffen werden, wenn sich die **Anwendungssituationen dynamisch verändern** und die Veränderungen nicht vorhersagbar sind.

Die als **generelle Denk- und Problemlösestrategien** bezeichneten kognitiven Fertigkeiten werden auch als **Methodenkompetenzen** bezeichnet (Kauffeld, 2006). Methodenkompetenzen sind in diversen Situationen flexibel einsetzbar; sie befähigen eine Person dazu, situationsspezifische Kenntnisse schnell und umfassend zu erwerben und neuartige, hoch komplexe Aufgaben selbstständig zu bewältigen. Als wichtige Methodenkompetenzen gelten beispielsweise die

- Strategien und Techniken des **systematischen Problemlösens** (Funke, 2003; Sell & Schimweg, 2002),
- **Kreativitätstechniken** (Knieß, 2006; Schuler & Görlich, 2006),
- Strategien und Techniken des **Projektmanagements** (Schelle, 2007),
- Strategien und Techniken des **individuellen Wissensmanagements** und des **selbstgesteuerten Lernens** (Mandl & Friedrich, 2006; Reinmann-Rothmeier & Mandl, 2000).

Sie ermöglichen so genannte **adaptive Expertise** und gelten den Vertretern des beschriebenen Ansatzes aufgrund ihrer universellen Anwendbarkeit als leicht transferierbar.

Diverse Untersuchungen zum Transfer genereller Denk- und Problemlösestrategien auf berufliche Anwendungskontexte zeigen jedoch, dass sich spontane Transferprozesse deutlich seltener ereignen, als von den Vertretern dieses Ansatzes erhofft (Adams, 1989). Denk- und Problemlösestrategien werden immer anhand spezifischer Inhalte erworben (also etwa anhand konkreter Beispiele, mithilfe derer die Verwendung der Strategien demonstriert und geübt wird). Sie sind dann in **inhalts- und materialspezifische Schemata** eingebunden, aus denen sie offenbar nur schwer wieder zu lösen sind. Wege zur Lösung dieses Problems sind von Adams (1989) sowie Solomon und Perkins (1989) beschrieben worden: Indem der Lernende die Denk- und Problemlösestrategien selbstständig in **sehr vielen, zunehmend unterschiedlichen Problemsituationen** erprobt, gelingt es ihm, die Strategien schrittweise aus den spezifischen Kontexten herauszulösen. Dieser schrittweise Abstraktionsprozess ermöglicht schließlich weite Transfers. Andere Autoren sprechen hierbei von **Stimulusvariabilität** oder **wechselnden Kontexten**. Leider ist ein solches Vorgehen zeitaufwändig. Ferner bedarf es einer sehr ausführlichen und systematischen Planung.

5.2.3 Konstruktivistische Ausgestaltung der Lernumgebung

Die beschriebenen Prinzipien – Identität von Lern- und Funktionsfeld, Stimulusvariabilität – werden innerhalb eines Ansatzes miteinander kombiniert, der als **konstruktivistisch** bezeichnet wird (Reinmann-Rothmeier & Mandl, 1997; vgl. auch Allmendinger, Kap. 3.3: Konstruktivistische und computerbasierte Ansätze der Personalentwicklung). Ursprünglich als Gegenmodell zur traditionellen Form des Schulunterrichts entwickelt[4], findet der konstruktivistische Ansatz neuerdings viel Beachtung auch im Bereich der beruflichen Aus- und Weiterbildung (Bendorf, 2002; Bergmann & Sonntag, 2006; Sonntag & Stegmaier, 2007). Die Prinzipien der konstruktivistischen Gestaltung von Lernumgebungen lauten:

- **Authentizität:** Fachspezifische Kenntnisse und Fertigkeiten, aber auch generelle Problemlösestrategien und theoretische Wissensgrundlagen sollten in realen Anwendungssituationen erworben werden. Idealerweise dient der wirkliche Anwendungskontext selbst als Lernumgebung. Lernen soll in der Auseinandersetzung mit komplexen, bedeutungsvollen und ganz authentischen Aufgaben erfolgen, die in der realen Arbeitspraxis zu bewältigen sind.

- **Situiertheit (Anschaulichkeit):** Ist es nicht möglich, das Lernen in realen Anwendungssituationen stattfinden zu lassen, gilt es, bedeutsame Funktionsfelder realistisch zu simulieren. Ferner sollten Lernaufgaben in anschauliche und realistische Erzählungen eingebettet werden, die für den Lernenden von großer subjektiver Bedeutung sind. Hierfür lässt sich das Medium Film verwenden.

---

[4] Es wird kritisiert, dass die traditionelle Gestaltung des Schulunterrichts zu **trägem Wissen** führe (d.h. eigentlich vorhandene Kenntnisse nicht eingesetzt werden; Renkl, 1996), weil von den Lernenden lediglich ein passives Rezipieren wissenswerter Informationen erwartet wird, die ihrerseits in disparaten Einheiten, ohne Einbettung in natürliche Anwendungskontexte und ohne konkrete Handlungsbezüge präsentiert werden.

- **multiple Kontexte:** Kenntnisse und Fertigkeiten sollten in der Auseinandersetzung mit vielen, sehr unterschiedlichen Anwendungssituationen entwickelt und eingeübt werden.
- **sozialer Kontext:** Während des Bearbeitens realer Aufgaben soll es einen Austausch zwischen Lernenden und Job-Experten geben. Die Experten stehen den Lernern beratend und unterstützend zur Seite, sie agieren als Rollenmodelle für das Lernen durch Beobachtung und sie vermitteln neben spezifischen Fertigkeiten und Fachkenntnissen auch generelle Problemlösestrategien und expertentypische Heuristiken. Zugleich werden die Lernenden auf diese Weise in eine berufliche Expertengemeinschaft eingebunden, deren Einstellungen, Jargon und Leistungserwartungen sie allmählich übernehmen. Ferner sollten Lernende auch miteinander kooperieren, um ihre Vorgehensweisen zu vergleichen und sich wechselseitig Lernimpulse zu geben.

5.2.4 Lerntransferprobleme erörtern und bearbeiten

Die Grundidee der folgenden Ansätze besteht darin, **Transferprobleme** bereits während des Trainings oder Weiterbildungsseminars zu **thematisieren** und entsprechende **Lösungsmöglichkeiten** zu erarbeiten. Im Folgenden werden zwei Ansätze ausgeführt.

1. Selbstmanagement- bzw. Rückfallpräventionstrainings integrieren

Dieser Ansatz geht ursprünglich auf Marx (1982) zurück (vgl. auch Hutchins & Burke, 2006). Er besteht darin, unmittelbar nach Beendigung des eigentlichen Trainingsprogramms **Selbstmanagement-Kompetenzen** zu entwickeln (vgl. König & Kleinmann, 2007), mit deren Hilfe sich **Transferhindernisse** (innere Widerstände, mangelnde Unterstützung, Handlungsdruck etc.) **selbstgesteuert überwinden** lassen und ein schrittweises Zurückgleiten in altes Verhalten vermieden werden kann:

- Bewusstsein für die Transfer- bzw. Rückfallproblematik und Einsicht in die zugrundeliegenden Mechanismen schaffen,
- Transferhindernisse und Risiko-Situationen für Rückfälle identifizieren,
- sich selbst Ziele für die Anwendung des Gelernten setzen,
- Unterstützungspotenziale (Manager, Kollegen, andere Teilnehmer) für Anwendungsversuche identifizieren und aktivieren,
- das eigene Zeitmanagement optimieren, weil Zeitdruck Rückfälle in alte Verhaltensweisen bewirkt,
- sich bei der Anwendung der gelernten Kenntnisse und Fertigkeiten selbst kontrollieren (Selbst-Beobachtung und Selbst-Bewertung),
- sich für erfolgreiche Anwendungen des Gelernten selbst belohnen.

Ein ausführliches Rückfallpräventionstraining beschreiben Marx (1986) sowie Marx und Burke (2003). Die **Wirksamkeit** solcher Trainings ist allerdings umstritten (siehe dazu die Ergebnisse der Metaanalyse von Blume et al., in press). Angesichts knapper zeitlicher und finanzieller Ressourcen stellt sich zudem die Frage der **Umsetzbarkeit** solcher Maßnahmen.

2. Follow-up-Maßnahmen

Dies sind kürzere Workshop-, Coaching- oder Trainingseinheiten, die der eigentlichen Maßnahme im Abstand von Wochen oder Monaten nachfolgen. In diesen Veranstaltungen erhalten die Teilnehmer Gelegenheit, ihre Fertigkeiten und Kenntnisse nochmals aufzufrischen und zu vertiefen. Es besteht ferner die Möglichkeit, über eigene **(problematische) Transfererfahrungen** zu berichten und in Zusammenarbeit mit Teilnehmern und Personalentwicklern **Maßnahmen zu erarbeiten** und ggf. einzuüben, die geeignet sind, spezifische **Anwendungsprobleme zu bewältigen**.

5.2.5 Selbstwirksamkeit der Teilnehmer stärken

Nach Bandura (u.a. 1997) ist **Selbstwirksamkeit** die Überzeugung, erfolgreich tun zu können, was erforderlich ist, um bestimmte Ziele zu erreichen. Die Lerntransfermotivation der PE-Teilnehmer ist stark von einer bestimmten Selbstwirksamkeitserwartung abhängig, von der Einschätzung nämlich, die erworbenen Kenntnisse und Fertigkeiten aus eigener Kraft ins Arbeitsleben umsetzen zu können (Colquitt et al., 2000; Haccoun & Saks, 1998; Saks, 1997). In ihrer Metaanalyse können Blume et al. (in press) zeigen, dass die transferbezogene Selbstwirksamkeit und Lerntransfer zu .22 miteinander korrelieren (korrigierte durchschnittliche Korrelation).

Es ist deshalb von großer Wichtigkeit, die **auf Lerntransfer bezogenen Selbstwirksamkeitserwartungen** der Teilnehmer **zu stärken**. Dies ist insbesondere dann entscheidend, wenn die Lerninhalte vollkommen neu und zudem komplex sind und wenn zu erwarten ist, dass die Teilnehmer eher wenig Unterstützung in ihrem Arbeitsumfeld erhalten werden (Haccoun & Saks, 1998).

Nach Bandura (1997) speisen sich die Selbstwirksamkeitserwartungen einer Person *generell* aus vier Quellen; für die Ausgestaltung von PE ergeben sich entsprechende Hinweise:

- **Erfolgserlebnisse:** Die Erfahrung, bereits viele Aufgaben, die der fraglichen Herausforderung ähnlich sind, erfolgreich bewältigt zu haben, stärkt die Selbstwirksamkeit. Je häufiger diese Erfolge, desto größer das Vertrauen in die eigene Handlungskompetenz.

  Deshalb gilt es, in Trainings oder Coachings entsprechende Erfolgserlebnisse zu vermitteln. Die Teilnehmer sollten viele Gelegenheiten erhalten, zu erwerbende

Kompetenzen einzuüben, entsprechende Lernaufgaben erfolgreich zu bewältigen und so die **Erfahrung des Meisterns** zu machen.

- **Beobachtungslernen**: Aus der Beobachtung des Verhaltens anderer zu wissen, dass und wie die fragliche Herausforderung bewältigt werden kann, stärkt die Selbstwirksamkeit einer Person ebenfalls. Je häufiger solche Beobachtungen gemacht werden und je ähnlicher die beobachteten Individuen der eigenen Person sind, desto größer die Selbstwirksamkeitsüberzeugung.

  Deshalb gilt es, in Trainings **Beobachtungsmodelle** zu präsentieren, d.h. Personen, die zeigen, wie sich die Lernaufgaben und der spätere Lerntransfer erfolgreich bewältigen lassen. Dem Verfahren der **Verhaltensmodellierung** (vgl. Demmerle, Schmidt, Hess, Solga & Ryschka, Kap. 4.3: Verhaltensmodellierung) liegt diese Strategie zugrunde. Hier wird eine Modellperson mit ihrem Verhalten auf Film gezeigt. Eine andere Möglichkeit besteht darin, ehemalige Teilnehmer der Maßnahme einzuladen und sie von ihren Umsetzungserfolgen berichten zu lassen.

- **verbales Überzeugen:** Positive soziale Rückmeldungen zur eigenen Handlungskompetenz stellen die dritte Quelle der Selbstwirksamkeit dar. Je häufiger sich Andere zuversichtlich zeigen, man werde das Geforderte leisten können, desto höher die Selbstwirksamkeit der Person.

  Damit ist eine wichtige Aufgabe der Personalentwickler darin zu sehen, Teilnehmer durch **positive Rückmeldungen** zu ermutigen und darin zu bestärken, das Gelernte erfolgreich in die Arbeitstätigkeit einbringen zu können.

- **körperliche Reaktionen:** Die vierte generelle Quelle der Selbstwirksamkeit sind physiologische Reaktionen, die in mehr oder weniger starkem Maße angesichts einer aktuellen oder antizipierten Herausforderung resultieren und die als **Furcht oder Stress** erlebt werden.

  Deshalb empfiehlt es sich, den PE-Teilnehmern Techniken zu vermitteln, wie sich Nervosität, Stress und **Angsterleben kontrollieren** und reduzieren lassen. Solche Techniken sind u.a. Gegenstand von Stressbewältigungstrainings (vgl. Demmerle, Schmidt & Hess, Kap. 3.5.4: Stressmanagementtraining)

5.3 Lerntransfermanagement im Anwendungsfeld

Im vorangegangenen Kapitel wurden einige Aktivitäten zur transferförderlichen Ausgestaltung der Lernumgebung beschrieben. Lerntransferprozesse sind jedoch auch von diversen **Bedingungen am Arbeitsplatz** selbst abhängig, die das alltägliche Erleben lernender Mitarbeiter prägen. Diese Bedingungen können **positiv oder negativ** wirken. So werden Lerntransferprozesse behindert, wenn Mitarbeiter aufgrund von Arbeitsfristen unter Zeitdruck stehen. Hilfreich ist es dagegen, wenn Vorgesetzte die Transferversuche ihrer Mitarbeiter durch konstruktives Feedback unterstützen.

Einige dieser Bedingungen beeinflussen die **Lerntransfermotivation** der Arbeitstätigen (z.B. für Lerntransfer belohnt werden), andere die **Möglichkeiten, das Gelernte sinnvoll und systematisch einzusetzen** (z.B. Aufgaben erhalten, die den Einsatz der neuen Kenntnisse und Fertigkeiten erforderlich machen). Wieder andere bestehen darin, lernende Mitarbeiter aktiv bei der Umsetzung des Gelernten zu unterstützen, also **Hilfestellungen** zu geben (z.B. indem ein erfahrener Mitarbeiter dem lernenden Kollegen bei ersten Anwendungsversuchen zur Seite steht). Die bereits mehrfach zitierte Metaanalyse von Blume et al. (in press) zeigt den Einfluss der Arbeitsumgebung auf Lerntransferprozesse; korrigierte durchschnittliche Korrelation: .36.

5.3.1 Was ist das Lerntransferklima?

In ihrer Gesamtheit werden die transferkritischen Bedingungen im Arbeitsumfeld lernender Mitarbeiter als **Lerntransferklima** bezeichnet (Rouiller & Goldstein, 1993; Tracey et al., 1995). Rouiller und Goldstein (1993) haben sich als erste systematisch mit diesen Bedingungen auseinandergesetzt. Sie gliedern die Aspekte des Lerntransferklimas in zwei Bereiche (siehe Tabelle 1):

- in **Bedingungen**, die zur Umsetzung des Gelernten **anregen oder auffordern**, und
- in **Konsequenzen**, positive wie negative, die aus der Anwendung des Gelernten resultieren.

Das Lerntransferklima lässt sich als ein **Teilbereich der Lernkultur** einer Organisation (eines Unternehmens) verstehen. Die Organisation pflegt eine spezifische Praxis der Kompetenzentwicklung, in der sich eine bestimmte, organisationstypische **Wertschätzung des individuellen Lernens** und betrieblicher Weiterbildungsaktivitäten zeigt. Sie wird als Lernkultur (Sonntag, Stegmaier, Schaper & Friebe, 2004) oder Lernklima (Schilling & Kluge, 2004) bezeichnet.

„Lernkultur wird als Ausdruck des Stellenwertes definiert, der dem Lernen im Unternehmen zukommt. Lernkultur zielt auf Kompetenzentwicklung, Steigerung von Flexibilität und Innovationsfähigkeit im Unternehmen. Auf normativer Ebene findet sie Ausdruck in **lernbezogenen Werten, Normen und Einstellungen**. Auf der strategischen Ebene manifestiert sich Lernkultur in **Rahmenbedingungen**, die **Lernen längerfristig und nachhaltig unterstützen** und fördern. Operativ zeigt sich Lernkultur in den vielfältigen Formen des individuellen, gruppenbezogenen und organisationalen Lernens. ... Die Lernkultur dient den Organisationsmitgliedern zur **Orientierung und Identifikation**, indem sie ihnen die an das Lernverhalten und die Kompetenzentwicklung gestellten **Erwartungen vermittelt**" (Sonntag & Stegmaier, 2005, S. 23; meine Hervorhebungen).

Tabelle 1: Aspekte des Transferklimas nach Rouiller & Goldstein (1993), vereinfacht

Transferaufforderungen (transfer cues)	**Bedingungen, die zur Anwendung des Gelernten in der Arbeitstätigkeit anregen oder auffordern**
Aufgabenmerkmale	Aspekte im Design von Arbeitsaufgaben und Arbeitssystemen, die Lerntransfer erfordern oder möglich machen *Beispiel*: Dem Lernenden steht genügend Zeit zur Verfügung, um neu erworbene Kenntnisse und Fertigkeiten ohne Handlungsdruck einzusetzen.
Ziele	Lerntransfer als Gegenstand von Zielvereinbarungen zwischen lernenden Mitarbeitern und Vorgesetzten *Beispiel*: Mitarbeiter und Führungskraft entwickeln einen Aktionsplan, der vorsieht, mithilfe des Gelernten innerhalb einer bestimmten Frist eine spezifische Aufgabe zu bewältigen.
Unterstützung	Betreuung durch Vorgesetzte, Unterstützung von Lerntransfer durch Kollegen und Mitarbeiter *Beispiel*: Vorgesetzte geben Tipps zur effektiveren Umsetzung des Gelernten am Arbeitsplatz.
Transferkonsequenzen (transfer consequences)	**Reaktionen der Arbeitsumwelt auf die Anwendung des Gelernten**
transferförderliche Rückmeldungen	belohnende Reaktionen nach Anwendung des Gelernten; tadelnde Rückmeldungen, wenn Lerntransfer unterlassen wird *Beispiel*: Vorgesetzte loben Mitarbeiter für Transferleistungen und stellen attraktive Aufgaben in Aussicht.
transferhemmende Reaktionen	negative Reaktionen nach Anwendung des Gelernten *Beispiel*: Erfahrenere Kollegen machen sich über Versuche eines Mitarbeiters lustig, neue Kenntnisse und Fertigkeiten anzuwenden.
fehlende Rückmeldungen	keinerlei Informationen zur Wichtigkeit des Lerntransfers und keine Rückmeldungen zur Qualität von Transferbemühungen *Beispiel*: Vorgesetzte äußern sich aufgrund von Arbeitsdruck oder mangels Interesse nicht zu den Versuchen ihrer Mitarbeiter, Gelerntes anzuwenden.

Die Lernkultur einer Organisation lässt sich mithilfe einer von Sonntag (1996) veröffentlichten Checkliste beschreiben (siehe ferner das Readiness for Organizational Learning and Evaluation [ROLE] Instrument, abgedruckt in Russ-Eft & Preskill, 2001). Das ebenfalls von Sonntag und Mitarbeitern entwickelte **Lernkulturinventar** (LKI; Sonntag & Stegmaier, 2005; Sonntag et al., 2004) ermöglicht eine exaktere, psychometrisch kontrollierte **Messung der Lernkultur**. Tabelle 2 beschreibt die verschiedenen Dimensionen der Lernkultur, wie sie sich mithilfe des LKI-Fragebogens erfassen lassen.

Tabelle 2: Dimensionen der Lernkultur nach Sonntag et al. (2004)

Dimensionen	Inhalte
Lernen als Teil der Unternehmensphilosophie	▪ Vorliegen lernorientierter Leitlinien im Leitbild des Unternehmens ▪ kommunizierte Erwartungen an das Lernverhalten der Mitarbeiter
Rahmenbedingungen für das Lernen im Unternehmen	▪ lernförderliche Organisationsstruktur (z.B. flache Hierarchien) ▪ lernförderliche Gestaltung von Entgelt- und Anreizsystemen (z.B. Kompetenzziele in der Zielvereinbarung) ▪ lernförderliche Arbeitszeitregelungen (z.B. Lernzeitkonten) ▪ Berücksichtigung des individuellen Lernens in organisationalen Veränderungsprozessen
Aspekte der Personalentwicklung	konkrete Ausgestaltung der Personalentwicklung im Unternehmen: ▪ Reichweite und Nutzung von PE-Maßnahmen ▪ Unterstützung der Mitarbeiter durch PE-Abteilungen ▪ systematische Erfassung des Lernbedarfs ▪ systematische Evaluation von PE-Maßnahmen ▪ unternehmensstrategische Einbettung der PE
Formalisierung der Kompetenzentwicklung	▪ Stellenbeschreibung mit Kompetenzmodellen ▪ Zertifizierung von Lernerfolgen
Lernatmosphäre und Unterstützung durch Kollegen	▪ gegenseitige Ermutigung und Hilfe ▪ Teilhabe an den Lernerfahrungen der Kollegen ▪ konstruktiver Umgang mit Kritik
Lernorientierte Führungsaufgaben	▪ die Führungskraft als Vorbild bezüglich Lernen und Kompetenzentwicklung ▪ Übertragung herausfordernder Aufgaben an Mitarbeiter ▪ Vereinbarung von Lern- und Entwicklungszielen mit Mitarbeitern ▪ regelmäßiges Durchführen von Feedbackgesprächen ▪ Weiterbildungsberatung für Mitarbeiter
Information und Partizipation	▪ Informationswege und -möglichkeiten bezüglich Weiterbildung ▪ Einflussmöglichkeiten der MA bei der Gestaltung von Lernen und PE ▪ Lernen durch Rückgriff auf Wissensdatenbanken ▪ interne Netzwerke für Lernen und Wissensaustausch
Wissensaustausch mit der Umwelt für Zwecke der Kompetenzentwicklung	▪ Nutzung von Kontakten zu Partnern, Kunden, Lieferanten, Universitäten bzw. Forschungsinstituten sowie Beratungsfirmen ▪ Nutzung von Netzwerken
Lern- und Entwicklungsmöglichkeiten im Unternehmen	▪ unterschiedliche Lernformen im Unternehmen: mediengestütztes und selbstgesteuertes Lernen, lernförderliche Arbeitsgestaltung etc. ▪ Maßnahmen zur Transfersicherung

Holton und Mitarbeiter (u.a. Holton, Bates & Ruona, 2000; Holton, 2003) haben ein umfassendes Fragebogeninventar zur **Messung des Lerntransferklimas**, das **Learning Transfer System Inventory** (LTSI), entwickelt. Das Instrument beinhaltet insgesamt 16 Skalen. Neben relevanten Merkmalen der Arbeitsumgebung – des Transferklimas also – misst es Merkmale des Designs fraglicher Qualifizierungsmaßnahmen sowie transferkritische Einstellungen der Teilnehmer. Es ist also mehr als ein Instrument zur Beschreibung des Lerntransferklimas, wenngleich hierin sein Schwerpunkt liegt.

Die LTSI-Skalen sind zudem in spezifische und generelle untergliedert. Spezifische Skalen fordern den Urteiler dazu auf, an ein vorliegendes Qualifizierungsprogramm zu denken und die Items mit Blick auf diese Maßnahme zu bearbeiten. Allgemeine Skalen betreffen dagegen Aspekte, die für sämtliche Trainings oder Weiterbildungsseminare innerhalb der Organisation bzw. einer ihrer Arbeitseinheiten von Bedeutung sind. Tabelle 3 zeigt die mithilfe des LTSI gemessenen Merkmale. Über eine deutsche Fassung des Instruments informieren Bates, Kauffeld und Holton (2007), Kauffeld (2005) sowie Kauffeld, Bates, Holton und Müller (2008).

Tabelle 3: Dimensionen (Subskalen) des Learning Transfer System Inventory (LTSI) von Holton und Mitarbeitern (vgl. etwa Kauffeld et al., 2008)

	Merkmale, die den Lerntransfer aus Qualifizierungsmaßnahmen beeinflussen	
	generelle Merkmale betreffen sämtliche Weiterbildungsprogramme innerhalb einer Organisation bzw. Arbeitseinheit	**spezifische Merkmale** betreffen ein ganz bestimmtes Weiterbildungsprogramm
Merkmale der Arbeitsumgebung Lerntransferklima	**Offenheit für Veränderungen in der Arbeitsgruppe**: das Ausmaß, in dem vorherrschende Normen der Anwendung neuer Kenntnisse und Fertigkeiten entgegen stehen oder als entmutigend wahrgenommen werden **Feedback**: formelle und informelle Rückmeldungen über die individuelle Arbeitsleistung	**Erwartungsklarheit**: das Ausmaß, in dem der Teilnehmer Vorkenntnisse besitzt über Ziele und Ablauf der PE-Maßnahme **persönliche Transferkapazität**: das Ausmaß, in dem der Teilnehmer zeitliche Kapazitäten und Belastungskapazitäten zur Verfügung hat, um das Gelernte einzuüben und anzuwenden **Möglichkeiten der Wissensanwendung**: das Ausmaß, in dem Materialien, Werkzeuge, Budgets etc. bereit stehen, die für die Anwendung des Gelernten benötigt werden **positive Folgen bei Anwendung**: das Ausmaß, in dem die Anwendung des Gelernten zu positiven Konsequenzen führt **negative Folgen bei Nichtanwendung**: das Ausmaß, in dem die Nichtanwendung des Gelernten zu negativen Konsequenzen führt **positive Einstellung des Vorgesetzten**: das Ausmaß, in dem Vorgesetzte hinter der Maßnahme stehen **aktive Unterstützung durch Vorgesetzte**: das Ausmaß, in dem Vorgesetzte das Lernen und Anwenden on-the-job unterstützen **Unterstützung durch Kollegen**: das Ausmaß, in dem gleichgestellte Kollegen das Lernen und Anwenden on-the-job unterstützen

Tabelle 3, Fortsetzung: Dimensionen (Subskalen) des Learning Transfer System Inventory (LTSI) von Holton und Mitarbeitern (vgl. etwa Kauffeld et al., 2008)

	Merkmale, die den Lerntransfer aus Qualifizierungsmaßnahmen beeinflussen	
	generelle Merkmale betreffen sämtliche Weiterbildungsprogramme innerhalb einer Organisation bzw. Arbeitseinheit	**spezifische Merkmale** betreffen ein ganz bestimmtes Weiterbildungsprogramm
Merkmale des Teilnehmers	**Selbstwirksamkeitsüberzeugung**: die generelle Überzeugung, Leistungsanforderungen gewachsen zu sein **Leistungsverbesserung durch Anstrengung**: die Erwartung, dass Lernen und Lerntransfer positive Veränderungen in der Arbeitsleistung zur Folge haben **Ergebniserwartung**: die Erwartung, dass Veränderungen in der Arbeitsleistung zu erstrebenswerten Ergebnissen führen	**Motivation zum Lerntransfer**: die Bereitschaft, das in PE-Maßnahmen Gelernte im Arbeitsumfeld zu nutzen
Merkmale des Programms		**Transfer-Design**: das Ausmaß, in dem das PE-Design auf die tatsächlichen Arbeitsanforderungen vorbereitet, etwa durch entsprechende Übungen **empfundene Job-Übereinstimmung**: das Ausmaß, in dem die Weiterbildungsinhalte mit den Anforderungen on-the-job übereinstimmen

Holton (2003) liefert – allerdings in englischer Sprache – eine kurze **Checkliste**, die auf Items des LTSI basiert. Mithilfe dieser Checkliste lassen sich schnell und einfach erste Interventionsbedarfe bezüglich des Transferklimas identifizieren. Ein deutschsprachiges, allerdings psychometrisch nicht geprüftes Instrument, findet sich bei Lemke (1995), der **Lerntransfer-Evaluations (LTE)-Fragebogen**.

Für die Zwecke eines effektiven Lerntransfermanagements gilt es, hemmende Bedingungen in der Arbeitsumwelt lernender Mitarbeiter zu beseitigen und förderliche Kontextbedingungen herzustellen bzw. zu stärken. Entsprechende Interventionen lassen sich pragmatisch den folgenden Kategorien zuordnen (siehe nochmals Abbildung 2):

- **Anwendungsgelegenheiten schaffen und sichtbar machen**: Nach Beendigung einer Qualifizierungsmaßnahme müssen lernende Mitarbeiter die Möglichkeit haben, gelernte Kenntnisse und Fertigkeiten sinnvoll einzusetzen; entspricht in etwa den Aspekten Aufgabenmerkmale und Ziele in der Konzeption von Rouiller und Goldstein (1993; vgl. Tabelle 1).

- **Anreize für Lerntransferprozesse setzen**: Lernende Mitarbeiter müssen über Anreize motiviert werden, Lerntransfer zu leisten; korrespondiert den transferförderlichen Rückmeldungen nach Rouiller und Goldstein (1993).
- **Lerntransferprozesse unterstützen**: Häufig benötigen lernende Mitarbeiter praktische Hilfestellungen und Unterstützung, wenn es gilt, das Gelernte auf die Kontextbedingungen des Arbeitsplatzes zu übertragen; es gilt, eine unterstützende (kollegiale) Atmosphäre herzustellen; entspricht der Dimension Unterstützung bei Rouiller und Goldstein (1993).
- **Involvierung der Führungskräfte lernender Mitarbeiter**: Führungskräfte beeinflussen – bewusst oder unbewusst, direkt oder indirekt – fast sämtliche Aspekte des Lerntransferklimas (Bates, 2003). Untersuchungen zeigen jedoch (z.B. Broad & Newstrom, 1992), dass sich Führungskräfte der damit einhergehenden Verantwortung meist wenig bewusst sind. Es gehört deshalb zu den zentralen Aufgaben von Personalabteilungen und Personalentwicklern, Vorgesetzte frühzeitig in Weiterbildungsaktivitäten einzubeziehen und für die Aufgaben des Transfermanagements zu sensibilisieren.

5.3.2 Anwendungsgelegenheiten für das Gelernte schaffen und sichtbar machen

Ob erworbene Qualifikationen im beruflichen Alltag Anwendung finden, ist zunächst abhängig von den **wahrgenommenen Möglichkeiten**, das Gelernte **sinnvoll und kontrolliert anwenden** zu können (opportunity to perform; Quiñones, Ford, Sego & Smith, 1995). Entscheidend ist dabei, dass lernende Mitarbeiter die potenziellen Anwendungsgelegenheiten auch als solche *erkennen* müssen. Es gilt also, Transferanlässe zu schaffen und sichtbar zu machen:

- **Anforderungsbezug von PE sicherstellen:** Wenn die Weiterbildungsaktivitäten eines Mitarbeiters an den Leistungsanforderungen seiner Arbeitsaufgaben orientiert sind, steht außer Frage, ob das Gelernte überhaupt je benötigt wird – die Lehr-Lern-Inhalte sind in jedem Fall tätigkeitsrelevant.
- **konkrete Transferziele setzen, Übertragung von Aufgaben:** Vorgesetzte sollten, nachdem Qualifizierungsmaßnahmen absolviert wurden, geeignete Transferziele setzen (Rouiller & Goldstein, 1993; Tracey et al., 1995). Zielvereinbarungen bezüglich Lerntransfer wirken umso effektiver, je anspruchsvoller und spezifischer (messbar und terminiert) sie sind – vorausgesetzt, sie liegen im Bereich des Machbaren, werden von Seiten der lernenden Mitarbeiter akzeptiert und durch Rückmeldungen unterstützt (Locke & Latham, 2002). Um Transferziele zu konkretisieren, sollten Arbeitsaufgaben gestellt oder Projekte vereinbart werden (Job Assignment), deren

Bearbeitung konkrete Transferleistungen erforderlich macht. Die Erfolgskriterien der Aufgabenbearbeitung sollten eindeutig definiert und partizipativ vereinbart werden.

- **Transferverträge schließen, Aktionspläne entwickeln:** In Trainings- und Transferverträgen legen Vorgesetzte und Mitarbeiter einvernehmlich fest, welche Weiterbildungsprogramme absolviert werden, welche Aufgaben oder Projekte nach Abschluss dieser Programme übernommen werden[5], welche Ressourcen und welche Formen der Unterstützung hierfür zur Verfügung stehen werden, wann, wie häufig und mit welchen Konsequenzen (etwa anspruchsvollere Aufgaben bei Erfolg, weiterführende Trainings bei Misserfolg) der Projektverlauf und die Transferleistungen beurteilt werden etc. (Sevilla & Wells, 1998). Aktionspläne beinhalten Ähnliches, verzichten aber auf die rituelle Form des Vertraglichen (Foxon, 1994).

- **Beseitigung struktureller Transferhindernisse:** Häufig scheitern Transferprozesse auch daran, dass die Anwendung einer erworbenen Qualifikation Ressourcen voraussetzt (bestimmte Softwareprogramme beispielsweise), die am Arbeitsplatz (noch) nicht zur Verfügung stehen. Zeitdruck stellt ein weiteres Transferhindernis im Design des Arbeitssystems dar, denn Handlungsdruck erzeugt Rückfälle in alte Gewohnheiten. Aufgabenstrukturelle Transferhemmnisse dieser Art sollten rechtzeitig identifiziert und beseitigt werden.

- **Anwendungsgelegenheiten und -erwartungen visualisieren:** Anwendungsgelegenheiten und -erwartungen lassen sich auch durch Hinweise am Arbeitsplatz hervorheben, etwa durch Checklisten oder Grafiken, die dazu auffordern, Gelerntes anzuwenden, und/oder erwünschte Handlungsabläufe klar und übersichtlich zusammenfassen bzw. veranschaulichen (sog. **Arbeitshilfen** oder *Job Aids*; Rossett & Gautier-Downs, 1991). Beispiel: Ein Chemieunternehmen bildet Führungskräfte zu Notfallmanagern weiter; sie erhalten laminierte Kärtchen für die Hemdtasche, die Checklisten für das Krisenmanagement enthalten. Die Gestaltungsmittel elektronischer Medien, insbesondere von Inter- und Intranet, ermöglichen ganz neue Umsetzungsmöglichkeiten für diese im Kern sehr einfache Idee (**elektronische Performance-Support-Systeme**, EPSS; Rossett & Schafer, 2007).

5.3.3 Anreize für Lerntransferprozesse setzen

Eine zweite, auf das Arbeitsumfeld lernender Mitarbeiter bezogene Transfermanagementstrategie besteht darin, **Anreize für Lerntransferaktivitäten** zu setzen. Folgende Einzelmaßnahmen bewirken Entsprechendes:

- **Den Nutzen von PE für Arbeitstätigkeit und Unternehmen aufzeigen:** Vorgesetzte sollten deutlich machen, dass und auf welche Weise PE-Programme bzw. dort

---

[5] Natürlich sollten diese den Einsatz der erworbenen Kenntnisse und Fertigkeiten erforderlich machen.

zu erwerbende Kompetenzen die Arbeitstätigkeit erleichtern, die Kontrolle über die Arbeitssituation und die Flexibilität am Arbeitsplatz verbessern, die Arbeitsleistung optimieren und schließlich den Zielen des Unternehmens zugute kommen. Mitarbeiter, die ein hohes Job Involvement und ein hohes organisationales Commitment besitzen, also eine starke Bereitschaft, sich in der Arbeit und für das Unternehmen zu engagieren, können durch Nutzenargumente dieser Art motiviert werden.

- **Transfererwartungen kommunizieren:** Vorgesetzte sollten hohe Transfererwartungen kommunizieren. Hierdurch werden nicht nur Anreize gesetzt, sondern – wie in Abschnitt 5.3.2 beschrieben – auch Transfermöglichkeiten sichtbar gemacht. Weil Mitarbeiter ihre Vorgesetzten als Quellen positiver und negativer Sanktionen erleben, sind die Rollenerwartungen, die diese ihren Mitarbeitern kommunizieren, besonders verhaltensrelevant (Georgenson, 1982).

- **Transfererfolge verstärken:** Positive Lerntransferprozesse sollten belohnt werden durch Lob und lobende Erwähnungen (in Company Newsletters oder während Teammeetings beispielsweise), durch neue und attraktive Arbeitsaufgaben und Projekte, durch Beförderungen und mehr Gehalt, durch die Zertifizierung von Kompetenzen etc.

Der erlebte persönliche Nutzen einer zu absolvierenden PE-Maßnahme wird als **Trainingsvalenz** bezeichnet (Colquitt et al., 2000). Je höher die Trainingsvalenz, desto höher die Trainings- und Lerntransfermotivation eines Teilnehmers. Also gilt es, bereits vor Trainingsbeginn Anreize für die Teilnahme an Trainings und die spätere Umsetzung des Gelernten zu setzen. Hierfür lässt sich aufzeigen, dass erworbene und erfolgreich eingesetzte Qualifikationen die persönlichen Karriere- und Beförderungschancen optimieren und die eigene Beschäftigungsfähigkeit verbessern.

- **Transfer zum Gegenstand von Leistungsbeurteilungen machen:** Ferner könnte Lerntransfer als ein Beurteilungskriterium bzw. als Beurteilungsdimension in Leistungsbeurteilungssysteme aufgenommen werden.

- **Transferverträge schließen, Aktionspläne entwickeln:** Auf diese Möglichkeit ist bereits in Abschnitt 5.3.2 hingewiesen worden. Hier sei angemerkt, dass Kontrakte und Aktionspläne geeignet sind, Transfergelegenheiten durch Zuweisung entsprechender Aufgaben zu schaffen und zugleich Transferanreize zu setzen durch die Vereinbarung von Konsequenzen bei Transfererfolgen.

5.3.4 Lerntransferprozesse unterstützen

Hierunter werden Aktivitäten zusammengefasst, die geeignet sind, eine **unterstützende (kollegiale, solidarische) Lerntransferatmosphäre** zu erzeugen, in der die PE-Teilnehmer ihre erworbenen Kenntnisse und Fertigkeiten anwenden können, ohne Misserfolge und Nachteile befürchten zu müssen:

- **Transferprobleme und Lösungsmöglichkeiten in Rückkehrgesprächen erörtern:** Nach Beendigung einer Maßnahme sollte ein ausführliches Gespräch zwischen Vorgesetztem und lernendem Mitarbeiter erfolgen, in welchem Transferhindernisse besprochen und Strategien zur Bewältigung des Transferproblems partizipativ erarbeitet werden. Um dieses Gespräch vorzubereiten, sollten sich die Führungskräfte mit Dozenten, Beratern und Trainern bezüglich der generellen und der individuellen Lernerfolge und -schwierigkeiten austauschen.

- **Freiräume gewähren, Arbeitsdruck reduzieren:** Vorgesetzte können Freiräume eröffnen, in denen Mitarbeiter die Anwendung des Gelernten üben können, um Sicherheit und Selbstvertrauen zu gewinnen, ohne negative Konsequenzen befürchten zu müssen (Broad & Newstrom, 1992). Es gilt, die Arbeitsbelastung lernender Mitarbeiter so zu dosieren, dass diese Zeit und Ruhe haben, neue Vorgehensweisen zu explorieren und mit Handlungsalternativen zu experimentieren.

- **Vorbildfunktion wahrnehmen:** Führungskräfte sollten selbst *lernend* an Trainings, Coachings etc. teilnehmen und sich selbst aktiv und sichtbar darum bemühen, das Gelernte in die eigene Arbeitstätigkeit zu integrieren.

- **Beteiligung an Trainings:** Vorgesetzte sollten hohe Wertschätzung für die Weiterbildungsaktivitäten des Unternehmens kommunizieren und sich an den PE-Maßnahmen ihrer Mitarbeiter beteiligen, indem sie als Sponsoren oder Paten einzelne Sessions besuchen, ein komplettes Programm begleiten oder selbst als Trainer tätig werden (Noe, 2008).

- **Coaching der Teilnehmer durch Vorgesetzte (Hilfestellung und Feedback):** Führungskräfte sollten ihre Mitarbeiter hinsichtlich Umsetzung und Anwendung erworbener Kenntnisse und Fertigkeiten beraten, engagiert Hilfestellung geben und als Modellpersonen für das Beobachtungslernen agieren. Sie sollten Transferleistungen fair und konstruktiv zurückmelden, bei Fehlschlägen ermutigen und Transfererfolge aktiv durch Lob und Anerkennung verstärken. Konstruktive Rückmeldungen sind verhaltensorientiert, werden unmittelbar nach Ausführung eines Verhaltens gegeben, beschränken sich auf systematisch wiederholte Fehler und stärken die Selbstwirksamkeit des Handelnden (vgl. Demmerle, Schmidt, Hess, Solga & Ryschka, Kap. 4.2: Feedback-Techniken).

- **Peer-Netzwerke:** Transferprozesse können ferner durch die Bildung von Unterstützungsgruppen oder Peer-Netzwerken gefördert werden (Noe, 2008). Die PE-Teilnehmer bleiben nach Beendigung der Maßnahme in Kontakt und berichten einander über ihre Fortschritte und Schwierigkeiten bei der Umsetzung des Gelernten ins Arbeitsleben. Auf diese Weise verstärken sich die Teilnehmer wechselseitig bei Erfolgsmeldungen und tauschen Informationen bezüglich ihrer Strategien des Überwindens von Transferhindernissen aus.

- **Peer-Mentoring:** Eine andere Möglichkeit der Unterstützung durch Gleichgestellte ist das Peer-Mentoring (Noe, 2008). Hier wird PE-Teilnehmern ein Mentor zur Seite gestellt, der sie bei der Umsetzung des Gelernten ins Funktionsfeld durch Beratung und Hilfestellung unterstützt. Mentor sollte ein erfahrener Kollege sein, der zuvor selbst am fraglichen PE-Programm teilgenommen hat.

- **ganze Arbeitsgruppen qualifizieren:** Die Gefahr, dass Lerntransferprozesse scheitern, weil Kollegen eine neue Vorgehensweise nicht akzeptieren, die Lerntransferversuche eines Mitarbeiters kritisieren oder lächerlich machen, lässt sich dadurch mindern, dass viele oder alle Mitarbeiter einer Arbeitsgruppe zur selben Zeit bzw. gemeinsam an einer Maßnahme teilnehmen (Machin, 2002).

5.3.5 Führungskräfte involvieren

Führungskräfte sind sich **des Transferproblems nur selten bewusst**. Ihre Bereitschaft, Weiterbildungsaktivitäten in der beschriebenen Weise zu unterstützen, muss deshalb häufig erst gewonnen werden. Hierin besteht eine wichtige zusätzliche Aufgabe für Personalentwickler und Koordinatoren von HR-Aktivitäten:

- **Bedarfsorientierung, Nutzenargumente, Evaluationserfolge darstellen:** Weiterbildungsmaßnahmen sollten sichtbar an den Unternehmenszielen und an der strategischen Ausrichtung des Unternehmens (Haccoun & Saks, 1998) sowie am konkreten Bedarf des Vorgesetzen bzw. seiner Arbeitseinheit orientiert sein. Dies beispielsweise, indem die im Zuge der Trainingsbedarfsermittlung durchgeführten Aufgabenanalysen entsprechende Einschätzungen durch Vorgesetzte enthalten.

  Manager sollten zudem vielfältig an der aktiven Planung der Personalentwicklungsmaßnahmen beteiligt sein. Trainingsprogramme sind so zu strukturieren, dass Probleme aus dem Arbeitsalltag spontan diskutiert und behandelt werden können. Trainer sollten sich aktiv um Kontakte und Zusammenarbeit mit den direkten Vorgesetzten der Teilnehmer bemühen.

  Um die Nützlichkeit von PE-Aktivitäten für Arbeitsgruppen- und Unternehmensziele nachzuweisen, sollten Wirksamkeit und Effizienz der PE-Instrumente nachgewiesen und verständlich kommuniziert werden. Es gilt, mithilfe der Evaluationsdaten PE-Marketing nach innen zu betreiben (Kraiger, 2002; vgl. auch Solga, Kap. 6: Evaluation der PE).

- **Rollenklärung, Kompetenzentwicklung, Feedback:** Es sollte bereits vor Beginn einer PE-Maßnahme vereinbart werden, welche Rolle dem Vorgesetzten eines lernenden Mitarbeiters im Sinne des Transfermanagements eigentlich zufällt. Die Relevanz des Vorgesetztenverhaltens für Lern- und Lerntransferprozesse ist deutlich zu kommunizieren. Es empfiehlt sich, Führungskräfte hinsichtlich ihrer Transfermanagementaufgaben zu coachen (Coach-the-Coach).

- **Transferverträge:** Die oben beschriebenen Trainings- und Transferverträge binden nicht nur die teilnehmenden Mitarbeiter, sondern auch deren Vorgesetzte.

5.4 Fazit

Personalentwicklung darf sich nicht damit zufrieden geben, kurzfristig Lernerfolge zu bewirken. Sie ist vielmehr erst dann effektiv, wenn es gelingt, auch Lerntransferprozesse zu ermöglichen. Es gilt, Kenntnisse und Fertigkeiten zu vermitteln *und ihre Anwendung nachhaltig zu fördern.*

Drei Dinge sind in diesem Sinne durch PE zu gewährleisten:

- Das Gelernte muss **generalisierungsfähig** sein, d.h. anwendbar auf veränderte Kontextbedingungen, auf die konkreten Herausforderungen des beruflichen Arbeitsalltags.
- Ferner gilt es, die **Lerntransfermotivation** der Teilnehmer zu fördern, d.h. die Bereitschaft zu wecken und langfristig aufrechtzuerhalten, Gelerntes aktiv in die Arbeitstätigkeit einzubringen.
- Und schließlich ist es notwendig, die alltägliche Arbeitsumgebung der Teilnehmer so zu arrangieren, dass das Gelernte wirklich sinnvoll Anwendung finden kann. Effektive PE gestaltet nicht bloß Lernumgebungen, sondern auch die Kontextbedingungen für die Anwendung des Gelernten, also das **Lerntransferklima**. Denn Lerntransfer muss vielfältig gefordert, unterstützt und belohnt werden – vor Ort, on-the-job.

Der vorliegende Beitrag hat zahlreiche Möglichkeiten erörtert, wie Lerntransfer durch Gestaltungsmaßnahmen im Lernfeld sowie in intendierten Anwendungsumgebungen gefördert werden kann. Viele dieser Maßnahmen sind seit langem und weithin bekannt – es gilt aber, das Gewusste auch tatsächlich in die Praxis der Personalentwicklung einzubringen.

Literatur

Adams, M. J. (1989). Thinking skills curricula: Their promise and progress. *Educational Psychologist, 24,* 25-77.

Alliger, G. M., Tannenbaum, S. I., Bennett, W. J., Traver, H. & Shotland, A. (1997). A meta-analysis of the relations among training criteria. *Personnel Psychology, 50,* 341-358.

Arthur, W., Bennett, W., Edens, P. S. & Bell, S. T. (2003). Effectiveness of training in organizations: A meta-analysis of design and evaluation features. *Journal of Applied Psychology, 88,* 234-245.

Baldwin, T. T. & Ford, J. K. (1988). Transfer of training: A review and directions for future research. *Personnel Psychology, 41,* 63-105.

Baldwin, T. T., Ford, J. K. & Blume, B. D. (2009). Transfer of training 1988-2008: An updated review and agenda for future research. In G. P. Hodgkinson & J. K. Ford (Eds.), *International review of industrial and organizational psychology, Vol. 24* (pp. 41-70). Chichester, UK: Wiley-Blackwell.

Bandura, A. (1997). *Self-efficacy: The exercise of control.* New York: Freeman.

Bates, R. A. (2003). Managers as transfer agents. In E. F. Holton & T. T. Baldwin (Eds.), *Improving learning transfer in organizations* (pp. 243-270). San Francisco: Jossey-Bass.

Bates, R. A., Kauffeld, S. & Holton, E. F. (2007). Examining the factor structure and predictive ability of the german-version of the learning transfer systems inventory (LTSI). *Journal of European Industrial Training, 31,* 195-211.

Bendorf, M. (2002). *Bedingungen und Mechanismen des Wissenstransfers: Lehr- und Lern-Arrangements für die Kundenberatung in Banken.* Wiesbaden: Deutscher Universitäts-Verlag.

Bergmann, B. & Sonntag, K. (2006). Transfer: Die Umsetzung und Generalisierung erworbener Kompetenzen in den Arbeitsalltag. In K. Sonntag (Hrsg.), *Personalentwicklung in Organisationen* (3. Aufl.; S. 355-388). Göttingen: Hogrefe.

Besser, R. (2004). *Transfer: Damit Seminare Früchte tragen. Strategien, Übungen und Methoden, die eine konkrete Umsetzung in die Praxis sichern* (3. Aufl.). Weinheim: Beltz.

Blume, B. D., Ford, J. K., Baldwin, T. T., & Huang, J. L. (in press). Transfer of training: A meta-analytic review. *Journal of Management.*

Broad, M. L. & Newstrom, J. W. (1992). *Transfer of training. Action-packed strategies to ensure high payoff from training investments.* Reading, MA: Addison-Wesley.

Burke, L. A. (2001). Training transfer: Ensuring training gets used on the job. In L. A. Burke (Ed.), *High-impact training solutions: Top issues troubling trainers* (pp. 89-116). Westport, CT: Quorum Books.

Burke, L. A., & Hutchins, H. M. (2007). Training transfer: An integrative literature review. *Human Resource Development Review, 6,* 263-296.

Cheng, E. W. L. & Ho, D. C. K. (2001). A review of transfer of training studies in the past decade. *Personnel Review, 30,* 102-118.

Colquitt, J. A., LePine, J. A. & Noe, R. A. (2000). Toward an integrative theory of training motivation: A meta-analytic path analysis of 20 years of research. *Journal of Applied Psychology, 85,* 678-707.

Dunckel, H. (Hrsg.). (1999). *Handbuch psychologischer Arbeitsanalyseverfahren.* Zürich: vdf Hochschulverlag.

Ford, J. K. & Weissbein, D. A. (1997). Transfer of training: An updated review and analysis. *Performance Improvement Quarterly, 10,* 22-41.

Foxon, M. (1994). A process approach to the transfer of training. Part 2: Using action planning to facilitate the transfer of training. *Australian Journal of Educational Technology, 10,* 1-18.

Funke, J. (2003). *Problemlösendes Denken.* Stuttgart: Kohlhammer.

Gegenfurtner, A., Veermans, K., Festner, D. & Gruber, H. (2009). Motivation to transfer training: An integrative literature review. *Human Resource Development Review, 8,* 403-423.

Georgenson, D. L. (1982). The problem of transfer calls for partnership. *Training and Development Journal, 36,* 75-78.

Haccoun, R. R. & Saks, A, M. (1998). Training in the 21st century: Some lessons from the last. *Canadian Psychology, 39 (1-2),* 33-51.

Hasselhorn, M. & Mähler, C. (2000). Transfer: Theorien, Technologien und empirische Erfassung. In W. Hager, J.-L. Patry & H. Brezing (Hrsg.), *Evaluation psychologischer Interventionsmaßnahmen. Standards und Kriterien: Ein Handbuch* (S. 86-101). Bern: Huber.

Holton, E. F. (2003). What's really wrong. Diagnosis for learning transfer system change. In E. F. Holton & T. T. Baldwin (Eds.), *Improving learning transfer in organizations* (pp. 59-79). San Francisco: Jossey-Bass.

Holton, E. F. & Baldwin, T. T. (Eds). (2003). *Improving learning transfer in organizations.* San Francisco: Jossey-Bass.

Holton, E. F., Bates, R. A. & Ruona, W. E. A. (2000). Development of a generalized learning transfer system inventory. *Human Resources Development Quarterly, 11,* 333-360.

Hutchins, H. M. & Burke, L. A. (2006). Has relapse prevention received a fair shake? A review and implications for future transfer research. *Human Resource Development Review, 5,* 8-24.

Kauffeld, S. (2005). Das Lern-Transfer-System-Inventar. In Gesellschaft für Arbeitswissenschaft e. V. (Hrsg.), *Personalmanagement und Arbeitsgestaltung* (S. 219-222). Dortmund: GfA-Press.

Kauffeld, S. (2006). *Kompetenzen messen, bewerten, entwickeln: Ein prozessanalytischer Ansatz für Gruppen.* Stuttgart: Schäffer-Poeschel.

Kauffeld, S., Bates, R. A., Holton, E. F. & Müller, A. C. (2008). Das deutsche Lerntransfer-System-Inventar (GLTSI): Psychometrische Überprüfung der deutschsprachigen Version. *Zeitschrift für Personalpsychologie, 7,* 50-69.

Knieß, M. (2006). *Kreativitätstechniken. Methoden und Übungen.* München: dtv.

König, C. J. & Kleinmann, M. (2007). Selbst- und Zeitmanagement. In H. Schuler & K. Sonntag (Hrsg.), *Handbuch der Arbeits- und Organisationspsychologie* (S. 230-236). Göttingen: Hogrefe.

Kraiger, K. (2002). Decision-based evaluation. In K. Kraiger (Ed.). (2002). *Creating, implementing, and managing effective training and development. State-of-the-art lessons for practice* (pp. 331-375). San Francisco, CA: Jossey-Bass.

Laker, D. R. (1990). Dual dimensionality of training transfer. *Human Resources Development Quarterly, 1,* 209-223.

Lemke, S. G. (1995). *Transfermanagement.* Göttingen: Verlag für Angewandte Psychologie.

Lenske, W. & Werner, D. (2009). Umfang, Kosten und Trends der betrieblichen Weiterbildung - Ergebnisse der IW-Weiterbildungserhebung 2008. *IW-Trends - Vierteljahresschrift zur empirischen Wirtschaftsforschung, 36,* 1-18.

Locke, E. A. & Latham, G. P. (2002). Building a practically useful theory of goal setting and task motivation: A 35-year odyssey. *American Psychologist, 57,* 705-717.

Machin, M. A. (2002). Planning, managing, and optimizing transfer of training. In K. Kraiger (Ed.), *Creating, implementing, and managing effective training and development. State-of-the-art lessons for practice* (pp. 263-301). San Francisco, CA: Jossey-Bass.

Mandl, H. & Friedrich, H. F. (Hrsg.). (2006). *Handbuch Lernstrategien.* Göttingen: Hogrefe.

Mandl, H., Prenzel, M. & Gräsel, C. (1992). Das Problem des Lerntransfers in der betrieblichen Weiterbildung. *Unterrichtswissenschaft, 20,* 126-143.

Marx, R. D. (1982). Relapse prevention for managerial training: A model for maintenance of behavior change. *Academy of Management Review, 7,* 433-441.

Marx, R. D. (1986). Improving management development through relapse prevention strategies. *Journal of Management Development, 5,* 27-40.

Marx, R. D. & Burke, L. A. (2003). Transfer is personal: Equipping trainees with self-management and relapse prevention strategies. In E. F. Holton & T. T.Baldwin (Eds.), *Improving learning transfer in organizations* (pp. 227-242). San Francisco: Jossey-Bass.

Noe, R. A. (2008). *Employee training and development* (4th ed.). Boston: McGraw-Hill.

Noe, R. A. & Colquitt, J. A. (2002). Planning for training impact: Priciples of training effectiveness. In K. Kraiger (Ed.), *Creating, implementing, and managing effective training and development. State-of-the-art lessons for practice* (pp. 53-79). San Francisco, CA: Jossey-Bass.

Quiñones, M. A., Ford, J. K., Sego, D. J. & Smith, E. M. (1995). The effects of individual and transfer environment characteristics on the opportunity to perform trained tasks. *Training Research Journal, 1*, 29-48.

Reinmann-Rothmeier, G. & Mandl, H. (1997). Lehren im Erwachsenenalter. Auffassungen vom Lehren und Lernen, Prinzipien und Methoden. In F. E. Weinert & H. Mandl (Hrsg.), *Enzyklopädie der Psychologie D/I/4: Psychologie der Erwachsenenbildung* (S. 355-403). Göttingen: Hogrefe.

Reinmann-Rothmeier, G. & Mandl, H. (2000). *Individuelles Wissensmanagement. Strategien für den persönlichen Umgang mit Information und Wissen am Arbeitsplatz*. Bern: Huber.

Renkl, A. (1996). Träges Wissen: Wenn Erlerntes nicht genutzt wird. *Psychologische Rundschau, 47*, 78-92.

Rossett, A. & Gautier-Downs, J. D. (1991). *A handbook of job aids*. San Francisco, CA: Pfeiffer.

Rossett, A. & Schafer, L. (2007). *Job aids & performance support: Moving from knowledge in the classroom to knowledge everywhere*. San Francisco, CA: Pfeiffer.

Rouiller, J. Z. & Goldstein, I. L. (1993). The relationship between organizational transfer climate and positive transfer of training. *Human Resource Development Quarterly, 4*, 377-390.

Russ-Eft, D. & Preskill, H. (2001). *Evaluation in organizations: A systematic approach to enhancing learning, performance, and change*. Cambridge: Perseus Publishing.

Saks, A. M. (1997). Transfer of training and self-efficacy: What is the dilemma? *Applied Psychology: An International Review, 46*, 365-370.

Saks, A. M. (2002). So what is a good transfer of training estimate? A reply to Fitzpatrick. *The Industrial-Organizational Psychologist, 40*, 29-30.

Schelle, H. (2007). *Projekte zum Erfolg führen. Projektmanagement systematisch und kompakt* (5., überarb. Aufl.). München: dtv.

Schilling, J. & Kluge, A. (2004). Können Organisationen nicht lernen? Facetten organisationaler Lernkulturen. *Gruppendynamik und Organisationsberatung, 35*, 367-385.

Schuler, H. & Görlich, Y. (2006). *Kreativität. Ursachen, Messung, Förderung und Umsetzung in Innovation*. Göttingen: Hogrefe.

Sell, R. & Schimweg, R. (2002). *Probleme lösen. In komplexen Zusammenhängen denken* (6. Aufl.). Berlin: Springer.

Sevilla, C. & Wells T. D. (1998). Contracting to ensure training transfer. *Training & Development, 52*, 10-11.

Solomon, G. & Perkins, D. N. (1989). Rocky roads to transfer: Rethinking mechanisms of a neglected phenomenon. *Educational Psychologist, 24*, 113-142.

Sonntag, K. (1996). *Lernen im Unternehmen. Effiziente Organisation durch Lernkultur.* München: Beck.

Sonntag, K. & Schaper, N. (2001). Wissensorientierte Verfahren der Personalentwicklung. In H. Schuler (Hrsg.), *Lehrbuch der Personalpsychologie* (S. 241-263). Göttingen: Hogrefe.

Sonntag, K. & Stegmaier, R. (2005). Lernkulturen verstehen, gestalten und messen. Das „Lernkulturinventar" als organisationsdiagnostisches Verfahren zur Messung von Lernkultur. *Personalführung, 2005/1*, 22-29.

Sonntag, K. & Stegmaier, R. (2007). *Arbeitsorientiertes Lernen: Zur Psychologie der Integration von Lernen und Arbeit.* Stuttgart: Kohlhammer.

Sonntag, K., Stegmaier, R., Schaper, N. & Friebe, J. (2004). Dem Lernen auf der Spur: Operationalisierung von Lernkultur. *Unterrichtswissenschaft, 32*, 104-128.

Taylor, P. J., Russ-Eft, D. F. & Chan, D. W. L. (2005). A meta-analytic review of behavior modeling training. *Journal of Applied Psychology, 90*, 692-709.

Taylor, P. J., Russ-Eft, D. F. & Taylor, H. (2009). Transfer of management training from alternative perspectives. *Journal of Applied Psychology, 94*, 104-121.

Tracey, J. B., Tannenbaum, S. I. & Kavanagh, M. J. (1995). Applying skills on the job: The importance of the work environment. *Journal of Applied Psychology, 80*, 235-252.

6 Evaluation der Personalentwicklung

von Marc Solga

Evaluation umfasst sämtliche Aktivitäten zur **Qualitäts- und Erfolgskontrolle** einer Personalentwicklungsmaßnahme: Sie dient der Bewertung der inhaltlichen und didaktischen Konzeption, der Durchführung, der Wirksamkeit und der Wirtschaftlichkeit des Programms.

Warum sollten PE-Maßnahmen evaluiert werden? Weiterbildungsmanager und Personalentwickler benötigen eine zuverlässige **Planungs- und Entscheidungsgrundlage** für die strategische und die praktische Ausgestaltung von PE. Sie wird durch Evaluationsmaßnahmen zur Verfügung gestellt. Becker (2005) beschreibt Evaluation als die „Conditio sine qua non einer professionellen Personalarbeit" (S. 48). Wer auf Evaluation verzichtet, besitzt keine Datenbasis zur **Beurteilung und Optimierung der Personalentwicklungsfunktion**.

Die Werkzeuge der Evaluation gehören zum Repertoire **empirischer Forschungsmethodik** (Bortz & Döring, 2002, für einen Überblick). Für wissenschaftlich orientierte Evaluatoren stellt sie deshalb keine eigenständige Disziplin, sondern die Anwendung wissenschaftlicher Forschungsmethoden auf Aspekte einer speziellen Fragestellung oder Aufgabe dar, nämlich die Bewertung des Erfolgs von Interventionsprogrammen (Bortz & Döring, 2002). Sie sprechen von Evaluations*forschung*[1] und betonen die Notwendigkeit **wissenschaftlicher Qualitätsstandards** (Hager, Patry & Brezing, 2000). Häufig jedoch setzen die spezifischen **betrieblichen Umfeldbedingungen** (minimale Evaluationsbudgets sowie knappe zeitliche und personelle Kapazitäten; mangelhafte Unterstützung durch Führungskräfte; die Schwierigkeit, valide Versuchspläne im Kontext des betrieblichen Alltags zu realisieren etc.) der Evaluation enge Grenzen[2].

In ihren **„Standards für Evaluation"** formuliert die Deutsche Gesellschaft für Evaluation (DeGEval, 2001) vier grundlegende Ansprüche an Evaluationsprozesse:

- **Nützlichkeit:** Evaluationsprozesse sind an den zuvor vereinbarten Evaluationszwecken und an den Informationsbedarfen der vorgesehenen Nutzer auszurichten.

---

[1] siehe Bortz & Döring (2002) für eine Diskussion der Unterschiede zwischen Grundlagen- und Evaluationsforschung

[2] Das Versäumnis, Weiterbildungsprogramme systematisch zu evaluieren, kann viele weitere Ursachen haben. Thierau-Brunner, Wottawa & Stangel-Meseke (2006) bieten eine sehr ausführliche Darstellung derselben.

- **Durchführbarkeit:** Evaluationsprozesse sind realistisch (d.h. an den gegebenen Möglichkeiten orientiert) und kostenbewusst zu planen. Es gilt, eine hohe Akzeptanz aller Beteiligten und Betroffenen zu erreichen.
- **Fairness:** Es gilt, respektvoll und fair mit den von Evaluationsprozessen betroffenen Personen und Gruppen umzugehen.
- **Genauigkeit:** Aus Evaluationsprozessen sollen akkurate und gültige Befunde zum Evaluationsgegenstand und zu den Evaluationsfragestellungen resultieren.

Will, Winteler und Krapp (1987) sprechen von **Evaluation der „leichten Hand"**, wenn der forschungsmethodische Anspruch zugunsten einer leichten und raschen Verfügbarkeit von Evaluationsdaten reduziert wird und deshalb wenig elaborierte Designs und Instrumente Verwendung finden. Meist konzentriert sich ein solches Vorgehen auf die Bewertung der Lehrveranstaltung durch Weiterbildungsteilnehmer. Solche Daten lassen sich verwenden, um Maßnahmen zu steuern; zur Prüfung der Programmwirksamkeit (des PE-Nutzens) sind sie kaum geeignet. Um eine höhere Gültigkeit (Validität) der Befunde zu erzielen, ist ein größerer Planungs- und Durchführungsaufwand erforderlich.

Der vorliegende Beitrag beschreibt zunächst zwei **übergeordnete Funktionen** der PE-Evaluation. Sie werden als formative und summative Evaluation bezeichnet. Den Funktionen lassen sich konkrete (**Teil-**)**Aufgaben** der PE-Evaluation zuordnen. Diesen widmet sich der nachfolgende Abschnitt. Anschließend werden zwei Aufgabenbereiche ausführlicher diskutiert: die **Wirksamkeitsanalyse** (Bewertung des PE-Nutzens) und die **Effizienzanalyse** (Bewertung des Kosten-Nutzen-Verhältnisses von PE).

Zuvor einige **Literaturhinweise:** Russ-Eft und Preskill (2001) haben ein Handbuch speziell zur Evaluation von PE veröffentlicht. Praktische Handlungsanweisungen für Evaluationsstudien geben Herman, Morris und Fitz-Gibbon (1987), Preskill und Russ-Eft (2005) sowie Reischmann (2006). Das Buch von Preskill und Russ-Eft enthält praktische Übungen zur Planung und Durchführung von Evaluationsvorhaben. Die allgemeine Evaluationsforschung ist Gegenstand der Handbücher von Gollwitzer und Jäger (2007), Hager, Patry und Brezing (2000), Rossi, Freeman und Lipsey (1999) sowie Wottawa und Thierau (1998).

6.1 Die Funktionen der PE-Evaluation

Im Folgenden werden zwei **übergeordnete Funktionen** oder Zwecke der Evaluation von PE beschrieben. Nach Scriven (1967, 1991) werden sie als formative und summative Evaluation bezeichnet (vgl. auch Wottawa & Thierau, 1998).

Ziel der **formativen Evaluation** ist es, **PE zu steuern und zu optimieren**. Die formative Evaluation erfolgt deshalb prozessbegleitend. Sie beeinflusst die Entwicklung und

Durchführung von PE-Maßnahmen, indem sie ihre Befunde an Programmentwickler bzw. Trainer und Dozenten zurückmeldet und Hinweise zur Steuerung und Optimierung gibt. Will et al. (1987) sprechen vom **Helfer- und Beratungsmodell** der Evaluation, um Folgendes zu verdeutlichen: Formative Evaluation ist Praxisberatung und Supervision, im Vordergrund steht das partnerschaftliche Problemlösen, Intervention und Evaluation fließen ineinander. Die Methoden und Instrumente werden pragmatisch (weniger systematisch) gehandhabt, die Befunde informell kommuniziert. Häufig evaluieren sich die Prozessverantwortlichen selbst. Qualitative (verbale) Daten stehen im Vordergrund.

Das Ziel der **summativen Evaluation** besteht darin, **PE-Programme abschließend zu bewerten**, um eine Datenbasis für **PE-strategische Entscheidungen** zu liefern (Programmeinsatz fortsetzen oder beenden, eine von mehreren Programmalternativen auswählen, das PE-Budget verteilen etc.). Will et al. (1987) sprechen vom **Gutachtenmodell** der Evaluation: Summative Evaluation greift nicht in laufende Prozesse ein; die Rolle des Evaluators sollte die eines unparteilichen Gutachters sein. Die Handhabung der Methoden und Instrumente ist an den forschungsmethodischen Standards orientiert, sie erfolgt systematisch und sorgfältig. Quantitative (numerische) Daten stehen im Vordergrund. Die Befunde werden formell und stets schriftlich zurückgemeldet. Positive summative Evaluationsergebnisse lassen sich auch für Zwecke des PE-Marketings[3] verwenden (Kraiger, 2002).

Das folgende Bild mag den Unterschied zwischen formativer und summativer Evaluation nochmals veranschaulichen: „When the cook tastes the soup, that's formative; when the guests taste the soup, that's summative" (Scriven, 1991, p. 19).

Es lassen sich drei große **Urteilsbereiche** für die Evaluation von PE unterscheiden:

- die initiale Entwicklung einer Programmkonzeption,
- die Umsetzung der Konzeption, also die Programmdurchführung,
- die erzielten Programmerfolge (Nutzen und Wirtschaftlichkeit).

Um diese Bereiche zu unterscheiden, wird gelegentlich von **Input-, Prozess- und Output-Evaluation** (z.B. Becker, 2005) gesprochen. Die formative Evaluation konzentriert sich typischerweise auf die ersten beiden Urteilsbereiche, sie ist Input-Evaluation (Evaluation der Programmkonzeption nach Mittag & Hager, 2000) und/oder Prozess-Evaluation. Dabei kann die Prozess-Evaluation zu einer Veränderung des ursprünglichen PE-Konzepts führen. Die summative Evaluation ist typischerweise Output-Evaluation. Sie betrachtet Nutzen und Wirtschaftlichkeit von PE-Maßnahmen (Abbildung 1).

Wie aus Abbildung 1 ersichtlich, sind den beschriebenen Funktionen **konkrete Evaluationsaufgaben** zugeordnet (diese Aufgaben sind Gegenstand des Abschnitts 6.2). Der Evaluationszweck bestimmt, welche Aufgaben zu bearbeiten sind. Vor Evaluations-

---

[3] Es kann dazu dienen, Lizenzen zu verkaufen oder Auftraggeber zu gewinnen, das Image der PE-Funktion im Unternehmen zu verbessern und potenzielle Teilnehmer zu motivieren.

beginn ist deshalb stets zu fragen, worin genau der **Evaluationszweck** bestehen soll (Kraiger, 2002). Wofür will der Auftraggeber die Ergebnisse verwenden? Zur Konzeptentwicklung, zur Programmsteuerung, als Datenbasis für PE-strategische Entscheidungen? Kraiger (2002) unterscheidet folgende Evaluationszwecke: Rückmeldung geben (formativ), Entscheidungen ermöglichen (summativ), Marketing betreiben (summativ).

Die konkreten Evaluationsziele legen den organisatorischen und methodischen Ablauf der Datenerhebung und -auswertung fest. Dieser Ablauf wird auch als **Evaluationsmodell** bezeichnet. Das Evaluationsmodell (Wottawa & Thierau, 1998) spezifiziert

- die prozess- bzw. ergebnisorientierten **Evaluationskriterien**,
- die **Instrumente**, mit deren Hilfe sie gemessen werden,
- den forschungsmethodischen **Aufbau und Ablauf** der Untersuchung,
- die **Personenstichprobe**, an der die Evaluation erfolgen soll, und
- den bzw. die **Adressaten** der Evaluationsergebnisse und die Art und Weise der **Berichterstattung**.

Es ist die Aufgabe des **Evaluationsmanagements**, das Evaluationsziel gemeinsam mit den Auftraggebern zu konkretisieren und anschließend das Evaluationsmodell zu erarbeiten (Thierau-Brunner, Wottawa & Stangel-Meseke, 2006). Seine Funktion besteht insgesamt darin, den Evaluationsprozess zu planen und zu organisieren, zu steuern und selbst zu evaluieren. Im Zuge der Evaluationsplanung sind die rechtlichen, zeitlichen, finanziellen und personellen **Rahmenbedingungen** des Vorhabens zu erkunden.

Eine abschließende **Meta-Evaluation** hätte das Evaluationsprojekt selbst zu beurteilen (Russ-Eft & Preskill, 2001). Leitfrage: Welche Aussagekraft haben die Evaluationsergebnisse angesichts eventueller Defizite im Evaluationsmodell – Auswahl der Evaluationskriterien, verwendete Erhebungsinstrumente, realisiertes Evaluationsdesign – bzw. angesichts aufgetretener Schwierigkeiten im Zuge seiner Umsetzung?

6.2 Die Aufgaben der PE-Evaluation

Die konkreten **Aufgaben der Evaluation** von PE sind umfangreich und vielfältig. Sie beschränken sich keineswegs auf die Prüfung der Programmwirksamkeit, welcher allerdings das Hauptinteresse der Evaluationsforschung gilt (Hager, 2000). Folgt man dem *idealtypischen* (rationalen) Handlungsablauf des zu evaluierenden Programms[4], so ergeben sich sechs Aufgabenbereiche (Abbildung 1).

---

[4] das heißt: systematische Planung, also Zielbestimmung, Analyse der Ausgangsbedingungen, Entwicklung, Bewertung und Auswahl von Handlungsalternativen ◻ Ausführung und Ausführungskontrolle ◻ Bewertung

Ähnliche Modelle finden sich beispielsweise bei Becker (2005), Sonntag (1996) oder Will et al. (1987)[5].

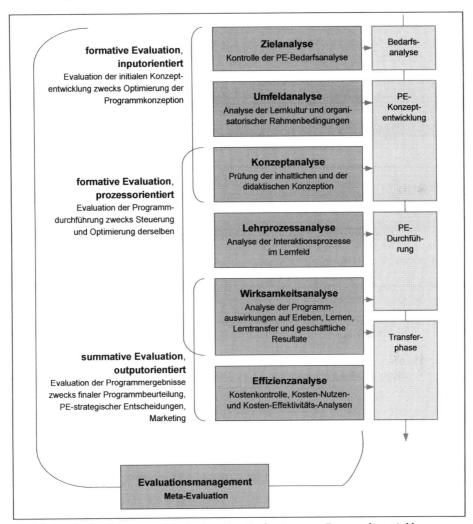

Abbildung 1: Funktionen und Aufgaben der Evaluation von Personalentwicklung

---

der Endergebnisse. Die **Evaluation aller Handlungsschritte** stellt ein zentrales Merkmal rationalen Handelns dar (vgl. Hager & Hasselhorn, 2000; Will et al., 1987).

[5] siehe Mittag & Hager (2000) für ein sehr ausführliches *generelles* Prozessmodell der Evaluation von Interventionsprogrammen

6.2.1 Zielanalyse

Die Aufgabe der Zielanalyse besteht darin zu prüfen, ob der PE-Bedarf korrekt ermittelt und in spezifische Interventionsziele überführt wurde. Deren Verwirklichung muss später anhand operationaler, d.h. messbarer Zielerreichungskriterien einschätzbar sein.

Die Festlegung der Programmziele und ihrer Wichtigkeit ist Aufgabe der **PE-Bedarfsanalyse**, die sich ihrerseits in drei Teilbereiche untergliedert: Organisationsanalyse, Aufgabenanalyse und Personanalyse. Sie wird von Klug (Kap. 2: Analyse des Personalentwicklungsbedarfs) erörtert und soll deshalb nicht weiter diskutiert werden. Es gilt, die Qualität der PE-Bedarfsanalyse, der Vorgehensweisen und Instrumente, zu bewerten[6].

Dabei stellt die Passung der postulierten PE-Ziele zur **strategischen Ausrichtung** des Unternehmens ein wichtiges Prüfkriterium dar (Moore & Dutton, 1978). Sobald sich eine PE-Aktivität nicht an der strategischen Unternehmensplanung orientiert, besteht die Gefahr der Fehlinvestition von Weiterbildungsressourcen.

6.2.2 Umfeldanalyse

Die **betrieblichen Rahmenbedingungen** der zu planenden PE-Maßnahme sind Gegenstand der Umfeldanalyse. Hierbei lassen sich generelle organisationale und konkrete organisatorische (logistische) Bedingungen voneinander unterscheiden.

Die erste Aufgabe der Umfeldanalyse besteht darin, die konkreten **organisatorischen Ausgangsbedingungen**, nämlich die verfügbaren finanziellen, zeitlichen, personellen, räumlichen und medialen Ressourcen zu ermitteln. Zu prüfen ist ferner, ob andere Maßnahmen (Personalauswahl oder -wechsel, Reorganisation, Entgeltanreize etc.) ökonomischere **Alternativen zur PE** darstellen.

Die organisationalen Rahmenbedingungen werden im Begriff der **betrieblichen Lernkultur** zusammengefasst. Lernkultur bezeichnet die generelle Praxis der Kompetenzentwicklung im Unternehmen: u.a. Budgetierung der PE-Funktion; Unterstützung durch Führungskräfte; Verankerung der PE im Wertesystem der Organisation; Bereitschaft des Managements, mit Institutionen der Weiterbildungsforschung zu kooperieren und innovative Weiterbildungskonzepte einzusetzen; Zertifizierung von Weiterbildung etc. In dieser Praxis zeigt sich eine bestimmte, organisationstypische Wertschätzung des individuellen Lernens und betrieblicher Weiterbildungsaktivitäten (Sonntag, 1996; Sonntag & Stegmaier, 2005). Das Lernkulturkonzept wird ausführlicher von Solga (Kap. 5: För-

---

[6] Einige Autoren betrachten die Bedarfsanalyse selbst als Evaluation, ist sie doch die *Bewertung* der Handlungspotenziale von Mitarbeitern vor dem Hintergrund strategisch begründeter Leistungsanforderungen (vgl. Mittag & Hager, 2000; Russ-Eft & Preskill, 2001). Im Sinne der angesprochenen Trennung von Handlung und Handlungskontrolle bzw. -bewertung (vgl. Fußnote 4) sollte die Bedarfsanalyse jedoch selbst evaluiert werden.

derung von Lerntransfer) beschrieben. Die Lernkultur eines Unternehmens lässt sich beispielsweise anhand einer Checkliste von Sonntag (1996) oder mithilfe des Lernkulturinventars (LKI; Sonntag, Stegmaier, Schaper & Friebe, 2004) evaluieren[7].

Warum ist es wichtig, die Lernkultur des Unternehmens zu kennen? Die **Akzeptanz und Unterstützung** einer PE-Maßnahme durch Führungskräfte ist abhängig von der Passung des PE-Konzepts zur Lernkultur der Organisation. Akzeptanz und Unterstützung durch Vorgesetzte sind wichtige Vorbedingungen für die Bereitschaft der Mitarbeiter, zu lernen und das Gelernte im beruflichen Alltag anzuwenden (vgl. ausführlicher Solga, Kap. 5: Förderung von Lerntransfer).

6.2.3 Konzeptanalyse

Die Aufgabe der Konzept- oder Qualitätsanalyse (Sonntag, 1996) besteht darin, die inhaltliche und didaktische Konzeption einer PE-Maßnahme zu beurteilen (Kraiger, 2002). Didaktische Aspekte sollten durch **PE-Spezialisten** (Trainer, Dozenten, Wissenschaftler), inhaltliche durch **Job-Experten** (High Performers, Führungskräfte, Arbeitsanalytiker) beurteilt werden. Die **Bewertung der didaktischen Konzeption** richtet sich auf

- die Einbindung der geplanten Maßnahme in das gesamte betriebliche Weiterbildungssystem,
- die didaktische Grundorientierung der Maßnahme (z.B. instruktionspsychologisch vs. konstruktivistisch[8]),
- die konkrete Ausgestaltung und geplante Realisierung des Grundkonzepts, u.a.: Einsatz, Kombination und Verzahnung der eingesetzten Instrumente und Techniken, Sequenzierung der Lerninhalte und -aufgaben,
- die lernförderliche Ausgestaltung der verwendeten Medien (Texte, Flipcharts, Filme, Computerprogramme etc.; vgl. Strittmatter & Niegemann, 2000); zentrale Kriterien sind die Aufgabenangemessenheit, die Verständlichkeit (Einfachheit, Prägnanz, Gliederung), der Stimulationsgehalt etc.

Die **Bewertung der inhaltlichen Konzeption** geht der Frage nach, ob die ausgewählten Lerninhalte die Leistungsanforderungen der Funktion oder Position, auf die das Programm seine Teilnehmer vorbereiten soll, angemessen repräsentieren und ob sie in Breite und Tiefe geeignet sind, zur Verwirklichung der PE-Ziele beizutragen.

---

[7] siehe ferner das „Readiness for Organizational Learning and Evaluation (ROLE) Instrument" in Russ-Eft & Preskill (2001, Appendix A)

[8] dabei meint „instruktionspsychologisch" ein regelgeleitetes Vorgehen, bei dem der Lehrende sehr direktiv bestimmte Lerninhalte und -aufgaben in einer spezifischen Reihenfolge vorgibt (z.B. Gagné, Briggs & Wager, 1992); konstruktivistische Ansätze sind Gegenstand des Kapitels 3.3.1: Konstruktivistisch orientierte Personalentwicklung von Allmendiger (vgl. auch Reinmann-Rothmeier & Mandl, 2001).

Häufig bleibt die Konzeptbeurteilung allein den PE-Teilnehmern überlassen, die gegen Ende der Veranstaltung gebeten werden, im Rahmen einer Feedbackrunde oder mithilfe eines Fragebogens auch Konzeptionelles zu bewerten. Kraiger (2002) gibt zu bedenken, dass sich Weiterbildungsteilnehmer hierbei oft von falschen Kriterien leiten lassen (z.B. Unterhaltungswert der Veranstaltung, Kennenlernen netter Kollegen) und ihre Urteile mit Vorsicht zu nehmen sind (Weiteres hierzu in Abschnitt 6.3.1 unter „Reaktionen").

6.2.4 Lehrprozessanalyse

Die Aufgabe der Lehrprozessanalyse besteht darin, die konkreten **Interaktionsprozesse im Kontext der PE-Maßnahme** zu untersuchen. Wie gelingt es dem Trainer, Coach oder Dozenten, seine Inhalte zu vermitteln, wie realisiert er das geplante Konzept? Wie werden die Lerninhalte und -aufgaben wahrgenommen und verarbeitet? Hierbei kann das Lehr-Lern-Geschehen ohne Hilfsmittel beobachtet und spontan an den Lehrenden zurückgemeldet werden. Will man das Vorgehen systematisieren und objektivieren, lassen sich **formalisierte Verhaltensbeobachtungssysteme** verwenden, die auf soziale Interaktionsprozesse in Lernumgebungen zugeschnitten sind (Faßnacht, 1995; Grewe & Wentura, 1991). Sie geben verhaltensnah definierte Beobachtungskriterien vor. Die Aufgabe des Betrachters besteht darin, Zeitpunkt, Häufigkeit und Dauer solcher Verhaltensweisen zu registrieren, die den vorgegebenen Beobachtungskriterien entsprechen. Sinnvollerweise wird die Veranstaltung hierfür zunächst gefilmt. Es folgt eine systematische Auswertung des Filmmaterials mithilfe der genannten Instrumente. Die Aktivitäten eines Trainers lassen sich beispielsweise anhand folgender Kriterien beschreiben (Sonntag, 1996; für ein Anwendungsbeispiel vgl. Kluge, 1994):

- Feedback zur Person des Lernenden: äußert Sympathie, zeigt Ungeduld etc.
- Rückmeldungen zur Leistung des Lernenden: lobt, tadelt, korrigiert etc.
- Rückmeldungen zum Verhalten des Lernenden: zeigt Interesse, lobt, tadelt etc.
- Feedforward: fordert auf, Ideen zu testen, gibt nicht beantwortete Fragen zurück etc.
- Suggestionen: äußert hohe Erwartungen, äußert Vertrauen, äußert negative Erwartungen etc.
- fachliche Informationsvermittlung: doziert ohne Hilfsmittel, führt persönliche Erlebnisse an, lässt zusammenfassen, lässt Erkenntnisse übertragen etc.

Die Analyse der konkreten Interaktionsprozesse ist für die operative Steuerung der PE von Bedeutung. Zugleich liefert sie auch der Wirksamkeitsanalyse (vgl. Abschnitt 6.3) wichtige Zusatzinformationen: Sie ist dabei behilflich, das **Zustandekommen von Effekten** zu verstehen sowie positive und negative **nicht beabsichtigte Nebeneffekte** zu identifizieren. Ohne die Analyse der Interaktionsprozesse bliebe oft unklar, wie die in Wirksamkeitsanalysen registrierten Vorher/Nachher- bzw. Interventionsgruppe/Kontrollgruppe-Unterschiede überhaupt zustande gekommen sind – möglicherweise sind Bedingungen im Lehr-Lern-Prozess ausschlaggebend gewesen, die gar nicht zum *geplanten* Design des Weiterbildungsprogramms gehören (Goldstein & Ford, 2002).

Goldstein und Ford (2002) bezeichnen die in der Lehrprozessanalyse verwendeten Beobachtungskriterien als **Prozesskriterien** und grenzen sie gegen die **Ergebniskriterien** (Abschnitt 6.3.1) ab, die in der Wirksamkeitsanalyse verwendet werden. Mithilfe der Ergebniskriterien lässt sich zeigen, *dass* und in welchem Ausmaß eine Intervention erwünschte Wirkungen erzielen konnte; mithilfe der Prozesskriterien, *wie* es zu diesen Wirkungen gekommen ist.

6.2.5 Wirksamkeitsanalyse

Die **Auswirkungen (Effekte) der PE-Maßnahme** sind Gegenstand der Wirksamkeitsanalyse. Sie macht den eigentlichen Kern der Evaluation von PE aus und wird deshalb ausführlicher in Abschnitt 6.3 behandelt. Die Wirksamkeitsanalyse interessiert sich in besonderer Weise für die *beabsichtigten* und *geplanten* Programmwirkungen, die Effekte im Sinne der zuvor definierten Programmziele.

Nach Kirkpatrick (zusammengefasst 1994) lassen sich vier Ebenen der Wirksamkeitsanalyse unterscheiden: **Reaktionen:** Erleben der Weiterbildungsteilnehmer, **Lernen:** Erwerb von Kenntnissen, Fertigkeiten, Einstellungen, **Verhalten:** Umsetzung des Gelernten in der Arbeitstätigkeit (Lerntransfer), **Resultate:** geschäftlich bedeutsame Erträge des Unternehmens.

6.2.6 Effizienzanalyse

Die Effizienzanalyse oder Kosten-Effizienz-Analyse führt eine ökonomische Perspektive in die Evaluation von PE ein, indem sie deren Kosten betrachtet und Weiterbildungsprogramme hinsichtlich ihrer **Kosten-Ertrags-Verhältnisse** bewertet. Dabei lassen sich zwei Grundformen der Effizienzanalyse unterscheiden: **Kosten-Nutzen-Analysen**, die die Rentabilität von PE-Maßnahmen, den Return on Investment, berechnen, und **Kosten-Effektivitäts-Analysen**, die Auskunft darüber geben, wie viel es kostet, ein zuvor definiertes Weiterbildungsziel zu erreichen. Die Effizienzanalyse wird ausführlicher in Abschnitt 6.4 beschrieben.

6.3 Wirksamkeitsanalyse

Die Wirksamkeitsanalyse untersucht die **Auswirkungen (Effekte) einer Entwicklungsmaßnahme** (Hager, 2000; Mittag & Hager, 2000). Ihre Hauptaufgabe besteht darin, die Intensität und Dauer der Programmwirksamkeit zu prüfen, d.h. zu untersuchen, ob ein Programm in Richtung der zuvor *definierten Zielsetzungen* wirksam ist (**intendierte Programmwirkungen**) und in diesem Sinne als nützlich (erfolgreich, effektiv) bezeichnet werden kann[9].

Die Wirksamkeitsanalyse stellt den eigentlichen Kern der PE-Evaluation dar (Mittag & Hager, 2000). Die ihr zeitlich voraus gehenden Evaluationsaufgaben verfolgen das Ziel, die Wirksamkeit der Maßnahme zu optimieren. Die eigentliche Wirksamkeits*prüfung* ist Gegenstand der Wirksamkeitsanalyse.

Bereits in den frühen 60er Jahren des letzten Jahrhunderts hat Kirkpatrick vier **Ebenen der Wirksamkeit** eines Entwicklungsprogramms unterschieden (zusammengefasst in Kirkpatrick, 1994; vgl. Abschnitt 6.3.1 und Tabelle 1):

- **Reaktionen:** Erleben der Weiterbildungsteilnehmer
- **Lernen:** Erwerb von Kenntnissen, Fertigkeiten und Einstellungen
- **Verhalten:** Anwendung des Gelernten in der Arbeitstätigkeit (Lerntransfer)
- **Resultate:** Erträge für die Organisation

In seiner ursprünglichen Form ist Kirkpatricks Modell nicht nur ein simples Gliederungsschema. Vielmehr liegt ihm die Idee einer hierarchischen und kausalen Abfolge der Ebenen zugrunde: Erfolge auf einer höheren Ebene sind erst möglich, wenn die Programmziele der darunter liegenden verwirklicht wurden. Also: Positive Auswirkungen auf der Ebene betrieblicher Kennzahlen setzen Transfererfolge voraus, die ihrerseits nur möglich sind, wenn Lernerfolge erzielt wurde; Lernerfolge wiederum machen positive Reaktionen der Weiterbildungsteilnehmer auf Lerninhalte und Programmdurchführung erforderlich[10].

Wie lässt sich die Wirksamkeit einer PE-Maßnahme ermitteln? Hierfür sind zwei Dinge zu leisten; erstens, die Auswahl der Evaluationskriterien, zweitens, die Festlegung des Evaluationsdesigns:

---

[9] „Eine Interventionsmaßnahme kann dann als effektiv oder wirksam beurteilt werden, wenn sie nachweislich entweder als hinreichend intensiv (oder substantiell) bewertete Veränderungen auf ihre internen programmspezifischen Ziele hin erzeugt (Ausmaß der Veränderungen bzw. Verbesserungen) oder wenn sie sich ihren internen Zielen hinreichend annähert bzw. wenn sie sich – im Idealfall – diese erreicht (Ausmaß der Zielerreichung)" (Hager, 2000, S. 155).

[10] siehe Alliger & Janak (1989), Holton (1996) und Kraiger (2002) für eine Kritik des Kirkpatrick-Modells

- **Evaluationskriterien**[11] sind beobachtbare Merkmale, anhand derer sich die Auswirkungen eines Weiterbildungsprogramms – insbesondere aber das realisierte Ausmaß der Zielerreichung – ablesen lassen (**operationale Erfolgsindikatoren**). Für jede Ebene des Kirkpatrick-Modells sind spezifische Evaluationskriterien zu betrachten (vgl. Abschnitt 6.3.1). Zu Beginn der Wirksamkeitsanalyse muss entschieden werden, welche Evaluationskriterien verwendet und mithilfe welcher Instrumente sie gemessen werden.

- Methodisch besteht die größte Schwierigkeit der Wirksamkeitsanalyse aber darin, jene Effekte, die wirklich auf die zu prüfende Intervention zurückgehen, zu isolieren von solchen, die auf programmfremde äußere Faktoren und methodische Fehler (Designeffekte) zurückzuführen sind. Rossi et al. (1999) bezeichnen diese Aufgabe als die Bestimmung der **Nettowirkung** eines Interventionsprogramms. Hierfür sind ganz bestimmte, als **Evaluationsdesigns** bezeichnete Versuchspläne zu realisieren (vgl. Abschnitt 6.3.2).

6.3.1 Die Ebenen der Wirksamkeitsanalyse und ihre Kriterien

Reaktionen

Auf der Reaktionsebene werden die Auswirkungen der PE-Maßnahme auf das **Erleben der Teilnehmer** betrachtet. Hierfür werden die Teilnehmer gebeten, das Programm hinsichtlich diverser Aspekte einzuschätzen: Übereinstimmung der Inhalte mit den persönlichen Erwartungen; erlebte Überforderungen bzw. Unterforderungen; Relevanz der Inhalte für die tägliche Arbeit; Erklärungsvermögen und Flexibilität des Personalentwicklers; Zeitplanung; Räumlichkeiten, Unterbringung und Verpflegung; Lern- und Arbeitsklima etc. (Lee & Pershing, 1999; Morgan & Casper, 2000)[12].

Alliger, Tannenbaum, Bennett, Traver und Shotland (1997) untergliedern die Reaktionen der Weiterbildungsteilnehmer in **affektive Reaktionen** und **Nützlichkeitsurteile**. Letztere beinhalten eine subjektive Einschätzung des Programms als hilfreich, die eigene Arbeitsleistung zu verbessern und die Arbeitstätigkeit zu erleichtern. Affektive Reaktionen betreffen das Erleben der Veranstaltung als vergnüglich, unfreundlich, konzentriert, belastend, unterfordernd, langweilig etc.

---

[11] Wie bereits ausgeführt, ist es sinnvoll, zwischen Ergebnis- und Prozesskriterien zu unterscheiden (Goldstein & Ford, 2002). Wenn im Folgenden von Evaluationskriterien die Rede ist, sind damit stets Ergebniskriterien gemeint.

[12] Offensichtlich besteht hier eine große Nähe zur Qualitätsanalyse. Kraiger (2002) ordnet die Teilnehmerbewertungen auch tatsächlich eher der Qualitätsanalyse zu. Wie bereits ausgeführt, warnt er zugleich davor, die Bewertung der diadaktischen und inhaltlichen Qualität einer PE-Maßnahme allein den Weiterbildungsteilnehmern zu überlassen.

Teilnehmerreaktionen stellen die mit Abstand am häufigsten und nicht selten die einzig gemessenen Evaluationskriterien in der Wirksamkeitsanalyse dar[13]. Der Grund dafür ist einfach: Sie sind besonders leicht verfügbar. Zufriedenheitsurteile lassen sich im Zuge der PE-Durchführung – zwischendurch oder gegen Ende der Veranstaltung – mithilfe eines mehr oder weniger standardisierten **Evaluationsfragebogens** oder durch eine **informelle mündliche Befragung** (Feedbackrunde) erheben. Gelegentlich werden vertiefende Interviews oder Gruppendiskussionen (Fokusgruppen) geführt.

Was bedeutet das Erleben der Veranstaltungsteilnehmer für deren Lern- und Lerntransfererfolge? Wie ausgeführt, postuliert Kirkpatrick ein hierarchisch-kausales Abhängigkeitsverhältnis zwischen den Ebenen. Die Befunde der Metaanalyse von Alliger et al. (1997) zeigen jedoch, dass **affektive Reaktionen** weder mit Lernerfolgsmaßen noch mit Indikatoren des Lerntransfers korrelieren. Hier also irrt Kirkpatricks Modell der hierarchischen und kausalen Abfolge der Ebenen. Zur **Einschätzung** (Vorhersage) der Verwirklichung von **Lern-, Lerntransfer- und betrieblichen Ertragszielen** sind sie deshalb **nicht geeignet** (vgl. auch Haccoun & Saks, 1998). Keinesfalls sollte sich die Wirksamkeitsanalyse einer Lehrveranstaltung auf die Erhebung affektiver Reaktionen, die Auswertung von „Smile Sheets", beschränken! Stärker ist der Zusammenhang zwischen **Nützlichkeitsurteilen** und Lernerfolgs- bzw. Lerntransfermaßen (die durchschnittlichen Korrelationen betragen .26 und .18; Alliger et al., 1997). Gleichwohl: Eine gute Evaluation des Programmnutzens hätte validere Kriterien zu erheben und auszuwerten.

Lernen

Die Aufgabe der Lernerfolgsanalyse besteht darin, die Auswirkungen der PE-Intervention auf Kenntnisse, Fertigkeiten und Einstellungen der Teilnehmer zu untersuchen. Wie lassen sich die möglichen Lernerfolge klassifizieren? Kraiger, Ford und Salas (1993), Jonassen und Tessmer (1996-97) sowie Kraiger (2002) unterscheiden diverse affektive, behaviorale und kognitive Lernerträge[14]. Im Folgenden die Taxonomie von Kraiger et al. (1993):

- **affektive Erträge:**
    - **Erwerb von Einstellungen/Werthaltungen** (z.B. Kundenorientierung, Wertschätzung von Teamarbeit)
    - **Erwerb motivationaler Dispositionen** (z.B. Selbstwirksamkeit, d.h. die selbstbezügliche Überzeugung, anspruchsvolle Tätigkeiten erfolgreich ausführen zu können; die Bereitschaft, sich anspruchsvolle Ziele zu setzen)

---

[13] Twitchell, Holton und Trott (2001) berichten, dass 73% der von ihnen befragten US-amerikanischen Unternehmen Teilnehmerurteile erheben, um den Erfolg ihrer Weiterbildungsprogramme zu schätzen. Deutlich seltener werden die Kriterien der Ebenen Lernen, Verhalten, Resultate gemessen (47, 31 und 21% befragter Organisationen). Für den deutschsprachigen Raum lassen sich ähnliche, eher noch geringere Häufigkeiten erwarten.

[14] affective, behavioral and cognitive learning outcomes: „**the ABCs of learning**" (Kraiger, 2002, S. 349)

- **behaviorale Erträge:**
  - **Erlernen von Handlungsabläufen** (Prozeduralisierung, Kompilation; z.B. Bedienung eines Werkzeugs, Eröffnung eines Mitarbeitergesprächs)
  - **Automatisierung von Handlungsabläufen**, d.h. Entwicklung einer flüssigen und stabilen Ausführungsweise, die keiner bewussten Steuerung mehr bedarf
- **kognitive Erträge:**
  - **Erwerb deklarativen Wissens**, d.h. beruflich relevanter Sachkenntnisse (z.B. Urteilsfehler in Verhandlungsprozessen, typische Sicherheitsmängel in der Produktion)
  - **Wissensorganisation**, d.h. effiziente Organisation der Wissensstrukturen (Schemata, mentale Modelle; z.B. das Akronym SMART – für *s*chwierig, *m*essbar, *a*kzeptabel, *r*ealistisch, *t*erminiert – als Merkhilfe für die effektive Form des Vereinbarens von Mitarbeiterzielen)
  - **Erwerb kognitiver Strategien**, d.h. genereller Kenntnisse darüber, wie man effektiv Wissen erwirbt und Probleme löst (z.B. Lerntechniken, Hypothesentesten etc.)

Lernerfolge werden im Zuge der Programmdurchführung bzw. unmittelbar nach dessen Beendigung gemessen. Zur Prüfung des langfristigen Behaltens der Qualifikationen wären allerdings spätere Messzeitpunkte zu wählen. Hierfür kommen diverse Methoden in Betracht:

- **Persönlichkeitsfragebogen** und **situative Interviews**[15] zur Erhebung von Einstellungen und Motiven bei affektiven Lernzielen

- **Verhaltensbeobachtungen** mithilfe **simulativer Übungen** (Rollenspiele, Präsentationen, Fallstudien, computergestützte Planspiele etc.; vgl. Demmerle, Schmidt, Hess, Solga & Ryschka, Kap. 4.1: Simulative Techniken) und **Arbeitsproben** bei behavioralen Lernzielen

- **Wissenstests** und **Struktur-Lege-Techniken**[16] bei kognitiven Lernzielen

Empirisch besteht zwischen Lernerfolg und Lerntransfer ein schwacher bis moderater Zusammenhang (die durchschnittlichen Korrelationen der unterschiedlichen Lernerfolgsmaße mit Lerntransfer variieren von .08 bis .18; vgl. die Metaanalyse von Alliger et al., 1997). Wie lassen sich diese Befunde interpretieren? Lernerfolge sind sehr wohl notwendige, aber keinesfalls hinreichende Bedingungen für den Lerntransfer. Der häufig unterstellte Automatismus – eine Fehlinterpretation des Kirkpatrick'schen Hierarchie-

---

[15] In **situativen Interviews** wird der Befragte gebeten, sich eine bestimmte Situation vorzustellen und zu sagen, wie er sich in dieser Situation verhalten würde.

[16] Mithilfe der **Struktur-Lege-Verfahren** können die subjektiven Wissensstrukturen einer Person visualisiert werden. Hierfür werden die relevanten Konzepte (Begriffe) eines interessierenden Wissensbereichs auf Kärtchen notiert sowie ferner diverse Verknüpfungsregeln durch Symbole veranschaulicht. Die Person wird aufgefordert, die Konzepte zueinander in Beziehung zu setzen, d.h. ein Netzwerk aus Kärtchen und Verknüpfungsregeln zu legen.

modells – existiert nicht. Denn zwei Faktoren beeinflussen den Zusammenhang zwischen Lernerfolg und Lerntransfer: Erstens, die **Generalisierungsfähigkeit** des Gelernten, die sich ihrerseits durch Maßnahmen der Lernfeldgestaltung beeinflussen lässt; zweitens, das **Transferklima** am Arbeitsplatz des Teilnehmers (beide Aspekte werden ausführlich von Solga, Kap. 5: Förderung von Lerntransfer, erörtert). Für die Wirksamkeitsanalyse bedeuten obige Befunde: Es wäre falsch, von Lernerfolgsmaßen auf Lerntransfer zu schließen und auf eine direkte Prüfung derselben zu verzichten!

Verhalten

Personalentwickler sprechen von Lerntransfer, wenn das in einer Lernumgebung Erworbene in der Arbeitstätigkeit verwendet wird (vgl. Solga, Kap. 5: Förderung von Lerntransfer). Aufgabe der Lerntransferanalyse ist es, Ausmaß und Qualität der **Umsetzung des Gelernten in den Arbeitsalltag** zu beurteilen.

Aus Unternehmenssicht sind Lerntransferprozesse von größter Wichtigkeit (Mandl, Prenzel & Gräsel, 1992). Was nützen Trainings und Weiterbildungsseminare, wenn dort zwar nachweislich gelernt, das Gelernte aber nicht in der Arbeitstätigkeit verwendet wird? Bedauerlicherweise werden Lerntransfers selten überhaupt, noch seltener systematisch untersucht (Bergmann & Sonntag, 1999). Die wenigsten Unternehmen verwenden Kontrollgruppendesigns mit Vorher-Nachher-Messungen und validen Transferkriterien. Stattdessen werden Führungskräfte um eine informelle, summarische Einschätzung der Transfererfolge lernender Mitarbeiter gebeten – ein Vorgehen, auf das wenig Verlass ist, weil die Einschätzung des Lerntransfers dem subjektiven (subjektiv verzerrten!) Urteil des Vorgesetzten überlassen bleibt.

Daten zum Lerntransfer werden durch **Beobachtungen im Arbeitsfeld** des Teilnehmers gewonnen. Es lassen sich unterschiedliche Generalisierungsgrade (Transferdistanzen) und Intervalle zeitlicher Aufrechterhaltung des Lerntransfers unterscheiden (Laker, 1990). Lerntransferkriterien sollten Auskunft geben über

- die erwünschten **Verhaltensänderungen** bei der Bewältigung beruflicher Aufgaben,
- das Ausmaß der **Generalisierbarkeit** des Gelernten, die erzielte **Transferweite**, und
- die **Dauer der Aufrechterhaltung** des Gelernten in der Arbeitstätigkeit.

Um die erzielte Transferweite abzuschätzen, ist idealerweise nach dem Konzept des **gestuften Transferabstands** vorzugehen: Im Verlauf der Transferanalyse erhalten die Weiterbildungsteilnehmer verschiedene Arbeitsaufgaben, die sich immer stärker von den in der PE-Maßnahme bearbeiteten Übungsaufgaben unterscheiden. Ausführliche Hinweise zur Lerntransferanalyse geben Bergmann und Sonntag (1999) sowie Hasselhorn und Mähler (2000).

Lerntransferprozesse sind nicht allein von der Wirksamkeit der Programme abhängig. Einige Merkmale der Arbeitsumgebung des Weiterbildungsteilnehmers hemmen, andere fördern die Umsetzung des Gelernten ins Arbeitsleben. Sie werden im Begriff des **Lerntransferklimas** zusammengefasst (Tracey, Tannenbaum & Kavanagh, 1995; vgl. Solga, Kap. 5: Förderung von Lerntransfer). Zur Lerntransferanalyse sollte, will man den Einfluss der Entwicklungsmaßnahme vom Einfluss der Arbeitsumgebung abgrenzen, eine Erhebung des Transferklimas gehören (Kraiger, 2002).

Hierfür steht seit kurzem ein psychometrisch geprüftes, deutschsprachiges Instrument zur Verfügung, die deutsche Fassung des **Learning Transfer System Inventory** (LTSI) von Holton und Mitarbeitern (u.a. Holton, Bates & Ruona, 2000; vgl. auch Holton, 2003). Über die deutsche Version informieren Bates, Kauffeld und Holton (2007) sowie Kauffeld, Bates, Holton und Müller (2008).

Resultate

Die Analyse der Resultate untersucht die Auswirkungen der Weiterbildungsprogramme auf Maße, die von Seiten des Managements als **Indikatoren des Unternehmenserfolgs** betrachtet werden. Sie werden erst gemessen, nachdem die Teilnehmer in den beruflichen Alltag zurückgekehrt sind und längere Zeit Gelegenheit hatten, die erworbenen Kompetenzen einzusetzen.

Kraiger (2002) empfiehlt, zwischen **individuellen Arbeitsleistungen** und **Leistungen von Gruppen** bzw. Arbeitseinheiten zu unterscheiden. Geschäftliche Erfolgskriterien lassen sich ferner in **harte und weiche Kriterien** untergliedern (Phillips & Schirmer, 2005). Erstere (produzierte Quantität beispielsweise) sind objektiv messbar, zugleich leicht und schnell verfügbar sowie recht einfach in monetäre Werte zu konvertieren, was für die in Abschnitt 6.4 beschriebene Effizienzanalyse von Bedeutung ist. Weiche Ertragskriterien sind eher subjektiv und müssen über psychologische Messverfahren *objektiviert* werden (z.B. Kundenzufriedenheit). Sie sind schwierig zu monetarisieren.

Die Evaluationskriterien der vierten Ebene lassen sich *pragmatisch* in folgende Bereiche untergliedern:

- **Produktivität:** produzierte Quantität, verkaufte Einheiten etc.
- **Qualität:** Fehlerhäufigkeit, Ausschuss, Nacharbeiten etc.
- **Kosten:** Budgetabweichungen, Stückkosten, Vertriebsausgaben, bezahlte Überstunden, Unfallkosten etc.
- **Arbeits- und Organisationsklima:** Mitarbeiterzufriedenheit, Konfliktrate, Fehlzeiten, Krankentage, Kündigungen, wahrgenommene Führungsstile, Teamklima etc.
- **Kundenzufriedenheit:** Kundenbeschwerden, Kundenzufriedenheitsindex etc.

Eine **Schwierigkeit** der Analyse geschäftlicher Resultate besteht darin, dass die betrachteten Größen, insbesondere die harten, von Seiten des Managements bevorzugten betriebswirtschaftlichen Kennzahlen, stark von Einflüssen abhängig sind, die sich nicht durch Weiterbildungsteilnehmer kontrollieren lassen und die infolgedessen auch nicht durch kompetenzentwickelnde Maßnahmen veränderbar sind. Beispiel: Ein Unternehmen möchte die Verkaufskompetenzen seiner Vertriebsmitarbeiter optimieren. Ein entsprechendes Trainingsprogramm soll anhand des Kriteriums „verkaufte Einheiten" evaluiert werden. Der Vertriebserfolg ist aber nicht allein vom Können und Wollen der Person, sondern auch von der Konjunktur, der Anzahl der Wettbewerber, der sozio-ökonomischen Struktur der Verkaufsregion etc. abhängig, von Faktoren also, die sich mithilfe eines Verhaltenstrainings nicht verändern lassen. Insofern ist das Kriterium „verkaufte Einheiten" ein unfaires Evaluationskriterium. Das geschilderte Problem wird als **Kriterienkontamination** bezeichnet (Goldstein & Ford, 2002). Ein Evaluationskriterium ist kontaminiert, wenn es Aspekte beinhaltet oder von Einflüssen abhängig ist, die sich der Veränderbarkeit durch das PE-Programm entziehen.

Tabelle 1: Evaluationsebenen in der Wirksamkeitsanalyse

Ebene	Dimensionen	Instrumente
Reaktionen Teilnehmererleben und -zufriedenheit	▪ affektive Reaktionen ▪ Nützlichkeitsurteile	▪ mündliche Befragung ▪ Fragebogen zur Veranstaltungsbewertung ▪ Fokusgruppen
Lernen Erwerben und Behalten von Kompetenzen	▪ affektiv ▪ behavioral ▪ kognitiv	▪ Persönlichkeitsfragebogen ▪ Simulationen ▪ Arbeitsproben ▪ Wissenstests ▪ Struktur-Lege-Technik
Verhalten Anwendung des Gelernten im Arbeitsalltag (Lerntransfer)	▪ Verhaltensänderung ▪ Generalisierung ▪ Aufrechterhaltung	▪ Verhaltensbeobachtung im Arbeitsfeld
Resultate Erträge für das Unternehmen	▪ individuelle Leistung ▪ Leistung der Arbeitseinheit ▪ Produktivität ▪ Qualität ▪ Kosten ▪ Klima ▪ Kundenzufriedenheit	▪ Leistungsbeurteilungsverfahren ▪ betriebswirtschaftliche Kennzahlenanalyse ▪ Fragebogen zu Aspekten des Arbeits- und Organisationsklimas

6.3.2 Evaluationsdesigns

Evaluationsdesigns sind **Versuchspläne**, deren Ziel darin besteht festzustellen, ob eine Programmintervention bewirkt, was sie bewirken soll (vgl. Goldstein & Ford, 2002). Für die Versuchsplanung sind Prinzipien maßgeblich, die im Folgenden näher beschrieben werden:

- Feststellen der PE-Wirkung über eine **Veränderungsmessung**
- Sicherung der **internen Validität** des Designs (Eindeutigkeit)
- Sicherung der **externen Validität** des Designs (Generalisierbarkeit)

Veränderungsmessung: Wirkung lässt sich definieren als erzeugte Veränderung eines interessierenden Merkmals. Will man die Wirkung einer Intervention untersuchen, sollte man zuerst ein interessierendes Evaluationskriterium messen (Vorher-Messung, Prätest), anschließend die zu prüfende Intervention durchführen, das fragliche Evaluationskriterium nochmals messen (Nachher-Messung, Posttest) und schließlich die Vorher-Messung mit der Nachher-Messung vergleichen. Die Differenz zeigt Ausmaß und Richtung der Veränderung.

Interne Validität: Die so registrierte Veränderung kann jedoch durch Bedingungen oder Ereignisse (mit)verursacht worden sein, die mit der Intervention gar nichts zu tun haben. Deshalb besteht die zentrale Herausforderung der Versuchsplanung darin, die Effekte der zu prüfenden Intervention von solchen Effekten zu trennen, die durch andere Einflüsse zustande gekommen sind. Letztere lassen sich in **störende Umgebungseinflüsse** (äußere konfundierende Faktoren) und **forschungsmethodische Störeinflüsse** (Designeffekte) untergliedern. Rossi et al. (1999) bezeichnen die beobachtete Veränderung eines Evaluationskriteriums als die Bruttowirkung der Intervention. Für diese gilt:

Bruttowirkung = Nettoeffekt + Effekte äußerer konfund. Faktoren + Designeffekte

„Nettoeffekt" bezeichnet jene Wirkungen, die tatsächlich auf die zu evaluierende Maßnahme zurückgehen. Die wichtigsten Störfaktoren sind in Tabelle 2 beschrieben (vgl. auch Bortz & Döring, 2002; Goldstein & Ford, 2002).

Ein Versuchsdesign, das die registrierte Veränderung eindeutig auf den Einfluss der zu prüfenden Intervention zurückführbar macht, wird als intern valide bezeichnet. Die **Eindeutigkeit** eines Designs ist umso größer, je weniger **Alternativerklärungen** es für die registrierten Befunde gibt. Hierfür sind Versuchsbedingungen zu konstruieren, die weiter unten beschrieben werden.

Externe Validität: Die Wirksamkeitsanalyse erfolgt anhand einer bestimmten Personenstichprobe und inmitten eines spezifischen Untersuchungssettings. Eine Untersuchung ist extern valide, wenn sich ihre Ergebnisse ohne Bedenken auf Personen und Situationen außerhalb des Evaluationsdesigns übertragen lassen. Die **Generalisierbarkeit der Befunde** ist fraglich, wenn die Wirksamkeitsanalyse an einer für die späteren Weiterbildungsteilnehmer **nicht repräsentativen Stichprobe** erfolgt (wenn beispielsweise die

---

[17] C (für Criterion) symbolisiert die Messung eines Evaluationskriteriums (C1 = Vorher-Messung; C2, C3 etc. = Nachher-Messungen). T (für Treatment) symbolisiert eine Programmintervention. Nachfolgend wird von Treatment und Treatmentgruppe gesprochen, wenn eine Entwicklungsmaßnahme gemeint ist bzw. eine Teilnehmergruppe, die die Entwicklungsmaßnahme erhält.

Wirksamkeit einer für ältere Mitarbeiter konzipierten PE-Maßnahme an Auszubildenden geprüft wird, weil eine hinreichend große Auszubildendenstichprobe leicht verfügbar ist).

Tabelle 2: Einige Störeinflüsse, die die interne Validität bedrohen

Störeinfluss	Erklärung
externe zeitliche Einflüsse	Zwischen Vorher- und Nachher-Messung ereignet sich etwas, das auf die Evaluationskriterien einwirkt, mit der geplanten Intervention jedoch nichts zu tun hat. Beispiel: Parallel zur PE-Maßnahme werden Restrukturierungspläne des Unternehmens bekannt; das Verhalten der Teilnehmer ist von der Sorge beeinflusst, nicht zu wissen, was diese Pläne für die eigene Person bedeuten.
statistische Regressionseffekte	Es kann sein, dass Teilnehmer in einer ersten Messung ganz zufällig (etwa aufgrund eines Messfehlers) extrem hohe bzw. extrem niedrige Werte erzielen; die Wahrscheinlichkeit, dass sich dieser Zufall nochmals wiederholen wird, ist gering; deshalb wird die zweite Messung deutlich weniger extreme Werte zeigen; man spricht von einer zufallsbedingten Regression extremer Werte zur Mitte der Verteilung.
Unreliabilität	Das Untersuchungsinstrument erfasst das zu messende Evaluationskriterium nur ungenau oder fehlerhaft. Wird ein nicht-standardisiertes Kriteriumsmaß verwendet (die summarische Einschätzung des Lerntransfers durch Vorgesetzte beispielsweise), kann eine beobachtete Veränderung dadurch entstehen, dass sich die Beurteilungsmaßstäbe zwischen den Erhebungszeitpunkten verändern.
Testübung	Werden Testverfahren zur Vorher-Nachher-Messung wiederholt eingesetzt (ein Fachwissenstest zur Prüfung des Lernerfolgs beispielsweise), kann das mehrfache Bearbeiten dieses Tests dazu führen, dass Lern-, Übungs- und Sensibilisierungseffekte das zu messende Kriterium beeinflussen.
Selektionseffekte	Die Auswahl der Teilnehmer erfolgt so, dass sich die Untersuchungsgruppen von Beginn an systematisch unterscheiden. Selektionseffekte stellen ein typisches Problem in Wirksamkeitsanalysen dar. Häufig werden die Teilnehmer der Treatmentgruppe durch Vorgesetzte nominiert, weil entsprechende Trainingsbedarfe erkannt wurden, während die Teilnehmer der Kontrollgruppe per Zufall ausgewählt werden.
experimentelle Mortalität	Wenn die Bereitschaft, an einer Wirksamkeitsanalyse teilzunehmen, nicht in allen Untersuchungsgruppen gleich bleibt, sondern in einer einzelnen Gruppen nachlässt und zu vorzeitigem Ausscheiden der Probanden führt, kann es zu erheblichen Ergebnisverfälschungen kommen.

Ferner wird die Generalisierbarkeit der Ergebnisse durch das Problem der **experimentellen Reaktivität** in Frage gestellt. Man spricht von Reaktivität, wenn das Verhalten der Untersuchungsteilnehmer spezifisch aus den konkreten Bedingungen des Untersuchungssettings resultiert. Eine besondere Form der Reaktivität wird als **Hawthorne-Effekt**[18] bezeichnet: Das Bewusstsein, an einer wissenschaftlichen Untersuchung teilzunehmen und aufmerksam beobachtet zu werden, führt zu einer Leistungssteigerung bei den Versuchspersonen. Der Hawthorne-Effekt kann sich sehr leicht bei Evaluationsstudien einstellen, denn manch ein Untersuchungsteilnehmer mag erwarten, dass seine im Zuge der PE-Maßnahme erbrachten Leistungen nicht nur zur Bewertung des Programms verwendet werden.

Weitere, die externe Validität einer Wirksamkeitsevaluation gefährdende Einflüsse beschreiben Bortz und Döring (2002) oder Goldstein und Ford (2002). Es ist wichtig, die externe Validität, also die Generalisierbarkeit der Befunde auf Personen und Bedingungen außerhalb des Evaluationsdesigns, im Auge zu behalten. Andernfalls werden später Programmerträge erwartet, die die Maßnahme unter regulären Anwendungsbedingungen nicht leisten kann.

Für die **Konstruktion eines Evaluationsdesigns** gilt die folgende Faustregel: Wähle ein Vorgehen, dass die Störfaktoren der internen und der externen Validität bestmöglich kontrolliert (Goldstein & Ford, 2002; Noe, 1999). Im Folgenden werden einige grundlegende **Gestaltungsprinzipien der Versuchsplanung** beschrieben. Detailliertere Hinweise lassen sich beispielsweise bei Goldstein und Ford (2002) oder Russ-Eft und Preskill (2001) finden (vgl. auch die klassischen Beiträge von Cook & Campbell, 1979; Cook, Campbell & Peracchio, 1990).

Einsatz einer Kontrollgruppe: Um zu überprüfen, ob die registrierte Veränderung tatsächlich durch die zu evaluierende Maßnahme erzeugt wird, sollten die Daten der Treatmentgruppe mit den Daten einer Kontrollgruppe verglichen werden. Sie erhält das zu evaluierende Treatment *nicht*[19].

Treatmentgruppe	C1	T	C2
Kontrollgruppe	C1		C2

Kontroll- und Treatmentgruppe sollten sich hinsichtlich folgender Merkmale so ähnlich wie möglich sein: fachliche Vorkenntnisse und Fertigkeiten, Ausbildung, Alter, Geschlecht, Hierarchiebene sowie Arbeits- bzw. Funktionseinheit innerhalb des Unternehmens etc. Es existieren mehrere Möglichkeiten, die Ähnlichkeit der Gruppen zu gewährleisten. Die wichtigste wird als **Randomisierung** bezeichnet. Hierbei werden die

---

[18] benannt nach einer berühmten Studie zum Einfluss von Merkmalen der Arbeitsumgebung (z.B. Beleuchtung) auf die Arbeitsproduktivität, die in den 20er Jahren des letzten Jahrhunderts im so genannten Hawthorne-Zweigwerk der Western Electric Company in Cicero, Illinois/USA, durchgeführt wurde.
[19] Häufig ist es schwierig, einigen Personen eine PE-Maßnahme vorzuenthalten, während andere diese erhalten. Hier lässt sich mit so genannten **Wartegruppen** arbeiten. Eine Wartegruppe erhält das zu evaluierende Treatment erst später und kann deshalb zunächst als Kontrollgruppe fungieren.

Untersuchungsteilnehmer per Zufallsauswahl auf die Gruppen verteilt. Randomisierung bewirkt, eine genügend große Teilnehmeranzahl pro Gruppe vorausgesetzt, dass sich obige Merkmale in beiden Gruppen gewissermaßen automatisch gleich verteilen. Bortz und Döring (2002) beschreiben weitere Verfahren, die sich verwenden lassen, wenn eine Zufallszuweisung der Teilnehmer aufgrund praktischer Gegebenheiten nicht umsetzbar ist.

Kann man ferner davon ausgehen, dass beide Gruppen während des Untersuchungsverlaufs auf gleiche Weise durch äußere Faktoren beeinflusst wurden, lassen sich die festgestellten Gruppenunterschiede hinsichtlich der untersuchten Prä-Post-Differenz auf die Wirksamkeit der PE-Maßnahme zurückführen. Kontrolliert werden Testübungseffekte (vgl. Tabelle 2), weil sie in beiden Gruppen gleichermaßen wirksam sind. Auch die statistischen Regressionseffekte werden kontrolliert, weil sie in beiden Gruppen in gleicher Ausprägung auftreten.

Einsatz einer Placebo-Intervention: Mithilfe des bisher beschriebenen Designs lässt sich nicht entscheiden, ob die in der Treatmentgruppe registrierte Veränderung auf die spezifische Wirksamkeit der Maßnahme oder auf **nicht-programmspezifische Nebeneffekte** zurückgeht. Der beschriebene Hawthorne-Effekt stellt einen solchen Nebeneffekt dar. Ein kurzfristiger Anstieg der Arbeitsmotivation, der die Leistung vorübergehend verbessert, aber nicht auf veränderte Kompetenzen, sondern ein positives Erleben der PE-Maßnahme zurückgeht, ist den programmspezifischen Nebeneffekten ebenfalls zuzuordnen. Um die spezifischen Effekte von den nicht-spezifischen zu trennen, lässt sich eine zweite Kontrollgruppe einführen, die ein **Placebo-Treatment** (P) erhält.

Treatmentgruppe	C1	T	C2
Kontrollgruppe 1	C1		C2
Kontrollgruppe 2	C1	P	C2

Man spricht von einer Placebo-Intervention, wenn eine tatsächlich unwirksame Maßnahme vorgeblich systematisch durchgeführt wird, um ein festgelegtes Ziel zu erreichen. Ökonomische und **ethische Gesichtspunkte** setzen dieser Vorgehensweise jedoch enge Grenzen.

Mehrere Messzeitpunkte: Werden mehrere Messzeitpunkte nach der Programmintervention gewählt (beispielsweise drei Wissenstests im Abstand von jeweils zwei Monaten), lassen sich die einzelnen Posttestbefunde miteinander sowie jeder einzelne mit der Vorher-Messung vergleichen. Auf diese Weise gelingt die Prüfung der zeitlichen **Stabilität eines Effekts**. Andererseits wird so auch die Prüfung der **Generalisierung eines Effekts** (Lerntransfer) möglich. Nämlich dann, wenn Testaufgaben nach dem Prinzip des **gestuften Transferabstands** gestellt werden. Das Prinzip des gestuften Transferabstands schreibt vor, dass die Teilnehmer von Messung zu Messung neue Testaufgaben erhalten, die den im Lernfeld verwendeten Übungsaufgaben schrittweise unähnlicher werden. Ein solches Vorgehen reduziert zugleich eventuelle Testübungseffekte.

Treatmentgruppe	C1	T	C2	C3	C4
Kontrollgruppe 1	C1		C2	C3	C4

Zeitreihendesigns ermöglichen die Beobachtung von Entwicklungsprozessen dadurch, dass mehrere Messungen sowohl vor als auch nach der Programmintervention durchgeführt werden. Ein Beweis der Wirksamkeit eines Programms ist erbracht, wenn die Serie der Messungen eine **Diskontinuität** an der Stelle zeigt, die durch das Treatment markiert wird. Weitere so genannte quasi-experimentelle Designs (u.a. institutionelle Zyklus-Analyse, Mehrphasen-Design für äquivalente Untergruppen) werden in aller Kürze von Weinert (1998) beschrieben (ausführlicher Cook & Campbell, 1979; Cook et al., 1990).

6.4 Effizienzanalyse

Die **Effizienzanalyse**[20] (Mittag & Hager, 2000; Rossi et al., 1999) bewertet Weiterbildungsprogramme nach **Wirtschaftlichkeitskriterien**. Im Sinne einer **Kostenkontrolle** erfasst sie die Programmkosten und setzt diese zu den realisierten Erträgen ins Verhältnis (Kosten-Nutzen-Analysen und Kosten-Effektivitäts-Analysen; vgl. Tabelle 3). Das Ziel einer **Kosten-Nutzen-Analyse** besteht darin, die Rentabilität einer Qualifizierungsmaßnahme, den Return on Investment, zu berechnen. Hierfür sind die Programmerträge in monetäre Werte zu konvertieren. Mithilfe einer **Kosten-Effektivitäts-Analyse** lässt sich ermitteln, wie viel es kostet, ein bestimmtes Interventionsziel zu erreichen.

Die Effizienzanalyse liefert ökonomische Entscheidungskriterien für die Verteilung von Weiterbildungsressourcen und die Auswahl von PE-Programmalternativen. Sie ist der Wirksamkeitsanalyse stets nachgeordnet, weil sie deren Befunde, den festgestellten PE-Nutzen, in ihre Berechnungen integrieren muss.

Obigen Ansätzen ist die **Nutzenanalyse** verwandt (Cascio, 1982; Mathieu & Leonard, 1987). Ihr Ziel besteht darin, aus Informationen zum Ausmaß und zur Dauer der PE-bedingten Leistungsverbesserung, zur Anzahl trainierter Mitarbeiter, zu den Trainingskosten je Mitarbeiter und zum finanziellen Wert der Arbeitstätigkeit, die durch das Programm optimiert werden soll, den finanziellen Nutzen einer Entwicklungsmaßnahme zu berechnen. Nutzenanalysen werden traditionell für Personalauswahlinstrumente durchgeführt (vgl. Schmidt & Hunter, 1998); dieselben Modelle sind jedoch auch auf Weiterbildungsprogramme anwendbar.

---

[20] zur Klärung der Begriffe: **Effektivität** ist der Nutzen oder Ertrag einer Maßnahme im Sinne der vorgegebenen Zielsetzung, **Effizienz** das Verhältnis von Kosten und Nutzen (Einsatz und Ertrag) dieser Maßnahme.

Im Folgenden wird zunächst die Aufgabe der Kostenkontrolle diskutiert. Es folgt eine Darstellung der Kosten-Nutzen-Analyse. Abschließend wird das Verfahren der Kosten-Effektivitäts-Analyse beschrieben.

Tabelle 3: Grundformen der Effizienzanalyse

Kosten-Nutzen-Analysen	Kosten-Effektivitäts-Analysen
Ziel	**Ziel**
Berechnung der monetären Kosten-Nutzen-Relation	Berechnung der Kosten dafür, ein definiertes Ziel zu erreichen
Anwendungsbedingungen	**Anwendungsbedingungen**
Erträge müssen monetär quantifiziert werden, immaterielle Werte können nicht verwendet werden	Erträge müssen nicht monetär quantifiziert werden
können auch im Rahmen einer isolierten (d.h. nicht vergleichenden) Evaluation eingesetzt werden	sinnvoll einsetzbar nur im Rahmen einer vergleichenden Evaluation bzw. bei Vorgabe eines kritischen Effizienzwerts durch die Organisation
Arbeitsschritte	**Arbeitsschritte**
1. Bestimmung der Gesamtkosten (direkte und indirekte Kosten) des Weiterbildungsprogramms	1. Bestimmung der Gesamtkosten (direkte und indirekte Kosten) des Weiterbildungsprogramms; dann Berechnung der Kosten je Teilnehmer
2. Bestimmung des Programmgesamtnutzens und Konvertierung in monetäre Werte; immaterielle Werte definieren	2. Festlegung eines Wirksamkeitskriteriums und eines Ziels bzw. einer Wirkungseinheit
3. Berechnung einer Kennzahl der Programmeffizienz: ▪ Nettonutzen ▪ Nutzen-Kosten-Relation ▪ Return on Investment (Rentabilität)	3. Berechnung einer Kennzahl der Programmeffizienz: ▪ Kosten je Wirkungseinheit im Evaluationskriterium ▪ Kosten je erfolgreich behandelter Zielperson

6.4.1 Kostenkontrolle

Das detaillierte Erheben und Vergleichen der vollständigen Kosten von Weiterbildungsinterventionen wird als **Kostenkontrolle** bezeichnet (Mentzel, 2001). Sie liefert einen Überblick über die Kostenart und die Höhe der Aufwendungen. Die Kostenerhebung stellt eine Vorbedingung (bzw. den ersten Arbeitsschritt) der Kosten-Nutzen- und der Kosten-Effektivitäts-Analyse dar. Auch liefert sie die Grundlage für die Erstellung zukünftiger Weiterbildungsbudgets.

Die **Voll- oder Gesamtkosten** des Programms setzen sich aus direkten und indirekten Kosten zusammen. Die spezifischen Aufwendungen für die Entwicklung, Durchführung und Evaluation eines Weiterbildungsprogramms werden als dessen **direkte Kos-**

ten bezeichnet. Der **indirekte Anteil** besteht aus sämtlichen Kosten der Personalentwicklungsabteilung, die nicht spezifisch mit einer bestimmten Maßnahme in Verbindung stehen und die für sämtliche Weiterbildungsprojekte anteilig zu berechnen sind (generelle Planungs- und Verwaltungskosten, Gehälter der Mitarbeiter der PE-Abteilung etc.). Um die indirekten Kosten einer Maßnahme zu spezifizieren, werden zuerst die generellen Aufwendungen einer Geschäftsperiode zusammengerechnet und ausgehend hiervon die Aufwendungen je Trainingstag oder -stunde ermittelt. Dieser Wert wird mit der Anzahl der Trainingstage oder -stunden multipliziert, die während des Zeitraums für die jeweilige Maßnahme aufgewendet wurden.

Tabelle 4: Kosten für PE-Programme

Stufe im Weiterbildungsprozess	Kostenarten
Bedarfsanalyse (anteilige Kosten)	▪ Personalkosten ▪ Sachkosten ▪ sonstige Kosten
Programmentwicklung oder Programmeinkauf	▪ Personalkosten ▪ Sachkosten ▪ sonstige Kosten
Programmdurchführung	**Personalkosten** ▪ Kosten für interne und externe Trainer/Dozenten ▪ Kosten für Koordinatoren ▪ Kosten für Weiterbildungsteilnehmer (Gehälter und Boni während der ausgefallenen, bezahlten Arbeitszeit) **Sachkosten** ▪ Teilnehmerbeiträge ▪ Kosten für Lehrmittel (Programmunterlagen, Arbeitsmaterialien, Medien, Lizenzen) ▪ Reisekosten ▪ Kosten für Unterkunft und Verpflegung ▪ Kosten für Räumlichkeiten und Ausstattung **sonstige Kosten** ▪ Gebühren (z.B. Prüfungsgebühren) ▪ Kommunikationskosten ▪ Kosten für Minderleistungen der Arbeitseinheit des Weiterbildungsteilnehmers, die durch dessen Abwesenheit entstehen
Programmevaluation	▪ Personalkosten ▪ Sachkosten ▪ sonstige Kosten
indirekte Kosten (anteilige Kosten der PE-Abteilung)	▪ Personalkosten ▪ Sachkosten ▪ sonstige Kosten

Die Programminvestitionen untergliedern sich in verschiedene Kostenarten (Mentzel, 2001; Phillips & Schirmer, 2005). Es ist sinnvoll, bei der Kostenaufstellung **hierarchisch gestaffelt** vorzugehen, um sicherzustellen, dass wirklich sämtliche Kosten erfasst werden (Phillips & Schirmer, 2005): Die Aufwendungen sollten zunächst für alle **Stufen im Weiterbildungsprozess** (Bedarfsanalyse, Programmentwicklung, Durchführung, Programmevaluation) separat erhoben werden und dann innerhalb dieser Prozesskategorien nach **Kostenarten** (etwa Personal-, Sach- und sonstige Kosten) sortiert werden. In Tabelle 4 wird das beschriebene Vorgehen beispielhaft für die Stufe der Programmdurchführung konkretisiert. Ausführliche **Checklisten** zur systematischen Analyse der PE-Kosten finden sich bei Mirabal (1978) sowie Phillips und Schirmer (2005).

6.4.2 Kosten-Nutzen-Analysen

Der Kosten-Nutzen-Analyse bzw. ihren zahlreichen Varianten ist gerade in den letzten Jahren sehr viel Aufmerksamkeit gewidmet worden (Kearns, 2005; Phillips & Schirmer, 2005; Süssmair & Rowold, 2007; vgl. aber auch Kearsley, 1982). Mithilfe dieser Ansätze lassen sich **Kennzahlen** berechnen, die das **Kosten-Nutzen-Verhältnis** der zu evaluierenden Programme repräsentieren. Ein häufig berechneter Index ist der **Return on Investment** (Rentabilität). Die Berechnung der Kennzahlen setzt voraus, dass sowohl die Programmkosten als auch die Programmerträge monetär (in Euro) beziffert werden.

Die Kosten-Nutzen-Analyse lässt sich in drei Schritte gliedern: 1. Bestimmung der Programmgesamtkosten, wie in Abschnitt 6.4.1 dargestellt, 2. Bestimmung des Programmgesamtnutzens und Konvertierung desselben in monetäre Werte, 3. Berechnung einer Kennzahl der Programmeffizienz (Mittag & Hager, 2000; vgl. auch Tabelle 3).

Bestimmung des Programmgesamtnutzens, Konvertierung in monetäre Werte: Für die Bestimmung des Programmnutzens wird auf die in Abschnitt 6.3.1 (Resultate) beschriebenen Kriterien des geschäftlichen Ertrags (Resultate nach Kirkpatrick) zurückgegriffen. Es gilt, alle Unternehmenserträge zusammenzustellen und in monetäre Werte zu konvertieren. Phillips und Schirmer (2005) empfehlen, den Nutzen auf das erste Geschäftsjahr nach Durchführung der Maßnahme zu beziehen. Sie beschreiben zehn Methoden, PE-Erträge in monetäre Einheiten umzurechnen (zwei Beispiele: erstens, Leistungsdaten werden in Deckungsbeiträge oder Kosteneinsparungen umgewandelt; zweitens, um qualitative Verbesserungen finanziell zu bewerten, werden die Qualitätskosten – die Kosten für Reparatur oder Austausch je Fehler oder Defekt – ermittelt und die Verbesserungen in Einsparungen umgerechnet). Folgende **Probleme** sind an dieser Stelle zu diskutieren:

- Die Unternehmenserträge müssen eindeutig auf das Weiterbildungsprogramm zurückführbar sein – das Problem der **Kontamination** und der **Isolierung der Effekte** (siehe oben). Hier zeigt sich die Notwendigkeit, Evaluationskriterien der vierten Ebene (Resultate) sorgfältig auszuwählen und bei der Wirksamkeitsanalyse auf die interne Validität des realisierten Designs zu achten.

- Nicht alle **Nutzen einer Maßnahme** lassen sich – und hierin besteht das **zentrale Problem** der Kosten-Nutzen-Analyse – **in monetäre Einheiten konvertieren**. Das Konvertierungsproblem ist dabei überwiegend ein Problem weicher Daten (vgl. Abschnitt 6.3.1: Resultate). Angenommen, ein Programm soll der Reduzierung von Konflikten in einer Arbeitsgruppe dienen. Wie soll die Wirksamkeit des Programms finanziell bemessen werden? Phillips und Schirmer (2005) bezeichnen Erträge, die sich nicht oder nur schwer in monetäre Werte konvertieren lassen und auf deren Konvertierung deshalb bewusst verzichtet wird, als **immaterielle Werte**. Sie schlagen vor, immaterielle Daten in einer gesonderten Rubrik des Evaluationsberichts zu beschreiben, nicht aber in eine Kosten-Nutzen-Analyse aufzunehmen.

  Eine Möglichkeit, immaterielle Erträge aus Weiterbildungsprogrammen auf verausgabte Programmkosten zu beziehen, besteht darin, Kosten-Effektivitäts-Analysen (vgl. Abschnitt 6.4.3) durchzuführen.

- Bei der Nutzenbemessung ist der **Zeitraum** zu beachten, innerhalb dessen sich die **erwarteten Erträge realisieren** können (Sonntag, 1996). Viele Nutzen (z.B. verbessertes Arbeitsklima, sinkende Personalfluktuation, Kundenbindung) werden sich erst langfristig manifestieren. Je länger aber die Realisierung der Erträge auf sich warten lässt, desto schwieriger ist es, diese eindeutig der zu evaluierenden Maßnahme zuzuschreiben. Als problematisch mag sich in diesem Zusammenhang die von Phillips und Schirmer (2005) empfohlene Festschreibung des Nutzen-Bemessungszeitraums auf das erste Geschäftsjahr nach Abschluss der Maßnahme erweisen.

Berechnung verschiedener Kennzahlen der Programmeffizienz: Es lassen sich folgende Indizes der Programmeffizienz berechnen (vgl. u.a. Phillips und Schirmer, 2005):

- **Programmnettonutzen:** Der Programmnettonutzen ist die Differenz aus Programmnutzen und Programmgesamtkosten.

- **Nutzen-Kosten-Relation:** Die Nutzen-Kosten-Relation (NKR; Benefit/Cost-Ratio) setzt den ökonomischen Nutzen des Programms zu den Programmgesamtkosten ins Verhältnis:

$$\text{NKR} = \frac{\text{Programmnutzen}}{\text{Programmgesamtkosten}}$$

- Der **Return on Investment** (ROI; Rentabilität) ergibt sich, wenn man den Programmnettonutzen (Programmnutzen minus Programmgesamtkosten) durch die Programmgesamtkosten dividiert und das Ergebnis mit 100 multipliziert, um den Wert in % auszudrücken:

$$\text{ROI}(\%) = \frac{\text{Programmnutzen} - \text{Programmgesamtkosten}}{\text{Programmgesamtkosten}} \cdot 100$$

6.4.3 Kosten-Effektivitäts-Analysen

Für Kosten-Effektivitäts-Analysen (Mittag & Hager, 2000; Rossi et al. 1999) ist **keine Konvertierung** der Erträge in monetäre Werte erforderlich. Sie eignen sich deshalb zur Effizienzevaluation solcher Weiterbildungsprogramme, deren Erträge immaterielle Werte darstellen. Kosten-Effektivitäts-Analysen geben Auskunft darüber, **wie viel es kostet, ein zuvor definiertes Weiterbildungsziel zu erreichen**. Sie beziehen die Programmkosten also auf ein vorher definiertes Qualifizierungsziel bzw. eine vorher definierte Wirkungseinheit in einem relevanten Evaluationskriterium.

Ein Nachteil der Kosten-Effektivitäts-Analysen besteht allerdings darin, dass sie sich entweder nur für **vergleichende Evaluationen** eignen oder aber die **Vorgabe eines kritischen Effizienzwerts** voraussetzen. „Vergleichende Evaluation" bedeutet, dass zwei (oder mehr) Programmalternativen miteinander verglichen werden; dagegen wird bei einer isolierten Evaluation ein einzelnes Programm ohne vergleichende Bezugnahme auf alternative, konkurrierende Programme betrachtet. „Vorgabe eines kritischen Effizienzwerts" bedeutet, dass das Unternehmen festlegt, wie viel es für das Erreichen eines bestimmten Ziels zu investieren bereit ist. Die Kennzahlen der Kosten-Effektivitäts-Analyse haben allein stehend keine Aussagekraft; erst der Kennzahlenvergleich schafft sinnvolle Informationen.

Auch die Kosten-Effektivitäts-Analyse lässt sich in drei Schritte zerlegen: 1. Bestimmung der Programmgesamtkosten, wie in Abschnitt 6.4.1 beschrieben, 2. Festlegung eines Wirksamkeitskriteriums und einer Zieleinheit, 3. Berechnung einer Kennzahl der Programmeffizienz (Mittag & Hager, 2000; vgl. auch Tabelle 3).

Festlegung eines Wirksamkeitskriteriums und einer Zieleinheit: Es gilt, zunächst ein relevantes Evaluationskriterium zu definieren. Hierfür lassen sich prinzipiell alle Kriterien des Abschnitts 6.3.1 (Lern-, Lerntransfer- und betriebliche Ertragskriterien) verwenden. Ist die kritische Dimension festgelegt, muss die Zieleinheit definiert werden. Das kann in zwei Formen geschehen: erstens, in Maß- oder **Wirkungseinheiten** (Testwert) des untersuchten Evaluationskriteriums oder, zweitens, durch Festlegung einer kritischen Schwelle im Evaluationskriterium, die den **Minimalwert einer erfolgreichen Programmintervention** repräsentiert.

Berechnung einer Kennzahl der Programmeffizienz: Die Kosten-Effektivität eines Weiterbildungsprogramms lässt sich auf zweifache Weise berechnen, je nachdem, wie die Zieleinheit definiert wurde:

- **Berechnung der Kosten je Messeinheit im Evaluationskriterium:** Hierfür sind zunächst die Kosten eines Qualifizierungsprogramms je Weiterbildungsteilnehmer zu ermitteln (Gesamtkosten dividiert durch Teilnehmerzahl). Es wird sodann der mittlere Zuwachs berechnet, den das an einer Evaluationsstichprobe durchgeführte Weiterbildungsprogramm im Evaluationskriterium erzielen konnte. Im dritten Schritt werden, ausgehend vom Durchschnittswert, die Teilnehmer-Programmkosten je Wirkungseinheit (Testpunkt) ermittelt (Teilnehmer-Programmkosten dividiert durch die mittlere Zuwachsrate).

Ein Beispiel: Für ein Führungstraining fallen 400 Euro je Teilnehmer an. In einer Evaluationsstichprobe zeigt sich nach Beendigung des Trainings ein durchschnittlicher Anstieg von 10 Testpunkten im Evaluationskriterium „Mitarbeiterzufriedenheit", gemessen mithilfe eines entsprechenden Fragebogens. Die Teilnehmer-Programmkosten je Messeinheit (ein Testpunkt) im Evaluationskriterium belaufen sich damit auf 400 Euro / 10 = 40 Euro.

- **Berechnung der Kosten je „erfolgreich behandelter" Zielperson:** Auch hierfür sind zunächst die Kosten eines Qualifizierungsprogramms je Weiterbildungsteilnehmer zu ermitteln. Im zweiten Schritt ist jetzt die Erfolgsquote des Programms zu berechnen, d.h. der Anteil jener Programmteilnehmer an der Gesamtzahl aller Personen einer Evaluationsstichprobe, die den Minimalwert einer erfolgreichen Programmintervention überspringen konnten. Im dritten Schritt werden die Programmkosten je Teilnehmer an der soeben definierten Erfolgsquote relativiert (Teilnehmer-Programmkosten dividiert durch die Erfolgsquote). Man erhält die Kosten eines durch das Qualifizierungsprogramm „erfolgreich behandelten" Teilnehmers.

Auch hierfür ein Beispiel: Für ein technisches Training fallen 400 Euro je Teilnehmer an. In einer Evaluationsstichprobe zeigt sich, dass 80 von 100 Teilnehmern nach Trainingsende Ergebnisse in einem Test „technisches Fachwissen" erzielen, die oberhalb des Cut-offs (der kritischen Schwelle) liegen. Die Erfolgsquote beträgt also 0,8. Je „erfolgreich behandelter" Zielperson belaufen sich die Kosten damit auf 400 Euro / 0,8 = 500 Euro.

Literatur

Alliger, G. M. & Janak, E. A. (1989). Kirkpatrick's levels of training criteria: Thirty years later. *Personnel Psychology, 42*, 331-342.

Alliger, G. M., Tannenbaum, S. I., Bennett, W. J., Traver, H. & Shotland, A. (1997). A meta-analysis of the relations among training criteria. *Personnel Psychology, 50*, 341-358.

Bates, R. A., Kauffeld, S. & Holton, E. F. (2007). Examining the factor structure and predictive ability of the German-version of the Learning Transfer Systems Inventory (LTSI). *Journal of European Industrial Training, 31*, 195-211.

Becker, F. G. (2005). Den Return on Development messen: Möglichkeiten und Grenzen der Evaluation. *Personalführung, 4/2005*, 48-53.

Bergmann, B. & Sonntag, K. (1999). Transfer: Die Umsetzung und Generalisierung erworbener Kompetenzen in den Arbeitsalltag. In K. Sonntag (Hrsg.), *Personalentwick-

lung in Organisationen (2. Aufl.; S. 287-312). Göttingen: Verlag für Angewandte Psychologie.

Bortz, J. & Döring, N. (2002). *Forschungsmethoden und Evaluation für Human- und Sozialwissenschaftler* (3. Aufl.). Berlin: Springer.

Cascio, W. F. (1982). *Costing human resources: The financial impact of behavior in organizations.* Boston: Kent.

Cook, T. D. & Campbell, D. T. (1979). *Quasi-experimentation. Design and analysis issues for field settings.* Boston, MA: Hougton Mifflin.

Cook, T. D., Campbell, D. T. & Peracchio, L. (1990). Quasi experimentation. In M. D. Dunnette & L. M. Hough (Eds.), *Handbook of industrial and organizational psychology: Vol. 1* (2nd ed.; pp. 491-576). Palo Alto, CA: Consulting Psychologists Press.

Deutsche Gesellschaft für Evaluation e. V. (2001). *Standards für Evaluation.* Verfügbar unter http://www.degeval.de/calimero/tools/proxy.php?id=70 [29.2.2008]

Faßnacht, G. (1995). *Systematische Verhaltensbeobachtung. Eine Einführung in die Methodologie und Praxis* (2. Aufl.). München: UTB Reinhardt.

Gagné, R. M., Briggs, L. J. & Wager, W. W. (1992). *Principles of instructional design* (4th ed.). Forth Worth, TX: Harcourt Brace Jovanovich.

Goldstein, I. L. & Ford, J. K. (2002). *Training in organizations. Needs assessment, development, and evaluation* (4th ed.). Belmont, CA: Wadsworth.

Gollwitzer, M. & Jäger, R. S. (2007). *Evaluation. Workbook.* Weinheim: Beltz-PVU.

Greve, W. & Wentura, D. (1991). *Wissenschaftliche Beobachtung in der Psychologie. Eine Einführung.* München: Quintessenz.

Haccoun, R. R. & Saks, A. M. (1998). Training in the 21st century: Some lessons from the last. *Canadian Psychology, 39 (1-2),* 33-51.

Hager, W. (2000). Zur Wirksamkeit von Interventionsprogrammen: Allgemeine Kriterien der Wirksamkeit von Programmen in einzelnen Untersuchungen. In W. Hager, J.-L. Patry & H. Brezing (Hrsg.), *Evaluation psychologischer Interventionsmaßnahmen. Standards und Kriterien: Ein Handbuch* (S. 153-168). Bern: Huber.

Hager, W. & Hasselhorn, M. (2000). Psychologische Interventionsmaßnahmen: Was sollen die bewirken können? In W. Hager, J.-L. Patry & H. Brezing (Hrsg.), *Evaluation psychologischer Interventionsmaßnahmen. Standards und Kriterien: Ein Handbuch* (S. 41-85). Bern: Huber.

Hager, W., Patry, J.-L. & Brezing, H. (Hrsg.). (2000). *Evaluation psychologischer Interventionsmaßnahmen. Standards und Kriterien: Ein Handbuch.* Bern: Huber.

Hasselhorn, M. & Mähler, C. (2000). Transfer: Theorien, Technologien und empirische Erfassung. In W. Hager, J.-L. Patry & H. Brezing (Hrsg.), *Evaluation psychologischer Interventionsmaßnahmen. Standards und Kriterien: Ein Handbuch* (S. 86-101). Bern: Huber.

Herman, J. L., Morris, L. L & Fitz-Gibbon, C. T. (1987). *Evaluator's handbook*. Newbury Park, CA: Sage.

Holton, E. F. (1996). The flawed four-level evaluation model. *Human Resource Development Quarterly, 7*, 5-21.

Holton, E. F. (2003). What's really wrong. Diagnosis for learning transfer system change. In E. F. Holton & T. T. Baldwin (Eds.), *Improving learning transfer in organizations* (pp. 59-79). San Francisco: Jossey-Bass.

Holton, E. F., Bates, R. A. & Ruona, W. E. A. (2000). Development of a generalized learning transfer system inventory. *Human Resources Development Quarterly, 11*, 333-360.

Jonassen, D. & Tessmer, M. (1996-97). An outcomes-based taxonomy for instructional systems design, evaluation, and research. *Training Research Journal, 2*, 11-46.

Kauffeld, S., Bates, R. A., Holton, E. F. & Müller, A. C. (2008). Das deutsche Lerntransfer-System-Inventar (GLTSI): Psychometrische Überprüfung der deutschsprachigen Version. *Zeitschrift für Personalpsychologie, 7*, 50-69.

Kearns, P. T. (2005). *Evaluating the ROI from learning. How to develop value-based training*. London: CIPD.

Kearsley, G. (1982). *Costs, benefits, and productivity in training systems*. Reading, Meto Park: Addison-Wesley.

Kirkpatrick, D. L. (1994). *Evaluating training programs: The four levels*. San Francisco: Berrett-Koehler.

Kluge, A. (1994). *Suggestopädisches Lernen im Betrieb*. Aachen: Mainz Verlag.

Kraiger, K. (2002). Decision-based evaluation. In K. Kraiger (Ed.), *Creating, implementing, and managing effective training and development. State-of-the-art lessons for practice* (pp. 331-375). San Francisco, CA: Jossey-Bass.

Kraiger, K., Ford, J. K. & Salas, E. (1993). Application of cognitive, skill-based, and affective theories of learning outcomes to new methods of training evaluation. *Journal of Applied Psychology, 78*, 311-328.

Laker, D. R. (1990). Dual dimensionality of training transfer. *Human Resources Development Quarterly, 1*, 209-223.

Lee, S. H. & Pershing, J. A. (1999). Effective reaction evaluation in evaluating training programs. *Performance Improvement, 38* (8), 32-39.

Mandl, H., Prenzel, M. & Gräsel, C. (1992). Das Problem des Lerntransfers in der betrieblichen Weiterbildung. *Unterrichtswissenschaft, 20*, 126-143.

Mathieu, J. E. & Leonard, R. L. (1987). Applying utility analysis to a training program in supervisory skills: A time-based approach. *Academy of Management Journal, 30*, 316-335.

Mentzel, W. (2001). *Personalentwicklung. Erfolgreich motivieren, fördern und weiterbilden*. München: dtv.

Mirabal, T. E. (1978). Forecasting future training costs. *Training Developmental Journal, 32* (7), 78-87.

Mittag, W. & Hager, W. (2000). Ein Rahmenkonzept zur Evaluation psychologischer Interventionsmaßnahmen. In W. Hager, J.-L. Patry & H. Brezing (Hrsg.), *Evaluation psychologischer Interventionsmaßnahmen. Standards und Kriterien: Ein Handbuch* (S. 102-128). Bern: Huber.

Moore, M. L. & Dutton, P. (1978). Training needs analysis: Review and critique. *Academy of Management Review, 3*, 532-545.

Morgan, R. B. & Casper, W. (2000). Examining the factor structure of participant reactions to training: A multidimensional approach. *Human Resource Development Quarterly, 11*, 301-317.

Noe, R. A. (1999). *Employee training and development*. Boston: McGraw-Hill.

Phillips, J. J. & Schirmer, F. C. (2005). *Return on Investment in der Personalentwicklung. Der 5-Stufen-Evaluationsprozess*. Heidelberg: Springer.

Preskill, H. S. & Russ-Eft, D. F. (2005). *Building evaluation capacity: 72 activities for teaching and training*. Thousand Oaks, CA: Sage.

Reinmann-Rothmeier, G. & Mandl, H. (2001). Unterrichten und Lernumgebungen gestalten. In A. Krapp & B. Weidenmann (Hrsg.), *Pädagogische Psychologie. Ein Lehrbuch* (4. Aufl.; S. 601-646). Weinheim: Psychologie Verlags Union.

Reischmann, J. (2006). *Weiterbildungsevaluation: Lernerfolge messbar machen* (2. Aufl.). Augsburg: ZIEL.

Rossi, P. H., Freeman, H. E. & Lipsey, M. W. (1999). *Evaluation – a systematic approach* (6th ed.). London: Sage.

Rouiller, J. Z. & Goldstein, I. L. (1993). The relationship between organizational transfer climate and positive transfer of training. *Human Resource Development Quarterly, 4*, 377-390.

Russ-Eft, D. & Preskill, H. (2001). *Evaluation in organizations: A systematic approach to enhancing learning, performance, and change*. Cambridge: Perseus Publishing.

Schmidt, F. L. & Hunter, J. E. (1998). The validity and utility of selection methods in personnel psychology: Practical and theoretical implications of 85 years of research findings. *Psychological Bulletin, 124*, 262-274.

Scriven, M. (1967). The methodology of evaluation. In R. W. Tyler, R. M. Gagné & M. Scriven (Eds.), *Perspectives of current curriculum evaluation* (pp. 39-83). Chicago: Rand McNally.

Scriven, M. (1991). *Evaluation thesaurus* (4th ed.). Thousand Oaks, CA: Sage.

Sonntag, K. (1996). *Lernen im Unternehmen. Effiziente Organisation durch Lernkultur*. München: Beck.

Sonntag, K. & Stegmaier, R. (2005). Lernkulturen verstehen, gestalten und messen. Das „Lernkulturinventar" als organisationsdiagnostisches Verfahren zur Messung von Lernkultur. *Personalführung, 1/2005*, 22-29.

Sonntag, K., Stegmaier, R., Schaper, N. & Friebe, J. (2004). Dem Lernen auf der Spur: Operationalisierung von Lernkultur. *Unterrichtswissenschaft, 32*, 104-128.

Strittmatter, P. & Niegemann, H. (2000). *Lehren und Lernen mit Medien. Eine Einführung*. Darmstadt: Wissenschaftliche Buchgesellschaft.

Süssmair, A. & Rowold, J. (Hrsg.). (2007). *Kosten-Nutzen-Analysen und Human Resources*. Weinheim: Beltz

Thierau-Brunner, H., Wottawa, H. & Stangel-Meseke, M. (2006). Evaluation von Personalentwicklungsmaßnahmen. In K. Sonntag (Hrsg.), *Personalentwicklung in Organisationen* (3. Aufl.; S. 329-354). Göttingen: Hogrefe.

Tracey, J. B., Tannenbaum, S. I. & Kavanagh, M. J. (1995). Applying skills on the job: The importance of the work environment. *Journal of Applied Psychology, 80*, 235-252.

Twitchell, S., Holton, E. F. & Trott, J. R. (2001). Technical training evaluation practices in the United States. *Performance Improvement Quarterly, 13* (3), 84-109.

Weinert, A. B. (1998). *Organisationspsychologie. Ein Lehrbuch* (5. Aufl). Weinheim: Psychologie Verlags Union.

Will, H., Winteler, A. & Krapp, A. (1987). Von der Erfolgskontrolle zur Evaluation. In H. Will, A. Winteler & A. Krapp (Hrsg.), *Evaluation in der beruflichen Aus- und Weiterbildung. Konzepte und Strategien* (S. 11-42). Heidelberg: Sauer.

Wottawa, H. & Thierau, H. (1998). *Lehrbuch Evaluation* (2. Aufl.). Bern: Huber.

7 Arbeitsrecht und Personalentwicklung[1]

von Christian Kämper

Im Zusammenhang mit Personalentwicklung in Unternehmen wird über rechtliche Problemstellungen wenig gesprochen. Das mag zum einen daran liegen, dass das Arbeitsrecht den Begriff *Personalentwicklung* so nicht kennt.[2] Zum anderen bestehen für Arbeitgeber und Arbeitnehmer wenige Ansatzpunkte für rechtliche Auseinandersetzungen bei Maßnahmen im Rahmen der Personalentwicklung, da diese, wenn sie entstehen, meist gütlich beigelegt werden. Ohne Zweifel existieren aber rechtliche Regeln, die für alle an Personalentwicklung Beteiligten in Unternehmen oder Behörden gelten. Diese zu kennen verschafft den Vorteil, bei aller sonst vorhandenen Professionalität in der Vorbereitung und Durchführung von Personalentwicklungsmaßnahmen das **Risiko zu vermeiden, rechtliche Fehler zu begehen**, durch die das Erreichen der Bemühungen eventuell gefährdet werden kann. Zum anderen fördern sichere rechtliche Kenntnisse bei allen Beteiligten ein **höheres Vertrauen** in die handelnden Personen, was wiederum motivierend wirkt, die Möglichkeiten der Personalentwicklung auch auszuschöpfen.

In diesem Kapitel werden ausgehend von der Erläuterung der wesentlichen, in diesem Zusammenhang auftauchenden, **arbeitsrechtlichen Grundbegriffe** einige in der Praxis der Personalentwickler bedeutsame, **rechtlich relevante Regeln** und Fragestellungen erläutert. Es wird gezeigt, was rechtlich unter Personalentwicklung verstanden werden kann und wer – auch unter Einbezug besonderer Mitarbeitergruppen – bezüglich Personalentwicklung **Ansprüche hat und bei der Planung und Durchführung beteiligt werden muss.**

Der Leser wird auch dazu ermuntert, einen Gesetzestext zur Hand zu nehmen und sich auch auf diese Weise mit den Regeln vertraut zu machen.

---

[1] In dieser Arbeit wird abweichend von den restlichen Beiträgen des Handbuchs das in den Rechtswissenschaften übliche Zitationssystem verwendet; ein Verzeichnis der verwendeten Abkürzungen befindet sich am Ende des Beitrags.

[2] In der jüngeren Rechtsprechung (seit 2002 bis heute) des BAG taucht dieser Begriff nur als Bezeichnung von Tätigkeiten oder Bereichen auf, nicht jedoch in der rechtlichen Bewertung.

7.1 Arbeitsrechtliche Grundbegriffe

Arbeitsrecht ist im Allgemeinen das „**Schutzrecht des Arbeitnehmers**".[3] Zwar wirkt es befremdlich, bei Personalentwicklungsmaßnahmen von Schutz zu sprechen, aber bereits die praktische Frage, ob der Arbeit*geber* denn stets die **Kosten einer beruflichen Fortbildung** übernehmen muss, führt näher an diesen Gedanken heran. Rechtliche Fragen der Personalentwicklung tauchen aber auch an anderer Stelle auf, zum Beispiel bei der **vertraglichen Vereinbarung**, die mit einem externen Trainer getroffen wird. Diese fällt regelmäßig nicht unter das Arbeitsrecht, sondern als Dienstvertrag unter das allgemeine Zivilrecht.[4] Die häufigsten Fragen betreffen das Verhältnis zwischen Arbeitgeber und Arbeitnehmer, so dass die arbeitsrechtlichen Erläuterungen im Vordergrund stehen.

Die Notwendigkeit, sich auch als Personalentwickler mit **arbeitsrechtlichen Grundbegriffen** auseinanderzusetzen, ergibt sich schon aus diesem Beispiel: Die Unternehmensleitung möchte von der Personalabteilung einen Plan für Fortbildungsmaßnahmen „für alle im Unternehmen Tätigen" haben, inklusive einer entsprechenden Übersicht, welche Kosten das Unternehmen hierfür zu planen hat. Es ist hier also zunächst notwendig zu unterscheiden, wer im Unternehmen ein *Recht* auf Weiterbildung haben könnte und zu wessen Lasten die Kosten gehen. Bei der Klärung dieser Frage liegt es nahe, sich zunächst einmal auf die Arbeitnehmer im Unternehmen zu konzentrieren.

Die Abgrenzung ist nicht immer leicht.[5] Nicht zu den **Arbeitnehmern im arbeitsrechtlichen Sinn** gehören beispielsweise freiberuflich für das Unternehmen Tätige. Im öffentlichen Dienst ist zu beachten, dass Beamte und Richter ebenfalls keine Arbeitnehmer sind. Für sie gelten somit hinsichtlich der beruflichen Entwicklung entsprechende Sonderregelungen.[6] Leiharbeitnehmer sind eine weitere Gruppe von Arbeitnehmern im Unternehmen, für die arbeitsrechtlich besondere Regeln gelten.

Arbeitgeber und Arbeitnehmer treten entweder als Individuen miteinander in rechtliche Beziehung oder es stehen sich Zusammenschlüsse von Arbeitnehmern einzelnen oder ebenfalls organisierten Arbeitgebern gegenüber. Im ersten Fall spricht man von rechtlichen Beziehungen im **Individual-Arbeitsrecht**, im anderen Fall von rechtlichen Beziehungen im **Kollektiv-Arbeitsrecht**. Im individuellen Arbeitsverhältnis ist zunächst der **Arbeitsvertrag** mit seinen jeweiligen Ergänzungen[7] maßgebend. Zu den Instrumenten der arbeitsrechtlichen Koalitionen (Gewerkschaften, Arbeitgeberverbände) und Beleg-

---

[3] Hromadka/Maschmann § 2 Rn. 4.
[4] zur Abgrenzung Hromadka/Maschmann § 1.
[5] ausführlich dazu: Schaub § 13 Rn. 1ff.
[6] Art. 33 Abs. 5 GG enthält die institutionelle Garantie des Berufsbeamtentums und einen Regelungsauftrag an den Gesetzgeber. Da dem einzelnen Beamten die Arbeitskampf- und Tarifgestaltungsrechte des Art. 9 Abs. 3 GG nicht zustehen, wird ihm zur Gestaltung seiner Rechtsverhältnisse ein subjektives Recht aus Art. 33 Abs. 5 GG als grundrechtsgleiches Recht zuerkannt.
[7] hierzu zählen auch ergänzende Vereinbarungen bei oder nach Abschluss des Vertrages; ErfK/Preis zu § 611 BGB Rn. 3 ff.

schaftsvertretungen (Betriebs- und Personalräte) gehören die **Tarifverträge, Betriebsvereinbarungen und Regelungsabsprachen**.[8]

Die rechtlichen Beziehungen der Beteiligten unterliegen neben den gesetzlichen und vertraglichen Bestimmungen auch so genannten **Gestaltungsfaktoren**. Anhand dieser Faktoren wird geklärt, wie weit der Arbeitgeber die Anforderungen an den Arbeitnehmer und damit den Inhalt des Arbeitsverhältnisses bestimmen kann (**Direktions- bzw. Weisungsrecht**[9]). Geklärt wird damit weiterhin, welche Normen gelten, wenn diese sich inhaltlich in Bezug auf den Arbeitsvertrag widersprechen (**Günstigkeitsprinzip**[10]), und ob einzelne Arbeitnehmer aus begünstigenden Regelungen des Arbeitgebers ausgenommen werden dürfen (**Gleichbehandlungsprinzip**[11]).

Den Inhalt des **Arbeitsvertrages** können Arbeitgeber und Arbeitnehmer grundsätzlich frei bestimmen (**Vertragsfreiheit**[12]). Allerdings gelten für das Arbeitsverhältnis auch zahlreiche zwingende Vorschriften (Gesetze, Tarifverträge, Betriebsvereinbarungen) oder Regeln, die in Gerichtsurteilen aufgestellt werden. Praktisch werden Arbeitsverträge heute nicht mehr im Einzelfall vollständig frei ausgehandelt. In der Regel werden individuell nur noch der Beginn der Arbeitsaufnahme, die Art der Tätigkeit, der Umfang der Tätigkeit (z.B. Teilzeit) und die Höhe der Grundvergütung vereinbart.[13]

Vereinbarungen zur beruflichen Weiterbildung können in Arbeitsverträgen oder gesonderten Fortbildungsverträgen[14] geschlossen werden. Besonders in Berufen, in denen ein weitergehender, formaler Berufsausbildungsabschluss mit den Erfordernissen einer relevanten Arbeitstätigkeit gekoppelt ist (zum Beispiel: Ausbildung zum Steuerberater), ist es für den Arbeitnehmer wichtig, dass sein Arbeitgeber sich zu seiner Unterstützung beim Erreichen dieses Ziels im Arbeitsvertrag verpflichtet. Weiterhin könnte eine Vereinbarung zur Kostenverteilung zwischen Arbeitgeber und Arbeitnehmer bei teuren Ausbildungsmaßnahmen (beispielsweise Ausbildung zum Master of Business Administration, MBA) sinnvollerweise im Arbeitsvertrag oder einem Nachtrag dazu vereinbart werden.[15]

Arbeitnehmer sind aufgrund ihrer meist existentiellen Bindung an den Arbeitgeber häufig von dessen Entscheidungen intensiv betroffen. Hierfür ist mit der **Betriebsverfassung** ein Ausgleich geschaffen worden. Arbeitnehmer haben demnach über ihre Interes-

---

[8] Münch/Richardi § 12 Rn. 19 ff.
[9] Hromadka/Maschmann § 6 Rn. 6 ff.
[10] Junker Rn. 88, auch „Spezialitätsprinzip" genannt.
[11] Hromadka/Maschmann § 7 Rn. 99.
[12] Schaub § 32, Rn. 14 zur Unterscheidung individueller und vorformulierter Arbeitsverträge.
[13] Ausnahmen hiervon finden sich häufig bei leitenden Angestellten oder hoch qualifizierten Spezialisten, bei denen weitere Vertragsbedingungen zumeist individuell ausgehandelt werden. Alle anderen Bedingungen (etwa bezüglich Erholungsurlaub oder Kündigungsfristen) ergeben sich häufig aus dem Bezug auf gesetzliche Regelungen, Tarifverträge, Betriebsvereinbarungen, Formularverträge oder betriebsübliche Regelungen.
[14] ausführlich dazu: Natzel, DB 2005, 610 ff.
[15] zur Zulässigkeit von Kostenregelungen in Vereinbarungen mit Arbeitnehmern siehe unten.

senvertreter (Betriebsrat oder – im öffentlichen Dienst – Personalrat) die Möglichkeit, rechtzeitig über sie betreffende Entscheidungen oder Veränderungen im Betrieb[16] informiert zu werden und in klar definierten Fällen auch Einfluss auf den Arbeitgeber auszuüben. Die Regeln hierfür sind im **Betriebsverfassungsgesetz**[17] bzw. im **Personalvertretungsgesetz**[18] festgelegt. Das Personalvertretungsgesetz ist in vielen Belangen dem Betriebsverfassungsgesetz ähnlich. Insofern wird hierauf nur in Abweichungsfällen gesondert eingegangen. Ob also kollektivarbeitsrechtliche Regeln auch bei Fragen der Personalentwicklung zu beachten sind, hängt zunächst einmal davon ab, ob diese im Betrieb überhaupt gelten.[19]

In so genannten **sozialen Angelegenheiten** (zum Beispiel Arbeitszeit, Lohngestaltung, Sozialeinrichtungen, Umweltschutz) ist hinsichtlich der Beteiligungsrechte des Betriebsrates zu unterscheiden zwischen

- der **erzwingbaren Mitbestimmung** („Der Betriebsrat hat … in folgenden Angelegenheiten mitzubestimmen …"; § 87 BetrVG),
- der **freiwilligen Mitbestimmung** („Durch Betriebsvereinbarung können … geregelt werden …"; § 88 BetrVG) und
- der **Mitwirkung** auf dem Gebiet des **Arbeits- und betrieblichen Umweltschutzes** („Der Betriebsrat hat sich dafür einzusetzen …"; § 89 BetrVG).

Bei Änderungen der Arbeitsplätze, der Arbeitsumgebung oder des Arbeitsablaufs kann der Betriebsrat angemessene Maßnahmen zur Abwendung oder **Milderung von Belastungen der Arbeitnehmer** verlangen (§ 91 BetrVG).

In **personellen Angelegenheiten** ist hinsichtlich der Beteiligungsrechte des Betriebsrates zu unterscheiden zwischen

- allgemeinen **personellen Angelegenheiten** (§§ 92-95 BetrVG),
- **betrieblicher Berufsbildung** (§§ 96-98 BetrVG) und
- **personellen Einzelmaßnahmen** (§§ 99-105 BetrVG).

Zwischen Arbeitgeber und Betriebsrat können schriftlich Vereinbarungen geschlossen werden, aus denen die einbezogenen Arbeitnehmer einen unmittelbaren Anspruch erwerben („**Betriebsvereinbarung**") oder sich der Arbeitgeber und der Betriebsrat zu einem bestimmten Tun oder Unterlassen verpflichten („**Regelungsabsprache**"). Betriebsvereinbarungen haben auch für die betriebliche Weiterbildung Bedeutung. Die

---

[16] Junker, Rn. 124-126; diese Begriffe sind im Arbeitsrecht nicht identisch zu verwenden; ein Unternehmen kann mehrere Betriebe haben, mehrere Unternehmen können aber auch einen einheitlichen Betrieb bilden.
[17] Das Betriebsverfassungsgesetz existiert seit 1952; es ist zuletzt 2001 neu gefasst worden.
[18] zum Geltungsbereich des BPersVG: Schaub § 263 Rn. 1 ff.
[19] Schaub § 212 Rn. 1 ff.; der persönliche Anwendungsbereich des Betriebsverfassungsgesetzes erstreckt sich auf die Arbeitnehmer im Sinne des § 5 BetrVG sowie auf Heimarbeiter. Rn. 15: Für leitende Angestellte gilt das Sprecherausschussgesetz.

Wirksamkeit der Betriebsvereinbarung hängt wiederum von einer gültigen Einigung zwischen Arbeitgeber und Betriebsrat ab und ist von beiden Seiten zu unterschreiben und an geeigneter Stelle im Betrieb auszulegen.[20] Der verbindliche Spruch der Einigungsstelle ersetzt eine Betriebsvereinbarung im Bereich der zwingenden Mitbestimmung, falls eine Einigung anders nicht zustande kommt.

7.2 Der Begriff „Personalentwicklung" im arbeitsrechtlichen Kontext

Wie eingangs erwähnt, ist der Begriff „Personalentwicklung" juristisch so nicht gebräuchlich. In Gesetzen und Gerichtsurteilen ist von „**beruflicher Bildung**" (z.B. § 6 BetrVG), „**beruflicher Fortbildung**" (§ 53 ff. BBiG), „**beruflicher Umschulung**" (§ 58 ff. BBiG), „**beruflichem Aufstieg**" (§ 2 I Nr. 2 AGG) oder Ähnlichem die Rede. Häufig wird über berufliche Fortbildung gesprochen. Diese soll es dem Arbeitnehmer ermöglichen, berufliche Kenntnisse und Fertigkeiten zu erhalten, zu erweitern, der technischen Entwicklung anzupassen oder beruflich aufzusteigen.[21] **Im rechtlichen Sinn** kann **Personalentwicklung** somit verstanden werden als die *Vermittlung von Kenntnissen und Fertigkeiten, um die arbeitsvertraglich geschuldete Leistung zu erbringen und um die Voraussetzung zu erlangen, die mit beruflichem Aufstieg (einschließlich dem fachlichen Bewährungsaufstieg[22]) sowie – noch weiter gefasst – mit Beschäftigungssicherung bei drohender Arbeitslosigkeit verbunden ist.*

Auf welchen rechtlichen Grundlagen steht dieses Postulat? Ist der Arbeitgeber (gesetzlich oder vertraglich) verpflichtet, seine Arbeitnehmer im Beruf weiterzubilden oder umgekehrt, trifft den Arbeitnehmer eine (rechtliche) Pflicht, ständig weiter zu lernen? Mit einem Blick auf bestehende gesetzliche und mögliche kollektiv- und arbeitsvertragliche Regelungen soll im Folgenden dieser Frage nachgegangen werden. Mit ihrer Beantwortung verbindet sich auch die Thematik der Kostenlast für berufliche Fortbildung.

---

[20] § 77 II S. 3 BetrVG.
[21] § 1 BBiG.
[22] im neuen Tarifsystem des TvöD ist der nach altem Recht (BAT) geltende Bewährungsaufstieg nicht mehr vorgesehen.

7.3 Gesetzlicher Rahmen

Berufsspezifische Regelungen

Gesetzliche Bestimmungen bestimmter Berufe oder Berufszweige beinhalten die Pflicht zur regelmäßigen Fortbildung (z.B. Betriebsärzte oder Sicherheitsfachkräfte: § 4 iVm. § 2 Abs. 3 bzw. § 7 Abs. 1 iVm. § 5 Abs. 3 ASiG; aber auch die Fachanwälte gem. § 43a Abs. 6, § 43c Abs. 4 BRAO). Bei den Betriebsärzten und Sicherheitsfachkräften besteht eine **gesetzliche Regelung** dazu, dass der Arbeit*geber* die **Kosten der Weiterbildung zu tragen** hat, bei den Fachanwälten gibt es diese Regelung nicht, so dass es hier in einem Anstellungsverhältnis auf den Inhalt des **Arbeitsvertrages** ankäme.[23]

Abweichend vom Grundsatz, dass der Arbeitgeber die Kosten der Fortbildung zu tragen hat, hat die Bundesregierung 2008 eine Qualifizierungsinitiative gestartet. Ziel ist es, bis zum Jahr 2015 zehn Prozent des Bruttosozialproduktes in Bildung und Forschung zu investieren.[24] Die Qualifizierung erfasst alle Bildungsbereiche bis hin zur Weiterbildung im Beruf.[25] Die staatliche Unterstützung der beruflichen Weiterbildung umfasst die Qualifizierung gering qualifizierter und älterer Arbeitnehmer (WeGebAU), die berufliche Weiterbildung während des Bezugs von Kurzarbeitergeld (Europäischer Sozialfonds, ESA-BA-Programm) und reicht bis zum Bildungsscheck (z.B. im Land NRW) und Prämiengutschein (Bundesministeriums für Bildung und Forschung).

Landesgesetzliche Regelungen

In den Gesetzen der Bundesländer wird der Bildungsurlaub geregelt. **Bildungsurlaub** wird zum Zwecke der beruflichen, politischen, allgemeinen und gesellschaftlichen Bildung gegeben.[26] Er ist somit eine besondere Form des Urlaubs, die der Weiterbildung dient. In gesetzlicher Hinsicht ist zunächst der Anspruch auf Bildungsurlaub zu beachten. In der Regel gehen die meisten Landesgesetze von einer bezahlten **Freistellung von 5 Arbeitstagen** pro Jahr aus. In Baden-Württemberg, Bayern, Sachsen und Thüringen gibt es keine Bildungsurlaubsgesetze. Für Beschäftigte des öffentlichen Dienstes des Bundes wird er aufgrund einer Verordnung über Sonderurlaub aus dem Jahr 1963 gegeben. Für Beamte ist die Thematik des Bildungsurlaubs in den Regelungen des Bundes über den Sonderurlaub (§ 7 der SonderurlaubsVO) bzw. in den Parallelvorschriften der Länder enthalten. Bildungsurlaub muss unter Bezug auf das jeweilige Gesetz vom Arbeitnehmer beansprucht werden. Nicht genommener Bildungsurlaub verfällt ersatzlos.

---

[23] Sandmann/Schmitt-Rolfes, ZfA 2002, 295 ff. mit ausführlicher Darstellung.
[24] Beschluss des Bildungsgipfels „Aufstieg durch Bildung" in Dresden 2008, http://www.bmbf.de/ S. 6.
[25] vgl. http://www.meister-bafoeg.info, www.aufstiegsstipendium.de, www.arbeitsagentur.de.
[26] Schaub § 103 Rn. 3.

Das Berufsbildungsgesetz (BBiG)

Das **Berufsbildungsgesetz**[27] regelt auch die **berufliche Fortbildung**[28] sowie die **Umschulung** der Arbeitnehmer. Erfasst werden hier vor allem die Vertragsverhältnisse mit **Praktikanten** oder **Volontären** (§ 19 BBiG). Diese Vorschrift gilt aber **nicht für die innerbetriebliche Fortbildung**. Nach den §§ 46 und 47 BBiG obliegt es den zuständigen Stellen (z.B. Industrie- und Handelskammer, Handwerkskammer sowie den zuständigen Ministerien und Bildungsinstituten), die notwendige Ordnung im beruflichen Fortbildungs- und Umschulungswesen herzustellen.[29]

Das Betriebsverfassungs- und das Bundespersonalvertretungsgesetz

Indirekt sind Regelungen[30] zu Fragen der beruflichen Fortbildung auch im **Betriebsverfassungsgesetz**[31] und im **Bundespersonalvertretungsgesetz**[32] enthalten. Diese werden weiter unten im Zusammenhang mit der betrieblichen Mitbestimmung erläutert.[33]

Weitere gesetzliche Regelungen werden ferner im Zusammenhang mit **besonderen Mitarbeitergruppen** angesprochen.[34]

7.4 Kollektivrechtliche Regelungen zu Personalentwicklungsmaßnahmen

Regelungen in Tarifverträgen

Betriebliche Weiterbildung kann auch Gegenstand eines **Tarifvertrages**[35] sein. Tarifverträge werden zwischen Arbeitgebern und Gewerkschaften geschlossen. Sie enthalten zumeist Regelungen, die das Arbeitsverhältnis betreffen und zugunsten von den Arbeitnehmern wirken, die in der vertragsschließenden Gewerkschaft Mitglieder sind.[36] Weiterbildungsklauseln sind in Tarifverträgen zwar noch relativ selten, bieten sich aber

---

[27] vom 23. März 2005.
[28] darüber hinaus vor allem auch die Berufsbildung.
[29] Zum Beispiel durch Organisation und Überwachung standardisierter Prüfungen, die zu einem amtlichen Nachweis führen.
[30] §§ 92, 92a, 96 BetrVG.
[31] In der Fassung der Bekanntmachung vom 25. Sept. 2005.
[32] In der Fassung der Bekanntmachung vom 15. Juni 1980.
[33] Siehe unten "Mitbestimmung bei Fortbildungsmaßnahmen".
[34] Siehe unten "Personalentwicklung bei besonderen Mitarbeitergruppen".
[35] Zur Verbreitung von Qualifizierungs-Tarifverträgen Bispinck/WSI-Archiv (Wirtschafts- und Sozialwissenschaftliches Institut der Hans-Böckler-Stiftung).
[36] Wenn in Arbeitsverträgen auf einen bestimmten Tarifvertrag Bezug genommen wird, gilt dieser auch für Nichtmitglieder.

an, da Weiterbildungsfragen häufig branchenspezifisch zu beantworten sind und Tarifverträge meist in Bezug auf ganze Branchen geschlossen werden.[37] Trotzdem wurden solche Qualifizierungsvereinbarungen bisher überwiegend für einzelne Unternehmen geschlossen. Flächentarifregelungen (also Regelungen für viele Unternehmen einer Branche) gibt es nur für einige, meist kleine Branchen oder – wie in der Metall- und Elektroindustrie – nur für einzelne Tarifregionen (Nordrhein-Westfalen oder Baden-Württemberg). Im Tarifvertrag des öffentlichen Dienstes (TVöD[38]) ist erstmals großflächig die Weiterbildung geregelt worden. In das Tarifwerk wurden der **Anspruch auf ein Qualifizierungsgespräch** und eine **Kostenklausel für Weiterbildungsmaßnahmen** aufgenommen.

Tarifverträge (aber auch andere kollektivrechtliche Vereinbarungen) können darüber hinaus bezüglich der Weiterbildung regeln:

- ein **individuelles Recht auf Weiterbildung**[39],
- quotierte **Ansprüche für Belegschaftsteile**[40],
- Quoten bzw. bestimmte **finanzielle Volumina, die für Weiterbildung** verwandt werden sollen[41] oder
- individuelle Ansprüche auf ein Qualifizierungsgespräch, in dessen Rahmen der individuelle **Qualifizierungsbedarf überprüft** und Maßnahmen festgelegt werden.[42]

Betriebsvereinbarungen zu Entwicklungs- und Weiterbildungsfragen

Arbeitgeber werden häufiger seitens der Arbeitnehmervertreter im Unternehmen mit der Forderung nach einer **Betriebsvereinbarung zur Weiterbildung** konfrontiert. Diese Betriebsvereinbarungen bieten besondere Vorteile. Eine Zielsetzung kann z.B. darin bestehen, ein betriebliches Qualifizierungskonzept zu entwickeln. Arbeitgeber und Arbeitnehmervertretung (Betriebs- bzw. Personalrat) werden sich einig, dass eine erfolgreiche Umsetzung neuer Unternehmenskonzepte nur mit angemessenen Qualifizierungsmaßnahmen möglich ist, die die **Ermittlung der Qualifizierungsbedarfe** unter Beteiligung der betroffenen Arbeitnehmer einschließt. Sie kann weiterhin beinhalten, dass die Weiterbildung **als Prozess organisiert** wird, damit die Anpassung an neuere Entwicklungen reibungslos erfolgen kann. Der Vorteil einer solchen Betriebsvereinbarung besteht darin, dass programmatisch Qualifizierungsziele und Qualifizierungsnotwendigkeiten vereinbart und für die Belegschaft **transparent** werden. Hierbei sollte in der Praxis besonders herausgestellt werden, dass die **wirtschaftlichen Belange des**

---

[37] Daneben werden auch „Haustarifverträge" geschlossen, die dann nur für ein Unternehmen gelten.
[38] § 5 TVöD; gültig seit dem 1.10.2005; löste den BAT ab.
[39] wurde bisher, von wenigen betrieblichen Regelungen abgesehen, nicht in Flächentarifverträgen verankert.
[40] vereinbart bisher in Textil- und Bekleidung.
[41] vereinbart bei der Telekom.
[42] neben dem TV öffentlicher Dienst (TVöD), auch im TV Metall- und Elektroindustrie Baden-Württemberg.

Unternehmens und die **beruflichen Interessen der Arbeitnehmer** gleichermaßen berücksichtigt werden müssen. Inhaltlich besteht ein weiter Spielraum für die Gestaltung. Dazu bietet Tabelle 1 einen Überblick.

Tabelle 1: Mögliche Inhalte einer Betriebsvereinbarung

Betriebsvereinbarung zur betrieblichen Weiterbildung – mögliche Inhalte
Arbeitgeber verpflichtet sich, ständig über betriebliche Weiterbildungsangebote zu informieren
Arbeitnehmer und Führungskräfte sind für anforderungsgerechte Qualifikation gleichermaßen verantwortlich
Bestimmung, dass grundsätzlich jeder Mitarbeiter frei ist, an betrieblichen Weiterbildungsmaßnahmen teilzunehmen, wenn die persönlichen und betrieblichen Voraussetzungen erfüllt sind
Regelung dazu, wer die Teilnahme von Mitarbeitern festlegt (zum Beispiel die jeweilige Führungskraft); Hinweis: besondere Belange schwerbehinderter Menschen sind immer zu berücksichtigen
Freistellung für Teilnahme an externen Berufsbildungsmaßnahmen
Kostenregelung
Förderung weiterer beruflicher Qualifizierung in der Freizeit
Rückzahlungsvereinbarungen
Durchführen der Bedarfsplanung/Seminarplanung
Veränderung und Neukonzeption betrieblicher Weiterbildungsmaßnahmen
Leistungsnachweise

Berufliche Qualifizierung und Sozialpläne

Eine neuere Entwicklung stellen die **Zusagen für Qualifizierungsmaßnahmen** dar, die in einem **Sozialplan**[43] gemacht werden. Arbeitnehmer, deren Arbeitsplatz aufgrund von Betriebsänderungen entfällt und die deshalb andere Tätigkeiten übernehmen oder aus dem Unternehmen ausscheiden, werden dabei angesprochen. Ziel ist es, die betroffenen Arbeitnehmer **für den internen oder externen Arbeitsmarkt zu qualifizieren.** Hierzu sieht auch das BetrVG vor[44], dass die in SGB III vorgesehenen Förderungsmöglichkeiten zur Vermeidung von Arbeitslosigkeit berücksichtigt werden sollen. Diese Regelungen zielen auf die Schaffung neuer **Beschäftigungsperspektiven**.[45]

---

[43] insbesondere in so genannten „Transfer-Sozialplänen"; hierzu und zum Sozialplan insgesamt siehe die Erläuterungen bei Schaub § 244, Rn. 44 ff.
[44] § 112 V Nr.2a BetrVG.
[45] BT-Drucksache Nr. 14/5741 S. 52.

7.5 Vertragliche Ansprüche auf berufliche Fortbildung

Im Folgenden soll der Frage nachgegangen werden, ob ein Arbeitnehmer einen vertraglichen Anspruch auf Fortbildung hat (der gleichzeitig die Pflicht des Arbeitgebers darstellt, die Fortbildung zu realisieren), aber auch, ob ein Arbeitgeber einen Arbeitnehmer verpflichten kann, sich fortzubilden (woraus folgt, dass ein Arbeitnehmer, der sich hier verweigert, seinen Arbeitsvertrag verletzt). Aus den Antworten können sich auch die Lösungen der Fragen ergeben, wer regelmäßig welche Kosten zu tragen hat.

Vertragliche Ansprüche des Arbeitnehmers

Bei den Regelungen, die im Arbeitsvertrag getroffen sind, ist die Frage, **zu welcher Leistung der Arbeit*nehmer* verpflichtet** ist, entscheidend. Hier liegt nämlich ein Anknüpfungspunkt für die berufliche Weiterbildung. Regelmäßig wird ein Mitarbeiter bereits bei der Einstellung bzw. bei der Versetzung auf eine neue Stelle daraufhin *geprüft*, ob seine Qualifizierung – d.h. sein Wissen und Können – den Anforderungen der zu besetzenden Stelle entsprechen. Es ist wichtig, die Informationen, die **im Rahmen der Einarbeitung** auf die neue Funktion gegeben (und erwartet) werden können[46], von der Fortbildung begrifflich und inhaltlich abzugrenzen. Die **Unterrichtungspflicht** bzw. die Pflicht zur **Einweisung** im Rahmen der Einarbeitung trifft den Arbeitgeber (§ 81 BetrVG); umgekehrt hat der Arbeitnehmer einen vertraglichen Anspruch auf ordentliche Einarbeitung.

Wenn sich die Anforderungen an den Arbeitnehmer nach Besetzung und Einarbeitung verändern, stellt sich die Frage, wer die Pflicht hat, für eine entsprechende **Fortbildung des Stelleninhabers** zu sorgen. Hier wird der Arbeitgeber regelmäßig schon aus eigenem Interesse tätig, da die Qualifizierung seiner Mitarbeiter darüber mitentscheidet, ob das Unternehmen z.B. den Anforderungen des Marktes gerecht wird. *Einen vertraglichen Anspruch auf Fortbildung hat der Arbeitnehmer grundsätzlich nicht, wenn der Arbeitgeber entscheidet, keine Fortbildungsmaßnahmen durchzuführen.* Jedoch hat er gegenüber dem Arbeitgeber einen Anspruch darauf, nicht benachteiligt zu werden, wenn sich der Arbeitgeber zu Maßnahmen der beruflichen Fortbildung entschließt (**Benachteiligungsverbot**).[47] Wenn die berufliche Fortbildung des Arbeitnehmers noch **in den Rahmen des bestehenden Arbeitsvertrages** fällt und der Arbeitgeber Fortbildungsmaßnahmen durchführt, kann der Arbeitgeber **Auswahlkriterien** aufstellen. An diesen muss er sich festhalten lassen. Immer dann, wenn diese Kriterien willkürlich sind oder

---

[46] Anspruch des Arbeitnehmers gem. § 81 BetrVG, BAG vom 28.1.1992 AP Nr. 1 zu § 96 BetrVG.
[47] für Betriebsräte gilt: § 78 BetrVG; für schwerbehinderte Menschen gilt: § 81 Abs. 4 Satz 1 Nr.2 SGB IX; aus § 611a Abs. 1 Satz iVm. Abs. 5 BGB und aus dem Allgemeinen Gleichbehandlungsgesetz (AGG) ergibt sich ein Schadensersatzanspruch, wenn der Arbeitnehmer zum Beispiel wegen seines Geschlechts am beruflichen Aufstieg gehindert wird.

der Arbeitgeber sich selbst nicht daran hält, hat der Arbeitnehmer bereits aus dem **Gleichbehandlungsgrundsatz** einen Anspruch auf Fortbildung. Für bestimmte Sondergruppen ist dieser gesetzlich geregelt.[48]

Zu unterscheiden ist diese Situation davon, dass der Arbeitnehmer, um den eigenen beruflichen Aufstieg zu treiben, zusätzliche Qualifikationen erwerben möchte. In diesen Fällen **gilt der Gleichbehandlungsgrundsatz nicht**. Die Vertragsfreiheit geht hier der Gleichbehandlung grundsätzlich vor.[49] Das gilt zum Beispiel für die Fälle, in denen ein einzelner Arbeitnehmer (in Erweiterung seines Arbeitsvertrages) die Zusage bekommt, auf Kosten des Arbeitgebers eine bestimmte Fortbildung durchzuführen. Dies führt nicht dazu, dass ein anderer daraus den gleichen Anspruch für sich ableiten kann.

Vertragliche Verpflichtung des Arbeitgebers

Den Arbeitgeber trifft – von berufsspezifischen Regelungen (z.B. ASiG) abgesehen – grundsätzlich **keine Verpflichtung** zur Fortbildung des Arbeitnehmers innerhalb der vertraglich geschuldeten Tätigkeit.[50] Anders kann die Situation aber dann sein, wenn die **Anforderungen an den Stelleninhaber sich so verändern**, dass er ohne weitere Fortbildung seiner vertraglichen Pflicht nicht mehr nachkommen kann, anders ausgedrückt: der Arbeitgeber seiner **Beschäftigungspflicht** gegenüber dem Arbeitnehmer innerhalb seines Direktionsrechts (das ist die Möglichkeit zur einseitig veranlassten Änderung des Arbeitsinhalts oder zur Versetzung auf einen anderen Arbeitsplatz) nur dann nachkommen kann, wenn er dem Arbeitnehmer entsprechende Kenntnisse vermittelt.[51] Beispiel: Alle Mitarbeiter des Unternehmens müssen Englisch sprechen können, da nach dem Willen des Arbeitgebers zukünftig ausschließlich internationale Kundenbeziehungen gepflegt werden.

Der Arbeitgeber hat darüber hinaus dafür Sorge zu tragen, dass Arbeitnehmer an (tatsächlich laufenden) angemessenen Aus- und Weiterbildungsmaßnahmen zur Förderung der beruflichen Entwicklung und Mobilität teilnehmen können, es sei denn, dass dringende betriebliche Gründe oder Aus- und Weiterbildungswünsche anderer Arbeitnehmer entgegenstehen.[52] Dies gilt auch für befristet beschäftigte Arbeitnehmer.[53] Auf besondere Arbeitnehmergruppen wird in Kapitel 7.9 eingegangen.

Eine Verpflichtung auf Durchführung von Personalentwicklungsmaßnahmen aus dem Arbeitsvertrag, die über die üblichen Unterrichtspflichten hinausgehen, hat der Ar-

---

[48] zur Gleichbehandlung: BAG Urt. v. 3.7.1957, AP Nr.4 zu § 242 BGB; BAG Urt. v. 10.4.1973, AP Nr.38 zu § 242 BGB.
[49] Münch/Richardi § 14, Rn. 34 ff.
[50] BAG Urt. v. 8.12.1987, AP Nr.4 zu § 98 BetrVG 1972; ErfK/Hanau/Kania, § 98 BetrVG Rn. 1ff.
[51] Sandmann/Schmitt-Rolfes, a.a.O.
[52] ein Berufsfortbildungsvertrag (§ 1 Abs. 4 BBiG) ist aber gesetzlich nicht geregelt.
[53] vgl. § 19 Teilzeit- und Befristungsgesetz; der Arbeitgeber hat ein Ermessen, welchen Bewerber er bei Überhang bevorzugt.

beitgeber immer dann, wenn eine bestimmte Fortbildungs- und Weiterentwicklungsmöglichkeit **Vertragsgegenstand** geworden ist.[54] Bezüglich der **Kosten der Fortbildung** gilt generell: Der Arbeitgeber trägt die Kosten, soweit diese unmittelbar der (vertraglich geschuldeten) Tätigkeit oder einem vereinbarten Fortkommen dienen. Ansonsten investiert der Arbeitnehmer aus eigenen Mitteln. Im Arbeitsvertrag kann dies ausdrücklich anders geregelt werden.

Verpflichtung im Rahmen der vertraglich geschuldeten Tätigkeit

Eine arbeitsvertragliche **Verpflichtung des Arbeitnehmers**, sich beruflich auf dem neuesten Stand zu halten bzw. sich beruflich weiterzubilden, besteht in der Regel dann, wenn sich die vom Arbeitgeber angeordnete Bildungsmaßnahme auf das bestehende Arbeitsverhältnis bezieht.[55] Hier fällt die Anordnung der beruflichen Fortbildung unter das **Direktionsrecht** des Arbeitgebers. Dementsprechend existiert eine **Pflicht des Arbeitnehmers zur Teilnahme** an einer solchen Fortbildungsmaßnahme. Entscheidend ist dabei, dass die vom Arbeitnehmer zu erbringende Tätigkeit in der Zeit nach der beruflichen Fortbildung und eine damit eventuell verbundene Änderung des Arbeitsplatzes, seiner Organisation und/oder der Arbeitsumgebung noch in den Bereich dessen fällt, was der Arbeitnehmer dem Arbeitgeber nach dem Arbeitsvertrag schuldet.[56] Beispiel: Die Lohn- und Gehaltsabrechnerin erlernt nach Umstellung der Software durch den Arbeitgeber ein neues Gehaltsabrechnungssystem.

Der Arbeitnehmer ist somit vertraglich verpflichtet, sich innerhalb der Tätigkeit, die er dem Arbeitgeber schuldet, fortbilden zu lassen. Die Fortbildung ist insoweit Teil der Arbeit.

Verpflichtung außerhalb der vertraglich geschuldeten Tätigkeit

Grundsätzlich besteht **keine Fortbildungsverpflichtung des Arbeitnehmers**, wenn die Fortbildung dazu dient, den Arbeitnehmer im Rahmen einer **anderen als der vertraglich geschuldeten Arbeit** einzusetzen. Möglich ist es aber, dass sich Arbeitnehmer und Arbeitgeber zunächst auf eine entsprechende Änderung des Arbeitsverhältnisses einigen. Zudem könnte der Arbeitgeber auch von sich aus eine **Änderungskündigung**[57] aussprechen, wenn er die Änderung durchsetzen will und es zu keiner Einigung zwischen den Parteien gekommen ist. Ist die Änderungskündigung wirksam, kann in der Folge eine entsprechende Verpflichtung des Arbeitnehmers zur Fortbildung entstehen.

---

[54] z.B. wenn der Klinikarzt nach seinem Arbeitsvertrag die Möglichkeit haben soll, die Anerkennung als Facharzt zu erreichen; Fall nach BAG, NJW 90,2955.
[55] Sandmann/Schmitt-Rolfes, a.a.O., Seite 310.
[56] Sandmann/Schmitt-Rolfes, a.a.O., Seite 311 ff.
[57] dazu Hromadka, DB 2002,1322.

Verpflichtung zur Fortbildung geht vor Kündigung

Der Arbeitgeber hat eine Mitverantwortung für die **berufliche Leistungsfähigkeit** der bei ihm Beschäftigten (§ 2 Abs. 2 Nr.1 SGB III). Vor einer (betriebsbedingten) Kündigung des Arbeitnehmers ist der Arbeitgeber deshalb verpflichtet, dem Arbeitnehmer eine mögliche und zumutbare Weiterbeschäftigung zu geänderten Bedingungen anzubieten. Den Arbeitgeber trifft aber keine Verpflichtung, dem Arbeitnehmer eine **Beförderungsstelle** zu verschaffen bzw. den Arbeitnehmer dazu fortzubilden. Der Arbeitgeber ist dazu auch nicht nach dem Grundsatz der **Gleichbehandlung** verpflichtet. Neubesetzungen von Positionen aus der Belegschaft heraus werden immer mit Vertragsänderungen bewirkt: diese werden wie Einstellungen gesehen. Bei Einstellungen gilt der Grundsatz der Gleichbehandlung nicht. Ausnahmen können sich jedoch aus dem Benachteiligungsverbot ergeben.

Fortbildung trotz betriebsbedingter Kündigung

Die Arbeitnehmer sind gefordert, sich ständig den sich ändernden Anforderungen anzupassen. Konkrete Fortbildungsmaßnahmen werden deshalb zunehmend auch bei bevorstehenden Umstrukturierungen von Unternehmen oder Unternehmensteilen und damit verbundenen Personalreduzierungen in Sozialplänen vereinbart. Sie werden damit Teil von **Abwicklungs- oder Aufhebungsverträgen**. Hierbei können sich Arbeitgeber und aus betrieblichen Gründen ausscheidende Arbeitnehmer vertraglich, unter Bezug auf den Sozialplan, auf freiwilliger Basis einigen[58], welche beruflichen Bildungs- oder Weiterbildungsmaßnahmen der Arbeitnehmer, **auf Kosten des Arbeitgebers** oder **öffentlich gefördert**[59]**,** konkret wahrnehmen kann. Sinnvoll sind solche Vereinbarungen immer, weil der Arbeitnehmer hierdurch seine Chancen am Arbeitsmarkt auf eine neue Stelle erhöht. Beispiele: **Outplacement-Beratung** zur Neupositionierung der beruflichen Tätigkeit; **Umschulung** des Bankkaufmanns zum geprüften Bilanzbuchhalter.

7.6 Mitbestimmung bei Fortbildungsmaßnahmen

Formen der Ausübung der Mitbestimmung

Welche Personalentwicklungsmaßnahmen unterliegen der Mitbestimmung? Bei der Ausübung der Mitbestimmung ist zunächst nach ihrer Intensität zu unterscheiden. In Tabelle 2 sind die **Formen der Beteiligung** dargestellt, die das Betriebsverfassungsge-

---

[58] vgl. Schaub § 122 Rn. 1.
[59] § 216a Abs. 2 SGB III, sog. Transfermaßnahmen.

setz kennt. Die Abänderung von Beteiligungsrechten der Arbeitnehmervertretung ist nur in engen Grenzen möglich, vor allem aber kann nicht wirksam auf sie verzichtet werden.

Tabelle 2: Beteiligung nach dem Betriebsverfassungsgesetz

Formen der Beteiligung nach Betriebsverfassungsgesetz (vom schwächsten zum stärksten Mitbestimmungsrecht)
Unterrichtungsrechte des Betriebsrates als allgemeiner Informationsanspruch (§ 80 II BetrVG)
Anhörungs- und Vorschlagsrechte (z.B. §§ 92 II, 92a II, 98 III, 102 BetrVG)
Beratungsrechte (§§ 90 II u. III sowie 96 ff. BetrVG)
Zustimmungsverweigerungs-(Veto-)Rechte (§ 99 BetrVG)
Zustimmungserfordernis- bzw. Initiativrechte (§§ 87 I, 103 BetrVG)

Zweck der Mitbestimmung bei Personalentwicklungsmaßnahmen

Die **reine Einarbeitung** in neu übernommene Arbeitsaufgaben ist **nicht mitbestimmungspflichtig**. Beispiel: Eine organisierte Veranstaltung, die zur Verbesserung der Freundlichkeit und Hilfsbereitschaft gegenüber Kunden stattfindet, ist eine Einweisung gemäß § 81 BetrVG und somit keine mitbestimmungspflichtige Personalentwicklungsmaßnahme.[60]

Oft entscheiden aber Qualifizierungsmaßnahmen über die langfristige Sicherung der Arbeitsplätze, bieten Schutz vor Kündigung und ermöglichen erst die Teilnahme am beruflichen Aufstieg. In *diesen* Fällen ist der **Betriebsrat zu beteiligen**, sofern sich der Arbeitgeber zur Durchführung entsprechender Maßnahmen entschlossen und entsprechenden Gestaltungsspielraum hat.[61] Die Begründung hierfür liegt in der Notwendigkeit der Beachtung der allgemeinen **Persönlichkeitsrechte, insbesondere der Würde der Arbeitnehmer**. Der Schutz der Menschenwürde erstreckt sich nämlich auch auf das Arbeitsverhältnis und wird somit zum **Zweck der Mitbestimmung**. Dadurch wird der Arbeitnehmer zum Mittelpunkt von Bildungsmaßnahmen. Die Mitbestimmung sorgt bezüglich der Auswirkungen der Weiterbildung auf das soziale Schicksal der Arbeitnehmer und ihren beruflichen Werdegang für Transparenz, korrekte Auswahl und angemessene Inhalte.[62]

Grundsätzlich ist der Arbeitgeber in seiner Entscheidung frei, *ob* er Maßnahmen der betrieblichen Bildung (und Fortbildung) durchführen will.[63] Wenn er sie durchführt und ein Betriebs- oder Personalrat gewählt ist, stellt sich die Frage der **Mitbestimmung**

---

[60] BAG Urteil v. 28.1.1992; AP BetrVG 1972 § 96 Nr.1.
[61] BAG 5.11.1985, DB 86,1341.
[62] Fitting § 96 Rn. 5.
[63] BAG Urt. v. 8.12.1987, AP BetrVG 72 § 98 Nr.4.

wegen der **Auswahl der teilnehmenden Arbeitnehmer** oder der **Art der Durchführung**. Dies wird nachfolgend behandelt.

Aufgaben des Betriebsrates in der Berufsbildung inklusive der Ermittlung des Berufsbildungsbedarfs

Entscheidet sich der Arbeitgeber, Berufsbildungsmaßnahmen anzubieten, und besteht im Betrieb ein Betriebs- bzw. Personalrat, muss dieser im Rahmen der gesetzlichen Vorschriften[64] beteiligt werden. Unter **Berufsbildung versteht das Betriebsverfassungsgesetz** (in den §§ 96 ff.) die betriebliche sowie außerbetriebliche Aus-, Weiter- und Fortbildung sowie Umschulung für Jugendliche und Erwachsene einschließlich sonstiger Bildungsmaßnahmen, die vom Betrieb oder in seinem Auftrag durchgeführt werden oder die in Zusammenarbeit mit einem Dritten erfolgen und auf deren Inhalt oder Organisation der Arbeitgeber rechtlich oder tatsächlich beherrschenden Einfluss hat. Der im Betriebsverfassungsgesetz verwendete Begriff der Berufsbildung ist damit weitergefasst als der im Berufsbildungsgesetz verwendete. Die **Mitbestimmung umfasst** somit alle Maßnahmen, die einen Bezug zum Beruf der Arbeitnehmer und somit Bildungscharakter haben.[65] Das **Interesse des Arbeitgebers** liegt darin, den Weiterbildungsprozess gezielt und möglichst konfliktfrei zu gestalten.

Welche Pflichten haben die Betriebspartner?

§ 96 BetrVG regelt allgemeine Pflichten für Arbeitgeber und Betriebsrat als sog. **Förderungs-, Ermittlungs- und Beratungspflichten**. Im Rahmen der Personalplanung ist die Berufsbildung der Arbeitnehmer zu fördern.[66] Darüber hinaus wird dem Betriebsrat ein **allgemeines Beratungs- und Vorschlagsrecht** in den Angelegenheiten der betrieblichen Berufsbildung eingeräumt. Das allgemeine Beratungsrecht nach § 96 BetrVG wird ergänzt durch das **besondere Beratungsrecht** nach § 97 Abs. 1 BetrVG bei Errichtung und Ausstattung betrieblicher Berufsbildungsmaßnahmen, bei Einführung betrieblicher Bildungsmaßnahmen und bei Teilnahme an außerbetrieblichen Bildungsmaßnahmen. Die **Besonderheit** besteht hier darin, dass der Arbeitgeber von sich aus die Beratung mit dem Betriebsrat aufnehmen muss.

Bei Fortbildungsveranstaltungen ist es in der Praxis nicht immer leicht zu entscheiden, wann der Betriebsrat einzuschalten ist. In Tabelle 3 wird dargestellt, wie diese Fragen entschieden sind.

---

[64] für den Betriebsrat gelten die §§ 92, 92a, 96-98 BetrVG.
[65] BAG NZA 1991, 817 ff.; ausführlich dazu Franzen in NZA 2001, 865 ff.
[66] Eine Beförderung ist wie eine Einstellung zu betrachten; somit achten die Arbeitnehmervertreter auch darauf, dass frei werdende Stellen auch aus dem Kreis der entsprechend qualifizierten Arbeitnehmer des Betriebes besetzt werden.

Ist die Maßnahme mitbestimmt, so bestimmt der Betriebsrat **im Einzelnen** mit bei

- allen Maßnahmen der Berufsausbildung,
- den geplanten Maßnahmen der beruflichen Fortbildung und Umschulung,
- Inhalt und Umfang der zu vermittelnden Kenntnisse,
- der Festlegung der Methoden der Wissensvermittlung,
- der Frage der zeitlichen Dauer und Lage der Maßnahmen,
- der Ausgestaltung einer betrieblichen Prüfung,
- der Definition des Zwecks der Maßnahme und des Teilnehmerkreises,
- der Bestellung und Abberufung einer mit der Durchführung der betrieblichen Berufsbildung beauftragten Person.

Tabelle 3: Mitbestimmung des Betriebsrates im Kontext von Bildungsmaßnahmen

Mitbestimmung ist nicht erzwingbar (nach §§ 96 ff. BetrVG)[67]:
- wenn der Arbeitnehmer über seine Aufgaben und seine Verantwortung, über die Art seiner Tätigkeit und ihre Einordnung in den Arbeitsablauf des Betriebes unterwiesen wird.
- bei einer Maßnahme, die der Arbeitgeber erbringt, damit der Arbeitnehmer seine geschuldete Arbeit mangelfrei und/oder mit vertieftem Verständnis für die ihm übertragene Aufgabe erbringt.
- wenn der Arbeitnehmer in ein neues Produkt eingewiesen wird.
- bei einem Besuch von Ausstellungen, Messen und Kongressen.
- bei Durchführung von Qualitätszirkeln oder bei Maßnahmen, mit deren Hilfe Motivation und Arbeitszufriedenheit des Arbeitnehmer sich entwickeln und die Produktivität verbessert werden soll.
- bei der Frage, ob überhaupt Bildungsveranstaltungen durchgeführt werden sollen.
Mitbestimmung ist erzwingbar:
- bei allen Maßnahmen, die über den eigentlichen Arbeitsbereich hinausgehen und die die Verwendungsbreite des Arbeitnehmer qualitativ oder quantitativ steigern.
- bei der Durchführung von Bildungsveranstaltungen, d.h. bei einer systematisch auf ein Lernziel gerichteten Wissensvermittlung.

---

[67] Im Einzelfall kann bei den folgenden Maßnahmen Mitbestimmung aber aus anderen Gründen erzwingbar sein; darüber hinaus schadet es im Rahmen der vertrauensvollen Zusammenarbeit mit dem Betriebsrat nicht, diesen auch über die gesetzliche Pflicht hinaus einzubinden.

Der Betriebsrat hat dagegen nicht über die Eignung eines einzelnen Arbeitnehmers mitzubestimmen, wenn nur der Arbeitgeber den Arbeitnehmer für die Teilnahme an einer solchen Bildungsmaßnahme vorgeschlagen hat und der Betriebsrat sein Vorschlagsrecht nicht ausgeübt hat.[68]

Zur Festlegung der Haltung von Arbeitgeber und Betriebsrat zu Fragen der beruflichen Bildung und zur gegenseitigen Verpflichtung bietet sich eine **Regelungsabsprache** an. Sollen darüber hinaus Rechte der Arbeitnehmer begründet werden, ist eine **Betriebsvereinbarung** erforderlich.

Der **Personalrat** bestimmt nach §§ 75 II Nr. 7, 76 II Nr. 1 BPersVG bei der Auswahl der Teilnehmer an Fortbildungsveranstaltungen für Angestellte, Arbeiter im öffentlichen Dienst und Beamte mit. Das Mitbestimmungsrecht erstreckt sich dabei auf **allgemeine Fragen der Fortbildung** der Beschäftigten unabhängig davon, ob die **Initiative vom Bediensteten oder der Dienststelle** ausgeht.[69] Vergleichbare Regelungen sind in allen Landesgesetzen enthalten. Durch das Beteiligungsrecht soll die **Chancengleichheit** beim Zugang zu Fortbildungsmaßnahmen gewährleistet werden, die für die Beschäftigten zu **Aufstiegsmöglichkeiten** führen oder zum **Erhalt des Arbeitsplatzes** beitragen können. **Fortbildung** liegt vor, wenn *ein Mehr an Kenntnissen und Fertigkeiten vermittelt wird, als für den Eintritt in die Laufbahn oder für übertragene Tätigkeiten erforderlich ist, oder wenn es sich um Maßnahmen handelt, die ausschließlich dem Fortkommen in der Laufbahn dienen*, sofern der Aufstieg vom Erwerb zusätzlicher Kenntnisse und Fähigkeiten abhängig ist.[70]

Umgang in Fragen der Personalentwicklung

Im Umgang mit dem Betriebsrat verhelfen bessere Kenntnisse der Regelungen des Betriebsverfassungsgesetzes zu den Förderungs-, Ermittlungs- und Beratungspflichten zu mehr Souveränität und Rechtssicherheit. Tabelle 4 verschafft zu Grenzen und Möglichkeiten der betrieblichen Mitbestimmung eine erste Übersicht. Hierzu folgende **Hinweise aus der Praxis**:

---

[68] BAG Urt. 8.12.1987; 1 ABR 32/86.
[69] Schaub § 269 RN 11 ff.
[70] BVerwG Urt. v. 19.10.1983.

Tabelle 4: Möglichkeiten und Grenzen der Mitbestimmung bei der Personalentwicklung

Der Betriebsrat kann:
▪ Informationen zur Personalplanung, insbesondere zum Personalbedarf, einfordern.
▪ den Arbeitgeber zu erforderlichen Maßnahmen beraten.
▪ Vorschläge zur Einführung und Durchführung einer Personalplanung machen.
▪ Vorschläge für die Teilnahme von einzelnen Arbeitnehmern oder Arbeitnehmergruppen an eingeführten betrieblichen und außerbetrieblichen Maßnahmen machen.
▪ der Bestellung einer vom Arbeitgeber zur betrieblichen Berufsbildung beauftragten Person widersprechen.
▪ Informationen einfordern und Vorschläge machen zur Aufstellung und Durchführung von Maßnahmen zur Förderung der Gleichstellung von Frauen und Männern und zur Vereinbarkeit von Familie und Erwerbstätigkeit.
▪ Vorschläge machen zur Sicherung und Förderung der Beschäftigung (dies betrifft vor allem Teilzeitregelungen, Altersteilzeit, neue Formen der Arbeitsorganisation, Änderung der Arbeitsverfahren und Arbeitsabläufe, Qualifizierung der Arbeitnehmer, Alternativen zur Ausgliederungen etc.).
▪ und die Beratung dazu mit dem Arbeitgeber verlangen; bei Betrieben ab 100 Arbeitnehmern kann er eine schriftliche Begründung bei Ablehnung seiner Vorschläge einfordern.
▪ einen Vertreter der Bundesagentur für Arbeit zu den Beratungen mit dem Arbeitgeber hinzuziehen.
▪ die Ausschreibung von Arbeitsplätzen verlangen.
▪ bei Versetzungen mitbestimmen (das Kann ist hier als ein Muss zu verstehen).
▪ seine Zustimmung zu aufgestellten Personalfragebogen, Beurteilungsgrundsätzen und Auswahlrichtlinien verweigern.
▪ fehlende eigene Sachkenntnis durch einen Sachverständigen (z.B. einen Rechtsanwalt oder Gewerkschaftsvertreter) auf Kosten des Arbeitgebers ersetzen lassen.
Der Betriebsrat kann nicht:
▪ die Einführung von beruflichen Bildungsmaßnahmen erzwingen.
▪ die aufgestellten fachlichen Zugangsvoraussetzungen zu Positionen im Betrieb angreifen.
▪ die Methode und den Planungszeitraum für die Erhebung des Personal- und des Bildungsbedarfs vorschreiben.
▪ eigenständig Einsicht in Personalakten verlangen.
▪ ein allgemein politisches Mandat im Betrieb wahrnehmen.
▪ ohne Einwilligung des Arbeitgebers eine(n) Gewerkschaftsvertreter(in) zu Beratungen zum Thema Weiterbildung mit dem Arbeitgeber hinzuziehen.

Die Förderungspflicht

In jedem Gespräch mit den Arbeitnehmervertretern ist zu beachten, dass deren Zuständigkeit auf die betrieblichen Belange begrenzt ist. Es besteht für den Betriebsrat **kein allgemein politisches Mandat**. Die Arbeitnehmervertreter achten auf die Förderung der Berufsausbildung im Zusammenhang mit der **Personalentwicklungsplanung als Teil**

der Personalplanung, d.h. das Interesse des Betriebsrates wird es sein, mit geeigneten Weiterbildungsmaßnahmen zu erreichen, dass frei werdende Stellen im Unternehmen zuerst mit eigenen Arbeitnehmern besetzt werden können. Somit ist es ein wichtiges Ziel der Arbeitnehmervertretung, dass die Teilnahme an Maßnahmen ermöglicht wird. Der Betriebsrat kann die Einführung von beruflichen Bildungsmaßnahmen zwar nicht erzwingen, der Arbeitgeber hat mit ihm jedoch zu beraten, wenn er Weiterbildung betreiben will. Die Teilnahme an außerbetrieblichen Bildungsmaßnahmen ist nur im Rahmen der betrieblichen Notwendigkeiten zu ermöglichen. Bei der Auswahl teilnehmender Arbeitnehmer sind aber zum Beispiel die Belange älterer Arbeitnehmer abzuwägen gegen Probleme der Jugendarbeitslosigkeit etc.

Diskussionsstoff in der Praxis bieten auch immer wieder die Teilzeitbeschäftigungsverhältnisse. Arbeitgeber und Betriebsrat haben hier gemeinsam darauf zu achten, dass Teilzeitbeschäftigte Zugang zu Bildungsmaßnahmen haben; das bedeutet, Rücksicht auf Belange des Arbeitnehmers zu nehmen und diskriminierungsfreien Zugang zu gewähren.

Die Ermittlungspflicht

Der Betriebsrat kann vom Arbeitgeber verlangen, dass der **Berufsbildungsbedarf** im Betrieb ermittelt wird, auch wenn der Arbeitgeber keinen aktuellen Bedarf sieht. Das Ergebnis der Ermittlung kann eine Lücke aufzeigen, die zwischen Anforderungen und vorhandenen Kenntnissen der Mitarbeiter besteht. Der Anspruch auf Ermittlung des **Personalbedarfs** unterstreicht das Interesse des Betriebsrates, freie oder frei werdende qualifizierte Positionen im Unternehmen durch vorhandene Mitarbeiter zu besetzen, bevor externe Einstellungen vorgenommen werden. Dieser hängt mit der Ermittlung des Bildungsbedarfs eng zusammen, da sich erst aus dem einen das andere ergeben kann. Der Betriebsrat kann jedoch nicht die **Methode** und den **Planungszeitraum** hierfür vorschreiben. Er kann geeignete Vorschläge dazu machen, die der Arbeitgeber aber nicht zwingend beachten muss.

Die Beratungspflicht

Der Arbeitgeber hat mit dem Betriebsrat auf dessen Verlangen alle Fragen der Berufsbildung im Betrieb, die Grundlagen zur Bedarfsermittlung und die sich daraus ergebenden **Prognosen** und die individualrechtliche Gestaltung (inklusive Rückzahlungsvereinbarungen) von Weiterbildungsmaßnahmen zu beraten. Nach der Vorschrift des § 97 BetrVG muss der Arbeitgeber auch ohne, dass der Betriebsrat dies ausdrücklich verlangt, die Errichtung und Ausstattung von **betrieblichen Bildungseinrichtungen**, die **Einführung** beruflicher Bildungsmaßnahmen und die Teilnahme an **außerbetrieblichen Berufsbildungsmaßnahmen** mit diesem beraten. Die Vorschrift des § 97 BetrVG bestimmt weiterhin: Hat der Arbeitgeber Maßnahmen geplant oder durchgeführt, die dazu führen, dass sich die **Tätigkeit der betroffenen Arbeitnehmer ändert** und ihre beruflichen Kenntnisse und Fähigkeiten zur Erfüllung ihrer Aufgaben nicht mehr ausreichen, so hat der Betriebsrat bei der Einführung von Maßnahmen der betrieblichen Berufsbildung mitzubestimmen. Kommt eine Einigung nicht zustande, so entscheidet eine Einigungsstelle. Der Spruch der Einigungsstelle ersetzt die Einigung zwischen Arbeitgeber und

Betriebsrat. Trotz der weitgehenden Verpflichtung, den Betriebsrat bei beruflichen Fortbildungsmaßnahmen der Belegschaft zu beteiligen, bestehen doch auch klare Grenzen.

Auswahl der Teilnehmer

Bei Auswahl der Teilnehmer von Fortbildungsmaßnahmen bietet es sich in schwierigen Konstellationen auch an, **paritätisch besetzte Bildungsausschüsse** zu bilden, die über die Teilnahme im Einzelfall beraten. Der Arbeitgeber kann zudem einseitig fachliche Zugangsvoraussetzungen aufstellen. Diese müssen aber sachlich geboten sein, um den Zweck der Bildungsmaßnahme zu erreichen, zudem kann er (nach Beratung) auch die Zahl der Teilnehmer festlegen. Eine Einigung wäre hierzu nicht erforderlich.

Der Gesetzgeber hat bei aller notwendigen Differenzierung der wechselseitigen Interessen bestimmt, dass **Arbeitgeber und Betriebsrat vertrauensvoll** und im Zusammenwirken mit den im Betrieb vertretenen Gewerkschaften und Arbeitgebervereinigungen zum **Wohle der Arbeitnehmer und des Betriebes** zusammenarbeiten sollen (§ 2 BetrVG). Diese verbindliche, für das Verhalten der Betriebspartner geltende Regel setzt auf **Kooperation statt auf Konfrontation**. Bestehende Interessengegensätze werden damit nicht geleugnet.[71] „Vertrauensvolle Zusammenarbeit" bedeutet vielmehr eine Zusammenarbeit nach dem Prinzip der Legalität, in gegenseitiger Rücksichtnahme, „Ehrlichkeit und Offenheit".[72] Bei der Zunahme der Bedeutung betrieblicher Weiterbildung ist dies auch für Personalentwickler das Gebot der Stunde.

7.7 Entscheidungshilfen für den Arbeitgeber

Personalentwicklung durch Beförderung

Frei werdende oder neu geschaffene, qualifizierte Arbeitsplätze können vom Arbeitgeber entweder extern oder durch Beförderung/Versetzung von vorhandenen Mitarbeitern besetzt werden. Aus dem Arbeitsvertrag besteht kein Anspruch auf Beförderung. Auch im öffentlichen Dienst kann ein Arbeitnehmer weder seine Beförderung noch eine besondere Aus- und Fortbildung durch den Arbeitgeber erzwingen.

Sind (**mitbestimmungspflichtige**) **Auswahlrichtlinien** zwischen Arbeitgeber und Betriebsrat vereinbart[73], so ist zunächst vor einer Stellenbesetzung innerhalb der Belegschaft zu prüfen, ob jemand die geforderte Voraussetzung erfüllt. Nach § 95 Abs. 1 BetrVG können die Betriebsparteien Richtlinien über die personelle Auswahl bei Einstellungen, Versetzungen, Umgruppierungen und Kündigungen vereinbaren. Solche

---

[71] ErfK/Eisemann § 2 BetrVG Rn. 1.
[72] BAG Urt. vom 22.5.1959, AP BetrVG § 23 Nr. 5.
[73] gem. § 95 BetrVG.

Auswahlrichtlinien enthalten **Grundsätze, die der Entscheidungsfindung bei personellen Einzelmaßnahmen** dienen sollen. Aus ihnen können sich sowohl fachliche als auch persönliche und soziale Voraussetzungen ergeben, die bei der Durchführung von Personalangelegenheiten zu beachten sind.[74] Durch sie wird eine **Selbstbindung des Arbeitgebers** bei der Durchführung von personellen Maßnahmen herbeigeführt. Zu beachten ist allerdings, dass im Fall des Abschlusses von Auswahlrichtlinien diesen keine unmittelbare (normative) Wirkung auf das Arbeitsverhältnis zukommt; die Verstöße gegen Auswahlrichtlinien können somit regelmäßig nur unter betriebsverfassungsrechtlichen Gesichtspunkten gerügt werden.[75] Ist ein Arbeitnehmer zu Unrecht nicht befördert worden, weil der Arbeitgeber gegen gültige Auswahlgrundsätze verstoßen hat, so kann dem übergangenen Arbeitnehmer jedoch unter Umständen ein **Schadensersatzanspruch** zustehen.[76] Der Schaden besteht in diesem Fall in der durch die Beförderung entgangenen höheren Vergütung. Die Vereinbarung von Auswahlrichtlinien kann somit insgesamt für Personalentwicklung der vorhandenen Mitarbeiter sorgen, auch wenn es aus den genannten Gründen nicht direkt, sondern durch den möglicherweise entstehenden Schadenseratzanspruch nur indirekt geschieht. Zudem ist bei Beförderungen immer darauf zu achten, den Betriebsrat wegen der vorliegenden Versetzung (§ 99 BetrVG) zu beteiligen.

Sind die Hürden der gesetzlichen, kollektiven und vertraglichen Bestimmungen genommen und ist der (vorhandene) Betriebs- oder Personalrat richtig eingebunden, sind noch nicht alle Fragen geklärt. Im Folgenden wird die häufig gestellte Frage nach der Zulässigkeit von Diagnostikinstrumenten im Zusammenhang mit Auswahlentscheidungen beleuchtet. Es werden Hinweise darauf gegeben, welchen Qualitätsstandards Eignungsbeurteilungen unterliegen. Es wird weiterhin dargestellt, welche Vertragsgestaltungen mit Weiterbildungsträgern und Trainern empfehlenswert sind. Schließlich wird noch ein Blick auf die Zulässigkeit von Rückzahlungsklauseln in Verträgen mit Arbeitnehmer geworfen.

Anwendung von Diagnostikinstrumenten

Welche **Diagnostikinstrumente** darf man einsetzen? Auf freiwilliger Basis kann alles angewandt werden. Der Betriebsrat ist jedoch zwingend zu beteiligen bei

- der Aufstellung von **Personalfragebogen** (Auskünfte über Person und Qualifikation im Sinne einer formalisierten und standardisierten Informationserhebung des Arbeitgebers), auch bei mündlicher Erhebung durch Tests, Interviews, Checklisten und anschließender schriftlicher Fixierung[77];

---

[74] BAG vom 27. Oktober 1992 – 1 ABR 4/92, AP Nr. 29 zu § 95 BetrVG; ErfK/Hanau/Kania, § 95 BetrVG Rn. 3.
[75] Hessisches LAG, Urt. v. 26.03.2001; 13 Sa 335/99.
[76] Schaub § 108 Rn. 28; die Darlegungs- und Beweislast liegen beim Arbeitnehmer.
[77] Fitting § 94 Rn. 6 ff.

- dem Erstellen von **Fähigkeitsprofilen**[78];
- dem Erstellen von **Leistungsprofilen**[79];
- der Verwendung **personenbezogener, geschützter Daten** (z.B. Alter)[80].

Für Testverfahren zur Bewerberauswahl benötigt der Arbeitgeber jedoch ein **berechtigtes, billigenswertes und schutzwürdiges Interesse** an der Durchführung, insbesondere im Hinblick auf einen zu besetzenden Arbeitsplatz.[81] **Intelligenztests** dürfen nur nach Einwilligung des Probanden vorgenommen werden, sofern zudem die Verhältnismäßigkeit zu dem zu besetzenden Arbeitsplatz gewahrt bleibt.[82] Auch zur Einholung eines **graphologischen Gutachtens**[83] ist die Einwilligung des Betroffenen einzuholen.[84] Tests dürfen nicht zu einer völligen Durchleuchtung der Persönlichkeit des Betroffenen führen.[85] Andernfalls kommen wegen der Verletzung der Persönlichkeit **Schadensersatzansprüche** (vergleichbar etwa mit Schmerzensgeld) in Betracht.

Hinweis für die Praxis:

Gewinnt der Arbeitgeber Erkenntnisse über die Person von Stellenbewerbern, die für seine Auswahlentscheidung maßgeblich sind, aus **Vorstellungsgesprächen**, hat er den **Betriebsrat** über den für seine Entscheidung bedeutsamen **Inhalt dieser Gespräche zu unterrichten**. Andernfalls kann der Betriebsrat zur getroffenen Bewerberauswahl nicht sachlich angemessen Stellung beziehen[86], d.h. er kann sich innerhalb der **Wochenfrist**, die das Gesetz dem Betriebsrat gibt[87], kein vernünftiges Bild machen bezüglich jener Gründe, die zu einer Zustimmung oder Verweigerung führen. Neben diesen Erkenntnissen sind die Bewerbungsunterlagen vorzulegen und solche Unterlagen, die der Arbeitgeber erst anlässlich der Bewerbung über die Person des Bewerbers erstellt hat (Personalfragebogen, schriftliche Auskunft Dritter, Ergebnisse von Tests und Einstellungsprüfungen). Andernfalls beginnt die genannte Wochenfrist erst gar nicht zu laufen. Die Folge davon wäre, dass der Arbeitgeber die Einstellung nicht rechtswirksam vornehmen kann.

---

[78] Fitting § 95 Rn. 11.
[79] Fitting § 87 Rn. 500.
[80] Fitting § 87 Rn. 235.
[81] ErfK/Preis § 611 BGB Rn. 374.
[82] BAG 16.9.1982 AP 24 zu § 123 BGB
[83] Eine Metaanalyse (siehe Schmidt/Hunter 2000) zeigt aber ohnehin, dass graphologische Gutachten zur Vorhersage von Berufserfolg wertlos sind.
[84] Bepler, NJW 76, 1872.
[85] Fitting § 94 BetrVG Rn. 26.
[86] BAG Beschluss vom 28.6.2005 NZA 2006,111.
[87] § 99 III BetrVG.

Eignungsbeurteilungen nach DIN 33430

Personalentscheidungen werden häufig durch **Eignungstestverfahren** unterstützt. Hier wird viel mit unterschiedlicher Qualität angeboten.[88] Einen Überblick zu bekommen ist ebenso schwierig, wie eine Kontrolle der Prozessqualität zu leisten. Aus diesem Grund ist die DIN-Norm 33430[89] verabschiedet worden, die diesen Zustand maßgeblich zugunsten der Verwender und Bewerber verändern soll. Die Norm beschreibt Qualitätskriterien und -standards für berufsbezogene Eignungsbeurteilungen sowie **Qualifikationsanforderungen,** die an die an der Eignungsbeurteilung beteiligten Personen gestellt werden.

Im Mittelpunkt der Norm stehen:

- die Planung von berufsbezogenen Eignungsbeurteilungen,
- die Auswahl, Zusammenstellung, Durchführung und Auswertung von Verfahren,
- die Interpretation der Verfahrensergebnisse und die Urteilsbildung,
- Anforderungen an die Qualifikation der an der Eignungsbeurteilung beteiligten Personen.

Die Anwendung der Norm ist **rechtlich nicht vorgeschrieben**. Wie bei allen Normen gibt sie jedoch für Auftraggeber und Auftragnehmer bei Auswahlverfahren aber auch für beteiligte Gremien mehr **Sicherheit in der Beurteilung** einzelner Verfahren und Auswahlprozesse.

Gestaltung von Vereinbarungen mit externen Trainern

Worauf müssen interne Personalentwickler und externe Trainer achten? Grundsätzlich sollten **Verträge mit externen Dienstleistern** nicht ohne fachkundigen, rechtlichen Rat abgeschlossen werden. Ein Vertrag mit einem externen Trainer, der eine Weiterbildungsmaßnahme durchführt, ist rechtlich zunächst ein Dienstvertrag (§ 611 BGB). Es empfiehlt sich, diesen **immer schriftlich** abzuschließen (Beweismittel). Mindestens sollten enthalten sein:

- **Beginn und Ende** sowie **Art der Dienste,**
- **Höhe der Vergütung** und
- **Storno- und Kündigungsmöglichkeit.**

---

[88] Im Überblick: Schmidt/Hunter, 2000.
[89] Die DIN-Norm 33430 *Anforderungen an Verfahren und deren Einsatz bei berufsbezogenen Eignungsbeurteilungen* wurde im Juni 2002 auf Initiative des Berufsverbands Deutscher Psychologinnen und Psychologen (BDP) und der Deutschen Gesellschaft für Psychologie (DGPs) verabschiedet.

Je mehr der Externe einem **Weisungsrecht** des Unternehmens unterworfen ist, desto näher kommt er einem Arbeitsvertrag. Darüber hinaus ist zu beachten, dass der Trainer nicht über längere Zeit ausschließlich für ein Unternehmen arbeitet. Dies könnte nämlich zur Folge haben, dass deshalb das Bestehen einer **gesetzliche Sozialversicherungspflicht** angenommen wird, die für die Beteiligten, namentlich den Auftraggeber, sehr **kostenträchtig** würde.

Vereinbarung von Rückzahlungsklauseln bei Trainingsvereinbarungen mit Mitarbeitern

Grundsätzlich besteht auch bei dem Abschluss von Trainingsvereinbarungen für Arbeitgeber und Arbeitnehmer Vertragsfreiheit. Einschränkungen durch das Gesetz, Tarifverträge oder Betriebsvereinbarungen müssen aber beachtet werden. Dies gilt auch bei der Vereinbarung von **Rückzahlungsklauseln** im Zusammenhang mit Weiterbildungsmaßnahmen. Haben die **Vertragspartner** in einem vom Arbeitgeber vorformulierten Arbeitsvertrag vereinbart, dass ein Arbeitnehmer bei Beendigung des Arbeitsverhältnisses vor Ablauf einer bestimmten Frist vom Arbeitgeber übernommene Ausbildungskosten zurückzahlen muss, ohne dass es auf den Grund der Beendigung des Arbeitsverhältnisses ankommt, ist diese Rückzahlungsklausel generell **unwirksam**.[90] Aufgrund der neueren Rechtsprechung zur AGB-Kontrolle von Rückzahlungsklauseln im Arbeitsrecht sollten Rückzahlungsklauseln deshalb besonders sorgfältig formuliert werden. Tabelle 5 fasst die Bedingungen zur Wirksamkeit von Rückzahlungsvereinbarungen zusammen.

Tabelle 5: Rückzahlungsvereinbarungen

Rückzahlungsvereinbarungen können wirksam sein, wenn:
• es sich nicht um ein Berufsausbildungsverhältnis oder einen gleichgestellten Ausbildungsgang (§§ 5 II, 19 BBiG) handelt.
• hierdurch keine unangemessene Bindung entsteht; maximal 3 Jahre sind dabei die Regel, im Einzelfall sind auch 5 Jahre möglich, wenn Fortbildung und aufgebrachte Mittel erheblich sind.
• die Rückzahlung nur in vertretbaren Grenzen erfolgen soll; Praxis: Minderung der Rückzahlungspflicht monatlich um 1/36.
• dem Arbeitnehmer eine Ausbildung zugeflossen ist, die wirtschaftlich seinen Marktwert und seinen Ausbildungsstand erhöht, d.h. die beruflichen Vorteile beim Arbeitnehmer liegen.
• der Zeitpunkt des Abschlusses geeignet ist (d.h. Vereinbarung nicht unter Druck während der Ausbildung, Grundsatz: Freiwilligkeit).
• die Fortbildung nicht Inhalt des Arbeitsvertrages ist; zum Beispiel, weil die Fortbildung allein im Interesse des Arbeitgebers liegt.
• die Fortbildung nur zum Zweck der öffentlich-rechtlichen Gestattung (zum Beispiel TÜV-Schweißerzeugnis) erfolgt; anders liegt der Fall beim Erwerb von Musterberechtigungen (zum Beispiel: Personenbeförderungsschein, aber: eine Bindung wäre in diesem Fall nur für ein Jahr möglich).
• keine vorsätzliche Herbeiführung des Rückzahlungstatbestandes durch den Arbeitgeber gegeben ist; berechtigt ist die Rückforderung nur dann, wenn der Arbeitgeber erwarten kann, dass er die neuen Fähigkeiten auch nutzen kann, nicht, wenn er sie gar nicht nutzen will.

---

[90] Schaub § 176 Rn. 18 ff.; BAG Urt. vom 11.4.2006, 9 AZR 610/05.

Auch wenn alle diese Voraussetzungen vorliegen, muss zusätzlich beachtet werden, dass die Rückzahlung für den Arbeitnehmer **zumutbar** ist. D.h.: es muss in jedem Fall eine **Abwägung zwischen Bindungsdauer und Interessen** stattfinden. Ziel ist es immer, eine faire Balance zwischen **Kosten und Nutzen** des Arbeitgebers einerseits und den **Karrierechancen** des Arbeitnehmers andererseits herzustellen. Bei der Dauer der Bindung im Verhältnis zur Dauer der Ausbildung (Einzelfallbetrachtung) ist folgender, verbindlicher Rahmen entwickelt worden (Tabelle 6):

Tabelle 6: Zulässige Bindungsdauer in Abhängigkeit von der Lehrgangsdauer

Lehrgangsdauer	Bindungsdauer
weniger als 1 Monat	6 Monate
bis zu 2 Monaten	12 Monate
3 bis 4 Monate	2 Jahre
6 bis 12 Monate	3 Jahre

Die Lehrgangsdauer gilt immer nur bei gleichzeitiger **Freistellung**; bei Unterbrechungen ist die dazwischenliegende Zeit nicht mit zu berücksichtigen. Gibt der Arbeitgeber eine zu lange Bindungsdauer an, ist die daran geknüpfte Rückzahlungsklausel grundsätzlich insgesamt unwirksam. Ein Rückzahlungsanspruch besteht dann nicht. Ausnahmen davon gelten nur, wenn die zulässige Bindungsdauer im Einzelfall **objektiv** schwierig zu bestimmen war.[91]

Scheidet der Arbeitnehmer während des Lehrgangs **vorzeitig** aus, können ihm bei wirksamer Vereinbarung einer Rückzahlungsklausel die Kosten des gesamten Lehrgangs belastet werden.[92] Sonst erfolgt eine **zeitanteilige Staffelung** der Rückzahlung.[93]

Von Rückzahlungsvereinbarungen sind Verträge zu unterscheiden, nach denen der Arbeitnehmer verpflichtet ist, zu den **Ausbildungskosten** beizutragen. Eine Vereinbarung, nach der ein Handelsvertreter dem Unternehmer Schulungskosten anteilig zu erstatten hat, soweit das Vertragsverhältnis vor Ablauf bestimmter Fristen endet, unterliegt einer **Inhaltskontrolle** der Arbeitsgerichte. Dies bedeutet, dass die Wirksamkeit der Vereinbarung inhaltlich und nicht nur auf ihre Billigkeit hin überprüft wird. Im Ergebnis geht es dabei darum, dass bei unzulässigen Formulierungen die Wirksamkeit der Rückzahlungsklausel erlischt und sie nicht lediglich durch das Gericht anders ausgelegt wird.

---

[91] BAG, Urt. 14.1.2009; 3 AZR 900/07.
[92] wenn der Arbeitnehmer die Gründe zu vertreten hat; BAG, BB 2000,2208; NZA 2001, 384.
[93] wenn der Arbeitgeber die Gründe zu vertreten hat; BAG, BB 98, 2476.

7.8 Personalentwicklung bei besonderen Mitarbeitergruppen

Bestimmte Arbeitnehmergruppen bedürfen in der Arbeitswelt des besonderen Schutzes. Dies wird im Arbeitsrecht hergeleitet aus:

- der besonderen Stellung gegenüber dem Arbeitgeber (bei **Betriebs- oder Personalratsmitgliedern** oder anderen Mandatsträgern),
- aus der Besonderheit der **persönlichen**, **körperlichen** (inklusive der geistigen und seelischen) **Situation** (z.B. bei **Schwerbehinderten**) oder
- aus der **besonderen Gestaltung** des Arbeitsverhältnisses (bei **Teilzeit, Befristung, Leiharbeit**).

Ebenso ist die Gruppe der Arbeitnehmer zu beachten, die **vorübergehend nicht beschäftigt** werden (Elternzeit, Mitarbeiter im Sabbatical). In die Schutzbedürftigkeit eingeschlossen sind auch Fragen der beruflichen Fortbildung. Im Folgenden soll deshalb mit Blick auf das Thema Personalentwicklung auf diese Gruppen eingegangen werden. In diesem Zusammenhang soll auch auf das neue **Allgemeine Gleichbehandlungsgesetz (AGG)** eingegangen werden.

Fortbildung für Mandatsträger (Betriebs- und Personalratsmitglieder)

Betriebsratsmitglieder haben einen gesetzlichen Anspruch auf Teilnahme an Schulungs- und Bildungsveranstaltungen (§ 37 Absätze 6 und 7 BetrVG). Gemäß Absatz 6 haben Betriebsratsmitglieder Anspruch auf Teilnahme an Maßnahmen, die für die Wahrnehmung ihrer Aufgabe als Betriebsrat **erforderlich** sind, wenn der Betriebsrat sie unter Berücksichtigung der **konkreten betrieblichen Situation** benötigt, um seine derzeitigen oder demnächst anfallenden Aufgaben sachgerecht wahrnehmen zu können. Kenntnisse, die für die Betriebsratsarbeit nur verwertbar oder nützlich sind, erfüllen diese Anforderung nicht.[94] Für Betriebsratsschulungen nach Absatz 6 existieren genaue Vorgaben, unter denen der Arbeitgeber die Fortbildung ermöglichen muss.[95] Es gibt keinen zeitlichen Rahmen hierfür. Einigen sich Arbeitgeber und Betriebsrat nicht, entscheidet die Einigungsstelle. Das Betriebsratsmitglied hat **für die Zeit der Schulung Anspruch auf Fortzahlung seines Arbeitsentgelts**. Dies gilt auch für teilzeitig arbeitende Betriebsratsmitglieder, die in diesem Zusammenhang außerhalb ihrer vertraglichen Arbeitszeit geschult werden (§ 37 Abs. 6 Satz 2 BetrVG).

Unabhängig von der betrieblichen Erforderlichkeit einer Schulungsmaßnahme nach Absatz 6 gibt Absatz 7 jedem Betriebsratsmitglied während seiner regelmäßigen Tätig-

---

[94] BAG Urteil vom 15.2.1995 7 AZR 670/94, AP Nr. 106 zu § 37 BetrVG.
[95] Fitting § 37 Rn. 138 ff.

keit einen **individuellen Anspruch**[96] auf **bezahlte Freistellung** für insgesamt **drei Wochen zur Teilnahme an denjenigen Schulungs- und Bildungsveranstaltungen**, die von der zuständigen, obersten Arbeitsbehörde des Landes als geeignet anerkannt sind. Hier hat das Betriebsratsmitglied nur einen individuellen **Freistellungsanspruch** unter Beachtung der betrieblichen Notwendigkeiten, aber grundsätzlich **keinen Anspruch auf Ersatz der Teilnahmegebühren**.[97]

Fortbildung für schwerbehinderte Menschen

Zur beruflichen Förderung der Beschäftigung **schwerbehinderter Menschen**[98] sind in der Vergangenheit, von der öffentlichen Hand initiiert, mehrere Sonderprogramme durchgeführt worden. Schwerbehinderte Menschen dürfen beim beruflichen Aufstieg nicht wegen ihrer Behinderung benachteiligt werden (**Diskriminierungsverbot**).[99] Im Rahmen betrieblicher Bildungsmaßnahmen sind behinderte Menschen **bevorzugt zu berücksichtigen**.[100] Die Teilnahme an außerbetrieblichen Bildungsmaßnahmen ist zu **erleichtern**.[101] Bei der **Finanzierung** der betrieblichen Maßnahmen wird der Arbeitgeber vom Integrationsamt und durch die Bundesagentur für Arbeit beraten und gegebenenfalls unterstützt.[102]

Fortbildung in atypischen Arbeitsverhältnissen

Zu den atypischen Arbeitsverhältnissen zählen insbesondere **Teilzeitarbeit, befristete Arbeit und Leiharbeit**. Der Betriebsrat kann nach § 92a BetrVG auch für atypisch Beschäftigte Vorschläge zur Sicherung und Förderung der Beschäftigung machen, indem er zum Beispiel Kriterien zur Förderung von Teilzeitarbeit und neue Formen der Arbeitsorganisation und die Qualifizierung der Arbeitnehmer entwickelt. Ein echtes Mitbestimmungsrecht gewährt der § 92a BetrVG nicht, da der Arbeitgeber die Vorschläge nicht umsetzen muss. Jedoch muss er die Vorschläge mit dem Betriebsrat **beraten** und eventuelle Ablehnungen **begründen**. In Betrieben mit mehr als 100 Arbeitnehmern muss die Begründung **schriftlich** erfolgen.

Bei **Leiharbeitnehmern** ist zu beachten, dass diese im Entleiherbetrieb **individuelle Rechte und Pflichten** haben (nämlich Informations- und Beschwerderechte § 14 AÜG, Unterrichtungs- und Erörterungspflicht des Arbeitgeber gem. §§ 81, 82 BetrVG, Diskriminierungsschutz § 75 BetrVG). Der **Betriebsrat im Entleiherbetrieb** übt in Bezug auf die überlassenen Arbeitnehmer zusätzlich Rechte und Pflichten aus, insbesondere

---

[96] Fitting § 37 Rn. 195 ff.
[97] Fitting § 37 Rn. 228 ff.
[98] zu allem: Schaub § 178 Rn. 52.
[99] § 81 II Nr. 1 SGB IX.
[100] § 81 IV Nr. 2 SGB IX.
[101] § 81 IV Nr.2 und 3 SGB IX.
[102] § 81 IV Satz 2 SGB IX.

hinsichtlich der Mitbestimmung in sozialen Angelegenheiten (zum Beispiel bei Maßnahmen, die in die Persönlichkeitsrechte des Arbeitnehmers eingreifen können), und er macht Eingliederungsvorschläge.[103] Weitergehende Rechte hinsichtlich der beruflichen Weiterbildung oder des beruflichen Aufstiegs bestehen im Entleiherbetrieb nicht.

Personalentwicklung in Nichtbeschäftigungszeiten

Die wichtigste Gruppe stellen in diesem Zusammenhang **Mütter und Väter in Elternzeit** dar, die im bestehenden Arbeitsverhältnis für die Kinderbetreuung freigestellt werden. Sie werden durch das Arbeitsrecht besonders geschützt. Während der Elternzeit[104] sind die gegenseitigen **Hauptpflichten aus dem Arbeitsverhältnis suspendiert**; dieses besteht aber ruhend fort. Arbeitnehmer in Elternzeit haben – vor allem bei längerer Inanspruchnahme – die Situation zu bewältigen, die fortlaufenden Veränderungen im notwendigen, beruflichen Wissen und Können zu verfolgen und letztere aktuell zu halten. Gesetzlich ist hierfür nichts vorgesehen. Eine eigene Interessenvertretung im Betrieb besteht für diese Gruppe nicht. Daraus folgt, dass die Betriebsräte sich dieser besonderen Situation zuwenden müssen.[105] Hier bietet sich der **Abschluss einer Betriebsvereinbarung** an, die die Umstände und die Kostenfrage von Weiterbildungsmaßnahmen für Mütter und Väter in Elternzeit regelt. Darüber hinaus besteht die Möglichkeit der Aufnahme einer Teilzeittätigkeit beim bisherigen oder bei einem anderen Arbeitgeber[106] oder einer befristeten Tätigkeit[107], die gezielt zum Erhalt oder zur Aktualisierung beruflichen Wissens und Könnens genutzt werden kann. Solange aber solche formalen Voraussetzungen nicht geschaffen sind, muss diese Mitarbeitergruppe auch bei der Planung von Weiterbildungsmaßnahmen nicht zwingend berücksichtigt werden.

Eine andere Art des Ruhens des Beschäftigungsverhältnisses stellt das **Sabbatical** dar. Diese **berufliche Auszeit** wird häufig zum Zwecke der persönlichen oder beruflichen Weiterbildung genutzt. Der Einbezug dieser Mitarbeiter in die Planung und Durchführung von betrieblichen Weiterbildungsmaßnahmen ist rechtlich nicht erforderlich.

Das Allgemeine Gleichbehandlungsgesetz (AGG)[108]

Im Zusammenhang mit dem Schutz besonderer Arbeitnehmergruppen im Arbeitsrecht wird auch auf das **Allgemeine Gleichbehandlungsgesetz** (AGG) hingewiesen. Regelungen zur beruflichen Fortbildung findet der Leser dort zwar nicht ausdrücklich, aber

---

[103] gem. § 92a iVm. § 80 I Nr. 8 BetrVG.
[104] gesetzliche Grundlage: Bundeserziehungsgeldgesetz für Kinder, die bis zum 31.12.2006 geboren wurden; Bundeselterngeld- und Elternzeitgesetz für Kinder, die ab dem 1.1.2007 geboren wurden.
[105] vgl. § 80 I Nr. 2b BetrVG.
[106] hier ist gem. § 99 BetrVG der Betriebsrat zu beteiligen. Zu beachten auch: § 15 Abs. 4 Satz 3 und 4 BErzGG/BEEG wegen Begründung des Widerspruchs.
[107] 15 Abs. 4 Satz 1 BErzGG/BEEG.
[108] Allgemeines Gleichbehandlungsgesetz vom 14. August 2006 (BGBl. I S. 1897), geändert durch Artikel 8 Abs. 1 des Gesetzes vom 2. Dezember 2006 (BGBl. I S. 2742).

die aufgestellten Regeln gelten auch in diesem arbeitsrechtlichen Kontext.[109] Das Gesetz tritt neben den arbeitsrechtlichen **Diskriminierungsschutz** des § 75 BetrVG.

Das AGG zielt darauf ab, Benachteiligungen aus Gründen der Rasse, der ethnischen Herkunft, des Geschlechts, der Religion oder Weltanschauung, einer Behinderung, des Alters oder der sexuellen Identität zu verhindern oder zu beseitigen. Der Anwendungsbereich erstreckt sich – weiter als der des BetrVG – auch auf Unselbstständige und selbstständig Erwerbstätige. *Alle Auswahlentscheidungen, auch für Personalentwicklungsmaßnahmen, stehen somit unter dem Schutz dieses Gesetzes.* Demnach dürfen Beschäftigte (dazu gehören begrifflich auch **Bewerber**, **Auszubildende** und **arbeitnehmerähnliche Selbständige**) bei Zugang und Aufstieg wegen eines der oben genannten Gründe nicht benachteiligt werden. Zudem wird die Unwirksamkeit aller individual- und kollektivrechtlichen Vereinbarungen geregelt, die gegen dieses Prinzip verstoßen. Benachteiligungen sind im Zusammenhang mit der Personalentwicklung unzulässig in Bezug auf Auswahlkriterien für den beruflichen Aufstieg. Nicht entscheidend ist es, ob jemand bewusst benachteiligt werden soll, sondern das Ergebnis, die *weniger günstige Behandlung als solche*, ist widerrechtlich. Zu beachten ist jedoch, dass die Benachteiligung im Einzelfall gerechtfertigt sein kann.[110] Dies ist dann sorgfältig zu begründen.[111]

Dem Arbeitgeber werden umfangreiche **Organisations- und Informationsanforderungen** aufgegeben. Der Arbeitgeber muss – auch präventiv – die erforderlichen Maßnahmen zum Schutz vor Benachteiligungen treffen und darauf hinwirken, dass sie unterbleiben. Entsprechende **Schulungsveranstaltungen** gelten als Erfüllung dieser Vorschrift. Beschäftigte mit Weisungsbefugnis (Führungskräfte) müssen besonders geschult werden, da dem Arbeitgeber deren Diskriminierungshandlungen zugerechnet werden.[112]

Bei **Verstößen** gegen das AGG hat ein Arbeitnehmer die Möglichkeit des Beschwerderechts sowie der bezahlten Leistungsverweigerung[113] oder die Möglichkeit, eine der Höhe nach unbegrenzte Entschädigung oder Schadensersatz[114] zu verlangen.

---

[109] vor allem im Abschnitt 2 (Schutz der Beschäftigten vor Benachteiligung): Verbot der Benachteiligung (§§ 6 ff.); Organisationspflicht des Arbeitgebers (§§ 11 und 12); Rechte der Beschäftigten (§ 13-16 AGG).
[110] vgl. §§ 8 bis 10 AGG.
[111] zum Beispiel: BAG 21.7.2009 9 AZR 431/08; Ablehnung eines schwerbehinderten Bewerbers, dem offensichtlich die erforderliche fachliche Qualifikation fehlte.
[112] § 12 II AGG.
[113] § 14 AGG.
[114] § 15 AGG.

7.9 Datenschutz

Daten der Arbeitnehmer können bei immer **leistungsfähigeren Informationssystemen** in immer größerem Umfang gesammelt und zur Grundlage von Entscheidungen auch über Qualifizierungsmaßnahmen und deren Erfolg gemacht werden. Der Datenschutz, auf den im Folgenden eingegangen wird, spielt somit auch bei Personalentwicklungsmaßnahmen eine immer größere Rolle.

Die Personalakte

Informationen über Arbeitnehmer werden gemeinhin in **Personalakten**[115] gesammelt (Urkunden, Vorgänge, persönliche und dienstliche Verhältnisse eines Arbeitnehmers, die im inneren Zusammenhang mit dem Arbeitsverhältnis stehen). Betriebliche Unterlagen gehören dazu, wenn der Arbeitnehmer dort nicht nur erwähnt wird, sondern sich aus ihnen auch Angaben zu **Qualifizierung und Bewertung** des Arbeitnehmers ergeben. Angaben über durchgeführte **Trainingsmaßnahmen**[116] können ohne Weiteres Teil der Personalakte sein und insoweit auch elektronisch gespeichert werden.

Der Arbeitnehmer hat ein persönliches **Einsichtsrecht**[117] in seine Personalakte. Dieses gilt auch in betriebsratslosen Betrieben. Das Einsichtsrecht steht dem Arbeitnehmer nur persönlich zu; er kann es aber auf Dritte (zum Beispiel den Betriebsrat) übertragen. **Unberechtigte** dürfen keine Einsicht in Personalakten nehmen, hierauf hat der Arbeitgeber zu achten.[118]

Daten des Arbeitnehmers in der Personalentwicklung und Schutz der Arbeitnehmerdaten

Die Datenverarbeitung ermöglicht es, mit Arbeitnehmerdaten effizienter umzugehen. Die zunehmend in **Personalinformationssystemen** gespeicherten Daten[119] bedeuten für den Einzelnen aber auch in der Folge weniger **Transparenz** über das, was über ihn gespeichert wurde. Für die berufliche Entwicklung des Arbeitnehmers kann das fatale Folgen haben. **Verknüpfungsmöglichkeiten** von persönlichen Daten führen häufig zu Kontextverlust. Das kann insbesondere bedeuten, dass zum Beispiel **Aussagen zur Qualifizierung des Arbeitnehmers** Grundlage von Entscheidungen des Arbeitgebers werden, die den konkreten Personaleinsatz steuern und damit auf die berufliche Laufbahn des Arbeitnehmers einwirken.

---

[115] zur Personalakte können selbstverständlich auch mehrere Einzelakten gehören.
[116] Schaub, § 148 Rn. 2.
[117] § 83 BetrVG.
[118] BAG zum Persönlichkeitsrecht NZA 85, 811.
[119] dazu kann in besonderen Fällen auch die Personalakte gehören.

Personaldatenverarbeitung ist immer dann **rechtswidrig**, wenn dabei in das Persönlichkeitsrecht des Arbeitnehmers unverhältnismäßig eingegriffen wird.[120]

Der Arbeitnehmer benötigt somit diesbezüglich **Schutz**, der ihm gegeben wird durch das Grundgesetz, durch Bundesgesetze (z.B. BDSG; BetrVG) und durch den Arbeitsvertrag. Geschützt wird das **Persönlichkeitsrecht** und die **informationelle Selbstbestimmung** des Arbeitnehmers („jeder hat das Recht zu entscheiden, wann und in welchen Grenzen er persönliche Sachverhalte offenbaren will").[121] Es gibt **keine spezifischen Regeln zum Schutz der Daten von Arbeitnehmern**. Generell ist deshalb die Erhebung, Verarbeitung und Nutzung personenbezogener Arbeitnehmerdaten nur zulässig, wenn entweder das BDSG oder andere Rechtsvorschriften dies **ausdrücklich erlauben** (z.B. wenn eine ansonsten unzulässige Datenverarbeitung in einer Betriebs-/Dienstvereinbarung geregelt ist[122]) oder wenn der Betroffene (schriftlich) **eingewilligt hat**.[123] Dies gilt auch bei rein unternehmensinternen Zwecken oder, wenn der Arbeitgeber die Erhebung der Daten an Dritte übertragen hat. Wenn der Arbeitnehmer zum Beispiel im Arbeitsvertrag eingewilligt hat, muss er auf den Zweck der Verwertung hingewiesen werden. Im Rahmen der Personalentwicklung sind folgende Punkte kritisch:

- **Datensammlung** (etwa zur Erfassung von Kompetenzen im Sinne eines Skill-Managements): Es entsteht ein Schutzbedürfnis bereits bei der Datenerhebung; denn sie ist die Vorstufe zur Datenverarbeitung. Deshalb ist der Zweck der Erhebung stets konkret festzulegen.[124]
- **Datenschutz bei Analysen**: Betroffen hiervon sind Daten aus der Erfassung von Personalfragebogen und Mitarbeiterbefragungen; deren Verwendung ist nur bei entsprechender Zweckbestimmung zulässig.
- **Datenschutz bei personenbezogenen Daten**: dies gilt besonders für Daten, die in Mitarbeiterentwicklungsgesprächen gewonnen werden und im Rahmen einer IT-unterstützten Nachfolgeplanung Verwendung finden sollen.
- **Datenschutz beim Zugriff** auf personenbezogene Daten: Hinweise zur beabsichtigten Speicherung, Aufbewahrung und Weiterverwendung in Personalinformationssystemen bzw. Personaldatenbanken sind dem Mitarbeiter konkret zu geben.

Die Rechte des Arbeitnehmers beinhalten bei Personalentwicklungsmaßnahmen deshalb immer:

- eine **Benachrichtigung**[125] bei erstmaliger Speicherung personenbezogener Daten,

---

[120] zum Beispiel durch eine Verletzung der Betriebsratsbeteiligung gem. § 87 I Nr. 6 BetrVG.
[121] BVerfG 8.7.1997, NJW 1997, S. 2307.
[122] BAG 27.5.1986 AP BetrVG 1972 § 87 Überwachung Nr. 15.
[123] § 4 I BDSG; beachte die besonderen Form- und Hinweiserfordernisse § 4a I 3 BDSG.
[124] § 28 I 2 BDSG.
[125] § 33 BDSG.

- die **Auskunft**[126] über gespeicherte Daten, ihre Herkunft, den oder die Empfänger sowie den Zweck der Speicherung und Auswertung,
- die **Berichtigung** unrichtiger Daten und eine Datensperrung, wenn die Richtigkeit der Daten strittig ist,
- die **Löschung** unzulässig gespeicherter oder nicht mehr erforderlicher Daten.

Unberechtigte Eingriffe und Verletzungen lösen eine **Schadensersatzpflicht** und Ansprüche auf **Schmerzensgeld** aus.

7.10 Rahmenbedingung bei Evaluationsprojekten

Welche Regeln sind bei der Evaluierung von Qualifikationsmaßnahen zu beachten?

Die **Evaluation von Personalentwicklungsmaßnahmen** hat in vielen Fällen konkret eine Leistungsüberwachung und Erfolgsmessung zur Folge. *Beispiel*: Kundenfreundliches Telefonverhalten im Call-Center soll vor und nach einem entsprechenden Training erfasst werden. Diese Erfassung soll durch Kontrollanrufe und durch Mithören seitens des Arbeitgebers erfolgen.

Hier stellt sich in Betrieben mit einem Betriebsrat die Frage der Mitbestimmung gemäß § 87 Abs. 1 Nr.6 BetrVG. Diese Vorschrift dient dem **Schutz der Persönlichkeit** vor anonymen, technischen Kontrolleinrichtungen.[127] Der Arbeitgeber hat den Betriebsrat zunächst immer vor der Einführung technischer Anlagen zu informieren (§ 90 Abs. 1 Nr.2 BetrVG) und die Auswirkungen auf die Mitarbeiter mit ihm zu beraten.

Zielt der Arbeitgeber auf eine Überwachung der Leistung oder des Verhaltens des Arbeitnehmers ab, so ist wie folgt zu unterscheiden: Eine Überwachung **durch einzelne Personen** (zum Beispiel Vorgesetzte) löst **keine Mitbestimmung** aus. Auch die unerkannte Überprüfung der Beratungsqualität von Bankmitarbeitern an zufällig ausgewählten Bankschaltern durch ein Fremdunternehmen ist mitbestimmungsfrei.[128]

Eine Seminarevaluation, die in Form einer schriftlichen Befragung der teilnehmenden Mitarbeiter eines Unternehmens stattfindet, ist nicht mitbestimmungspflichtig, wenn folgende Kriterien erfüllt sind:

- die Befragung erfolgt für alle Beteiligte erkennbar freiwillig
- der Arbeitgeber muss verdeutlichen, dass keine Erwartungen bezüglich Teilnahme und Beantwortung bestehen

---

[126] § 34 BDSG.
[127] Fitting, § 87 Rn. 215.
[128] BAG Urteil vom 18.4.2000 AP Nr. 33 zu § 87 BetrVG 1972 Überwachung.

- die Durchführung wird allein von Externen vorgenommen
- die Teilnahme bzw. die Fragen lenken das Verhalten der jeweils befragten Mitarbeiter nicht in eine bestimmte Richtung.

In diesem Zusammenhang ist es nicht ausschlaggebend, ob eine große oder geringe Zahl von Befragten an der Evaluation teilnimmt. Es ist in Bezug auf die Absicht der Befragung auch nicht ausschlaggebend, was wirklich gewollt ist, sondern hier kommt es lediglich darauf an, wie die Empfänger die Befragung verstehen können.[129]

Dagegen löst eine Mitbestimmungspflicht aus:

- die Vornahme von Kontrollen
- das Erteilen von Verhaltensregeln
- Maßnahmen, die sich nicht allein auf die arbeitsvertragliche Leistungsverpflichtung des Arbeitnehmers beziehen
- Maßnahmen, die das Ordnungsverhalten der Mitarbeiter beeinflussen.[130]

Wird eine **technische Anlage** (z.B. eine **Mithöreinrichtung**[131]) eingesetzt und ist die technische Auswertung nur auf der Ebene einer Arbeitnehmergruppe möglich, die Gruppe aber so klein, dass der Überwachungsdruck auf die einzelnen Gruppenmitglieder weitergeleitet wird, so besteht ein **Mitbestimmungsrecht** des Betriebsrates[132] hinsichtlich Einführung, Anwendung und Änderung, auch wenn die Daten einem Dritten (Trainingsunternehmen, anderem Konzernunternehmen) überlassen werden.

Das Mitbestimmungsrecht wird durch Abschluss einer Betriebsvereinbarung ausgeübt. Sinnvoll zur Befriedung und Erleichterung der Abläufe in der betrieblichen Praxis sind oft auch **Rahmen-Betriebsvereinbarungen**, die insbesondere die Vorgehensweise bei der Implementierung technischer Einrichtungen regeln (Projektgruppen, Unterrichtung, Kommunikation, Datenfluss, Kontrollrechte).

---

[129] VG Frankfurt, Urt. v. 12.12.2005; 23 L 4220/05.
[130] zum Beispiel der Erlass einer Anweisung für Mitarbeiter im Kundenbetrieb; zu unterscheiden vom „Arbeitsverhalten", hier sind Anweisungen des Arbeitgebers regelmäßig mitbestimmungsfrei.
[131] dies und weitere zahlreiche Beispiele: § 87 Rn. 244.
[132] Fitting § 87 Rn. 224 ff.

7.11 Haftungsfragen bei Personalentwicklungsmaßnahmen

Kommt es bei Weiterbildungsmaßnahmen zu **Unfällen**, stellt sich die Frage nach der Haftung. Die gesetzliche Unfallversicherung tritt grundsätzlich auch bei Bildungsmaßnahmen ein, wenn diese zu den versicherten Veranstaltungen gehören. Die Grenze zwischen den versicherten und nicht mehr versicherten Maßnahmen ist nur sehr schwer zu ziehen. Hier sollte bei bestehenden Zweifeln versucht werden, beim zuständigen Versicherer (meist die Berufsgenossenschaft) Auskunft zu erhalten. Versicherte Risiken der Unfallversicherung sind der **Arbeitsunfall** einschließlich des **Wegeunfalls** (Unfall auf dem unmittelbaren Weg von oder zum Ort der versicherten Tätigkeit, in der Regel zum Wohnort des Versicherten und zurück) sowie die **Berufskrankheit** (soweit in der Berufskrankheitenverordnung als solche anerkannt).[133]

Leistungen der Unfallversicherung sind im Wesentlichen medizinische und berufsfördernde Leistungen zur Rehabilitation sowie Lohnersatz- bzw. Entschädigungsleistungen (Verletztengeld, Verletztenrente, Hinterbliebenenrente). Kann einem Veranstalter ein schuldhaftes Verhalten nachgewiesen werden, besteht die Möglichkeit, dass der Träger der gesetzlichen Unfallversicherung sich bei ihm schadlos hält. Hier kann dann eine private bzw. dienstliche **Haftpflichtversicherung** nützlich sein. Die Abweichung vom Weg zwischen Wohnung und Arbeitsplatz bzw. Weiterbildungsort kann ein möglicher Grund für den **Verlust von Ansprüchen** bei Wegeunfällen sein.

7.12 Zusammenfassung und Fazit

Arbeitsrechtlich ist Personalentwicklung ein bedeutsames Thema, jedoch kein gebräuchlicher Begriff. Sie wird vielmehr verstanden als *berufliche Bildung*, *Fortbildung*, *Umschulung* oder als *beruflicher Aufstieg*. Jedes für sich ist entweder gesetzlich geregelt oder unterliegt direkt oder indirekt rechtlichen Regeln. Es galt, diese aufzuzeigen und dabei auch besondere Mitarbeitergruppen oder berufliche Situationen nicht auszusparen.

Im Gegensatz zu anderen Lebenssachverhalten des Arbeitsrechts gibt es **wenig Rechtsprechung** zu Fragen der beruflichen Entwicklung. Dies liegt meist daran, dass sich die Beteiligten im Streitfall **gütlich einigen**; es liegt aber auch an der oft herrschenden **Unkenntnis rechtlicher Zusammenhänge**. Tarifverträge, Betriebsvereinbarungen und individuelle Arbeitsverträge bieten **Gestaltungsmöglichkeiten**, die oft **nicht ausrei-**

---

[133] § 8 SGB VII bietet eine Legaldefinition des Versicherungsfalls; demnach ist ein Arbeitsunfall der Unfall einer versicherten Person in Folge einer den Versicherungsschutz begründenden im SGB VII versicherten Tätigkeiten, wobei der Gesundheitsschaden rechtlich wesentlich auf den Unfall zurückgeführt werden muss.

chend genutzt werden. Auch in Hinblick auf Beschäftigungssicherung und -fähigkeit bestehen Möglichkeiten und Verbesserungschancen für Arbeitgeber einerseits und Betriebs- und Personalräten andererseits.

Der oder die Verantwortliche für Personalentwicklung muss unterschiedliche arbeitsrechtliche Aspekte im Blick haben, um letztlich den Erfolg seiner Maßnahmen nicht zu gefährden. Auch wenn der Arbeitgeber grundsätzlich **zur Verwirklichung von Entwicklungsmaßnahmen** seiner Mitarbeiter **nicht verpflichtet** ist, setzt er sie dennoch ein, um zumindest seine Stellung am Markt über die Qualität seiner Mitarbeiter zu sichern. **Klare Absprachen** zu Teilnahme an beruflicher Entwicklung, zur Sicherung der Qualität und zur Verteilung der Kostenlast, die in Betriebsvereinbarungen oder Arbeitsverträgen niedergelegt sind, wirken für alle Beteiligten entlastend und **motivierend**. Arbeitgeber erwerben sich dadurch den Ruf, für ihre Mitarbeiter mehr zu tun als andere, was wiederum die **Mitarbeiterbindung stärkt** und auf potenzielle Bewerber – vor allem in höher qualifizieren Bereichen – zusätzlich attraktiv wirkt.

Abkürzungen

AGG	Allgemeines Gleichbehandlungsgesetz
AP	Arbeitsrechtliche Praxis (Nachschlagewerk des BAG)
ASiG	Arbeitssicherheitsgesetz
AÜG	Arbeitnehmerüberlassungsgesetz
BAG	Bundesarbeitsgericht
BAT	Bundes-Angestellten-Tarifvertrag
BB	Betriebsberater
BBiG	Berufsbildungsgesetz
BDSG	Bundesdatenschutzgesetz
BEEG	Bundeselterngeld- und Elternzeitgesetz
BErzGG	Bundeserziehungsgeldgesetz
BetrVG	Betriebsverfassungsgesetz
BGB	Bürgerliches Gesetzbuch
BGBl.	Bundesgesetzblatt
BPersVG	Bundespersonalvertretungsgesetz
BRAO	Bundesrechtsanwaltsordnung
BVerfG	Bundesverfassungsgericht
CR	Computer und Recht (Zeitschrift)
DB	Der Betrieb
DIN	Deutsche Industrie Norm
ErfK	Erfurter Kommentar zum Arbeitsrecht
GG	Grundgesetz
LAG	Landesarbeitsgericht

NJW	Neue juristische Wochenschrift
NZA	Neue Zeitschrift für Arbeitsrecht
PersVG	Personalvertretungsgesetz
Rn.	Randnummer
SGB	Sozialgesetzbuch
TV	Tarifvertrag
VG	Verwaltungsgericht
VO	Verordnung
ZfA	Zeitschrift für Arbeitsrecht

Literatur

Bepler, K. (1976). Persönlichkeitsrechtsverletzung durch graphologische Begutachtung im Arbeitsleben. *Neue Juristische Wochenschrift, 1976*, 1872 ff.

Däubler, W. (1994). Erhebung von Arbeitnehmerdaten. *Computer und Recht, 1994*, 101-110.

Hromadka, W. & Maschmann, F. (2005). *Arbeitsrecht Bd. I* (3. Aufl.) Berlin: Springer.

Hromadka, W. (2002). Die Änderungskündigung - eine Skizze. *Der Betrieb, 25*, 1322-1326.

Franzen, M. (2001). Das Mitbestimmungsrecht des Betriebsrates bei der Erhebung von Maßnahmen der betrieblichen Berufsbildung nach § 97 II BetrVG. *Neue Zeitschrift für Arbeitsrecht, 2001*, 865 ff.

Fitting, K., Engels, G., Schmidt, I., Trebinger, Y. & Linsenmaier, W. (2009). *Betriebsverfassungsgesetz: Handkommentar* (24. Aufl.). München: Beck.

Junker, A. (2009). *Grundkurs Arbeitsrecht* (8. Aufl.). München: Beck.

Natzel, I. (2005). Das neue Berufsbildungsgesetz. *Der Betrieb, 11*, 610-613.

Richardi, R. & Wlotzke, O. (Hrsg.). (2000). *Münchener Handbuch Arbeitsrecht Bd. I* (2. Aufl.). München: Beck.

Sandmann, B. & Schmitt-Rolfes, G. (2002). Arbeitsrechtliche Probleme der Arbeitnehmer-Weiterbildung. *Zeitschrift für Arbeitsrecht, 2002*, 295-333.

Schaub, G. (2009). *Arbeitsrechts-Handbuch. Systematische Darstellung und Nachschlagewerk für die Praxis* (13. Aufl.). München: Beck.

Schmidt, F. L. & Hunter, J. E. (2000). Meßbare Personmerkmale: Stabilität, Variabilität und Validität zur Vorhersage zukünftiger Berufsleistung und berufsbezogenen Lernens. In M. Kleinmann & B. Strauss (Hrsg.), *Potentialfeststellung und Personalentwicklung* (2. Aufl.; S. 15-43). Göttingen: Hogrefe.

8 Praxisbeispiele

Das vorliegende Kapitel illustriert die Umsetzung von Personalentwicklung anhand von **Praxisbeispielen**. Die skizzierten Projekte zeigen die Erfolgspotenziale, aber auch die Schwierigkeiten und Herausforderungen der Personalentwicklung auf. Allen Projekten ist u.a. Folgendes gemeinsam:

- eine Orientierung an den **strategischen Vorgaben** der Gesamtorganisation
- die **Kombination multipler PE-Instrumente** und -Techniken, die einander ergänzen und sich wechselseitig in ihrer Wirkung unterstützen
- das abgestimmte **Zusammenwirken vieler interner und externer Kräfte** aus unterschiedlichen Funktionsbereichen (externe Trainer und Berater, interne Personalentwickler, interne Kunden der PE, Vertreter unterschiedlicher Managementebenen)
- das Bemühen, durch unterschiedlichste Maßnahmen **nachhaltige Transferfolge zu erzielen** (z.B. Einbindung von Entscheidern der auftraggebenden Organisation, aufgaben- oder projektorientierte Konzeption der PE, Anwendungscoaching etc.)

In **Kapitel 8.1** beschreiben *Manuela Egloff und Beate Heidler* die Qualifizierung von IT-Fachkräften zu Projektmanagern. Der Prozess wird durch ein zweites PE-Programm flankiert: Erfahrene Projektmanager werden zu Projektmanagement-Coaches ausgebildet, die als Transferunterstützer tätig werden sollen.

In **Kapitel 8.2** beschreiben *Dirk Seeling und Marc Solga* eine strukturierte PE-Bedarfsanalyse, wie sie im Zuge der Einführung einer Führungskräfte-Qualifizierung durchgeführt wurde.

In **Kapitel 8.3** betont *Frauke Ewert* die strategische Rolle der Personalentwicklungsfunktion für die Ausgestaltung einer wertorientierten Führungskultur.

In **Kapitel 8.4** stellen *Christina Demmerle, Volker Rockstroh, Horst Stein und Jurij Ryschka* ein Qualifizierungsprogramm vor, welches ausbildungsbegleitend auf die berufliche Praxis vorbereiten soll durch die Entwicklung von Präsentations-, Projektmanagement- und Marketingskills.

In **Kapitel 8.5** beschreiben *Jurij Ryschka, Marc Solga und Andreas Wolf*, wie ein organisationaler Veränderungsprozess, ein sog. Nearshoring, durch unterschiedlichste Maßnahmen der Führungskräfte-Entwicklung begleitet wird.

8.1 Konsistentes Projektmanagement in der Deutschen Bank am Beispiel des IT-Bereichs

von Manuela Egloff und Beate Heidler

Im folgenden Beitrag wird ein Personalentwicklungsprogramm für hochrangige IT-Fachkräfte vorgestellt, das in besonderer Weise zwei PE-Stränge miteinander verknüpft: die Weiterbildung von IT-Mitarbeitern zu IT-Projektmanagern mit der Qualifizierung erfahrener Projektmanager zu internen Coaches.

8.1.1 Philosophie

Menschen entscheiden über den Erfolg eines Unternehmens. Das gilt im Bereich der Finanzdienstleister auch für die technologischen Dimensionen des Erfolgs. Menschen wählen, entwickeln und betreiben die Informationstechnologie (IT), ohne die wir als Deutsche Bank unsere Ziele nicht erreichen können. Mehr noch: IT ist heute ein nahezu allgegenwärtiges Merkmal der Geschäftstätigkeiten unserer Bank. Weil sich IT immer schneller erneuert, muss sich das Business immer schneller erneuern. Und weil das Business von sich aus immer häufiger Änderungsimpulse aussendet, muss IT in immer rasanter verlaufenden Innovationszyklen mithalten. Deshalb brauchen wir Menschen, die sich entwickeln. Menschen, die sich vom stetigen Wandel motivieren lassen und diesen bewusst mitgestalten.

8.1.2 Hintergrund und Bedarfsanalyse

In allen Branchen ist eine **zunehmende Projektorientierung** festzustellen. Insbesondere im IT-Bereich nimmt Projektarbeit in starkem Maße zu. Erfolgreiches Projektmanagement wird damit zunehmend zu einem geschäftlichen und persönlichen Erfolgsfaktor. Ein wesentlicher Erfolgsfaktor besteht hierbei in der **Kompetenz der Projektleiter und -mitarbeiter**.

Viele Mitarbeiter in unserem Unternehmen verfügen über gute Projektmanagementkenntnisse. Allerdings gab es in der Vergangenheit kein einheitliches Verständnis über die in Projekten verwendeten Methoden und Vorgehensweisen. Daher arbeiteten unterschiedliche Bereiche und Abteilungen mit verschiedenen Projektstandards, was bei übergreifenden Projekten oder Fragestellungen zu erheblichen Schwierigkeiten führte.

Deshalb beauftragte unser IT-Vorstand die Personalabteilung, ein **Zertifizierungsprogramm** für Projektmanager im IT-Bereich einzuführen und damit die Etablierung einer neuen Projektmanagement-Kultur in unserem Unternehmen anzustoßen.

Für die Organisation sollte dadurch sichergestellt werden, dass in allen Fachbereichen **gleiche Standards** gelten. Damit ließen sich Ressourcen optimaler einsetzen und Risiken minimieren. Ferner würde eine größere Transparenz der Kosten-Nutzen-Ratio erreicht.

Auf Mitarbeiterebene bedeutete es, das bisherige Personalentwicklungskonzept zu überdenken. Neben den klassischen Laufbahnen der Führungskraft und des Spezialisten etablierten wir einen **dritten Karierrepfad**, nämlich den des **Projektmanagers**, bei dem man sich vom Teilprojektleiter in mehreren Schritten bis hin zum Großprojektleiter für globale Prozesse entwickeln kann (vgl. auch Ryschka & Tietze, Kap. 3.1.6: Karriereberatung). Dabei war es wichtig, unseren Mitarbeitern eine Vielzahl von Möglichkeiten zu bieten, sich entsprechend ihrer bisherigen Erfahrungen und Kenntnisse im Projektmanagement on-, near- und off-the-job zu qualifizieren und weiterzubilden.

8.1.3 Vorbereitung und Konzept

Neben den allgemeinen Projektmanagement-Trainingsangeboten aus dem Standardseminarkatalog der Bank, die jedem Mitarbeiter zur Verfügung stehen und nach festgestelltem Entwicklungsbedarf jederzeit gebucht werden können, wurde für ausgewählte Mitarbeiter ein **strukturiertes, modularisiertes Ausbildungsprogramm** entwickelt. Bei diesem sollten potenzialstarke Mitarbeiter mit mindestens drei Jahren Berufserfahrung die Möglichkeit bekommen, eine **Projektmanagementzertifizierung** zu erlangen. Da es sich bei der Umstellung auf einen standardisierten Projektmanagementansatz nicht nur um ein neues Trainingsthema, sondern um eine Qualifizierungsmaßnahme mit Auswirkungen auf die Gesamtorganisation handelt, sollten **erfahrene Projektmanager** zwecks umfassender **Förderung des Lerntransfers** (vgl. Solga, Kap. 5: Förderung von Lerntransfer) als **Coaches für die Teilnehmer** des Zertifizierungsprogramms zur Verfügung stehen. Die Aufgabe und Funktion dieser Coaches sollte darin bestehen, die Teilnehmer während der Lern- und Anwendungsphasen zu unterstützen, mit diesen Umsetzungsprobleme zu erörtern und entsprechende Lösungsmöglichkeiten zu entwickeln. Des Weiteren sollten sie bei wichtigen und kritischen globalen Projekten als Berater tätig sein.

Durch die **Einbindung eines Sponsors** aus dem Topmanagement wurde die Bedeutung des Projektmanagementthemas zusätzlich akzentuiert. So sollte sichergestellt werden, dass das neue Wissen multipliziert und in die Gesamtorganisation integriert wird.

Projektmanagerzertifizierung

Nach einer Marktrecherche und Gesprächen mit verschiedenen Anbietern von Zertifizierungsprogrammen entschieden wir uns dafür, die Projektmanager nach PMI®-Standard zu zertifizieren.[1] Die in diesem Curriculum vermittelten Wissensgebiete sind umfassend (siehe Abbildung 1): So werden den Teilnehmern neben grundsätzlichen **Projektmanagementmethoden** auch Kenntnisse und Fertigkeiten in **Betriebswirtschaft**, **Psychologie** (Konfliktmanagement und Teamprozesse) sowie bezüglich **juristischer Fragen** (Vertragsrecht) und **Einkaufsprozessen** vermittelt.

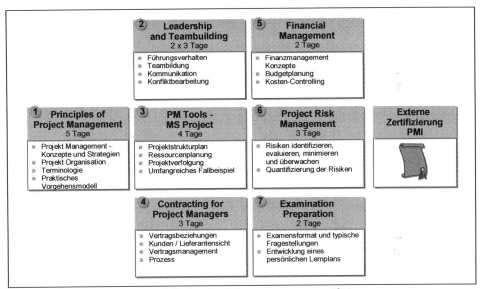

Abbildung 1: Ausbildungsmodule der Projektmanagementzertifizierung

Im Rahmen des Ausbildungsprogramms stand neben dem Erwerb von Projektmanagementwissen und der Zertifizierung auch der Aufbau eines **Peer-Netzwerks** der zu zertifizierenden Projektmanager im Fokus. Das Zertifizierungsprogramm, war eine Mischung aus **Training off-the-job** (PMI®-Zertifizierung) und **Coaching**. Jedem Teilnehmer wurde ein erfahrener Projektmanager als Coach zur Seite gestellt, mit dem über das Gelernte gesprochen und Lern- sowie Anwendungserfahrungen ausgetauscht werden konnten. Die Teilnehmer waren **mit eigenen Projekten betraut**, die es ihnen ermög-

---

[1] Das Project Management Institute (PMI®) ist der global führende professionelle Projektmanagement-Verband. Es bietet global akzeptierte und anerkannte professionelle Zertifizierungsprogramme von höchster Qualität an. Die internationalen Standards des PMI sind im Project Management Body of Knowledge (PMBOK™) dokumentiert und umfassen fünf Prozessgruppen. Die Zertifizierung zum Project Management Professional (PMP®) ist weltweit der anerkannteste Berechtigungsnachweis für Projektmanager, er wurde 1999 nach ISO 9001 zertifiziert.

lichten, das **gelernte Wissen direkt anzuwenden**. Die Trainings erstreckten sich über einen Zeitraum von 12 Monaten, um den Teilnehmern die Möglichkeit zu geben, das Gelernte kontinuierlich umzusetzen. Durch die Staffelung der Trainings konnten **Transferprobleme** im jeweils folgenden Training aufgegriffen und bearbeitet werden.

Coaching

Das Umfeld von Unternehmen befindet sich in einem sich immer stärker beschleunigenden Wandel. Eine effektive Möglichkeit, sich diesen Veränderungen anzupassen, ist **Lernen durch Coaching**. Coaching bedeutet, dass man seine Erfahrungen einsetzt, um unerfahrenere Mitarbeiter bei Projekten und Prozessen zu beraten und ggf. unterstützend einzugreifen (vgl. Ryschka & Tietze, Kap. 3.1.2: Coaching). Die vielfältigen Aufgaben eines Coaches müssen aber erst erlernt werden; auch das Coach-Sein benötigt Erfahrung. Zu Coaches sollten erfahrene Mitarbeiter ausgebildet werden, die nicht nur die Bank und deren IT, sondern auch viele Projekte mit unterschiedlichen Fragestellungen sehr gut kennen – Mitarbeiter, denen es Spaß macht, ständig selber dazuzulernen und andere an ihren Erfahrungen teilhaben zu lassen, ohne direktiv in Arbeits-, Entscheidungs- und Entwicklungsprozesse einzugreifen.

Durch die Module des **Coach-the-Coach** (C-t-C) Trainings (siehe Abbildung 2) sollten die erfahrenen Projektmanager optimal auf ihre zukünftige Rolle vorbereitet werden. Für diese Tätigkeit als **Prozess- und Lernbegleiter** wurden die internen Coaches **systematisch** von externen Beratern unterstützt, indem sie **prozessbegleitend für die jeweils aktuelle Coachingarbeit vorbereitet** wurden. D.h. die **Ausbildungsblöcke** der Coaches sollten **parallel zum eigentlichen Coachingprozess** laufen: Schrittweise wurden die Coaches auf die Herausforderungen vorbereitet, die aktuellen Coachingthemen reflektiert und weitere Schritte für die individuellen Coachings geplant.

Informationsprozess und Umsetzungsplanung

Das neue Qualifizierungskonzept wurde dem Topmanagement des IT-Bereiches vorgestellt und eine Pilotierungsphase genehmigt. Ein Mitglied des Managementteams übernahm die **Patenschaft und Sponsorship** für das Programm, um sicherzustellen, dass die Thematik auch über einen langen Zeitraum immer beim Topmanagement präsent bleibt und permanent unterstützt wird. Im Rahmen dieser Vorstellung wurde entschieden, dass sowohl die Teilnehmer des Zertifizierungprogramms als auch die Teilnehmer des Coachingtrainings durch einen Nominierungsprozess ausgewählt werden sollten.

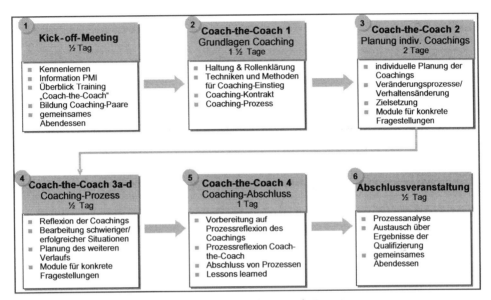

Abbildung 2: Ausbildungsmodule des Coach-the-Coach Trainings

Bei diesem **Nominierungsprozess** wurden Kriterien[2] festgelegt, anhand derer beurteilt werden sollte, ob die Mitarbeiter das Potenzial haben, die an sie gestellten Erwartungen und Aufgaben zu erfüllen. Weiterhin wurde das bereits im IT-Bereich etablierte Kompetenzmodell mit entsprechenden Rollenbeschreibungen und Kompetenzausprägungen eines Projektmanagers auf verschiedenen Senioritätsebenen als Grundlage für die Entscheidungsfindung genutzt. Durch die Teilnahme an der Zertifizierungsmaßnahme sowie dem Coaching sollten die entsprechenden Kompetenzen erworben bzw. vertieft werden.

- Das **Topmanagement** behielt sich die **Entscheidung** über den Teilnehmerkreis vor und nutzte dafür Informationen der nächsten Führungsebenen.

- Daher erfolgte als nächstes ein Briefing der beiden **nachfolgenden Führungsebenen**, bei dem das Ziel und die Inhalte der Maßnahme sowie die Auswahlkriterien vorgestellt wurden. Die Führungskräfte erarbeiteten **Vorschläge für Kandidaten** in Zusammenarbeit mit dem jeweils zuständigen Personalbetreuer und gaben diese Empfehlungen mit entsprechenden Begründungen dem Topmanagement.

- In einer nächsten Sitzung stellte jedes Mitglied des **Topmanagements** seine Kandidaten den Kollegen vor. Ziel dabei war, durch **Quervergleiche** ein einheitliches Verständnis von Potenzial zu gewinnen und offene Entwicklungsbedarfe zu

---

[2] Als Kriterien wurden die Leistungen der Vorjahre genutzt. Anhand von Potenzialindikatoren wurden verschiedene Fähigkeiten bewertet, z.B. die Bewältigung komplexer Aufgaben. Ferner wurde die Mobilität abgefragt.

diskutieren sowie größere **Konsistenz in der Beurteilung** von Mitarbeitern zu erzielen.

- Die **vorgeschlagenen Mitarbeiter** und deren **direkte Vorgesetze** wurden in einem **Auswahlgespräch** durch die Personalentwicklungsabteilung zum einen über die Inhalte der Maßnahmen informiert; zum anderen galt es zu klären, ob auf Seiten des Mitarbeiters die Voraussetzungen erfüllt waren, die auf ihn zukommenden zusätzlichen Aufgaben zu bewältigen. Gab es Bedenken von Seiten der Personalfunktion oder des Mitarbeiters selbst, wurde dem Management das zurückgemeldet. Drei der vorgeschlagenen Kandidaten nahmen so nicht an den Entwicklungsmaßnahmen teil.

Parallel wurde der Betriebsrat über die geplanten Maßnahmen und die ausgewählten Mitarbeiter informiert.

8.1.4 Umsetzung

Entwicklungsplanung und Arbeitsvereinbarung

Die ausgewählten Mitarbeiter und deren Führungskräfte waren vor Beginn des Pilotprogramms aufgefordert, den Entwicklungsplan für den Mitarbeiter entsprechend des jeweiligen Karrierepfads (Projektmanager oder Coach) anzupassen. Des Weiteren wurde eine Arbeitsvereinbarung erstellt, in der festgehalten wurde, welche Zielsetzung von dem Mitarbeiter und der Führungskraft durch die Teilnahme am Programm verfolgt wird (siehe **Transfervertrag**; Solga, Kap 5: Förderung des Lerntransfers). Dabei wurden eine oder mehrere **Kompetenzen** bezogen auf das **konkrete Arbeitsumfeld** des Teilnehmers dahingehend formuliert, welche **Verhaltensweisen** dieser während des Programms konkret entwickeln bzw. verändern sollte. Die Vereinbarung wurde von beiden unterschrieben, um das Commitment beider Seiten für den gesamten Zeitraum des Programms einzuholen. Die festgelegten Entwicklungsgebiete dienten dem Coach und dem Teilnehmer des Zertifizierungsprogramms als Grundlage ihrer Coachingvereinbarung.

Pilotprogramm

Rahmenprogramm: Kick-Off, Sponsorgespräch und Abschlussveranstaltung

Ein halbes Jahr nach den ersten Überlegungen zu Projektmanagerzertifizierung startete Auftakt zu dem Programm bildete für die 21 Mitarbeiter, die Projektmanager nach PMI-Standard und die zehn Mitarbeiter, bildung nominiert wurden, ein **Kick-Off**. Ziel der halbtägigen e Teilnehmer über den detaillierten **Ablauf** der Programme und e Abbildung 3) zu informieren sowie ein **Kennenlernen** zu

Nachdem die Gruppen der Coaches und der PMI-Teilnehmer zunächst getrennt voneinander Informationen zum Programm erhalten hatten, waren sie aufgefordert, ihre **Erwartungen an eine Coachingbeziehung** zu formulieren. Im Anschluss wurden die Coachingteams gebildet. Diese Teams sollten sich konkret über die Ausgestaltung ihrer zukünftigen Coachingbeziehung austauschen. Dabei bekamen sie den Auftrag, gemeinsam ein Fortbewegungsmittel zu bauen, mit dem sie sich auf die Coaching-Reise begeben wollten (vgl. Demmerle, Schmidt, Hess, Solga & Ryschka, Kap. 4.5: Erlebnisorientierte Techniken). Das Fortbewegungsmittel sollte mit den Merkmalen ausgestattet sein, die für ihre Coaching-Reise wichtig sind. Beispiele:

- „Beide sollen steuern können, d.h. das Fortbewegungsmittel braucht ein Lenkrad, an dem zwei Platz haben."
- „Schwieriges Gelände soll erkundet werden, d.h. das Fortbewegungsmittel muss ausreichend Bodenfreiheit haben."
- „Offenheit für Veränderungen ist gewünscht, d.h. es werden große Fenster benötigt."

Nach einem halben Jahr trafen die **Teilnehmer mit dem Projektsponsor** aus dem Managementteam zusammen. Partizipation und Unterstützung durch das Management verleihen der PE-Maßnahme zusätzliche Bedeutung in der Gesamtorganisation. Die Teilnehmer konnten mit dem Sponsor über die **bisherigen Erfahrungen** diskutieren und Anregungen bekommen, wie mit **Widerständen** in der Organisation umgegangen werden kann. Diese traten natürlich auf, als versucht wurde, neue Methoden anzuwenden und Standards zu setzen.

Nach 15 Monaten fand die offizielle **Abschlussveranstaltung** statt, bei der die Teilnehmer dem **gesamten Management** und der **Personalabteilung** vorstellten, was sie während der vergangenen Monate gelernt hatten. Einen inhaltlichen Schwerpunkt bildete die Diskussion darüber, welche Möglichkeiten die Teilnehmer sehen und welche Unterstützung sie benötigen, um das **Gelernte in der Praxis anwenden** zu können und **weiter in die Organisation zu tragen**.

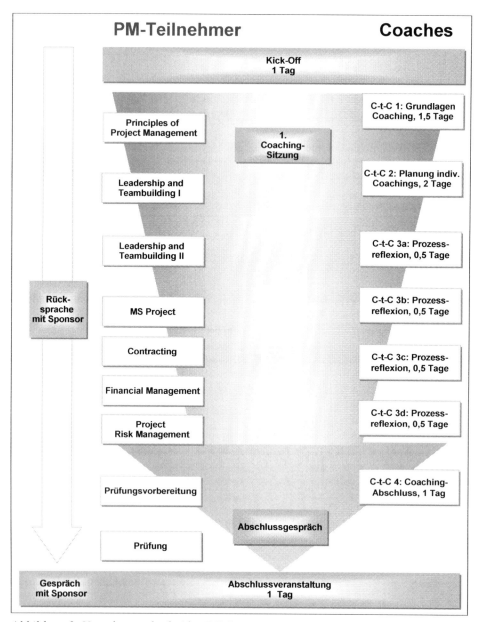

Abbildung 3: Verzahnung der beiden PE-Stränge

Projektmanagerzertifizierung

Alle acht Seminare wurden von zertifizierten Trainern mit hoher Projektmanagementerfahrung gehalten und nach jedem Ausbildungsmodul mit einer Erfolgskontrolle abgeschlossen. Von den Teilnehmern wurde ein **hohes Maß an persönlichem Engagement** gefordert, denn um den Kurs erfolgreich bestehen zu können, war es erforderlich, dass die Teilnehmer neben den Seminartagen zusätzliche Zeit investierten, um die Seminare vor- und nachzubereiten sowie für die Prüfung zu lernen. Weiterhin trafen sich die Programmteilnehmer monatlich zum regelmäßigen Austausch im Netzwerk der „PMI-ler", um den Einsatz der erlernten Methoden zu reflektieren und Lösungen auszutauschen (**Transfernetzwerke**; vgl. Solga, Kap. 5: Förderung von Lerntransfer).

Später dann unterzogen sich die Teilnehmer des Projektmanagementzertifizierungsprogramms einer **Prüfung bei einem unabhängigen Institut** (Prometric). Um diese erfolgreich zu bestehen und damit die Zertifizierung zu erhalten, mussten die Teilnehmer innerhalb von vier Stunden mindestens 70% der 200 Multiple-Choice-Fragen richtig beantworten. Alle Teilnehmer absolvierten die Prüfung erfolgreich.

Coaching

Im ersten Ausbildungsblock (C-t-C 1; siehe Abbildung 2 und 3) wurden die Coaches mit den **Grundlagen des Coachings** vertraut gemacht und erlernten Techniken und Methoden zum **Einstieg** in den Coaching-Prozess. Anschließend starteten die Coaches die erste Coachingsitzung, in der die Coachinginhalte geklärt und Kontrakte formuliert wurden.

Im zweiten C-t-C-Seminar wurden die **individuellen Coachingpläne** für die jeweiligen Nachwuchsprojektleiter erarbeitet. Für ihre nun konkreten Coaching-Aufgaben wurden den Coaches Methoden und Modelle von den Beratern zur Verfügung gestellt, mit denen sie die Coachees in ihrer Entwicklung voranbringen konnten. Auf diese Weise vorbereitet, stiegen die Coaches in die inhaltliche Arbeit mit ihren Coachees ein.

Parallel zu den laufenden Coaching-Prozessen wurden in den weiteren Coach-the-Coach Seminaren (C-t-C-3) die vergangenen **Coaching-Sitzungen** reflektiert, schwierige Situationen systematisch bearbeitet und **Strategien für das weitere Vorgehen** im Coaching entwickelt. Diese Ausbildungsblöcke umfassten jeweils einen halben Tag und fanden ca. alle 6 Wochen statt. Während des gesamten Prozesses standen den Coaches die Berater **telefonisch zur Verfügung**, um dringende Fragen auch zwischen den einzelnen Seminarblöcken klären zu können.

In Coach-the-Coach 4 reflektierten die Coaches schließlich den Gesamtprozess und wurden auf das **Abschlussgespräch** mit ihren Coachees vorbereitet (wobei es den Coachingpaaren selbstverständlich freigestellt war, weiter zusammenzuarbeiten).

8.1.5 Evaluation

Wie bei allen Entwicklungsmaßnahmen in unserem Unternehmen fand auch bei dem Pilotierungsprogramm ein **kontinuierlicher Evaluationsprozess** statt. Dieser war in diesem Fall besonders intensiv und fand auf mehreren Ebenen statt, da es sich zum ersten um ein Pilotprojekt handelte, zweitens die Qualifizierung mit hohen Kosten verbunden war und drittens man die Möglichkeit haben wollte, ggf. auch im laufenden Programm korrigierend eingreifen zu können. Die Ergebnisse der Evaluation wurden dem Management, den Teilnehmern des Programms und anderen beteiligten Personen (direkte Führungskräfte der Teilnehmer, zuständige Personalbetreuer, Betriebsrat) zeitnah vorgestellt.

Die zwischen den Führungskräften und Mitarbeitern in der Arbeitsvereinbarung und im Entwicklungsplan **vereinbarten Entwicklungsziele** flossen in die **jährliche Zielvereinbarung** ein und wurden somit regelmäßig überprüft. Die Erreichung oder Nichterreichung der Ziele hatte unmittelbare Auswirkung auf Bezahlung und Beförderung. Im Sinne der Lerntransferförderung werden so leistungsbezogene Anreize für die Umsetzung des Gelernten in der Praxis geschaffen. Neben diesem für alle Mitarbeiter stattfindenden „Performance Management Prozess" wurde eine Reihe **standardisierter Fragebogen** zur Bewertung der Seminarreihen, **Selbst- und Fremdeinschätzung der Kenntnisse und Kompetenzen der Teilnehmer** sowie zur **Bewertung des Coaching-Prozesses** aus Sicht des Coaches und aus Sicht des Coachees in Anlehnung an das Kompetenzmodell entwickelt. Die bei diesem Programm verwendeten Fragebogen sind in Tabelle 1 aufgeführt.

Zusammenfassend lässt sich sagen, dass das Programm von allen Beteiligten als Erfolg gewertet wurde. Die **Führungskräfte** der Teilnehmer stellten **deutliche Verbesserungen in der Projektarbeit** bei ihren Mitarbeitern fest und gleichzeitig wirkten diese als Multiplikatoren des Projektmanagementwissens in den Abteilungen. Die meisten der Teilnehmer bekamen **verantwortungsvollere Aufgaben** und damit oft auch eine höhere Vergütung.

Tabelle 1: Fragebogen zur Evaluation

Fragebogen	Zeitpunkt	Ziel
Selbsteinschätzung Programmteilnehmer Zeitpunkt 1	Beginn des Programms	▪ Erfassung der Ausprägungen in den Kompetenzen vor Beginn des Programms ▪ Beurteilung der Relevanz der Kompetenzen bzgl. der momentanen Aufgabe
Selbsteinschätzung Programmteilnehmer Zeitpunkt 2	Ende des Programms	▪ Erfassung der Ausprägungen in den Kompetenzen nach dem Programm und Feststellung von positiven Entwicklungen ▪ Beurteilung der Relevanz der Kompetenzen und Vergleich zum Zeitpunkt 1 (haben sich Prioritäten verschoben?) ▪ Überprüfung der Transferleistungen ▪ Prüfung, ob die eigenen Aufgaben in Hinblick auf Verantwortung und Komplexität erweitert bzw. verändert wurden
Fremdeinschätzung des Vorgesetzten	Ende des Programms	▪ Feststellung, ob sich durch das Programm Veränderungen bei dem Mitarbeiter ergeben, die von der Führungskraft auch wahrgenommen werden ▪ Vergleich über die Ausprägungen der Kompetenzen sowie deren Wichtigkeit zwischen Führungskraft und Mitarbeiter
Seminarbeurteilung Trainer	Ende jedes Seminars	▪ Feedback, ob die Teilnehmergruppe gut zusammenpasst und Rahmenbedingungen gegeben sind, um Lerninhalte optimal zu vermitteln
Seminarbeurteilung Teilnehmer	Ende jedes Seminars	▪ Feedback an Veranstalter und Trainer ▪ konkrete Verbesserungsvorschläge und Wünsche
Beurteilung der Coachingbeziehung Sichtweise Coachees	Ende des Programms	▪ Informationen über Verlauf und Nutzen des Coachings aus Sicht des Coachees[3]
Beurteilung der Coachingbeziehung Sichtweise Coaches	Ende des Programms	▪ Rückmeldung über Verlauf und Nutzen des Coachings aus Sicht des Coaches
Programmbewertung durch Teilnehmer und Vorgesetzte	Ende des Programms	▪ Feedback an Personalabteilung und Management, wie sich das Konzept in der Praxis bewährt und ob es den Erwartungen der Teilnehmer entspricht

---

[3] Während des Programms war es nicht vorgesehen in die Coachingbeziehungen einzugreifen, um aufgebautes Vertrauen nicht zu gefährden.

8.1.6 Erfahrungen

Durch die intensiven Evaluationsmaßnahmen konnte aufgezeigt werden, dass durch das Programm die erwünschten **Kompetenzen erworben** bzw. ausgebaut und durch gezieltes Platzieren der zertifizierten Mitarbeiter im Unternehmen auch Veränderungen in der Projektarbeit bewirkt werden konnten. Daher entschied das Management, dass das Programm wiederholt werden sollte. Die inhaltliche Schwerpunktsetzung in einigen Seminaren wurde etwas modifiziert. Im Wesentlichen wurde der Ablauf so beibehalten. Die Erfahrungen bestätigten das Konzept des Coachings und unterstrichen auch die **Notwendigkeit der kontinuierlichen Begleitung und Unterstützung der Coaches**. Besonders die in den Seminaren eingesetzten Rollenspiele sowie die Fallarbeit an persönlichen Fragstellungen erwiesen sich als hilfreich bei der Entwicklung zu einem kompetenten Coach in Projektmanagementfragestellungen.

Der Auftrag des Vorstandes war, die Etablierung eines neuen Projekt-Management-Standards in unserem Unternehmen anzustoßen. Das Zertifizierungsprogramm mit seinem begleitenden Coaching war ein erster Schritt in diese Richtung. Die Verbreitung von PMI in einem Unternehmen kann allerdings nicht auf einen Schlag, sondern nur schrittweise erfolgen. Viele der PMP (zertifizierte Projektmanager) wurden bewusst bei der Einführung der Policies & Standards in den jeweiligen Abteilungen eingesetzt, damit die Anwendung der PMI-Prinzipien eine große Hebelwirkung erzielt.

Die **hundertprozentige Unterstützung des gesamten Managements** war unbedingt erforderlich und ohne diese wäre das Vorhaben mit großer Wahrscheinlichkeit gescheitert. Denn es galt nicht nur mit Widerständen im IT-Bereich umzugehen, sondern auch mit den Widerständen aus anderen Bereichen innerhalb und außerhalb unserer Bank. Denn neben den eigenen Mitarbeitern sind auch andere wichtige Personengruppen wie z.B. Kunden oder Lieferanten vom internen Projektmanagement tangiert. Diese müssen die Standards und Prozesse ebenfalls verstehen und am besten auch anwenden.

Personalseitig wurde das gesamte **Projektmanagementangebot des Trainingskataloges,** welches für alle Mitarbeiter des gesamten Unternehmens weltweit gilt, überarbeitet und **an den einheitlichen Standard angepasst**. Für erfahrene Projektmanager wurde die Möglichkeit der Vorbereitung auf die Zertifizierung in sieben Tagen in das Curriculum aufgenommen. Im Vordergrund steht hierbei nicht der bloße Erwerb von Projektmanagementkenntnissen, sondern die Einführung in die Denkweise und Methoden von PMI.

Damit sind wir dem intendierten Ziel wieder ein Stück näher gekommen, langfristig eine Projektmanagement-Kultur zu etablieren, durch die sichergestellt wird, dass in allen Fachbereichen gleiche Standards gelten und somit Ressourcen optimal eingesetzt werden und eine hohe Transparenz der Kosten-Nutzen-Ratio ermöglicht wird.

8.2 Bedarfsanalyse für ein Führungskräfte-Entwicklungsprogramm

von Dirk Seeling und Marc Solga

Der folgende Beitrag liefert ein Praxisbeispiel für die **Erfassung des Personalentwicklungsbedarfs**. Der skizzierte Prozess wurde im Rahmen der Einführung eines strategieorientierten Führungskräfte-Entwicklungsprogramms realisiert. Hierbei wurde der Auftraggeber, eine deutsche Non-Profit-Organisation, durch ein Beratungsunternehmen für Personal- und Organisationsentwicklung unterstützt.

Die PE-Bedarfsanalyse soll generell in drei Schritten erfolgen (vgl. Klug, Kap. 2: Analyse des Personalentwicklungsbedarfs): **Organisationsanalyse – Aufgabenanalyse – Personanalyse**. Die Fachliteratur empfiehlt zahlreiche Instrumente und Vorgehensweisen für jeden einzelnen der drei Schritte.

In der Praxis zählt das **Kriterium der Machbarkeit**. Ein Bedarfsanalysevorhaben wird sich deshalb nicht nur an den **Standards der Fachexperten**, sondern auch an **betrieblichen Notwendigkeiten** orientieren müssen. Letztere ergeben sich aus den begrenzten finanziellen, zeitlichen und personellen Ressourcen und aus den kulturellen und politischen Gegebenheiten in der auftraggebenden Organisation.

Im Folgenden werden die Schritte der Bedarfsanalyse dargestellt, wie sie im vorliegenden Projekt realisiert werden konnten – auch hier galt es, machbare und akzeptierte Lösungen zu entwickeln und umzusetzen. Einführend werden die Projektziele und die Projektplanung erörtert. Die weitere Darstellung folgt dem skizzierten Dreischritt.

8.2.1 Auftraggeber, Projektziele und Projektplanung

Der **Auftraggeber** des Projekts ist eine Non-Profit-Organisation, die mit etwa 5.000 hauptamtlichen und 15.000 ehrenamtlichen Mitarbeitern in diversen sozialen und karitativen Bereichen tätig ist. In Deutschland arbeiten diese Mitarbeiter in mehreren Teilorganisationen, die sich ihrerseits in zahlreiche Untereinheiten aufgliedern[1].

Ziel des Projekts war es, ein organisationsweites **Qualifizierungsprogramm** für die Ebene der **unteren Führungskräfte** (Leiter der Untereinheiten) zu entwickeln und zwar auf der Grundlage einer umfassenden **PE-Bedarfsanalyse**.

---

[1] Um die Anonymität der auftraggebenden Organisation zu wahren, werden allgemeine Begrifflichkeiten verwendet, wenn es gilt, die Organisation, ihre Teilbereiche und die in ihr tätigen Führungskräfte und Mitarbeiter zu beschreiben.

Die **Leiter der Untereinheiten** repräsentieren eine **Schlüsselposition** für den Geschäftserfolg. Es ist schwirig, geeignete Kandidaten für diese Position zu finden. Sie wird zumeist mit Personen besetzt, die zuvor in anderen Aufgabenbereichen der Organisation tätig waren und die dort mangels Nachwuchsförderung nach ihrem Aufstieg ein „Kompetenzloch" hinterlassen. Die **Zielgruppe** des Projekts bestand aus etwa 200 unteren Führungskräften und 400 potenziellen Nachwuchskräften.

Tabelle 1: Gesamtplan des Projekts „Qualifizierung untere Führungsebene"

Projektphasen	Zeit
1. **Projektplanung und -vorbereitung, Kick-off**	1. Monat
2. **Bedarfsanalyse**	2. bis 10. Monat
2.1. **Organisationsanalyse** ▪ Aufgabe: Festlegung der strategischen Zielvorgaben für die PE, Erfassung der PE-Randbedingungen und des PE-Status in der Organisation ▪ Instrumente: Auswertung vorliegender Studien, Telefon-Interviews und moderierte Workshops in den Teilorganisationen	2. bis 7. Monat
2.2. **Aufgabenanalyse** ▪ Aufgabe: Formulierung eines Anforderungsprofils für untere Führungskräfte ▪ Instrument: moderierte Workshops in den Teilorganisationen	
2.3. **Personanalyse** ▪ Aufgabe: Beurteilung aktueller und potenzieller Führungskräfte der unteren Ebene ▪ Instrumente: Assessment Center, Leistungsbeurteilungen	7. bis 10. Monat
3. **Konzipierung eines Führungskräfteentwicklungsprogramms**	10. und 11. Monat
4. **Implementierung und Durchführung des Programms**	ab 12. Monat

In den einzelnen Teilorganisationen ist die Qualifizierung der unteren Führungskräfte sehr unterschiedlich und insgesamt wenig systematisch gehandhabt worden. Während einige wenige Teilorganisationen erste Förderprogramme und Personalentwicklungsinstrumente besaßen, die aber nicht am strategischen Bedarf der Gesamtorganisation orientiert waren, verfügten andere Teilorganisationen über keinerlei systematische Weiterbildungsmaßnahmen.

Es wurde eine **Arbeitsgruppe** gebildet, die das Projekt „Qualifizierung untere Führungskräfte" vorantreiben sollte. Ein Mitglied der mittleren Führungsebene (Vorsitzender einer Teilorganisation) übernahm die interne Projektleitung und wurde durch **externe Fachberatung und Prozessmoderation** unterstützt. Ein übergeordnetes **Lenkungsgremium**, bestehend aus Mitgliedern des Top-Managements, brachte die Perspektive der

Gesamtorganisation ein und sorgte für die nötige Abstimmung mit anderen, ebenfalls organisationsweit aufgesetzten Prozessen (z.B. Einführung eines Qualitätsmanagements).

Tabelle 1 skizziert das Gesamtprojekt im Überblick, wobei die Projektphase „Bedarfsanalyse" ausführlicher dargestellt wird, weil sie im Mittelpunkt des vorliegenden Beitrags steht.

Tabelle 2: Beteiligung unterschiedlicher Personengruppen an der PE-Bedarfsanalyse

	Phasen- und Detailplanung	Projekt-Kick-Off	Telefoninterviews	Workshops in Teilorganis.	PE-Bedarfsbericht
Lenkungsgremium	E	E	E	E	E
Projektleiter	V	V	V	V	E
Projektgruppe	B	B	B	V	E
mittlere Führungsebene		B	B	B	B
untere Führungsebene			B	B	
PE-Verantwortliche und Stabsstellen		B	B	B	

Anmerkungen: E = entscheiden; V = bereiten Entscheidungen vor; B = bringen ihre Perspektive ein.

Die Arbeit der Projektgruppe sollte den folgenden **Prinzipien** verpflichtet sein:

- Es galt, ein einheitliches Verständnis von Personalentwicklung und auf dieser Grundlage eine **organisationsweit einheitliche Personalentwicklungsstrategie** zu erarbeiten, die von allen Beteiligten mitgetragen werden kann.

  In diesem Sinne wurden die ersten Sitzungen der Projektgruppe nicht nur dazu genutzt, Planungsaufgaben zu erledigen, Kommunikationsregeln zu vereinbaren und eine vertrauensvolle Arbeitsatmosphäre herzustellen, sondern auch dazu, ein **einheitliches Verständnis** von strategieorientierter Personalentwicklung zu erzielen und – im Sinne eines **„gemeinsamen mentalen Modells"** und einer allgemeinen **Orientierungshilfe** – ein PE-Prozessmodell festzulegen (vgl. Solga, Ryschka & Mattenklott, Kap. 1: Personalentwicklung: Gegenstand, Prozessmodell, Erfolgsfaktoren). Hierzu wurden unterschiedlichste **State-of-the-Art-Konzepte** recherchiert und in Bezug auf ihre organisationsspezifische Praktikabilität bzw. Systemkompatibilität ausgewertet.

- Zugleich galt es, die spezifischen Vorstellungen und die **unterschiedlichen Entwicklungsstände** in den Teilorganisationen zu achten und zu berücksichtigen. Das zu erstellende Gesamtkonzept sollte den gemeinsamen Nenner für die Qualifizierung der unteren Führungsebene definieren, aber zugleich Raum lassen für die **individuelle Anpassung und Ausgestaltung** in den Teilorganisationen.

- Die Entwicklung des Konzepts sollte in starkem Maße **partizipativ** erfolgen. Es galt, die Perspektiven aller Führungsebenen aufzunehmen und ins Projekt zu integrieren. Denn die Einbeziehung multipler Sichtweisen erzeugt eine **breite Informations- und Entscheidungsbasis** und sichert damit die **Qualität** der zu entwickelnden Konzepte. Ferner gilt: Partizipation steigert die **Akzeptanz des Projekts** und der Projektergebnisse in der Organisation. Dies ist insbesondere angesichts der unterschiedlichen Kulturen und Entwicklungsstände in den Teilorganisationen von großer Bedeutung.

In diesem Sinne wurden unterschiedlichste Formen der **aktiven Beteiligung** realisiert (Tabelle 2 zeigt, wie die verschiedenen Personengruppen in die erste Projektphase, also in die Analyse des PE-Bedarfs, eingebunden waren):

- Ein **Kick-off-Workshop** markierte den offiziellen Beginn des Projekts. Hier brachten die Vertreter der Teilorganisationen frühzeitig ihre Perspektiven, Gestaltungsideen und Befürchtungen ein.
- Über **Telefoninterviews und Workshops** wurden die mittleren Führungskräfte, die PE-Verantwortlichen in den Teilorganisationen und die Führungskräfte der unteren Ebene substanziell an der Bedarfsanalyse beteiligt. An vielen Workshops nahmen zudem auch fachliche Leiter teil, die den unteren Führungskräften in den Untereinheiten der Teilorganisationen unterstellt sind.
- Die Vertreter der mittleren und der oberen Führungsebene wurden laufend **über Projektfortschritte informiert**.
- Prozessbegleitend wurden **(formative) Evaluationsmaßnahmen** durchgeführt. Sie erfolgten mithilfe standardisierter Fragebogen und dienten der Anpassung des Projektverlaufs und der entwickelten Konzepte an die Praxisbedürfnisse in den Teilorganisationen.

Im Folgenden soll die erste Projektphase – die **Analyse des Personalentwicklungsbedarfs** – näher betrachtet werden. Sie ist bis heute nicht vollständig abgeschlossen. Der bisher eingesetzte Zeitaufwand beträgt etwa sieben Monate.

8.2.2 Organisationsanalyse

Die (Teil-)Aufgaben der **Organisationsanalyse** bestehen generell darin, **strategische Zielvorgaben** für die Personalentwicklung festzulegen und die **organisationalen Bedingungen** abzuklären, die bei der konkreten Ausgestaltung von PE zu berücksichtigen sind; dabei ist eine **Bestandsaufnahme** der bereits existierenden PE-Praxis (des PE-Status) zu leisten.

Die **strategischen Zielvorgaben** sind aus den Zukunftszielen der Organisation und aus der strategischen Unternehmensplanung abzuleiten. Leitfragen (ausführlich bei Klug, Kap. 2: Analyse des Personalentwicklungsbedarfs): Wo will die Organisation hin? Wie will sie das erreichen? Was bedeuten die Zukunftsziele der Organisation für ihre Personalplanung? Wie kann PE zur Zielerreichung beitragen?

Warum ist es wichtig, PE an den strategischen Zielen der Organisation zu orientieren? Aus Sicht der Organisation kann PE erst dann als effektiv und sinnvoll gelten, wenn es ihr gelingt, strategisch relevante Prozesse zu optimieren und auf diese Weise **zur Zielerreichung der Organisation beizutragen**. Andernfalls werden **PE-Ressourcen fehlinvestiert**.

Die auftraggebende Organisation besaß zum Zeitpunkt des Projektbeginns keine explizit ausformulierte Strategie. Es gab lediglich Ideen für eine strategische Ausrichtung, die in unterschiedlichen Gremien vage formuliert wurden. Somit galt es, die impliziten Ideen zunächst in eine explizite Struktur zu überführen, die im Sinne eines **Strategieentwurfs** für die Gesamtorganisation diskutiert und weiterverarbeitet werden konnte, und aus dieser expliziten Struktur **strategische Zielvorgaben** für die PE abzuleiten. Das Fehlen eines wohl formulierten und allseits akzeptieren Strategiekonzepts veranlasste das externe Beratungsunternehmen, einen Strategieentwicklungsprozess zu empfehlen. Die Organisation setzte daraufhin ein entsprechendes Projekt auf.

Bei der Analyse der organisationalen PE-Randbedingungen ist auf **politische, kulturelle und administrative Gegebenheiten** zu achten. Die Analyse der politischen und kulturellen Gegebenheiten hat dabei eine Betrachtung der **Chancen und Risiken** für Alternativen der PE-Gestaltung zu sein. Denn PE muss **praktikabel und systemkompatibel** sein, d.h. sich in kulturelle und politische Bedingungen einfügen; andernfalls werden die aufgesetzten **PE-Maßnahmen nicht akzeptiert**. Tabelle 3 liefert eine Auswahl wichtiger Analysekriterien.

Im Rahmen der Organisationsanalyse sollte auch die **Prozess- und Projektmanagementkompetenz** der Organisation erfasst werden, um sicherzustellen, dass die internen Kompetenzen und Ressourcen der Organisation nicht durch das Projekt überfordert werden. Inwieweit gelingt es der Organisation, strategisch relevante Themen zu diskutieren, lösungsorientiert zu entscheiden und getroffene Entscheidungen nachhaltig umzusetzen? Mit welcher Professionalität werden Projekte geplant, gemanagt und umgesetzt?

Die Organisationsanalyse – Explikation strategischer Zielvorgaben für die Qualifizierung der unteren Führungsebene und Bestandsaufnahme der PE-Randbedingungen – wurde mithilfe folgender Instrumente durchgeführt: Auswertung vorliegender Studien, Telefoninterviews und moderierte Workshops in den Teilorganisationen.

Tabelle 3: Analyse der organisationalen PE-Randbedingungen

Analysebereich	Auswahl bedeutsamer Analysekriterien
Keyplayer im PE-Prozess	Entscheider in der Organisation ▪ Standpunkte, Werthaltungen und Interessen der Entscheider, soweit sie Chancen und Risiken für die Ausgestaltung von PE darstellen ▪ Netzwerke und Machtverteilungen, soweit sie Chancen und Risiken für die Ausgestaltung von PE darstellen PE-Experten in der Organisation ▪ Chancen und Risiken für unterschiedliche PE-Gestaltungsalternativen aus Sicht der PE-Experten ▪ fachliche Kompetenz der PE-Experten (Reifegrad der Lösungen ist abhängig von der Kompetenz der Umsetzer und Fachpromotoren) ▪ inhaltliche, instrumentelle und zeitliche Prioritäten für PE-Maßnahmen aus Sicht der PE-Experten externe PE-Berater ▪ Rollenerwartungen an den externen Berater: Welchen Beitrag und welches Rollenverständnis erwarten Entscheider und PE-Experten von Seiten des externen Beraters?
Lernkultur und PE-Status	▪ Merkmale der Lernkultur der Organisation; vgl. hierzu Tabelle 2 in Solga, Kap. 5: Förderung von Lerntransfer ▪ bis dato vorherrschende Praxis der PE-Durchführung: Instrumente und Verzahnung derselben, vorliegende Förderprogramme ▪ Maßnahmen zur PE-Qualitätssicherung
Projektplanung und -management	▪ verfügbare Ressourcen: Budgetierung, Logistik, Zeit etc. ▪ Phasen, phasenspezifische Aufgaben und Aufgabenverantwortliche ▪ Art und Weise der Zusammenarbeit zwischen externem Berater, Projektmitarbeitern, internen PE-Experten, Entscheidern etc. (Kommunikations- und Entscheidungsregeln) ▪ potenzielle Widerstände und Gefahren im Projektverlauf ▪ generelle Prozess- und Projektmanagementkompetenz der Organisation

Auswertung bereits vorliegender Studien

Es wurden bereits **vorliegende Studien** – nämlich Markt- und Wettbewerbs- sowie Stärken/Schwächen-Analysen – gesichtet und **ausgewertet** hinsichtlich des **Kriteriums „Anforderungen an Führungspersonal"**.

Ein kurzer Einblick in die Ergebnisse dieser Auswertungen: Die Organisation bewegt sich in mehreren Märkten, die fast alle **Wachstumsmärkte** sind. Das Umfeld bietet somit große Wachstumschancen, die genutzt werden könnten, wenn ein innovations- und vertriebsorientiertes (Führungs-)Personal vorhanden wäre. Aus einer **Markenanalyse** ging hervor, dass die Organisation als Marke sehr positiv bewertet wird. Für die Personalrekrutierung bedeutet dies, dass die Suche nach High-Potentials nicht durch ein Imageproblem erschwert wird; andernfalls hätte über eine imagegetriebene Personalmarketingstrategie nachgedacht werden müssen.

Telefoninterviews

Ziel der etwa 30-minütigen, **strukturierten Telefoninterviews** mit den Vorständen der Teilorganisationen, ausgewählten Führungskräften der unteren Ebene sowie PE-Verantwortlichen war es, Fragen zur Ableitung strategischer PE-Zielvorgaben und zum Status quo der Personalentwicklung in der auftraggebenden Gesamtorganisation bzw. ihren Teilorganisationen zu erörtern. Es galt, ein Gefühl für die Heterogenität der Teilorganisationen und für das in ihnen Machbare zu bekommen.

Zur Vorbereitung auf das Interview erhielten die Gesprächspartner vorab eine Liste mit Fragen bzw. **Befragungsthemen**, die im Gespräch erörtert werden sollten, u.a.:

- die wichtigsten Organisationsziele in den nächsten drei Jahren
- die wichtigsten PE-Themen in den nächsten drei Jahren
- Wichtigkeit und Ausgestaltung von Führungskräfte-Potenzialeinschätzungen
- Wichtigkeit und Ausgestaltung von Führungskräfte-Entwicklungsprogrammen
- Anzahl der Führungspositionen, die in den nächsten drei Jahren neu besetzt werden müssen
- Suche, Ansprache und Auswahl interner und externer Bewerber
- Integration und Einarbeitung ausgewählter interner und externer Bewerber
- Vorbereitung der Führungskräfte auf neue Aufgaben
- PE-Themen und -Instrumente, für die der Gesprächspartner als Promoter einstehen würde
- Nutzen und Risiken eines PE-Konzepts auf der Ebene der Gesamtorganisation
- worauf im Projekt geachtet werden muss
- was der externe Berater *nicht* tun sollte

Eine Auswertung der Interviews ergab die in Tabelle 4 dargestellten **Einschätzungen zu Chancen und Risiken** eines organisationsweiten Entwicklungsprogramms für aktuelle und zukünftige Führungskräfte der unteren Ebene (Leiter der Unterbereiche in den Teilorganisationen).

Moderierte Workshops in den Teilorganisationen

In den jeweils **eintägigen Teilorganisations-Workshops**, an denen die Vorstände der Teilorganisationen, die jeweiligen PE-Verantwortlichen, die fachlichen Leiter und die Führungskräfte der unteren Ebene teilnahmen, wurden die **Ergebnisse der Telefoninterviews** zunächst nochmals rekapituliert, um anschließend **vertieft und konkretisiert** zu werden. Sämtliche Workshops wurden durch zwei externe Berater moderiert. Es wurden insgesamt 9 Workshops durchgeführt. Die Workshops wurden gleichzeitig auch für die Aufgabenanalyse (siehe Kap. 8.2.3) genutzt.

Tabelle 4: Ergebnisse der Telefoninterviews: Chancen & Risiken eines bundesweiten PE-Konzepts

Chancen	- Professionalisierung der PE sichert Wettbewerbsfähigkeit - Mehr Akzeptanz und Vertrauen über die Grenzen der Teilorganisationen hinweg - Erfahrungsaustausch: voneinander lernen und Synergieeffekte nutzen - Kosten einsparen: Vermeidung von Überforderungen und Fehlbesetzungen, zielgerichtete Ausschöpfung der Mitarbeiterpotenziale, Seminarangebote auf Gesamtorganisationsebene - Mitarbeiter binden und motivieren: gute Leute durch transparente Entwicklungsperspektiven und gezielte Förderung halten
Risiken	- Stärken der einzelnen Teilorganisationen könnten verloren gehen - Angst vor Veränderungen und vor Verlust von Steuerungsmöglichkeiten - zu hohe finanzielle Aufwendungen für einzelne Teilorganisationen - Verlust von Führungskräften, in die bereits investiert wurde

Es wurde deutlich, dass die Teilorganisationen in sehr **unterschiedlichen Märkten** tätig sind und die **Erfolge einzelner Dienstleistungen** von Teilorganisation zu Teilorganisation **stark variieren**. Folglich kann eine organisationsweite Vereinheitlichung der strategischen Marktausrichtung den Erfolg der Teilorganisationen gefährden – ein strategisch wichtiger Punkt für die Personalentwicklung: Die spezifischen Bedingungen in den Teilorganisationen (ganz unterschiedliche Marktchancen und Dienstleistungserfolge) haben unterschiedliche Leistungs- und Qualifikationsanforderungen an Führungskräfte zur Folge. Mithin ergab sich immer deutlicher die Frage **nach dem rechten Maß der Einheitlichkeit** von Qualifizierungsprogrammen in der Gesamtorganisation.

Ferner galt es, im Sinne einer **Erfassung des PE-Status** genauer festzulegen, welche PE-Instrumente in welcher Ausgestaltung und Intensität und mit welchem Ziel bereits verwendet werden. Auf der Grundlage einer Übersicht über die **Einsatzbereiche und Erfolgsbedingungen** der bereits verwendeten sowie **alternativer PE-Instrumente** (Coaching und Supervision, Mitarbeitergespräche und Feedbacksysteme, Verhaltenstrainings etc.) wurde diskutiert, welche PE-Instrumente in den Teilorganisationen prinzipiell einsetzbar wären, um aktuelle und zukünftige Leiter der Unterbereiche zu qualifizieren.

Mithilfe eines Ratingverfahrens wurden **teilorganisationsspezifische Möglichkeitsprofile** für die Ausgestaltung eines Führungskräfte-Qualifizierungsprogramms entwickelt – ein Quick-Win, der zum Tragen kommt, wenn die Vorstände der Teilorganisationen diese Profile für die Ausgestaltung ihrer spezifischen Qualifizierungsprogramme nutzen.

Die umfassend dokumentierten Ergebnisse der Teilorganisations-Workshops (Fotoprotokolle; mit den Vorständen der Teilorganisationen abgestimmte schriftliche Zusammenfassungen) wurden von Seiten des externen Beratungsunternehmens systematisch integriert. Der so erstellte **Gesamtergebnisbericht** diente der Projektgruppe als Grundlage für die Formulierung weiterer Maßnahmen und Meilensteine.

8.2.3 Aufgabenanalyse

Die **Aufgabenanalyse** zerfällt generell in zwei Teilbereiche, die Tätigkeits- und die Anforderungsanalyse:

- Die **Tätigkeitsanalyse** stellt fest, welche Aufgaben und Herausforderungen von einer bestimmten Stelle bzw. in einer bestimmten Funktion zu bewältigen sind (wobei es gilt, die wertschöpfungsrelevanten Tätigkeiten zu betrachten).

- Die **Anforderungsanalyse** klärt, welche fachlichen, methodischen, sozialen und personalen Kompetenzen (Kenntnisse, Fertigkeiten etc.) erforderlich sind, um diese Aufgaben und Herausforderungen erfolgreich zu bewältigen.

Die Aufgabenanalyse gibt nicht nur eine **Anleitung zur inhaltlichen Ausgestaltung** der PE-Maßnahmen vor. Sie verbessert auch die **Akzeptanz** auf Seiten der Entscheider und Mitarbeiter durch **Augenscheinvalidität** (wahrgenommene Angemessenheit der Maßnahmen) und **Partizipation** (denn die Aufgabenanalyse macht deren Beteiligung als Job-Experten notwendig).

In Kapitel 2 beschreibt Klug einige zentrale Instrumente und Techniken der Aufgabenanalyse. In den oben dargestellten Workshops wurde nicht nur die Organisationsanalyse (PE-Bestandsaufnahme) durchgeführt; es wurden auch die Tätigkeiten und Leistungsanforderungen der Zielgruppe ermittelt. Dass die beiden Bedarfsanalysebestandteile (Organisations- und Aufgabenanalyse) im Rahmen eines einzelnen, eintägig konzipierten Workshops realisiert werden mussten, ist ein Beispiel für die anfangs skizzierte Notwendigkeit, Lösungen umzusetzen, die sich an den betrieblichen Erfordernissen der auftraggebenden Organisation orientieren.

Um die **Leistungsanforderungen** an die untere Führungsebene **bereichsspezifisch zu konkretisieren**, war es wichtig, für jede Teilorganisation einen eigenen Workshop durchzuführen. Für die Veranstaltungen wurde der folgende **Ablauf** festgelegt:

1. **Einführung**: Klärung der Ziele und der Agenda des laufenden Workshops.
2. **Reflexion**: Wovon hängt der Erfolg einer Führungskraft und einer Führungsmannschaft ab?
3. **Videoeinspielungen**: Um die Bedeutung des PE-Themas zu akzentuieren und eine offene Diskussion der Chancen und Risiken zu fördern, wurden O-Töne aus dem

Top-Management per Video eingespielt. Die Vorstände unterschiedlicher Organisationsteile äußerten sich zu den Zielen des Projekts und zu den Themen Strategie und Personalentwicklung. Es wurden dabei auch Aussagen eingespielt, die eine eher skeptische Haltung repräsentieren – mit dem Ziel, die Teilnehmer zur offenen Aussprache kritischer Meinungen und Vorbehalte zu ermutigen.

4. **Projektbeschreibung**: Darstellung des Projektauftrags und der Projektplanung.
5. **PE-Bestandsaufnahme**: Welche Instrumente und Maßnahmen werden heute bereits in welcher Qualität eingesetzt?
6. **Tätigkeitsanalyse**: Bestimmung der Aufgaben einer Führungskraft der unteren Führungsebene (Leiter der Unterbereiche in den Teilorganisationen).
7. **Anforderungsanalyse**: Bestimmung der Kompetenzen, über die eine solche Führungskraft zur Aufgabenerfüllung verfügen muss (Anforderungsprofil).
8. **Bedarfsbeschreibung**: Erste Einschätzung des vermutlichen Qualifizierungsbedarfs auf Grundlage des Anforderungsprofils und der Erfahrungen aktueller Führungskräfte.
9. **Evaluation**: Auswertung des Workshops.

Mit Blick auf die sehr unterschiedlichen Ausgangsbedingungen in den Teilorganisationen galt es, den vereinbarten Workshop-Standard genau einzuhalten, um einheitliche und **miteinander vergleichbare Ergebnisse** zu erzielen. Dadurch wurde es jedoch schwierig, flexibel auf die Bedürfnisse der unterschiedlichen Teilnehmergruppen zu reagieren und Zeitplan sowie Themen spontan zu verändern. Die Veranstaltungen wurden **in enger Kooperation mit den Verantwortlichen** der jeweiligen Teilorganisationen **vorbereitet**, um deren Interessen im Vorfeld einzubeziehen und deren Akzeptanz für das Vorgehen zu sichern.

Der Erfolg der intensiven und gewissenhaften Vorbereitung und der Einhaltung der Standards zeigte sich in einer durchschnittlichen Bewertung der Workshops mit der Schulnote 1,7.

Ergebnisse der Aufgabenanalyse: Kernaufgaben

Es galt zunächst, die **nicht-delegierbaren Kernaufgaben** der Leiter der Untereinheiten zu definieren. Die in der Gruppe per Zuruf gesammelten Aufgaben wurden anschließend mithilfe eines Ratingverfahrens priorisiert. Da neben der Zielgruppe der unteren Führungskräfte auch enge Kooperationspartner derselben in den Workshops vertreten waren, konnte von einer hohen Validität der Ergebnisse ausgegangen werden. Sie wurden genutzt, um ein **teilorganisationsspezifisches Tätigkeitsprofil** für die untere Führungsebene zu definieren.

Dabei wurde deutlich, dass die Tätigkeitsprofile von Teilorganisation zu Teilorganisation **stark variieren**. Tabelle 5 zeigt beispielhaft die Ergebnisse aus zwei unterschiedlichen Teilorganisations-Workshops. Ein vollständig einheitliches Profil war somit schwerlich zu formulieren. Im Sinne eines größten gemeinsamen Nenners wurde deshalb ein **Tätigkeitsgrundprofil** definiert, welches durch **teilorganisationsspezifische Ergänzungen** komplettiert werden konnte.

Tabelle 5: Kernaufgaben untere Führungsebene: Ergebnisse zweier Workshops in unterschiedlichen Teilorganisationen zur Veranschaulichung der Unterschiede

Teilorganisation A: Kernaufgaben untere Führungsebene, priorisiert	Teilorganisation B: Kernaufgaben untere Führungsebene, priorisiert
1. Kaufmännische Steuerung	1. Personalführung (-auswahl, -entwicklung, -freisetzung)
2. Netzwerkaufbau/Netzwerkpflege	2. Finanzverantwortung (-planung, -kontrolle)
3. Mitarbeiterführung und Personalverantwortung	3. Lobbyarbeit
4. Strategische Entwicklung	4. Vertriebssteuerung
5. Interne und externe Unternehmenskommunikation	5. Vertragswesen
6. Tagesgeschäft (E-Mail, Post)	
7. Key-Account	

Es erwies sich als wichtig, sämtliche Workshops so ähnlich wie möglich durchzuführen, damit die **Vergleichbarkeit der Ergebnisse** nicht in Zweifel gezogen werden konnte – in einem politisch schwierigen Umfeld ist dies ein kritischer Punkt. Spätestens nach den Workshops war allen Beteiligten klar, dass sich bei erfolgreicher Projektdurchführung in den Bereichen Rekrutierung, Einarbeitung und Entwicklung von Führungskräften Vieles ändern würde. Es wurde deutlich, dass vorher **geliebte Freiräume** eingeengt würden – der Widerstand wuchs deshalb mit zunehmender Projektdauer.

Ergebnisse der Aufgabenanalyse: Anforderungsprofile

Bezugnehmend auf die Befunde der Tätigkeitsanalyse wurde nun herausgearbeitet, welche **Kenntnisse, Fähigkeiten, Fertigkeiten, Einstellungen, Persönlichkeitsmerkmale** etc. ein Verantwortlicher der unteren Führungsebene besitzen muss, um die definierten Aufgaben erfolgreich bewältigen zu können.

Tabelle 6: Teilorganisationsspezifische Anforderungsprofile – Ausschnitt

Teilorganisation A	Teilorganisation B	Teilorganisation C
Fachkompetenz		
Generalist Pädagogische Fähigkeiten Erfahrung in d. Leitung von Menschen und Gruppen Kaufmännische Kenntnisse ...	Betriebswirtschaftliche Kenntnisse (Planung, Controlling, wirtschaftliche Rechnungsführung) Grundkenntnisse Marketing ...	Betriebswirtschaft Personal/Verwaltung Organisation/Arbeitsabläufe ...
Methodenkompetenz		
Delegationsfähigkeit Transparenz herstellen Projektarbeit/-management ...	Verhandlungsführung Kalkulationen erstellen Strategisches Denken EDV-Kenntnis ...	Problemlösekompetenz Gesprächsführungskompetenz ...
Sozialkompetenz		
Teamfähigkeit Motivationsfähigkeit Überzeugungskraft ...	Teamfähigkeit Motivieren Ehrlichkeit und Fairness ...	Moderieren Fordern und fördern ...
Selbstkompetenz		
Zuverlässigkeit Problemlösekompetenz Kreativität ...	Ausdauer Interesse Belastbarkeit ...	Auf andere zugehen können Ehrlichkeit ...
Führungskompetenz		
Menschenkenntnis Objektivität Toleranz Delegation Organisationskompetenz ...	Delegation Entschlussfähigkeit Durchsetzungsvermögen Motivatorische Fähigkeiten ...	Vorbild Durchsetzungsvermögen Motivation Zielorientiert handeln ...

Die Zuordnung von Einzelkompetenzen zu Kernaufgaben erfolgte in mehreren Kleingruppen gleichzeitig. Die Ergebnisse der Kleingruppen wurden anschließend integriert und sodann den fünf Kompetenzbereichen **Fach-, Methoden-, Sozial-, Selbst- und Führungskompetenz** zugeordnet[2].

---

[2] Vgl. Kap. 1: Personalentwicklung: Gegenstand, Prozessmodell, Erfolgsfaktoren von Solga, Ryschka & Mattenklott für eine Definition dieser Kompetenzfelder; Führungskompetenz ist dabei eine Hybridkompetenz, bestehend aus Elementen, die systematischer eigentlich den anderen Kompetenzfeldern zuzuordnen wären; im Rahmen der Führungskräfteauswahl und -entwicklung wird jedoch aus Akzep-tanzgründen oftmals eine eigenständige Anforderungsdimension definiert.

Als äußerst gewinnbringend erwiesen sich die **moderierten Diskussionen** über die in den Kleingruppen erzielten Ergebnisse (vgl. Demmerle, Schmidt, Hess, Solga & Ryschka, Kap. 4.7: Moderationstechniken). Es wurden zusätzliche Aspekte entdeckt, angebliche Kernaufgaben in Frage gestellt und ein gemeinsames Verständnis der Aufgaben und Kompetenzgrundlagen entwickelt.

Aus Zeitgründen war es nicht möglich, in den Teilorganisations-Workshops auf **systematische Kriterien** zu achten (trennscharfe und erschöpfende Erfassung der Kompetenzen, sachlich korrekte Zuordnung zu den Kompetenzfeldern etc.). Das zeigt sich auch in Tabelle 6, welche die **realen Workshopergebnisse** – wenngleich in gekürzter Form – wiedergibt (beispielsweise wurde die Kompetenz „Ehrlichkeit" einmal als Sozialkompetenz, ein anderes Mal als Selbstkompetenz eingeordnet). In den Workshops wurden die Ergebnisse zunächst lediglich *gesichert*. Eine **systematische Bearbeitung und Integration** erfolgte – vorbereitet durch das Beratungsunternehmen – erst später in der Projektgruppe. Die systematisch aufbereiteten Ergebnisse wurden sodann der Top-Managementebene zur Verfügung gestellt.

— Dies ist soweit der *aktuelle Stand* der Dinge im skizzierten Projekt, das – wie anfangs erklärt – noch nicht vollständig abgeschlossen ist. Die weiteren Schritte werden prospektiv kurz darstellt.

8.2.4 Personanalyse

Es ist Aufgabe der **Personanalyse**, die Leistungen bzw. Leistungsfähigkeit jener Mitarbeiter einzuschätzen, die die in der Tätigkeitsanalyse beschriebenen Aufgaben bearbeiten sollen. Dabei lassen sich zwei Teilbereiche unterscheiden (vgl. Klug, Kap. 2: Analyse des Personalentwicklungsbedarfs):

- **Leistungsbeurteilung**: Bewertet werden die in der Vergangenheit erbrachten Leistungen und die aktuellen Kompetenzen eines Mitarbeiters.

- **Potenzialanalyse**: Untersucht wird, welche Leistungspotenziale eines Mitarbeiters sich für zukünftige (höhere) Aufgaben aktivieren und entwickeln lassen.

Der Personalentwicklungsbedarf ergibt sich dann aus der **Gegenüberstellung** von **Leistungsanforderungen** und tatsächlich **erbrachter Leistung** bzw. von erwünschter und tatsächlicher Leistungsfähigkeit.

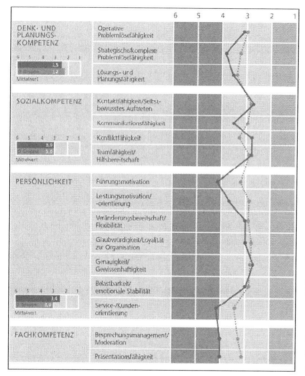

Anmerkungen: Die gestrichelte Linien repräsentiert das Soll- bzw. Anforderungs-Profil, die durchgezogene das Ist- bzw. Person-Profil.

Abbildung 1:
Beispiel einer Ist-Soll-Profil-Darstellung

Im skizzierten Projekt gilt es nun, auf Basis der in den Workshops ermittelten und in der Projektgruppe systematisierten Soll-Profile ein **operationales Anforderungsprofil** zu entwickeln, das organisationsweit einheitlich in Potenzialanalysen eingesetzt werden kann. Diese Potenzialanalysen sollen dann der **Ist-Analyse** der Kompetenzen aktueller bzw. zukünftiger Stelleninhaber dienen. Die Ergebnisse dieser Analysen sind dann dem Soll-Profil gegenüber zu stellen – zwecks Ableitung des PE-Bedarfs, der sich aus einer negativen Diskrepanz zwischen Ist und Soll ergibt. Beispielhaft zeigt Abbildung 1 ein **Ist-Soll-Profil**, wie es in ähnlicher Art und Weise verwendet werden könnte.

Welche **Erhebungsinstrumente** hierbei genau zum Einsatz kommen sollen, bleibt ebenfalls zu klären. Im Rahmen der Workshops ist diese Frage bereits anfänglich erörtert worden, wobei die Einschätzungen und Präferenzen deutlich variierten. Während hier organisationsweit einheitliche Assessment Center gefordert wurden, werden dort bereichsspezifische Leistungsbeurteilungen durch unmittelbare Vorgesetzte favorisiert.

Auf jeden Fall empfiehlt es sich, vor der Entscheidung ein **Basiswissen** bezüglich der überhaupt zur Verfügung stehenden Instrumente und ihrer Durchführungs- bzw. Erfolgsbedingungen **bei den Verantwortlichen** herzustellen. So ist z.B. der Begriff des Assessment Centers nicht nur in den Teilorganisationen, sondern auch von Entscheider zu Entscheider mit ganz unterschiedlichen Phantasien behaftet – je nachdem, welche

Erfahrungen die betreffenden Personen mit diesem Instrument gemacht haben. Deshalb gilt es, gemeinsame Wissensgrundlagen bezüglich der unterschiedlichen Messverfahren zu etablieren. Wie aus den Ausführungen hervorgegangen sein sollte, ist das Kriterium des „cultural fit", also der **Systemkompatibilität der entwickelten Instrumente**, von größter Wichtigkeit.

8.2.5 Fazit

Der vorliegende Beitrag lieferte ein Praxisbeispiel für die Erfassung des Personalentwicklungsbedarfs im Rahmen der Einführung eines Führungskräfte-Qualifizierungsprogramms. Die Bedarfsanalyse soll dreischrittig erfolgen: Organisations-, Aufgaben- und Personanalyse.

Dabei machen begrenzte finanzielle, zeitliche und personelle Ressourcen sowie kulturelle und politische Gegebenheiten **organisationsspezifische Lösungen** erforderlich. Es hat sich jedoch als hilfreich erwiesen, das konkrete Vorgehen der Bedarfsanalyse an einem **normativen Prozessmodell** zu orientieren, dieses als **Strukturierungshilfe** zu nutzen und die umgesetzten Lösungen im Lichte des Modells zu bewerten. Die wissenschaftlich geforderte Systematik wird sich praktisch niemals Punkt für Punkt umsetzen lassen; sie kann aber helfen, gemeinsames Handeln zielführend zu organisieren.

Soll ein Projekt partizipativ durchgeführt werden und sich die Rolle des externen Beraters vornehmlich auf die eines Prozessmoderators beschränken, so erscheint es notwendig, immer wieder **Lernphasen für die Beteiligten** einzuplanen; andernfalls besteht die Gefahr, dass fehlende Kenntnisse dazu führen, dass suboptimale Lösungen präferiert werden.

8.3 Werteorientierte Führungskultur durch strategische Personalentwicklung: Von Führungsgrundsätzen zur gelebten Führungskultur

von Frauke Ewert

Der folgende Artikel soll darstellen, wie eine strategische Vorstandsentscheidung – nämlich die Entscheidung, eine werteorientierte Führungskultur zu etablieren – ins Unternehmen hineingetragen wird, und dabei aufzeigen, welch maßgebliche Rolle die Personalentwicklungsfunktion dabei übernimmt. Damit soll die Idee der **strategieorientierten Personalentwicklung** illustriert werden, wie sie im ersten Kapitel des Handbuchs (vgl. Solga, Ryschka & Mattenklott, Kap. 1: Personalentwicklung: Gegenstand, Prozessmodell, Erfolgsfaktoren) erörtert wurde.

Basierend auf der Überzeugung, dass **werteorientierte Führung** einen positiven Effekt auf den Unternehmenserfolg hat, wurde in der VR LEASING ein **gemeinsames Führungsverständnis** hinsichtlich partnerschaftlicher und wertschätzender Führung, Mitarbeiterentwicklung etc. herausgearbeitet. Um in einer Organisation, die hochgradig arbeitsteilig aufgestellt ist, werteorientiertes Führungsverhalten im gesamten Unternehmen zu etablieren, bedarf es einer **strategisch orientierten Personalentwicklungsabteilung**, die sich derselben Werteorientierung verpflichtet fühlt.

Nach einer kurzen Vorstellung des Unternehmens und der Personalentwicklungsfunktion werden die Entwicklung der **Führungsleitlinien** und der nachfolgende **Einführungsprozess** geschildert. Es wird aufgezeigt, wie ein werteorientiertes Führungsverständnis und ein dazugehöriges Führungsverhalten mithilfe der Kombination aufeinander abgestimmter **PE-Maßnahmen** unternehmensweit entwickelt und sichergestellt werden kann.

8.3.1 Das Unternehmen

Die VR LEASING-Gruppe ist im genossenschaftlichen FinanzVerbund der **Spezialanbieter** für innovative mittelstandsorientierte **Finanzierungslösungen** in Europa. Mit ihrem Markt- und Objekt-Know-how, insbesondere für Fahrzeuge, Maschinen, Informations- und Kommunikationstechnik sowie Immobilien nimmt die VR LEASING-Gruppe für ihre Vertriebs- und Kooperationspartner – rund 1.100 Volksbanken und Raiffeisenbanken sowie mehr als 2.500 mittelständische Händler und Hersteller – die Rolle eines Finanzierungsexperten ein. Dabei deckt die VR LEASING-Gruppe mit ihrem modularen

Produktportfolio das gesamte Spektrum der Absatz- und Investitionsfinanzierung ab: von Leasing und Kredit über Einkaufsfinanzierung bis zu Factoring. Abgerundet wird das Angebot durch eine Vielzahl von Services. Zudem gewährleisten spezielle Partner-Online-Systeme die Möglichkeit des schnellen Angebots intelligenter Finanzierungslösungen und damit eine effizientere Vertriebstätigkeit. Im Zuge eines wachsenden europäischen Binnenmarkts ist die VR LEASING-Gruppe in zehn Ländern Mittel- und Osteuropas mit eigenen Tochter- und Beteiligungsgesellschaften vertreten. Bereits heute werden Kunden und Partner europaweit über ein flächendeckendes Standortnetz von mehr als 2.900 Mitarbeitern betreut.

8.3.2 Die Personal- und Organisationsentwicklung

Strukturell gliedert sich die Abteilung „Human Resources Development" in den Bereich „Human Resources & Business Services" ein, der direkt an den Vorstandsvorsitzenden angebunden ist. Die Mitglieder der Abteilung verantworten die Kompetenzentwicklung in Form von strukturierter Weiterbildung, Beratung und Projekten zu PE und OE sowie die Arbeit mit den Nachwuchskräften (Auszubildende, Trainees, Praktikanten und Diplomanden).

Die Leistungen der Abteilung werden für alle Mitarbeiterinnen und Mitarbeiter der VR LEASING-Gruppe im Teilkonzern Inland erbracht (ca. 1.300). Die Zielgruppe der Führungskräfte besteht aus ca. 140 Personen, die jenseits des Vorstands in drei hierarchisch unterschiedlichen Ebenen agieren.

Das **Selbstverständnis** und die Kernaufgaben definiert die Abteilung in einem Businessplan:

- Die Inhalte der Arbeit werden darauf ausgerichtet, einzelne Mitarbeiter und gesamte Gruppen bei der **Bewältigung von unternehmensstrategischen Herausforderungen** für die unmittelbare und fernere Zukunft zu unterstützen.

- Personalentwicklung wird dabei mithilfe einer **Vielzahl von Qualifizierungs- und Veränderungsmaßnahmen** durchgeführt, von denen das organisierte Lernen wie z.B. Trainings nur eine von vielen Möglichkeiten darstellt.

- Die Abteilung definiert als **Zielgruppe** bewusst **alle Mitarbeiter** im Unternehmen, da nur so ein Veränderungsschub für die Strategieumsetzung erfolgt. Dabei werden je nach Unternehmenssituation einzelne Mitarbeiter und Mitarbeitergruppen vorrangig und mit höherer Priorität an Entwicklungsmaßnahmen beteiligt.

- Alle Aktivitäten werden mit relevanten **Netzwerkpartnern** aus PE/OE-nahen Funktionen (z.B. Projektmanagement) sowie mit **Multiplikatoren** (Schlüsselpersonen, Themendtreiber, Process Owner) im Unternehmen verknüpft.

- Alle im Unternehmen vorhandenen **Lernquellen** und -möglichkeiten werden genutzt: interne Experten als Fachtrainer, Intranet-Arbeitshilfen, computerbasierte Selbstlernprogramme, Knowledge-Heads in den Abteilungen, Qualitätszirkel, Projektlernen etc.
- Personal- und Organisationsentwicklung wird als eine längerfristig angelegte und kontinuierliche Aktivität verstanden, um eine wirksame **Lern- und Veränderungskultur** zu schaffen.

Diese Leitlinien machen die Strategieorientierung der Personalentwicklungsfunktion deutlich. Alle Kolleginnen und Kollegen der Abteilung „Human Resources Development" der VR LEASING verstehen ihre Leistungen in den Feldern der Personal- und Organisationsentwicklung als Förderung von wertschöpfender und werteorientierter Strategie, Struktur und Kultur.

8.3.3 Führungsgrundsätze in der VR LEASING

Der Gedanke, sich dem Thema „Führung" zu widmen entstand erstmals mit der Zusammenführung aller dem genossenschaftlichen Finanzverbund zugehörigen Leasinggesellschaften im Jahr 1995 zur VR LEASING. Das damals erarbeitete „Führungsverständnis" beinhaltete umfangreiche Beschreibungen für Rollenverständnis und Verhaltensweisen von Mitarbeitern und Führungskräften.

Nach einer **strategischen Neuausrichtung** des Unternehmens, in der der Vorstand auf Basis von Zukunftsprognosen sowohl die Marktpositionierung als auch das Produktportfolio im Hinblick auf eine erfolgreiche Weiterentwicklung und zur Sicherstellung des nachhaltigen Wachstums neu positionierte, wurden im Unternehmen die dazu kompatiblen Strukturen geschaffen und neue Prozesse definiert. In der Konsequenz ergaben sich daraus deutlich **veränderte kulturelle Anforderungen**, die das Management im Rahmen einer Befragung nicht mehr durch das bisherige Führungsverständnis abgebildet sahen.

Wie schon beschrieben liegt die Hauptverantwortung im ersten Schritt bei den Führungskräften, Impulse zu setzen und den Rahmen herzustellen, damit eine passende und gewünschte Kultur entstehen und weiter wachsen kann. Um eine **gemeinsame Ausrichtung der Führungskräfte** auf die gewollte Soll-Kultur herzustellen erarbeitete die Personalentwicklung mit Auftrag und Unterstützung von Vorstand, dem obersten Management und dem Mitbestimmungsgremium neue **Führungsgrundsätze**, die eine entsprechende Handlungsorientierung geben sollten.

Die Konzeption

In Vorbereitung auf die Ausgestaltung zukünftiger Führungsgrundsätze nahm die Personalentwicklung eine **Bestandsaufnahme** der vorhandenen Führungskultur vor. Drei Indikatoren bildeten den Kern der Analyse: 1. Die jährliche Einschätzung der Führungskräfte durch ihre Vorgesetzten anhand definierter Kompetenzkriterien, 2. die Ergebnisse strukturierter Interviews mit einer repräsentativen Stichprobe von Führungskräften und 3. die Zusammenfassung der Ergebnisse eines im Vorjahr durchgeführten Führungsfeedbacks.

Ein **Kreis von delegierten Führungskräften** wertete aus, welche Einstellungen und Kompetenzen die Führungskräfte bereits in besonders positivem und welche in geringem Ausmaß zeigten. Auf dieser Basis und auf den Kenntnissen der neuen Strategie erarbeiteten sie Vorschläge, welche Einstellungen und Verhaltensweisen Führungskräfte in Zukunft aufweisen müssen, um den Erfolg der VR LEASING nachhaltig zu stützen. Diese Kriterien hatten trennscharf und fokussiert, inhaltlich schlüssig und konkret genug ausformuliert zu sein, um einen Nutzen für die Praxis – sowohl für die Auswahl als auch die Qualifizierung – zu stiften. Durch mehrere **iterative Abstimmungsschleifen** und durch die finale Verabschiedung durch den **Gesamtvorstand** entstand das gemeinsam getragene Fundament der Führungskultur: die Führungsgrundsätze.

Die neuen Anforderungen an Einstellungen und Verhalten von Führungskräften

Im Folgenden sind die sieben Führungsleitsätze aufgeführt und für einen Leitsatz beispielhaft die Verhaltensanforderungen beschrieben:

1. *Ziele erreichen*: Gemeinsam mit unseren Mitarbeitern definieren, verfolgen und erreichen wir anspruchsvolle Ziele.
2. *Innovation fördern und Veränderungen gestalten*: Wir schaffen Rahmenbedingungen, die Innovationen fördern und Veränderungen ermöglichen.
3. *Einfach und schnell sein*: Wir handeln und entscheiden pragmatisch und zügig.
4. *Glaubwürdig und klar kommunizieren*: Durch eine kontinuierliche Kommunikation schaffen wir Transparenz, Klarheit und Vertrauen.
5. *Partnerschaftlich und wertschätzend führen:* Wir bringen unseren Mitarbeitern Wertschätzung und Respekt entgegen.
6. *Mitarbeiter entwickeln*: Wir stärken unsere Mitarbeiter in der Entfaltung ihrer Potenziale.
7. *Teamgeist fördern*: Wir schaffen exzellente Ergebnisse durch ein optimales Zusammenspiel der Mitarbeiter und der Führungskraft.

Die Verhaltensanforderungen bezüglich des sechsten Führungsleitsatzes „**Mitarbeiter entwickeln**" lauten wie folgt:

„Wir stärken unsere Mitarbeiter in der Entfaltung ihrer Potenziale, *daher* ...

- setzen wir jeden seinen Fähigkeiten und Neigungen entsprechend ein,
- fördern wir Kompetenzaufbau durch geeignete Trainings- und Entwicklungsmaßnahmen,
- integrieren wir Möglichkeiten des Lernens in den Arbeitsprozess,
- fördern wir die Mitarbeiter entsprechend ihrer Fähigkeiten durch anspruchsvolle Aufgaben,
- ermöglichen wir, dass Mitarbeiter voneinander lernen,
- ermöglichen wir den Mitarbeitern auch die Weiterentwicklung durch einen Wechsel in andere Bereiche."

In der VR LEASING ist Kompetenz- und Personalentwicklung mit hoher Wertschätzung bedacht und in den Führungsgrundsätzen verankert.

Der Einführungsprozess

Grundsätze definieren und beschreiben **erwünschte Haltungen und Verhaltensweisen**. Wie gelingt aber, dass diese Grundsätze wirklich gelebt – d.h. dauerhaft in Verhalten übersetzt – werden und sich auf diese Weise eine genuine **Führungs- und Unternehmenskultur** entwickelt?

„Wissen, um was es geht" ist leicht durch Informieren zu erreichen. Um aber die Haltung „Ich mache es zu meiner Sache und vertrete es nach außen" zu erreichen, wurden Formen gewählt, die es ermöglichten, Ideen und Lösungen einzusammeln, sich gemeinsam zu beraten, Alternativen zu entwickeln und gemeinsame Entscheidungen zu treffen. Ein Überblick über die Gesamtkonzeption findet sich in Abbildung 1.

Führungskräftetagung

Die jährliche Führungskräftetagung bildete den geeigneten Rahmen, um den Führungskräften im Anschluss an die Konzeptionsphase eine erste **kognitive und emotionale Auseinandersetzung** mit dem Ergebnis zu ermöglichen und zu einer anwendungsorientierten Diskussion zu bringen.

In Vorbereitung darauf wurde für jeden der sieben Grundsätze ein **Pate** aus dem Unternehmen ausgewählt. Deren Aufgabe bestand darin, den Grundsatz im Rahmen der Tagung vorzustellen. Dabei schilderten sie ihre eigenen positiven Erfahrungen mit diesem Grundsatz und weshalb sie die Patenschaft übernommen haben, beschrieben,

Abbildung 1: Gesamtkonzeption

welche Impulse sie für die VR LEASING setzen wollen und welche Erwartungen sie an das Führungshandeln knüpften.

Nach der Vorstellung erarbeitete der gesamte **Führungskreis** Antworten darauf, welche Umsetzungsschritte die unterschiedlichen Führungsebenen (Vorstand, Bereichsleiter, Abteilungs-/Gruppenleiter) ganz konkret unternehmen können, um das neue Führungsverständnis zu leben. In wechselnden Gruppen hatten alle Führungskräfte die Gelegenheit, ihre Ideen für alle Ebenen einzubringen. Die Gesamtergebnisse bildeten die Basis für eigene Umsetzungsvorhaben und für die Kommunikation in die eigenen Verantwortungsbereiche.

Führungstrainings

Der gezielte **Aufbau von Kompetenzen**, die für die Umsetzung der Grundsätze in den praktischen Alltag erforderlich sind, sollte im Rahmen von **modular aufgebauten** Führungstrainings erfolgen. Diese dienten dazu, die Inhalte in einem kleinen Kreis zu durchdringen und die Kompetenzen aufzubauen, die für die Umsetzung erforderlich waren.

Die Trainings wurden ebenenspezifisch angeboten, um auf die Herausforderungen jeder Funktionsgruppe intensiv eingehen zu können. Die Teilnehmer blieben über alle Module hinweg in einer festen Gruppe. Im ersten Modul wählten sie sich ein persönliches Führungsthema („personal challenge"), an dem sie über die Module hinweg mit Unterstützung der Kollegen arbeiten konnten.

Das Trainingsprogramm bot somit Inhalte, Anregungen und Handlungsimpulse

- für die **Vertiefung eines gemeinsamen Führungsverständnisses**, um eine einheitliche Wertekultur zu leben;
- für die ebenenspezifische **Weiterqualifizierung** in allen wichtigen Führungsaufgaben, um den individuellen Verantwortungsbereich zu meistern;
- für die Umsetzung der Führungsgrundsätze, um die **Leistungsstärke der Mitarbeiter zu mobilisieren**;
- für die **Umsetzung strategierelevanter Themen**, um das Unternehmen weiterzubringen;
- für die **abteilungsübergreifende Vernetzung** und den Erfahrungsaustausch, denn nur gemeinsam kann Außerordentliches erreicht werden.

Ein fundierter Theorieinput wurde durch erfahrene Trainer mit Führungshintergrund gewährleistet. Besondere Merkmale der Trainings waren der Praxisbezug durch Alltagsthemen, Transferelemente und Peergroup-Arbeit. Die Teilnehmer erhielten ihre individuellen Schwerpunkte durch die **persönliche Herausforderung**, die sie bearbeiten konnten („personal challenge"). Nachhaltiges Lernen wurde durch angemessene Methoden wirksam (kollegiales Coaching, Rollenspiel, Simulation etc.). Die Konstanz der Teilnehmer in den Seminargruppen über die drei Module hinweg ermöglichte es, dass sich **Lernpartnerschaften** bildeten, die im Arbeitsalltag ihre relevanten Themen mit interner Unterstützung weiter bearbeiten konnten. Die Schwerpunkte der drei Module werden in Tabelle 1 beschrieben.

Tabelle 1: Inhalte und Anknüpfungspunkte der Führungskräftetrainings

Modul	Führungsgrundsätze	Themenschwerpunkte im Training
1. Das Unternehmen gestalten	• Ziele erreichen (1) • Innovation fördern und Veränderungen gestalten (2)	• Veränderungsmanagement • Innovationsmanagement • Konfliktmanagement • Kommunikation als Führungsaufgabe
2. Sich selber führen	• Einfach und schnell sein (3) • Glaubwürdig und klar kommunizieren (4)	• Wahrnehmungsmechanismen • Effektives Selbstmanagement • Professionelle Performance • Klar kommunizieren
3. Andere führen	• Partnerschaftlich und wertschätzend führen (5) • Mitarbeiter entwickeln (6) • Teamgeist fördern (7)	• Mitarbeiter führen • Erfolgreiche Führungsstile • Teams führen • Leadership

360°-Feedback

Um die Entwicklung der erforderlichen Führungskompetenzen zu fördern, erhielten die Führungskräfte eine Rückmeldung, wie ihr Verhalten in Bezug auf die Grundsätze von ihrem relevanten Umfeld wahrgenommen wird. Daher wurde im Rahmen des Trainingsprogramms ein 360°-Feedback eingeführt, das neben der Selbsteinschätzung der Teilnehmer die Einschätzung ihrer Führungskräfte, Mitarbeiter und ausgewählter Kollegen umfasste (vgl. Ryschka & Tietze, Kap. 3.1: Beratungs- und betreuungsorientierte Personalentwicklung). Für die Umsetzung der Befragung wurde eine web-basierte Lösung gewählt, die einen zügigen Prozess und eine gewünschte Anonymisierung der Mitarbeiterfeedbacks ermöglichte.

Der Zeitpunkt der Durchführung lag zwischen dem ersten und zweiten Modul, damit die auftauchenden Lernfelder im Rahmen des zweiten Moduls bearbeitet werden konnten. Zudem wurden die Führungskräfte angehalten, die **Feedback-Ergebnisse mit den Feedback-Gebern zu besprechen**. Sowohl ein Bedarf nach moderierter Unterstützung als auch der Bedarf nach individuellem Coaching wurde durch die internen Personalentwickler gedeckt.

Nachhaltigkeit durch Medieneinsatz

In der **Mitarbeiterzeitschrift** wurde ausführlich über die Führungskräftetagung, die Diskussion im Plenum und die Ergebnisse berichtet. Alle Mitarbeiterinnen und Mitarbeiter erhielten sowohl die Grundsätze als auch die Kernaussagen der Paten in einer handlichen **Broschüre**, versehen mit den einleitenden Worten des Vorstands zur Bedeutung dieser Grundsätze.

Im **Intranet** waren sowohl die Grundsätze als auch die ausführlichen Aussagen der Paten hinterlegt. Als sichtbare Erinnerung an die Grundsätze erhielten die Führungskräfte einen **Aufsteller** für den Schreibtisch, so dass sich die Inhalte sowohl ihnen selbst als auch ihren Mitarbeiter ins Bewusstsein einprägten.

Nachhaltigkeit durch weitere PE- und OE-Maßnahmen

Um die Nachhaltigkeit des Transfers zu stärken, wurde in der Folge nach ca. einem Jahr ein Modul eingeführt, das die theoretischen und praktischen Ansätze des Programms aufgreift und in dem die Möglichkeit bestand, die gewonnen Erfahrungen in der Umsetzung zu reflektieren. Dieses Modul, die „**Führungswerkstatt**", bestand in einer eintägigen Veranstaltung, die sich ausschließlich an den Praxisfällen der Teilnehmer orientierte.

Die Werkstätten wurden durch die erfahrenen Trainer des Entwicklungsprogramms begleitet und wieder ebenenspezifisch angeboten. Methodisch wurde mit der **kollegiale Fallbearbeitung** (vgl. Demmerle, Schmidt, Hess, Solga & Ryschka, Kap. 4: Basistechniken der Personalentwicklung), ergänzt durch die Beratung der Trainer, gearbeitet. Zusätzlich schufen die Trainer einen Bezug zwischen den Inhalten der Fälle und den Inhalten aus den drei vorangegangenen Führungsmodulen, indem sie diese in Kurzvorträgen wiederholten und diskutieren ließen.

Die Relevanz der eingebrachten Themen und das Engagement in der kollegialen Beratung zeigten sowohl, dass die Führungskräfte eine **nachhaltige Vertrauensbeziehung** untereinander geschaffen hatten als auch dass die Inhalte des Führungskräfte-Entwicklungsprogramms in Erinnerung und in der praktischen Anwendung bestanden.

In Ergänzung zu den Führungswerkstätten wurden und werden durch die Mitarbeiterinnen und Mitarbeiter der Abteilung Personalentwicklung **weitere Maßnahmen zur Transfersicherung** angeboten und abgerufen: Individuelles Coaching für Führungskräfte, Teambildungsworkshops für neue Teams, Teamentwicklungsmaßnahmen für bestehende Teams, Konfliktmoderationen, Bereichsentwicklung hinsichtlich strategischer, struktureller und kultureller Fragestellungen, team- und bereichsübergreifende Maßnahmen zur Bearbeitung von Schnittstellen, um nur einige zu nennen.

Evaluation

Der Erfolg der gesamten Maßnahmen zum Kompetenzaufbau und zur Beeinflussung von Einstellungen und Führungsverhaltensweisen wurde in einer Selbstauskunft ermittelt. Nach jedem Training wurde erfasst, in welchem Umfang die Teilnehmer ihren persönlichen Lernerfolg bewerten. Die sehr guten Einschätzungen wurden in einer erneuten Befragung nach 3-4 Monaten sogar noch übertroffen. Inhalte, Praxisorientierung und Netzwerkbildung wurden dabei in den Vordergrund gestellt. Die qualitativen Aussagen präzisierten noch einmal die Rückmeldung: So äußerten die Teilnehmer, die Trainings hätten „sehr gut individuelle Stärken gefördert", es hätte „sehr viel zum Umsetzen" gegeben und „in der Praxis haben sehr viele Tipps und Tricks" geholfen. Auf die Frage, ob sie das 360°-Feedback weiterempfehlen können, antworteten 100% der Teilnehmer mit „ja".

8.3.4 Fazit

Die Erfahrung mit der Einführung der Führungsgrundsätze, mit dem Führungskräfte-Entwicklungsprogramm, dem 360°-Feedback und den Maßnahmen zur Transfersicherung kann auf Basis der systematisch erhobenen Rückmeldungen als insgesamt nachhaltig und durch die Praxisorientierung als im Transfer gelungen bewertet werden. Der Unternehmenserfolg ist bei einer arbeitsteiligen Organisation von einer hoch kooperativen Haltung und Verhaltensweisen aller Beteiligten abhängig. Dabei üben Führungskräfte eine kulturprägende Vorbildfunktion aus. **Positive Effekte des hier dargestellten Programms** auf das **Führungsverhalten** und die **Unternehmenskultur** werden auch belegt durch: die Dialoge, die bezogen auf die Trainingsinhalte geführt werden; die Häufigkeit, mit der die **Führungsgrundsätze Thema** sind; die Art und Weise, wie Führungskräfte mit ihren Mitarbeitern umgehen; die Quantität und Qualität der Anfragen an die Personalentwicklung; der Mut, **eigenständige Feedbackrunden** mit dem eigenen Team durchzuführen; die **kollegiale Zusammenarbeit zwischen Führungskräften**, zwischen denen vorher eine distanzierte Konfliktkultur gepflegt wurde; die **Netzwerke**, die unkompliziertes Agieren in Problemsituationen ermöglichen; die Arbeit in bereichsübergreifenden Projekten. Diese Beobachtungen des Unternehmensgeschehens vermitteln die Erkenntnis, dass mit den beschriebenen Aktivitäten ein sinnvoller Beitrag zum Unternehmenserfolg geleistet wurde.

Erfolgsfaktoren bei der Etablierung einer werteorientierten Führungskultur waren:

- Das **Top-Management** sieht die Notwendigkeit, Führungsgrundsätze einzuführen.
- Bei der **Entwicklung** von Führungsgrundsätzen werden frühzeitig die relevanten Zielgruppen eingebunden, in der Regel **Vertreter aller Führungsebenen** sowie die gewählte Mitarbeitervertretung.
- Die Führungsgrundsätze werden im gesamten Führungskreis diskutiert und dabei **individuelle Umsetzungsmaßnahmen** erarbeitet. Der **Vorstand** übernimmt dabei die **Vorreiterrolle**.
- Die Inhalte der Führungsgrundsätze werden durch verschiedene Maßnahmen in der gesamten Belegschaft kommuniziert. Dabei übernehmen die Führungskräfte in den jeweiligen Organisationseinheiten den Hauptanteil.
- **Führungstrainings** haben dann die größte Wahrscheinlichkeit des Transfers in die Praxis, wenn sie sowohl auf die gewünschte Führungskultur, repräsentiert durch die

Grundsätze, ausgerichtet sind als auch durch praxisorientierte Methoden geprägt sind.

- Ein **360°-Feedback** sichert die Glaubwürdigkeit der Führungskräfte durch die anschließende **Diskussion über die Ergebnisse** und die Aussage über die Umsetzung oder die nicht mögliche Umsetzung der gewünschten Änderungen.
- Die Führungskräfte haben die Möglichkeit, nach dem Erwerb neuer Erkenntnisse und nach dem ersten Einüben neuer Kompetenzen bei Bedarf in der praktischen Umsetzung durch Trainings, interne PE-Berater oder vermittelte externe Berater unterstützt zu werden.
- Eine **regelmäßige Intervention** durch die Personalentwicklung zu den Themen der Führungsgrundsätze stellt den kognitiven Anker her und sichert die erlernten Verhaltensweisen.

8.4 Ausbildungsbegleitendes Seminarkonzept für IT-Auszubildende und Studierende eines Finanzdienstleisters

von Christina Demmerle, Volker Rockstroh, Horst Stein und Jurij Ryschka

Im vorliegenden Praxisbeispiel wird ein **ausbildungsbegleitendes Seminarkonzept für IT-Auszubildende und Studierende der Wirtschaftsinformatik** vorgestellt. Bei dem Unternehmen handelt es sich um einen global agierenden Finanzdienstleister, der seit 1997 in seinem internen technischen Bereich Fachinformatiker ausbildet. Seit 2002 werden zudem in Kooperation mit der Frankfurt School of Finance & Management in einem ausbildungsintegrierten Studium Wirtschaftsinformatiker mit Bachelor-Abschluss qualifiziert. Die Studierenden arbeiten an drei Wochentagen in der Bank und studieren an drei Wochentagen an der Hochschule.

Der Unternehmensbereich, in den die Studierenden und die Auszubildenden eingebunden sind, steht im Spannungsfeld zwischen dem Businessbereich des Finanzdienstleisters (Kerngeschäft) und den Vendoren (IT-Dienstleistern), die konkrete Software-Entwicklungsaufgaben übernehmen. Anspruch des Unternehmensbereichs ist es, kompetente Ansprechpartner für Business und Vendoren zu sein, d.h. **innovative Ideen zu generieren** und abzustimmen, die sich an den Anforderungen des Business orientieren, diese als **Auftrag für die Vendoren zu formulieren**, die entwickelten **Applikationen abzunehmen** und dem internen Kunden **fehlerfrei zur Verfügung zu stellen**.

Die Auszubildenden werden durch die Ausbildung in der Berufsschule und durch die Arbeit im Unternehmen für die Arbeit an der **Schnittstelle zwischen Unternehmensbereich und Vendoren** vorbereitet. Die Studierenden werden durch das internationale Studienprogramm an der Frankfurt School of Finance & Management und die Arbeit im Unternehmen auf Fach- und Führungsaufgaben vorbereitet.

Zusätzlich zur Ausbildung in Berufs- bzw. Fachhochschule werden die Auszubildenden und die Studierenden während der Praxisphasen durch **interne und externe Seminare, Vorträge und Trainings** anforderungsbezogen qualifiziert.

Im vorliegenden Beitrag werden diese in die Ausbildung integrierten zusätzlichen internen und externen Maßnahmen vorgestellt. Dazu gehören Präsentations- und Projektmanagementtrainings, Marketingseminare und Teamentwicklungsbausteine.

8.4.1 Bedarfsanalyse

Als der Unternehmensbereich entschied Fachinformatiker auszubilden, wurde durch Gespräche mit den Abteilungen klar, dass Fachinformatiker bei einem Finanzdienstleister für die optimale Bewältigung ihrer Aufgaben zusätzliche Kompetenzen, zu den von Seiten der Berufsschule vermittelten, benötigen. Durch weitere Expertengespräche schärfte sich folgendes Kompetenzprofil:

Die Mitarbeiter des skizzierten Unternehmensbereichs benötigen für ihre Aufgaben hohe **fachliche und soziale Kompetenzen**:

Sie arbeiten an der Schnittstelle zu den zentralen und dezentralen Business-Abteilungen des Finanzdienstleisters. Notwendige Kompetenzen sind **Kenntnisse des globalen Finanzgeschäfts**, um Projektaufträge zur Entwicklung und Bereitstellung der Applikationen abstimmen zu können, mit denen die internen Businesskunden das Kerngeschäft des Unternehmens betreiben.

Sie müssen zum anderen vielfältige Schnittstellen zu IT-Vendoren gestalten, bei denen sie weltweit Dienstleistungen und Produkte wie Anwendungsentwicklung, Programmierung, Netzwerke oder Rechenzentrumsleistungen einkaufen. Das **Wissen über IT-Prozesse** qualifiziert sie, Bedürfnisse ihrer internen Business-Kunden in Aufträge für Vendoren zu übersetzen.

Als Vermittler zwischen den beiden global verteilten Welten benötigen sie darüber hinaus ein hohes Maß an **sozialer, kultureller und kommunikativer Kompetenz**. Zeichnete sich ein Fachinformatiker vormals noch vor allem durch Spezialwissen im IT-Bereich aus, kommen durch die neuen Strukturen Anforderungen aus dem Bereich der **sozialen Kompetenz** hinzu (Zielklärung durch Fragetechniken, Verhandlungskompetenz zur Vermittlung und Übersetzung zwischen unterschiedlichen Bereichen, aktives Zuhören und Paraphrasieren, die Fähigkeit und Bereitschaft, sich mit anderen Menschen verantwortungsbewusst auseinanderzusetzen und sich teamorientiert zu verhalten).

Hinzu kommen **erweiterte Fach- und Methodenkompetenzen** („Bankwissen", Marketing, Präsentation von Inhalten) sowie die Ent-

> Die erforderlichen Kompetenzen sind im Kompetenzmodell des Bereichs wie folgt zusammengefasst:
>
> - **Beziehungsmanagement** (Teamfähigkeit, Kommunikationsfähigkeit, Integrität und Vertrauen, Mitarbeiterentwicklung und -förderung, Kunden- und Serviceorientierung, Globale Effektivität und Diversity-Förderung, Verhandlungsführung und Konfliktmanagement)
> - **Intellektuelle Fertigkeiten** (Analyse und Problemlösung, Architektur und Kreativität, Workflow/Process Reengineering)
> - **Geschäftliche Kompetenzen** (Unternehmerisches Denken und Handeln, Herbeiführung und Durchsetzung von wirtschaftlichen Lösungen, Finanzmanagement)
> - **Technische und Produktfähigkeiten** (Technisches Know-How und IT-Kompetenz, Geschäfts- und Produktkenntnisse, Risikosteuerung und –kontrolle)
> - **Änderungsmanagement** (Entwicklung und Umsetzung von Strategien, Ziel- und ergebnisorientiertes Führen, Programm- und Projektmanagement)
> - **Anpassungsfähigkeit** (Innovations- und Veränderungsfähigkeit, Leistungsorientierung, Gespür)

Abbildung 1: Kompetenzen aus dem Kompetenz modell des Unternehmensbereichs

wicklung einer **kundenorientierten Dienstleistungsqualifikation**. Denn standardisierte Produkte reichen für die aktuellen Anforderungen eines global agierenden Finanzdienstleisters nicht aus. Die Applikationen müssen in bestehende Systeme integriert und genau so konfiguriert werden, dass sie einen Unterschied und damit einen Wettbewerbsvorteil bringen.

Ziel des gesamten Ausbildungs- und Seminarkonzepts ist es, die Auszubildenden und Studierenden dazu zu befähigen, Kontakte zu internen wie externen Kunden aufzubauen und zu pflegen sowie zu lernen, sich auf die spezifischen Kundenbedürfnisse einzustellen und bei der konkreten Leistungserstellung und Problemlösung beteiligt zu sein. Abbildung 1 zeigt zusammenfassend die im **Kompetenzmodell** des Unternehmensbereichs formulierten, dafür notwendigen Kompetenzen.

8.4.2 Konzeption und Durchführung

Die geforderten Kompetenzen können nicht allein in Studium und Ausbildung aufgebaut werden. Das **integrierte Qualifizierungskonzept**, zusammengesetzt aus theoretischer und praktischer Ausbildung, erlaubt eine optimale Vorbereitung auf die beruflichen Anforderungen und gewährleistet einen produktiven Einsatz in den Praxisphasen. Dies erhöht auch die **Ausbildungsbereitschaft** der Abteilungen wesentlich.

Das **ausbildungsbegleitende Seminarkonzept** setzt vor allem an den Kompetenzen unternehmerisches Denken und Handeln, Herbeiführen und Durchsetzen von wirtschaftlichen Lösungen, Projektmanagement, Analyse und Problemlösung, Teamfähigkeit und Kommunikationsfähigkeit an. Zudem sollen die Teilnehmer möglichst früh **als Team etabliert** werden, damit sie auf das Arbeiten in der Projektorganisation optimal vorbereitet werden.

Lernziele

Die Auszubildenden und Studierenden werden von unterschiedlichen Institutionen mit dem gemeinsamen Ziel einer effektiven Ausbildung geschult und trainiert; die verschiedenen Inhalte werden vom Unternehmen, der Berufsschule, der Frankfurt School of Finance & Management und externen Beratern abgedeckt.

Dabei legt die Berufsschule die Grundlagen der Auszubildenden im Sinne der Rahmenlehrpläne, die Frankfurt School vermittelt die theoretischen Grundlagen für die Studierenden. Bankwissen und weitere Programmiersprachen werden von Kollegen innerhalb des Unternehmens vermittelt.

Das **ausbildungsbegleitende Seminarkonzept**, welches von externen Beratern mit Leben gefüllt wird und im Mittelpunkt des vorliegenden Beitrags steht, besteht aus folgenden **Bausteinen**, die ihrerseits aus mehreren Teilen bestehen, miteinander verzahnt sind und aufeinander aufbauen: **1. Präsentation, 2. Projektmanagement, 3. Marketing und 4. Teamentwicklung**. Die Lernziele dieser Seminarbausteine sind in Tabelle 1 im Überblick dargestellt.

Tabelle 1: Lernziele der vier Seminarbausteine

Präsentation	Projektmanagement	Marketing	Teamentwicklung
Inhalt und Aufbau von Präsentationen kennen	realistische Ziele setzen und Meilensteine eines Projekts identifizieren	Bedeutung des Marketings im Unternehmen erkennen	Denk- und Verhaltensweisen bei der Teamarbeit reflektieren
sich selbst und Projekte verständlich und ansprechend präsentieren	Projektressourcen in allen Phasen des Projekts effizient planen und nutzen	Elemente des Bankmarketings definieren	gruppendynamische Prozesse bei der Teamarbeit erfahren, reflektieren und nutzen
Medien effektiv und kompetent nutzen	Dynamik während der Durchführung eines Projekts erhalten	Zusammenhänge von Markt und Betrieb im Marketingkonzept beachten	Methoden lernen, um Zusammenarbeit im Team konstruktiv zu gestalten und einsetzen zu können
Souveränität auch in schwierigen Situationen zeigen	effektive Kontrollsysteme implementieren	Erfahrungen im Erstellen von Marketingkonzepten sammeln	
	die Ergebnisse eines Projekts messen können		

Lerninhalte

Die Grundidee des Konzepts basiert auf einer **kontinuierlichen Verknüpfung** der einzelnen **Seminarbausteine über die gesamte Ausbildungs- und Studienzeit hinweg**. Durch die Abstimmung der Seminarbausteine werden erarbeitete Inhalte und Verhaltensweisen wechselseitig wieder aufgegriffen, angewandt und vertieft. In Marketing und Präsentation geschult, entwickeln die Auszubildenden und Studierenden zum Abschluss ihrer Ausbildung in Teams ein Marketingkonzept für ein selbst entwickeltes Produkt. Die bei dieser Gruppenarbeit entstehenden Teamprozesse werden während der Bearbeitung im Seminar Teamentwicklung aufgegriffen und bearbeitet. Dies ermöglicht es, Prozesse im Team direkt zu analysieren und den Teilnehmern Möglichkeiten des konstruktiven Umgangs zu vermitteln. Auch das gegenseitige, strukturierte Feedback zur Arbeitsweise lässt sich auf Grundlage der intensiven gemeinsamen Erfahrungen fundiert vornehmen. Auf diese Weise lassen sich Nutzen bringende Entwicklungsmöglichkeiten für den Einzelnen aufzeigen.

Ergänzt werden die **vier Bausteine** (siehe Abbildung 2) durch **Vernetzungsaktivitäten** in der Zeit zwischen dem erfolgreich absolvierten Assessment Center und Ausbildungsstart, durch eine gemeinsame **Einführungswoche** in einem Seminarhotel mit **Outdoor-Training** und durch das Seminar **Step into the Financial World**, einer „Banklehre in einer Woche". Abbildung 2 zeigt die Module und ihre Abfolge in der Übersicht.

Noch **vor der Einführungswoche** erhalten die Bewerber, die aus allen Teilen Deutschlands kommen, die E-Mail-Adressen ihrer zukünftigen Kollegen, und sie haben durch die Gründung eines Internet-Forums die Möglichkeit, im Vorfeld Kontakt zueinander aufzunehmen. In der **Einführungsphase** organisiert der vorhergehende Ausbildungsjahrgang eine **Welcome Party** für die Neuen und ihre Ausbilder sowie ein **Einführungsseminar**, in dem das wichtigste Handwerkszeug für die Arbeit vermittelt wird (unternehmensspezifische Informations- und Kommunikationsstrukturen, Grundlagen von MS Office etc.). Den Abschluss dieser Einführungsphase bildet ein **eintägiges Outdoor-Training**. Die Auszubildenden und Studierenden haben dort die Möglichkeit, auf eine andere Art miteinander in Kontakt zu treten, sich besser kennenzulernen und die reichhaltigen Erfahrungen der Einführungswoche in kreativer Weise zu verarbeiten. Nicht zuletzt bekommen die Teilnehmer auch ein Gespür für zwischenmenschliche Prozesse und Interaktionen vermittelt. Die Beobachtungen der Ausbilder beim Outdoor-Training aus bankinterner Perspektive werden durch die Erfahrungen, die die externen Trainer bezüglich der Entwicklung der Auszubildenden und Studenten über anderthalb Jahre in den Seminarbausteinen Präsentation und Teamentwicklung machen, in idealer Weise ergänzt. Der Austausch über die Entwicklung der Neueinsteiger wird von allen Seiten als sehr fruchtbar erlebt.

In **Präsentation 1** lernen die Teilnehmer die **Grundlagen einer Präsentation**. Die wesentlichen Inhalte werden in Kleingruppen erarbeitet und den Kollegen präsentiert. So können die Auszubildenden und Studierenden das selbst Erarbeitete direkt in der eigenen Präsentation anwenden. Im Anschluss bekommen die Präsentierenden Feedback zu ihrer Darstellung von Teilnehmern und Trainer. Das Auge der Teilnehmer wird so im Laufe der Seminare zunehmend für die wesentlichen Präsentationsaspekte geschult. Im Rahmen einer Hausaufgabe bereiten die Teilnehmer eine Präsentation für die Veranstaltung **Präsentation 2** vor, in der sie ihre **beruflichen Ziele und Stärken sowie ihren Wertschöpfungsbeitrag** für das Unternehmen mit Hilfe umfangreicher Reflexionsunterlagen herausarbeiten und vorstellen. Die Auseinandersetzung mit dem eigenen Wertschöpfungsbeitrag für das Unternehmen und die Kompetenz, dies auf den Punkt zu formulieren und anschaulich zu präsentieren, bilden eine wichtige Grundlage für das Agieren in einem dynamischen Unternehmensumfeld. Die Inhalte und die Art der Präsentation werden diskutiert und anschließend für jeden Einzelnen in Lern- und Optimierungspunkten zusammengefasst. Zu diesen Optimierungspunkten wird in **Präsentation 3** gezielt Rückmeldung gegeben, wenn die Teilnehmer **ihre Abteilung oder ihr Projekt im Unternehmen** vorstellen. Ebenso wird dabei der **Umgang mit kritischen Fragen** und rhetorischen Angriffen trainiert. Ein positiver Nebeneffekt ist, dass die übrigen Teilnehmer durch die Präsentation der Abteilungen und Projekte vielfältige Bereiche des Unternehmens kennenlernen.

Ablauf (Zeitraum 18 Monate)	Inhalte	Tage
Outdoortraining	Teamübungen zum Kennenlernen	1
Präsentation 1	Vorbereitung, Aufbau und Ablauf, Visualisierung, Präsentationscheckliste, Zeit- und Raumorganisation, Manuskript- und Handout-Gestaltung, Umgang mit Lampenfieber	2
Hausaufgabe 1	Erarbeitung und Vorbereitung einer Präsentation "Ich bringe die Bank voran"	
Präsentation 2	Einzelpräsentation der Teilnehmer, Feedback durch Teilnehmer und Trainer, Videofeedback, Stärken- und Schwächenanalyse für Präsentierenden, Definition von Optimierungspunkten, Selbstvermarktung	1
Hausaufgabe 2	Erarbeitung und Vorbereitung einer Präsentation "Meine Abteilung und mein aktuelles Projekt im Unternehmen"	
Präsentation 3	Einzelpräsentation der Teilnehmer, Feedback durch Teilnehmer und Trainer im Hinblick auf die Optimierungspunkte, Umgang mit kritischen Fragen und rhetorischen Tricks, Videofeedback, Inhalte anschaulich darstellen	1
Projektmanagement 1	Einführung in Projektmanagement, Projektlebenszyklus, Projektentstehung, Projektplanung, Controlling und Steuerung von Projekten, Abschluss von Projekten – Bewertung der Ergebnisse	3
Marketing 1	Marketing und Verkauf, Marketingstrategie und -konzept, Zielgruppenanalyse, Verkaufen im Wandel der Zeit, Vertriebswege,	2
Projektmanagement 2	Simulation eines Projekts, Projektmanagement-Software, Qualitätsmanagement in Projekten,	2
Marketing 2	Kundenmanagement, Kunden-Lebenszyklusphasen, Produktzyklus, Wertschöpfungsketten, Produkt- und Portfolioanalyse, Datenerhebung intern/extern, Kunden- und Wettbewerbsanalyse, Marketingkonzeption	2,5
Teamentwicklung	Reflexion der Teamarbeit im Projektteam, Übungen zur Teamarbeit, Selbst- und Fremdbildanalyse, Umgang mit Konflikten, Rollen in Arbeitsgruppen	2
Präsentation Marketingkonzept	Präsentation der Marketingstudie in Projektteams vor den Ausbildern, Vertretern der Abteilung Customer Relationship Management sowie den Auszubildenden des ersten und zweiten Ausbildungsjahres	0,5
Abschlussprüfung	Präsentation der Abschlussarbeit im Rahmen der Abschlussprüfung bei der IHK: selbständig bearbeitetes IT-Projekt	

Abbildung 2: Seminarbausteine, Übersicht

Im **Seminar Projektmanagement** werden die Teilnehmer befähigt, Projekte realistisch zu planen und durchzuführen. Dazu gehört, realistische Ziele zu setzen und Meilensteine eines Projekts zu identifizieren, die Projektressourcen in allen Phasen des Projekts effizient zu planen und zu nutzen, die Stakeholder zu identifizieren sowie die Dynamik während der Durchführung eines Projekts zu erhalten. Sie lernen effektive Kontrollsysteme zu implementieren, um qualitativ hochwertige Ergebnisse zu gewährleisten und diese auch messen zu können.

In den **Marketing-Seminaren** wird den Auszubildenden und Studierenden – obwohl sie nicht direkt im Verkauf tätig sind (aber sehr wohl die Grundlagen dafür legen) – eine **unternehmerische, marktorientierte Denkhaltung** vermittelt. Sie lernen Marketinginstrumente und ihr Zusammenspiel kennen (Produktgestaltung, Preis, Kommunikation, Vertriebswege etc.). Dabei sind etwa folgende Fragen leitend: Wie funktioniert Wirtschaft in gesättigten Märkten? Wie kann ich als Mitarbeiter auch im IT-Bereich meine Leistungen richtig verkaufen bzw. marktgerecht entwickeln und präsentieren?

In **Marketing 1** werden **grundlegende Marketingfragestellungen** (Verkauf im Wandel, Vertriebswege, Zielgruppen etc.) thematisiert und in verschiedenen Übungen vertieft. Parallel zu den theoretischen Grundlagen (Produktzyklus, Produktportfolio, Datenerhebung und Kunden- und Wettbewerbsanalyse) wird in **Marketing 2** in kleinen Teams ein Marketingkonzept entwickelt und für eine Abschlusspräsentation aufbereitet. Um den Praxisbezug so nah wie möglich zu gestalten, wird bereits vor dem Seminar mit der Abteilung Customer Dialogue Management des Finanzdienstleisters Kontakt aufgenommen. Hier berichtet die Marketing-Abteilung über aktuelle Projekte und Ziele im kurz- bzw. mittelfristigen Bereich. Daraus können die Studierenden und Auszubildenden Themen für ihre eigene Präsentation nutzen. So entsteht ein doppelter Nutzen: Die Teilnehmer bekommen ein **Gespür für aktuelle Themen** der Bank und im Sinne des Lerntransfers besteht eine hohe **Verknüpfung zwischen Lern- und Funktionsfeld** (vgl. Solga, Kap. 5: Förderung von Lerntransfer). Darüber hinaus bietet sich den Verantwortlichen im Unternehmen die Möglichkeit, konkrete, kreative und unvoreingenommene Ideen für Projekte und Aufgaben zu bekommen. Ein Beispiel aus dem Jahr 2007 wird in Abbildung 3 dargestellt.

Beispiel: Gewinnen Sie 20.000 neue Kunden!

Ausgehend von dieser Vorgabe entwickelte ein Team die Idee, den Auftritt des Finanzdienstleisters in „Second Life" (einer virtuellen Welt im Internet) umzusetzen. Kunden sollten in der virtuellen Filiale mit der in „Second Life" üblichen Währung handeln können und dabei individuelle Beratung erhalten, um so schließlich als Kunden für Produkte in der „ersten Welt" gewonnen zu werden.

Ihre Idee stellte das Team in einer 45-minütigen Präsentation vor einem Fachpublikum vor. Neben Hintergrundanalysen, Zielformulierung und Chancenanalysen sowie einer Aufwandsschätzung, präsentierten sie in einem Videofilm ihre „Filiale" in Second Life. In der anschließenden kritischen Diskussion des Projekts konnten die Auszubildenden und Studierenden zeigen, wie sie mit kritischen Fragen konstruktiv und lösungsorientiert umgehen können. Diese Präsentation war mit Grundlage für den Auftritt des Finanzdienstleisters in Second Life.

Weitere Beispiele werden unter *www.it-azubis.com* dargestellt.

Abbildung 3: Beispiel Kundengewinnung

Die während des Prozesses entstehenden Diskussionen, Konflikte und Abstimmungsaufgaben werden während der zweitägigen **Teamentwicklung**, die sich direkt an Marketing 2 anschließt, aufgegriffen: Durch **Reflexion und gezieltes Feedback** werden hier **Optimierungschancen und alternative Handlungsmodelle** für den Einzelnen herausgearbeitet, um so in Gruppenkonstellationen team- und aufgabenorientiert reagieren zu können. Die Marketing-Teams werden in den Veranstaltungen Marketing 2 und Teamentwicklung auf die **Gruppenpräsentation** ihres Marketingkonzepts vor einem Publikum aus Kollegen, Ausbildern, Ausbildungsleitern und Managern vorbereitet (zum Ablauf von Marketing 2 und Teamentwicklung siehe Abbildung 4).

Die Teampräsentation dient darüber hinaus auch als **Vorbereitung auf die Abschlussprüfung** bei der IHK. Hier müssen die Auszubildenden ihre Abschlussarbeit (ein selbstständig bearbeitetes IT-Projekt) präsentieren und sich im Fachgespräch der kritischen Diskussion mit den Prüfern stellen.

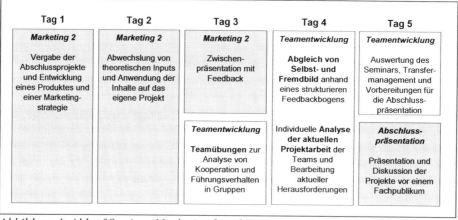

Abbildung 4: Ablauf Seminar Marketing 2 und Teamentwicklung

Förderung des Lerntransfers

Der Lerntransfer wird mit folgenden Mitteln gefördert und sichergestellt (vgl. auch Solga, Kap. 5: Förderung von Lerntransfer):

- **Ähnlichkeit von Lern- und Funktionsfeld:**
  - Die von den Teilnehmern vorbereiteten Präsentationen für die Seminare stammen aus dem betrieblichen Anwendungsfeld. Die Abteilungs- und Projektpräsentationen werden mit dem Ausbilder abgestimmt und bearbeitet.
  - In Projektmanagement und Marketing wird an konkreten Fragestellungen und Projekten aus dem Unternehmen gearbeitet.

- **subjektive Relevanz der Aufgaben im Lernfeld:**
  - Durch die Bearbeitung aktueller Themen aus dem Unternehmen und durch die Präsentation vor einem internen Fachpublikum besteht eine hohe Vernetzung mit dem Unternehmen.
  - Die Teilnehmer können das erworbene Projektmanagement-Wissen in ihrer täglichen Arbeit einsetzen, in der sie häufig in Projekte eingebunden sind.
  - Auf Seiten der Teilnehmer besteht eine hohe Eigenmotivation durch die große Ähnlichkeit von Abschlusspräsentation und Abschlussprüfung bei der IHK.
- **Feedback und Zielvereinbarung:**
  - Durch kontinuierliche Rückmeldungen (u.a. mittels Videoaufzeichnung) erhalten die Teilnehmer konstruktives Feedback, welches das Selbstvertrauen in die eigene Tüchtigkeit und damit die Bereitschaft steigert, Gelerntes anzuwenden.
  - Mit den Teilnehmern werden individuelle Lern-, Entwicklungs- und Anwendungsziele vereinbart.
- **Anwendungsgelegenheiten im Unternehmen schaffen:**
  - Die Teilnehmer werden dazu aufgefordert, im weiteren Verlauf ihrer Ausbildung füreinander als Feedbackgeber bei Präsentationen zu fungieren.
  - Sie nutzen die Möglichkeit, mit ihrem Ausbilder weitere Anwendungsgelegenheiten für Präsentationen und Projektarbeit im Unternehmen (Projektmeeting, Teambesprechung etc.) zu schaffen.

8.4.3 Erfahrungen und Evaluation

Seit 13 Jahren werden die Auszubildenden, seit acht Jahren die Studierenden ergänzend zu ihrer Ausbildung in Schule, Universität und Unternehmen in der beschrieben Art und Weise für das Unternehmen qualifiziert. Das Gesamtkonzept wurde in dieser Zeit weiterentwickelt und noch stärker **mit der Organisation verzahnt**: Die Abteilung Customer Dialogue Management ist seit vier Jahren Auftrag- und Impulsgeber für die Projekte der Abschlusspräsentationen im Seminar. Das Thema **Selbstvermarktung** ist seit drei Jahren fester Bestandteil der Präsentationsseminare.

Zusammenfassend lässt sich sagen, dass der erwünschte Kompetenzaufbau geleistet wird: Rückmeldungen aus den Abteilungen und der Schule zeigen, dass die Studierenden und Auszubildenden es verstehen, Inhalte und sich selbst zu präsentieren, in Projekten zu arbeiten und dabei den Verwertungs- und Effizienzaspekt von Produkten zu berücksichtigen. Die langfristige Zusammenarbeit und die **Begleitung der Teilnehmer über die gesamte Ausbildungszeit hinweg** ermöglicht es, Entwicklungen anzuregen und zu begleiten. Dies und die enge **Verzahnung multipler Maßnahmen** mit einer engen **Abstimmung der externen und internen Ausbilder** und Trainer sind wesentliche Erfolgsfaktoren des Ausbildungskonzepts.

Die Auszubildenden legen am Ende Ihrer Ausbildung, die Studierenden nach 4 von 7 Semestern ihre IHK-Prüfung ab. Die selbstständige Planung, Durchführung und Dokumentation eines IT-Projekts sowie die Präsentation und Verteidigung desselben machen 50% des Prüfungsergebnisses aus. Die **Prüfungsergebnisse** liegen etwa **eine Note über dem IHK-Durchschnitt**. 9% der Auszubildenden des Finanzdienstleisters wurden von der Industrie- und Handelskammer für ihre hervorragenden Leistungen ausgezeichnet.

70% der Auszubildenden und Studenten der letzten 13 Jahre sind – trotz erheblicher Outsourcing-Aktivitäten der Bank in diesem Zeitraum – derzeit **immer noch im Unternehmen** beschäftigt. Dies zeigt neben der erfolgreichen Kompetenzentwicklung auch die **hohe Verbundenheit** mit dem Unternehmen. Von den übernommenen Fachinformatikern sind die Besten schon drei Jahre nach ihrer Übernahme im außertariflichen Bereich, sie haben Personal- und Projektverantwortung. Die Investitionen in diese unternehmensinterne Ausbildung zeigt somit auch auf dieser Ebene ihre Berechtigung.

Von den **Produkten und Ideen**, die die Teilnehmer bei der internen Abschlusspräsentation vorstellten, wurden einige **im Unternehmen realisiert** (z.B. Bedrucken der Bankkarte mit einem eigenen Motiv, Auftritt des Unternehmens in „Second Life").

Das skizzierte Konzept wurde zudem beim Internationalen Deutschen Trainings-Preis 2001 prämiert.

8.5 Führungskräfteentwicklung im Rahmen eines Nearshoring-Projekts bei Clearstream

von Jurij Ryschka, Marc Solga und Andreas Wolf

8.5.1 Hintergrund: Unternehmen, Rahmenbedingungen, Ziele

Clearstream International S.A. ist einer der größten weltweit tätigen Anbieter von Wertpapierdiensten. Kerngeschäft ist die Abwicklung und Verwahrung von Wertpapieren. Zudem bietet Clearstream Mehrwertdienste an, etwa die globale Wertpapierfinanzierung und Investmentfonds-Services. Kunden sind Finanzinstitute in über 100 Ländern. Clearstream ist im Jahr 2000 aus der Fusion der Deutsche Börse Clearing AG und Cedel International hervorgegangen und heute eine 100%-Tochter der Deutschen Börse AG.

Um die Position unter den Wertpapierdienstleistern zu sichern, Anteile im osteuropäischen Markt zu erhöhen und Kosten zu senken, sollten **200 Stellen im Bereich „Operations" von Frankfurt und Luxemburg nach Prag verlagert** werden (sog. **Nearshoring**). Der Stellenverlagerungsprozess war in drei bis fünf Wellen geplant. Für die Mitarbeiter, deren speziell abgrenzbare Aufgaben nach Prag verlagert wurden, sollten neue Aufgaben in der Firma und an den jeweiligen Standorten gefunden werden. Zudem sollte die natürliche Mitarbeiterfluktuation genutzt werden, so dass in den abgebenden Lokationen keine Mitarbeiter entlassen werden mussten. Eine besondere Herausforderung in diesem Projekt lag darin, dass Menschen aus sieben verschiedenen Nationen beteiligt waren: Luxemburg, Tschechien und Deutschland sowie Frankreich, Belgien, Niederlande und Italien. Um eine möglichst reibungslose Umsetzung zu gewährleisten, sollte der Prozess durch eine Changemanagementberatung begleitet werden. **Ziel dieser Beratungs- und Trainingsunterstützung** war es, die Bindung der Mitarbeiter ans Unternehmen, die individuelle Leistungsfähigkeit bzw. Leistung und schließlich die Arbeitszufriedenheit aufrechtzuerhalten.

Der vorliegende Beitrag stellt zuerst die konzeptuelle Grundlage der Trainings- und Beratungsmaßnahmen vor. Es folgt eine Darstellung dieser Maßnahmen: Einführungsworkshops, Entwicklung von Erwartungs- und Angebotsmodellen, Trainings und schließlich Transfersicherung. Der Beitrag schließt mit einer Betrachtung der Evaluations- und Projektergebnisse.

8.5.2 Fundierung des Trainings- und Beratungskonzepts

Die Fundierung für den Beratungs- und Trainingsansatz lieferten zwei Konzepte bzw. Modelle der Organisationspsychologie: **Survivor Sickness** (Burke & Cooper, 2000) und **psychologischer Vertrag** (Conway & Briner, 2005).

Veränderungsprozesse sind häufig sehr viel **weniger erfolgreich als geplant**. Eine zentrale Ursache: Das Veränderungsmanagement geht zu wenig auf die betroffenen Mitarbeiter ein. Diese werden meist unvorbereitet mit betrieblichen Veränderungen konfrontiert; sie erleben den Veränderungsprozess als bedrohlich und reagieren entsprechend: Angst, Wut, innere Kündigung, Misstrauen in die Führung und reduzierte Arbeitsleistung sind **typische Reaktionen** (siehe Weiss & Udris, 2001, für einen Überblick). Dabei wird die Arbeit, insbesondere bei Stellenabbauprogrammen, nicht weniger; sie soll aber von weniger Menschen bewältigt werden. Die Folge: Mitarbeiter arbeiten länger, das Klima am Arbeitsplatz verschlechtert sich, die Gesundheit der Mitarbeiter und ihre privaten Beziehungen leiden. Mitarbeiter sind mit der **Bewältigung dieser Bedrohungslage** beschäftigt und können sich in der Regel nicht mit vollem Einsatz auf ihre Arbeit, geschweige denn auf das Voranbringen des Veränderungsprojekts konzentrieren. Diese Umstände können Veränderungsprozesse scheitern lassen. Für Mitarbeiter besteht die mit Changeprojekten verbundene Herausforderung darin, die veränderte Situation zu akzeptieren, das eigene Bedrohungserleben zu bewältigen und neue Perspektiven für die eigene Person in der veränderten Organisation zu entwickeln – hierbei können und *müssen* Führungskräfte Unterstützung leisten (Ryschka, 2007a, 2007b).

Damit ein Changeprojekt erfolgreich wird, müssen die Mitarbeiter die Veränderungen mittragen, voran treiben und zum Erfolg bringen. Aufgabe der Führungskräfte ist es, Arbeitnehmer im Veränderungsprozess „mitzunehmen". An dieser Stelle greift ein Konzept, das sowohl die Reaktionen von Mitarbeitern auf Veränderungen erklären, als auch Ansatzpunkte für die Führungspraxis bieten kann: der **psychologische Vertrag**. Die Herausforderung für Führungskräfte besteht darin, *den psychologischen Vertrag mit jedem einzelnen Mitarbeiter partnerschaftlich so zu gestalten, dass die Mitarbeiter die Zielsetzung der Veränderung mittragen können und sich für das Gelingen derselben einsetzen.*

Was genau wird aber unter einem psychologischen Vertrag verstanden? – Wenn sich ein Arbeitnehmer dazu entschließt, für ein Unternehmen tätig zu werden, so gehen die beiden eine Beziehung ein, in der **Ressourcen getauscht** werden (etwa: Geld gegen Arbeitsleistung). Die Parteien versprechen einander, Dinge zu tun, die für die Gegenseite von Nutzen sind. Dafür erwarten sie eine angemessene Entschädigung, eine Gegenleistung. Der psychologische Vertrag ist kein Vertrag im rechtlichen Sinne; vielmehr kennzeichnet der Begriff die **Sicht eines Mitarbeiters auf die wechselseitigen Versprechen bzw. Verpflichtungen**. Das Unternehmen hat Erwartungen an den Mitarbeiter (Gewissenhaftigkeit, Loyalität, Kollegialität etc.) und macht entsprechende Kompensationsangebote (Weiterbildung, Karriereplanung etc.); der Mitarbeiter selbst hat Erwartungen an das Unternehmen (Entscheidungsspielräume, Aufstiegsmöglichkeiten, interessante Aufgaben etc.) und macht seinerseits Kompensationsangebote (freiwilliges Arbeitsengagement etc.). Im Zuge eines Aushandlungsprozesses werden diese Erwartungen und Angebote zu wechselseitigen Versprechen. Diese Versprechen können sich aus (tarif-)vertraglichen Arbeitgeber-Arbeitnehmer-Vereinbarungen ergeben und darüber hinaus auf individuellen Absprachen zwischen dem Mitarbeiter und seinem Vorgesetzten beruhen. Manchmal werden solche Versprechungen seitens des Unternehmens bloß angedeutet, vom Empfänger jedoch als echte Versprechen erlebt. Sie machen den psychologischen Vertrag aus. Er existiert „lediglich" in den Köpfen der Mitarbeiter – es ist der Katalog **der wechselseitigen Versprechen oder Verpflichtungen**, von denen ein Mitarbeiter ausgeht, wenn er zur Arbeit kommt (Conway & Briner, 2005).

Beim psychologischen Vertrag können zwei Qualitäten unterschieden werden: Der so genannte **transaktionale (ökonomisch orientierte) Vertrag** lässt sich mit der Haltung „Arbeit gegen Geld" beschreiben: Aufgaben werden vorschriftsmäßig erfüllt, aber es wird kein zusätzliches Engagement gezeigt. Die Orientierung ist eher kurzfristig, die emotionale Bindung an die Firma gering, die Verwirklichung eigener Interessen steht im Vordergrund. Demgegenüber hat beim **relationalen (partnerschaftlich orientierten) Vertrag** die Arbeitsbeziehung selbst einen hohen Wert. Mitarbeiter fühlen sich dem Unternehmen verbunden, weil sie dessen Ziele teilen, das Arbeitsklima im Unternehmen schätzen etc. In Bezug auf die Zusammenarbeit nehmen sie eine langfristige Perspektive ein. Deshalb können die Interessen der Gegenseite (des Unternehmens) kurzfristig über die eigenen Bedürfnisse gestellt werden – es besteht das Vertrauen in einen langfristigen Ausgleich der Interessen und Bedürfnisse. Die beiden Qualitäten – transaktional und relational – haben sehr unterschiedliche Auswirkungen auf das Leistungsverhalten: Bei relationalen Verträgen besteht die Chance, dass sich Mitarbeiter weit über das geforderte Maß hinaus für ihr Unternehmen engagieren (freiwilliges Arbeitsengagement); bei transaktionalen Verträgen hingegen besteht die Gefahr, dass sich Mitarbeiter kontraproduktiv verhalten (d.h. Dienst nach Vorschrift machen, schlechte Stimmung verbreiten, krank feiern, Geheimnisse verraten etc.), sobald sie sich ungerecht behandelt fühlen.

Wieso sind diese Konzepte bei organisationalen Veränderungsprozessen von Bedeutung? Im „Change" streicht das Unternehmen einseitig Angebote aus dem Katalog der wechselseitigen Versprechen – so jedenfalls sehen es viele Mitarbeiter (siehe Abbildung 1). Im Zuge einer Stellenverlagerung beispielsweise – Mitarbeitersicht! – wird das Versprechen „Arbeitsplatzsicherheit" aufgekündigt. Damit wird eine **Erwartung enttäuscht**, und dies wird als **Vertragsbruch** erlebt. Jetzt besteht die Gefahr einer **Dequalifizierung des psychologischen Vertrags**: Aus einem relationalen Vertrag kann ein transaktionaler werden, aus freiwilligem Arbeitsengagement Dienst nach Vorschrift. Die Bindung ans Unternehmen reduziert sich, Arbeitsunzufriedenheit und Fehlzeiten nehmen zu, Kündigungsabsichten entstehen, die Arbeitsleistung wird schlechter.

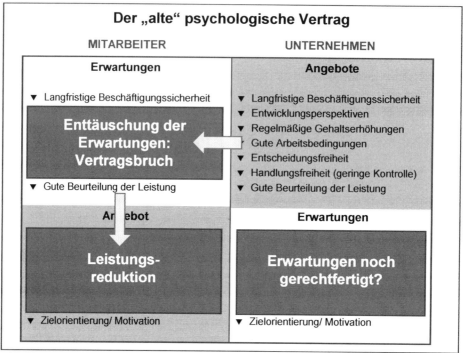

Abbildung 1: Bruch des psychologischen Vertrags

Natürlich sind Unternehmen an einem hohen Arbeitsengagement ihrer Mitarbeiter interessiert. Die Basis hierfür ist ein relationaler Vertrag. Um auf relationale Verträge hinzuwirken und relationale Verträge zu erhalten, ist **beziehungsorientierte Führung** notwendig: Es gilt, Wertschätzung zu zeigen, Mitarbeiter bei der Bewältigung von Problemen zu unterstützen, bei der Karriereentwicklung zu helfen, Mitarbeiter zu inspirieren und intellektuell herauszufordern, dem Arbeitsleben durch Visionen Sinn und Bedeutung zu geben. Ein solches Führungsverhalten wird in der Führungsforschung als **transformationale Führung** bezeichnet; in der Praxisliteratur ist oft von **Leadership** die Rede. Transformationale Führung kann Leistungsreserven aktivieren, die durch „klassische" personale Führung, durch sog. transaktionales Führungsverhalten – Ziele setzen, Arbeit kontrollieren, Leistung belohnen – nicht aktiviert werden; auch führt transformationale Führung zu höherer Arbeitszufriedenheit (siehe die Metaanalyse von Judge & Piccolo, 2004).

Welche Anforderungen an Führungskräfte lassen sich konkret aus diesen Überlegungen ableiten?

Führungskräfte müssen über das Erleben und Verhalten von Mitarbeitern im Zuge von Changeprozessen Bescheid wissen und sensibel mit deren Sorgen und Bedürfnissen umgehen können. Als Vertreter der Organisation müssen sie mit jedem Mitarbeiter einen neuen psychologischen Vertrag explizit aushandeln, mögliche Vertragsverletzungen (Enttäuschungen) ansprechen und neue – unbedingt einzuhaltende! – Vereinbarungen herausarbeiten. Um die Basis für einen relationalen Vertrag zu schaffen, ist beziehungsorientierte Führung, also Leadership, notwendig. Dann können Mitarbeiter dafür gewonnen werden, Veränderungen voranzutreiben und zum Erfolg zu bringen.

8.5.3 Umsetzung

In einem Projektteam, bestehend aus dem Chief Officer of Operations (COO), einer Mitarbeiterin aus dem Human Resource Management und den Beratern, wurden folgende **Ziele für die Führungskräftequalifizierung** herausgearbeitet:

Führungskräfte in Clearstream Operations:

- sind für die Auswirkungen von Veränderungsprozessen auf betroffene Mitarbeiter sensibilisiert;
- sind auf das Führen mit dem psychologischen Vertrag vorbereitet, d.h. in der Lage, Erwartungen und Angebote zu explizieren, entsprechende Vereinbarungen partnerschaftlich auszuhandeln und mögliche Vertragsverletzungen von Seiten des Unternehmens sensibel ansprechen;
- entwickeln ihr Führungsverhalten in Richtung „Leadership" weiter.

Um ein hohe Identifikation mit dem Thema und somit eine nachhaltige Umsetzung sicherzustellen, sollten die Führungskräfte der verschiedenen hierarchischen Ebenen bei der Implementierung eines entsprechenden Programms „top-down" und Schritt für Schritt in die Ausgestaltung des Prozesses eingebunden werden.

Das Gesamtkonzept

Das im Projektteam entwickelte Vorgehen umfasste drei Phasen (siehe Abbildung 2). In der ersten Phase wurde mit dem COO und den direkt an ihn berichtenden Führungskräften (Bereichsleiter) gearbeitet. Die Arbeit begann mit einer Vorstellung und Diskussion zentraler Konzepte zum Veränderungsmanagement. Anschließend wurden **Angebote und Erwartungen an Führungskräfte** herausgearbeitet und in Modellen zusammengefasst (siehe Abbildungen 3 und 4 sowie 7). Diese Angebote und Erwartungen dienten als Grundlage für die individuellen Gespräche bzgl. des psychologischen Vertrags, die sowohl der COO mit seinen Bereichsleitern als auch die Bereichsleiter mit den an sie berichtenden Führungskräften (Abteilungsleiter und Teamleiter) führen. Gleichzeitig stellten die im Managementteam herausgearbeiteten Erwartungen eine Konkretisierung der generellen – aus den Theorien abgeleiteten – Erwartungen dar. Wie in Abbildung 2 zu sehen ist, wurden die Führungskräfte anschließend in Trainings auf das **Führen von Mitarbeitergesprächen** auf Basis des psychologischen Vertrags vorbereitet; ein zweites Ziel dieser Trainings war das Erarbeiten von **Leadershipverhalten** und das Entwickeln der diesem Verhalten zugrundeliegenden Haltung.

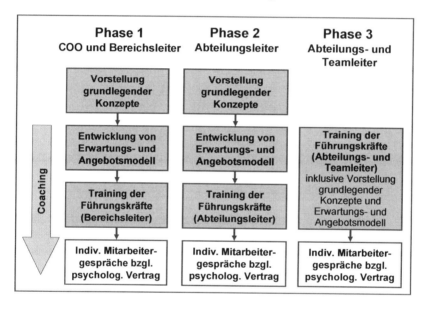

Abbildung 2: Drei Phasen der Umsetzung

In **Phase 2** fand ein nahezu identischer Prozess eine hierarchische Ebene tiefer statt. Das von den Stellenverlagerungsprozessen betroffene mittlere Management von Clearstream Operations (Abteilungs- und Teamleiter) lernte die Konzepte kennen und wurde durch eine höhere Führungskraft mit den Angebots- und Erwartungsmodellen vertraut gemacht. Anschließend entwickelten die mittleren Führungskräfte dann ihrerseits **Erwartungen an die eigenen Mitarbeiter** (ohne Führungsverantwortung; siehe Abbildung 5). Anschließend wurden sie in einem zweitägigen Training auf das Führen der Gespräche hinsichtlich des psychologischen Vertrags vorbereitet. Auch hier galt es ferner, Leadershipverhalten und die zugrundeliegende Haltung zu entwickeln.

In **Phase 3** wurden weitere Führungskräfte aus dem mittleren Management trainiert, allerdings ohne die Entwicklung der Erwartungs- und Angebotsmodelle. Diese wurden

den Abteilungs- und Teamleitern von Kollegen ihrer Ebene erläutert, die selbst bei der Entwicklung der Angebote und Erwartungen dabei waren.

Vorstellung der grundlegenden Konzepte, Einführung in das Thema

Im Rahmen einer zweistündigen Veranstaltung wurden die teilnehmenden Führungskräfte in das Thema eingeführt. Im Vordergrund standen hier die **Wissensvermittlung** der grundlegenden, oben dargestellten Konzepte (Mitarbeiterreaktionen auf Veränderungsprozesse, psychologischer Vertrag, Leadership), um die Führungskräfte für potenzielle Reaktionen der Mitarbeiter in Veränderungssituationen zu sensibilisieren. In Phase 3 wurde diese Einheit in das eigentliche Training integriert, da – wie oben beschrieben – die Führungskräfte keine (weiteren) Erwartungsmodelle entwickeln sollten. Auch um die Wertschätzung des Top-Managements für und seine Identifikation mit den Konzepten hervorzuheben, stand den Teilnehmern in den Phasen 2 und 3 ein **Bereichsleiter als Diskussionspartner** zur Verfügung. Er stellte erste eigene Erfahrungen mit den neuen Führungsanforderungen vor; hierbei sollte deutlich werden, dass es sich um Anforderungen handelt, an denen *alle* Führungskräfte des Unternehmens arbeiten (müssen).

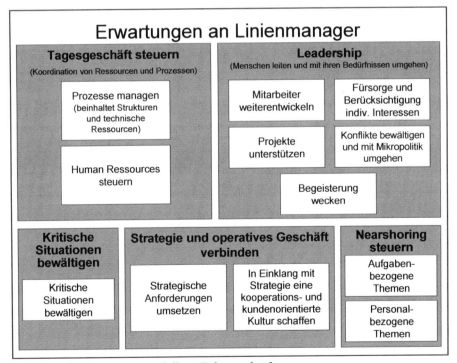

Abbildung 3: Erwartungsmodell an Führungskräfte

Entwicklung von Erwartungs- und Angebotsmodell

Grundlage für eine individuelle Aushandlung des psychologischen Vertrags ist ein generelles Erwartungsmodell an Führungskräfte (und an Mitarbeiter) sowie ein genereller Angebotsüberblick, auf dessen Basis Führungskräfte mit ihren Mitarbeitern die individuellen psychologischen Verträge „aushandeln" können.

Leadership: Mitarbeiter entwickeln

Positives Verhalten

Mitarbeiter anregen, eigene Entwicklung zu reflektieren:
führen Sie regelmäßig Mitarbeitergespräche (mind. 2 mal im Jahr); regen Sie Mitarbeiter an, über ihre Zukunft und Pläne im Unternehmen nachzudenken; identifizieren Sie persönl. Interessen Ihrer Mit-arbeiter und berücksichtigen Sie diese ebenso bei der Führung wie die Unternehmensinteressen

Systematische persönliche Entwicklung:
stellen Sie einen individuellen Entwicklungsplan auf (Trainings, um an Stärken und Schwächen zu arbeiten); unterstützen und besprechen Sie Entwicklungspläne regelmäßig mit Ihren Mit-arbeitern; fördern Sie Mitarbeiter über Abteilungs-grenzen hinaus, wenn es im Interesse des Unter-nehmens ist

Feedback:
geben Sie Ihren Mitarbeitern regelmäßig konstruktives Feedback; zeigen Sie Verbesserungs-bedarf auf, wenn nötig; machen Sie andere Führungskräfte auf die Notwendigkeit von Feed-back aufmerksam

Jobrotation:
arrangieren Sie Jobrotation innerhalb des Unter-nehmens, wenn nötig und gewünscht

Nachfolgemanagement:
stellen Sie die Passung von Job und Mitarbeiter sowie frühzeitige Nachfolgeplanung sicher

Konsequenzen

Höhere individuelle Motivation; verbesserte Passung von individuellen und Unternehmens-interessen; Mitarbeiter können sich innerhalb des Unternehmens weiterentwickeln

Motivation aufgrund von Kenntnis über die nächsten geplanten Schritte, verbesserte Arbeitsleistung und -qualität

Gewissheit auf dem richtigen Weg zu sein; beschleunigte Entwicklung

Vermeidung von Kündigungen unzufriedener, gelangweilter Mitarbeiter

Basis für den psychologischen Vertrag

Am Ende jedes Jahres sind die Mitarbeiter besser als am Anfang

Bessere Passung von Mitarbeiter und Job

Hilfreiche Einstellungen/nötige Expertise

Interesse an unterschiedlichen Persönlichkeiten und ihren Interessen

Vertrautheit mit den Arbeitsanforderungen und den Auswirkungen auf andere Arbeitsabläufe/Kunden etc.

Austausch mit anderen Führungskräften über Training und Karriereplanung

Kommentar

Es geht darum den Menschen Freiraum zu geben, nicht sie einzugrenzen

Abbildung 4: Detailbeschreibung: Leadership – Mitarbeiter entwickeln

Mit dem Managementteam von Clearstream Operations wurden in der ersten Phase die Angebote und **Erwartungen an Führungskräfte** herausgearbeitet. In Abbildung 3 sind die Erwartungen an Linienmanager im Überblick dargestellt. In Abbildung 4 findet sich zudem beispielhaft eine Detailbeschreibung für einen Aspekt der Kategorie „Leadership". **Erwartungen an Mitarbeiter** wurden in einer zweiten Phase mit dem mittleren Management definiert (siehe Abbildung 5). Beiläufig lernen die Führungskräfte in diesen Prozessen eine Methode zur Explizierung ihrer Leistungserwartungen an Mitarbeiter kennen.

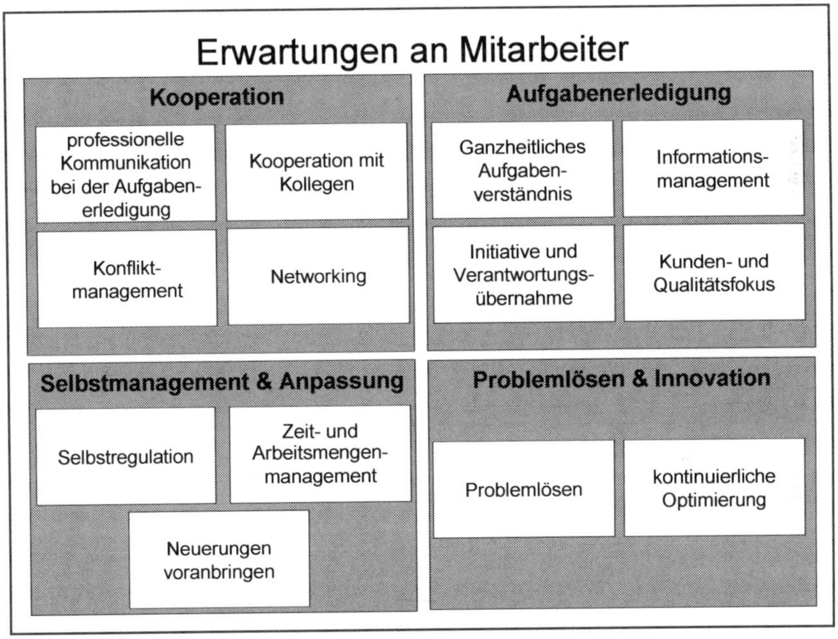

Abbildung 5: Erwartungsmodell an Mitarbeiter

Verwendet wurde die **Critical Incident Technique** (Bownas & Bernardin, 1988; siehe auch Klug, Kap. 2: Analyse des Personalentwicklungsbedarfs), bei der das Managementteam **erfolgsentscheidende Situationen** definiert und beschreibt, wie erfolgreiche Führungskräfte bzw. Mitarbeiter in diesen erfolgskritischen Situationen agieren. Diese Daten wurden mit Hilfe von Fragebogen erhoben und in einem Erwartungsmodell zusammengeführt, das in einem Workshop mit dem Führungsteam diskutiert, verfeinert und beschlossen wurde. Neben dem Managen von Tagesgeschäft, kritischen Situationen und Wandel (hier: Nearshoring) lag ein Schwerpunkt der herausgearbeiteten Erwartungen auf dem Thema Leadership (siehe Abbildung 3).

Zudem wurden im Managementteam die **grundsätzlichen Angebote an Mitarbeiter** herausgearbeitet. Hierfür wurden die in der Literatur zum psychologischen Vertrag üblicherweise verwendeten Fragebogen (siehe Conway & Briner, 2005) genutzt und um Clearstream-spezifische Angebote ergänzt. Diese Angebote wurden nun kritisch hinsichtlich folgender Fragen reflektiert (siehe Abbildung 6):

- Welche Mitarbeiter-Erwartungen (von Mitarbeitern wahrgenommene Versprechen des Unternehmens) sind **enttäuscht** worden?
- Welche Alternativen können als **kompensierende Ersatzangebote** unterbreitet werden?
- Welche Angebote bestehen weiterhin, müssen aber seitens der Firma stärker hervorgehoben und besser „verkauft" werden?

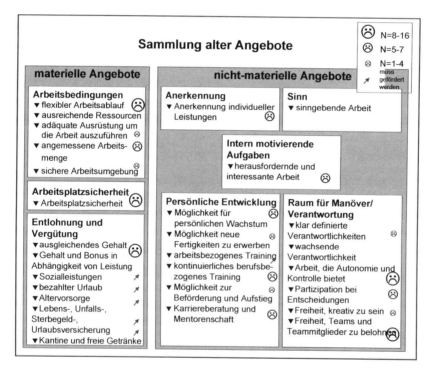

Abbildung 6: Alte Angebote – Ausmaß der Enttäuschung

Dabei wurde das folgende **Angebot** neu formuliert: **Sicherung von Beschäftigungsfähigkeit** (Employability) durch **Kompetenzaufbau on-the-job** (siehe Abbildung 7). Insbesondere durch Job-Rotationen sollen neue fachliche Kompetenzen entwickelt werden, so dass Mitarbeiter attraktiv für die eigene Firma (und auch für den freien Arbeitsmarkt) bleiben. Als weitere „neue Angebote" wurden die Themenfelder „**Wertschätzung**" sowie „**Übertragung von Verantwortlichkeiten**" herausgearbeitet. Mitarbeitern mehr Handlungs- und Gestaltungsspielraum zu geben, persönliche Entwicklung zu fördern, Leistungen anzuerkennen und Feedback zu geben, sind Führungsaufgaben. Deshalb finden sich diese Angebote stimmigerweise auch als Anforderungen an Führungskräfte im Erwartungsmodell (Block „Leadership") wieder (siehe Abbildung 3).

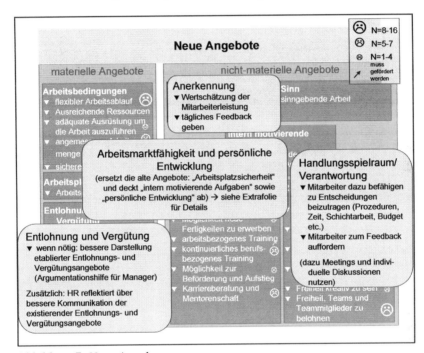

Abbildung 7: Neue Angebote

Training der Führungskräfte

Mit den Führungstrainings wurden folgende **Ziele** verfolgt:

- Das Führungsverhalten der Manager stimmt mit den „Erwartungen an Führungskräfte" insbesondere hinsichtlich der Kategorie „Leadershipverhalten" überein.
- Die Manager sind auf das Führen mit dem psychologischen Vertrag – insbesondere auf Gespräche zur Aushandlung neuer psychologischer Verträge – vorbereitet.

a. Einstieg und Grundlagen

Zu Beginn einer jeden Trainingsreihe wurde das Know-how bezüglich der grundlegenden Konzepte (z.B. Was ist der psychologische Vertrag?) aufgefrischt. Wie oben bereits gesagt, wurden die Konzepte ab der 3. Phase im Training vorgestellt und dort mit einer höheren Führungskraft diskutiert; Gleiches galt für die Erwartungs- und Angebotsmodelle.

Über zwei Trainingstage hinweg wurde an folgenden **Inhalten** gearbeitet:

- selbstkritische Auseinandersetzung mit den Führungsanforderungen und Ableitung von individuellen Entwicklungsbedarfen
- Ableitung von Maßnahmen zur stärkeren Wahrnehmung eines beziehungsorientierten Führungsstils (Leadership)
- Training von Mitarbeitergesprächen zur Thematisierung des psychologischen Vertrags
- Austausch/Diskussion mit dem COO (Kamingespräch)
- Führungssimulation mit Blick auf das Thema „Leadershiporientierung"

b. Führungserwartungen gerecht werden und Angebote an Mitarbeiter leben

In Kleingruppen reflektierten die Teilnehmenden, in welchem Maße sie den im Modell formulierten Anforderungen bereits gerecht werden und wo ihre **individuellen Entwicklungsbedarfe** in Bezug auf Führung sind. Mit der Frage: „Woran werden Ihre Mitarbeiter merken, dass ihr Führungsverhalten dem Erwartungsmodell entspricht?" wurden die Teilnehmer zu einem Perspektivenwechsel angeregt. Auf Basis dieser Reflexion stellten sich die Manager **persönliche Entwicklungsaufgaben** und arbeiteten heraus, wie sie sicherstellen können, dass sie diese Führungskompetenzen weiterentwickeln und nachhaltig zeigen können. Die Ergebnisse wurden in einer **Leadership-Toolbox** zusammengefasst. Häufig genannte Themen waren hier: sich mehr Zeit für das Informieren von Mitarbeitern, für Diskussionen und Führung nehmen; mehr Wertschätzung und Anerkennung zeigen; intensiver und konzentrierter zuhören.

Die Führungskräfte entwickelten zudem kreative Lösungen, wie sie auch eine **nachhaltige Umsetzung** sicherstellen wollten. Beispiele: das Thema Leadership stets als ersten Punkt der eigenen To-do-Liste führen; regelmäßige Erinnerungen im elektronischen Kalender nutzen; sich selbst über einen längeren Zeitraum beobachten und das eigene Verhalten dokumentieren; Zeit zur Reflexion der eigenen Führungskompetenzen fest einplanen und als Termin „blocken".

c. Besprechung des psychologischen Kontrakts mit Mitarbeitern

Anhand eines detaillierten **Leitfadens** wurde den Teilnehmern vorgestellt, wie der psychologische Kontrakt im Mitarbeitergespräch thematisiert und genutzt werden kann. Zudem wurden die Führungskräfte auf unterschiedliche Mitarbeiterreaktion in einem solchen Gespräch vorbereitet. Schließlich wurden diese Kompetenzen anhand typischer Gesprächsverlaufsszenarien in **Rollenspiel-Übungen** trainiert (vgl. Demmerle, Schmidt, Hess, Solga & Ryschka, Kap. 4.1: Simulative Techniken). Um einen optimalen Transfer zu gewährleisten, wurden außerdem **herausfordernde Situationen** gesammelt und mittels **Fallarbeit** (vgl. Demmerle, Schmidt, Hess, Solga & Ryschka, Kap. 4.8: Fallarbeit) analysiert und lösungsorientiert bearbeitet.

d. Austausch mit dem COO (Kamingespräch)

Am Abend des ersten Tages stand der COO für **Fragen und Diskussionen zum Veränderungsprozess** und zum Thema „Führung im Veränderungsprozess" zur Verfügung. Strategische Vorhaben wurden erläutert, die Umsetzung der neuen Leadershipkultur diskutiert und Maßnahmen vereinbart (etwa zur Optimierung des Informationsflusses über Hierarchien hinweg).

e. Simulationsübung zu Leadership

Zur vertiefenden Reflexion des Themas „Leadership" wurde eine **Simulationsübung für drei Hierarchieebenen** durchgeführt (vgl. Demmerle, Schmidt, Hess, Solga & Ryschka, Kap. 4.1: Simulative Techniken). Dabei galt es, einen Auftrag (Figur mit einem Seil legen) vom Top-Management an das mittlere Management und weiter an die Mitarbeiter der produzierenden Ebene zu übertragen; Hindernisse erschwerten die Bearbeitung der Aufgabe. Die Übung wurde **hinsichtlich der sich stellenden Führungsanforderungen reflektiert**. Hier zeigte sich, wie herausfordernd es ist, das Thema „Leadership" bei hoher Aufgabenfokussierung und starkem Zeitdruck im Blick zu behalten und „zu leben" (kritisch: Wertschätzung von Mitarbeiterkompetenzen, Einbinden der Mitarbeiter in den Problemlöseprozess). Aus den Erfahrungen mit dieser Übung wurden weitere Bausteine für leadershiporientiertes Führen abgeleitet: unterschiedliche Perspektiven austauschen, als Führungskraft das große Ganze vermitteln (Ziel, Strategie, Vision), Kompetenzen der Mitarbeiter aktivieren und zielgerichtet nutzen etc.

Coaching einzelner Führungskräfte

Zur Vertiefung der individuellen Umsetzung der Konzepte, zur Reflexion des eigenen Führungsverhaltens und zur Entwicklung von Problemlösungen für herausfordernde Situationen nahmen die Führungskräfte zudem **individuelles Coaching** in Anspruch (vgl. Ryschka & Tietze, Kap. 3.1: Beratungs- und betreuungsorientierte Personalentwicklungsansätze).

Mitarbeitergespräche bzgl. des psychologischen Vertrags

Durch Training und Coaching waren die Führungskräfte vorbereitet, Vertragsbrüche und die Neugestaltung psychologischer Verträge in **Mitarbeitergesprächen** zu thematisieren. Sie nutzten die erlernten Methoden, um die Bindung ihrer Mitarbeiter an die Firma aufrechtzuerhalten und um individuelles Handlungsvermögen sowie Leistung und Arbeitszufriedenheit sicherzustellen. Der Leitgedanke für die Gespräche war dabei folgender: *Je expliziter und je realistischer Angebote und Erwartungen ausgehandelt werden, desto tragfähiger ist der psychologische Vertrag.* Um die Führungskräfte „vor Ort" zu unterstützen, wurde (im Sinne einer Transferhilfe) ein **Manual** „Mitarbeitergespräche führen – psychologische Verträge gestalten" entwickelt. Das Manual war zuvor ausführlich im Training erörtert worden.

Transfersicherung

Um die Entwicklung einer „Leadershipkultur" nachhaltig zu gewährleisten, ist es wichtig, regelmäßig und dauerhaft **Aufmerksamkeit auf das Thema** zu lenken. Dies ist eine Top-Managementaufgabe. Folgende Methoden wurden von Seiten des COO eingesetzt, um das Thema „Leadership" im Bewusstsein der Führungskräfte zu halten:

- Im Rahmen der Trainings **diskutierte der COO mit den teilnehmenden Führungskräften** die Herausforderungen an Führungskräfte in Veränderungsprozessen (Kamingespräche). Auf diese Weise wurden die strategische Bedeutung des Themas und die Unterstützung von Seiten der Geschäftsführung deutlich hervorgehoben.

- Der COO thematisierte den psychologischen Vertrag in allen Mitarbeitergesprächen mit seinen direkten Führungskräften. Hier gab er jeder Führungskraft Feedback hinsichtlich ihres Führungsverhaltens, konkretisierte seine Erwartungen hinsichtlich Leadership und definierte für jede Führungskraft individuelle **Entwicklungsschwerpunkte mit Blick auf das Erwartungsmodell**.

- Die individuell zugeschnittenen Erwartungsmodelle (hinsichtlich Leadership) **dokumentierte** der COO in einer Kladde, die er zu jedem Jour-fixe-Gespräch mitnahm. So hat er neben den strategischen Themen, Projekten und aktuellen Aufgaben auch immer das Leadershipthema im Blick.

Darüber hinaus wird das Thema Leadership auch in den **Managementmeetings** regelmäßig reflektiert. Damit es von „brennenden" Managementthemen nicht verdrängt wird, steht es auf der Agenda stets **als erster Tagungsordnungspunkt**.

Im Sinne einer **Arbeits- und Transferhilfe** wurden die Führungskräfte, wie schon erwähnt, mit einem Manual „Mitarbeitergespräche führen – psychologische Verträge gestalten" versorgt. Ganz im Sinne der Transfersicherung ist auch die **Verquickung von Organisations- und Personalentwicklung** zu betrachten. Für die nachhaltige Umsetzung eines Veränderungsprozesses ist eine solide Anforderungsanalyse und ein fundierter Kompetenzaufbau in Trainings und Coachings von besonderer Bedeutung.

Als entscheidender Aspekt muss an dieser Stelle nochmals die **strategische Ausrichtung der Trainings** hervorgehoben werden. Die top-down entwickelten Erwartungsmodelle leiten sich aus – für die Organisation – **erfolgsentscheidenden Situationen** ab, die zudem von den Führungskräften selbst herausgearbeitet worden sind. Insofern haben die (Top-)Führungskräfte ein elementares Interesse daran, dass das mittlere Management und die Mitarbeiter diesen Erwartungsmodellen gerecht werden, damit auf diese Weise die Organisationsziele erreicht werden.

8.5.4 Trainingsevaluation, Projektergebnisse und Ausblick

a. Trainingsevaluation

Formative Evaluationsworkshops mit den Bereichsleitern und dem COO während der ersten beiden Phasen führten zu Anpassungen in den Trainingsbausteinen.

In der Trainingsevaluation der 3. Phase zeigte sich, dass die teilnehmenden Führungskräfte insgesamt hoch zufrieden mit der Veranstaltung waren. Die im Training thematisierten Aspekte, etwa „die Bedeutung, Arbeitsbeziehungen mit jedem einzelnen Mitarbeiter individuell zu gestalten" haben sich aus Sicht der Teilnehmer wesentlich verändert. Auch der **Nutzen des Trainings** im Hinblick auf ein **besseres Ausfüllen der Rolle als Führungskraft** wurde hoch eingeschätzt. Diese Ergebnisse sprechen dafür, dass es gelungen ist, ein fundiertes Trainingskonzept effizient umzusetzen.

b. Projektevaluation

Im Zeitraum von zwei Jahren wurden 150 Stellen in fünf Wellen verlagert. Dies entspricht einem Anteil von ca. 30% aller Stellen aus den betroffenen Abwicklungsbereichen. Für die überwiegende Anzahl der betroffenen Mitarbeiter an den alten Standorten wurden neue Aufgaben in der Firma gefunden, nicht zuletzt aufgrund der sehr aktiven Unterstützung von Human Resources mit einer eigens eingerichteten Job-Börse. Die Übertragung der Arbeitsprozesse nach Prag hat reibungslos funktioniert und die Prozesse laufen stabil. Die Zusammenarbeit über die Standorte hinweg funktioniert gut und wird – nach anfänglicher Skepsis – allseits als eine Bereicherung angesehen.

Im Sinne eines Konzepts zur weltweiten Arbeitsverteilung und zum Ausbau von Kundennähe wurde bereits eine **weitere Lokation in Singapur** aufgebaut. Hier konnte das Unternehmen von den geschilderten Maßnahmen und Erfahrungen profitieren.

c. Ausblick

In Clearstream wird zurzeit übergreifend diskutiert, inwieweit eine stärkere Leadershiporientierung auch in anderen Bereichen mehr gefördert werden soll – auch ohne die spezifischen Anforderungen eines laufenden Changeprozesses. Wie oben beschrieben, kann mit einem **Ausbau der Leadershipkultur** die Basis für eine hohe Qualität des psychologischen Vertrags geschaffen werden, und dies bietet die Chance, dass Mitarbeiter sich über die normale Arbeitsleistung hinaus für das Unternehmen einsetzen.

Das Führungsteam um den COO hat über das beschriebene Programm hinaus bereits damit angefangen, das Thema Leadership zu vertiefen: In einem weiteren Workshop wurde das Thema „Führen mit Werten und Visionen" angegangen.

Literatur

Bownas, D. A. & Bernardin, H. J. (1988). Critical incident technique. In S. Gael (Ed.), *The job analysis handbook for business, industry, and government* (Vol. 2; pp. 1120-1137). New York: Wiley.

Burke, R. J. & Cooper, C. L. (2000). *The organization in crisis. Downsizing, restructuring, and privatization.* Oxford: Blackwell.

Conway, N. & Briner, R. B. (2005). *Understanding psychological contracts at work.* Oxford, UK: Oxford University Press.

Judge, T. A. & Piccolo, R. F. (2004). Transformational and transactional leadership: A meta-analytic test of their relative validity. *Journal of Applied Psychology, 89*, 755-768.

Ryschka, J. (2007a). *Veränderungen in der Firma – und was wird aus mir? Ein Arbeitsbuch zum Selbstcoaching.* Weinheim: Wiley.

Ryschka, J. (2007b). Führen in Zeiten des Wandels. *INSight, 4*, 16-17.

Weiss, V. & Udris, I. (2001). Downsizing and Survivors. Stand zur Forschung und zum Leben und zum Überleben in schlanken und fusionierten Organisationen. *Arbeit, 2*, 103-121.

Stichwortverzeichnis

360°-Feedback 69, 119, 474

A

active jobs 144
adaptives Testen 76
Aktionspläne 123, 359
Anchored Instruction 180
Anforderungsanalyse 50, 347, 459
   Verfahren 56
   Workshop 54
Anforderungskriterien 49
Anforderungsprofil 62, 152, 460, 461
Anforderungsstrukturen 152
Anforderungsvielfalt
   Anforderungsgestalt 142
Anwendungskontexte 342
Arbeits- und Organisationsklima 383
Arbeitsanalyse 50, 145, 157
   personenbezogene 50
   situationsbezogene 50
   Fragebogen zu lernrelevanten
      Merkmalen der Arbeitsaufgabe
      (FLMA) 145
   Tätigkeitsbewertungssystem –
      elektronische Version (REBA) 147
Arbeitsaufgabe
   Analyse lernförderlicher Merkmale 145
   kompetenzförderliche Gestaltung 139
   kompetenzförderliche Gestaltung von
      Teamarbeit 142
   Lernförderlichkeit der 147
   Lernhaftigkeit der 145
Arbeitsbelastung 361
Arbeitsgestalltung
   partizipativ 147
Arbeitsgestaltung
   Job Enlargement 154
   Job Enrichment 153
   Job Rotation 154
   Teilautonome Gruppen 154
Arbeitsgruppen 84, 199, 238, 362
arbeitsimmanentes Lernen 137
arbeitsintegrierte PE

Job Enlargement 154
Job Enrichment 153
Job Rotation 154
Teilautonome Gruppen 154
arbeitsintegrierte Personalentwicklung
   Formen 137
   Gestaltung von Arbeitsaufgaben 139
Arbeitsmotivation 143, 145
   Job Characteristics Model 142
Arbeitsplatzgestaltung 244
Arbeitsunfall 434
Arbeitszufriedenheit 143
Argumentationsrunde 316
Assessment 76
   Nutzen 83
   Prinzipien 77
Assessment Center 77
Aufgabenanalyse 25
Aufgabenorientierter Informationsaustausch 160
Aufmerksamkeitsprozesse 290
Aufstellung 302
Aus- und Weiterbildung 349
Auswahlrichtlinien 420
Authentizität 178, 349
Autonomie 142

B

Basistechniken 26, 273
Bedarfsanalyse 19, 22, 374, 480
   Vorgehen 35
Bedarfsorientierung 362
Bedeutsamkeit 142
Befragungen 53
Behavior Modeling 289
Beobachtungen 55
Beobachtungskriterien 80, 376, 377
Beobachtungslernen 289, 352, 361
Beratung 325
   Auftragsklärung 328
   Kriterien für Beratungsziele 328
   lösungsorientierte Beratung 327

beratungs- und betreuungsorientierte
    Ansätze 95
Beratungspflicht 419
Berufsbildung 415
Beschäftigungsfähigkeit 498
betriebliche Rahmenbedingungen 374
Betriebsrat 72, 444
Betriebsratsschulungen 426
Betriebsvereinbarung 408
Betriebsverfassungsgesetz 407, 414
Beurteilungsfehler 231, 287
Beurteilungssystem 72
Bildungsausschüsse 420
Bildungsurlaub 406
Blended Learning 188
Bochumer Inventar zur berufsbezogenen
    Persönlichkeitsbeschreibung 130
Bottom-up-Perspektive 45
boundaryless careers 128
Bundespersonalvertretungsgesetz 407

C

Change
    Nearshoring 489
    organisationale Changeprozesse 490
Coach 102, 103, 439, 440, 442
Coaching 95, 102, 124, 131, 226, 361, 442,
    501
    Auftragsklärung 105
    Einzel- 102
    externes vs. internes 103
    Gruppen- 102
    Karriere- 130
    Methoden 106
    Rahmenbedingungen 104
Coachingausbildung 104, 447
Coachingbeziehung 104, 445
Coachingkonktrakt 105
Coachingprozess 105, 442
Cognitive Apprenticeship-Ansatz 181
Cognitive Flexibility Theory, 181
Computer-Based Training 187
computerbasierte Personalentwicklung 177
computergestützte Szenarien 74
computervermittelte Kommunikation 230
Corporate Universities 189
Cost-Cutting 250
Critical Incident Technique 59, 497

D

Delphi-Methode 40
demographischer Wandel 140
Denk- und Problemlösestrategien 348
Design-Effekte 385
Development-Center 83
Diagnostikinstrumente 421
diskriminante Validität 79
Diskriminierungsschutz 429
Diskussionsrunde 316
Dokumentenanalyse 55
Doppeln 275
Dual Concern-Modell 249
dynamische Planung 312

E

Effizienzanalyse 389
Eignungsdiagnostik 68
    biographieorientierte Verfahren 73
    simultanorientierte Verfahren 73
    traitorientierte Verfahren 73
Eignungstestverfahren 423
Einstufungsverfahren 71
Einzel-Assessment 77
E-Learning 187, 288
Elternzeit 428
empirische Forschungsmethodik 369
Employability 498
Entlohnung
    kompetenzabhängige 166
    leistungsbezogene 165
Entscheidungsmatrix 317
Entwicklungs-Assessment 83
Entwicklungsgespräche 79
Entwicklungsplan 444
Entwicklungspotenziale 25
Erfolgskriterien 129
erlebnisorientierte Techniken 26, 273, 299
Erlebnispädagogik 214
Ermittlungspflicht 419
ethische Gesichtspunkte 388
Evaluation 23, 27, 369, 432, 448, 487
    Aufgaben 372
    formative 27, 370
    Input- 371
    Output- 371
    Prozess- 371
    Standards 369

summative 27, 371
  Urteilsbereiche 371
Evaluationsaufgaben 371
Evaluationsdesign 379
  Konstruktion 387
Evaluationserfolge 362
Evaluationsforschung 369
Evaluationsfragebogen 380
Evaluationskriterien 379, 384
Evaluationsmanagement 372
Evaluationsmodell 372
Evaluationsplanung
  Rahmenbedingungen 372
Evaluationszweck 372
experimentelle Reaktivität 387
externen Dienstleistern 423

F

Fachkompetenz 20, 51
Fact-Finding-Aufgaben 74
Fähigkeiten 52
Fallanalyse 323
Fallanspruchsfolgen 150
Fallarbeit 319, 325, 500
  Thomann-Schema 321
Fallberatung 102, 114
Fallstudie 277
Feedback 96, 275, 289, 300, 361, 362
  360°-Feedback 474
  Anonymität 121
  Ebenen 284
  Eindrucks- 287
  Erfolgs- 284
  Ergebnisbericht 124
  Fragebogen 124
  Global- 284, 286
  Rückmeldung 282, 293
  Verhaltens- 284
  Video-Aufzeichnung 249, 284, 293
  Voraussetzungen 283
  Wirkungs- 284, 285
Feedback-Geber 285
Feedback-Nehmer 285
Feedback-Regeln 285, 300
Feedbackrunde 376
Feedback-Techniken 26, 263, 273, 282
Fehler
  Umgang mit 155
Fertigkeiten 52

Follow-Up-Maßnahme 225, 351
Förderungspflicht 418
Fragebogen zu lernrelevanten Merkmalen
  der Arbeitsaufgabe 145
Fragebogen zum Lernen in der Arbeitswelt
  (LIDA) 156
Fragetechniken 313
  Alternativfragen 314
  geschlossene Fragen 314
  offene Fragen 313
  Skalierungsfragen 314
  zirkuläres Fragen 314
Freistellungsanspruch 427
Führung 254, 303
  beziehungsorientierte 492
  Führungskräfteentwicklung 493
  Führungsleitlinien 467, 470
  Leadership 492
  transaktionale 158, 492
  transformationale 158, 492
  werteorientierte 467
Führungsaufgabe 29
Führungsinstrumente 255
Führungskräfte 121, 225, 227, 238, 255, 262, 362
Führungskräfteentwicklung 102, 114, 120, 254
Führungskultur 115, 254, 256
führungsrelevante Situationen 254
Führungstheorien
  Kontingenztheorie 258
  Leader-Member-Exchange-Modell 258
  Organizational Bevahior Modification-Modell 258
  Situationstheorien 258
  situativer Ansatz 258
  transformative vs. transaktionale Führung 256
  Weg-Ziel-Theorien 258
Führungstraining 254, 473, 499

G

Ganzheitlichkeit 142
Gedächtnisprozesse 290
Gesprächskompetenz 229
Gleichbehandlungsgrundsatz 411
Gruppe 102
Gruppenarbeit
  Chancen und Risiken 200

Effektivität 239
Gruppencoaching 320
Gruppendiskussion 76
Gruppenzusammensetzung 226, 239

H

Handlungskompetenz 20, 179, 351
Handlungsregulation 285
Handlungsregulationstheorie 295
Harvard-Konzept 248
Hawthorne-Effekt 387
heuristische Regeln 291, 297
　Funktionen 297
high strain jobs 144
Human-Ressourcen 23

I

Ich-Botschaften 286
Informationssystemen 430
Innovationen 155
Input-Evaluation 371
Instruktion 178
Interaktionssituation 21
interkulturelle Kompetenz 266
interkulturelles Kompetenztraining 266
Intervision 114

J

Job Aids 359
Job Assignment 358
Job Characteristics Model 142
Job Demand/Control Model 144
Job Enlargement 137, 154
Job Enrichment 137, 153
Job Rotation 154, 498

K

Karierrepfad 440
Karriere 129
　allokationstheoretischen Ansatz 131
　EXPLORIX 130
　Karriereanker 130
　typologischer Ansatz 131
Karriereberatung 95, 127
Karrierecoaching 130
Karriereentwicklung 96, 109

Karriereerfolg 129
Karriereorientierung 128
Karrierepfad 130
Karriereseminar 131
Karriereworkshop 131
Kartenabfrage 237, 315
Kennzahlen 392
Klassen beruflicher Anforderungen 51
Kleingruppenarbeit 318
kognitive Stresstheorie 240
kognitive Techniken 26, 263, 273, 295
kognitives Handlungsmodell 290
kognitives Training 295
Kollegen-Feedback 119
kollegiale Beratung 114
Kommunikation 229
　Axiome 231
　computervermittelte 230
Kommunikations- und
　Gesprächsführungstraining 229
Kompetenz 64, 137
　latente 81
　leicht entwickelbare 81
Kompetenzentwicklung 137, 362
Kompetenzmodell 65, 481
　allgemeines Kompetenzmodell 66
　funktions- und rollenspezifisches
　　Kompetenzmodell 66
　positionsspezifisches oder Single-Job-
　　Kompetenzmodell 67
　unternehmensspezifisches
　　Kompetenzmodell 67
Konflikt 246
　Beurteilungs- 246
　Bewertungs- 246
　Beziehungs- 246
　Verteilungs- 246
　Ziel- 38
Konfliktklärung 302
Konfliktmediation 343
Konflikttypologie 246
Konstruktivismus 186
konstruktivistische Ansätze 177, 349
Konstruktivistische PE
　Authentizität 178
Konstruktvalidität 80
Kontrollgruppe 387
Konzeptanalyse 375
Konzeptbeurteilung 376
Körpersprache 310

Kostenaufstellung 392
Kosten-Effektivitäts-Analysen 394
Kostenkontrolle 389, 390
Kosten-Nutzen-Analyse 389
  Probleme 392
Kriterienkontamination 70, 384
Kritik 283
kulturspezifische Orientierungssysteme 268
Kunden 261
Kundenbefragung 39, 43
Kundenbindung 261
Kundenloyalität 261
Kundenorientierung 261
Kundenzufriedenheit 261, 383
Kündigung 413

L

länderspezifische Trainings 267
Lehrprozessanalyse 376
Leistungsanforderungen 20, 25, 35, 41
  Analyse 49
Leistungsbeurteilung 25, 69, 96, 98, 360, 463
Leistungsbeurteilungsgespräch 98
Leistungsbeurteilungsverfahren 68
Leistungsfähigkeit 241
Leistungsindikatoren
  ergebnisorientierte 69
  verhaltensorientierte 70
leistungsorientierte Indikatoren 163
Lernarbeitsplätze 138
Lernbegleiter 442
Lernbereitschaft 81
Lernen 22
  arbeitsimmanentes 137
  individuelles 156
  kooperatives 156, 159
  Lernen im Prozess der Arbeit 137
  rezeptive Lernhaltung 178
  selbstgesteuertes 295
  selbstorganisiertes 137, 155, 177
Lernerfolg 381
Lernerfolgsanalyse 380
Lernerträge
  affektive 380
  behaviorale 380
  kognitive 380
Lernfähigkeit 81
Lerninseln 138

Lernkultur 23, 48, 178
  betriebliche 374
Lernkulturinventar 49, 354
  Messung 354
  Readiness for Organizational Learning and Evaluation (ROLE) 354
Lernoberfläche 49
Lernpotenzial 81
Lernpotenzial-Assessment 82
Lernstätten 160
Lerntransfer 27, 177, 293, 342, 343, 380, 381, 388, 440, 486
  Förderung 339
  Kontrolle 343
  Metaanalyse 339
  Optimierung 343
Lerntransferaktivitäten
  Anreize für 359
Lerntransferatmosphäre 360
Lerntransfermanagement 343
Lerntransferprozesse 342
  Aufrechterhaltung 342
  Dimensionen 342
  Generalisierung 340, 342
  horizontaler und vertikaler Transfer 343
  positiver und negativer Transfer 342
Lernumgebung 341
  Merkmale 346
Lernumwelten 22
Lernziele 21, 289, 291
Logrolling 250

M

Management by Objectives, MBO 164
Management-Fallstudie 74
Medienwechsel 310
mentales Training 243, 296
Mentor 108
Mentoring 108, 131
  Funktionen 109
  Kontrakt 112
  Matching 110
  Prozessverlauf 112
Mentoring-Programme 110
Merkformeln 292
Merkmalsskalen 149
Messzeitpunkte 388
Meta-Evaluation 372
Methodenkompetenz 20, 51, 348

MindMap 315
Mitarbeiterbefragung 45
Mitarbeitergespräch 69, 96, 131, 501
  Erfolgsfaktoren 98
Modellperson 289
Moderation 236, 312
  Nachbereitung 312
  öffnende und schließende Phasen 312
  Umsetzung 312
  Vorbereitung 312
Moderationsgrundausstattung 318
Moderationsleitfaden 312
Moderationstechniken 27, 237, 274, 312
Moderationstraining 236
Moderator 236, 312
Motivationsprozesse 290
motorische Reproduktionsprozesse 290
multiple Kontexte 350

N

narrativer Anker 180
Nearshoring 489
Nettoeffekt 379, 385
Netzwerkbildung 109
  Förderung 115
Netzwerke 109
Nutzenanalyse 389
Nutzenargumente 362
Nutzen-Kosten-Relation 393

O

off the job 137, 441
operatives Abbildsystem 295
Organisationsanalyse 23, 36
  Vorraussetzung 37
Organisationsentwicklung 120, 201
Organisationssozialisation 109
Orientierungscenter 82
Outdoor-Training 213
  outdoor-orientierte Programme 215
  Rahmenbedingungen 216
  Übungen 219
  Wilderness-Programme 215
Output-Evaluation 371
Overlearning-Effekt 292

P

Paraphrasieren 314
Partizipation 459
Partizipationsmöglichkeiten 155, 159
Partizipatives Produktionsmanagement
  (PPM) 161
pay for knowledge 166
PE-Bedarfsermittlung 22, 35, 450
  strategische 28
  partizipative Methoden 46
Peer-Feedback 120
Peer-Mentoring 361
Peer-Netzwerke 361, 441, 447
PE-Maßnahmen
  Evaluation 369
  Kosten 391
  Wirksamkeit 378
Personalakten 430
Personalentwicklung 35
  Anforderungsbezug von 358
  Bedarfsanalyse 451
  Definition 19
  Erfolgsfaktoren 28
  Marketing 371
  Prozessmodell 22
  strategieorientiert 19, 467
  strategische 13, 22
Personalentwicklungsbedarfsanalyse 451
  Aufgabenanalyse 459
  Organisationsanalyse 454
  Personanalyse 68, 463
Personalfragebögen 421
Personalführung 97
Personanalyse 25
Persönlichkeitsentwicklung 109
Persönlichkeitsfragebogen 381
Persönlichkeitsmerkmale 345
Placebo-Intervention 388
Planspiele 243, 279
Postkorb-Übung 74
Potenzialanalyse 81, 463
Potenzialbeurteilung 25
Potenzialerhebung 120
Potenzialkatalysator 81
Präsentation 233, 307, 310, 483
  Umsetzung 309
  Vorbereitung 308
Präsentationstechniken 27, 234, 273, 307

Präsentationstraining 233
Prävention 241
Prisoner's Dilemma 306
Problemlöse- und Mitarbeitergruppen 159
Problemlösung 96
Programmeffizienz 394
Programmkosten 389
Programmnettonutzen 393
Projektmanagement 439, 485
Projektmanagerzertifizierung 441
Protegé 108
psychologischer Vertrag 490
   relationaler Vertrag 491
   transaktionaler Vertrag 491
   Vertragsbruch 491
Punktbewertung 317

Q

Qualifizierungsinstrumente 25
Qualitätsanalyse 375
Qualitätsmanagementsystem 43
Qualitätszirkel 159

R

Randomisierung 387
Reifegrad des Personalmanagements 47
Return on Investment 392, 393
Rhetorik 233, 310
Rolle 58
Rollenklärung 362
Rollensimulationen 75
Rollenspiele 230, 243, 274, 289, 292, 450, 500
Rückmeldung Siehe Feedback
Rückmeldung der Aufgabenerfüllung 142
Rückzahlungsklauseln 424

S

Schlüsselqualifikation 19, 20, 214
Schwerbehinderte Menschen 427
Selbst- oder Personalkompetenz 21
Selbstbericht 301
Selbsteinschätzung 119
Selbstinstruktionstechnik 298
Selbstkonzepttheorie 131
selbstorganisiertes Lernen 145
Selbstreflexionstechnik 297

Selbstwirksamkeit 233, 293, 346, 351, 361
Selektion 120
Sicherheit- und Gesundheitszirkel 159
simulative Techniken 26, 237, 263, 273, 274
situationsbezogene Lernaufgaben 179, 349
situative Interviews 381
Situiertheit 349
Skill-Based Pay Plans 166
soziale Kompetenzen 21, 275
soziale Systeme 302
soziale Validität 78
sozialer Kontext 350
Sozialplan 409
Soziometrie 302
Spiele 299
Stereotypen 268
Stimulusvariabilität 349
Strategieorientierung 13, 19, 22, 28
Stress 240, 352
   Folgen 241
   Theorie 244
Stressbewältigung 241
Stressbewältigungstraining
   Effektivität 244
Stressmanagement 103
Stressmanagementtraining 240
Struktur-Lege-Techniken 381
symbolhafte Techniken 301
systemische Techniken 325
   Fragen zum Problemnutzen 330
   Fragetechniken 329
   lösungsorientierte Fragen 330
   Lösungsorientierung 327
   Reflecting Team 335
   Reframing 331
   Ressourcenorientierung 327
   Skalierungsfragen 330
   Stellen von Skulpturen 333
   Systemaufstellungen 333
   Systemzeichnungen 333
   Umdeuten 331
   Verstörung von Wirklichkeitskonstruktionen 326
   Visualisierungstechniken 332
   zirkuläre Fragen 330
Systemtheorie 325
   Konstruiertheit von Wirklichkeit 326
   Kontextabhängigkeit 325
   Nichtsteuerbarkeit sozialer Systeme 326

Zirkularität 325
Szenario-Technik 40

T

Tarifvertrag 407
Tätigkeitsanalyse 459
Tätigkeitsbewertungssystem 145
Team 199, 302
Teamaufgaben 76, 300
Team-Building 202
Teamcoaching 102
Teamentwicklung 120, 124, 201, 486
    Anlässe 203
    Auftragsklärung 204
    Evaluation 210
    Interventionsphase 207
    Planung 206
    Problemfelder 205
Teilautonome Gruppen 154
Teilzeitarbeit 427
Theorie identischer Elemente 346
Top-down-Perspektive 45
Top-down-Umsetzung 97
Trade-off 250
träges Wissen 180
Trainerauswahl 226
Trainingsbedarfsermittlung 362
Trainingsdesign 347
Trainingsvalenz 360
Transferanlässe 358
Transferanreize 360
Transferdistanzen 342
Transfererfahrungen 351
Transfererfolge 360
Transfererwartungen 360
Transfergelegenheiten 360
Transferhindernisse 350
   strukturelle 359
Transferklima 382
Transfermanagement 341
Transfermanagementstrategie 359
Transfermodule 350
Transferphase 227
Transferprobleme 27, 350, 361, 362, 442
   Lösungsmöglichkeiten 350
Transferprozesse 347, 359
Transfersicherung 226, 502
Transfertheorien 346
Transferverträge 359, 360, 362, 444

Transferweite 382
Transferziele 358
Treatmentgruppe 387
tutorielle Betreuung 194

U

Umfeldanalyse 374
Unternehmenserfolg
   Indikatoren 383
Unternehmensführung 42
Unternehmensorganisation
   Kompetenzförderliche Gestaltung der 155
Unternehmensstrategie 19
Unternehmensziele 38

V

Valenz-Instrumentalitäts-Erwartungs-(VIE)- Theorie 168
Validität 71, 78, 370, 385
   konvergente 79
Veränderung
   Nearshoring 489
   organisationale Veränderungsprozesse 490
Veränderungs-Coaching 103
verbales Training 297
Verhaltensänderung 288
Verhaltensbeobachtung 381
Verhaltensbeobachtungssysteme 376
Verhaltensmodellierung 26, 230, 263, 273, 289, 296, 352
Verhaltensprävention 241
Verhaltenstrainings 223
Verhältnisprävention 241
Verhandlung 247
Verhandlungs- und Konfliktbeilegungstraining 246
Verhandlungsfähigkeit 247
Verstärkung 282
   direkte 293
   Selbst- 293
   stellvertretende 293
Versuchspläne Siehe Evaluationsdesign
vier Seiten einer Nachricht 231
Visualisierung 301
Visualisierungstechniken
   Stellen von Skulpturen 333

Systemaufstellungen 333
Systemzeichnungen 333
vollständige Tätigkeit 145
   hierarchisch vollständige Tätigkeit 139
   zyklich 139
Vorbildfunktion 361
Vorgesetzten-Feedback 119

W

Web-Based Training 187
Werkstattzirkel 159
Win-win-Lösung 250
Wirksamkeit
   Ebenen der 378
Wirksamkeitsanalyse 376, 378, 379
   Ebenen der 379
   Reaktionsebene der 379
Wirksamkeitskriterium 394
Wirtschaftlichkeitskriterien 389
Wissenskonstruktion 179
Wissensmanagement 160
Wissenstests 381

Y

Yerkes-Dodson-Gesetz 241

Z

Zeitreihendesign 389
Zielanalyse 374
Ziele
   Definition 39
   strategische 39
Zielsetzungstheorie 100, 239
Zielvereinbarung 96, 143, 164, 448
Zurufliste 237, 314

Die Autoren

Dr. Katrin Allmendinger, Dipl.-Psych., Jahrgang 1973, promovierte über Kooperation von Gruppen in virtuellen 3D-Umgebungen. Sie arbeitete knapp 10 Jahre am Fraunhofer Institut für Arbeitswirtschaft und Organisation in Stuttgart und war dort für Forschungsvorhaben sowie firmenbezogene Beratungsprojekte zum Thema netzbasiertes Lernen und Arbeiten verantwortlich. Seit 2006 ist sie als selbstständige Trainerin und Beraterin in verschiedenen Personalentwicklungsprojekten tätig. katrin.allmendinger@acontrain.de

Nadine Breimer-Haas, Dipl.-Psych., Jahrgang 1975, war zwei Jahre im Personalbereich der Deutsche Bank AG in Frankfurt am Main tätig. 2003 wechselte sie zum Zentralen Polizeipsychologischen Dienst der hessischen Polizei. Im Rahmen ihrer dortigen Tätigkeit ist sie für die Konzeption, Umsetzung und Evaluation von Auswahlverfahren und Personalentwicklungsmaßnahmen, insbesondere Teamentwicklungen und Teamberatungen, verantwortlich. nadine.breimer-haas@polizei.hessen.de

Christina Demmerle, Dipl.-Psych., Jahrgang 1978, arbeitet seit 2001 als Beraterin und Trainerin bei der Organisationsentwicklung Prof. Dr. Ryschka. Der Schwerpunkt ihrer Tätigkeit liegt in der Konzeption und Umsetzung von individuellen Lösungen zur Gestaltung von Veränderungsprozessen, der Entwicklung von Führungskompetenzen sowie den Themen Kommunikation, Moderation, Präsentation und Teamentwicklung. christina@demmerle.info oder demmerle@ryschka.de

Manuela Egloff, Dipl.-Psych., Jahrgang 1975, arbeitet seit 1999 in der Deutschen Bank AG. Während ihrer Traineezeit im IT-Bereich der Bank war sie für die Auszubildenden und Trainees verantwortlich und arbeitete u.a. in der Personalentwicklungsabteilung in New York. Von 2000-2002 arbeitete sie als Personalbetreuerin. Seit 2003 ist sie als Personalentwicklerin im Bereich Talent & Development für verschiedene Geschäfts- und Produktbereiche tätig. manuela.egloff@db.com

Frauke Ewert, Dipl.-Psych., Jahrgang 1961, stieg nach ihrem Studium und ihrer Tätigkeit in Forschung und Lehre in die Banken- und Versicherungsbranche ein. In leitender Funktion bei der VR LEASING verantwortet sie heute die Konzeption und Implementierung von Personalentwicklungssystemen, das Bildungsmanagement, die Beratung und Begleitung in Veränderungsprozessen, Organisations- und Teamentwicklungen, Karriere- und Managemententwicklung. Zudem ist sie branchenübergreifend als Trainerin und Beraterin tätig und nimmt Lehraufträge wahr. Frauke.Ewert@vr-leasing.de

Beate Heidler, Dipl.-Psych., Jahrgang 1955, studierte Philosophie in Frankfurt und Psychologie in Mainz. Seit 1997 ist sie für die Deutschen Bank AG tätig, in der sie ab 1999 als globale Personalbetreuerin für einen Teil des IT & Operation-Bereichs verantwortlich war. Ab 2002 verantwortete sie als Global Head of Talent & Development die Personal- und Organisationsentwicklung aller Infrastrukturbereiche der Bank (z.B. IT & Operations und Risk Management). Seit 2009 verantwortet sie als Global Head of Talent & Succession das Talent Management, die Nachfolgeplanung und Entwicklung der Top-Führungskräfte. beate.heidler@db.com

Michael Hess, Dipl.-Psych., Jahrgang 1970, begann nach Abschluss seines Studiums als Organisationsberater für Unternehmen aus dem Mittelstand, der Großindustrie, dem Bankenbereich und der öffentlichen Verwaltung. Er ist Mitbegründer des Beratungsunternehmens doc. – dynamic organizational consulting und arbeitet in den Bereichen Coaching, Change Management, interkulturelles Management und Personalauswahl. Seine Veröffentlichungen zum Thema Assessment Center sind u.a. in der Zeitschrift für Arbeits- und Organisationspsychologie erschienen. michael.hess@doc-hr.com

Christian Kämper, Rechtsanwalt, Jahrgang 1957, hatte nach mehrjähriger Tätigkeit in Vertrieb, Beratung und Stab acht Jahre Führungs- und Projektverantwortung im Personalbereich einer international agierenden Bank. Seit 2006 ist er als Arbeitsrechtler und Personalmanager für Unternehmen und Organisationen tätig mit den Schwerpunkten Führungs- und Vergütungsinstrumente, Veränderungsmanagement, Wissensbilanzierung sowie Personal- und Unternehmensentwicklung. Kanzlei@RA-Kaemper.de

Dr. Andreas Klug, Dipl.-Psych., Jahrgang 1962, studierte Psychologie in Trier und Informatik in Hagen. Von 1990 bis 1995 war er wissenschaftlicher Mitarbeiter an der Universität Mainz. Seit 1995 ist er als Berater für Management-Diagnostik und Personalentwicklung tätig. Er arbeitete zunächst bei Kienbaum, später als Projektleiter in einer im Bereich Management-Diagnostik führenden Unternehmensberatung. Von 1998 bis 2000 war er zugleich unternehmensinterner PE-Experte bei der Wisag Service Holding. Seit 2003 ist er selbstständiger Wirtschaftspsychologe in der Klug Paul + Partner Partnerschaftsgesellschaft, Essen. klug@klug-md.de

Hajo Köppen, Dipl.-Geogr. und Dipl.-Päd., Jahrgang 1964, arbeitet seit 1995 als selbstständiger Trainer mit Tätigkeitsschwerpunkten in der betrieblichen Weiterbildung (Teamentwicklungs-, Kommunikations- und Outdoor-Trainings) und in der außerschulischen Jugendbildung (Anti-Gewalt- und Konflikttraining sowie Erlebnispädagogik). hajokoeppen@t-online.de

Barbara Leppkes, Dipl.-Psych., Jahrgang 1983, Weiterbildung in personenzentrierter Gesprächsführung. Seit 2007 arbeitet sie als Trainerin und Beraterin für die Organisationsentwicklung Ryschka in den Bereichen Teamentwicklung, Zeit- und Selbstmanagement sowie Wissensmanagement. Seit 2010 forscht sie als wissenschaftliche Mitarbeiterin in der Arbeits- und Organisationspsychologie an der Goethe-Universität Frankfurt zu Interaktionen im Dienstleistungskontext. leppkes@psych.uni-frankfurt.de

Prof. Dr. Axel Mattenklott, Dipl.-Psych., Jahrgang 1942, emeritierter Hochschullehrer für Wirtschaftspsychologie an der Universität Mainz, studierte Psychologie an den Universitäten Hamburg, Braunschweig und Mainz, wo er promovierte und habilitierte. Sein Forschungsgebiet ist Kommunikations- und Konsumentenpsychologie. Zu diesen Themen hält er noch Vorlesungen. Darüber hinaus umfasste sein Lehrangebot Vorlesungen zur Organisationspsychologie und Seminare zur Arbeitsmotivation, Führung und Organisationsentwicklung. mattenklott@psych.uni-mainz.de

Dr. Andreas Pohlandt, Dipl.-Psych., Jahrgang 1959, gelernter Werkzeugmacher, war zunächst wissenschaftlicher Assistent an den Universitäten Dresden und Magdeburg. In den Jahren 2007 bis 2010 war er als wissenschaftlicher Mitarbeiter an der Hochschule für Technik und Wirtschaft Dresden (HTW) sowie der Otto-Friedrich-Universität Bamberg tätig. In diesem Zeitraum vertrat er auch die Professur für Arbeitswissenschaft und Personalwirtschaft an der HTW und die Professur für Arbeits- und Organisationspsychologie an der Philipps-Universität Marburg. Mittlerweile ist er freiberuflich tätig. Aktuelle Schwerpunkte: Verfahren zur psychologischen Arbeitsanalyse und -gestaltung, Wissensmanagement und Methoden zur Unterstützung des Lernens im Arbeitsprozess. andreas.pohlandt@wissensimpuls.de

Dr. Falk Richter, Dipl.-Psych., Jahrgang 1974, war zunächst von 1998 bis 2006 wissenschaftlicher Mitarbeiter in arbeitspsychologischen Projekten an der Technischen Universität Dresden (gefördert über die Arbeitsgemeinschaft Betriebliche Weiterbildungsforschung Berlin e.V. aus Mitteln des BMBF und ESF). Seit 2007 ist er wissenschaftlicher Mitarbeiter an der Martin-Luther-Universität Halle-Wittenberg im Bereich Sozial- und Organisationspsychologie. Arbeitsschwerpunkte: Erhalt beruflicher Kompetenz über die Spanne des Erwerbslebens vor dem Hintergrund des demografischen Wandels, Altersstereotype und Altersdiskriminierung, Kompetenzentwicklung und -messung, Mitarbeiterführung, Evaluation. info@falkrichter.de

Volker Rockstroh, Bankkaufmann, Jahrgang 1955, war zunächst interner Trainer und Marketingleiter für einen Bankenverband. Seit 1990 ist er als Berater, Trainer und Coach für verschiedene Unternehmen selbstständig tätig. Seine Arbeitsschwerpunkte liegen im Bereich Sales und Marketing, insbesondere in Verkaufs- und Vetriebstrainings sowie im Telefon-Marketing. Seine Veröffentlichungen zu Themen wie Motivation, Service und Verkauf sind in diversen Fachzeitschriften erschienen. 2002 gewann er den Internationalen Deutschen Trainingspreis in der Kategorie „Personalentwicklung". info@vr-partner.com

Prof. Dr. Jurij Ryschka, Dipl.-Psych., Jahrgang 1969, promovierte zum Thema Peer-Feedback in Arbeitsgruppen. 1996 gründete er das Beratungsunternehmen Organisationsentwicklung Ryschka, das mit seinem Beraterteam Unternehmen verschiedener Branchen in Fragen der Führung, Kooperation und Veränderung berät. Neben seiner Tätigkeit als Berater und Coach hat er seit 1999 Lehrtätigkeiten an Fachhochschulen und Universitäten wahrgenommen. An der FH Mainz hatte er zudem eine Professur für Personalentwicklung inne. Im Jahr 2000 erhielt er den IHK-Preis zur Verbesserung des Dialogs zwischen Wirtschaft und Wissenschaft. info@ryschka.de

Jan Martin Schmidt, Dipl.-Psych., Jahrgang 1975, ist seit 1999 in verschiedenen Funktionen im Personalbereich tätig. Neben Tätigkeiten in Forschung und Lehre (wissenschaftlicher Mitarbeiter und Lehrbeauftragter) arbeitete er als Berater, unternehmensinterner Referent und Leiter der Personal- und Organisationsentwicklung. Derzeit ist er als General Manager Human Resources bei der TNT Innight GmbH & Co. KG in Mannheim tätig. Seine Schwerpunkte liegen in den Bereichen Führungskräfteentwicklung, Organisationsentwicklung sowie Mitarbeitergespräche. jm@schmidt-web.com

Dr. Dirk Volker Seeling, Dipl.-Psych., Jahrgang 1965, war von 1992 bis 1997 Personalentwickler in einer bundesweit tätigen Krankenversicherung. Seit 1997 ist er selbstständiger Personal- und Unternehmensberater mit den Schwerpunktthemen Personalauswahl, Führungstrainings, Coaching und Organisationsentwicklung. Als geschäftsführender Gesellschafter der personal-point GmbH in Bonn und Berlin berät er seit 2002 zahlreiche Unternehmen mit den Branchenschwerpunkten Health Care, Insurance/Finance, IT/Telekommunikation/Medien. dirk.seeling@personal-point.de

Prof. Dr. Marc Solga, Dipl.-Psych., Jahrgang 1972, leitet die Arbeitsgruppe Kompetenz- und Personalentwicklung an der Fakultät für Psychologie der Ruhr-Universität Bochum. Arbeitsschwerpunkte: Einfluss, Konflikte, Politik in Organisationen; soziale Kompetenz im Wirtschaftsleben; Erfolgsbedingungen von Lerntransfer. Er ist darüber hinaus als Coach, Trainer und Organisationsberater tätig. Von 2003 bis 2007 hat er die Zeitschrift für Arbeits- und Organisationspsychologie redaktionell betreut. marc.solga@rub.de

Horst Stein, Wirtschaftsinformatiker und Pädagoge, Jahrgang 1954, studierte Anglistik, Geographie, Pädagogik und Philosophie. Nach Lehrtätigkeiten an Gymnasien im Ruhrgebiet und in England startete er seine Laufbahn in der Deutsche Bank AG im IT-Bereich mit Projekten im Rahmen der Systemunterstützung Commercial Banking Applikationen für die Auslandsfilialen. 2000 übernahm er als Ausbildungsleiter die Gesamtverantwortung für die IT-Ausbildungs- und Studienprogramme der Bank und entwickelte zusammen mit der Frankfurt School of Finance & Management den ausbildungsintegrierten Studiengang Wirtschaftsinformatik. Daneben arbeitete er als Trainer von Konfliktmanagementseminaren für die Deutsche Bank. Ehrenamtlich engagiert er sich bei der Industrie und Handelskammer Frankfurt als Prüfer für IT-Berufe. horst.stein@db.com

Dr. Kim-Oliver Tietze, Dipl.-Psych., Jahrgang 1968, hat in Hamburg zu kollegialer Beratung bei Führungskräften promoviert. Seit 1995 arbeitet er als Organisationsberater und Personalentwickler mit den Schwerpunkten Kooperationsförderung für Projektteams, Workshopmoderation, Führungskräfteentwicklung sowie kollegiale Beratung. Vor seiner Freiberuflichkeit war er bei der Peters & Helbig Gesellschaft für Personal-, Organisations- und Strategieentwicklung in Pinneberg sowie bei den AachenMünchener Versicherungen tätig. Seit 2010 lehrt er Wirtschaftspsychologie an einer Hamburger Hochschule. Er ist Autor von Kollegiale Beratung – Problemlösungen gemeinsam entwickeln (Reinbek, 2003). tietze@kollegiale-beratung.de

Andreas Wolf, Jahrgang 1968, ist seit 2000 bei Clearstream Banking – Tochtergesellschaft der Deutsche Börse AG – in verschiedenen Leitungsfunktionen tätig. Im Juni 2003 wurde er zum Vorstandsmitglied der Clearstream Banking AG, Frankfurt berufen. Seit März 2007 als Vorstandsvorsitzender agierend und für die Clearstram Gruppe (Tochtergesellschaften weltweit) als Chief Operating Officer (COO).

Die Herausgeber

Prof. Dr. Jurij Ryschka
Organisationsentwicklung Prof. Dr. Ryschka
Rathausstraße 7
55128 Mainz
info@ryschka.de

Prof. Dr. Marc Solga
Ruhr-Universität Bochum
Fakultät für Psychologie
JP Kompetenz- und Personalentwicklung
Universitätsstraße 150
44780 Bochum
marc.solga@rub.de

Prof. Dr. Axel Mattenklott
Hugo-Sinzheimer-Straße 16
60437 Frankfurt
mattenklott@psych.uni-mainz.de

Printed in Poland
by Amazon Fulfillment
Poland Sp. z o.o., Wrocław